Stimmen zum Buch

„Die Schuldenkrise des Euroraums war das gefährlichste Nachbeben der globalen Finanzkrise und das vergangene Jahrzehnt ein tiefer Stresstest für Europa und dessen Währung. Ich kann Olli Rehn nur zustimmen, wir haben in der Europäischen Kommission tatsächlich einen Drahtseilakt vollzogen, um die enormen Herausforderungen, vor denen wir damals standen, zu meistern. Deshalb bin ich glücklich und Olli Rehn dankbar für dieses sehr interessante, rigorose und gleichzeitig unterhaltsame Buch, das auf seinen Erfahrungen als EU-Kommissar in dieser dramatischen Zeit basiert. Es ist wahrscheinlich die beste, aus europäischer Perspektive geschriebene, Darstellung der Finanz- und Staatsschuldenkrise. Sie unterstreicht die zentrale Rolle, die die Europäische Kommission als Vermittler sehr unterschiedlicher Interessen und als Initiator großer Reformen bei der Krisenreaktion gespielt hat, insbesondere bei der Verbesserung der wirtschaftlichen Steuerung der EU und der Eurozone."
José Manuel Barroso, Präsident der Europäischen Kommission, 2004–2009; 2010–2014

„Als oberster Funktionär für Wirtschaftsfragen in der EU war Olli Rehn ein ausgezeichnetes Mitglied des Krisenmanagementteams, das den Euro nach 2010 vor existenziellen Bedrohungen rettete. In diesem wichtigen Buch fasst er die entscheidenden Lehren zusammen und erklärt, wie die Konstruktion der WWU zukünftig gestärkt werden muss, um sie weniger krisenanfällig zu machen, damit sie in den kommenden Jahren noch stärker zu einem integrativen Wachstum beitragen kann."
Janet Yellen, Vorsitzende der Federal Reserve, 2014–18

„Olli Rehn war während der Wirtschaft- und Finanzkrise der ruhende Pol und die ruhende Kraft in Europa. Er hatte große Ohren, weil er allen zugehört hat. Ich habe mit wenigen Europäern so gut und so gewinnbringend für Europa zusammengearbeitet wie mit ihm."
Jean-Claude Juncker, Präsident der Europäischen Kommission, 2014–2019

„Wer sich einen Überblick über die Eurokrise und die Herausforderungen verschaffen will, vor denen der Euroraum heute steht, sollte dieses Buch lesen. In entscheidenden Funktionen hat Olli Rehn die tiefen Erschütterungen der Währungsunion Anfang der 2010er-Jahre miterlebt und die umfassenden Reformen und Stabilisierungsschritte mitgestaltet, mit denen Euro-Staaten und europäische Institutionen auf diese existenzielle Krise reagiert haben. Mit analytischer Tiefe und anhand anschaulicher Begebenheiten zeigt Olli Rehn auf, weshalb die Währungsunion heute auf ungleich soliderem Grund steht als 2010, aber auch, was noch getan werden muss, um den Euroraum endgültig wetterfest zu machen."

Klaus Regling, Managing Director ESM

„Als EU-Kommissar für Wirtschaft und Währung stand Olli Rehn im Epizentrum des Erdbebens, das den Euro zwischen 2010 und 2014 beinahe zerstört hätte. Niemand ist besser in der Lage, einen Einblick in die angsterfüllten Stunden zu gewähren, in denen das Schicksal der europäischen Einheitswährung auf dem Spiel stand und mit der Erfahrung eines Praktikers zu analysieren, was getan werden muss, um die Währungsunion dauerhaft zu stärken. Doch wie er in diesem spannenden Bericht erklärt: Zu wissen, was zu tun ist, ist eine Sache, Europas „unmögliches Dreieck" zum Handeln zu bewegen, etwas ganz anderes."

Paul Taylor, Contributing editor, POLITICO

Olli Rehn

Die Rettung des Euro

Was wir aus der Krise lernen können

Olli Rehn
Bank of Finland
Helsinki, Finnland

ISBN 978-3-030-59962-1   ISBN 978-3-030-59963-8 (eBook)
https://doi.org/10.1007/978-3-030-59963-8

Die Deutsche Nationalbibliothek verzeichnet diese Publikation in der Deutschen Nationalbibliografie; detaillierte bibliografische Daten sind im Internet über http://dnb.d-nb.de abrufbar.

Springer
© Der/die Herausgeber bzw. der/die Autor(en), exklusiv lizenziert durch Springer Nature Switzerland AG 2021
Deutsche Übersetzung der englischen Ausgabe „Walking the highwire. Rebalancing the European Economy in Crisis.", erschienen bei Palgrave Macmillan part of Springer Nature, Springer Nature Switzerland AG, 2020
Das Werk einschließlich aller seiner Teile ist urheberrechtlich geschützt. Jede Verwertung, die nicht ausdrücklich vom Urheberrechtsgesetz zugelassen ist, bedarf der vorherigen Zustimmung des Verlags. Das gilt insbesondere für Vervielfältigungen, Bearbeitungen, Übersetzungen, Mikroverfilmungen und die Einspeicherung und Verarbeitung in elektronischen Systemen.
Die Wiedergabe von allgemein beschreibenden Bezeichnungen, Marken, Unternehmensnamen etc. in diesem Werk bedeutet nicht, dass diese frei durch jedermann benutzt werden dürfen. Die Berechtigung zur Benutzung unterliegt, auch ohne gesonderten Hinweis hierzu, den Regeln des Markenrechts. Die Rechte des jeweiligen Zeicheninhabers sind zu beachten.
Der Verlag, die Autoren und die Herausgeber gehen davon aus, dass die Angaben und Informationen in diesem Werk zum Zeitpunkt der Veröffentlichung vollständig und korrekt sind. Weder der Verlag, noch die Autoren oder die Herausgeber übernehmen, ausdrücklich oder implizit, Gewähr für den Inhalt des Werkes, etwaige Fehler oder Äußerungen. Der Verlag bleibt im Hinblick auf geografische Zuordnungen und Gebietsbezeichnungen in veröffentlichten Karten und Institutionsadressen neutral.

Cover illustration: © "On Driftwood", 1991, by Tuula Juti

Springer ist ein Imprint der eingetragenen Gesellschaft Springer Nature Switzerland AG und ist ein Teil von Springer Nature.
Die Anschrift der Gesellschaft ist: Gewerbestrasse 11, 6330 Cham, Switzerland

"Muddling through can prevent you from tumbling down."
  – Ein Sprichwort in Ostfinnland

Geleitwort

Ich kenne Olli beruflich seit fast einem Jahrzehnt. Wir sind einander sehr verbunden, auch wenn wir weit voneinander entfernt waren. Als Olli im Februar 2010 das Amt des EU-Kommissars für Wirtschaft und Währung antrat, dachte er an Griechenland, und ich befand mich in Iqaluit, in der kanadischen Arktis, wo die Treffen der G7-Finanzminister und der Zentralbank-Gouverneure stattfanden. Wir trafen uns bei den Frühjahrstagungen des IWF im April, als sich die griechische Schuldenkrise verschärfte. In den folgenden Monaten und Jahren diskutierten wir die Erarbeitung einer europäischen Reaktion auf die sich gefährlich ausbreitende Staatsschuldenkrise. Als Ollis Amtszeit 2014 endete, waren viele der kritischsten taktischen, strategischen und institutionellen Maßnahmen ergriffen worden, und Europa war auf dem Weg der Besserung.

Olli stellt die Entwicklung der europäischen Reaktion zu Recht in den Kontext der Zwänge des unvollständigen finanziellen und institutionellen Rahmens innerhalb der Eurozone zu Beginn der Krise. Olli war einer von einer Handvoll politischer Entscheidungsträger, die dafür verantwortlich waren, einen Weg durch die Krise zu finden. Er hat nicht nur den Verlauf der Ereignisse mitgestaltet, sondern auch die Grundlagen des Euro gestärkt. Das Buch bietet daher einen einzigartigen Einblick in die Art und Weise, wie Entscheidungen getroffen wurden, welche Ideen verworfen wurden und welche auf einen anderen Tag verschoben wurden. Olli stellt klar, was damals möglich war und was nicht. Er zeigt auch die Fehler auf, die heute noch nicht behoben sind, und legt eine Agenda für künftige Reformen fest.

Im Laufe der Zeit zwang die Krise in der Eurozone die politischen Entscheidungsträger, eine Reihe kritischer Lücken in ihrem institutionellen Rahmen zu schließen:

- *Finanzieller Rückhalt:* Die Eurozone ist ohne einen Rückhalt für die Mitgliedstaaten, die ihren Marktzugang verloren hatten, in die Krise geraten, und es bedurfte einer überwältigenden Kraftanstrengung, um das Vertrauen des Marktes zurückzugewinnen. Die Eurozone verfügt nun über einen Europäischen Stabilitätsmechanismus (ESM) für Mitgliedstaaten in finanziellen Schwierigkeiten, und die Europäische Zentralbank hat die Möglichkeit, die Integrität des Euro durch endgültige Währungstransaktionen zu schützen, indem sie Anleihen notleidender Länder aufkauft (vorbehaltlich der Erfüllung der im Rahmen eines ESM-Programms eingegangenen Verpflichtungen).
- *Bankenunion und makroprudenzieller Rahmen*: Wie Olli einräumt, dauerte es viel zu lange, die Schwächen des Bankensektors zu beheben. Die 2010 verpasste Gelegenheit bei den Stresstests, die in den Augen außenstehender Beobachter nicht im Entferntesten glaubwürdig waren, unterstrich die Notwendigkeit von Veränderungen. Auch wenn noch mehr getan werden muss, wurde mit der Einrichtung des einheitlichen Aufsichtsmechanismus, der einheitlichen Abwicklungsbehörde und des Europäischen Ausschusses für Systemrisiken ein Schritt nach vorn gemacht. Für die Zukunft bleiben jedoch die Elemente der Risikoteilung übrig – ein Abwicklungsfonds für Banken und ein gemeinsames Einlagensicherungssystem.
- *Die Tragfähigkeit der Schulden:* Das Fehlen eines umfassenden Backstop- und Abwicklungsregimes für Banken nahm den Banken mit dem Ausbruch der Krise die Möglichkeit der Umschuldung. Als diese jedoch eingeführt wurden, hat Europa die Fähigkeit entwickelt, gescheiterte Banken umzustrukturieren.
- *Makroökonomische Politik:* Recht schwierig waren Reformen eines Rahmens, die fiskalische Nachhaltigkeit zu unterstützen und die Koordination zwischen makroökonomischen Politiken zu fördern. Bei den Neuerungen handelt es sich um ein *Sixpack* von Reformen der Wirtschaftsregierung zur Identifizierung und Korrektur von Ungleichgewichten im Jahr 2011, die 2013 durch das *Twopack* unterstützt wurden, das der Kommission mehr Befugnisse zur Überwachung dieser Ungleichgewichte gab. Die Konzentration auf Strukturreformen und auf Gläubiger- und Schuldnerländer ist ein willkommener Schritt nach vorn. Da jedoch die Ungleichgewichte in der Eurozone auch heute noch groß sind und Deutschland und die

Niederlande hohe Leistungsbilanzüberschüsse aufweisen, bleibt abzuwarten, ob sich diese Reformen als ausreichend erweisen werden.

Den finanziellen und institutionellen Rahmen des Euroraums erst dann aus dem Stand heraus entwickeln zu müssen, als die Krise aufkam, erwies sich als unglaublich kostspielig. Sie hinterließ ein schmerzhaftes und dauerhaftes Erbe hoher Staatsverschuldung. Als die Krise einsetzte, ging Zeit damit verloren, die politische Unterstützung für einen umfassenden Finanzrahmen aufzubauen, was mit Verzögerung zu einer Rezession im gesamten Euroraum führte, die „hätte vermieden werden können". Wenn man weiß, was wir heute tun, kann man sich leicht eine aggressivere und schnellere Abfolge von Reformen vorstellen – wie Olli sie aufzeigt –, die den Ausfall der Wirtschaft, der Arbeitsplätze und der Existenzgrundlagen hätte begrenzen können. Aber es ist immer einfacher zurück zu schauen und die Zeitspanne zu vernachlässigen, die es dauern kann, um einen politischen Konsens über mehrere Jurisdiktionen hinweg aufzubauen.

Ausgehend von seinen Erfahrungen legt Olli eine umfassende Agenda für weitere Reformen vor.

Im Hinblick auf die Herausforderungen, vor denen wir heute stehen, werde ich einen Aspekt der unerledigten Aufgaben aufgreifen – die makroökonomische Politik. Wie ich bereits 2015 äußerte, lässt sich die Schlussfolgerung schwerlich vermeiden, dass die Fiskalpolitik im letzten Jahrzehnt wesentlich unterstützender gewesen wäre, wenn die Eurozone ein einziges Land wäre. Es ist nicht klar, dass die Verzerrung in Richtung einer strafferen Fiskalpolitik noch nicht vollständig beseitigt worden ist. Heute – mit Zinssätzen am kurzen und langen Ende der Kurve auf Rekordtiefs – ist die Belastung der Geldpolitik immer noch deutlich zu erkennen.

Dabei geht es nicht nur um die Summe der einzelnen finanzpolitischen Standpunkte, auch wenn diese zweifellos einflussreich waren. Es geht auch um das Fehlen eines fiskalischen Mechanismus für Risikoteilung. Keine größere Währungsunion ist so dezentralisiert aufgestellt wie der Euro. Meiner Ansicht nach (und weitgehend im Einklang mit dem Bericht der fünf Präsidenten) ist dies eine entscheidende und kritische Komponente der europäischen Finanzarchitektur.

Olli hat Recht, wenn er einen Teil des Problems als Investitionsschwäche diagnostiziert und auf Strukturreformen als Hebel neben der Fiskalpolitik verweist.

Ich möchte hier die Notwendigkeit betonen, dass Europa seine Kapitalmarktunion weiterentwickelt und seine Führungsrolle bei der Bewältigung der Herausforderung der Bekämpfung des Klimawandels ausbaut. Der

Übergang zu einer kohlenstoffneutralen Wirtschaft wird Billionen von Euro an Investitionen im öffentlichen und privaten Sektor erfordern. Es war noch nie billiger Finanzmittel zu beschaffen. Eine Konzentration auf die Vertiefung der Märkte, für grüne Finanzen und die Mobilisierung nachhaltiger Investitionen kann Europa auf den Weg zurück zu einem starken, nachhaltigen und ausgewogenen Wachstum sowohl jetzt als auch in ferner Zukunft bringen.

Um die Gegenwart zu verstehen, müssen Sie zuerst die Vergangenheit verstehen. Es gibt kaum einen besseren Wegweiser als Olli Rehn, wie die Eurozone zu ihrem heutigen strukturellen Aufbau gekommen ist. Dieses Buch wird sich als eine unschätzbare Lektüre erweisen, sowohl für Studierende, die hier eine entscheidende Phase der europäischen Wirtschaftsgeschichte erleben können, als auch für diejenigen, die die heutigen Herausforderungen und Chancen besser verstehen wollen. Ich hoffe, dass es Ihnen ebenso viel Freude bereitet wie mir.

Mark Carney

Gouverneur der *Bank of England*, 2013–2020, und der *Bank of Canada*, 2008–2013

Vorwort zur deutschen Ausgabe

In einer Krise müssen wir den richtigen Policy-Mix finden. Die Europäische Union hat sich im Juli 2020 auf eine äußerst energische fiskalpolitische Reaktion auf die Corona-Krise geeinigt, die den gesamten Policy-Mix in Europa konsequenter gestalten wird, um die wirtschaftliche Genesung zu unterstützen und uns vor massiven Arbeitsplatzverlusten zu bewahren. Er wird auch die Belastung der Geldpolitik verringern, die nicht mehr der einzige aktive Akteur auf diesem Gebiet ist. Die Tatsache, dass die Europäische Kommission auf Drängen Deutschlands und Frankreichs ein solch koordiniertes Finanzpaket vorgeschlagen hat, wirkt in der Tat fast so, als würde sie aus den Schlussfolgerungen dieses Buches gezogen.

Die deutsche Ausgabe meines Buches über die Lehren aus der Eurokrise erscheint, während Deutschland zu einem kritischen Zeitpunkt der politischen Entwicklung Europas die EU-Ratspräsidentschaft innehat. Den Geist und die Ziele der deutschen EU-Ratspräsidentschaft hat Bundeskanzlerin Angela Merkel in ihrer Rede vor dem Europäischen Parlament in Brüssel am 8. Juli 2020 überzeugend dargelegt: „Aber auch die bittersten Krisen haben geholfen, die Nöte und Bedürfnisse des jeweils anderen besser zu verstehen. Wir haben miteinander gelernt." Dieses „Miteinander lernen" war in der Tat notwendig, denn wir haben mit der Corona-Pandemie wahrscheinlich gerade das Schlimmste einer weiteren Krise hinter uns, die Europa schwer getroffen hat. Einige werden vielleicht behaupten, dass das vorliegende Buch dadurch überholt ist und alte Schlachten beschrieben werden, da es sich auf die Eurokrise konzentriert. Meine Antwort ist klar: ganz im Gegenteil! Obwohl Krisen nicht wie Zwillinge daher kommen, sind die Lehren aus der Eurokrise, die in diesem Buch diskutiert werden, von überragender Bedeutung für die erfolgreiche Bekämpfung der gegenwärtigen Krise. Tatsächlich wurden diese Lehren beherzigt und bei der frühzeitigen politischen Reaktion auf die gegenwärtige Krise angewandt. Die Krise ist jedoch noch nicht überwunden, und die Zeit wird zeigen, ob eine wirksame Politik aufrechterhalten werden kann oder ob die Krisenmüdigkeit zu einer Schwächung der bisher konsistenten Politik führen wird.

Nirgendwo wird das Lernen aus der Vergangenheit deutlicher als in der politischen Reaktion der Europäischen Zentralbank, die ihre wesentliche Unabhängigkeit von der Bundesbank geerbt hat, die mit ihrer erfolgreichen und anerkannten Leistung in den Nachkriegsjahrzehnten als Vorbild diente. Die EZB hat als Reaktion auf die Covid-19-Krise einen außergewöhnlichen geldpolitischen Impuls gesetzt. Zu Recht, denn eine der Lehren aus den vergangenen Krisen ist die Notwendigkeit, die Geldpolitik mit überwältigender Kraft zu betreiben, um die Panik an den Finanzmärkten einzudämmen und einen wirtschaftlichen Zusammenbruch zu verhindern. Die EZB hat so gehandelt, wie eine Zentralbank angesichts einer schwerwiegenden wirtschaftlichen Störung handeln sollte, d. h. als Kreditgeber letzter Instanz – *Lender of Last Resort* – und als Liquiditätsgeber.

Dies scheint meine Analyse in diesem Buch zu bestätigen, dass sich die EZB in den vergangenen zehn Jahren in einer pragmatischen und funktionalen Reaktion auf die Anforderungen der Krisen zu einer aufgeschlosseneren und flexibleren Institution als früher entwickelt hat, die in vielerlei Hinsicht jetzt der Federal Reserve der Vereinigten Staaten mit ihrem aktiven geldpolitischen Ansatz ähnelt. Dieser Wandel ist nicht zuletzt in Deutschland heftig diskutiert worden, auch wenn die EZB ihrem Preisstabilitätsmandat treu geblieben ist.

Obwohl wir die Kritik an unserer Politik aufmerksam verfolgen, war die Entwicklung der EZB sowohl wirtschaftlich notwendig, als auch verfassungsrechtlich legitim. In der gegenwärtigen Krise hat sie dazu beigetragen, eine Kreditklemme und Depression in der europäischen Wirtschaft zu verhindern sowie damit eine Konkurswelle zu vermeiden und den Schaden in Form von Arbeitsplatzverlusten zu verringern. Darüber hinaus haben die jüngsten Urteile des Europäischen Gerichtshofs die Notwendigkeit und Verhältnismäßigkeit der Anleihekaufprogramme der EZB bestätigt. Auch die Klage des Bundesverfassungsgerichts gegen das Ankaufprogramm der EZB wurde beigelegt. Es ist daher wahrscheinlich, dass die neuartigen Instrumente, die in jüngster Zeit eingesetzt wurden, auch nach der Krise im Werkzeugkasten der EZB verbleiben werden, zumindest als Reserve, auch wenn sie nicht unbedingt alle regelmäßig eingesetzt werden müssten.

Neben anderen Herausforderungen werden solche Fragen im Zusammenhang mit der wichtigen Strategieüberprüfung der Geldpolitik der EZB analysiert, die in den Jahren 2020–2021 stattfinden wird. Diese wird sich auf die langfristigen, strukturellen Trends wie das Altern der Gesellschaft, den Klimawandel und die Digitalisierung und deren Einfluss auf den langfristigen Realzinssatz fokussieren. Hinsichtlich dieses neuen Kontextes brauchen wir viel neues Denken und Aufgeschlossenheit, denn die Überprüfung der geldpolitischen Strategie hat wieder an Relevanz gewonnen.

Auf der fiskalpolitischen Seite erleben wir eine sehr substanzielle und in der Tat beispiellose Krisenreaktion, insbesondere von Deutschland. Sie könnte sogar einen Paradigmenwechsel im wirtschaftspolitischen Denken des Landes bedeuten, von der *Schwarzen Null*, die Deutschland geholfen hat, eine widerstandsfähige Wirtschaft zu schaffen, hin zu einem eher keynesianischen antizyklischen Politikansatz, der helfen könnte, den Abschwung einzudämmen. Dies zeigt sich in zwei Dimensionen.

Zunächst einmal ist das von der Bundesregierung im Juni 2020 angekündigte 130-Milliarden-Euro-Finanzpaket in der Tat ein massiver Stimulus für die Realwirtschaft, und es sollte der Wirtschaft und der Beschäftigung des Landes helfen, den gefährlichen Rückgang privater Ausgaben zu überstehen. Dennoch ist es wichtig zu betonen, dass dieser massive fiskalische Impuls ohne die fiskalische Nachhaltigkeit und Glaubwürdigkeit, die Deutschland in den letzten Jahrzehnten erreicht hat, kaum möglich gewesen wäre.

Zweitens hat sich Deutschland zusammen mit Frankreich für eine koordinierte europapolitische Antwort in Form eines EU-Wiederherstellungsfonds eingesetzt. Auf der Grundlage der deutsch-französischen Initiative und des anschließenden Kommissionsvorschlags beschloss der Europäische Rat im Juli 2020 einen Fonds namens *Next Generation EU,* der sich aus Darlehen und Zuschüssen in Höhe von 750 Milliarden Euro zusammensetzt. Er wird von der Kommission finanziert, indem sie dank ihrer hervorragenden Bonität auf den Finanzmärkten zu sehr geringen Kosten Kredite aus dem EU-Haushalt aufnimmt und diese an die Mitgliedsstaaten weiterleitet. Die Gespräche waren schmerzhaft, aber das Ergebnis ist ein Ausdruck der Einheit und Solidarität der EU.

Aber natürlich gibt es nichts umsonst. Die Kehrseite der Krise und der fiskalischen Stimulation ist ein deutlicher Anstieg der Staatsverschuldung in der EU. Vorerst ist die Schuldenlast dank der niedrigen Inflation und damit niedrigen Zinsen für praktisch alle EU-Mitgliedsstaaten überschaubar. Es ist jedoch wahrscheinlich – und sicherlich das Hauptziel der Wirtschaftspolitik in Europa –, dass in den kommenden Jahren durch Aufschwung und Wachstum die Arbeitslosigkeit und andere Flauten in der Wirtschaft verringert werden. Demnach sollten die EU-Mitgliedstaaten und ihre Regierungen eines Tages bereit und willens sein, mit weniger monetären Anpassungen und höheren Zinsen zu leben. Man sollte nicht davon ausgehen, dass die Zentralbankpolitik in einer solchen Situation einer fiskalischen Dominanz unterliegen würde, d. h. von der fiskalischen Situation bestimmt würde. Klar ist, dass wir unserem Ziel der Preisstabilität fest verpflichtet sind.

Das soll nicht heißen, dass wir uns für eine frühzeitige Rücknahme der finanziellen Unterstützung entscheiden sollten. Die vorzeitigen Zinserhöhungen der EZB im Jahr 2011 erinnern an die Risiken eines zu raschen Rückzugs der geldpolitischen Unterstützung – eine weitere Lehre, die wir aus der Eurokrise gezogen haben. Da Geldpolitik so viel Kunst wie Wissenschaft ist, ist es besser auf Nummer sicher zu gehen, wenn es um den richtigen Zeitpunkt für den Rückzug der geld- und fiskalpolitischen Unterstützung geht, und für eine gewisse Zeit zu überprüfen, ob die Inflation das mittelfristige Preisstabilitätsziel tatsächlich solide erreicht hat. Das Inflationsziel der EZB ist definiert als „unter, aber nahe zwei Prozent". Dies sollte bei der Überprüfung der geldpolitischen Strategie, die im September wieder aufgenommen wird, erneut überprüft werden, um uns ein wirklich symmetrisches Preisstabilitätsziel zu geben.

Dies bringt mich schließlich zu einer weiteren Lektion aus der Staatsschuldenkrise im Euroraum. Sie besteht darin, dass jeder EU-Mitgliedstaat erkennen sollte, dass er tatsächlich selbst für seine eigene Wirtschaft und deren Erfolg oder Misserfolg verantwortlich ist. Im aktuellen Kontext hat dies erhebliche Auswirkungen. Die Zeit der kräftigen monetären Stimulierung bietet den europäischen Volkswirtschaften, die unter der Corona-Krise leiden, derzeit viel Luft zum Atmen. Die EU-Mitgliedstaaten sollten die Atempause als Gelegenheit nutzen, um Strukturreformen durchzuführen und das Wachstumspotenzial und die Widerstandsfähigkeit ihrer Volkswirtschaften zu verbessern. Was wir brauchen, ist die immer noch überfällige wirtschaftliche Transformation hin zu einer wettbewerbsfähigeren, nachhaltigeren und digitalisierten Wirtschaft. Während die Krise ganz Europa hart trifft, ist sie daher auch eine Chance, echte Fortschritte zu erzielen. Die Gelegenheit, wirtschaftliche und ökologische Veränderungen voranzutreiben, sollte genutzt und nicht verpasst werden.

Das steht in engem Zusammenhang mit dem, was ich später in diesem Buch schreibe, und ist der rote Faden, der sich durch das ganze Buch ziehen wird: Die Zentralbanken leben nicht in einem Vakuum, sondern sie sind ein Spiegelbild der Gesellschaft im Allgemeinen – auch wenn sie im Rahmen ihres Mandats unabhängig sind. Ich zitiere gerne, was der große Ökonom Joseph Schumpeter einmal schrieb: „Der Zustand des Geldwesens eines Volkes ist ein Symptom aller seiner Zustände". Was er über eine Nation sagte, gilt heute für Europa als Ganzes, insbesondere für unsere Wirtschafts- und Währungsunion. Was mit unserer gemeinsamen Währung geschieht, ist ein Spiegelbild des Zustands unserer Union und ihrer Wirtschaft, ihrer Gesellschaft und ihres Gemeinwesens. Wir müssen also die Notwendigkeit struktureller und institutioneller Reformen in den Mitgliedstaaten und der EU aus einer breiteren Perspektive betrachten.

Ich hoffe, dass die deutsche Ausgabe meines Buches einen Beitrag zu der anhaltenden, umfassenden und intensiven Debatte über Europa unter Ökonomen und politischen Entscheidungsträgern, Kommentatoren aus Wissenschaft und Medien und der breiten Öffentlichkeit leisten wird. Als größte Volkswirtschaft in der EU und in der Eurozone trägt Deutschland auch eine große Verantwortung für ihre Zukunft, damit sich sowohl Europa als auch Deutschland auf der Grundlage unserer europäischen Werte der liberalen Demokratie, der Rechtsstaatlichkeit und der sozialen Gerechtigkeit weiterhin in Frieden und Wohlstand entwickeln können. Das europäische Modell der sozialen Marktwirtschaft, das wir aus gutem Grund zu schätzen wissen, kann nur dann dynamisch und nachhaltig bleiben, wenn es auf einer so lebendigen und substanziellen politischen Debatte beruht.

Helsinki, Finnland Olli Rehn
21. Juli 2020

Vorwort zur englischen Originalausgabe

Dieses Buch ist eine Geschichte über den Drahtseilakt der Eurokrise und die anschließende Neugewichtung und Erholung der europäischen Wirtschaft in den Jahren 2010–2014. Der politische Kontext dieser Zeit wurde durch die aufkommende Welle des Populismus in Europa und die sich beschleunigende Brexit-Debatte in Großbritannien geprägt, die beide offensichtliche Schnittstellen mit der Eurokrise hatten. Die wesentliche Herausforderung für die politischen Entscheidungsträger der Eurozone in diesen Jahren bestand darin, die brennende Banken- und Schuldenkrise einzudämmen, die Wirtschaft zu stabilisieren und damit ein solides Fundament für nachhaltiges Wachstum und neue Arbeitsplätze zu schaffen.

Warum habe ich dieses Buch geschrieben? Im Laufe der Jahre habe ich von vielen Kollegen, Interessenvertretern, Bürgern und Freunden Anfragen und Ermutigungen erhalten, meine Memoiren über die Krise zu schreiben. Kurz nachdem ich meinen zehnjährigen Dienst als EU-Kommissar beendet hatte und gerade in meiner Heimat Finnland ins Europäische Parlament gewählt worden war, begann ich daher im Sommer 2014 damit, meine Akten zu ordnen, Material zu sammeln und die ersten Entwürfe einzelner Buchkapitel zu schreiben. Es gibt viele Möglichkeiten, seine Sommerferien zu verbringen – ich habe fünf Sommer mit diesem Buch verbracht.

Allen zweifelnden Lesern kann ich versichern, dass dies nicht noch ein Buch ist nach dem Motto „Wie ich die Welt gerettet habe"– das könnte es, wie wir wissen, auch gar nicht sein. Mein Motiv ist ein anderes. Eine Inspiration war Robbie Robertson, dessen Band Bob Dylan in seinen besten Jahren begleitete und deren Lead-Gitarrist er war. Robertson erklärt unverblümt, warum er seine Memoiren schrieb: „Es wird so viel über diese Zeit geschrieben, über die Band und über mich und Dylan – und vieles davon ist ein

Haufen Mist. Das stimmt einfach nicht. Sie wissen es nicht. Sie waren nicht dabei. Ich war da! Also hatte ich das Gefühl, dass ich aussagen musste."[1]

Also hatte ich das Gefühl – um Robertson zu zitieren –, über das Krisenmanagement und über die Reform der ökonomischen Steuerung in der Eurozone während der Krise aussagen zu müssen. Es wurde viel über die Krise geschrieben – einiges war ziemlich gut, aber einiges ist nur ein Haufen Mist, der korrigiert werden muss. In der Geschichtsdebatte über die Eurokrise ragen zwei besondere Missverständnisse heraus. Erstens waren die politischen Zwänge, die sich aus dem stark angeschlagenen Finanzsektor und den schwer wiegenden Risiken von Staatsausfällen ergaben, von grundlegender Bedeutung, und sie schränkten den politischen Spielraum viel stärker ein, als dies üblicherweise in retrospektiven Analysen anerkannt wird. Dies betraf vor allem die Fiskalpolitik in den Jahren 2010–2012, d. h. bevor die Europäische Zentralbank ihre geldpolitischen Stimulierungsmaßnahmen in vollem Umfang auf den Weg brachte. Diese ermöglichen dann nach und nach, aber mit der Zeit tief greifend die politische Landschaft zu verändern und einen besseren Policy-Mix zur Bekämpfung der Liquiditätsfalle und zur Förderung von Wachstum und Beschäftigung zu erleichtern. Zweitens werden auch die institutionellen oder politökonomischen Zwänge in der Regel nicht erkannt. Diese hängen meist mit der Fehleinschätzung zusammen, dass die Rettungsaktionen der Eurozone der Gemeinschaftsmethode gefolgt wären, die über die Regeln und Institutionen der EU funktioniert. In Wirklichkeit mussten sie jedoch in den meisten Fällen nach der intergouvernementale Methode durchgeführt werden, bei der die Entscheidungsfindung von den größeren Mitgliedstaaten dominiert wird. Und die intergouvernementale Methode verkleinert den Rahmen für gemeinsame Entscheidungen und erhöht die Zahl der Vetos, was naturgemäß zu eher weniger guten als den besten politischen Ergebnissen führt.

Neben der Korrektur dieser Fehleinschätzungen gibt es noch einen weiteren, tieferen Grund, dieses Buch zu schreiben. Ich halte es für die Zukunft des Euro als Einheitswährung und für die Europäische Union als politische Gemeinschaft für sehr entscheidend, dass wir analytisch korrekte und evidenzbasierte Lehren aus diesen schwierigen Zeiten ziehen, als Europas Einheitswährung und Realwirtschaft am Rande des Zusammenbruchs standen. In diesen Krisenjahren war ich Mitglied und Vizepräsident der Europäischen Kommission und zuständig für die Politikbereiche Wirtschaft und Währung. Ich sehe es daher als meine Pflicht an, die wesentlichen Lehren aus der Krise

---

[1] Robbie Robertson, zitiert in der *the Financial Times*, 17./18. Dezember 2016, Abschnitt Life & Arts, S. 13.

für die nächste Reform der Eurozone im Interesse künftiger Generationen von Europäern zu ziehen, in der Hoffnung, dass die heutigen und künftigen politischen Entscheidungsträger in Europa diese Überlegungen für ihre Entscheidungsfindung nutzen können. Die Europäer verdienen bessere Entscheidungen als die, die während der Krise getroffen wurden –, aber zuerst müssen sie sich der Notwendigkeit bewusst sein und sich damit auseinandersetzen, dass die Architektur der Eurozone reformiert werden muss, um uns dorthin zu bringen.

Die Einrichtung des Vorläufers vom Europäischen Stabilitätsmechanismus, der Europäischen Finanzstabilitätsfazilität, im Jahr 2010 ist ein eindeutiges Beispiel dafür. Die neue Institution war entscheidend, um die Krise zu bändigen. Welche Lehren können wir aus ihrer Gründung ziehen?

Es war nach Mitternacht am Sonntag, dem 9. Mai 2010 in Brüssel, also eher Montag, der 10. Mai. Ich unterhielt mich mit meinen Kollegen in den Korridoren des Justus-Lipsius-Gebäudes, dem architektonisch sterilen Gebäude des Rates der Europäischen Union in der Nähe des Kreisverkehrs Robert Schuman. Die EU-Finanzminister hatten am Wochenende verzweifelt nach einer Einigung über eine europäische Finanz-Firewall gesucht, um die beispiellosen Turbulenzen auf den Finanzmärkten einzudämmen. Alle Vorschläge der Kommission waren bis dahin abgelehnt worden und wir befanden uns in der letzten Auszeit, eigentlich in der Nachspielzeit. Die Krise drohte zu explodieren und vor der Öffnung der Aktienmärkte rund um den Globus musste eine Entscheidung getroffen werden. Die erste Börse war der asiatische Markt in Tokio um 2 Uhr mitteleuropäischer Zeit.

Es hatte schon eine gewisse Ironie, dass der erste Tiefpunkt der Eurokrise am Schuman-Tag stattfinden musste, der an die Schuman-Erklärung vom 9. Mai 1950 erinnert, die den Prozess der europäischen Integration selbst einleitete und daher auch als Europa-Tag bezeichnet wird. Es war nicht der beste, aber sicherlich der denkwürdigste Schuman-Tag, an den ich mich erinnern kann, da ich den von 1950 nicht miterlebt habe. Und außerdem war Muttertag!

Als wir die allerletzte Anstrengung unternehmen mussten, rief ich meine wichtigsten Beamten und Experten in einen kleinen und schäbigen Sitzungssaal am Ende des Korridors. Ich sagte zu ihnen: „Jungs, ihr wisst, dass wir festsitzen. Wir haben keine Zeit mehr für die allerbeste Idee, denn wir haben sie alle ausprobiert und sie sind verdorrt. Haben wir wirklich jeden Stein umgedreht? Gebt mir endlich auch nur einen Hauch einer Idee, die funktionieren könnte, egal wie sehr sie über den Tellerrand hinausguckt!"

Nach einigen langen und schmerzhaften Momenten der Stille und kollektiver Meditation in dem kleinen Raum fragte Maarten Verwey, ein hoher niederländischer Beamter und Vorsitzender der Arbeitsgruppe der Eurogruppe zu Stabilitätsfragen, ob wir eine spezielle Zweckgesellschaft (*special purpose vehicle* – SPV) zur Errichtung eines Stabilitätsfonds in Betracht ziehen könnten. Die SPVs hatten während der Finanzkrise einen schlechten Ruf bekommen, da sie untrennbar mit der Verbriefung von Subprime-Krediten verbunden waren, die wesentlich zur Krise beitrugen –, aber dieses Mal ist es egal: *nécessité fait loi – Not kennt kein Gebot.* Wir hatten eine kurze Diskussion darüber, wie sie auf der Grundlage geteilter (anteiliger) Garantien der Mitgliedstaaten anstelle einer Gemeinschaftsgarantie aufgebaut werden könnte. Ich dachte, dass dieses Modell am ehesten mit den Ländern des Nordens funktionieren könnte. „Darauf sollten wir uns konzentrieren. Würde es Ihnen etwas ausmachen, Deutschland zu fragen, ob eine solche Zweckgesellschaft letztendlich auch für sie akzeptabel wäre?", fragte ich Maarten. Und weg war er.

Damals wusste ich noch nicht, wie oft ich im Laufe der Krise genau dieselbe Frage wiederholen musste, obwohl ich ahnte, was auf mich zukommen würde. Deutschland war zunehmend zur Lokomotive der europäischen Wirtschaft und der finanziellen Rettungsaktionen der Eurozone geworden.

Als ich die Frage stellte, war der Schuman-Tag bereits zu Montag, dem 10. Mai, geworden. Es war nach Mitternacht, gegen 1:15 Uhr, und die asiatischen Märkte würden in 45 Minuten öffnen. Die vorangegangene Woche war schrecklich für die europäischen Vermögenswerte gewesen und der Freitag hatte in schlechter Stimmung geendet und der Montagmorgen versprach einen vernichtenden Sturm, da die Marktkräfte ernsthaft am Willen und an der Fähigkeit des Euroraums zweifelten, die Finanzstabilität sichern zu können. Und nun, nach drei Tagen und ein paar Nächten mit ununterbrochenen Konferenzen, waren die EU-Mitgliedstaaten im Rat immer noch festgefahren und konnten sich nicht auf einen Ausweg einigen. Wir steuerten direkt auf den Abgrund zu, es sei denn, wir finden eine Lösung.

Daher mussten wir einfach eine ausreichend mutige Entscheidung treffen, die alle Märkte und Investoren überzeugen konnte. Nur dann konnten wir eine Vernichtung europäischer Assets zuerst an den asiatischen und dann an anderen Börsen verhindern, was die europäische Realwirtschaft – Wachstum und Beschäftigung – zweifellos in eine Rezession getrieben hätte. Plötzlich erinnerte ich mich daran, was der Fed-Vorsitzende Ben Bernanke 2008 gewitzelt hatte: Er würde seine Memoiren „Bevor Asien öffnet" nennen. Die US-Politiker hatten zwei Jahre zuvor den gleichen zermürbenden Druck der Finanzmärkte gespürt, dem wir jetzt ausgesetzt waren. Sein scharfer Verstand tröstete mich jedoch nicht sonderlich, denn ich spürte den freien Fall der europäischen Wirtschaft in allen Teilen meines Körpers.

Also ging Maarten. Dieses Mal kam er bald wieder zurück. Die deutsche Delegation wurde in dieser langen Nacht ausnahmsweise von Innenminister Thomas de Maizière geleitet, der als Vertretung von Finanzminister Wolfgang Schäuble kurzfristig in die Pflicht genommen worden war. Schäuble war – wie ein schlechtes Omen – direkt nach seiner Landung in Brüssel am frühen Sonntagnachmittag ins Krankenhaus eingeliefert worden. Trotz der kurzfristigen Übernahme war de Maizière bewundernswert versiert in der Angelegenheit. Er bestätigte sehr schnell. Ich nahm einen tiefen Atemzug der Erleichterung. Wir hatten in der letzten Sekunde der Nachspielzeit ein entscheidendes Tor geschossen.

Als nächstes sprach ich mit Elena Salgado, der damaligen spanischen Finanzministerin und Vorsitzenden des EU-Finanzministerrates, und schlug ihr vor, das Treffen so bald wie möglich wieder einzuberufen, bevor Frau Merkel ihre Meinung ändert. So versammelten sich die 27 Minister erneut um 1:30 Uhr und trafen in weniger als einer halben Stunde die letzten Entscheidungen für den endgültigen Beschluss. Um 2:08 Uhr morgens erklärte Salgado die Entscheidung für angenommen. Damit war Europas ‚Bazooka' von 500 Milliarden Euro eingesetzt und die, die sie zum Einsatz gebracht hatten, ziemlich erschöpft. Zusammen mit dem vereinbarten Anteil des Internationalen Währungsfonds belief sich die Bazooka nun auf 750 Milliarden Euro. Letztendlich keine schlechte Leistung, dachte ich.

Um die Nachricht zu überbringen, eilten wir mit Elena Salgado in den Presseraum des Rates. Wir konnten auf unserem Weg nur kurz über die wichtigsten Botschaften sprechen. Um 2:15 Uhr begannen wir im Pressesaal des Rates mit der Erläuterung der ECOFIN-Entscheidung: „Damit wird eine Firewall von 750 Milliarden Euro geschaffen, mit einem Verteilungsschlüssel von 2:1 zwischen der EU und dem IWF, indem die EU 500 und der IWF 250 Milliarden Euro zusagen".

Nach der Pressekonferenz, gegen 3:00 Uhr morgens, war ich auf dem Heimweg in den Vorort Auderghem im Osten Brüssels. Mein Telefon klingelte. Es war der US-Finanzminister Tim Geithner, der mich um 3:15 Uhr morgens anrief und Einzelheiten über die Lösung und meine Sicht der Dinge wissen wollte. Nach meinem Resümee beglückwünschte er uns Europäer zu einer wichtigen Entscheidung und bot dann mit einem Augenzwinkern an, uns beratend zur Seite zu stehen, falls wir jemals einen solchen Rat benötigen sollten. Die US-Finanz-Firewall, wie unsere EFSF im Jahr 2010, war 2008 erst nach einem erbitterten politischen Kampf geschaffen worden. Ich lachte müde, aber herzlich, dankte ihm und versprach, bald wieder auf ihn zuzukommen. Ich ging weiter nach Hause, trank ein kaltes Bier und ging nach dem dreitägigen Sitzungsmarathon ins Bett.

Das war der erste Wendepunkt der Schuldenkrise in der Eurozone, und die Finanzwirtschaft beruhigte sich für eine Weile. Aber es gab noch viele weitere Tiefstände und Balanceakte, die uns bevorstanden. Wir befanden uns nun wirklich auf dem Drahtseil der Eurokrise. Und das Ergebnis des Drahtseilaktes war keineswegs vorherbestimmt. Dieses Buch möchte erklären, warum und wie der Euro dennoch gerettet wurde. Es ist eine Geschichte innerhalb der politischen Ökonomie des Euro: seinen Ursprüngen, seiner Krise, Reform und Erholung.

In den vergangenen 70 Jahren haben wir Europa besser geeint, als wir es kommuniziert haben. Um dies in Zukunft besser zu machen, brauchen wir eine substanzielle Debatte, nicht nur unter Politikern, sondern auch in der Zivilgesellschaft. Lassen Sie uns also praktizieren, was wir predigen und Europa für unsere Bürgerinnen und Bürger verständlich machen. Ich halte es mit George Orwell, der gegen doppeldeutige Sprache und Fachchinesisch kämpfte, was ihn zum vielleicht unfreiwilligen Helden meines Journalismusunterrichts machte. Vielleicht mag es mir nicht immer komplett gelungen sein, aber ich hoffe, die Leser wissen meine Bemühungen trotzdem zu schätzen.

Helsinki/Mikkeli, Finnland   Olli Rehn
August 2019

Danksagungen

Es versteht sich von selbst, dass ich dieses Buch aus meiner rein persönlichen Sichtweise geschrieben habe. Weder die Europäische Kommission, der ich insgesamt eineinhalb Jahrzehnte lang gedient habe, noch meine derzeitige Institution, die Bank von Finnland, sollten für seinen Inhalt verantwortlich gemacht werden.

Dieses Buch würde es ohne die Hilfe vieler Kollegen, Mitarbeiter, Kommentatoren, Herausgeber und Freunde nicht geben. Ihnen allen möchte ich herzlich für ihre Bemühungen danken, mich bei der Fertigstellung zu unterstützen.

Zwar bin ich allen sehr dankbar, die mir geholfen haben, diesen Band noch besser zu machen, dennoch bin ich allein für die hier geäußerten Ansichten und die noch verbleibenden Unzulänglichkeiten und möglichen Fehler verantwortlich.

Besonders dankbar bin ich Dr. Juha Tarkka, Professor Vesa Vihriälä und Professor em. John Zysman, die ihr Fachwissen so großzügig zur Verfügung stellten, verschiedene Versionen des Manuskripts lasen und unschätzbare Kommentare lieferten, die zur Verbesserung der Analyse und des Fortgangs der Handlung beitrugen. Ich bin der Forschungsanalytikerin Dafna Pearson zu großem Dank verpflichtet, die bei der Bearbeitung des Einführungskapitels geholfen und schwierige Fragen gestellt hat, die dessen Logik verbesserten. Mein herzlichster Dank gilt Professor em. Charles Goodhart, der freundlicherweise das gesamte Manuskript durchgesehen, aufschlussreiche Kommentare gegeben und zur Veröffentlichung des Textes ermutigt hat. Ebenso gilt mein herzlicher Dank den externen Gutachtern Professor Panicos Demetriades und Dr. George M. Georgiou für ihre durchdachten Kommentare.

Meine ehemaligen Kabinettsmitglieder Thomas Krings, Taneli Lahti, Timo Pesonen und Peer Ritter lasen einen frühen Entwurf und lieferten äußerst aufschlussreiche und nützliche Kommentare. Ich möchte allen Mitgliedern meines Kabinetts in den Jahren 2004–2014 danken, insbesondere Stéphanie Riso, Karolina Leib, Amadeu Altafaj und Simon O'Connor, die in den Krisenjahren mit unerschütterlichem Engagement und einer beeindruckenden Entschlossenheit die größte Verantwortung trugen.

Lauri Poutanen organisierte in Brüssel in den Jahren 2014–2015 meine Akten, als ich anfing, dieses Buch zu schreiben. Zu dieser Zeit arbeitete ich Vollzeit und führte gleichzeitig zwei Wahlkampagnen. Lauris durchdachte Kommentare auf diesem Weg haben wesentlich zum Endprodukt beigetragen. Meine Kollegen Marja Nykänen und Tuomas Välimäki haben den Text gelesen und sehr wertvolle Kommentare gegeben; Marja insbesondere zu rechtlichen Überlegungen und Tuomas zur Geldwirtschaft. Ebenso wie Hanna Freystätter, die mir zusammen mit Pasi Ikonen und Lauri Vilmi bei der Erstellung der Charts half.

Jeromin Zettelmeyer und andere Teilnehmer des Rates für öffentliche Finanzen und soziale Eingliederung des Weltwirtschaftsforums gaben sehr wertvolle Kommentare zu Kap. 17, in dem die Ursachen der Double-Dip-Rezession in den Jahren 2011–2012 analysiert werden. Jeromin Zettelmeyer war ein großartiger Diskussionspartner bei der Vorbereitung weiterer Reformen der Eurozone. Er las auch verschiedene andere Kapitel und lieferte konstruktive Kritik, die ich zumindest teilweise berücksichtigt habe.

Es gibt viele andere Personen, die durch Kommentare und Kritik, die Bereitstellung von Material oder andere Arten von Unterstützung zu dem Buch beigetragen haben. Dafür möchte ich mich ganz herzlich bei Erkki Alaja, Julie Bolle, Tuula Juti, Lauri Kajanoja, Juha Kilponen, Mikko Kontti, Jarmo Kontulainen, Iikka Korhonen, Jaakko Koskentola, Giles Merritt, Pekka Morén, Bert Musial, Elisa Newby, Timo Pylvänäinen, Kari Reijula, Martin Selmayer, Antti Suvanto, Katja Taipalus und Petri Uusitalo bedanken.

Großer Dank geht an Marco Buti, Servaas Deroose, Maarten Verwey, Sean Berrigan, Gerassimos Thomas und all die anderen Beamten der Generaldirektion Wirtschaft und Währung der Europäischen Kommission (DG ECFIN) für ihre alltäglichen politischen Ratschläge in den Jahren 2010–2014, die im Buch nachvollziehbar sind.

Ich möchte meinem Freund Professor Alpo Rusi und meinem verstorbenen Freund Professor Tuomo Martikainen herzlich für ihre kontinuierliche Ermutigung, Kameradschaft und intellektuelle Neugier bei der Schärfung meiner Analyse danken.

Für technische Unterstützung und Hilfe bei der Organisation meiner Akten bin ich Mari Hämäläinen, Nelli Rentola, Irma Martinmäki-Tuikkala und Jonna Sjögren sehr dankbar. Meine parlamentarischen Assistenten in Brüssel, Pekka Eskola, Tatu Liimatainen und Emilia Pernaa waren wertvolle Sparringspartner in europäischen Fragen.

Mein besonderer Dank gilt meinen Lektoren Rachel Sangster bei Palgrave Macmillan für die englische Ausgabe und Juha Virkki bei Docendo für die finnische Ausgabe sowie dem Übersetzer Tatu Henttonen und dem Verleger Juha Janhonen bei Docendo. Vielen Dank an Ilkka Korhonen, der schon früher bei der Übersetzung geholfen hat, und an Silva Rehn, die mein gelegentlich unbeholfenes Englisch in der Endphase bearbeitete und mit ihren Ideen zur Gestaltung des Covers beitrug.

Dieses Buch wurde über mehrere Sommer am Puula-See in Mikkeli, Finnland, in der nordöstlichen Ecke der Europäischen Union sowie über zahlreiche Wochenenden in Brüssel und Tervueren, Belgien, und in Helsinki, Finnland, geschrieben. Mein herzlicher Dank gilt meiner Frau Merja und meiner Tochter Silva, die mir bei der Erstellung eines weiteren Buches zur Seite standen. Sie wissen, dass ich mich verpflichtet habe, an der Gestaltung eines besseren Europas in einer Zeit gewaltiger Herausforderungen mitzuwirken. Ich hoffe, dass der Leser die Stimmung und Entschlossenheit teilt.

Helsinki/Mikkeli, Finnland,   Olli Rehn
August 2019

Inhaltsverzeichnis

Teil I   Die Ausgangslage   1

1   Einführung   3

2   Ein Finne aus der Peripherie in der Hauptstadt Europas   29

Teil II   Bewältigung der Krise   53

3   Feuerwehr nach Athen   55

4   Die große Bazooka in der Nacht   79

5   Der Weltuntergang von Deauville und Voldemort in Irland   93

6   Die umfassende Krisenreaktion   115

7   Sommer-Blues in Italien   137

8   Die Stunde Obamas – und Don Camillos   161

9	Die Flexibilisierung des Sixpack	175
10	Luftholen vor dem Eintauchen	191

Teil III Die Wende zum Besseren — 203

11	„Whatever it takes" und die Bankenunion	205
12	Die heimliche Genesung	225
13	*Basta!*: „Austerianer" vs. „Spendanigans"	243
14	Die große Wiederherstellung des Gleichgewichts: Frankreich vs. Deutschland	265
15	Die baltischen Staaten setzen die Segel gegen den Wind	291
16	Nachbeben und die Brexit-Bombe	303

Teil IV Was wir aus der Krise lernen können — 325

17	Fiskalischer Multiplikator vs. Finanzbeschleuniger	327
18	Fehlschlüsse der „düsteren" Wirtschaftswissenschaften	345
19	Lehren aus der Krise für eine Reform der Eurozone	373
20	Nachwort	399

Personenverzeichnis — 411

Stichwortverzeichnis — 415

Abbildungsverzeichnis

Abb. 1.1	Der BIP und dessen Wachstum in der Eurozone, 2008–2021	8
Abb. 1.2	Renditen 10-jähriger Staatsanleihen, 2007–2016	11
Abb. 1.3	Das „unmögliche Dreieck" der Eurozone	14
Abb. 1.4	Neuausrichtung der Wirtschaft der Eurozone, 2007–2020	24
Abb. 2.1	Eero Järnefelt: „Schlitz und Brand" (1893)	36
Abb. 2.2	Qualifikationsspiele der Premier Division, Mikkeli Sportstadion, 1981	39
Abb. 6.1	Die Barroso-Kommission	117
Abb. 9.1	Viviane Reding und Olli Rehn	177
Abb. 10.1	Mario Draghi, Olli Rehn und Margarethe Vestager bei einer Pressekonferenz nach dem Treffen der G20-Minister und Zentralbankpräsidenten in Mexiko-Stadt	200
Abb. 13.1	Öffentliches Defizit im Euroraum, 2000–2020	245
Abb. 13.2	Warnung vor dem Schreckgespenst der Deflation, das 2013–2015 über Europa schwebte	262
Abb. 14.1	Leistungsbilanzsaldo in Deutschland und in der Eurozone, 2008–18	267
Abb. 14.2	Lohnstückkosten (pro Person) im Verhältnis zur Eurozone, 1999–2018 (1999 = 100)	269
Abb. 14.3	Finanzminister Pierre Moscovici überreichte mir im Herbst 2014 im Berlaymont die neue französische Haushaltsvorlage für 2014	272

Abb. 15.1	Kommissionsvizepräsident Siim Kallas, ehemaliger Ministerpräsident Estlands, zieht am Silvesterabend 2011 druckfrische estnische Euro aus dem Geldautomaten in der eiskalten Innenstadt von Tallinn	295
Abb. 16.1	Alexis Tsipras, der damalige Oppositionsführer von Syriza	316
Abb. 17.1	Der Zinssatz für Hauptrefinanzierungsgeschäfte (MRO) in 2007–2016	330
Abb. 17.2	BIP-Wachstum und Fiskalpolitik in den USA und der Eurozone, 2008–2015	333
Abb. 17.3	Kreditwachstum im Euroraum	341

Tabellenverzeichnis

Tab. 11.1 Ein Entwurf für eine tiefe und echte WWU: eine
europäische Debatte anstoßen 222

Teil I

Die Ausgangslage

1

Einführung

Vor über einem Jahrzehnt überrollte die Schuldenkrise den Euroraum mit voller Wucht. Ende 2009, kaum ein Jahr nach dem Zusammenbruch von Lehman Brothers, wurde die Eurokrise durch die Explosion der griechischen Staatsfinanzen und ein erhöhtes Risiko weit verbreiteter Zahlungsausfälle ausgelöst. Sie wurde schnell zum gefährlichsten Nachbeben der globalen Finanzkrise, und das vergangene Jahrzehnt war ein tief greifender Stresstest für Europa und seine gemeinsame Währung. Der Wirtschaftshistoriker Adam Tooze drückte es so aus: „Die Krise der Eurozone war ein massives Nachbeben des Erdbebens im nordatlantischen Finanzsystem von 2008, das sich mit einer Zeitverzögerung durch das labyrinthartige politische Rahmenwerk der EU arbeitete."[1] Die Wahrnehmung und das Wesen der Eurokrise änderten sich schnell. Was zunächst als eine Staatsschuldenkrise in einigen wenigen Mitgliedstaaten wahrgenommen wurde, verwandelte sich im Laufe der Jahre 2010–2012 schnell in eine Systemkrise der gesamten Eurozone.

Die Systemkrise wurde durch eine Kombination von Faktoren verursacht: schwere makroökonomische Ungleichgewichte in vielen Mitgliedstaaten des Euroraums, wie eine übermäßige private und öffentliche Verschuldung und nicht nachhaltige Leistungsbilanzdefizite, eine Verflechtung von Banken und Staaten, die Vernachlässigung bei der Wahrung der Finanzstabilität und das Fehlen von Instrumenten zur Krisenbekämpfung in dem ursprünglichen Maastrichter Vertrag über die europäische Wirtschafts- und Währungsunion (WWU). Als das Vertrauen in die Staatsfinanzen mehrerer Mitgliedstaaten zusammenbrach, breitete sich eine zerstörerische Ansteckung der Finanzwirtschaft über den gesamten Euroraum aus, der damals 16 Mitgliedstaaten um-

---
[1] Tooze (2018, S. 14).

fasste (19 sind es aktuell). Ein finanzieller Buschbrand verwandelte sich in einen Waldbrand, der fast den Euro als Währung verbrannt hätte.

Diejenigen von uns, die am Krisenmanagement beteiligt waren, haben einen Drahtseilakt vollzogen, indem sie versuchten, das Scheitern des Euro zu verhindern und gleichzeitig die systemischen Mängel des Eurosystems zu beheben. Beide Dimensionen – das Löschen der finanziellen Brände und der Wiederaufbau der Architektur der Eurozone – waren notwendig und wurden in den Jahren 2010–2014 zur Kernaufgabe der zweiten Amtszeit vom Präsidenten der Europäischen Kommission, José Manuel Durao Barroso. Ich erinnere mich lebhaft an den Moment, als der ehemalige Präsident der Europäischen Kommission Jacques Delors, einer der Gründerväter des Euro, in der Frühphase der Krise im Sommer 2010 in einem Interview sagte: „Jetzt haben die Feuerwehrleute ihre Arbeit getan. Daher ist es an der Zeit, sich an die Architekten zu wenden". Delors wollte die Gunst der Stunde nutzen und schnell handeln, um die WWU zu stärken. Journalisten befragten mich dazu und meine Antwort war: „Ja, ich stimme Delors sicherlich zu – aber nur zur Hälfte!" Ich sagte sehr deutlich, dass es noch nicht der richtige Zeitpunkt war, die Feuerwehrleute zu entlassen, so sehr ich es auch wollte und auch selbst den Job des Feuerwehrmanns hinter mir lassen wollte.

Richtig ist: Die Architekten wurden seitdem definitiv gebraucht, um die institutionellen Grundlagen des Euro neu zu gestalten. Die finanziellen Waldbrände verschwanden jedoch nicht, sondern kehrten im Laufe der Jahre 2010–2013 immer wieder zurück, u. a. in Irland und Portugal, Italien und Spanien, Zypern und anderswo, und noch einmal im heißen griechischen Sommer 2015. Irgendwann wurde sogar das Auseinanderbrechen des Euro als Bedrohung empfunden, was dazu führte, dass in den Jahren 2011–2012 die Renditen der italienischen und spanischen Staatsanleihen in die Höhe schnellten. Es ist also offensichtlich, dass wir auch nach 2010 eine noch stärkere Feuerwehr brauchten – und wir werden auch weiterhin eine benötigen, nur für alle Fälle. Gleichzeitig ist eine gut funktionierende, sichere Architektur des Euro von größter Bedeutung, um künftige Krisen zu verhindern und der Eurozone wirtschaftliche Stabilität und nachhaltiges Wachstum zu ermöglichen.

Während das Überleben des Euro selbst in Gefahr war, gab es einige kritische Momente. Doch der Euro wurde durch schmerzhafte Entscheidungen gerettet, die eine Grundlage für die Bildung von Koalitionen schufen und positive politische Spiralen in Gang setzten. Infolge des Krisenmanagements und der wirtschaftlichen Stabilisierung befindet sich die Eurozone aber seit 2013 auf einem kontinuierlichen Erholungs- und Wachstumspfad.

Es ist entscheidend, dass wir aus dieser schweren Zeit, als Europa am Rande des Zusammenbruchs stand, die richtigen Lehren ziehen – zugunsten des Euro als einheitlicher Währung und der EU als politischer Gemeinschaft. Das

Eurosystem wurde auf eine Art und Weise geschaffen, die es anfällig für Ungleichgewichte und Krisen machte, ohne dabei Instrumente für das Krisenmanagement bereitzustellen. Um zu verstehen warum dies so war, müssen wir zunächst den wirtschaftlichen und politischen Kontext betrachten, in dem der Euro erschaffen wurde.

Die Konstruktion des Drahtseils

Der Euro wurde als zentraler Bestandteil der großen Welle wirtschaftlicher und politischer Transformation geschaffen, die sich in den 1980er- und 1990er-Jahren über die ganze Welt ausbreitete. In Europa trug sie zur Vertiefung und Erweiterung der Integration der Europäischen Union bei. In dieser Zeit des Wandels haben die wirtschaftliche Globalisierung und die finanzielle Liberalisierung die Funktionsweise und die Regeln der Weltwirtschaft neu definiert. In der westlichen Welt bewegte der Wirtschaftsliberalismus von Ronald Reagan und Margaret Thatcher das Pendel vom Staat zum Markt. Die marktliberalisierenden Reformen von Deng Xiaoping in China brachten Hunderte von Millionen seiner Landsleute in die Nähe der kapitalistischen Weltwirtschaft und ihrer Arbeitskräfte. Der Fall der Berliner Mauer und der Zusammenbruch der Sowjetunion beendeten den Kalten Krieg, befreiten Mittel- und Osteuropa und setzten den Prozess in Gang, der zur Vereinigung des Kontinents führte – zu einem ganzen und freien Europa.

Mit der Wiedervereinigung wurde Deutschland zunächst politisch und im Laufe der Zeit auch wirtschaftlich stärker, vor allem im Verhältnis zu seinen Nachbarn. Unterdessen zögerten die Franzosen, die deutsche Wiedervereinigung ohne einen Kompromiss zu akzeptieren, die Deutschland tiefer in den europäischen politischen Strukturen verankern würde. Daher wurde der Umtausch der Deutschen Mark in den Euro häufig als eine zentrale politische Forderung und notwendige Bedingung für die Akzeptanz der deutschen Wiedervereinigung durch die Franzosen angesehen. Es wurde allgemein, aber insbesondere in Frankreich, die Auffassung vertreten, dass dies nicht nur die souveräne Währungsmacht Deutschlands schmälern, sondern auch das französische Streben nach politischer Gleichheit fördern würde. So entstand der Euro in diesem Zusammenhang als ein für die deutsche Wiedervereinigung notwendiges Grundangebot, eine Begleiterscheinung des europäischen Binnenmarktes und ein Symbol der europäischen Einheit.

Die deutsch-französische Aussöhnung und das europäische Projekt hatten zwar in erster Linie eine politische, aber im Wesentlichen auch wirtschaftliche und finanzielle Komponenten. Das gemeinsame, wenn auch unterschiedlich wahrgenommene Ziel war die Gründung einer Wirtschafts- und Währungsunion (WWU). Der deutsche Ansatz war im Grundsatz der von Hans Tietmeyer, dem ehemaligen Leiter der Bundesbank und früheren Staatssekretärs des Bundesfinanzministeriums. Der Euro wurde als „Krönung" der Integrationsbemühungen angesehen – die deutsche Logik verfuhr nach dem Motto „erst eine politische Union, dann eine Wirtschaftsunion". Die Franzosen hatten eine ganz andere, mehr *proaktive* Idee, wie man in eine Wirtschaftsunion eintreten könnte, die eine starke „Wirtschaftsregierung" als Gegengewicht zu einer unabhängigen Zentralbank der Währungsunion beinhalten würde.

Ob der Euro ohne den Fall der Berliner Mauer und die Aussicht auf die deutsche Wiedervereinigung geboren worden wäre, ist eine interessante hypothetische Frage. Bereits im Juni 1988 hatte der Europäische Rat die wesentliche Entscheidung über die schrittweise Verwirklichung der Wirtschafts- und Währungsunion (WWU) getroffen. Bis April 1989 hatte der sogenannte Delors-Ausschuss einen konkreten Aktionsplan zur Verwirklichung einer einheitlichen Währung ausgearbeitet, der auf drei Entwicklungsstufen beruhte: erstens die vollständige Liberalisierung des Kapitalverkehrs, zweitens die Erfüllung der Konvergenzkriterien wie Staatsverschuldung und -defizit sowie Wechselkursstabilität durch die Mitgliedstaaten und drittens die dauerhafte Festlegung der Wechselkurse und die Einführung der einheitlichen Währung als einzige Rechnungseinheit im Jahr 1999. Die Beratungen des Ausschusses wurden von der damals noch neuen wirtschaftlichen Stagnation und den Währungsturbulenzen in Europa in den 1980er-Jahren angetrieben, einschließlich der wettbewerbsbedingten Abwertungen von Ländern, die aus dem Gleichgewicht geraten waren, sowie der Schaffung des Binnenmarktes, die nach Ansicht vieler Ökonomen und Politiker der damaligen Zeit, die parallele oder unmittelbar darauf folgende Einführung einer einheitlichen Währung erforderte.

Zehn Jahre nach der Verankerung des Euro im Vertrag von Maastricht veranschaulichte der ehemalige französische Premierminister Edouard Balladur eindringlich den Charakter der gemeinsamen Währung als Ergebnis eines deutsch-französischen Kompromisses und unterstrich die historische Rolle von Bundeskanzler Helmut Kohl bei ihrer Einführung:

> Hätte Kohl ohne das Ansehen, das er während der friedlichen Wiedervereinigung seines Landes erworben hatte, sich selbst und seine europäischen Partner dazu bewegen können, die D-Mark und alle anderen nationalen Währungen auf dem Altar des Euro zu opfern? Die D-Mark musste das Beispiel sein, sonst wäre nichts möglich gewesen … Hat Kohl es aus europäischer Überzeugung getan, aus Angst vor seiner eigenen Nation und ihrer leidenschaftlichen und unvorhersehbaren Art, um seines historischen Erbes willen oder um die Übermacht, die Deutschland durch die Wiedervereinigung erlangt hat, auszugleichen, auszubalancieren und einzudämmen? Wie dem auch sei, er hat es getan: Er hat die politische und moralische

Kraft der so schnell und brillant erreichten Wiedervereinigung in den Dienst der europäischen Einheit gestellt.[2]

Auch wenn Balladur eine beeindruckende rhetorische Eleganz an den Tag legt, so ist es doch zutreffend und auch fair, den Schluss zu ziehen, dass die WWU das Ergebnis der politisch-ökonomischen Dynamik der damaligen Zeit und der Verhandlungen zwischen Deutschland und Frankreich war. Wobei Frankreich am Steuer saß, Deutschland aber die Navigation und damit das Ziel unter Kontrolle hatte. Das Ergebnis der deutsch-französischen Verhandlungen wurde in der historischen Analyse oft als ein regelrechtes *quid pro quo* – „one for you, one for me" – angesehen. Die Wiedervereinigung Deutschlands wurde als Gegenleistung für einen Sitz Frankreichs am Tisch der Bundesbank zugelassen. Meiner Meinung nach ist dies eine zu direkte und vereinfachende Interpretation. Vielmehr war die Einführung des Euro gegen viele Widerstände das Ergebnis einer gemeinsamen europapolitischen Reaktion auf die wirtschaftlichen und politischen Transformationen der 1980er und frühen 1990er-Jahre. Dies wurde ermöglicht durch die strategisch-politische Ausrichtung der deutschen und französischen Regierungschefs, insbesondere Helmut Kohl, Hans-Dietrich Genscher und François Mitterrand sowie systematisch vorangetrieben durch supranationalen, politischen Unternehmergeist, insbesondere durch die Europäische Kommission und den Ausschuss der Zentralbankpräsidenten unter dem Vorsitz von Jacques Delors in den Jahren 1988–1989.[3] Aber es ist natürlich unmöglich festzustellen, ob der Euro auch **ohne** die deutsche Wiedervereinigung geboren worden wäre.

Die Krise trifft Europa unvorbereitet

In Europa war der weltweite Zusammenbruch der Finanzstabilität in den Jahren 2007–8 der entscheidende Faktor, der Marktturbulenzen und Unsicherheit auslöste. Die intensivste Phase der Krise in der Eurozone fand zwischen den Jahren 2010 und 2013 statt. Trotz der allgemeinen Erholung im Frühjahr 2013, die zur Schaffung von inzwischen 11 Millionen neuen Arbeitsplätzen beitrug, führte die Krise in vielen Ländern zunächst zu einem starken Anstieg der Arbeitslosigkeit. Insgesamt entfaltete sich die Krise in drei Phasen, wie aus Abb. 1.1 hervorgeht.

---

[2] Edouard Balladur, *Les Aventuriers de l'Histoire*, (2001, S. 283).
[3] Zur Rolle der strategischen politischen Orientierung bei der wirtschaftlichen und demokratischen Transformation Europas durch Deutschland und Frankreich: siehe Ryner und Cafruny (2017, S. 10). Zum supranationalen, politischen Unternehmergeist der Europäischen Kommission: siehe Sandholz und Zysman (1989).

1. Die globale Finanzkrise begann im August 2007 und trat im September 2008 mit dem Zusammenbruch von Lehman Brothers in ihre intensivste Phase ein. Sie traf die Eurozone hart und verringerte ihr BIP um dramatische 4,5 Prozent. Zwischen 2008 und 2009 traf die Krise Geldmarktfonds und erstickte die Interbanken-Kreditvergabe. Dank der effektiven globalen Koordinierung der Politik vor allem im Rahmen der G20, wurden jedoch umfangreiche geld- und fiskalpolitische Konjunkturpakete wie das Europäische Konjunkturprogramm vereinbart, die der Weltwirtschaft und dem Welthandel im Laufe der Jahre 2009 und 2010 zu einer Erholung verhalfen.

Dennoch stieg die Arbeitslosenquote in der Eurozone von 7,5 Prozent Mitte 2007 auf 10,0 Prozent Ende 2009 sprunghaft an.[4] Gegen Ende 2011 begann sie wieder zu steigen und erreichte Anfang 2013 einen Höchststand von 12 Prozent. Diese Entwicklungen führten zu einer hohen und anhaltenden Arbeitslosigkeit und damit zu tiefen sozialen und menschlichen Narben

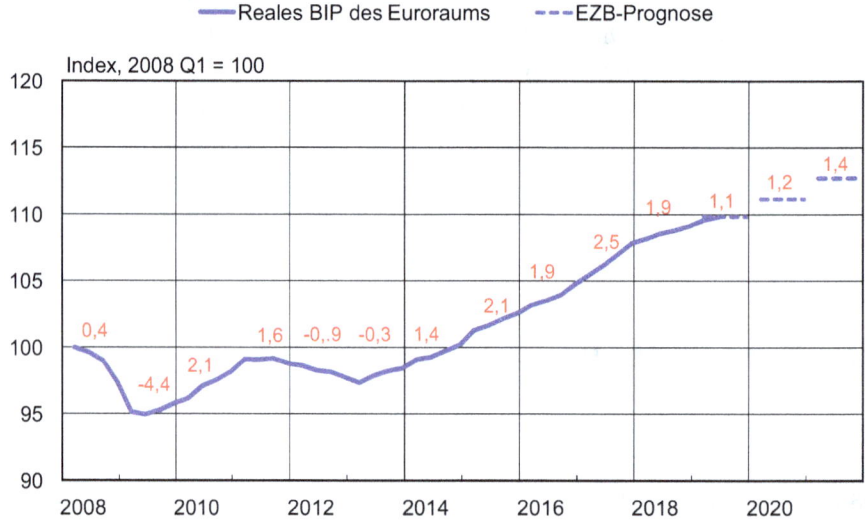

Abb. 1.1 Der BIP und dessen Wachstum in der Eurozone, 2008–2021. (Quelle: Eurostat, EZB und Macrobond. *Anmerkungen*: Euroraum, wechselnde Zusammensetzung. Bei den Zahlen neben der Linie handelt es sich um jährliche Wachstumsraten.)

---

[4] Eurostat, Arbeitslosenquote im Euroraum bei 9,6 Prozent. Dies wird als gewichteter Durchschnitt für die 19 Mitglieder der Eurozone im Jahr 2017 berechnet. Pressemitteilung vom 2. März 2017. Siehe: http://ec.europa.eu/eurostat/documents/2995521/7895735/3-02032017-AP-EN.pdf/8a73cf73-2bb5-4 4e4-9494-3dfa39427469.

in vielen Teilen Europas. Seit 2013 hat sich die Beschäftigung erholt und die saisonbereinigte Arbeitslosenquote in der Eurozone lag im März 2019 bei 7,7 Prozent.[5]

2. Nach einem kurzen Zwischenspiel traf ab Oktober 2009 die zweite Phase der Krise, die Staatsschuldenkrise, Europa mit voller Wucht und tobte von 2010 bis 2012. Sie war, wie gesagt, ein schweres Nachbeben der globalen Finanzkrise, die ihren Nährboden in der Finanzierung der Weltwirtschaft und in den Interbanken-Kredit- und Staatsbank-Verflechtungen des globalen Finanzsystems hatte.

Diese Phase der Krise war gekennzeichnet durch steigende Anleiherenditen für Staatsschulden, prohibitive Kosten für die Kreditvergabe an Staaten in gefährdeten Ländern aufgrund des wahrgenommenen Euro-Auflösungsrisikos (= „Umbennungsrisiko") und die Aussperrung einiger Staaten von der Marktfinanzierung insgesamt (dies betraf Griechenland, Irland und Portugal, während Spanien und Italien nahe dran waren). Die Spanne der Renditen von Staatspapieren bzw. Staatsanleihen und damit der Unterschied in den Kreditkosten zwischen den gefährdeten Ländern und Deutschland vergrößerten sich dramatisch.

Bis Februar 2010 wurden die drohende Zahlungsunfähigkeit Griechenlands und ein möglicher *Grexit* als große Ansteckungsgefahr für die gesamte Eurozone wahrgenommen. Dies veranlasste die politischen Entscheidungsträger der Eurozone, über Notfallkredite für die gefährdeten Mitgliedstaaten zu entscheiden. Das erste bedingte Finanzhilfeprogramm für Griechenland wurde schließlich im Mai 2010 beschlossen und belief sich auf 110 Milliarden Euro, die zu etwa 2/3 von der Eurozone und zu 1/3 vom IWF finanziert werden sollten. Das Mai-Programm trug tatsächlich dazu bei, die finanziellen Turbulenzen zu stoppen – aber nur für einen Tag. Es führte nur wenige Tage später, am 10. Mai 2010, zur Einführung des Europäischen Finanzstabilitätsmechanismus (EFSM) und der Europäischen Finanzstabilitätsfazilität (EFSF). Darauf folgte – einige Jahre später, in den Jahren 2012–2013 – die Gründung der ständigen, gut kapitalisierten internationalen Institution, des Europäischen Stabilitätsmechanismus (ESM).

Zu diesem Zeitpunkt im Mai 2010, oder genauer gesagt von Oktober 2009 bis Juni-Juli 2011, war die Krise noch überwiegend eine Angelegenheit von Kleinstaaten. Dank der neu geschaffenen Instrumente konnte erfolgreich ver-

---

[5] https://ec.europa.eu/eurostat/documents/2995521/9628005/3-01032019-BP-EN.pdf/ fdee8c71-7b1a-411a-86fa-da4af63710e1.

hindert werden, dass sich die Buschfeuer der Kleinstaaten in kontinentale Waldbrände verwandelten. Bald jedoch beantragten auch Irland (im November 2010) und Portugal (im April 2011) ein bedingtes Finanzhilfeprogramm.

3. Die italienische und spanische Krise von 2011 und 2012 fiel mit der Verschlechterung der politischen Lage in Griechenland zusammen. Es waren schleichende, langwierige Vertrauenskrisen, die sich rasch beschleunigten und ein noch gefährlicheres Stadium als die Griechenlands erreichten. Beide Länder sahen sich einem immensen Marktdruck und sehr hohen Anleiherenditen ausgesetzt, was zu Bonitätsherabstufungen führte und die nachhaltige Bedienung ihrer Staatsschulden bedrohte. Selbst Frankreich war von diesem Gegenwind betroffen. Hier verwandelte sich die Schuldenkrise des Euroraums in eine echte Systemkrise mit dem wahrnehmbaren Risiko eines Auseinanderbrechens des Euroraums und das war die gefährlichste Phase der Krise.

Die Herabstufungen der Kreditwürdigkeit und der Anstieg der notleidenden Kredite im Bankensektor in Italien und Spanien hatten negative Auswirkungen auf die Kreditvergabekapazität der Banken dieser Länder. Dies wiederum führte im größten Teil Südeuropas zu einer Kreditklemme und zu einem schädigenden Rückgang der privaten Kreditvergabe an Unternehmen, insbesondere an kleine und mittlere Unternehmen.

Dieses tief greifende Problem, das das Wachstum in der Eurozone erstickte, hing mit den Unterschieden im Umgang mit der Säuberung des Bankensektors und der Wiederherstellung der Kreditvergabe an Haushalte und Unternehmen zusammen. Während die USA in den Jahren 2008 und 2009 ihren Bankensektor erfolgreich sanieren konnten, wurde die Sanierung des europäischen Finanzsektors erst von 2012 bis 2014 ordnungsgemäß durchgeführt, und in einiger Hinsicht ist sie immer noch nicht abgeschlossen.

Die Wachstumsperformance der Eurozone begann sich in der zweiten Hälfte des Jahres 2011 im Vergleich zu den USA erheblich abzuschwächen, was mit einer sich vergrößernden Kluft bei den langfristigen Zinssätzen zwischen der Eurozone und den USA zusammenfiel. Zum Teil ist dies auf die Erhöhung der Leitzinsen der EZB zurückzuführen. Ein noch wichtigerer Faktor war jedoch die Verschärfung der Banken- und Schuldenkrise im Euroraum, die sich an den Finanzmärkten bemerkbar machte und sich in den deutlich gestiegenen Spreads der Anleiherenditen zwischen den so genannten „gefährdeten" Mitgliedstaaten und den Kernländern niederschlug (siehe Abb. 1.2).

1 Einführung

Diese Entwicklung steht in engem Zusammenhang mit der ‚financial accelerator theory', die von Ben Bernanke, einem führenden Gelehrten der Weltwirtschaftskrise, entwickelt wurde – lange bevor er Vorsitzender der US-Notenbank war. Er definiert den Grundgedanken so: „Rezessionen neigen dazu, den Kreditfluss zu behindern, was wiederum die Rezession verschlimmert." Infolgedessen wird die Kreditvergabe eingeschränkt, was sich auf die Ausgaben der Haushalte und die Unternehmensinvestitionen auswirkt und so die Rezession verstärkt. All dies bringt die Wirtschaftstätigkeit in einen Rückwärtsgang.[6] Dies wird in Kap. 17 eingehend erörtert.

In der Eurozone hatten die höheren Renditen von Staatsanleihen in den Jahren 2011–2012 einen schädlichen Einfluss auf das Wachstum in den betroffenen Ländern, und zwar nicht nur durch den Standard-Zinsmechanismus, bei dem die Renditen von Finanzinstrumenten als Opportunitätskosten für reale Investitionen gelten, sondern auch – und vielleicht in erster Linie – durch die Auswirkungen auf die Verfügbarkeit und die Kosten von Finanzierungen für den privaten Sektor. Die Refinanzierungskosten der Banken stiegen und die Vermögenswerte verloren an Wert, was wiederum die Verfügbarkeit von Sicherheiten schwächte und zu einem schnelleren Schuldentilgung führte und einen finanziellen Engpass im privaten Sektor verursachte. Darüber hinaus setzte ein Teufelskreis in den öffentlichen Finanzen ein: Hö-

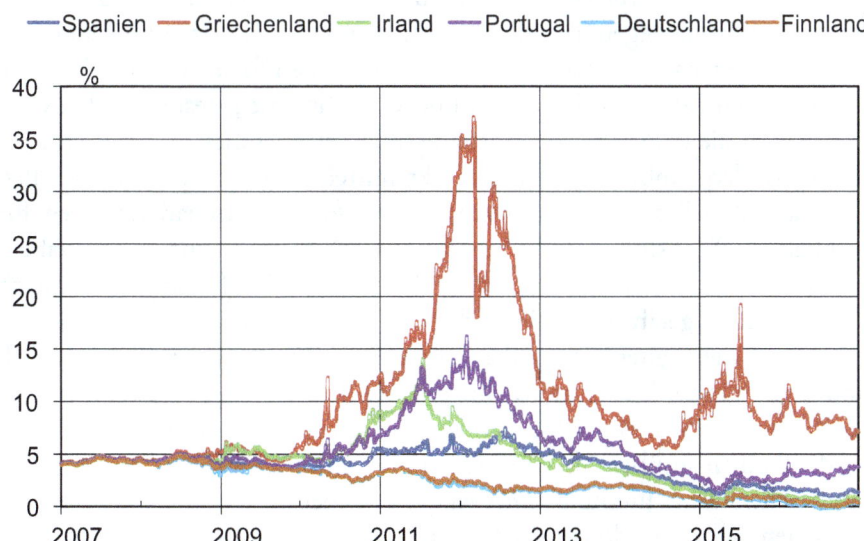

Abb. 1.2 Renditen 10-jähriger Staatsanleihen, 2007–2016. (*Quelle*: Macrobond)

---

[6] Bernanke (2015, S. 35–36). Siehe auch Bernanke (2000, S. 5–38; 70–160).

here Renditen erhöhten die Finanzierungslast des öffentlichen Sektors und verstärkten die Angst vor Insolvenzen sowie die Befürchtung, dass die Staaten das Funktionieren des Bankensektors nicht garantieren könnten, falls dieser vor ernsthaften Solvenzproblemen stehen sollte.

Zu einem großen Teil erklärt die ‚financial accelerator theory', in diesem Fall eigentlich eine finanzielle **Verzögerung**, die lang anhaltende Rezession und die schwache Wachstumsleistung der Eurozone. Als die Krise zuschlug, war die Reaktion wankelmütig, in Zeitlupe reagierend und mit zu geringer finanzieller Kraft. Dem Finanzsystem fehlte daher zu lange der Sauerstoff, um Kredite zu stützen und die Krise wurde deutlich verschlimmert.

Nicht, dass nicht schon früher versucht worden wäre, die Finanzen zu sanieren. Ja, dies wurde vor allem mit den Banken-Stresstests vom Sommer 2010 getan. Aber die damalige fragmentierte und schwache, konföderale Bankenaufsicht in der Eurozone, ohne jegliche Befugnisse der Länder, die eine gezielte Aufsicht oder die Überprüfung der Ergebnisse ermöglicht hätten und der damit verbundene *finanzielle Nationalismus* – um den Ausdruck von Nicolas Véron zu verwenden – der Mitgliedstaaten der Eurozone, machte den Erfolg damals nicht wahrscheinlich.

Als eine der ersten Lehren aus der Krise rief die Europäische Kommission im Januar 2011 zu einer umfassenden Krisenreaktion der Eurozone auf, in der eine Reihe paralleler und sequenzieller politischer Maßnahmen vorgeschlagen wurde: erstens, die Verstärkung der Finanz-Hilfsprogramme (EFSF/ESM), um die Eurozone gegen Turbulenzen durch spekulative Angriffe stabiler zu machen; zweitens, die Rekapitalisierung der Banken fortzusetzen, sobald die Mechanismen EFSF/ESM verstärkt und versuchsweise getestet worden sind; drittens soll die konsequente Konsolidierung der öffentlichen Finanzen fortgesetzt werden, wobei der Schwerpunkt mittelfristig auf dem strukturellen Haushaltssaldo liegen soll; und *last but not least*, Wirtschaftsreformen für nachhaltiges Wachstum und die Schaffung von Arbeitsplätzen voranzutreiben.

Doch so hat es nicht ganz geklappt. Wie Mario Draghi Ende 2011, nach einer besonders gefährlichen Phase der Krise, zu Recht bemerkt hat: „Idealerweise hätte die Reihenfolge anders sein sollen. Wir hätten zuerst die EFSF einführen müssen. Das hätte … eine positive Auswirkung auf die Kapitallage der Banken mit Staatsanleihen in ihren Bilanzen gehabt … Das könnte Druck auf die Banken ausüben, bessere Kapitalquoten durch einfache Entschuldung zu erreichen. Entschuldung (Deleveraging) bedeutet zweierlei: Verkauf von Vermögenswerten und/oder Reduzierung der Kreditvergabe … die zweite Option ist bei weitem die schlechteste".[7]

---

[7] Mario Draghi, Interview in *The Financial Times*, 14. Dezember 2011.

Wenn wir mit dem heutigen Wissen den Verlauf der Ereignisse rückblickend betrachten, haben wir Entscheidungsträger der Eurozone gemeinsam eine Gelegenheit klar verpasst. Es stellte sich heraus, dass eine solche wirtschaftlich vernünftige Abfolge innerhalb des unvollendeten institutionellen Rahmens der Eurozone politisch nicht erreichbar war. Daher muss man eingestehen, dass die finanzielle Verlangsamung vor allem in der Zeit von 2010–2012 eine Hauptrolle beim Einbrechen des Wachstums gespielt hat.

Eine weitere Lektion ist, dass die Geldpolitik mit Nachdruck eingesetzt werden muss, wenn eine Rezession oder Deflation oder beides auftritt oder droht, um wieder mehr Beschäftigung und eine normale Inflationsrate zu schaffen. Zeitweise handelte die EZB nur langsam, aber im Herbst 2008 und erneut im Sommer und Herbst 2012 begann sie dann entschlossen damit, in vollem Umfang als *Lender of Last Resort* für das Finanzsystem des Euroraums zu fungieren. Im April und Juli 2011 drängten die vorzeitigen Zinserhöhungen der EZB die Wirtschaft allerdings an den Rand einer Rezession. Positiv zu vermerken ist, dass die quantitative Lockerung oder die großen Programme zum Ankauf von Vermögenswerten ab 2015 die damals sehr ernste Deflationsgefahr erfolgreich bekämpft und die Erholung entscheidend unterstützt haben.

Alles in allem gab es erhebliche institutionelle und politikbezogene Einschränkungen. Eine ergab sich aus der zwischenstaatlichen Struktur der Entscheidungsfindung. Die andere lag in dem eher konservativen politischen Erbe der Europäischen Zentralbank begründet.

Das unmögliche Dreieck

Die Bewältigung der Krise bedeutete Verhandlungen zwischen Ländern mit sehr unterschiedlichen Agenden. Und hinter jeder Agenda standen ihre jeweiligen nationalen Ziele und Zwänge. Diesbezüglich folge ich Susan Strange: „Was ich hier vorschlage, ist ein Weg, Politik und Wirtschaft durch eine strukturelle Analyse der Auswirkungen von Staaten – oder besser gesagt von jeder Art von Autorität – auf Märkte und umgekehrt der Marktkräfte auf Staaten zusammenzufassen."[8]

Die Kommission wurde hier zu einem proaktiven Vermittler von Kompromissen zwischen drei Schlüsselakteuren: der deutschen Bundesregierung in Berlin, der EZB in Frankfurt und dem IWF in Washington D.C. Diese drei Zentren hatten (und haben zumeist immer noch) die finanziellen Chips – Fonds oder Geld, direkt oder über finanz- oder geldpolitische Instrumente –

---
[8] Strange (1988, S. 13–14).

und waren somit befugt, das Heft in der Hand zu halten. Meistens ruderten sie nicht in die gleiche Richtung, sondern stritten sich vielmehr über den bevorzugten Kurs der politischen Maßnahmen, mal über Substanzielles oder auch einfach über das Prinzip oder das Verfahren. Im Jahr 2010 begann ich, sie als das *unmögliches Dreieck* der Eurozone zu bezeichnen (s. Abb. 1.3).[9]

Das Dreieck ist natürlich ein vereinfachtes analytisches Schema und sicherlich nicht dazu gedacht, eine seiner Ecken zu beleidigen oder die anderen Mitgliedstaaten der Eurozone zu unterschätzen. Traditionell ist Frankreich eine treibende Kraft der europäischen Integration und könnte – oder sollte sogar – in das Dreieck aufgenommen werden, insbesondere als Teil des deutsch-französischen Tandems in der Ära von Bundeskanzlerin Merkel und Präsident Sarkozy. Doch damals schränkte Frankreichs schwächere wirtschaftliche Position deren Rolle in der Eurozone während eines großen Teils der Schuldenkrise ein. Auf jeden Fall könnte man um das Dreieck herum die anderen 18 Mitgliedstaaten der Eurogruppe sowie den Europäischen Stabilitätsmechanismus und das Europäische Parlament in den Politikbereichen hinzufügen, in denen die Staaten vertraglich verankerte Kompetenzen haben.

Die „Unmöglichkeit" sollte nicht wörtlich, aber dennoch ernst genommen werden. Sie bezieht sich auf die einfache Tatsache, wenn jeder dieser Akteure sich an seine eigenen Regeln, Prinzipien und politischen Ziele halten würde,

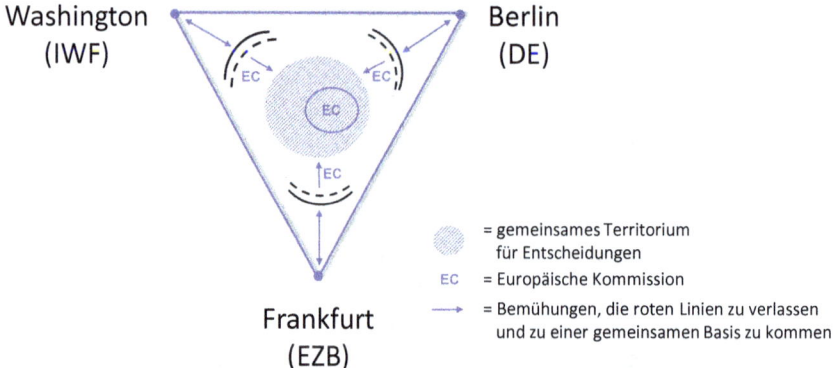

Abb. 1.3 Das „unmögliche Dreieck" der Eurozone. (*Quelle*: Eigene Darstellung des Autors im Dezember 2010)

---

[9] Jeder Ökonom erkennt die ursprünglich **unmögliche Trinität** (oder das **Trilemma**) in der internationalen Währungsökonomie des Nobelpreisträgers Robert Mundell an, der argumentiert, dass es unmöglich ist, alle drei Elemente, den freien Kapitalverkehr, die unabhängige Geldpolitik und den festen Wechselkurs, gleichzeitig zu verfolgen. Die Zentralbank kann nur zwei dieser drei Elemente wählen, während es unmöglich ist, sich gleichzeitig für alle drei Elemente zusammen zu entscheiden. Ich habe mich dafür entschieden, es „nur" als ein unmögliches **Dreieck** zu bezeichnen, um es nicht zu verwechseln mit einem „echten" Trilemma, bei dem nur zwei von drei Zielen erreicht werden können.

dass dann keine Lösung innerhalb des Dreiecks erreichbar wäre. Nehmen Sie zum Beispiel die so genannten *Haircuts* der griechischen Staatsverschuldung (d. h. die „Beteiligung des privaten Sektors"), die zur Schlüsselfrage bei der Vereinbarung des zweiten Rettungsprogramms in den Jahren 2011 und 2012 wurden. Der IWF unterstützte die Schuldenschnitte, da es um die Einhaltung seiner Regeln ging, die als notwendige Bedingung die Schuldentragfähigkeit verlangen. Umgekehrt war die EZB aufgrund des Mandats, die Finanzstabilität in der Eurozone und insbesondere im Bankensystem zu erhalten, gegen die Schuldenschnitte. In Deutschland sorgten die parlamentarischen Rechte des Bundestages mit seinem politischen Ziel, die Steuerzahler zu entlasten, dafür, zugunsten der Schuldenschnitte zu votieren.

Natürlich galten viele ähnliche Bedingungen und Einschränkungen auch für andere Mitgliedstaaten der Eurozone, einschließlich der Länder, die bedingte finanzielle Unterstützung beantragten und in Anspruch nahmen, d. h. Griechenland, Irland, Portugal und Spanien. Für die Länder Südeuropas ging es um die Frage der Ansteckung; daher sprachen sie sich (lange) gegen Schuldenschnitte aus. Für Frankreich ging es um das Bankensystem und so wehrte es sich auch gegen die Einschnitte. Für die Niederlande und Finnland ging es darum, das Geld ihrer Steuerzahler zu sparen, anstatt die anderen zu retten, und so stimmten sie den *Haircuts* zu.

Die Kommission versuchte Brücken über diese Europäische *Disunion* zu bauen. Es hieß, sich auf einen kontinuierlichen und zukunftsorientierten Verhandlungsprozess mit den Mitgliedstaaten der Eurozone und anderen Institutionen einzulassen, bilateral und multilateral. Infolge dieses Dreieckdramas war die Luft in der Eurozone oft dick, mit so genannten „roten Linien" – absoluten Bedingungen oder Hindernissen für Entscheidungen –, bei denen keiner der Hauptakteure Kompromisse eingehen wollte. Dies veranlasste mich bei einem Tiefpunkt in der Krise, auf einem Treffen der Eurogruppe, der EZB und des IWF, zu verkünden: „Diese roten Linien hindern uns daran, ein gemeinsames Territorium zu finden und eine Entscheidung zu treffen – bitte machen Sie Ihre Linien zumindest *rosa*, damit wir sie überqueren und schließlich zu einer Lösung kommen können".

In diesem Zusammenhang wurde die Rolle der Europäischen Kommission eine andere, als sie in der Öffentlichkeit oft wahrgenommen wird. Einerseits war die Kommission in praktisch allen europäischen und internationalen Instanzen präsent und aktiv, die für Entscheidungsfindungen von Bedeutung waren: Kommissionspräsident Barroso vertrat sie auf den Gipfeltreffen der Staats- und Regierungschefs der Eurozone und der G8 und G20, während ich dies in der Eurogruppe, der G7 und G20 sowie im IWF auf der Ebene der Finanzminister und Zentralbank-Gouverneure tat. Unsere bilaterale Kommunikation mit Präsident Barroso verlief nahtlos und kontinuierlich, um unsere Außenwirkung zu maximieren und die interne Koordinierung in der Kommission sicherzustellen. Auf der anderen Seite hatte die Kommission zwar politischen Einfluss aufgrund ihrer vorhandenen Fachkompetenz in der Wirtschaftsanalyse, ihres gesetzlichen Mandats in der Wirtschaftsführung und als führendes Mitglied der EU-IWF-„Troika", doch hatte sie keine substanziellen Mengen an Geld auf den Tisch zu legen.[10] In der realen Welt mit dem Motto „show me the money" hatte die Kommission daher keine direkte, finanzielle Hebelwirkung, sondern höchstens eine indirekte. So wurde die Rolle der Kommission zu der eines proaktiven Vermittlers und Kompromissbildners, um das gemeinsame Territorium für Entscheidungen innerhalb des „unmöglichen Dreiecks" und in der Eurozone zu schaffen und so eine Lösung und Maßnahmen zu erleichtern oder zu ermöglichen.

Meistens bedeuteten diese institutionellen Zwänge, dass die verfügbaren Lösungen nur die Zweitbesten waren. Mit anderen Worten, sie waren eher politisch machbar als wirtschaftlich optimal. Aber in den meisten Fällen war selbst eine zweitbeste Lösung besser als gar keine Lösung. Der offensichtliche Nachteil war, dass die Eurozone oft als „hinter den Kulissen" agierend und als „auf die lange Bank schiebend" angesehen wurde, so z. B. beim Vertagen wichtiger Entscheidungen oder entscheidender Handlungen, wofür sie ständig kritisiert wurde. Ein Paradebeispiel dafür ist der langwierige Prozess, der mit der Gründung der vorläufigen EFSF begann und erst allmählich zur Einführung des permanenten Europäischen Stabilitätsmechanismus in den Jahren 2010–2013 führte.

Die stille Wandlung der EZB: von der Bundesbank zur Federal Reserve

Der monetäre (oder Finanzierungs-)Zwang ergab sich aus den Verhandlungen der 1990er-Jahre über das unvollkommene institutionelle Gerüst der Europäischen Zentralbank. Der EZB wurde gegen gute Sicherheiten eine Rolle als

---

[10] Ich verwende den Begriff EU-IWF-Troika als Kurzform für die drei Institutionen, d. h. die Europäische Kommission, die Europäische Zentralbank und den Internationalen Währungsfonds; die Troika wurde 2010 als „die Kommission in Verbindung mit der EZB zusammen mit dem IWF" formuliert. Die Kommission hatte den größten Einfluss auf die Nutzung des EFSM (Europäischer Finanzstabilisierungsmechanismus), eines Gemeinschaftsinstruments, das auf dem zusätzlichen Spielraum des EU-Haushalts beruhte und die Haushaltsobergrenze von 60 Milliarden Euro vorsah. Entscheidungen des EFSM konnten im Prinzip mit qualifizierter Mehrheit getroffen werden. Nach seiner Schaffung und ersten Aktivierung in 2010/11 weigerte sich das Vereinigte Königreich jedoch, seinen Einsatz zu akzeptieren, wodurch diese Option im Wesentlichen eingefroren wurde.

letzte Liquiditätsreserve für das Bankensystem zuerkannt. Aber die Kombination aus der Tatsache, dass es der EZB verboten war, sich an der monetären Finanzierung von Staaten zu beteiligen und dem Fehlen eines Stabilitätsmechanismus der Eurozone für die Staaten, machte die gefährdeten Mitgliedstaaten offen für Finanzmarktturbulenzen, ja sogar für eine regelrechte Marktpanik. Zur Eindämmung von Finanzturbulenzen in der Zeit der Krise sind jedoch die Prinzipien, die Walter Bagehot (1826–1877) für die Kreditvergabe der Zentralbanken an Finanzinstitutionen definierte, allgemein gültig. Gemäß „Bagehots Maxime" sollten Zentralbanken in Zeiten der Finanzkrise und um die Panik einzudämmen, (1) Kredite an Banken frühzeitig und frei vergeben, d. h. ohne Begrenzung, (2) an solvente Einlagensicherungsinstitute, (3) gegen solide Sicherheiten und (4) zu Zinssätzen, die hoch genug sind, um diejenigen Banken abzuschrecken, die nicht wirklich in Not sind.[11] Bei Ausbruch der Krise war die EZB verständlicherweise zunächst zögerlich, Programme zum Ankauf von Staatsanleihen durchzuführen. Dies wurde jedoch notwendig, um die finanziellen Turbulenzen einzudämmen, zumal es zu Beginn der Krise 2009–2010 keinen unabhängigen, ultimativen Mechanismus gab, der als finanzielle Schutzwand hätte dienen können.

Die ungeschriebene Doktrin der EZB begann sich jedoch in einen aktivistischeren Ansatz zu verändern. Zunächst geschah dies Ende 2008 mit einem Wechsel von der Kontrolle der Menge der an die Banken ausgeliehenen Zentralbankreserven zu einer Kontrolle des Preises der Kreditvergabe und mit den Währungsswaps, die vor allem mit der US-Notenbank durchgeführt wurden. Die US-Notenbank begann eine wichtige Rolle als globaler *Lender of Last Resort* für das globale Finanzsystem zu spielen, als die Interbanken-Kreditvergabe nach dem Sturz von Lehmann Brothers im September 2008 plötzlich austrocknete.[12] Der nächste Schritt wurde 2010 unternommen, als die EZB begann, mit einem Anleihenankaufprogramm für Staatspapiere (dem Programm für die Wertpapiermärkte – Securities Market Program, SMP) zu experimentieren, gefolgt von den dreijährigen langfristigen Refinanzierungsoperationen der Banken (Longer-Term Refinancing Operations, LTROS) im Dezember 2011. Ihr geldpolitischer Ansatz und ihre geldpolitische Methode wurden schließlich ab Sommer 2012 mit dem Programm für endgültige monetäre Transaktionen (Outright Monetary Transactions, OMT, existiert seit September 2012, wurde aber nie in Anspruch genommen) grundlegend geändert. Darauf folgten die Einführung negativer Zinssätze seit 2014 und die groß angelegten Programme zum Erwerb von Vermögenswerten seit 2015.

---

[11] Cf. Paul Tucker, Bank of England, Reden im Jahr 2009. Zitiert in Wikipedia. Siehe auch Madigan (August 2009).
[12] Tooze (2018, S. 9–10).

Die stille Wandlung der EZB „von einer Bundesbank zu einer Federal Reserve"[13] im Verlauf der Jahre 2010–2015 wird ein wiederkehrendes Thema sein und ist im Buch unterrepräsentiert. Die Bundesbank, die hoch angesehene deutsche Zentralbank, symbolisiert das klassische stabilitätsorientierte Zentralbankwesen, während die Federal Reserve hier als Kurzformel für einen aktiveren antizyklischen Ansatz des Zentralbankwesens agiert. Die Transformation der EZB war zumeist ein inkrementeller und schrittweiser Wandel, mehr durch pragmatische Schritte als durch einen großen Entwurf gekennzeichnet, aber sie wurde im Grunde genommen auch zu einer stillen philosophischen Transformation in der Geldwirtschaft und im europäischen Zentralbankwesen. Wie Philip Hartmann und Frank Smets abschließend feststellen, „hat die EZB ihre Geldpolitik im Laufe der Zeit an die sich verändernden und herausfordernden Umstände angepasst und dabei ihre Strategie und ihren Rahmen effektiv genutzt … Mit der Erweiterung ihres Instrumentariums im Laufe der Zeit ist sie auch ihren Konkurrenten ähnlicher geworden".[14] Auf die Transformation der EZB wird in Kap. 17 näher eingegangen.

Welche Folgen hatte die Wandlung der EZB? Sie hatte zwei rasche Auswirkungen, die sowohl das Finanzsystem als auch souveräne Staaten betrafen.

Erstens trug sie einfach, aber entscheidend dazu bei, die Finanzstabilität wiederherzustellen und dem Bankensystem wieder Vertrauen zu geben. Die EZB – oder genauer gesagt das Eurosystem, da es die nationalen Zentralbanken sind, die den Banken in ihrem jeweiligen Zuständigkeitsbereich Finanzmittel in letzter Instanz zur Verfügung stellen[15] – wurde im Einklang mit Bagehots Prinzipien als der *Lender of Last Resort* für die Banken und den Finanzsektor angesehen. Sie erfüllte jedoch nicht die gleiche Aufgabe gegenüber den Mitgliedstaaten, da eine solche Kreditvergabe einer monetären Staatsfinanzierung gleichkam, die durch den EU-Vertrag verboten war. Beispielsweise basieren die Programme zum Kauf von Vermögenswerten seit 2015 auf dem aus der Geldpolitik abgeleiteten Ziel, die Inflation auf das Preisstabilitätsziel der EZB „unter, aber nahe 2 Prozent" zu bringen, und das in einer Situation, in der die zugrunde liegende Inflation (ohne Energie- und Lebensmittelpreise) hartnäckig um oder sogar unter einem Prozent lag. Die Kreditvergabe an die Staaten wurde dem Europäischen Stabilitätsmechanismus überlassen. Die entscheidende Wende war jedoch die OMT-Verpflich-

---

[13] Rehn (2012).
[14] Philip Hartmann und Frank Smets, *The First Twenty Years of the European Central Bank: Monetary Policy*. ECB Working Paper Series Nr. 2219, (Dezember 2018).
[15] Ich beziehe mich auf die Notfall-Liquiditätshilfe (Emergency Liquidity Assistance, ELA), die von den nationalen Zentralbanken der Eurozone mit Genehmigung des EZB-Rates bereitgestellt wird.

tung der EZB im Jahr 2012, da das Eurosystem in Wirklichkeit die Rolle des *Lender of Last Resort* in Bezug auf die gesamte Eurozone übernahm, *aber mit dem wesentlichen Vorbehalt, dass sie dies nur in einer Situation tat, in der eine systemische Gefahr einer erneuten Denomination oder das Risiko eines Auseinanderbrechens des Euro bestand.* In diesem Zusammenhang sei daran erinnert, dass die EZB ihre Rolle als *Lender of Last Resort* nur dann akzeptieren konnte, wenn sie wirklich und glaubwürdig von der Nachhaltigkeit der Finanzpolitik der Mitgliedstaaten sowie vom Willen und der Fähigkeit der Kommission, diese zu gewährleisten, überzeugt war.

Zweitens schuf die EZB nach August/September 2012 durch ihr mutiges Handeln nach und nach eine völlig neue finanzpolitische Landschaft, indem sie die Anleiherenditen senkte und dazu beitrug, die unmittelbare Gefahr von Staatsbankrotten und Aussperrungen auf dem Markt in der Eurozone zu beseitigen. So trug sie dazu bei, den übermäßigen fiskalischen Druck auf die Mitgliedstaaten zu verringern. Zudem ermöglichte sie der Kommission, sich weniger auf nominale fiskalische Ziele zu konzentrieren, um die Märkte zu überzeugen, sondern sich mittelfristig mehr auf das strukturelle Gleichgewicht der öffentlichen Finanzen zu konzentrieren, was zweifellos eine vernünftigere Art und Weise der Finanzpolitik ist – wenn man es sich im Sinne des Vertrauens leisten kann. Die Konzentration auf die mittelfristige fiskalische Nachhaltigkeit wurde von der Kommission im Frühjahr 2012 zur politischen Leitlinie gemacht.

Aber die Kommission musste sowohl aus wirtschaftspolitischen als auch aus politischen Gründen behutsam vorgehen. Im Hinblick auf die Wirtschaftspolitik war es besser auf Nummer sicher zu gehen und das Risiko einer vorzeitigen Lockerung der konsequenten Konsolidierung der öffentlichen Finanzen zu vermeiden. Dies ließ das Haushaltsdefizit der gesamten Eurozone von 6–7 Prozent in den Jahren 2009–2010 bis 2013 auf 3 Prozent sinken und trug so dazu bei, das Vertrauen in die Eurozone bis 2012–2013 wiederherzustellen. Fünf Jahre später, im Jahr 2018, war das Staatsdefizit im Euroraum auf 0,5 Prozent gesunken und die Staatsverschuldung des Euroraums konnte auf dem Niveau von 85,1 Prozent stabilisiert werden.[16] In der Politik der wichtigsten Gläubigerländer, wie Deutschland, den Niederlanden und Finnland, die eine strenge Haushaltsdisziplin gefordert hatten und deren Unterstützung wir aufrechterhalten mussten, wurde dieser Politikwechsel natürlich

---

[16] https://ec.europa.eu/eurostat/documents/2995521/9731224/2-23042019-AP-EN/bb78015c-c547-4b7d-b2f7-4ffe7bcdfad (zu Defiziten), https://ec.europa.eu/eurostat/documents/2995521/9731224/2-23042019-AP-EN/bb78015c-c547-4b7d-b2f7-4ffe7bcdfad (zu Schulden).

nicht begrüßt. Daher war es ratsam, mit Vorsicht und taktisch ruhig vorzugehen.

Der Politikwechsel der EZB war der kritische Wendepunkt in der Krise – oder sollten wir sagen, der *kritische Lernprozess*. Dank der OMT-Entscheidung der EZB, unterstützt durch andere unkonventionelle politische Maßnahmen, verschwand die unmittelbare existenzielle Bedrohung für die Eurozone allmählich. Seitdem wurde es möglich, einen ausgewogeneren Strategie-Mix in der Eurozone und in den Mitgliedstaaten zu verfolgen, um nachhaltiges Wachstum und die Schaffung von Arbeitsplätzen zu unterstützen, ohne die notwendigen, überlebenswichtigen Ziele in der Finanzpolitik zu gefährden.

Es gibt jedoch einen wichtigen Vorbehalt: Selbst die politischen Maßnahmen der EZB hätten alleine nicht funktioniert – sondern die Stabilisierung der öffentlichen Finanzen und die Einführung der EFSF/ESM, beide in den Jahren 2010–2012, waren in der Anfangsphase der Krise entscheidend für die Eindämmung der wiederkehrenden Finanzturbulenzen und die Wiederherstellung der Finanzstabilität. Sie waren außerdem für die politische Akzeptanz der Stabilisierungspolitik im Euroraum wichtig. Es sollte daran erinnert werden, dass es sowohl Deutschland als auch die EZB waren, die Ende 2011 den fiskalischen Vertrag forderten, der in Bezug auf fiskalische Regeln sogar noch strenger war, als die damals ganz aktuelle Reform der ökonomischen Steuerung über sechs Rechtsakte, das sogenannte *Sixpack*. Die Kommission wandte jedoch die besser konstruierten *Sixpack*-Regeln bei der wirtschaftlichen und fiskalischen Überwachung an, die in Kap. 9 diskutiert wird.

Meiner Ansicht nach unterstreicht die Entwicklung des EZB-Ansatzes die Bedeutung der politischen Koordinierung, insbesondere in einer Währungsunion wie der Eurozone. Koordination steht keineswegs im Widerspruch zur Unabhängigkeit einer Institution. Ich habe miterlebt, wie die EZB als (nicht stimmberechtigter) Vertreter der Kommission am Tisch des EZB-Rates in den Jahren 2010–2014 energisch auf ihre Unabhängigkeit geachtet hat und kann dies bereitwillig bezeugen. Seit Juli 2018 praktiziere ich als Mitglied des EZB-Rates das, was ich in diesen Zeilen predige. Aber es ist eine simple Tatsache, dass eine reibungslose Koordinierung der Politik für einen besseren Policy-Mix wichtig ist.

Die eigentliche Frage: Wie lassen sich makroökonomische Ungleichgewichte bewältigen?

Dies ist die Geschichte der ewigen Leitfrage der europäischen Wirtschafts- und Währungszusammenarbeit der Nachkriegszeit: Wie können makroökonomische Ungleichgewichte bewältigt werden – d. h., wie kann man mit den nicht nachhaltigen Leistungsbilanzüberschüssen und -defiziten zwischen den EU-Mitgliedstaaten umgehen, so dass ein starkes, nachhaltiges Wachstum ermöglicht und die Beschäftigung verbessert wird? Diese Frage von *makroökonomischen* Ungleichgewichten, deren typische Vertreter *Leistungsbilanz*-Ungleichgewichte sind, statt „nur" die Frage der *fiskalischen* Ungleichgewichte, war und sollte als die wichtigste Messgröße angesehen werden (auch wenn die fiskalischen Ungleichgewichte zweifellos zu den makroökonomischen beigetragen haben).

Es sollte betont werden, dass in der Tat sowohl die außer- als auch die innereuropäischen makroökonomischen Ungleichgewichte kein „neues" Thema waren. Sie tauchten in Europa nicht erst nach dem Lehman-Schock von 2008 auf, als die großen und nicht tragfähigen makroökonomischen Ungleichgewichte innerhalb des Euroraums aufgedeckt wurden. Stattdessen haben sie die gesamte Entwicklung des europäischen Wirtschafts-, Währungs- und Handelssystems als zentrales politisches Thema begleitet, zumindest seit der Gründung der Europäischen Zahlungsunion im Jahr 1950 und der Europäischen Wirtschaftsgemeinschaft im Jahr 1957.[17] Dies war auch in den 1980er- und 1990er-Jahren der Fall. Zwei Jahrzehnte, in denen das Streben nach der Einführung einer europäischen Währungsunion allmählich zunahm, wie Harold James erläuterte:

[D]ie großen kumulativen Ungleichgewichte … überzeugten die politischen Entscheidungsträger Europas, dass eine Währungsunion die einzige Möglichkeit sei, das Risiko periodischer Krisen mit Währungsanpassungen zu vermeiden, deren handelspolitische Folgen das Überleben eines integrierten europäischen Marktes bedrohten.[18]

In diesem Sinne ging es bei der Einführung des Euro um die Internalisierung internationaler monetärer Spill-overs und Wechselkursbewegungen innerhalb Europas. Es handelte sich also um eine andere Art von Mechanismus zur Anpassung makroökonomischer Ungleichgewichte. Tatsächlich sollte jedes Währungsregime – sei es ein Gold- oder Silberstandard, ein flexibler oder fester Wechselkurs, eine Währungsunion oder etwas anderes – als ein besserer oder schlechterer Mechanismus zur wirtschaftlichen Anpassung angesehen werden, sowohl in Bezug auf die Kapitalströme im globalen Finanzsystem, als auch auf die internationalen Handelsströme in der Realwirtschaft und auf die ihnen innewohnenden Wechselwirkungen. Sie kann als ein Versuch gesehen

---

[17] James (2012) hat die Rolle langjähriger Ungleichgewichte in diesem bahnbrechenden Werk überzeugend aufgezeigt.
[18] James (2012, S. 12).

werden, die Wirtschaftsströme des internationalen Handels und die Kapitalbewegungen zwischen den Ländern optimal zu kanalisieren. Im Nachkriegseuropa ging es dabei vor allem darum, wie die europäische Makroökonomie zwischen den deutschen Leistungsbilanzüberschüssen und den französischen Leistungsbilanzdefiziten wieder ins Gleichgewicht gebracht werden konnte, so dass Wachstum und Beschäftigung nicht leiden, sondern gewinnen würden.

Man sagt, dass sich Generäle immer auf den vorherigen Krieg vorbereiten – erinnern Sie sich an die Maginot-Linie Frankreichs im Jahr 1940. Ebenso fällt es den geldpolitischen Entscheidungsträgern leicht, Entscheidungen im Lichte der Lehren zu treffen, die aus früheren Depressionen oder Rezessionen gezogen wurden. Die Tatsache, dass „Geldgeneräle" ihr Denken auf die jüngsten Schlachten stützen, ist natürlich und oft vernünftig, da die Gesetze und Probleme der Wirtschaftspolitik recht ähnlich und zeitlich und räumlich universell sind, zumindest in Marktwirtschaften. Die Fed – und die Welt – hatten das Glück, während der globalen Finanzkrise Ben Bernanke als Vorsitzenden zu haben, der sich in seiner vorherigen Profession als Gelehrter gründlich mit den Ursachen und Abhilfemaßnahmen der Großen Depression der 1930er-Jahre befasst hatte. Selten funktioniert der optimistische Satz „this time is different" – wenngleich er in der Vergangenheit schon häufig als Motto herhalten musste, um Veränderungen in den Gesetzen der Wirtschaft zu veranschaulichen: von der niederländischen Tulpenmanie im 17. Jahrhundert bis in die goldenen zwanziger Jahre, von der New Economy und dem Dot-Com-Boom in den späten 1990er-Jahren bis zum Greenspan-Put und dem Subprime- und Bankenboom vor der globalen Finanzkrise. Carmen Reinhardt und Kenneth Rogoff haben dies elegant in ihrer historischen Studie mit dem sarkastischen Titel *Dieses Mal ist alles anders: Acht Jahrhunderte Finanzkrisen* (2010) veranschaulicht.

Andererseits bringt jedes Währungsregime seine eigenen Nebenwirkungen und Probleme mit sich, die zum Teil im Vorfeld, zum Teil aber auch erst im Laufe der Zeit sichtbar werden und oft mit der Entwicklung der Wirtschaft und der Gesellschaft im Gesamten zusammenhängen. Dies geschah mit dem Goldstandard des 19. Jahrhunderts, der die Geburt der Volksdemokratien und die wachsende Stärke der Gewerkschaften nach dem Ersten Weltkrieg nicht überleben konnte, wie Barry Eichengreen in seiner modernen klassischen Abhandlung *Golden Fetters: The Gold Standard and the Great Depression, 1919–1939* (1992)[19] zeigt. Weitere Faktoren, die zum Glaubwürdigkeitsverlust des Goldstandards nach 1918 beitrugen, waren das Entstehen eines hegemonialen Vakuums – oder der Verlust der Führungsrolle – in der Weltwirt-

---

[19] Eichengreen (1992, Introduction).

schaft, die Erosion der internationalen wirtschaftspolitischen Koordinierung und die sich mit der Keynesianischen Revolution verändernden konzeptionellen Rahmenbedingungen für politische Ziele.

In den letzten Jahrzehnten haben sich die Struktur und die Funktionsweise der Weltwirtschaft, ebenso wie die internen Werte und Institutionen der Mitgliedstaaten, erneut verändert. All diese Veränderungen haben sich auf die Funktionsfähigkeit des gewählten Währungsregimes ausgewirkt. Ohne die aktuellen Probleme in der EU schmälern zu wollen, ist es sinnvoll, das heutige Europa mit dem von vor 25–30 Jahren zu vergleichen. Auch diese Welt war nicht ganz unproblematisch. Man vergisst leicht, dass der Euro unter Umständen geschaffen wurde, in denen eine quasi-permanente Währungsinstabilität die Bedingungen für nachhaltiges Wachstum ausgehöhlt hatte und in denen Produktivität und Wettbewerbsfähigkeit durch die lange Periode der „Stagflation", der Kombination von Stagnation und Inflation – oder der *Eurosklerose*, wie es allgemein genannt wurde, gelitten hatten. Preis- und Währungsstabilität wurden als die fehlenden Elemente angesehen, die von einer einheitlichen Währung erwartet wurden (auch wenn die überragende Bedeutung der *finanziellen* Stabilität vernachlässigt wurde). Natürlich erforderte der Euro auch eine andere Politik und mehr interne wirtschaftliche Flexibilität seiner Mitglieder, insbesondere auf dem Arbeitsmarkt, aber das hätte von Anfang an bekannt sein müssen. Einige Länder konnten mit dem Euro besser leben als andere, was weitgehend eine Frage nationaler politischer Entscheidungen war, ohne die systemischen Probleme der Eurozone insgesamt zu vergessen.

Vor diesem Hintergrund und angesichts der großen und nicht tragfähigen makroökonomischen Ungleichgewichte im Jahr 2010 wurde die Neuausrichtung der Wirtschaft der Eurozone zum entscheidenden Thema, insbesondere nach der unmittelbaren Brandbekämpfung. Aus diesem Grund analysierte und erstellte die Europäische Kommission Berichte über makroökonomische Ungleichgewichte, die sich insbesondere auf übermäßige Leistungsbilanzdefizite und -überschüsse, aber auch auf die Wohnungsmärkte und die Verschuldung der Haushalte konzentrierten. Wir brachten sie regelmäßig als kritische politische Frage sowohl im Zusammenhang mit der Reform der Regierungsführung als auch in politischen Empfehlungen zur Sprache. Die *Sixpack*-Reform zur Wirtschaftsregierung von 2010–2011 beinhaltete die Initiative der Kommission zu einem Verfahren bei makroökonomischen Ungleichgewichten, die nach einer intensiven und hitzigen Debatte Ende 2011 angenommen wurde. Die Auswirkungen dieser institutionellen Veränderungen und politischen Bemühungen waren begrenzt, aber sicherlich besser als nichts.

Im Rückblick sehen wir, dass es nur oder zumindest hauptsächlich die Defizitländer waren, die sich angepasst haben, was ein bedauerliches und eher suboptimales Ergebnis ist. Dies zeigt sich in Abb. 1.4: Die blauen Balken stellen die kombinierten Leistungsbilanzen der „Überschussländer" und die roten Balken die der „Defizitländer" dar, basierend auf deren Stand zum Zeitpunkt der Krise im Jahr 2008. Zu den Überschussländern zählen Österreich, Belgien, Deutschland, Finnland und die Niederlande, während zu den Defizitländern Frankreich, Italien, Spanien, Portugal, Irland und Griechenland gehören.[20]

Die Entwicklung profitiert von den erheblichen Anstrengungen zur wirtschaftlichen Anpassung in Defizitländern wie Spanien, Portugal und Irland: 2013 war ihre Leistungsbilanz zusammengenommen ausgeglichen und wies 2015 einen Überschuss auf. In den Jahren 2015–2018 hat die Eurozone als Ganzes einen Leistungsbilanzüberschuss von über 3 Prozent erzielt. Gleich-

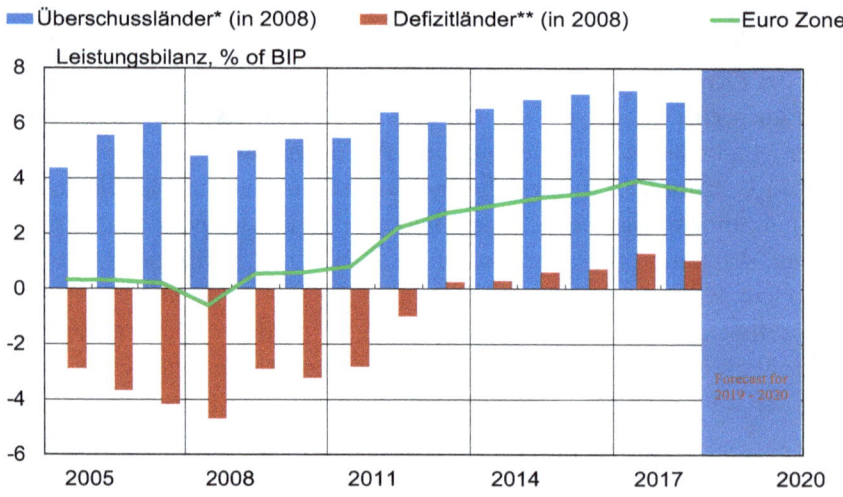

Quellen: Europäische Kommission und Macrobond
*Überschussländer: AT, BE, DE, FI, NL
**Defizitländer: FR, IT, ES, PT, IE, GR

Abb. 1.4 Neuausrichtung der Wirtschaft der Eurozone, 2007–2020. (*Quellen*: Europäische Kommission und Macrobond. * Überschussländer: Österreich, Belgien, Deutschland, Finnland und die Niederlande. ** Defizitländer: Frankreich, Italien, Spanien, Portugal, Irland und Griechenland)

---

[20] Tatsächlich ist Finnland hier statistisch gesehen ein „Sonderfall", da es sich 2011 von einem Überschuss- in ein Defizitland verwandelte und als solches bis 2017 fortbestand, aber nach den jüngsten revidierten Statistiken erneut ein kleines Leistungsbilanzdefizit aufweist. Aus Gründen der analytischen und statistischen Konsistenz wird es in der bisherigen Kategorie beibehalten.

zeitig erreichte der gemeinsame Überschuss der Überschussländer in den Jahren 2015–2018 über 6 Prozent, und in den letzten Jahren hatte Deutschland einen Leistungsbilanzüberschuss von über 7 Prozent.

Welche wirtschaftlichen und politischen Auswirkungen hat der Prozess der Neugewichtung? Das hängt von der Denkschule ab, der Sie sich anschließen.

Auf der einen Seite würden Sie, wenn Sie großes Vertrauen in die internationale Koordination der Politik haben, argumentieren, dass eine besser koordinierte Politik der Eurozone zu optimaleren Ergebnissen bei nachhaltigem Wachstum und der Schaffung von Arbeitsplätzen führen sollte. Von diesem Standpunkt aus könnte man sagen, dass es in der Wirtschaft der Eurozone immer noch viel Flaute – oder ungenutztes wirtschaftliches Potenzial – gibt, das durch einen besseren Policy-Mix, insbesondere durch das Keynesianische Rezept einer optimalen Steuerung der Gesamtnachfrage, freigesetzt werden sollte.

Wenn man andererseits weniger Vertrauen in die internationale Koordinierung der makroökonomischen Politik hat und vor allem die „ordo-liberale" Bedeutung der strukturellen Wettbewerbsfähigkeit, der fiskalischen Nachhaltigkeit und der Rechtssicherheit stärker betont, könnte man argumentieren, dass es letztlich jedem einzelnen Mitgliedstaat obliegt, eine Politik zu betreiben, die nachhaltiges Wachstum und die Schaffung von Arbeitsplätzen gewährleistet. Von diesem Standpunkt aus könnte man sagen, dass die Wirtschaft der Eurozone jetzt widerstandsfähiger ist, insbesondere dank der verbesserten strukturellen und kostenmäßigen Wettbewerbsfähigkeit, die mittel- bis langfristig bessere Ergebnisse in Bezug auf Arbeitsplätze und Wachstum bringen wird.

Meiner Ansicht nach wäre es besser gewesen, einen dritten Weg zu verfolgen, d. h. eine gleichmäßigere Neuausrichtung der Wirtschaft der Eurozone, bei der die Defizitländer Strukturreformen und Haushaltskonsolidierung verfolgen, während die Überschussländer die produktiven Investitionen und die Binnennachfrage ankurbeln. Dies war der Policy-Mix, den die Europäische Kommission in den jährlichen Wachstumserhebungen und politischen Initiativen empfahl, insbesondere nachdem das Verfahren für makroökonomische Ungleichgewichte ab 2012 die Rechtsgrundlage und einige Instrumente dafür geschaffen hatte.

Dennoch ist Vorsicht geboten, da die Beziehungen alles andere als unkompliziert sind. Da es sich bei der Eurozone nicht um eine geschlossene, sondern um eine große offene Wirtschaft handelt, die viel Handel mit dem Rest der Welt betreibt, sind die Auswirkungen innerhalb der Eurozone geringer, als viele intuitiv denken. Das bedeutet zum Beispiel, dass ein Euro mehr an deutschen Investitionen nur in sehr begrenztem Umfang Einfluss auf die griechische Wirtschaft hat. Tatsächlich ist der Einfluss der Handelskanäle für die Neugewichtung viel weniger wichtig als der potenzielle reflationäre Effekt durch den realen Wechselkurs, der durch Lohnerhöhungen und öffentliche Ausgaben in den Überschussländern beeinflusst wird. Aber selbst das reflationäre Argument kann komplizierter werden, da die Reaktionen der Geldpolitik auf eine solche Reflation durch höhere Zinssätze ihre Wirkung abschwächen und dieses Argument relativieren könnten.

Dies wird ein weiteres wiederkehrendes Thema dieses Buches sein. Kap. 14 befasst sich insbesondere mit den Bemühungen zur Neugewichtung der beiden größten Volkswirtschaften der Eurozone, Deutschland und Frankreich. In Kap. 18 werde ich einige Missgeschicke der geliebten, aber „düsteren" Wirtschaftswissenschaft erörtern, wie z. B. die unzureichende Berücksichtigung von Kapitalströmen und makroökonomischen Ungleichgewichten vor der Einführung des Euro und während des ersten boomenden Jahrzehnts seines Bestehens. Hinsichtlich dieses Mangels an Politik und Wirtschaft stimme ich mit Waltraud Schelkle überein, die feststellte: „Beim Aufbau der Eurozone wurde davon ausgegangen, dass eine gemeinsame Geldpolitik nationale Anpassungen und fiskalische Nachfragesteuerung erfordern und grenzüberschreitende Auswirkungen haben würde, aber die externen Effekte der Regulierung und Integration des Finanzsektors wurden unterschätzt."[21]

Auf der Suche nach Lösungen und einer Reform der Eurozone

Wie sieht es mit der Zukunft der Eurozone aus? Es ist bereits viel getan worden, um die Eurozone stabiler und widerstandsfähiger zu machen, insbesondere mit der Reform der wirtschaftspolitischen Steuerung und der Einführung des ESM in den Jahren 2010–2012 und der Gründung der Bankenunion seit 2012. Wir müssen nicht bei Null anfangen und es bedarf keiner revolutionären Reform.

Aufgrund der Erfahrungen der vergangenen Krisenjahre ist es jedoch eine simple Tatsache, dass sich die Eurozone suboptimale Entscheidungen nicht mehr leisten kann. Ihre politischen Entscheidungsträger sollten nach echten *First-Best*-Lösungen suchen, wenn sie vorhaben, die Eurozone ausreichend widerstandsfähig zu machen, um die nächste Krise zu überstehen und ein stärkeres, nachhaltiges Wachstum und die Schaffung von Arbeitsplätzen zu ermöglichen d. h. nach einer institutionellen Reform und der Internalisierung

---

[21] Schelkle (2017, S. 303–4).

der Vorteile und Kosten, die zuvor Opfer einer Suboptimierung waren.. Deshalb ist es von entscheidender Bedeutung, eine stabile Brücke zwischen Nord- und Südeuropa bzw. zwischen den Gläubigern und Schuldnern in den Überschuss- und Defizitländern zu bauen. Sie muss Länder, die dringend wirtschaftliche Reformen benötigen, wie Frankreich und Italien, mit Ländern verbinden, die fiskalischen Spielraum für die Ankurbelung inländischer Investitionen haben könnten, wie Deutschland und einige der Länder des Nordens. Und sie sollte die Zentralbankiers an Bord behalten, die immer noch dazu neigen, die monetäre Expansion in einem unreformierten Gebiet zu verschwenden.

Der Policy-Mix und die Reform der Regierungsführung in der Eurozone werden mein Schwerpunkt in Teil IV sein, in dem die Lehren aus der Eurokrise diskutiert werden.

Bevor ich auf die ausführliche Geschichte über die Finanz- und Schuldenkrise der Eurozone eingehe, skizziere ich im nächsten Kapitel die Entwicklung meiner geistigen Landkarte Europas und frage mich, warum und wie ein Finne wie ich, aus der europäischen Peripherie während der Krise als einer der Chefs der Feuerwehr der Eurozone endet. Ich werde dem Leser die freie Wahl lassen, entweder Kap. 2 als Kulisse für umfassendere europäische Bemühungen zu nutzen – oder direkt zu Kap. 3 überzugehen, *Feuerwehr nach Athen*. Wenn Sie sich dafür entscheiden, das nächste Kapitel zu überspringen, werde ich allerdings nur bedauern, dass Sie vielleicht nicht verstehen, warum gerade die Peripherie dazu neigt, Europa mehr zu lieben als das Zentrum, was der Schlüssel zum Verständnis des eigentlichen Wesens der EU ist.

Literatur

Adam Tooze, *Crashed, How a Decade of Financial Crises Changed the World.* Allen Lane, 2018, S. 14

Edouard Balladur, *Les Aventuriers de l'Histoire*, 2001, S. 283

Magnus Ryner und Alan Cafruny, *The European Union and Global Capitalism: Origins, Development, Crisis.* Palgrave Macmillan, 2017, S. 10

Wayne Sandholz und John Zysman 1992. Recasting the European Bargain. *World Politics,* 41(1): 95–128, 1989

Waltraud Schelkle, *The Political Economy of Monetary Solidarity. The Euro Experiment.* Oxford University Press, 2017, S. 303–4

Ben S. Bernanke, *The Courage to Act: A Memoir of a Crisis and Its Aftermath.* W. W. Norton, 2015, S. 35–36.

Barry Eichengreen, *Golden Fetters: The Gold Standard and the Great Depression, 1919–39,* Oxford University Press,1992, Introduction

Ben S. Bernanke, *Essays on the Great Depression*. Princeton University Press, 2000, S. 5–38; 70–160

Harold James *Making the European Monetary Union: the Role of the Committee of Central Bank Governors and the Origins of the European Central Bank*, The Belknap Press of Harvard University Press, 2012

Susan Strange, *States and Markets: An Introduction to International Political Economy*. Pinter Publishers, 1988, S. 13–14

Philip Hartmann und Frank Smets, *The First Twenty Years of the European Central Bank: Monetary Policy*. ECB Working Paper Series Nr. 2219, Dezember 2018

Brian Madigan, *Bagehot's Dictum in Practice*. Reden in Jackson Hole im August 2009

Olli Rehn, *Myrskyn silmässä*, Otava 2012

Adam Tooze, *Crashed: How a Decade of Financial Crisis Changed the World*. Allen Lane, 2018, S. 9–10

2

Ein Finne aus der Peripherie in der Hauptstadt Europas

„Mais qui est Olli Rehn?" – „Wer aber ist Olli Rehn?" Dies ist die Frage, die der sozialistische belgische Minister Paul Magnette in der Nachbetrachtung des Stabilisierungsprogramms seines Landes Anfang 2012 aufwarf. Dies war kurz nach der Bildung einer neuen belgischen Regierung – oder nach 541 Tagen ohne eine demokratisch legitimierte Regierung – durch den sozialistischen Führer Elio di Rupo, der Magnettes Mentor war. Ich hatte mich sehr darum bemüht, Belgien bei der Bildung einer Haushaltskoalition im Parlament zu unterstützen, aus der dann bald auch eine Regierungskoalition wurde. Es wurde für die Einheit des Landes getan, um die sich Magnette angeblich auch kümmerte.

Wie dem auch sei, die Frage, die Paul Magnette stellte, ist eine vernünftige Frage. Ich nehme an, er bezog sich in erster Linie nicht auf mich persönlich, sondern auf einen Vertreter meiner Institution, der Europäischen Kommission. Die Frage nach der Legitimität des Mandats der Kommission in der wirtschaftspolitischen Steuerung der Union ist eine gut begründete Frage. Und es gibt eine solide Antwort: Das Mandat der Kommission für die wirtschaftspolitische Steuerung wurde gemeinsam von den Mitgliedstaaten im Rat und im Europäischen Parlament beschlossen und ist in der EU-Gesetzgebung verankert: *Pacta sunt servanda – Verträge sind einzuhalten.* Daher rührt die Legitimität der Kommission bei der wirtschaftspolitischen Koordinierung, auch wenn sie in der praktischen Politik oft in Frage gestellt wird.

Auf der anderen Seite sind wir alle aus Fleisch und Blut, menschliche Wesen. In uns allen steckt viel von dem, was der Soziologe Emile Durkheim „eine Person von gestern" nennt, durch die historische Entwicklung der Gesellschaften und ihre bewusste und unbewusste Auswirkung auf den Einzelnen. So könnte die Magnette-Frage wie folgt neu formuliert werden: „Warum lenkte ein Finne aus der Peripherie die Feuerwehr der Europäischen Kommission in der Hauptstadt Europas während der schlimmsten Krise des Euro? Warum nicht ein Elsässer, ein Berliner, ein Florentiner, ein Österreicher, ein Pariser, ein Römer – oder ein Wallone?"[1] Nun, ein Teil der Antwort ist, dass noch nicht jeder auf dem Kontinent erkannt hat, dass die heutige Europäische Union nicht mehr der gemütliche Klub der Europäischen Wirtschaftsgemeinschaft von 1958 ist.

Ein zufälliger Feuerwehrmann

Das Leben ist voller Unfälle. Während der Schuldenkrise der Eurozone sollte ich eigentlich keinesfalls einer der Feuerwehrleute Europas sein – ganz im Gegenteil. Mein Heimatland Finnland war noch nicht einmal Mitglied der Europäischen Gemeinschaft, als der Euro 1990–1992 in der niederländischen Stadt Maastricht konzipiert wurde.

Es besteht kein Zweifel, dass Finnland aus der Perspektive Kontinentaleuropas als geografische und manchmal geopolitische Peripherie wahrgenommen wird. Man könnte meinen, dass das Leben in der europäischen Peripherie einen weniger als Europäer qualifiziert. Aber es könnte tatsächlich auch umgekehrt funktionieren. „Die Peripherie liebt Europa mehr als das Zentrum", scherzte Professor Loukas Tsoukalis einmal und er hat nicht ganz Unrecht – auch wenn viele seiner griechischen Landsleute heute vielleicht nicht mit ihm übereinstimmen.

Sie könnten das Wort „Peripherie" auch durch das Wort „kleiner Staat" ersetzen: Kleinere Staaten können den Wert der europäischen Integration natürlicher und leichter verstehen als größere Mitgliedstaaten. In der EU ist Macht nicht das einzige Recht. Und nicht nur das: Erinnern wir uns daran, dass selbst die größten EU-Mitgliedstaaten in der globalisierten Welt, in der sich das relative Gewicht nach Asien verlagert, in Wirklichkeit kleinere Staaten sind. Sie haben nur noch nicht begriffen, dass auch sie in der Weltordnungspolitik klein sind.

Wir Finnen haben uns auf eine intensivere europäische Reise begeben, als sich der Kalte Krieg aufzulösen begann. Finnland beantragte am 18. März 1992 die Mitgliedschaft in der Europäischen Union und trat ihr am 1. Januar 1995 bei. Ich erinnere mich gut daran, als ich mich intensiv für unsere EU-Mitgliedschaft einsetzte und im April 1991 an der Ausarbeitung des

---

[1] Mein Nachname hätte genauso gut „Peripheral" oder „Sideliner" übersetzt werden können, denn ursprünglich hieß er „Syrjäläinen" auf Finnisch, bis ein schwedischer Offizier im achtzehnten Jahrhundert ihn falsch aussprach und einen meiner Vorfahren nach einem schwedischen Soldaten namens Rehn umbenannte.

neuen Regierungsprogramms mitwirkte, das einen wichtigen Schritt zur Vorbereitung des Beitrittsantrags darstellte. Und als Mitglied des Parlaments stimmte ich für die Entscheidung einen Antrag auf EU-Mitgliedschaft zu stellen und leitete 1991–1995 die finnische Delegation beim Europarat.

Tatsächlich aber hatten sich die Finnen Europa schon viel früher zugewandt, indem sie 1960 der Europäischen Freihandelsassoziation durch eine Sondervereinbarung beitraten und 1973 ein Freihandelsabkommen mit der Europäischen Wirtschaftsgemeinschaft unterzeichneten, trotz des sowjetischen Misstrauens und des ursprünglichen Widerstands dagegen.

Nordischer Geist und gesprächige Finnen

Ich habe den Kalten Krieg und das Europa der 1960er- und 1970er-Jahre mit den Augen eines Kindes gesehen. Meine Eltern verbrachten den Sommer 1961 auf einem Campingplatz in den Stockholmer Schären: Ich wurde neun Monate später, aber mit einer Woche Verspätung, am 31. März 1962 geboren. So wurde schon vor meiner Geburt ein ziemlich grundlegender nordischer Geist in meine Adern gelegt. Warum auch nicht, denn eine Sache, auf die ich stolz bin, ist das nordische rechtliche, soziale und kulturelle Erbe, das Finnland ebenso wie seine Geschwister in Skandinavien definiert. Einige Jahrzehnte später meinte mein alter Herr scherzhaft, dass mein besonderes Interesse an internationalen Beziehungen und Sicherheitspolitik aus seinem guten Timing meiner Geburt zwischen der Berlin-Krise (Juni-November 1961) und der Kuba-Krise (Oktober 1962) resultiert.

Meine Familie stammt aus Mikkeli in Ostfinnland. Die Region heißt Südsavo (oder Savonia). Mikkeli ist die Hauptstadt der Seenplatte, eine Region, in der die meisten Menschen ein Sommerhaus und eine Sauna am See haben und in die ein großer Teil der Bevölkerung Helsinkis an den Sommerwochenenden und Feiertagen umzieht. Die Seen sind rein, sie frieren im Winter zu, werden aber im Sommer eher warm, und die Natur ist intakt. Die Region ist nicht übermäßig wohlhabend und sie ist ziemlich abhängig vom „grünen Gold" der Wälder, so dass das neue Aufkommen der Bio-Wirtschaft dort eine große Rolle spielt.

Zufällig – oder auch nicht – hat die Region Savo alle drei finnischen EU-Kommissare hervorgebracht, die ihr Amt vor den Europawahlen 2019 angetreten haben. Mein Vorgänger Erkki Liikanen und ich stammen aus derselben Stadt, und unsere Familien sind sich in derselben Gemeinde Pitkäjärvi begegnet. Mein Nachfolger, Jyrki Katainen, Vizepräsident der Kommission von 2014–2019, stammt aus Nord-Savo.

Vielleicht liegt ein Grund für die recht starke Präsenz der Region Savo in Europa darin, dass ihre Bevölkerung nicht ganz dem Stereotyp des schweigsamen Finnen entspricht. Vor dem digitalen Zeitalter im letzten Jahrtausend stand in Brüssel eine beliebte Postkarte zum Verkauf, auf der „Der perfekte Europäer" als eine freche Kombination nationaler Stereotypen beschrieben wurde. Er sollte „Humorvoll wie ein Deutscher", „Kochen wie ein Brite", „Nüchtern wie ein Ire", „Bescheiden wie ein Spanier", „Flexibel wie ein Schwede", „Autofahren wie ein Franzose", „Organisiert wie ein Grieche" – und am unhöflichsten: „Gesprächig wie ein Finne" sein!

Aber das ist nicht die ganze Geschichte. In dem Land, das ich am besten kenne, gibt es ein Sprichwort: „In Ostfinnland ist selbst eine Beerdigung ein freudigeres Ereignis als eine Hochzeit in Westfinnland." Wir Ostfinnen sind die mediterranen Bewohner des Landes mit einer entspannteren Lebenseinstellung – und wir antworten auf eine Frage selten mit einer direkten Antwort, sondern eher mit einer Gegenfrage. Mit dieser Art kommt die linguistische Mentalität Ostfinnlands dem Jiddischen und der jüdischen Kultur nahe. Sarkastischer Realismus und Selbsterniedrigung sind Teil des Lebens in Ostfinnland – wahrscheinlich aus gutem Grund. Das Motto dieses Buches, „Muddling through can prevent you from tumbling down", ist nur eine Illustration der Überlebenstaktik in den Tropen Ostfinnlands.

Unterdessen sind die Westfinnen die ernsthaften Skandinavier, die in Industrie und Wirtschaft, Wissenschaft sowie Verwaltung etwas bewegen und die Produktivität und den Wohlstand der ganzen Nation steigern. Oder das ist zumindest, was sie glauben – ernsthaft.

Kombination westlicher Werte und europäischem bridge-building

Die steinerne Sakristei meiner Heimatstadt Mikkeli spiegelt die geopolitische Lage Finnlands und das westliche Erbe wider. Sie wurde im späten Mittelalter als Sakristei der katholischen Kirche errichtet. Mit der Reformation wurde sie zu einer evangelisch-lutherischen Sakristei umgewandelt. Die Sakristei – die sich westlich der Grenze zwischen Schweden und Russland von 1323 befindet – ist ein Symbol finnischer sicherheitspolitischer Erfordernisse. Sie spiegelt auch die lange Einheit Schwedens und Finnlands seit 1153–1156 als ein Staat wider, nachdem die katholischen Wallfahrten in Nordeuropa ankamen. Seitdem war Finnland bis 1809 ein organischer Teil Schwedens, und wir teilen ein starkes Vermächtnis von Rechtsstaatlichkeit, bürgerlichen Freiheiten und Demokratie. Schweden verlor Finnland während der napoleonischen

Kriege an Russland und Finnland wurde von 1809 bis 1917 für mehr als ein Jahrhundert als autonomes Großherzogtum ein Teil des Russischen Reiches.

Während des Kalten Krieges praktizierte Finnland eine Politik der Neutralität. Mit Russland haben wir Finnen zwar die gleiche Linie, aber eine andere Wertebasis. Demokratie und Rechtsstaatlichkeit sind tief in der finnischen DNA verankert. Das gilt auch für die Rechte kleiner Nationen. Die harten Bedingungen des Waffenstillstands mit der Sowjetunion im September 1944 wurden von vielen Finnen als ein bitteres Ende angesehen, wie die realistische Aussage des Gefreiten Rahikainen, eines Ostfinnen und einer Schlüsselfigur in Väinö Linnas Hauptwerk *Der Unbekannte Soldat* (1954), zeigt: „Sie und ihre gottverdammten Reden. Wenn man kein Schießpulver mehr hat, ist es besser, den Mund zu halten, als sich über die Rechte kleiner Nationen zu beschweren. Ein Hund hebt sein Hinterbein in ihre Richtung."

Ich erinnere mich an die Diskussion, die ich mit meinem Großvater mütterlicherseits, Ville Valjakka, am Nachmittag des Referendums, dem 16. Oktober 1994, führte. Ich rief ihn aus Helsinki an und fragte ihn, ob er bereits gewählt habe. Seine Antwort war ebenso aussagekräftig wie direkt: „Natürlich habe ich gewählt. Und natürlich habe ich mit ‚Ja' gestimmt. Ich habe fünf lange Jahre lang nach Osten geschaut – seitdem schaue ich nur noch nach Westen!"

Für meinen Großvater war es eine Wahl von Werten. Er wurde 1912 als Sohn eines Kleinbauern geboren und arbeitete sein ganzes Leben lang hart, zuerst als Maurer, dann als Taxifahrer, später als Bauträger und Versicherungsmanager für Immobilien. Als Kriegsveteran kämpfte er als Reservesergeant im Winterkrieg 1939–1940 und im Fortsetzungskrieg 1941–1944. Er verabscheute den Kommunismus und verteidigte Freiheit und Demokratie – und sicherlich die Rechtsstaatlichkeit und vor allem (sein) Privateigentum – und war entschlossen, der EU beizutreten, was für ihn schließlich den vollständigen Beitritt zum Westen bedeutete. Dies war die mehrheitliche Meinung unter den Kriegsveteranen, damals noch eine zahlenmäßig und politisch mächtige Kraft.

Der Beitritt zur EU war ein logischer Schritt in diesem Prozess der Suche nach Sicherheit und nachhaltiger sozioökonomischer Entwicklung. Die Finnen wollten sich einer breiteren europäischen politischen Gemeinschaft anschließen, da diese eine wichtige Rolle für die kollektive Sicherheit spielt.

Die finnische Bevölkerung hatte aber auch starke Gefühle für das Schicksal der osteuropäischen Nationen. Es gab eine lebhafte Sympathie für die Tschechen und Slowaken, nachdem der Prager Frühling 1968 niedergeschlagen worden war. Damals war ich sechs Jahre alt und es dauerte einige Jahre, bis ich voll und ganz verstand, warum mein alter Herr und seine Brüder vor dem Fernseher so emotional jubelten, als die tschechoslowakische Mannschaft mit Václav Nedomanský bei der Eishockey-Weltmeisterschaft 1969 die „Rote Maschine" der Sowjetunion besiegte – die Hoffnung auf den Prager Frühling und seine Zerschlagung durch die sowjetischen Panzer war noch in lebhafter Erinnerung.

Für ein neutrales Land in einer schwierigen geopolitischen Ecke Europas hatten die Entwicklungen in der europäischen politischen und sicherheitspolitischen Szene immer sehr wichtige Konsequenzen. Helsinki war 1969–1972 der Sitz der SALT-Gespräche über die Reduzierung strategischer Nuklearwaffen und 1969–1975 der Sitz der Verhandlungen in der Konferenz für Sicherheit und Zusammenarbeit in Europa (KSZE, heute OSZE). Die KSZE-Schlussakte wurde im heißen Sommer 1975 in Helsinki unterzeichnet. Der deutsche Bundespräsident Frank-Walter Steinmeier erinnerte daran, dass er zur Zeit der KSZE-Schlussakte seinen Wehrdienst leistete, und brachte auf der Kultaranta-Konferenz im Juni 2019 elegant zum Ausdruck: „Es war, wie wir im Nachhinein wissen, einer dieser Schlüsselmomente der Geschichte, die Auswirkungen auf eine ganze Generation haben. Die Weisheit und Genialität eines großen Finnen, Urho Kekkonen, waren hierfür unerlässlich. Er verfolgte die Interessen seines Heimatlandes, Finnland, doch er tat es mit großer Weitsicht und tiefem Verständnis und förderte damit Frieden und Sicherheit auf dem gesamten europäischen Kontinent und darüber hinaus." Die KSZE spielte sowohl dank ihres ersten Verhandlungspakets, das sich mit Sicherheit und Zusammenarbeit befasste, als auch ihres dritten, das sich mit den Menschenrechten befasste, eine mindestens ebenso wichtige Rolle beim Abriss der Mauer wie Ronald Reagan – auch wenn dies zumindest in den USA nicht oft anerkannt wird. Die Ostpolitik des westdeutschen Bundeskanzlers Willy Brandt war offensichtlich ausschlaggebend für die Wiederannäherung und das deutsche Geschwisterchen des europäischen KSZE-Prozesses. Im Wesentlichen beruhte der Erfolg des Westens auf einer Kombination aus Eindämmung und Zusammenarbeit.

Dies war das Thema eines Abendessens, das ich im Sommer 2009 mit dem jetzt verstorbenen Hans-Dietrich Genscher, einem europäischen Staatsmann und dienstältesten Außenminister Deutschlands, in der Nähe von Bonn hatte. Damals 82 Jahre alt, war er so scharfsinnig wie eh und je, humorvoll und herzlich. Ich war der Kandidat der Liberalen für das Amt des EU-Außenministers. Wir aßen auf einer Restaurantterrasse am Petersberg zu Abend und bewunderten den Sonnenuntergang im Hochsommer und die wunderschöne Landschaft über dem Rheintal. Er erinnerte sich an seine persönliche Reise als Mitglied der liberalen Partei der DDR in den Jahren 1945–1946, als er dann in den Westen emigrierte. Wir diskutierten über die europäische Sicherheit, die deutsche Wiedervereinigung, die russische Geschichte, den europäischen und deutschen Liberalismus. Genscher dachte warmherzig über die KSZE, Helsinki und Kekkonen nach: „Die KSZE war der wichtigste Friedensprozess in der europäischen Geschichte. Ohne sie hätte weder die deutsche Wiedervereinigung noch die Befreiung Osteuropas vom realen Sozialismus gelingen können. Die Rolle, die die finnische Initiative und Präsident Kekkonen spielten, war mitentscheidend." Mein Kabinettsmitglied Thomas Krings hatte das Abendessen organisiert und wir beide hatten einen denkwürdigen Abend mit einem echten europäischen Staatsmann.

Seit meiner Schulzeit habe ich also begonnen, die politische Entwicklung in Europa zu verfolgen und mit ihr zu leben. Später war es dann nur natürlich, mich intensiv mit diesen europäischen Themen zu beschäftigen, die nun seit über 35 Jahren Teil meines Lebens sind.

Schule, Ersatzteile und Kleinstadtleben

In der Schule waren meine Lieblingsfächer Mathematik und Geschichte, gefolgt von Finnisch und Englisch. Ich habe von klein auf gerne gelesen. Bücher sind meine ständige Liebe geblieben. Doch meine erste Priorität war nicht die Schule, sondern eher Ersatzteile – so merkwürdig es auch klingen mag – und Fußball, was für ein Kind wahrscheinlich eine natürlichere Neigung ist.

Das Interesse an Ersatzteilen stammt daher, dass ich der Sohn eines Unternehmers bin. Mein Vater Tauno Rehn (1930–2006) war ein Selfmade-Mann, geboren in der Sauna als Sohn eines Kleinbauern. Im Alter von zehn Jahren wurde er während des Krieges Waise, musste die Schule abbrechen und eine Arbeit auf dem Bauernhof annehmen. Damals war die Sozialpolitik auf dem Lande des relativ unterentwickelten Ostfinnlands nicht übermäßig großzügig. Bald zog er in die Stadt, wurde nach einigen Aushilfsjobs Mitte der 1940er-Jahre Ersatzteilverkäufer und später zum Manager in einem Unternehmen mit mehreren Autohäusern befördert. Er gründete 1965 sein eigenes Unternehmen und führte es bis zu seinem Tod im Jahr 2006 weitgehend erfolgreich.

Sein Vater wurde 1893 geboren – im selben Jahr realisierte der Maler Eero Järnefelt das unten abgebildete Gemälde (s. Abb. 2.1), in dem das Abbrennen eines Waldes zur Bewirtschaftung des Landes oder die Brandrodung gezeigt wird, die damals in einigen Teilen Ostfinnlands noch in der Landwirtschaft angewendet wurde. Das blonde Mädchen mit den schwarzen Kreisen um die Augen, wahrscheinlich noch keine zehn Jahre alt, könnte also durchaus die große Schwester meines Großvaters gewesen sein.

Natürlich war mein Vater auch mein Vorbild, und ich habe von ihm gelernt, harte Arbeit und Unternehmergeist zu schätzen. Das bedeutete auch, dass ich – obwohl es nie direkten Druck gab – in seiner Firma zu arbeiten begann, seit ich 12 Jahre alt war. Ich zählte Auspuffrohre für den Lagerbe-

Abb. 2.1 Eero Järnefelt: „Schlitz und Brand" (1893). (Quelle: EERO JÄRNEFELT (1863–1937); Unter dem Joch (Verbrennen des Reisigholzes); 1893; Öl; 131 cm × 164 cm; Finnische Nationalgalerie/Kunstmuseum Ateneum; Foto: Finnische Nationalgalerie/Yehia Eweis)

stand bei −25°C, lieferte mit dem Fahrrad an Tankstellen und Werkstätten aus, lernte die zehnstelligen Bosch-Ersatzteilnummern auswendig und verhandelte später mit Werkstattbesitzern über den Ladentisch. All das hat mich dazu gebracht, harte Arbeit, Unternehmertum und die Realwirtschaft zu respektieren. Es war auch ein gutes praktisches Training für Verhandlungen in Brüssel, Frankfurt, Moskau, auf dem Balkan und anderswo.

All das beinhaltete auch eine gehörige Portion romantischen Glauben an den wirtschaftlichen Fortschritt, der die Nachkriegsjahrzehnte prägte – es war die Zeit vom *Wirtschaftswunder* oder *les Trente Gloriouses,* das die Wirtschaft und die Psyche der Bevölkerung Kontinentaleuropas beherrschte und auch in unserer ostfinnischen Peripherie zu spüren war. Ich erinnere mich noch gut an den warmen und sonnigen Sommertag 1966, als ich vier Jahre alt war und mein Vater einen nagelneuen westdeutschen Opel Kadett in unseren Hof fuhr, der seinen dritten ostdeutschen Wartburg ersetzte – da wurde mir klar, dass wir zum Westen gehören! Als Automobil war der Opel einfach in einer ganz anderen technischen Klasse unterwegs, was, wie ich zugeben muss, meine Westorientierung noch verstärkte.

Ich lernte auch den arbeitenden Mann zu schätzen: Die Ersatzteilverkäufer waren die Helden der Arbeiterklasse in meiner Jugend. Unsere Verkäufer wurden meine guten Freunde. Und so lernte ich, die Rechte der Arbeitnehmer zu respektieren, für soziale Gerechtigkeit zu sorgen und eine positive Einstellung zur Mitbestimmung der Arbeitnehmer am Arbeitsplatz.

Aber ich hatte auch alle Gründe, starke Frauen zu respektieren, dank einer Frau ganz in der Nähe – zu Hause. Meine Mutter Vuokko (1938–2011) war die erste Absolventin eines Gymnasiums und die erste Universitätsstudentin ihrer Großfamilie. Nach ihrem Abschluss 1960 arbeitete sie viele Jahre lang als Englisch- und Schwedischlehrerin sowie als „Schulsprecherin" oder als lokale Aktivistin in der Lehrergewerkschaft OAJ. Später wurde sie Marketingleiterin unseres Unternehmens – und Mitte der 1990er-Jahre wurde sie nach mir zur Abgeordneten gewählt. Ich bin ihr sehr dankbar, dass sie mich ermutigt hat, Sozialwissenschaften zu studieren, da sie erkannt hatte, dass dies mein Fachgebiet war.

Im Grunde war meine Heimatstadt Mikkeli in den 1960er- und 1970er-Jahren ein sicherer und anregender Ort zum Leben und Wachsen. Als Kind und Jugendlicher führte ich ein eher gewöhnliches, meist glückliches Leben. Doch das wurde an einem Januarmorgen im Jahr 1987 zerstört, als die Nachricht kam, dass das Auto, das meine Schwester Sirpa zu den finnischen Ski-Meisterschaften bringen sollte, verunglückt war. Ich nahm den ersten Flug nach Kuopio und fuhr zur Universitätsklinik, um bei ihr zu sein. Sie erlangte ihr Bewusstsein nicht mehr wieder. Elf Tage später war sie tot.

Es ist unmöglich, die Trauer zu beschreiben, die wir empfanden. Meine Eltern haben sich nie davon erholt. Sirpa war eine talentierte, hart arbeitende Studentin der Ingenieurs- und Wirtschaftswissenschaften an der Technischen Universität Helsinki, der heutigen Aalto-Universität und wäre eine große Unternehmerin geworden. Nach der Beerdigung verbrachte ich viel Zeit an ihrem Grab, um mit ihr zu reden. Meine Schlussfolgerung war, dass ich versuchen sollte, ein sinnvolles Leben zu führen, indem ich mich für Gerechtigkeit und Fairness einsetze und die Welt zu einem besseren Ort mache. Das mag auf dem Papier naiv klingen, aber so war es und ist es immer noch. Tiefe Traurigkeit kann in Realismus und dann in Reform und Wiederbelebung umgewandelt werden. So wurde der Dienst für die Öffentlichkeit zu meiner Berufung.

Die Stimmung in meinem Leben nach einer eher unbeschwerten Kindheit und Jugend 1987 wurde plötzlich melancholisch. Gegen dieses Gefühl kämpfte ich vor allem durch harte Arbeit an. Wenn sich in der Zeit einer meiner Begleiter oder Freunde vernachlässigt oder beleidigt gefühlt hat, bedaure ich das sehr. Erst seit ich 1993 meine Frau Merja kennenlernte und sie 1995 heiratete und nachdem 1998 unsere Tochter Silva geboren wurde, wandelte sich meine Stimmung zunächst in eine neutrale und dann in eine positive, wenn auch dauerhaft eher ernsthafte Gefühlslage.

Fußball: eine lebenslange Passion

Neben den Ersatzteilen war der Fußball meine zweite Leidenschaft, die auch zu meiner mentalen Landkarte von Europa beigetragen hat. In Mikkeli organisierte der örtliche Fußballklub MP (Mikkelin Palloililjat) im Rahmen seiner Fußballschule eine europäische Liga für Unter-Elfjährige, die man heute wahrscheinlich als (sehr rudimentäre) Jugendakademie bezeichnen würde. Mein Debüt bei Manchester United gab ich 1968 im Alter von sechs Jahren. In den folgenden Jahren spielte ich für Tottenham Hotspur und Benfica, wechselte dann zu Real Madrid und war dort zwei Jahre lang Kapitän, bevor ich 1973 im Alter von elf Jahren gezwungen war, mich aus der ‚europäischen Liga' zurückzuziehen. Das waren glückliche Zeiten. Danach habe ich es nicht mehr in die europäischen Ligen geschafft, bis ich die Chance hatte, für das finnische Parlament und die Europäische Kommission zu spielen.

Aber ich spielte weiter in den Jugendmannschaften und ging im Alter von 17 Jahren in die erste Mannschaft, weil ich glaubte, ich könnte wie Johan Cruyff passen und wie Gerd Müller punkten – kein Mangel an Selbstvertrauen. Wir kämpften um die Qualifikation für die finnische erste Liga, was uns im folgenden Jahr gelang. Unsere Mannschaft war technisch geschickt und taktisch versiert, aber ziemlich unerfahren, und trotz unseres (bestenfalls) unterhaltsamen Angriffsstils waren unsere Vitrinen nicht mit großen Trophäen gefüllt. Während meines Militärdienstes zwei Jahre später entfremdete ich mich allmählich vom ernsthaften semiprofessionellen Fußball, nicht als Spieler, sondern als Karriere. Es war eine Frage von beidem – *Druck und Zug*.

Druck, als mir klar wurde, dass ich die Grenzen meines Talents erreicht hatte. Im September 1981 spielten wir in Oulu, der Hauptstadt von Nordfinnland. Der FC Oulun Palloseura (OPS) hatte einige Wochen zuvor im heimischen Stadion ein 1:1-Unentschieden im Europapokal gegen Liverpool erzielt. Jetzt erreichten wir ein 2:2-Unentschieden gegen OPS, und mir gelang es, das gleiche Tor wie dem legendären Schotten Kenny Dalglish zu erzielen. Das war definitiv das Höchste, was ich mit meinem begrenzten Fußballtalent erreichen konnte (s. Abb. 2.2)!

Zug, da ich mich mehr und mehr dafür interessierte, wie die Gesellschaft und die Wirtschaft um mich herum funktionierten. Anstatt bei Auswärtsspie-

2 Ein Finne aus der Peripherie in der Hauptstadt Europas

Abb. 2.2 Dehnen Sie es bis an die Grenze! Ein Tor im Spiel Mikkelin Palloilijat gegen Tapiolan Honka 2:2, Qualifikationsspiele der Premier Division, Mikkell Sportstadion, 1981. (Quelle: Timo Pylvänäinen, Länsi-Savo)

len stundenlang im hinteren Teil des Mannschaftsbusses zu sitzen und Kartenspiele wie Stud Poker um ein Taschengeld zu spielen, stieg ich aus diesem Kern der Mannschaft aus und konzentrierte mich mitten im Bus auf das Lesen faszinierender Bücher über Wirtschaft, Politik und Geschichte. Respekt vor meinen Mannschaftskameraden, die das verstanden haben!

Als lebenslange Leidenschaft ist der Fußball jedoch seither mein Rettungsanker, wenn es darum geht, in ein neues soziales Umfeld zu gelangen, was mich mit Einwanderern verbindet, die nach Wegen suchen, sich in die lokale Gemeinschaft zu integrieren. Sowohl am Macalester College in Minnesota als auch am St. Antony's College in Oxford hatten wir neun Nationalitäten im elfköpfigen Startkader, was diese Mannschaften zu wahren Schmelztiegeln machte. Und ich erinnere mich mit besonderer Wärme und Dankbarkeit an die Siege, die wir für das finnische Parlament in den europäischen parlamentarischen Turnieren errungen haben. Der Sieg gegen die formidable Mannschaft des Deutschen Bundestages war ein besonders süßer und beständiger Genuss.

Nur fürs Protokoll und um Missverständnisse zu vermeiden: Ich bin kein Fußballfan – für mich ist Fußball einfach eine Lebensart.

Heute spiele ich mit meinen altgedienten Freunden in Helsinki normalerweise zweimal pro Woche, hauptsächlich für die psychische Gesundheit. Unsere Mannschaft FC Soppa[2] spielt mit der Wertungsregel „one-touch and straight from the air", was eine gewisse Technik erfordert und hilft Aggressionen abbzubauen. Danach gehen wir regelmäßig in die Sauna und trinken gelegentlich ein Bier. Unser Team besteht aus vielen Immigranten und leistet so seinen Beitrag zur Integration der Neuankömmlinge in die finnische Gesellschaft. Wahrscheinlich das Einzige, was ich im Fußball bedaure, ist das fremdenfeindliche oder gar rassistische Verhalten einiger „Ultras", die das Wesen der Kunst nicht verinnerlicht haben – dafür sollte in diesem großen Spiel kein Platz sein. Was Gleichberechtigung und Antirassismus betrifft, so schließe ich mich voll und ganz dem an, was Gary Lineker, die Fußballlegende und der Studiomoderator einer BBC-Fußball-Sendung, vor einiger Zeit in einem Interview sagte:

„Fußballspieler sind … am wenigsten rassistisch von allen, weil gerade sie mit verschiedenen Rassen und verschiedenen Menschen aus verschiedenen Ländern mit unterschiedlich gefärbter Haut aufgewachsen sind. Man schaut sich in einer Umkleidekabine um; man schaut niemanden an und denkt, er ist schwarz, er ist Asiate, er ist… man denkt, er ist ein guter Spieler, er ist in Ordnung oder er ist es nicht. Andere Dinge sieht man nicht".[3]

Lineker ist vielleicht nicht Martin Luther King oder Nelson Mandela, aber in meinen Ohren klingt das genauso gut oder in seinem Realismus sogar besser als die Allgemeine Erklärung der Menschenrechte der Vereinten Nationen. Respekt! No to racism! No à racismo!

Studium der Sozialwissenschaften, Engagement in Politik und Politikgestaltung

Obwohl ich mich seit meiner Kindheit für Politik und Geschichte interessiert habe, begann mein ernsthaftes politisches Engagement gegen Ende meines Militärdienstes 1981–1982, so seltsam es auch klingen mag. In der Politik war es eine sehr intensive Zeit, sowohl in Europa als auch zu Hause. Der Kalte Krieg durchlief seine letzte, wirklich angespannte Phase, auch wenn wir das zu diesem Zeitpunkt noch nicht wussten. In Finnland trat Präsident Urho Kek-

---

[2] Der Name „Soppa" bedeutet wörtlich übersetzt „Suppe". Die Abkürzung leitet sich in diesem Zusammenhang von den finnischen Worten „Pallokentän Sosiaalipalloilijat" ab, est. 1990 („Die sozialen Fußballer des Fußballstadions"). Seine Seniorenabteilung heißt FC Cremonese.
[3] *Lunch with the FT*: Gary Lineker. 30 Dezember 2016.

konen nach 25 Jahren im Amt zurück und das Land bereitete sich auf eine entscheidende Präsidentschaftswahl im Januar 1982 vor. Sie führte zu einem Erdrutschsieg für Dr. Mauno Koivisto, den sozialdemokratischen Ministerpräsident und Zentralbankier – und Kriegsveteran.

Ich erinnere mich an ein Ereignis während meines Militärdienstes, das tief im Zusammenhang mit dem europäischen Sicherheitskontext stand. Wir hatten gerade mit der Klasse 168 an der Reserveoffiziersschule begonnen, die sich in der Stadt Hamina, dem südöstlichsten Zipfel Finnlands, befindet. Am Samstag, dem 20. November 1981, trafen wir mit unseren Brigaden aus verschiedenen Teilen des Landes in der Garnison ein. Am Sonntag, dem 21., wurde der gesamte südöstliche Militärbezirk in Alarmstufe Rot versetzt. Wir erhielten scharfe Munition, einschließlich der Panzerabwehr- und Artilleriekompanien und wurden in den nach Osten gerichteten Wald geschickt. Warum?

Unsere Vermutung war, dass die finnischen Streitkräfte die Bereitschaft signalisieren wollten, dass Finnland seine Souveränität und sein Territorium verteidigt, egal was passiert. Es bestand die Gefahr eines Konflikts in Mitteleuropa mit einem möglichen Übergreifen auf den Norden. Die Lage in Polen war sehr angespannt, was kurz darauf zur Verhängung des Kriegsrechts führte. Die Solidaritätsbewegung *Solidarność* stellte die Legitimität und sogar das Überleben der von den Sowjets unterstützten kommunistischen Regierung unter General Jaruzelski in Frage.

Die Erinnerungen und Ängste der Jahre 1956 und 1968 waren überall in Europa noch sehr lebendig. Auch wenn es in Finnland in den 1970er- und 1980er-Jahren einige übertriebene Symptome der „Finnlandisierung" gegeben haben mag, so erreichten diese Symptome nie die Armeeführung, die dafür sorgte, dass unsere Bereitschaft zur Verteidigung des Landes intakt blieb und deutlich gemacht wurde. So verbrachten wir eine denkwürdige Zeit mit meinen Offiziersstudentenkollegen und unseren Waffen in einem kühlen, matschigen Wald im Südosten Finnlands. Wir zitterten vor kalten und nassen Füßen und dachten an Polen.

Diese Erinnerung ist mir oft in den Sinn gekommen, nicht zuletzt als 1990 die ersten freien Wahlen in Polen abgehalten wurden oder als Polen 2004 der EU beitrat. Tatsächlich sind der EU-Beitritt Polens und der Prozess, der dazu führte, eine starke Erinnerung an die nun unterdurchschnittliche Leistung der EU als nur weiche Kraft im Spiel der Mächte – wobei die Rolle der *Solidarność* und der innenpolitischen Kräfte nicht unterschätzt wird. In diesem Fall hatte die *Solidarność* eindeutig mehr Abteilungen als die Rote Armee, um Stalins Witz „wie viele Divisionen hat der Papst" zu paraphrasieren. Vor dem Hintergrund dieses schwierigen demokratischen Kampfes ist es in der Tat traurig, dass Polen heute mit den Grundfreiheiten kämpft.

Es wurde einmal gesagt, dass die Reserveoffiziersschule (RUK) die wichtigste Managementschule in Finnland ist. Im Guten wie im Schlechten – meistens im Guten – steckt mehr als ein Körnchen Wahrheit in diesem Spruch. Die finnische Militärausbildung basiert auf individueller Initiative und Teamarbeit der Wehrpflichtigen, nicht (nur) auf formaler Disziplin, so dass die Führungskurse an der RUK in Bezug auf die Managementausbildung eine ziemlich moderne Ausrichtung haben. Für mich war es insofern eine prägende Erfahrung, als ich als 19-jähriger Junge in den Vorstand des Studentenwerks gewählt wurde, dem hauptsächlich 25–30-jährige „Senioren" angehörten – Juristen, Ingenieure, Geschäftsleute, Historiker und Priester, einige mit Doktortitel.

Während wir also in der Reserveoffiziersschule unsere „105 glorreichen Tage" mit sehr kaltem und schneebedecktem Winterkriegstraining absolvierten (zufällig ist die Reserveoffizierklasse 105 Tage lang; der Winterkrieg dauerte 105 Tage), sprachen alle anderen im Land über die Präsidentschaftspolitik. Man kann noch die Wirtschaftskrise, die Atomkraft und die Geburt der grünen Bewegung auf der Liste hinzufügen. Ich habe also viel über politische Themen nachgedacht. Solange ich mich erinnern kann, habe ich mich als zentristisch-liberal betrachtet, aber damals gab es keine offensichtliche Wahl für eine Partei. Die Liberale Partei, die eine ruhmreiche Vergangenheit hatte und die politische Heimat meines Vaters gewesen war, hatte längst ihre politischen Leitlinien verloren und war praktisch von der Bildfläche verschwunden. Die Sozialdemokratische Partei, über die ich viel gelesen und die ich aufmerksam verfolgt hatte, war in den 1970er-Jahren zu linkslastig und halbsozialistisch, zumindest für meine sozialliberale Denkweise. Die Nationale Koalitionspartei war immer noch eher konservativ eingestellt. Die Zentrumspartei, oder bis 1965 der Bauernverband, war der Schrittmacher des republikanischen und (bestenfalls) progressiven Erbes Finnlands und hatte eine unternehmerische und sozial radikale Linie. Aber sie war immer noch recht ländlich geprägt. Die Grünen waren noch nicht geboren und die ‚prä-grünen' sozialen Bewegungen standen in den großen nationalen Fragen der Außen- und Wirtschaftspolitik noch am Rande – und wenn man sie überhaupt behandelte, sahen die Prä-Grünen eher nach Fundis als nach Realos aus. Und ich wollte unbedingt mitmachen und die Kernfragen der Außen- und Wirtschaftspolitik mitprägen.

Nach einiger Zeit des Nachdenkens und Studierens der politischen Programme der Parteien entschied ich mich im Frühjahr 1982, an den Aktivitäten der Jugendunion der Zentrumspartei teilzunehmen, die ökologisches Engagement mit sozialer Gerechtigkeit und starken bürgerlichen Freiheiten verband. Besonders aktiv war ich in Fragen der finnischen Außenpolitik und der Entwicklungszusammenarbeit. Zur rechten Zeit wurde mir die Verantwortung für die Solidaritätskampagne für den afrikanischen Nationalkongress übertragen, die zu den besten Erinnerungen meiner politischen Tätigkeit gehört. Auf den Parteikongressen in den 1980er-Jahren verloren wir viele Stimmen – etwa 3900 Stimmen gegen nur noch 100 –, aber wir waren dennoch Teil einer internationalen Bewegung, die ein Handelsembargo forderte und gegen die Apartheid kämpfte. In diesem Zusammenhang traf ich zum ersten Mal einen jungen Anwalt namens Antti Rinne, der das Embargo organisierte. Er wurde später finnischer Regierungschef. Südafrika hat seither einige Rückschläge erlitten, aber es war unvergesslich, Teil der internationalen Bewegung zu sein, die „Free Nelson Mandela!" sang.

Während meines Militärdienstes hatte ich das Bedürfnis, meinen Horizont zu erweitern, zumal meine vielversprechende Karriere als Halbprofi-Fußballer zu Ende zu sein schien, bevor sie wirklich begonnen hatte. Ohne einen konkreten Plan bewarb ich mich um ein Universitätsstipendium eines finnisch-amerikanischen Fonds, der angelegt worden war, nachdem Finnland als einziges Land alle seine Kriegskredite an die USA zurückgezahlt hatte. Nachdem ich die Prüfungen bestanden hatte, wurde ich für ein Stipendium angenommen und erhielt von einigen Hochschulen verschiedene Studienangebote. Ich entschied mich für das Macalester College in St. Paul, Minnesota, und zwar wegen seiner akademischen Leistungen und seines inspirierenden Lehrplans.

So wagte ich mich im September 1982 zum ersten Mal auf eine Reise nach Amerika und flog über den New Yorker JFK-Flughafen nach Minneapolis. Ich studierte Wirtschaftswissenschaften und internationale Beziehungen als Hauptfach und während des akademischen Jahres 1982–1983 ein wenig Journalismus. Der Unterricht an der Macalester-Universität war kompetent und inspirierend und ich lernte viel. Für einen Nerd der politischen Ökonomie wie mich war es eine wunderbare Kombination aus Makro- und Mikroökonomie, Politikwissenschaft und internationalen Beziehungen. Die Vorlesungen *Makroökonomie* von Rüdiger Dornbusch und Stanley Fischer, *Die postindustrielle Gesellschaft* von Daniel Bell und *Das Wesen der Entscheidung* von Graham T. Allison waren meine Favoriten. Im Journalismus lernten wir, klares, einfaches Englisch zu schreiben mit Hilfe von George Orwells *Politik und die englische Sprache* und Strunk und Whites „Das kleine Buch" *Die Elemente des Stils*. Unser Journalistik-Professor Ron Ross, ein ehemaliger Vietnam-Korrespondent, coachte uns, sinnlose Redewendungen zu vermeiden. Und wir verinnerlichten die sechste Regel von George Orwell: „Break any of these rules sooner than say anything outright barbarous."[4]

---
[4] Orwell (2013).

Kürzlich habe ich mit Freude zur Kenntnis genommen, dass das Macalester College 2016 vom Weltwirtschaftsforum und der Princeton Review auf den zweiten Platz unter den „25 besten US-Colleges für Studenten, die die Welt verändern wollen" gewählt wurde. Sie argumentierten wie folgt: „Macalester ist auf der Verpflichtung zu bürgerlicher Führung und bürgerschaftlichem Engagement aufgebaut. Die Studenten haben verschiedene Möglichkeiten sich auf dem Campus zu engagieren, vor allem in den Bereichen gemeinnützige Arbeit, soziale Aktionen und Interessenvertretung sowie politisches Engagement." Es würde mir jetzt nichts ausmachen, wieder 20 zu sein und alles noch einmal zu erleben.

Auf der Suche nach dem liberalen Zentrum in Finnland und Europa

Das Vollzeit-Studentenleben war für mich jedoch früher vorbei, als ich dachte. Ich kehrte nach Finnland zurück, um an der Universität Helsinki Wirtschaft und internationale Beziehungen zu studieren. Ende 1983 trat die Leitung der Jugendorganisation der Zentrumspartei an mich heran und fragte mich, ob ich in Teilzeit als Internationaler Sekretär zu ihrem Stab gehören wolle. So begann ich im Januar 1984 mit der politischen Arbeit – Teilzeit in der Theorie, Vollzeit in der Praxis –, die über drei Jahrzehnte in verschiedenen Positionen fortgesetzt wurde.

Mitte der 1980er-Jahre begann die Jugendorganisation der Zentrumspartei, grüne und liberale Ideen aufzusaugen, um die Partei zu reformieren, von der wir dachten, dass sie über viel fortschrittliches Potenzial verfügte, aber zu konservativ geworden war. 1987 wählte mich die Jugend der Zentrumspartei zum Vorsitzenden. Unsere Arbeit gipfelte im Mai 1989 am zweihundertsten Jahrestag der Französischen Revolution mit der Verabschiedung des Manifests der Liberalen Jugend der Zentrumspartei, in dem wir die Liberalisierung der Wirtschaft für das Unternehmertum, soziale Gerechtigkeit durch ein Grundeinkommen der Bürger, eine ökologisch nachhaltige Wirtschaft und die Fortsetzung der aktiven Rolle Finnlands in Europa forderten. Wir waren die treibende Kraft hinter dem Beitritt der Zentrumspartei zur Liberalen Internationalen und zu den Europäischen Liberalen und Demokraten (ELDR, jetzt ALDE). Unser Programm spiegelte den bürgerlichen und sozialen Liberalismus im Streben nach Gerechtigkeit als Fairness wider, inspiriert von *Eine Theorie der Gerechtigkeit*, dem modernen Klassiker von John Rawls. Ich mag ja vielleicht bald ins sogenannte mittlere Alter kommen, aber ich stehe im Großen und Ganzen immer noch zu diesen Rawls'schen Zielen.

Meine akademische Arbeit verlief parallel zur politischen Tätigkeit. Im Jahr 1989 wurde ich als Assistent an der Fakultät für Politikwissenschaft eingestellt und schloss meine Magisterarbeit über soziale Bewegungen und politische Parteien im postindustriellen Wohlfahrtsstaat ab. Meine Magisterarbeit konzentrierte sich weitgehend auf die Grünen und baute auf Klassikern wie Robert Michels und Antonio Gramsci auf. Ich paukte mich durch Joschka Fischers Schriften über die deutschen Grünen in Goethes Sprache, was in der Tat etwas Ausdauer erforderte. Einige Jahrzehnte später war es mir eine große Ehre und Freude, mit Joschka zusammenzuarbeiten, als er Deutschlands hoch angesehener Außenminister war.

Als die Berliner Mauer fiel, war ich zu meinem Bedauern nicht da und bereitete stattdessen einen Stipendienantrag beim British Council vor. Danach wurde ich an der Universität Oxford zugelassen, um dort eine Doktorarbeit – dort D.Phil. genannt – in internationaler politischer Ökonomie zu schreiben. So zog ich im September 1990 nach Oxford mit dem Ziel, meine Doktorarbeit in 2–3 Jahren abzuschließen. Ich tat dies schließlich 1996, da in der Zwischenzeit sowohl in europäischen Angelegenheiten als auch in meinem Privatleben ziemlich viel passiert war. Ich habe die Seminare in Oxford wirklich genossen, wo man sich frei austauschen konnte und die beste Argumentation gewann. Meine Dissertation befasste sich mit der Beziehung zwischen Korporatismus und industrieller Wettbewerbsfähigkeit und analysierte aus dieser Sicht die Entwicklung der Wirtschaftsstrategien kleiner europäischer Staaten. Sie konzentrierte sich weitgehend auf die Wechselwirkung zwischen Wirtschafts- und Währungspolitik einerseits und dem Funktionieren und der Flexibilität des Arbeitsmarktes andererseits. Rückblickend gesehen war es eine recht nützliche Vorbereitung für meine späteren Aufgaben in wirtschaftlichen Angelegenheiten – sowohl in Finnland als auch in Europa.

Zwischenzeitlich war das wichtigste Ereignis im März 1991, meine Wahl in das finnische Parlament. Das war unerwartet, aber ich war in der Tat motiviert, mich für die Erneuerung unseres Landes einzusetzen, das sich wirtschaftlich im freien Fall befand und auf der Suche nach seinem Platz innerhalb der europäischen Transformation war. Wir erbten von der Vorgängerregierung enorme makroökonomische Ungleichgewichte und als die Koalitionsgespräche im April 1991 stattfanden, brach die Wirtschaft ein und schrumpfte mit einer Geschwindigkeit von minus 7 Prozent pro Jahr. Zusammen mit dem plötzlichen Zusammenbruch des bilateralen sowjetischen Handels Ende 1990–1991 führten die politischen Fehler der späten 1980er-Jahre zu einer Bankenkrise, zwei Abwertungen und einer explodierenden Arbeitslosigkeit. So verbrachte ich die nächsten Jahre als Abgeordneter und 1992–1993 als politischer Berater von Ministerpräsident Esko Aho, der eine gewaltige Arbeit leistete, um die Wirtschaft wieder in Gang zu bringen und das Land und seine Menschen auf die EU-Mitgliedschaft vorzubereiten.

Europa war meine Mission und ich schrieb sowohl analytische als auch politische Artikel über die Integration. Einer meiner ersten Artikel über die WWU, ein ausführlicher Artikel in finnischer Sprache aus dem Jahr 1993, trug den Titel *Die allgemeine Theorie von Beschäftigung, Geld und Integration*[5] – wieder kein Mangel an Selbstvertrauen, wenn man das Hauptwerk von John Maynard Keynes zitiert!

In der Folge war ich in einer Bürgerbewegung aktiv an der Organisation der *Ja*-Kampagne zur EU-Mitgliedschaft beteiligt, aus der später die Europäische Bewegung in Finnland hervorging. Während diese Kampagne erfolgreich war – oder besser gesagt, das finnische Volk wusste, welche historische Entscheidung getroffen werden musste –, sah ich meine eigene politische Position bald erodieren, da die Zentrumspartei in der Europafrage gespalten war.

Dies führte sowohl zu einem Sieg als auch zu einer Niederlage auf dem Parteitag im Juni 1994. Es wurde schon gesagt, dass die Zentrumspartei nach der Kommunistischen Partei Chinas und der Demokratischen Partei der USA die drittgrößten Parteitage der Welt hat – es mag eine leichte Übertreibung sein, aber es gibt etwa 4000 Delegierte im ganzen Land, die, gewöhnlich in einer Eishockeyhalle, die Entscheidungen auf sehr republikanische Weise treffen. Als stellvertretender Vorsitzender hatte ich noch vor dem Kongress vorgeschlagen, dass dieser zunächst über die EU-Mitgliedschaft und erst dann über den Parteivorsitzenden abstimmt – was implizierte, dass ein „Nein" in der EU-Frage zum Rücktritt des Parteivorsitzenden und zum Sturz der Regierung führen würde. Das verärgerte die Euroskeptiker, da diese Anordnung dazu beitrug, die Mehrheit für die EU-Mitgliedschaft zu gewinnen, was auch tatsächlich geschah. Während also die Delegierten im Juni 1994 am Samstag mit 2/3 für die EU-Mitgliedschaft stimmten, wählten sie mich am Sonntag aus Rache aus der Parteiführung ab. Das ist demokratische Politik – keine Einsprüche möglich.

Da mein politischer Einfluss in Finnland dadurch erodiert war, war ich bereit, meiner europäischen Überzeugung zu folgen und wurde Ende 1994 in das Europäische Parlament gewählt, wo ich 1995–1996 stellvertretender Vorsitzender der Liberalen Fraktion und Leiter der Delegation der Zentrumspartei war. Nachdem ich meinen Sitz bei den Nachwahlen 1996 verlor und mehr als ein Jahrzehnt lang ein „beruflicher Evolutionär" gewesen war, verließ ich die Politik, wandte mich der Wissenschaft zu und begann 1997 ein Projekt zur Gründung der Zentrumspartei für Europastudien an der Universität Hel-

---

[5] Rehn (1990) (Finnische Außenbeziehungen im Europa der 1990er Jahre). Edita 1993. Bearbeitete Fassung in Olli Rehn, Pieni valtio Euroopan unionissa (Kleine Staaten in der Europäischen Union). Kirjayhtymä, 1996.

sinki. Auf Einladung von Kommissar Erkki Liikanen wurde ich sein Kabinettschef für den Zeitraum 1998–2002.

Als ich im Januar 2002 nach Finnland zurückkehrte, befand sich die Zentrumspartei mitten in einem Führungswettbewerb. Als einer der Führer des liberalen Flügels musste ich an der Kampagne teilnehmen. Ich genoss den halbjährigen Wahlkampf und erreichte einen guten zweiten Platz. Nicht gut genug für die Spitze, aber gut genug, um eine Kandidatur bei den Parlamentswahlen im März 2003 in Erwägung zu ziehen. Das klappte jedoch, aus Gründen, die rational schwer zu erklären sind, nicht. Einer der merkwürdigsten Vorfälle, der mir je passiert ist, war, dass in 2002/2003 mein enger Freund und liberaler Seelenverwandter, Dr. Alpo Rusi, beschuldigt wurde, Ende der 1960er- und Anfang der 1970er-Jahre Spionage für die DDR betrieben zu haben. Alpo war 1994–1999 der außenpolitische Berater von Präsident Martti Ahtisaari und 1999 eine der Schlüsselfiguren des Sarajevo-Gipfels und der Kosovo-Friedensgespräche.

Noch vor einer ordentlichen Untersuchung und nach offensichtlich organisierten Lecks wurde Alpo von der finnischen Elite und den Medien brutal und öffentlich gekreuzigt – nicht ihre Sternstunde. Als mir klar wurde, dass er zum Sündenbock für alle Sünden der Finnlandisierung gemacht und vor meinen Augen politisch ermordet wurde, dachte ich, ich müsse ihn in der Öffentlichkeit mit etwas Enthüllungsjournalismus verteidigen, den 99 Prozent der finnischen Journalisten bedauerlicherweise vernachlässigt hatten. Die Europaabgeordnete Heidi Hautala und Tapani Ruokanen, der Chefredakteur von *Suomen Kuvalehti* gehörten zu den wenigen Freunden, die sich dem Kampf für Rechtsstaatlichkeit und historische Wahrheit anschlossen. Wir erhielten viel Unterstützung von Finnen, die sich nicht so leicht täuschen ließen, was etwas Hoffnung für die Zukunft der Nation gab.

Auf der Grundlage meiner Ermittlungen konnte ich bald beweisen, dass die finnische Sicherheitspolizei, Supo, zwei Brüder verwechselt hatte und eine Reihe von mutmaßlichen Tätern ohne jede Untersuchung zurückließ. Aber es dauerte unnötig lange, bis die Supo ihren Fehler zugab und die Unschuld von Alpo eingestand. Das Debakel endete damit, dass Alpo im Juni 2003 von allen Anklagepunkten frei gesprochen wurde und der Staatsanwalt ihn für unschuldig erklärte. Ich musste die Parlamentswahlen im März 2003 absagen, weil der Fall noch offen war und ich die Politik nicht mit meiner Verteidigung von Alpo vermischen konnte. Wir schrieben ein Buch mit dem Titel *Kylmä tasavalta* (Die Kalte Republik, 2003), das die investigativen Vertuschungen und die journalistische Katastrophe aufdeckte und eine parlamentarische Aufsicht über die finnische Sicherheitspolizei im Einklang mit den Prinzipien der westlichen liberalen Demokratie vorschlug.

Während ich 2002–2003 in meinem eigenen Land als *Persona non grata* und als ein politisch toter Mann galt, wurde ich dennoch – entgegen den meisten politischen Widerständen – ein Jahr später zum finnischen Kommissar in der EU ernannt.

Diese Ereignisse waren mir noch frisch in Erinnerung, als ich 2004 als Erweiterungskommissar begann. Es überraschte daher nicht, dass ich die Menschenrechte, die Rechtsstaatlichkeit und die Pressefreiheit in der Türkei und dem Westbalkan in den Mittelpunkt meines Interesses stellte. Unsere guten Bemühungen, im Rahmen der EU-Beitrittsverhandlungen zivilisatorische Brücken zur Türkei zu bauen, endeten aufgrund der überwältigenden Skepsis sowohl in Europa als auch in der Türkei in einem Desaster. Die Arbeit für die Stabilisierung auf dem Westbalkan war konsequenter und lohnenswerter. Kroatien trat der EU im Jahr 2013 bei. Serbien befindet sich auf dem Weg dorthin, ebenso wie Albanien und Mazedonien. Kosovo hat seine Unabhängigkeit erlangt und bewegt sich weiter. Der Grenzstreit zwischen Kroatien und Slowenien in der Bucht von Piran wurde gelöst, zumindest so weit, dass er nicht zu einem Hindernis für die allgemeine Stabilisierung und den Fortschritt in der Region wurde. Bosnien-Herzegowina ist keine funktionierende Föderation geworden, hat aber den Frieden erhalten. In Bezug auf die Kriegsverbrechen hat es Gerechtigkeit und Versöhnung gegeben. Es war ein langer Kampf, zusammen mit der Chefanklägerin des Internationalen Strafgerichtshofs für das ehemalige Jugoslawien (ICTY), Carla Del Ponte, und vielen EU-Mitgliedstaaten, um die Kriegsverbrecher Ratko Mladic, Radovan Karadzic und andere vor Gericht zu bringen. Für die EU ist es von entscheidender Bedeutung, an ihren Grundwerten festzuhalten und mit den Menschen auf dem Westbalkan zusammenzuarbeiten und sie dabei zu unterstützen auf einem europäischen und liberalen Weg zu bleiben.

Ein persönlicher Stresstest

Die Schuldenkrise der Eurozone erwies sich auch als ein persönlicher Stresstest für alle, die viele Jahre in ihrem Epizentrum verbracht haben. So beschreibt der ehemalige US-Finanzminister Tim Geithner in seinen Memoiren *Belastungstest* (2014)[6] seine Erfahrungen während der globalen Finanzkrise in der US-Finanzfeuerwehr.

Ich habe mich nie vor anspruchsvollen beruflichen Herausforderungen gedrückt, solange sie sinnvoll sind. Aber ich muss zugeben, dass es während der Krise Momente gab, in denen wir das Gefühl hatten, dass der Sauerstoff

---
[6] Geithner (2014).

knapp wurde und wir den Kopf nicht mehr über Wasser halten konnten. Es gab ein fast tödliches Muster: Immer, wenn wir dachten, wir hätten es geschafft und das Blatt gewendet, türmten sich neue Hindernisse auf, die sich noch unüberwindbarer anfühlten als die vorherigen. Ein weiterer Tiefpunkt – wieder und wieder, Jahr um Jahr.

Das wusste ich ehrlich gesagt nicht oder konnte es mir nicht vorstellen, als ich Ende Oktober 2009 ein Rendezvous mit Präsident José Manuel Barroso hatte, der gerade die Verteilung der Ressorts für seine zweite Amtszeit in der Kommission für 2010–2014 abschloss.

Während ich 2004–2009 als Erweiterungskommissar intensiv mit Barroso zusammen arbeitete, bauten wir eine sehr enge, auf gegenseitigem Vertrauen basierende Arbeitsbeziehung auf. Daher ging ich mit der Zuversicht zu dem Treffen, dass mir ein politisch sinnvolles Ressort zugewiesen werden würde, konnte aber nur ahnen, nicht wirklich wissen, was sein letztes Angebot für mich sein sollte. Im Anschluss an meine außenpolitische Arbeit in Südosteuropa im Rahmen des Erweiterungsportfolios war ich von der finnischen Regierung und der Allianz der Liberalen und Demokraten in Europa (ALDE) als ihr Kandidat in einer Doppelfunktion für den neu geschaffenen Posten des „EU-Außenministers" ernannt worden, aber Anfang Februar 2010 war Baronin Ashton bereits für dieses Amt ernannt worden, so dass es nicht mehr angeboten wurde.

Nach unserem üblichen Fußball-Smalltalk ging Barroso direkt zur Sache: „Wir haben in den letzten fünf Jahren sehr eng und gut zusammengearbeitet. Nun möchte ich Sie bitten, nach Joaquin Almunia, der zum Wettbewerb wechseln wird, die Verantwortung für Wirtschafts- und Währungsangelegenheiten zu übernehmen. Ihr Ressort wird in den kommenden fünf Jahren eine Schlüsselrolle spielen."

Es war für mich keine völlige Überraschung, da ich Joaquin Almunia gelegentlich im Europäischen Parlament vertreten habe, wenn er auf Dienstreisen war. Außerdem war ich seit dem „Minsky-Moment" 2007–2008 in den internen Debatten der Kommission aktiv gewesen, um für einen energischen fiskalischen und monetären Stimulus zur Unterstützung der Wirtschaft in Form eines Europäischen Konjunkturprogramms einzutreten, was auch gelang.

So empfand ich sowohl Freude als auch eine Last. Freude, da ich eine Ausbildung und einen beruflichen Hintergrund im Bereich der internationalen politischen Ökonomie hatte – dem Thema, das auch meine lebenslange Leidenschaft ist. Eine Last, da ich wusste, dass wir immer noch die globale Finanzkrise durchlebten und ich spürte, dass sich in den makroökonomischen Ungleichgewichten der Eurozone etwas wirklich Giftiges zusammenbraute. Ich holte tief Luft, dachte eine Sekunde nach, dankte Barroso für sein Vertrauen und versprach, meine ganze Energie und Erfahrung in dieses Ressort zu stecken: „Ich weiß das zu schätzen. Es wird eine harte Arbeit, aber eine sinnvolle Mission sein."

Bevor wir fertig waren, fragte Barroso aus Neugierde, welches Fachgebiet ich als Vorschlag von ihm erwartet hätte. Wir waren in den vergangenen Jahren enge Freunde und Vertraute geworden, was dadurch bestärkt wurde, dass wir beide die Gemeinschaftsmethode als den besten Weg zur Fortsetzung der europäischen Integration ansahen. Ich hatte also kein besonderes Bedürfnis, meine Gedanken und meine Intuition zurückzuhalten, und sagte: „Ich fürchtete, Sie würden mir die Verwaltung vorschlagen. Ich erwartete die Handelspolitik. Ich wünschte mir die Wirtschafts- und Währungspolitik." Barroso lachte laut und mir für meine neuen Aufgaben viel Erfolg gewünscht.

Nach dem Treffen ging ich durch die 13. Etage des Berlaymont-Gebäudes, um mit dem Aufzug in mein Büro im 10. Stockwerk zurück zu fahren. Ich erinnere mich, dass ich auf dem Weg dorthin über die enormen wirtschaftlichen Herausforderungen nachdachte, vor denen wir standen und welche Art von Politik erforderlich wäre, um sie zu bewältigen. Irgendwie erinnerte ich mich an die Maxime, die ich mit dem großen argentinischen Schriftsteller Jorge Luis Borges verband: „Für einen Gentleman sind nur unmögliche Missionen attraktiv genug."[7] Ich hatte nie ein Gentleman-Syndrom und habe mich auch nie als Gentleman betrachtet (geben Sie nicht Oxford die Schuld dafür!), aber ich fand immer, dass dieser Aphorismus etwas grundsätzlich Verlockendes hat.

Irgendwie haben wir den Drahtseilakt mit Geduld und Orientierungssinn weitergeführt – wirtschaftlich und politisch, ja sogar persönlich. Angesichts des heutigen Tages, bin ich der Meinung, dass wir angemessene Fortschritte gemacht haben – aber wir können uns nicht auf unseren Lorbeeren ausruhen. Urteilen Sie in den kommenden Kapiteln selbst darüber.

---

[7] Ich muss zugeben, dass ich mich in diesem spontanen Moment nicht richtig an den Spruch erinnert habe. Das richtige Zitat lautet: „Ein Gentleman interessiert sich nur für verlorene Fälle", was offensichtlich eine etwas andere Wendung hat. Danke an meine Tochter Silva, dass sie dies korrigiert hat – das war zu erwarten, denn Jorge Luis Borges ist einer ihrer Lieblingsautoren.

Literatur

George Orwell, *Politics and the English Language.* Penguin 2013 (Original 1945)
Olli Rehn, Työllisyyden, rahan ja integraatio yleinen teoria: Euroopan rahaliitto ja Suomi. In Petri Lempiäinen (ed.), *Suomen ulkosuhteet 1990-luvun Euroopassa, 1990*
Timothy F. Geithner, *Stress Test. Reflections on Financial Crises.* Crown Publishers, New York. 2014

Teil II

Bewältigung der Krise

3

Feuerwehr nach Athen

Mein allererster Tag im Amt als Europäischer Kommissar für Wirtschaft und Währung am 10. Februar 2010 begann mit Griechenland. Jean-Claude Juncker, der damalige Präsident der Eurogruppe, schloss sich mir am Vormittag an, um von meinem Büro im Berlaymont-Gebäude, dem Sitz der Europäischen Kommission, eine Telefonkonferenz der Finanzminister der Eurozone zu leiten. Wir hatten vor langer Zeit vereinbart, dass die erste substanzielle Diskussion der Eurogruppe über Griechenland sofort stattfinden sollte, wenn die neue Kommission *Barroso II* formell ihre Arbeit aufnehmen konnte. Es war eine freundschaftliche Begegnung zwischen uns beiden und unseren Teams in meinem Büro im Berlaymont-Gebäude. Im Gegensatz dazu war die Telefonkonferenz der Eurogruppe eine sehr ernsthafte und intensive Verhandlung von 16 Finanzministern über die Telefonleitung.

Juncker ist ein scharfer und geistreicher Mensch mit einem großen Herzen und einem starken sozialen Gewissen, der sich fest zu Europa bekennt. Ich teile seine grundlegende, aber realistische Überzeugung von Europa ebenso wie seine Vorliebe für geistreichen Humor, auch wenn ich zugeben muss, dass er der Meister ist und ich noch in der Lehre bin. Es ist also kein Wunder, dass wir gleich zu Beginn der Krise und meiner Amtszeit gut zusammengearbeitet haben, was in der Tat notwendig war, da wir gemeinsam schwierige Zeiten meistern mussten.

Die wirtschaftliche Stimmung in Europa – über die wir aus gutem Grund sehr besorgt waren – war damals sehr nervös, zerbrechlich und turbulent. Griechenland befand sich in freiem Fall, als Folge seiner früheren fiskalischen Verantwortungslosigkeit und des statistischen Betrugs, die allmählich ins öffentliche Bewusstsein gedrungen waren. Die finanzielle Stabilität der gesamten Eurozone wurde bald als gefährdet angesehen, da das griechische Buschfeuer drohte, sich in einen europäischen Waldbrand zu verwandeln, mit schädlichen Auswirkungen auf den beginnenden Aufschwung und die geschwächten Beschäftigungszahlen – und es gab weder eine bestehende Feuerwehr noch einen Feuerlöscher. Schlimmer noch, wir hatten gerade die schwerste globale Finanzkrise seit den 1930er-Jahren erlebt, die Wachstum und Beschäftigung schwer geschädigt und zu einem Anstieg der Haushaltsdefizite und der Staatsverschuldung geführt hatte. Alle oder fast alle europäischen Volkswirtschaften waren verwundbar.

Es lohnt sich, an die eher triumphierende Haltung und den Ton des Europäischen Rates, des höchsten Entscheidungsgremiums der EU unter den nationalen Staats- und Regierungschefs, in Feira, Portugal, im Juni 2000 zu erinnern, als Griechenland in die Eurozone aufgenommen wurde:

> Der Europäische Rat beglückwünscht Griechenland zu der in den letzten Jahren auf der Grundlage einer soliden Wirtschafts- und Finanzpolitik erreichten Konvergenz und begrüßt die Entscheidung, dass Griechenland am 1. Januar 2001 dem Euro-Währungsgebiet beitreten wird, was einen weiteren positiven Schritt bei der währungspolitischen Integration der Union darstellt.

Nun war die Stimmung unter den anderen Europäern tatsächlich ganz anders. In der Telefonkonferenz ging es mir in erster Linie darum, die Mitgliedstaaten der Eurozone davon zu überzeugen, dass die Situation äußerst ernst ist und eine entschlossene Reaktion der Eurogruppe erfordert. Ich hatte „genug" Zeit gehabt, mich darauf vorzubereiten, denn die Kommission Barroso II nahm ihre Arbeit sieben Monate (sic!) nach den Europawahlen auf, effektiv vier Monate später als erwartet. Der Grund dafür war, dass das Europäische Parlament die Abstimmung über den Kommissionspräsidenten von Juli auf September verschoben hatte und dann einige designierte Kommissionsmitglieder die Anhörungen des Parlaments nicht bestanden hatten und durch eine andere Person derselben Nationalität ersetzt werden mussten.

Die einzige positive Seite dieses übertriebenen und unnötigen politischen Dramas war, dass ich tatsächlich Zeit hatte, mich intensiv in die neue Ressortverantwortung zu vertiefen, indem ich meine Weihnachtsferien 2009–2010 damit verbrachte, über politische Optionen nachzudenken und mich auf meine parlamentarische Anhörung vorzubereiten sowie meinen Vorgänger Joaquin Almunia von November 2009 bis zum Beginn der Barroso-II-Kommission am 10. Februar 2010 zu begleiten. Der dramatische Verlauf und das schnelle Fortschreiten – bzw. der schnelle Rückschritt – der griechischen Finanzkrise überschatteten und dominierten die Vorbereitungsphase.

Zu diesem Zeitpunkt wurden verschiedene politische Optionen zur Bewältigung der griechischen Krise in Erwägung gezogen. Natürlich wussten wir nicht genau, wie groß die Herausforderung war, nicht zuletzt, weil die griechischen Konten aufgrund des sich abzeichnenden statistischen Betrugs völlig unzuverlässig waren. Aber wir wussten genug, um zu verstehen, dass die Situation für Griechenland und für die Eurozone äußerst ernst war und die eingehenden Informationen aus der statistischen Überprüfung verstärkten unsere Besorgnis umso mehr.

Eine Option, die in Betracht gezogen wurde, um einen Zahlungsausfalls Griechenlands zu vermeiden, war ein Überbrückungskredit ohne zusätzliche außenpolitische Auflagen (zumindest nicht mehr als die normale wirtschaftspolitische Überwachung der EU). Dies wurde jedoch bald und verständlicherweise von einigen Mitgliedstaaten in der Ad-hoc-Krisengruppe abgelehnt, die sich hauptsächlich aus den G7/G20-Mitgliedern der Eurozone sowie Vertretern der Kommission und der Eurogruppe zusammensetzte.

Am anderen Ende des Spektrums stand die Option der Umschuldung oder die „Voldemort"-Option, deren Name nicht ausgesprochen werden sollte. Zum damaligen Zeitpunkt wurde dies als zu riskant erachtet, da das Risiko einer Ansteckung anderer Mitgliedstaaten der Eurozone bestand, insbesondere ohne eine überzeugende und glaubwürdige Finanz-Firewall oder einen *Lender of Last Resort*.

Die faktische Ablehnung (zu diesem Zeitpunkt) sowohl der „weichsten" als auch der „härtesten" Option ließ somit die Option eines bedingten Finanzhilfeprogramms nach Art des IWF als die realistischste Lösung für die Rettung Griechenlands erscheinen. Wir wussten damals, dass es mehrere Hindernisse auf dem Weg dorthin geben würde, wie z. B. die so genannte Nichtbeistands- oder auch „No-bailout"-Klausel des EU-Vertrags, die besagt: „Die Union haftet nicht für die Verpflichtungen von Zentralregierungen, regionalen, lokalen oder anderen öffentlichen Behörden, anderen Einrichtungen des öffentlichen Rechts oder öffentlichen Unternehmen eines Mitgliedstaates und übernimmt auch nicht deren Verpflichtungen, unbeschadet gegenseitiger finanzieller Garantien für die gemeinsame Durchführung eines bestimmten Projekts." Nichtsdestotrotz war dies die Option, auf die wir die Vorbereitungen der Kommission ausrichteten und die gleiche Stimmung schien sich in wichtigen Mitgliedstaaten durchzusetzen. Wir wussten, dass uns keine perfekte Lösung zur Verfügung stand.

Wie es bei den meisten wichtigen Entscheidungen während der Krise der Fall sein sollte, blieb auch hier nur wenig Zeit. Herman van Rompuy, ehemaliger belgischer Ministerpräsident und jetzt Präsident des Europäischen Rates, ein nachdenklicher Ökonom und kluger Verhandlungsführer, der in den Krisenjahren eine wichtige Rolle dabei spielte, Europa auf die Beine zu bringen, hatte den Eurozonen-Gipfel für den nächsten Tag, Freitag, den 11. Februar, anberaumt. Eine entschiedene Reaktion würde die Einrichtung einer Art Stabilitätsfonds oder zumindest eines Überbrückungskredits für Griechenland erfordern, um das finanzielle Buschfeuer einzudämmen, unter der Voraussetzung rigoroser Maßnahmen zur Stabilisierung der öffentlichen Finanzen durch die griechische Regierung und der Überwachung durch die europäischen und möglicherweise internationalen Gläubiger. Dies war die unmittelbare Herausforderung und sie bezog sich auf Griechenland. Aber die Kommission verbarg nicht ihre Ansicht, dass die Krise als systemisch angesehen wurde und dass die grundlegenden Schwächen der Eurozone struktureller Natur waren. Daher sollte die politische Agenda auch die Einführung einer permanenten Finanz-Firewall und eine verstärkte wirtschaftspolitische Koordinierung innerhalb der Eurozone umfassen.

Wer waren damals die Mitglieder der inoffiziellen Finanz-„Feuerwehr", die Anfang 2010 gegründet wurde? Es handelte sich um eine Kombination aus führenden Persönlichkeiten aus den EU-Mitgliedstaaten und den europäischen Institutionen sowie Schlüsselpersonen des IWF.

Für die Mitgliedstaaten mussten die deutsche Bundeskanzlerin Angela Merkel und ihr Finanzminister Wolfgang Schäuble Führungsaufgaben übernehmen. Weitere wichtige Mitglieder dieser Feuerwehr waren Personen aus allen Ländern der Eurozone, Minister und ihre Mitarbeiter, von den Kleinsten bis zu den Größten. Neben Deutschland hatte natürlich Frankreich als Gründungspartner des Euro eine besonders wichtige Rolle, was durch die aktive Haltung von Präsident Nicholas Sarkozy und Finanzministerin Christine Lagarde, auch in ihrer Eigenschaft als Vorsitzende der französischen EU-Ratspräsidentschaft und der G20 in den ersten Jahren der Krise 2010/11, deutlich wurde. Die Amtsantritte von Mario Monti und François Hollande an der Spitzen Italiens bzw. Frankreichs brachten eine neue Art von Dynamik im Krisenmanagement mit sich, bei der das deutsch-französische Duo durch ein stärker multipolares Modell ersetzt wurde – im Guten wie im Schlechten – und bei der die Rolle Deutschlands als wirtschaftlicher *primus inter pares* zunehmend von zentraler Bedeutung für die finanziellen Rettungsaktionen war.

Auf dem Dienstplan der Feuerwehr standen auch Vertreter der EU-Institutionen, wie die Europäische Kommission, die Eurogruppe, der Europäische Rat und natürlich die Europäische Zentralbank, sowie deren kompetente Mitarbeiter, die sich für die Rettung des Euro engagierten und hart dafür arbeiten. In der Kommission war Präsident José Manuel Barroso intensiv mit dem Krisenmanagement befasst und ich war seine rechte oder linke Hand.

Seine Schnittstellen waren der Europäische Rat und die Auftraggeber, meine waren die Eurogruppe und die Finanzminister. Der Europäische Rat, der in den letzten Jahrzehnten nach der Prinzipal-Agent-Methode zunehmend die politische Führung in der EU übernommen hatte, tagte in den Krisenjahren fast zwanzig Mal in Form des Eurozonen-Gipfels. Darüber hinaus nahm die Feuerwehr den IWF, den Internationalen Währungsfonds, als Berater und zweites (manchmal erstes!) Löschfahrzeug in Anspruch. Das Europäische Parlament fungierte als die demokratische Schnittstelle, die wesentlich war, um EU-weite Unterstützung für unsere Aktionen zu gewinnen, obwohl es, „frustriert war, wenn das EU-Krisenmanagement außerhalb seiner Reichweite stattfindet".[1] Die nationalen Parlamente trugen ihre demokratische und haushaltspolitische Verantwortung mit Strenge – manchmal mit einer solchen Strenge, dass der Feuerwehr in kritischen Momenten die Hände zu eng gebunden waren.

Die griechische Tragödie: verlorene Wettbewerbsfähigkeit und gefälschte Statistiken

Das einfache, aber grundlegende Problem im Falle Griechenlands war ein Leben über die Verhältnisse, sowohl allgemein in der Wirtschaft als auch insbesondere im Bereich der öffentlichen Finanzen. Jahr für Jahr gab Griechenland weiterhin mehr aus, als es verdiente. Das Leistungsbilanzdefizit Griechenlands hatte 2008 schwindelerregende 15 Prozent des BIP erreicht. Das Haushaltsdefizit explodierte. Bei seinem Amtsantritt als Ministerpräsident erklärte George Papandreou, dass das griechische Fiskaldefizit mindestens doppelt so hoch war wie die damals angestrebten 6 Prozent (zuvor hatte das Ziel 3,7 Prozent des BIP für das Fiskaljahr 2009 betragen). Letztendlich stellte sich heraus, dass das Defizit – für viele unglaublich – 15,4 Prozent des BIP betrug, was erst später deutlich wurde, als die volkswirtschaftlichen Gesamtrechnungen von Eurostat revidiert, vervollständigt, verifiziert und validiert wurden.

Als Papandreou diese Tatsache im Oktober 2009 ans Licht der Öffentlichkeit brachte und die systematische Fälschung von Statistiken aufdeckte, wurden die Investoren auf das Risiko aufmerksam, das mit den Staatsanleihen der Peripherieländer der Eurozone verbunden war, die nach dem allgemein akzeptierten Dogma „nicht existieren sollten". Die Enthüllungen hatten noch eine andere Wirkung, wie Martin Sandbu hervorhebt: „Papandreou und seine Minister nutzten die Gelegenheit, die finanzielle und schmutzige Wäsche des Staates zu lüften, während sie ihren Vorgängern immer noch die Schuld so-

---
[1] Van Middelaar (2019, S. xv).

wohl für die Misswirtschaft als auch für deren Vertuschung geben konnten. In den Augen ihrer Amtskollegen jedoch ... verstärkten diese Enthüllungen ... das Gefühl, dass man den Griechen nicht trauen konnte, unabhängig von der amtierenden Regierung."[2]

Die Ankündigung von Papandreou löste einen Schock auf den Finanzmärkten aus und verblüffte die politischen Entscheidungsträger. Die Renditen griechischer Staatsanleihen begannen auf ein unhaltbares Niveau zu steigen. Im Mai 2010 grenzte die Renditespanne (oder der Aufschlag) für zehnjährige Anleihen gegenüber Deutschland an ein Rekordhoch von 1000 Basispunkten oder 10 Prozent; d. h. die Marktrenditen für griechische Staatsanleihen stiegen auf über 10 Prozentpunkte über den von Deutschland gezahlten Zinssätzen. Dies ist ein unerträglich hoher Preis für die Staatsverschuldung und Griechenland wäre bei diesem Zinsniveau nicht mehr in der Lage gewesen, seine Staatsausgaben zu finanzieren. Daher sahen die Investoren Griechenland de facto als zahlungsunfähig an, und die Regierung des Landes hatte nicht viele Optionen: Griechenland stand in finanzieller Hinsicht mit dem Rücken zur Wand. Griechenland stand entweder vor einem Zahlungsausfall oder vor der vermutlich politisch erniedrigenden Tatsache, auf internationale Kreditfinanzierung durch die EU und/oder den IWF zurückzugreifen.

Der Ansteckungseffekt machte sich bald auch in den anderen gefährdeten Ländern bemerkbar: Neben Griechenland mussten auch Portugal und Spanien im März–April eine Herabstufung ihrer Bonität hinnehmen. Die Krise weitete sich aus und vertiefte sich mit zunehmender Geschwindigkeit.

Ein Mitgliedsland der Eurozone, das vor einem potenziellen Zahlungsausfall steht, hätte dramatische Auswirkungen auf die Maastrichter Konstruktion der Wirtschafts- und Währungsunion gehabt. Der Maastricht-Vertrag, mit dem die WWU 1992 gegründet wurde, sah nämlich keinen Mechanismus für das Krisenmanagement vor. Von Beginn meiner Vorbereitungen auf meinen Amtsantritt an war dies ein Thema in unseren internen Diskussionen in der Kommission. Ich erinnere mich an ein Vorbereitungstreffen am 14. Dezember 2009, bei dem einer meiner hohen Beamten sagte, dass Griechenland die EU zwingen könnte, den Maastricht-Bluff „abzubrechen", da es keine Rettungsoption gebe. In der gleichen Sitzung wurde beschlossen, unsere internen Überlegungen in der Kommission über die Anwendung von Artikel 122 des EU-Vertrags als Grundlage für Rettungsaktionen zu intensivieren. Im zweiten Absatz von Artikel 122 heißt es: „Ist ein Mitgliedstaat aufgrund von Naturkatastrophen oder außergewöhnlichen Ereignissen, die sich seiner Kontrolle

---

[2] Sandbu (2017, S. 53).

entziehen, von Schwierigkeiten betroffen oder von gravierenden Schwierigkeiten ernstlich bedroht, so kann der Rat auf Vorschlag der Kommission beschließen, dem betreffenden Mitgliedstaat unter bestimmten Bedingungen einen finanziellen Beistand der Union zu gewähren." Wir dachten, man könne argumentieren, dass sich Griechenland nun in „ernsten Schwierigkeiten befinde, die durch außergewöhnliche Ereignisse außerhalb seiner Kontrolle verursacht wurden" – man hielt es für berechtigt davon auszugehen, dass ein externes Ereignis (die globale Finanzkrise) „außergewöhnliche Ereignisse" geschaffen habe, auch wenn Gründe innerhalb des Landes unbestreitbar waren.

Darüber hinaus kamen wir bei demselben Treffen am 14. Dezember 2009 zu der vorläufigen Schlussfolgerung, dass die Gestaltung des künftigen Stabilitätsmechanismus der Eurozone (den es nach unserer festen Überzeugung geben sollte) ähnlich wie die Zahlungsbilanzfazilität (BoP) gestaltet werden könnte, bei der es sich um einen EU-Haushaltsfonds mit einer soliden Rechtsgrundlage handelte, der für Nicht-Eurozonen-Mitglieder der EU verwendet werden konnte und für Ungarn, Lettland und Rumänien verwendet worden war bzw. wurde. Er basierte auf der Finanzierung aus dem EU-Haushalt bzw. dem Haushaltsrahmen, da er den Finanzierungsraum innerhalb der Eigenmittelobergrenze, aber außerhalb des damals genehmigten Haushalts (der unter der Obergrenze lag) genutzt hätte. Ich habe entsprechende Vorbereitungen in Auftrag gegeben. Diese Entscheidung, den Boden für einen Stabilitätsmechanismus vorzubereiten, hatte weit reichende Folgen und erwies sich am Wochenende vom 7. bis 10. Mai 2010, als die EFSF/ESM konzipiert wurde, als äußerst nützlich.

Selbst in Griechenland war die Wirtschaftskrise nicht nur auf die Probleme der öffentlichen Finanzen zurückzuführen, sondern auch auf den damit verbundenen Verlust der preislichen Wettbewerbsfähigkeit. Ich möchte diese „Verflechtung" hervorheben, weil die kontinuierliche Aufblähung des öffentlichen Sektors und sein Aufstieg zur Lohnführerschaft die Lohnkosten auf ein vergleichsweise hohes Niveau anhob und die preisliche Wettbewerbsfähigkeit des privaten Sektors, insbesondere des Exportsektors, der zu klein geblieben war, bröckelte. Dies wurde deutlich, wenn man die Entwicklung der Lohnstückkosten in Griechenland und Deutschland während der Anfangsphasen des Euro vergleicht: In den Jahren 2000–2008 *stiegen* die Lohnstückkosten in Griechenland um 18 Prozent, während sich die Lohnstückkosten in Deutschland um 13 Prozent *verringerten* im Vergleich zum Durchschnitt des Euroraums. Mit anderen Worten, der Schuldenkrise der öffentlichen griechischen Wirtschaft ging ein Zusammenbruch der Wettbewerbsfähigkeit der griechischen Volkswirtschaft voraus: Die Arbeitskosten waren außer Kontrolle geraten und waren die Hauptursache für ein massives makroökonomisches Ungleichgewicht, das sich in den beträchtlichen Handels- und Leistungsbilanzdefiziten des Landes widerspiegelte.

Finanzkrisen haben typischerweise einen Wendepunkt, an dem das Wachstum seinen Höhepunkt erreicht und der Rückgang – oder Sturzflug – beginnt. Die Schuldenkrise des Euroraums braute sich in den angehäuften Ungleichgewichten zusammen, aber sie wurde ausgelöst, als das griechische Haushaltsdefizit außer Kontrolle geriet. Ähnlich wie die Subprime-Wohnungsbaukredite die Finanzkrise in den Vereinigten Staaten auslösten. Mit den Worten des britischen Ökonomen Roger Bootle: „Die Katastrophe von 2007/9 dem Subprime-Bereich zuzuschreiben, ist so, als würde man sagen, dass der Erste Weltkrieg durch die Ermordung des Erzherzogs Franz Ferdinand 1914 in Sarajevo ausgelöst wurde. Wäre die Subprime-Krise nicht passiert, wäre angesichts des Zustands des Finanzsystems etwas anderes passiert."[3] Wie dem auch sei, die Bekanntgabe des griechischen Haushaltsdefizits im Oktober 2009 war nun ein solcher Wendepunkt, der die Schuldenkrise auslöste, die sich seit geraumer Zeit in der Eurozone aufgebaut hatte.

Der zunehmenden Verschuldung der griechischen öffentlichen Wirtschaft lag die rücksichtslose Expansion des öffentlichen Sektors zugrunde, die seit den 1980er-Jahren anhielt. Darüber hinaus hatte Griechenland seine Statistiken gefälscht, zunächst, um 2001 dem Euro beizutreten und später, um dem Druck anderer Länder der Eurozone und der Kommission zu entgehen, seine Wirtschaft und seine öffentlichen Finanzen auszugleichen, bevor es dem Euro beitrat. Zu Beginn der Griechenland-Krise war ich schockiert, als ich bei einem Treffen von einem früheren Finanzminister, der im Jahr 2000 am Tisch des ECOFIN-Rates gesessen hatte, wo Griechenland in der Eurozone willkommen geheißen wurde, hörte, dass „wir alle am ECOFIN-Tisch sicherlich wussten, dass Griechenland die WWU-Kriterien nicht erfüllte, aber wir haben dennoch einstimmig beschlossen, Griechenland als Mitglied aufzunehmen."

Zu dieser Zeit hatten Eurostat oder die Europäische Statistische Agentur in Luxemburg keine Befugnis, die Konten in den Mitgliedstaaten zu prüfen. Die Kommission hatte dies eigentlich schon 2005 vorgeschlagen, aber der Vorschlag wurde von den Mitgliedstaaten im Rat abgelehnt. Die Funktionsweise der WWU in Bezug auf die Überwachung der öffentlichen Finanzen beruhte also auf Vertrauen, nicht auf Kontrolle – d. h. auf dem Vertrauen in die Mitgliedstaaten, ihre eigenen Haushaltsdefizite und Schuldenstände korrekt und zuverlässig zu deklarieren. Das hat nicht ganz geklappt, wie wir gesehen haben. Das System funktionierte so gut oder schlecht, wie eine Fußballmann-

---

[3] Van Overtveldt (2011, S. 82).

schaft funktionieren würde, deren Cheftrainer gleichzeitig Schiedsrichter des Spiels wäre!

Als ich von diesen Dilemmata erfuhr, begann ich mich für die Stärkung der Prüfbehörde von Eurostat einzusetzen und verpflichtete mich bei der Anhörung im Europäischen Parlament Anfang Januar 2010 zu diesem Vorhaben. Als Barrosos zweite Kommission schließlich im Februar 2010 ihr Amt antrat, war ihr allererster Legislativvorschlag in ihrer ersten formellen Sitzung tatsächlich, Eurostat Prüfungsbefugnisse zu übertragen. Dieses Mal bearbeiteten der Rat und das Parlament den Vorschlag zügig, so dass die neuen Befugnisse im August 2010 in Kraft traten.

Im September 2010 vertieften sich die Prüfer von Eurostat in die griechischen volkswirtschaftlichen Gesamtrechnungen und begannen mit der Reform der statistischen Institution Elstat. Für die Bewertung im folgenden Jahr überprüfte Eurostat die Zuverlässigkeit der Operationen der griechischen Statistikbehörde und die Genauigkeit ihrer Statistiken. Gegenwärtig sollten die Statistiken Griechenlands genauso zuverlässig sein, wie die eines normalen Mitgliedstaates, und Eurostat validiert sie normalerweise ohne Vorbehalte. Angesichts dieser Errungenschaften ist es sehr schwierig, die Vorwürfe gegen den Chef von Elstat nach 2009, Andreas Georgiou, nachzuvollziehen. Er tat, was jeder ehrliche Beamte tun sollte und hätte sicherlich nicht strafrechtlich verfolgt, sondern für seine Taten gelobt werden sollen.

Ein Zug auf Kollisionskurs

Die Lage Griechenlands verschlechterte sich im Winter 2009–2010 rapide und der freie Fall setzte sich im Februar-März 2010 fort. Die Situation wurde zudem dadurch erschwert, dass die Kommission kein Mandat zur Arbeit hatte.

Nach monatelangem Hin und Her erhielt die zweite Kommission von Präsident José Manuel Barroso am 9. Februar 2010 endlich die Zustimmung des Europäischen Parlaments. Wir hielten die erste inoffizielle Sitzung der Kommission am Abend ab – die offizielle Amtseinführung sollte erst am folgenden Tag stattfinden – und wir hatten ein öffentlichkeitswirksames Abendessen in Straßburg. Weder die Verzögerung bei der Genehmigung der Kommission im Parlament noch die ernsten wirtschaftlichen Umstände gaben Anlass zu einer sehr feierlichen Veranstaltung. Barroso hielt eine Rede, die mit Humor gespickt, aber inhaltlich ernst gemeint war. Die Bewältigung der sich damals abzeichnenden und immer überwältigender werdenden Schuldenkrise stand ganz oben auf der Tagesordnung der neuen Kommission.

Am folgenden Morgen am 10. Februar 2010 nahm ich einen frühen Flug von Straßburg nach Brüssel und bereitete mich, wie bereits erläutert, auf meine erste Telefonkonferenz der Eurogruppe vor, wo ich auch zum ersten Mal als Vertreter der Kommission bei den Finanzministern auftreten würde. Dies sollte gleich am ersten Tag keine weiche Landung im neuen Job sein.

Die Telefonkonferenz führte zu einer analytischen, aber kritischen und harten Debatte über die Situation in Griechenland. Neben Juncker und Jean-Claude Trichet, dem Präsidenten der EZB, wurde die Diskussion zu wesentlichen politischen Fragen von Christine Lagarde, der französischen Finanzministerin, geleitet. Wolfgang Schäuble aus Deutschland spielte Libero.

Nachdem seine Anleiherenditen bzw. Zinssätze in die Höhe geschnellt waren, wurde erwartet, dass Griechenland seine Wirtschaft rasch ins Gleichgewicht bringen würde. Darüber hinaus würde jedes Finanzierungsprogramm streng an Bedingungen geknüpft sein. Dies würde in Übereinstimmung mit Artikel 136 des Vertrags geschehen, demzufolge Entscheidungen über die Wirtschaftspolitik vom Rat unter den Ländern der Eurozone mit qualifizierter Mehrheit getroffen werden, ohne Beteiligung des Landes, das Gegenstand der Maßnahmen ist (in diesem Fall Griechenland). Die Minister betonten auch ihre generelle Bereitschaft, weitere gemeinsam beschlossene Maßnahmen zur Sicherung der Finanzstabilität zu ergreifen.

Deshalb bereiteten wir einen Entwurf einer Erklärung für den Gipfel der Eurozone vor, der am folgenden Tag, dem 11. Februar 2010, stattfand und in dem die einstimmige Unterstützung für die kürzlich beschlossenen griechischen Stabilisierungsmaßnahmen zum Ausdruck gebracht wurde. Gleichzeitig versicherten die Staats- und Regierungschefs der Mitgliedstaaten der Eurozone, angeführt von Bundeskanzlerin Merkel und Präsident Sarkozy, dass sie „alles tun würden, was nötig ist", um die Finanzstabilität zu sichern. Dieser Satz sollte im Verlauf der Krise immer wieder wiederholt werden. Es dauerte eine ganze Weile und einige „große Bazookas", bis die Märkte uns glaubten.

Erste Mission in Berlin

In einigen durchgesickerten Aufzeichnungen im Besitz der Financial Times, die bei der Vorbereitung seiner Krisenmemoiren *Stress Test* gemacht wurden, hat der ehemalige US-Finanzminister Tim Geithner (angeblich) die Haltung der europäischen Teilnehmer am G-7-Treffen im kanadischen Iqaluit, südlich des Polarkreises, Anfang Februar beschrieben, indem er sagte, dass „die Europäer Griechenland zerschlagen wollten". Ich habe keine persönliche Erinnerung an dieses Treffen, da ich nicht anwesend war (die Kommission war durch Joaquin Almunia vertreten). Aber ich erinnere mich noch gut an die Zeit danach, als die Rettungsaktion gestartet wurde. Zwar gab es sicherlich viel Kritik und seelische Qualen wegen der griechischen Verschwendung, aber niemand wollte Griechenland „vernichten" – das zu behaupten, ist absurd. In Wirklichkeit tat die Europäische Kommission genau das Gegenteil: Wir wollten die widerstrebenden Mitgliedstaaten von den Vorzügen der Rettung Griechenlands überzeugen. Ebenso mussten wir die griechische Regierung und die politische Klasse von den Vorzügen überzeugen, eher früher als später um ein Finanzhilfepaket zu bitten. Die Griechen hatten Angst davor, ihre Bücher zu öffnen und sich politischen Bedingungen zu stellen, während die anderen Mitgliedstaaten um das moralische Risiko besorgt waren und Griechenland in ein Fass ohne Boden verwandelt sahen, in das man immer wieder neues Geld nachwerfen musste.

Aber das Entscheidende war, die Unterstützung Berlins für eine finanzielle Rettungsaktion für Griechenland zu bekommen. Deshalb wollte ich sofort nach meinem Amtsantritt zu einer Mission dorthin aufbrechen. Als Erweiterungskommissar hatte ich 2004–9 regelmäßige Dienstreisen in das Kanzleramt und das Auswärtige Amt in Berlin unternommen, und ich wollte die produktive Praxis des Gesprächs mit den Deutschen lange im Voraus fortsetzen. Die Mission im Februar 2010 erwies sich als sehr nützlich – mehr dazu weiter unten.

Persönlich hatte ich jedoch gemischte Gefühle. Im Laufe des Winters hatte ich ein Fachgebiet physisch verwaltet – die Erweiterung – und mich mental parallel auf ein anderes – nämlich Wirtschafts- und Währungsangelegenheiten – vorbereitet. Ich hatte mich so intensiv auf meine neue Position und die bevorstehende parlamentarische Anhörung Ende Dezember 2009 und Anfang Januar 2010 vorbereitet, dass mein Weihnachtsurlaub auf null reduziert wurde. Ich hatte mir vorgestellt, dass ich mir während der Ferienwoche der Europäischen Schule im Februar dann ein paar Tage Skiurlaub verdient hätte, der den gemeinsamen Zeitplan unserer Familie prägte.

So verbrachte ich am Donnerstag, den 17. Februar, den ersten Tag meines kurzen Skiurlaubs mit meiner Familie in Mikkeli, als ich einen Anruf von Christoph Heusgen erhielt, meinem ehemaligen Kollegen aus Brüssel, der jetzt als außenpolitischer Berater von Bundeskanzlerin Merkel fungierte: „Die Krise eskaliert. Wir prüfen unsere Optionen. Hätten Sie Zeit, demnächst in Berlin vorbeizuschauen?" Unsere Familie plante, bis Sonntag in der winterlichen Stimmung und auf den Skipisten Süd-Savos zu bleiben, also fragte ich, ob der kommende Montag oder Dienstag in Frage käme. „Schaffen Sie es nicht diese Woche, sagen wir Freitag? Wir haben ein Problem." Was könnten Sie dazu sagen? Nun, ich wusste, dass wir ein „Problem" hatten! Also versprach ich, irgendwie am Freitag, dem darauffolgenden Tag, in Berlin zu sein.

Sinn und Zweck dieses Treffens bestanden für mich darin, einige der führenden Beamten des Kanzleramtes und des Finanzministeriums unter dem Radar zu treffen, ohne jegliche Öffentlichkeitswirkung. Auf diese Weise konnten wir uns ganz auf die zur Eindämmung der Krise erforderlichen Maßnahmen vorbereiten und die nötigen Entscheidungen treffen. Zuvor hatte es unerwünschte Spannungen zwischen Deutschland und der Kommission gegeben, aber diesmal konnten wir uns diese nicht leisten – es bedurfte einer reibungslosen Zusammenarbeit.

Ich organisierte sofort ein kleines Team von der Kommission nach Berlin, damit wir mit den Deutschen, soweit möglich, die Dinge sofort besprechen konnten. Ich wurde von Antonio Cabral, dem Wirtschaftsberater von Präsident Barroso, Servaas Deroose, dem stellvertretenden Generaldirektor der Direktion Wirtschaft und Finanzen, und Stéphanie Riso, der stellvertretenden Leiterin meines Kabinetts, begleitet. Dies war ein starkes Team, das sowohl über Erfahrung als auch über neue Kräfte verfügte. Servaas Deroose leitete in der Folge die Vorbereitung vieler Programme unter schwierigen Umständen von Griechenland bis Spanien. Antonio Cabral war ein erfahrener Wirtschaftswissenschaftler und vertrauenswürdiger wirtschaftspolitischer Berater von Präsident Barroso. Stéphanie Riso, jetzt bei Barnier im Brexit-Team, ist ein Ein-Personen-Brainstorming und eine mutige Französin, die von Jean-Claude Trichet *La Combattante* (die Kämpferin) nach einem besonders engen Treffen der Eurogruppe genannt wurde. Das passt ziemlich genau.

Die Mission erwies sich als sehr nützlich. Bei den Treffen mit Uwe Corsepius, Direktor für EU-Angelegenheiten im Bundeskanzleramt, und Jörg Asmussen, Staatssekretär, entwickelten wir einen Plan, der die Ergebnisse der Vorbereitungen von der deutschen Verwaltung und der Kommission zusammenfasste. Außerdem hatte ich am Samstagmorgen ein sehr produktives Treffen mit Jens Weidmann, dem damaligen wirtschaftspolitischen Berater von Bundeskanzlerin Merkel, der später zum Präsidenten der Bundesbank ernannt wurde.

Die Deutschen bekräftigten ihr Engagement für den Euro und ihre Bereitschaft, die zu seiner Rettung erforderlichen Maßnahmen zu ergreifen. Im Gegenzug müssten die Grundlagen der Wirtschafts- und Währungsunion im Geiste der deutschen Stabilitätskultur reformiert werden. Viele der Entscheidungen, die in der Folge von der Eurozone getroffen wurden, wie die umfassende Reform der wirtschaftspolitischen Steuerung der WWU, die Konditionalität des griechischen Programms und die Erleichterung seiner Schuldenlast, die Beteiligung des IWF am griechischen Programm und die Einrichtung eines Stabilitätsfonds für die Eurozone, wurden bereits bei diesen Treffen diskutiert. Wir waren uns in vielen Fragen einig, wenn auch nicht in allen.

Der Natur der Krise entsprechend war die Reise mit allen möglichen Pannen verbunden. Ich hatte die Absicht, den Besuch als eintägige Reise am Freitag abzuschließen. Da jedoch alle Flugzeuge am mitteleuropäischen Himmel – mit Ausnahme des wintererfahrenen Flughafens Helsinki – wegen der harten Winterbedingungen Verspätung hatten, wurde ich über München umgeleitet und ich kam erst am späten Freitagabend in Berlin an. Einige der Treffen wurden auf Samstagmorgen verlegt. Als ich am Samstagabend nach Mikkeli zurückkehrte, um meine Familie abzuholen, fühlte sich eine richtige holzbeheizte Sauna nach drei Reisetagen super-süß an. Ich war wehmütig, da ich bereits gegen Mittag am Sonntag wieder zum Flughafen Helsinki-Vantaa fahren musste. Zurück zum Lager der Feuerwehrleute in Brüssel!

Feuerwehr auf Aufklärungsmission in Athen

Dann, zehn Tage später, war ich auf einer Mission in Griechenland. Sie wurde gemeinsam mit der EZB sorgfältig geplant. Ursprünglich hatte ich vor, allein mit meinem eigenen Kommissionsteam dorthin zu reisen, aber das klappte nicht.

Einige Tage vor meiner Abreise bestand der Präsident der EZB, Jean-Claude Trichet, darauf, dass die EZB Teil der Mission sein sollte. Als ich von den Korridoren des Auftaktseminars der neuen Kommission irgendwo auf dem belgischen Land mit ihm telefonierte, erhielt ich von ihm über die Telefonleitung ein „Föhngespräch" à la Sir Alex Ferguson. Ich sorgte dafür, dass meine Stimme ebenfalls sehr deutlich zu hören war, und erklärte, dass ich bereit sei, einen EZB-Vertreter mitzunehmen, unter der Bedingung, dass Trichet seinem Vertreter gegenüber deutlich macht, dass ich der Leiter der Delegation bin und die Arbeit vor Ort leiten werde – ich hatte da so meinen Verdacht. Dies wurde auch vereinbart, aber Trichet sagte, die EZB habe Vorbehalte gegen präzise Maßnahmen – kein Problem. Als nächstes vereinbarten wir, dass wir die Formel „die Europäische Kommission in Verbindung mit der EZB" verwenden würden.

Bald wurde uns jedoch mitgeteilt, dass auf Verlangen der Mitgliedstaaten auch ein Vertreter des Internationalen Währungsfonds (IWF) der Delegation beizutreten sollte. Nun, warum nicht? Daher musste die Formel „Die Europäische Kommission in Verbindung mit der EZB und zusammen mit dem IWF" erweitert werden. Die Troika war geboren.

Am Sonntagabend, den 28. Februar 2010, brachen wir nach Athen auf. Zu diesem Zeitpunkt gab es noch verwirrende Nachrichten bezüglich der Teilnahme des IWF. Am Sonntagmorgen rief mich Barroso an, um seine Unterstützung für die Mission und die Methode zum Ausdruck zu bringen: „Die

Teilnahme der EZB und des IWF ist OK, aber Sie führen." Am späten Nachmittag rief er noch einmal an, da ich bereits am Flughafen war. Er hatte mit Bundeskanzlerin Merkel gesprochen, die sehr besorgt darüber war, dass das Bundesverfassungsgericht ein Finanzhilfeprogramm mit der Begründung ablehnen könnte, es würde auf die monetäre Finanzierung eines Mitgliedstaates der Eurozone hinauslaufen und damit die „No-Bailout-Klausel" des EU-Vertrags gebrochen werden.

Dennoch war Merkel bereit, einen finanziellen Beitrag zu leisten, „aber das wäre sehr schwierig". Zu diesem Zeitpunkt hatte ich den Eindruck, dass die Bundeskanzlerin eher zu einem gemeinschaftlichen oder zumindest einem koordinierten Instrument tendierte, da dies höchstwahrscheinlich die verfassungsrechtlichen Probleme im Zusammenhang mit bilateralen Krediten vermeiden würde.

Der erste tatsächliche Arbeitstag war Montag, der 1. März. Zuerst hatten wir ein langes Gespräch mit dem Finanzminister, George Papaconstantinou, der für das Reformprogramm der öffentlichen Wirtschaft und die Kommunikation mit dem Team der drei Institutionen, bestehend aus der Kommission, der EZB und dem IWF, verantwortlich war. Das Team wurde bald als „Troika" bezeichnet, ob man den Namen mag oder nicht – mir jedenfalls gefällt er nicht, aber der Name ist leider hängen geblieben und wird daher auch in diesem Buch, der Einfachheit halber, verwendet.

George Papaconstantinou ist ein sehr fähiger Wirtschaftswissenschaftler mit einem Doktortitel von der London School of Economics und ein effektiver Vermittler, der sich sehr darum bemüht hat, das Überleben Griechenlands unter schwierigen Bedingungen zu sichern. Es gab auch ein Treffen mit anderen Ministern und George Provopoulos, dem Leiter der Zentralbank. Gegen Abend hatte ich ein Tête-à-tête mit Ministerpräsident George Papandreou, den ich aus früheren politischen Zusammenhängen, vor allem zur Stabilisierung der Balkanregion, gut kannte. Papandreou war der Vorsitzende der Sozialistischen Internationalen, der die nordische Sozialdemokratie bewundert und ein überzeugter Verfechter der internationalen Zusammenarbeit und der europäischen Integration ist.

Ich hatte einen guten Eindruck von der Entschlossenheit der griechischen Regierung und diese Ansicht wurde von Jürgen Stark, Mitglied des Exekutivdirektoriums der EZB, und Poul Thomsen, Direktor des IWF, geteilt. In den folgenden Tagen verpflichtete sich die griechische Regierung, Entscheidungen über neue Maßnahmen zur Reduzierung des Haushaltsdefizits zu treffen. Griechenland hatte erst im Januar 2010 einen Plan zur Reduzierung des Haushaltsdefizits von 13 Prozent auf unter 9 Prozent vorgelegt. Seitdem war die wirtschaftliche Entwicklung schlechter als erwartet, die Reaktionen des

Marktes stark und die Steuereinnahmen niedriger als erwartet. Daher bereitete sich Griechenland auf weitere Maßnahmen zur Reduzierung des Defizits vor, was bedeutete, dass die Auswirkungen für die meisten Griechen spürbar sein würden. Wir wussten, dass die Aufgabe angesichts der sozialen Spannungen in Griechenland und den drohenden Unruhen äußerst schwierig sein würde.

Wir bekamen einen Vorgeschmack auf die politischen und sozialen Spannungen in Athen, als wir im Büro von Papaconstantinou verhandelten. Das Treffen musste wegen des sehr lauten Lärms der Demonstrationen unterbrochen werden. Man konnte nicht hören, was die andere Partei im Raum sagte. Zumindest kann sich niemand beschweren, dass wir die Stimme der Straße nicht gehört hätten! Aber wir mussten woanders hingehen, um weiter zu arbeiten.

Im Vorfeld unserer Reise nach Athen hatten die Spannungen zugenommen, insbesondere zwischen Deutschland und Griechenland. Jürgen Stark hatte sich heftig zu den Finanzen Griechenlands geäußert, während Theodoros Pangalos, der stellvertretende Ministerpräsident, ebenfalls berühmt oder eher berüchtigt aus den EU-Beitrittsverhandlungen Finnlands, Deutschland aufgefordert hatte, die Kosten der deutschen Besatzung von 1941 auszugleichen. Die Atmosphäre war von Spannungen geprägt. Unsere Reise sollte durch ein Mittagessen zwischen unserer Delegation und Pangalos abgerundet werden. Ich wartete etwas beunruhigt darauf, aber das Mittagessen verlief in der Tat in einer angenehmen und sogar humorvollen Atmosphäre. Es waren die politischen Themen und die öffentlichen Erklärungen, die den Streit auslösten und nicht die Menschen – das waren alles Fachleute, die entsprechend handelten.

Doch in der öffentlichen Debatte verschärften sich die politischen Spannungen in der gesamten Eurozone, insbesondere zwischen Deutschen und Griechen. Die Luft war dick und mit Vorwürfen über die „faulen Griechen" und „geizigen Deutschen"– oder „genügsamen Finnen" voll. Die Krise begann Europa geistig und politisch zu spalten.

Die Vorbereitungen für die Unterstützung Griechenlands durch ein an Bedingungen geknüpftes Finanzprogramm wurden verdeckt fortgesetzt, obwohl dies öffentlich geleugnet werden musste. Gemeinsam mit den Vertretern der Mitgliedstaaten bereitete die Kommission eine europäische Stabilitätsfazilität oder einen europäischen Fonds vor, der die Bereitstellung koordinierter und bedingter Unterstützung ermöglichen sollte, falls diese angefordert und für notwendig erachtet wurde.

Die EZB spielte bei den Vorbereitungen eine zentrale Rolle, entsprechend der oben erwähnten Troika-Formel „die Kommission in Verbindung mit der

EZB …", die Präsident Jean-Claude Trichet einvernehmlich zitiert hat. Die EZB musste natürlich fest an Bord sein, sowohl wegen ihrer beeindruckenden Sachkenntnis in Bank- und Finanzangelegenheiten, als auch wegen ihrer alleinigen Befugnis, eine nationale Zentralbank – hier die griechische Zentralbank – zu ermächtigen, über die Notfall-Liquiditätshilfe (Emergency Liquidity Assistance, ELA) die Liquiditäts-Lebenslinie für das griechische Bankensystem bereitzustellen. Letztere Frage spielte eine immer wichtigere Rolle, als in den Jahren 2011–2012 die Umschuldung in Betracht gezogen wurde und in den Tiefpunkten der griechischen Krise in den Jahren 2012 und 2015.

Anfang März unterbreitete der deutsche Finanzminister Wolfgang Schäuble einen Vorschlag zur Einführung eines Europäischen Währungsfonds (EWF). Dieser war in der deutschen Verwaltung, insbesondere im Finanzministerium, seit langem vorbereitet worden. Die Ökonomen Daniel Gros und Thomas Mayer hatten Anfang 2010 ein Grundsatzpapier zur Einführung eines EWF veröffentlicht.[4] Schäuble war ein Vertrauter und Berater des „Vereinigungskanzlers" Helmut Kohl und ein langjähriger europäischer Spitzenpolitiker, der auch Mitverfasser des Lamers-Schäuble-Papiers ist, das 1994 „Kerneuropa" skizzierte. Nun war er dabei, die Grundlagen zu legen. Besonders als die deutschen Medien die Fragen abfeuerten, habe ich weitgehend konstruktive Kommentare zu Schäubles Vorschlag abgegeben. Der EWF würde auch in Zukunft, auch im präventiven Sinne, eine Hilfe sein, auch wenn seine Wirksamkeit von den konkreten Details abhinge. Sicherheitshalber unterstrich ich, dass nur die gemeinschaftliche Methode Entscheidungen liefern könne, die gleichzeitig *de facto* effektiv und legitim für die Bürger sei.

Nun wurde der deutsche Ansatz klarer. Schäuble war nach wie vor entschieden gegen eine Finanzierung durch den IWF, und in diesem Licht sollte sein Vorschlag zum EWF als Alternative zum IWF gesehen werden. Andererseits, und auch aus den tatsächlichen oder vermeintlichen verfassungsrechtlichen Gründen, sollte das Modell eine bilateral koordinierte Hilfe sein. Daher würde unser bestes oder gemeinschaftliches Instrument einen schweren Kampf zu bestehen haben.

Auf dem Treffen der Eurogruppe am 15. März berichtete ich über die Situation in Griechenland auf der Grundlage unseres Besuchs und stellte die Arbeit zur Vorbereitung eines Kredits oder Stabilisierungsmechanismus vor. Ich erklärte, dass die durch den Mechanismus gewährte Finanzierung auf zwei Arten umgesetzt werden könnte: entweder (1) durch Darlehen, die gemeinsam von der Eurozone garantiert werden, oder (2) durch bilaterale Darlehen

---

[4] Gros und Mayer (Februar 2010). Vgl. auch Mayer (2012).

zwischen den Ländern der Eurozone, die auf koordinierte Weise umgesetzt werden. Ich sagte, dass die Kommission die erste Alternative für die bessere und überzeugendere halte. Aber ich fügte auch hinzu, dass es in dem derzeitigen Kontext vor allem darauf ankomme, eine Einigung zu erzielen, weshalb wir für beide Alternativen offen seien.

In einer Pressekonferenz am Abend betonte ich, dass wir zusätzlich zu den unvermeidlichen Maßnahmen zur Krisenbewältigung noch weiter suchen müssten. Die griechische Krise und ihr Management hätten gezeigt, dass eine engere Koordinierung der Wirtschaftspolitik innerhalb der Eurozone dringend erforderlich sei. Diese Notwendigkeit war bereits im Prinzip – wenn auch nicht in der Praxis – anerkannt worden, und ihre rechtliche Grundlage wurde im Vertrag von Lissabon geschaffen. Die Kommission würde auf der Grundlage von Artikel 136, der die Wirtschaftspolitik für die Eurozone festlegt, Legislativvorschläge zu diesem Thema ausarbeiten.

Ich sagte, dass ich mich dafür einsetzen wolle, dass die Kommission in der Lage sei, bis Mitte April einen Vorschlag zur Stärkung der wirtschaftspolitischen Steuerung der Eurozone vorzulegen. Wie sich herausstellte, konnten wir diesen Zeitplan nicht ganz eingehalten, da viele Fragen im Laufe der Zeit komplizierter wurden und unsere klaren Pläne durcheinander brachten.

Aber im Mai haben wir nach intensiven Debatten in der Kommission eine Initiative ergriffen und eine Mitteilung vorgelegt, die die Bedingungen für die Debatte über die Reform der wirtschaftspolitischen Steuerung in der Eurozone festlegte und später zur Diskussionsgrundlage für eine Arbeitsgruppe unter der Leitung von Herman van Rompuy und für das später vom Rat und vom Parlament verabschiedete Gesetzesp.aket wurde. Dieses Paket ist unter dem Spitznamen *Sixpack* bekannt, und es trat schließlich im Dezember 2011 in Kraft.

Griechenland steuert auf ein EU-IWF-Stabilisierungsprogramm zu

Im März und April wurde die Lage in Griechenland noch kritischer. Zum Erstaunen unter den Beamten der Kommission und der Eurogruppe war die griechische Regierung jedoch noch nicht bereit, um finanzielle Unterstützung zu bitten, da sie den größtmöglichen Spielraum behalten wollte und um ihre eigene Souveränität bzw. Autorität fürchtete. Gleichzeitig hatten andere Länder der Eurozone ihre eigenen politischen Probleme. Im Frühjahr fanden in Deutschland viele wichtige Landtagswahlen statt. Rückblickend ist klar, dass Griechenland hätte ermutigt werden sollen, früher in ein Anpassungsprogramm einzusteigen, bevor die Krise eskalierte und sich durch den Verseuchungseffekt auf den gesamten Euroraum ausweitete.

Ich bat Marco Buti, den Generaldirektor des ECOFIN, mich nach der Sitzung der Euro-Arbeitsgruppe am 8. April 2010 um 19 Uhr anzurufen und seine Sondierung abzugeben. Seine Ansicht war unverblümt: „Es ist jetzt der Moment für Griechenland, einen Antrag zu stellen; die Dinge werden immer schlimmer". Ich war auf jeden Fall einverstanden und sagte, dass ich noch am selben Abend mit Papaconstantinou über diese Angelegenheit sprechen würde. Später an diesem Abend rief ich Papaconstantinou an und sagte, dass angesichts der rapiden Verschlechterung der Situation – mit stündlich steigenden Bankabhebungen – meine Verantwortung als Wirtschaftskommissar darin bestünde, die Frage zu stellen: „Sollten Sie Ihren Antrag auf finanzielle Unterstützung durch die EU nicht sofort stellen?" Er antwortete: „Wir müssen wissen, ob wir das Geld bekommen. Andernfalls befinden wir uns in der schlimmsten aller Welten. Ich bekomme immer wieder Anrufe vom IWF, ob wir bereit wären, zu einem Vorsichtsmechanismus überzugehen – dazu brauche ich mehr Details." Es gab also noch keine Bewegung seitens der Griechen, sehr zu meinem Bedauern. Wir kamen dennoch überein, am nächsten Tag erneut zu sprechen, um die Situation im Lichte der Märkte und der Politik, insbesondere der Arbeitsgruppe Euro-Gruppe-Sondierungen, zu beurteilen.

Danach sagte ich zu Stéphanie Riso: „Mein Gefühl sagt mir, dass die Griechen und die Deutschen hinter unserem Rücken übereingekommen sein müssen: kein Antrag vor dem 10. Mai [= Termin der nächsten Landtagswahl in Deutschland, Nordrhein-Westfalen, Anm. d. Red.], danach OK". Für den Fall, dass ich mich geirrt habe sollte, was möglich ist, muss ich mich bei beiden Seiten entschuldigen. Aber es ist immer besser übervorsichtig zu sein, als direkt getäuscht zu werden.

Jedenfalls wurde die Arbeit an einem finanziellen Hilfsprogramm unter dem Radar fortgesetzt. Die Arbeitsgruppe Euro-Gruppe hatte bereits die Preisgestaltung und andere Elemente für einen Kreditvertrag mehr oder weniger fertig vereinbart. Deutschland war sehr kooperativ. In meinem Telefongespräch mit Dominique Strauss-Kahn wurde bestätigt, dass der IWF eine vorsorgliche Vereinbarung förderte, die entweder ein Bestreben war, auf europäisches Territorium vorzudringen, oder – was noch scharfsinniger war – ein Versuch, die Europäer unter Druck zu setzen, damit sie sich auf ein Abkommen einigen.

Während das private Unternehmertum in einigen Bereichen weiterging, wurde an diesem Tag klar, dass jede Vereinbarung zu Griechenland auf einem einzigen und vollwertigen gemeinsamen Programm beruhen würde. „Einheitlich und vollwertig" bedeutete, dass es Strukturreformen, Steuerpolitik und die finanzielle Sanierung umfassen würde. „Gemeinsam" bedeutete, dass es in der Tat eine gemeinsame Anstrengung der Eurogruppe (= der Mitgliedstaaten der Eurozone), der Kommission, der EZB und des IWF sein würde.

3 Feuerwehr nach Athen 73

Bei der sogenannten inoffiziellen Sitzung des ECOFIN-Rates Mitte April in Madrid wurde die Debatte von Meinungsverschiedenheiten über die künftige Vorgehensweise überschattet und besonders aufgeheizt, als die Eurogruppe über Griechenland und die Stärkung der wirtschaftspolitischen Koordinierung innerhalb der Eurozone diskutierte.

Unser Treffen wurde auch von sehr konkreten natürlichen Wolken überschattet – es gab eine Wolke aus Vulkanasche, die von Island ausging. Sie verhinderte unseren Rückflug, also mieteten wir zusammen mit Stéphanie Riso einen Minivan und fuhren damit durch Spanien und das Baskenland bis nach Bordeaux, wo wir uns ausruhten. Am Morgen nahmen wir einen Zug nach Paris, um Christine Lagarde in Bercy zu treffen, und von dort aus weiter nach Brüssel. Die gesamte „Interrail-Mission" nach Madrid dauerte sechs Tage.

Während der Reise nach Madrid konnte ich mir das beeindruckendste Werk von Pablo Picasso noch einmal ansehen: *Guernica* – das mich zum Nachdenken über verschiedene europäische Schicksale in Vergangenheit und Gegenwart veranlasste. *Guernica* erzählt die künstlerische Geschichte eines Dorfes im Baskenland, das während des spanischen Bürgerkriegs von den deutschen und faschistischen Luftstreitkräften der Nazis und Italiens bombardiert wurde. Es ist ein tragisches Kunstwerk und eine Erinnerung an die schwere historische Last, die das Europa des 20. Jahrhundert trägt. Das heutige demokratische und zutiefst europäische Deutschland hat mit der Vergangenheit jener dunklen Zeiten gebrochen.

Im Laufe des Winters gab es in einigen Kreisen Hoffnung – oder einen Traum –, eine Überbrückungsfinanzierung für Griechenland bereitzustellen. Aufgrund des chronischen Haushaltsdefizits gab es jedoch auf der Gläubigerseite keine Bereitschaft, sich auf ein solches Vorhaben einzulassen. Darüber hinaus war dies auch ein Hindernis für eine vollständige Umschuldung – sicherlich nicht das einzige Hindernis. George Papaconstantinou, der damalige griechische Finanzminister, bringt es in seinen Krisenmemoiren gut auf den Punkt: „Eine Umschuldung war streng tabu. Für die Eurozone würde ein Schuldenerlass für einen Mitgliedstaat mit einem jährlichen Haushaltsdefizit von 16 Prozent bedeuten, einen Haushaltsüberschuss zu dulden; und dies für ein Land zu tun, das über seine Statistiken gelogen hat, würde eine Beleidigung zum Schaden hinzufügen."[5]

Griechenland endete gegen Ende April 2010 in einer Sperre der Finanzen. Es geschah während der Frühjahrstagung des IWF in Washington, wo ich die Kommission vertrat. George Papaconstantinou hielt mich – wie immer – auf dem Laufenden, und am Mittwoch, den 21. April, sagte er, Griechenland werde

---
[5] Papaconstantinou (2016, S. 126).

sich bereits vor dem kommenden Wochenende um Unterstützung bemühen. Natürlich kam der formelle Antrag genau dann, als ich morgens zwischen 6 und 7 Uhr in Georgetown joggen ging, für mich ein tägliches Ritual während meiner Reisen nach Washington. Mandeep Bains aus meinem Kabinett wollte gerade hinter mir herlaufen, aber sie behielt dann doch die Ruhe und wartete lieber in der Hotellobby, bis ich um 7 Uhr morgens vom Joggen zurückkam.

Dies markierte auch den Moment, in dem der IWF gezielt in das Krisenmanagement des Euroraums eingriff. Anfangs hatten sich vor allem die stärksten Befürworter der europäischen Integration entschieden gegen eine Beteiligung des IWF an den Angelegenheiten der Eurozone ausgesprochen, doch schon bald änderten die Staats- und Regierungschefs der Mitgliedstaaten ihre Position. Aus Sicht .der EU war die Zusammenarbeit mit dem IWF aufgrund seiner wertvollen Sachkenntnis und Glaubwürdigkeit überwiegend vorteilhaft.

Frühaufsteher-Treffen in Washington: Der Deal ist besiegelt

Kurz nachdem der Antrag Griechenlands eingegangen war, schlug ich vor, ein Treffen mit dem geschäftsführenden Direktor des IWF, Dominique Strauss-Kahn, für den 24. April anzusetzen. Wir trafen uns am Samstag um Punkt 7:00 Uhr morgens in seinem Büro im IWF-Hauptsitz. An dem Treffen nahmen natürlich auch Jean-Claude Trichet und George Papaconstantinou teil. Ich kann nicht sagen, „wir hatten auf diesen Moment gewartet", da selbst der realistischste Mensch irgendwie auf ein Wunder in allerletzter Minute hofft, aber ich kann sagen, dass wir das griechische Hilfeersuchen sorgfältig vorbereitet hatten und dass der Fahrplan in den vorangegangenen Wochen verfeinert worden war.

Bei dem Treffen einigten wir uns auf weitere Schritte zur Fertigstellung des EU-IWF-Programms und insbesondere auf die finanzpolitischen Ziele. Wir erzielten auch eine vorläufige Einigung über die Lastenteilung zwischen der EU und dem IWF, obwohl ich dies bereits privat mit Strauss-Kahn besprochen hatte, und zwar auf der Grundlage der Informationen, die wir zu der Zeit darüber hatten, worauf unsere Auftraggeber, d. h. die Mitgliedstaaten unserer jeweiligen Institutionen, bereit wären, sich zu einigen. Wir waren uns voll und ganz bewusst, dass Deutschland und Frankreich, wie auch die anderen Länder der Eurozone, es vorziehen würden, dass der IWF einen möglichst großen Anteil übernimmt. Wir strebten eine Vereinbarung an, wonach der IWF etwa ein Drittel der Finanzierung des gesamten Programms übernehmen sollte. Begrenzt wurde dies durch die relativ geringe Quote Griechenlands von 1 Milliarde Euro an den IWF-Mitteln und die Tatsache, dass der Fonds bisher noch nie mehr als das Zehnfache der Quote ausgeliehen hatte.

DSK, wie Dominique Strauss-Kahn genannt wird, war wie immer auf der Höhe der Zeit, und er vertiefte sich in die Kernpunkte des potenziellen griechischen Programms, wie den finanzpolitischen Kurs und die Überwachung der Reformen. Er war gründlich darauf vorbereitet, sich mit Griechenland zu befassen, trotz seines dichten Terminkalenders als geschäftsführender Direktor des IWF, der insbesondere während der Frühjahrs- und Jahrestagung des Fonds voll ausgebucht war. DSK betonte, dass die Schuldentragfähigkeit Griechenlands eine Schlüsselbedingung für die Finanzierung durch den IWF sei, ein Anliegen, das von uns allen geteilt wurde. Dies wurde in der Tat in den folgenden Jahren zu einem der Schlüsselthemen und führte auch zu Kontroversen innerhalb des griechischen Programms.

Das Treffen am Samstagmorgen in Washington markierte die letzte Etappe des ersten griechischen Programms. Nach Abschluss der Verhandlungen wurde die Eurogruppe am Sonntag, 2. Mai, nach Brüssel einberufen. Sie beschloss ein Hilfspaket in Höhe von insgesamt 110 Milliarden Euro, das an strenge Bedingungen geknüpft war, um die öffentlichen Finanzen auszugleichen und die Wettbewerbsfähigkeit der griechischen Wirtschaft und ihre Wachstumskapazität durch Strukturreformen wiederherzustellen. Die Eurozone sollte 80 Milliarden Euro beisteuern und der IWF 30 Milliarden Euro der Finanzierung tragen. Die Finanzierung durch den Euroraum würde als bilaterale Darlehen gewährt, was die zweitbeste Option war, da keine Einigung über gemeinsame Darlehen des Euroraums erzielt wurde.

Unter Hinweis auf den Triumph des Europäischen Rates über den Beitritt Griechenlands zum Euro, wie er in den oben zitierten Schlussfolgerungen von Feira im Juni 2000 zum Ausdruck kam, gab es nun zehn Jahre später, im Mai 2010, einen radikal anderen Ton in der Erklärung der Eurogruppe:

> Die Minister der Eurogruppe stimmen mit der Kommission und der EZB darin überein, dass der Marktzugang für Griechenland nicht ausreicht und dass die Bereitstellung eines Kredits gerechtfertigt ist, um die Finanzstabilität in der Eurozone als Ganzes zu sichern. Auf Antrag der griechischen Behörden haben die Minister der Eurozone heute einstimmig beschlossen, die Stabilitätsunterstützung für Griechenland durch bilaterale Kredite, die von der Europäischen Kommission zentral gebündelt werden, zu den im April festgelegten Bedingungen zu aktivieren.

Gegensätzliche Auffassungen in Berlin und Athen

Am Abend, nachdem der griechische Deal abgeschlossen und die Pressekonferenz beendet war, eilte ich zum Brüsseler Flughafen. Zusammen mit meinem Berater Dr. Vesa Vihriälä reiste ich nach Berlin, wo wir vor Mitternacht ankamen. Am Montagmorgen stellte ich in Berlin den Deal dem SPD-Präsidium vor, damals die führende Oppositionspartei im Bundestag. Ich war vom Vorsitzenden der SPD-Bundestagsfraktion, dem ehemaligen Außenminister Frank-Walter Steinmeier, der heute Bundespräsident ist, eingeladen worden, um in den eigenen Reihen und bei den Anhängern der SPD Unterstützung für das Griechenlandpaket zu gewinnen. Ich hatte Steinmeier, mit dem wir in der Erweiterungspolitik und bei der Befriedung des Westbalkans eng zusammengearbeitet hatten, sehr zu schätzen gelernt. Die SPD war zwar in der Opposition, aber sie erinnerte sich an ihre europäischen Überzeugungen und wollte sich nicht von ihrem europäischen Engagement abbringen lassen.

Wir hatten eine harte, aber faire Diskussion mit dem SPD-Präsidium. Neben Steinmeier waren sowohl der Parteivorsitzende Sigmar Gabriel als auch Martin Schulz, der Fraktionsvorsitzende des Bündnisses der Sozialisten und Demokraten im Europäischen Parlament, aktiv an der Debatte beteiligt. Die SPD als traditionelles Leuchtfeuer der europäischen Sozialdemokratie wollte, dass sich neben den Steuerzahlern auch Banken und Bankiers durch die Beteiligung der Privatwirtschaft an der Finanzierung des griechischen Schuldenprogramms beteiligen. Diese Position war verständlich, aber ich unterstrich gegenüber der SPD-Führung die Besorgnis, dass dadurch auch die Ansteckungswirkung auf andere gefährdete Mitgliedstaaten beschleunigt werden könnte, da sich Investoren wegen des Risikos von Kapitalverlusten mit Investitionen in Staatsschulden zurückhalten würden.

Als konkrete Forderung für ihre Unterstützung bestand die SPD darauf, einen Vorstoß für eine Finanztransaktionssteuer zu machen. Die SPD blieb in dieser Frage konsequent und im Juni 2012 wurde eine Finanztransaktionssteuer im Rahmen der Ratifizierung des EU-Fiskalpaktes Teil der Verständigung zwischen der Bundesregierung und der SPD-geführten Opposition. Zuvor, im Herbst 2011, hatte die Kommission einen Gesetzesvorschlag zur Einführung einer Finanztransaktionssteuer vorgelegt. Er wurde aufgrund vieler praktischer Umsetzungsprobleme und einer aktiven politischen Opposition, die sich ihm in den Weg stellte, nicht verabschiedet und erst recht nicht umgesetzt.

Unterdessen war in Athen der gesellschaftliche und politische Konsens nach dem Sturz der Militärjunta nach 1974 kurz davor, sich aufzulösen. Es wurde erwartet, dass das griechische Parlament über den Gesetzentwurf abstimmen würde, der das Programm und die darin enthaltenen Wirtschaftsreformen und fiskalischen Maßnahmen billigen würde. Straßendemonstrationen verurteilten das Programm von Anfang an, noch vor der Abstimmung, um gar nicht erst von der Umsetzung zu reden. Ein sehr schlechtes Omen.

Noch schlimmer – und eine große böse Überraschung, zumindest für mich – war, dass die konservative Oppositionspartei, *Nea Demokratia*, beschlossen hatte, gegen den Gesetzentwurf zu stimmen, der die für das Rettungspaket erforderlichen Maßnahmen befürworten sollte. Nea Demokratia war in den Jahren zuvor selbst an der Macht gewesen und war an dem prekären Schicksal der griechischen Wirtschaft nicht ganz unschuldig. Doch der neue Führer von Nea Demokratia, Antonis Samaras, sah keine Notwendigkeit, einen nationalen Konsens zu bilden, was zu einem dramatischen Nachteil des griechischen Programms wurde. Überall stürzten Brücken der Verständigung ein. Ich kann George Papaconstantinou nur zuzustimmen: „Von diesem Tag an und für die folgenden zwei Jahre war Griechenland das einzige der Rettungsländer ohne parteiübergreifende Unterstützung für die Anpassungsbemühungen – und das Land zahlte teuer für diesen Populismus."[6]

Das Gesetz wurde im griechischen Parlament mit 172 von 300 Stimmen verabschiedet. Technisch gesehen war es ausreichend. Politisch – und vielleicht auch mental in der griechischen Gesellschaft – wussten wir, dass sich das große Drama gerade erst zusammenbraute.

Literatur

Luuk van Middelaar, *Alarums & Excursions: Improvising Politics on the European Stage.* Agenda, 2019, S. xv

George Papaconstantinou, *Game Over.* Papadopoulos Publishing, 2016, S. 126

Johan van Overtveldt, *The End of the Euro: The Uneasy Future of the European Union.* Agate Publishing, 2011, S. 82

Tomas Mayer, *Europe's Unfinished Currency: The Political Economics of the Euro.* Anthem Press, 2012

Daniel Gros und Tomas Mayer, *How to Deal with Sovereign Default: Towards a European Monetary Fund.* CEPS Policy Brief 202, Februar 2010

Martin Sandbu, *Europe's Orphan: The Future of the Euro and the Politics of Debt.* Princeton University Press, Paperback, 2017, S. 53

---

[6] Papaconstantinou (2016, S. 138).

4

Die große Bazooka in der Nacht

Die Marktkräfte sind in der Tat ein sehr unzuverlässiger Verbündeter. 1993 formulierte Präsident Bill Clintons Politikberater James Carville: „Ich dachte immer, wenn es eine Reinkarnation gäbe, wollte ich als Präsident oder Papst oder als .400 Baseball hitter zurückkommen. Aber jetzt möchte ich als Anleihenmarkt zurückkommen. Dann kann man alle einschüchtern."

Im Frühjahr 2010 befanden sich die Marktkräfte, insbesondere der Anleihemarkt, in einem Zustand der völligen Einschüchterung. Nachdem die Eurogruppe am Sonntag, den 2. Mai 2010, schließlich eine Einigung über das vorläufige Rettungspaket für Griechenland erzielt hatte, wurde erwartet, dass sich die Marktturbulenzen zumindest für eine Weile beruhigen würden. Dies ist tatsächlich geschehen: aber der Zeitplan hielt *nur für einen Tag*!

Der Montag war ein einigermaßen ruhiger Tag. Aber schon am Dienstag traten wieder Marktturbulenzen auf und eskalierten bald zu neuen Höhenflügen. Mitte der Woche war klar, dass wir gezwungen sein würden, so bald wie möglich eine neue Krisensitzung abzuhalten, um uns auf zusätzliche Maßnahmen zur Eindämmung der Turbulenzen zu einigen. Der Präsident des Europäischen Rates, Herman van Rompuy, berief für das folgende Wochenende einen Eurozonen-Gipfel ein.

Der Gipfel der Eurozone am Freitag, den 7. Mai 2010, sollte sich ursprünglich auf die endgültige Entscheidung über das griechische Rettungspaket konzentrieren. Als die Marktturbulenzen im Laufe der Woche jedoch immer schlimmer wurden, änderte sich die Tagesordnung in Richtung der Einrichtung eines europäischen Stabilitätsfonds. Der Gipfel diskutierte das Thema, konnte aber keine konkrete Lösung finden. Daher übertrugen die europäischen Regierungschefs die Aufgabe an ihre Finanzminister und den ECO-

FIN-Rat. Die Entscheidung, eine außerordentliche Ministertagung des ECO-FIN-Rates abzuhalten, wurde schließlich erst um halb eins in der Nacht von Freitag auf Samstag getroffen. Als wir die Bestätigung hatten, dass die Finanzminister am Sonntag zusammenkommen würden – ich würde den Vorschlag der Kommission für einen Beschluss für das Treffen vorbereiten müssen –, wurde mir klar, dass ich sofort die internen Vorbereitungen in der Kommission anführen und mit den Mitgliedstaaten und der EZB in Verbindung treten musste.

Zu Beginn der Woche hatte ich einem Fernsehinterview in der Samstagvormittagssendung des Finnischen Rundfunks zugestimmt, was jetzt natürlich nicht mehr stattfinden würde. Ich hatte auch zugestimmt, mit dem Privatjet von Ministerpräsident Matti Vanhanen und der finnischen Delegation, die unter meinem Namen einen Sitzplatz reserviert hatte, nach Helsinki zu „trampen". Sofort rief ich Jari Korkki an, einen Reporter, der erst fest schlief, und anschließend, auf Korkkis Rat hin, Petri Kejonen, einen anderen Reporter, der ebenso tief schlief, aber am nächsten Morgen im Dienst war. Ich fragte sie, ob sie mit der Idee einverstanden seien, Ministerpräsident Vanhanen anstelle von mir in ihre Sendung einzuladen. Sie stimmten natürlich zu. So war wenige Stunden später Ministerpräsident Vanhanen auf dem Bildschirm zu sehen, der wie immer professionell den Inhalt des griechischen Pakets und die Entscheidungen über die voraussichtliche Einrichtung eines europäischen Stabilitätsfonds erläuterte.

Zu diesem Zeitpunkt war ich bereits im Berlaymont-Gebäude, nachdem ich ein paar Stunden tief in meinem Bett geschlafen hatte, gefolgt von einer schnellen Dusche. Ich hatte für Samstagmorgen um 8 Uhr eine Sitzung mit meinen wichtigsten Mitarbeitern einberufen. Dazu gehörten mein Kabinettschef Timo Pesonen und meine stellvertretende Kabinettschefin Stéphanie Riso sowie mein Berater Vesa Vihriälä, Generaldirektor Marco Buti und die ECFIN-Direktoren Sean Berrigan und Gerassimos Thomas. Es wurde literweise schwarzer Kaffee konsumiert. Meine tadellose persönliche Assistentin Irma Martinmäki-Tuikkala hatte das Büro und die Logistik fest im Griff.

Ich eröffnete die Sitzung, indem ich über die Diskussionen des vorangegangenen Tages und der vorangegangenen Nacht sowie die Erwartungen an die Kommission berichtete:

> Unsere Aufgabe ist es, ein Paket vorzubereiten, das ehrgeizig in Bezug auf die Wiederherstellung der Glaubwürdigkeit der Eurozone ist, aber gleichzeitig realistisch im Hinblick auf die Zustimmung der Mitgliedstaaten. Und es muss morgen, am Sonntag, fertig sein, damit zunächst das Kollegium der Kommissare und dann die Finanzminister die Entscheidung treffen können. Wir erhalten

keine klaren Anweisungen für die Vorbereitung durch den Europäischen Rat und damit auch keine Einschränkungen. Wir brauchen eine ausreichende Gegenwehr für die Marktspekulationen. Gemeinsame europäische Anleihen wären das effektivste Lösungsmodell, aber sind die Mitgliedstaaten dazu bereit? Schließlich erfordern sie Einstimmigkeit. Ich könnte mir auch andere Modelle – basierend auf einer geteilten länderspezifischen Haftung – vorstellen, aber sie sind nicht so effektiv. Irgendwelche Ideen, wo wir anfangen, dieses Bündel zu entwirren?

Das Treffen des ECOFIN-Rates der Finanzminister war für Sonntag, den 9. Mai, um 15:00 Uhr angesetzt. Am Samstagmorgen sprach ich mit Kommissionspräsident José Manuel Barroso, der beschloss, die Kommission am Sonntag um 13:00 Uhr außerordentlich einzuberufen. Diejenigen Kommissionsmitglieder wie Haushaltskommissar Janusz Lewandowski, die nicht physisch an der Sitzung teilnehmen konnten, würden über eine Videoverbindung zugeschaltet. Gleichzeitig vereinbarten wir, dass ich Barroso am Sonntag um 11 Uhr morgens treffen würde. Wir hatten also 27 Stunden Zeit, um einen „ehrgeizigen und akzeptablen Vorschlag" zur Einrichtung eines Europäischen Stabilitätsfonds zu machen. Natürlich war uns die historische Bedeutung des Augenblicks klar. Tatsächlich hatten wir bereits während meines eintägigen Skiurlaubs im Februar, als ich auf der kalten Terrasse unseres Sommerhauses stand und mit Marco Buti über mein Handy sprach, halb im Ernst übereinstimmend festgestellt, dass das, was wir jetzt aufbauen, tatsächlich ein Europäischer Währungsfonds ist, der den Namen EWF tragen sollte.

Ich holte Alternativen aus der Schreibtischschublade hervor, die im Winter und Frühling skizziert worden waren. Wir hatten das Glück, verschiedene Stabilitätsfondsmodelle schon weit im Voraus skizziert zu haben, da sie sich jetzt als nützlich erwiesen, als wir begannen, die Alternativen miteinander zu vergleichen. Im Laufe jenes Samstags begannen wir uns einem Vorschlag zuzuwenden, der auf dem Zahlungsbilanzprogramm für EU-Mitgliedstaaten außerhalb der Eurozone basierte, das bereits in Ungarn, Rumänien und Lettland getestet worden war. Unser Vorschlag stützte sich zunächst auf Garantien, die aus dem EU-Haushalt gewährt wurden. Diese würden sich auf etwa 60 Milliarden Euro belaufen. Die Zustimmung des Haushaltskommissars Janusz Lewandowski zu diesem Vorschlag erhielt ich nach zähen, aber sehr konstruktiven Verhandlungen. Darüber hinaus schlugen wir vor, dass jede Finanzierung über 60 Milliarden Euro hinaus auf Darlehen basieren sollte, die von allen 27 EU-Mitgliedstaaten gemeinsam garantiert würden. Wir erwarteten, dass solche gemeinsamen europäischen Darlehen am besten in der Lage sein würden, die Finanzierungskosten zu minimieren, den Druck auf die

Staatsanleihen zu mindern und damit die Staatsschuldenmärkte, die gerade überdrehten, wirksam zu beruhigen.

Zuerst sprach ich mit Barroso, der nach einigen Fragen den Vorschlag befürwortete, anschließend mit den übrigen Kollegen, die dies ebenfalls taten, woraufhin der Vorschlag der Kommission angenommen wurde. Somit hatte ich ein starkes Mandat. Die Sitzung der Kommission endete am Sonntagnachmittag fünf Minuten nach 15:00 Uhr. Wir nahmen in meinem Büro den letzten Feinschliff am eigentlichen Rechtstext vor und ich ging auf die andere Straßenseite zum Justus-Lipsius-Gebäude des Rates zur Tagung des ECOFIN-Rates. Vor der Tür des Justus-Lipsius-Gebäudes gab ich Erklärungen ab, die so beruhigend wie möglich waren, um zu versichern, dass der Stabilitätsfonds auf der Grundlage des Vorschlags der Kommission eingerichtet werden könnte. Tief im Innern war ich mir nicht ganz so sicher.

Ein zusätzliches Drama gab es bei der Sitzung des ECOFIN-Rates, da der deutsche Finanzminister Wolfgang Schäuble unterwegs erkrankt war und direkt vom Flughafen in Brüssel ins Krankenhaus gefahren werden musste. Ich betrachtete Schäuble als einen wichtigen Verbündeten bei der Einführung eines Europäischen Stabilitätsfonds, da er im Februar einen „Europäischen Währungsfonds" vorgeschlagen und seine Position sehr klar dargelegt hatte: „Mitglieder der Eurozone könnten auch eine Liquiditäts-Notfallhilfe von einem Europäischen Währungsfonds erhalten, um das Risiko von Zahlungsausfällen zu verringern." So wurde ich noch besorgter um die deutsche Unterstützung.

Vor Ort rief Schäubles Staatssekretär Jörg Asmussen, der erfahrene und stets kreative wirtschaftspolitische Problemlöser, bei Bundeskanzlerin Merkel in Berlin an, die einen Ersatz auf Ministerebene für Schäuble entsenden wollte. Da Merkel Rainer Brüderle, den freimütigen Wirtschaftsminister, der zufällig irgendwo im Flieger saß – ich weiß nicht, wie sehr sie sich bemüht haben mag – nicht erreichen konnte, wandte sie sich an ihre Vertrauensperson, Innenminister Thomas de Maizière, der mitten in einer sonntäglichen Wanderung im Wald auf die Reise aufmerksam gemacht wurde. Innerhalb weniger Stunden wurde de Maizière von der Flugbereitschaft der deutschen Luftwaffe nach Brüssel geflogen, gut informiert und bereit, in die Verhandlungen über die Lösungen für die Stabilisierung der Eurozone einzutreten.

Dies markierte die erste Phase der Gegenfeuer, die zur Unterdrückung der Schuldenkrise entzündet wurden. Die Entscheidungsträger des Euroraums – die Finanzminister im Sitzungssaal, die Ministerpräsidenten, die Regierungen, die Parlamente und ihre Ausschüsse für EU-Angelegenheiten in den Hauptstädten sowie die Bürger, die die Krise und das Treffen beobachteten – standen unter beispiellosem Druck. Ich ergriff als Erster das Wort und be-

4 Die große Bazooka in der Nacht

schloss, so offen zu sein, wie ich konnte. George Papaconstantinou schrieb daraufhin, dass ich „nicht mehr der unerschütterliche Finne" sei. Ich weiß nicht, ob ich jemals so gewesen bin, aber diesmal konnte es keine Zurückhaltung geben. Ich habe laut und deutlich gesagt, dass wir uns in einer tief greifenden Systemkrise befinden und dass wir bisher stark hinterher hinken – jetzt müssen wir dem Problem zuvorkommen. Ich habe versucht, so explizit wie möglich zu sein: „Portugal und Spanien müssen neue Maßnahmen ankündigen – heute! Wir brauchen einen glaubwürdigen finanziellen Rückhalt – heute!" Wenn ich mir die Minister am Tisch so ansah, hatte ich das Gefühl, dass die Botschaft ankam, und wir haben bei den meisten Interventionen starke Unterstützung erhalten.

Es gab jedoch ein großes Defizit und ein weiteres großes Fragezeichen in unserem Ansatz. Beides rührte von der extrem kurzen Zeitspanne für die Vorbereitung der Initiativen her.

Das Defizit bestand darin, dass wir nicht wussten, in welcher Höhe die Mitgliedstaaten, insbesondere Deutschland und Frankreich, für die Rückendeckung zu akzeptieren bereit waren, da wir aus den Merkel-Sarkozy-Gesprächen keine glaubwürdigen Erkenntnisse gewonnen hatten. Wir hatten eine Vorstellung von einer hohen Zahl, aber wir konnten keine Zahl aufbringen, ohne zu wissen, wie weit die Mitgliedstaaten gehen könnten, aber auch weil undichte Stellen bei den Treffen alltäglich waren und wir es uns nicht leisten konnten, den Eindruck eines Scheiterns zu erwecken. Auf jeden Fall bestand der Vorschlag der Kommission aus zwei Teilen, zunächst 60 Milliarden Euro bis zur Obergrenze des EU-Haushalts und darüber hinaus „gesamtschuldnerische Bürgschaften" (d. h. eine Art Eurobonds) bei Überschreitung der Obergrenze. Aufgrund der Ungewissheit über die akzeptable Größe des Fonds beschloss ich, die genaue Zahl in meiner Einleitung offen zu lassen, in der Annahme, dass dies nach der ersten Runde diskutiert werden würde, was tatsächlich geschah. Der schwedische Finanzminister Anders Borg hat mich für dieses Versäumnis heftig kritisiert – diesmal war seine Kritik nicht unberechtigt.

Ein großes Fragezeichen waren die Pläne und die Handlungsbereitschaft der EZB in Bezug auf den Ankauf von Staatsanleihen der notleidenden Staaten, wie Portugal und Spanien, vielleicht auch Italien. Ich diskutierte am Wochenende mit EZB-Präsident Jean-Claude Trichet und mit einigen anderen Mitgliedern des EZB-Rats, darunter Mario Draghi, Erkki Liikanen und Axel Weber. Sie alle wollten – vielleicht aus unterschiedlichen Gründen und mit unterschiedlichen Zielsetzungen – wissen, was die Kommission zu einem Stabilitätsfonds vorschlagen würde und ob der Rat oder die Mitgliedstaaten mitziehen würden. In der Zwischenzeit bekam ich eine ungefähre Vorstellung davon, was die EZB im Hinblick auf den Ankauf von Staatspapieren der gestressten Mitgliedstaaten plante, was zu der faktisch parallelen Entscheidung über das Programm der Wertpapiermärkte (SMP) führte. Jede Institution bewahrte ihre Unabhängigkeit, aber es musste eine Form der Koordination geben.

Ebenso standen wir in ständigem Kontakt mit Dominique Strauss-Kahn, dem geschäftsführenden Direktor des IWF. Vor dem entscheidenden Treffen führte ich auch Gespräche mit einigen wichtigen Nicht-Euromitgliedern des ECOFIN-Rates. Der scheidende britische Finanzminister Alistair Darling (Labour hatte gerade bei den Parlamentswahlen im Mai 2010 gegen die Konservativen verloren) sagte, er könne Großbritannien nicht dazu verpflichten, sich finanziell an einer Rettungsaktion der Eurozone zu beteiligen. Dies blieb die Position des Vereinigten Königreichs, auch wenn das relativ begrenzte Gemeinschaftsinstrument von 60 Milliarden Euro, der Europäische Finanzstabilitätsmechanismus, am 10. Mai 2010 geschaffen und in der Anfangsphase tatsächlich als erster Feuerlöscher eingesetzt wurde, wogegen sich das Vereinigte Königreich dann aber nicht wehrte. Anders Borg lieferte nützliche politische Ratschläge aus der schwedischen Erfahrung der Bankenkrise und ermutigte zum Einsatz einer massiven großen Bazooka, um die Marktturbulenzen zu beruhigen.

Präsident Trichet leitete den EZB-Rat als kontinuierliche Konferenzschaltung aus Basel, Schweiz, in ständiger Verbindung mit der Sitzung der Bank für Internationalen Zahlungsausgleich, die die „Bank der Zentralbanken" ist und dort ihren Sitz hat. Im Laufe des Abends sprachen wir mehrere Male am Telefon, und ich hatte den Eindruck, dass die EZB bereit war, sich zu bewegen, aber nur unter der Bedingung, dass die Mitgliedstaaten als erstes einen glaubwürdigen Finanzstabilitätsfonds einrichteten. Dies führte später zu einem unglücklichen, aber unbeabsichtigten Kommunikationfauxpas meinerseits in der Pressekonferenz zu Beginn des Abends, von dem etwas weiter unten zu lesen ist – die Zentralbankiers der EZB waren nicht glücklich, obwohl mein Fauxpas als Silberstreif am Horizont eigentlich dazu diente, die kollektive Glaubwürdigkeit der Eurozone zu stärken.

Die Lösung musste gefunden werden, bevor die asiatischen Märkte am Montagmorgen, dem 10. Mai 2010, um 2 Uhr morgens unserer Zeit öffneten. Die Gespräche waren hart und manchmal sogar bitter, nicht zuletzt, wenn es um die neue Rolle der Europäischen Zentralbank ging. EZB-Präsident Jean-Claude Trichet sagte mir am Telefon, dass die Finanzminister bis Mitternacht Zeit hätten, „ihre Verantwortung zu tragen und Entscheidungen zu treffen", und sprach auch mit wichtigen Ministern. Ich sprach auch mehrmals in der Nacht mit Strauss-Kahn, um zu prüfen, ob der IWF und indirekt die USA mit einer beiderseitigen Entscheidung an Bord sind.

Die Kommission hatte eine große Panzerfaust vorgeschlagen, die sich auf eine gemeinsame Garantie des EU-Haushalts und der Mitgliedstaaten stützte, um die Märkte in Ehrfurcht zu versetzen und – so dachten wir – um die Turbulenzen und die Panik auf den Märkten zu beruhigen. Unser Vorschlag wurde jedoch in seiner ursprünglichen Form nicht angenommen, vor allem aufgrund des Widerstands der Länder mit den höchsten Kreditratings. Im Laufe des Nachmittags und des Abends testeten wir verschiedene Alternativen, aber keine von ihnen fand die für eine Entscheidung erforderliche eindeutige Zustimmung der Mitgliedstaaten.

Spät in der Nacht, in einem Ausbruch von wahrscheinlich übermäßiger Kreativität, schlug ich sogar eine (im Nachhinein verzweifelte) Lösung vor, bei der die Finanzierung entweder auf Darlehen oder Darlehensgarantien basieren würde, so dass jeder Mitgliedstaat entscheiden könnte, welche Option er nutzen wolle. Deutschland hätte das akzeptiert, aber das war für die Länder mit niedriger Bonität nicht gut genug. Sie befürchteten höhere Zinsaufwendungen und eine weitere Herabstufung ihrer Ratings und wollten deshalb eine einheitliche Lösung.

Nach vielen gescheiterten Runden kam in der Nacht vom 9. auf den 10. Mai endlich Bewegung in den ECOFIN-Rat. Nach langwierigen Diskussionen und einer weiteren Pattsituation stellte ich während einer Sitzungspause nach Mitternacht ein kleines Notfallteam zusammen, um „über den Tellerrand hinauszuschauen", da nichts zu funktionieren schien. Dem Team gehörten Stéphanie Riso, Marco Buti und Gerassimos Thomas von der Europäischen Kommission sowie der niederländische Beamte Maarten Verwey an.

Wie im Vorwort beschrieben, bat ich diese klügsten Wirtschafts- und Marktkenner in der Feuerwehr der Eurozone, sich rasch eine kreative Lösung außerhalb des bisherigen, offensichtlich zu beengenden Rahmens auszudenken, die die Pattsituation auflösen und eine Einigung ermöglichen sollte. Bei diesem Treffen erinnerte Verwey, der die Vorbereitungen für eine europäische Finanz-Firewall auf Beamtenebene geleitet hatte, daran, dass im Laufe der Vorbereitungen der Einsatz einer Zweckgesellschaft (Special Purpose Vehicle, SPV) als eine Option für die Finanzhilfeprogramme in Betracht gezogen worden war. Ich sagte, dies klinge möglicherweise machbar, und warum es nicht jetzt versuchen, da alle anderen Alternativen ausgeschöpft und von verschiedenen Parteien abgelehnt worden seien. „Könnten Sie die Deutschen fragen, ob sie dies unterstützen würden?", fragte ich Maarten. Verwey Nach einer 15-minütigen Diskussion mit den Deutschen kam Verwey zurück: „Und es bewegt sich doch etwas." Eine große Erleichterung – der Stau könnte beginnen sich zu aufzulösen!

Nach dieser Botschaft der Deutschen von Verwey ging ich zu der energischen ECOFIN-Vorsitzenden Elena Salgado, die erleichtert war, dass sich nun eine Lösung am Horizont abzeichnete. Sie berief die Minister wieder in den Konferenzraum ein, um eine Entscheidung zu treffen, und vertagte die Sitzung. Die Atmosphäre war müde und angespannt und eine gewisse Verzweiflung lag in der Luft. Doch die Stimmung war auch vorausschauend: Könnte es ein Modell geben, das der Pattsituation ein Ende bereiten würde? Könnten wir uns endlich auf einen europäischen Stabilitätsfonds einigen?

Ein Europäischer Stabilitätsfonds aus drei Komponenten

Als das Treffen wieder einberufen wurde, warteten alle zunächst auf den Vorschlag der Kommission und dann auf die Reaktion Deutschlands darauf. Ich habe den Kompromissvorschlag im Namen der Kommission vorgelegt. Der Vizepräsident der EZB, Lucas Papademos, äußerte sich positiv und befürwortete den Vorschlag. Als nächstes ergriff der Vertreter Deutschlands, Thomas de Maizière, das Wort und unterstützte den Kompromissvorschlag. Ein Seufzer der Erleichterung breitete sich im Konferenzsaal aus: Es hatte einen Durchbruch gegeben. Damit war die Europäische Finanzstabilitätsfazilität (EFSF) geboren, die zum Vorläufer des Europäischen Stabilitätsmechanismus (ESM) wurde.

Zum Zeitpunkt der Gründung ist es niemandem in den Sinn gekommen und konnte es wahrscheinlich auch nicht, dass die 440 Milliarden Euro, die für diese EFSF reserviert waren, später auf etwa die Hälfte davon schrumpfen würden, auf etwas mehr als 200 Milliarden Euro in Bezug auf die tatsächliche Kreditvergabekapazität. Dies war auf das Ziel zurückzuführen, die höchste AAA-Bonitätseinstufung für die gesamte Kreditaufnahme der EFSF zu gewährleisten, und auf die Tatsache, dass die Garantien aller Mitgliedstaaten im Hinblick auf dieses Ziel nicht gleich wertvoll waren. Die Triple-A-Länder mussten die Garantien der anderen Mitgliedstaaten doppelt garantieren.

Diese Episode veranschaulicht, wie überaus wichtig es gewesen wäre, sich schon bei der Konzeption des Euro auf das Schlimmste vorzubereiten. Ich war 1990–1992 nicht in Maastricht, aber im Nachhinein habe ich den Eindruck, dass der Verzicht auf eine Krisenmanagementeinrichtung beabsichtigt war: Das (unrealistische) Ziel von Maastricht war es, Stabilität durch Anreize und Marktdisziplin zu gewährleisten, nicht durch finanzielle Sicherheitsnetze. Daher die No-Bailout-Klausel. Dies stand in scharfem Kontrast zu dem, was die internationale Gemeinschaft 1944 tat, als der IWF zu Zwecken der Krisenprävention und Stabilisierung als Kernstück des Bretton-Woods-Systems geschaffen wurde. Aus einem anderen Blickwinkel zeigt die Episode auch die Bedeutung des EU-Entscheidungsprozesses nach der normalen Gemeinschaftsmethode, bei der die Stimmen aller Mitgliedstaaten gehört werden und Entscheidungen mit qualifizierter Mehrheit und nicht einstimmig mit zahlreichen Vetopunkten getroffen werden.

Der Beschluss des ECOFIN-Rates enthielt mehrere Elemente. Er unterstrich die entschlossene Umsetzung des griechischen Programms und die Verpflichtung aller Mitgliedstaaten, ihre öffentlichen Finanzen auszugleichen und er erwähnte insbesondere die Verpflichtung Portugals und Spaniens, diese neuen Maßnahmen umzusetzen. Im Gegenzug wurde ein Europäischer Stabilitätsfonds mit dem angekündigten Gesamtvolumen von 500 Milliarden Euro eingerichtet. Er bestand aus zwei Teilen, denn 60 Milliarden Euro stammten aus dem Gemeinschaftsfonds (EFSM), der mit dem EU-Haushalt garantiert wurde, und 440 Milliarden Euro kamen als Garantien der Mitgliedstaaten (EFSF), die nach dem üblichen Kapitalschlüssel der EZB unter den Mitgliedstaaten im Verhältnis zu ihrem Bruttoinlandsprodukt und ihrer Bevölkerung aufgeteilt (oder „anteilig geschnitten") würden.

Darüber hinaus war der IWF bereit, sich in Höhe der Hälfte des Anteils der EU, d. h. mit 250 Milliarden Euro, zu beteiligen. Ich sprach an dem Wochenende bei mehreren Gelegenheiten mit DSK vom IWF über die Angelegenheit. Er bestätigte, dass diese 2+1-Lösung oder 500+250 Milliarden Euro die Unterstützung des US-Finanzministers Tim Geithner hat.

Die Entscheidung der Europäischen Zentralbank, das SMP, das Kaufprogramm für Staatsanleihen der notleidenden Länder Griechenland, Irland und Portugal, später auch von Italien und Spanien, aufzulegen, war ein Schlüsselelement im Programm der Eurozone zur Überwindung der Krise. Es war jedoch ein öffentlich unausgesprochener Teil des Programms, da natürlich nur die EZB von Angelegenheiten der EZB sprach, obwohl es in Wirklichkeit mit der EFSF-Lösung der Mitgliedstaaten verbunden war. Die SMP-Entscheidung wurde nach einigen scheinbar dramatischen Wendungen in einer Telefonkonferenz des EZB-Rates am Sonntagabend, den 9. Juni 2010, getroffen. Sie war beim Abendessen des EZB-Rates am 6. Mai in Lissabon vorbereitet worden. Der Start des Anleihenankaufprogramms der EZB zusammen mit der Einrichtung des Stabilitätsfonds EFSM+EFSF der Eurozone beruhigte die Märkte in den folgenden Wochen zunächst. Es war so nah an der großen Bazooka, wie wir nur konnten. Die Entscheidung der EZB trug später jedoch zum Rücktritt von Bundesbankpräsident Axel Weber bei.[1]

---

[1] Der italienische Wirtschaftswissenschaftler und Journalist Carlo Bastasin (2012) hat in seinem Buch *Saving Europe* eine detaillierte Darstellung der Ereignisse jener Tage vorgelegt.

Als Rechtsgrundlage für die Entscheidung des ECOFIN-Rates wurde Artikel 122.2 des Vertrags festgelegt, der sich auf „Naturkatastrophen oder außergewöhnliche Ereignisse" bezieht. Das auf diese Weise geschaffene Gemeinschaftsinstrument EFSM (60 Milliarden Euro) schloss alle 27 Mitgliedstaaten ein, und Entscheidungen über seinen Einsatz würden auf Initiative der Kommission grundsätzlich mit qualifizierter Mehrheit getroffen.

Im Gegensatz dazu umfasste die zwischenstaatliche EFSF (440 Milliarden Euro) nur die Mitgliedstaaten der Eurozone. Für ihre Beschlüsse ist die Einstimmigkeit der Eurogruppe erforderlich. Dies führte später zu mehreren Hindernissen, die die Entscheidungsfindung verlangsamten, da jeder Mitgliedstaat über ein Vetorecht verfügte. Zum Beispiel macht der IWF seine Entscheidungen von einer qualifizierten Mehrheit von 85 Prozent der Stimmen im Exekutivdirektorium abhängig, was eine ausreichend schnelle Entscheidungsfindung in Krisensituationen erleichtert.

Die Haushaltsbefugnis der Parlamente ist heilig. Das ist zum Teil der Grund, warum die Krise zu schweren politischen Spannungen geführt hat, die sich bald in den nationalen Debatten in der Eurozone bemerkbar machten. Häufig waren alle Augen auf den Deutschen Bundestag gerichtet, aber diese Spannungen waren auch in vielen anderen Parlamenten sehr lebendig, so auch im finnischen Parlament und bei den finnischen Parlamentswahlen 2011.

In der großen Konferenzhalle des Justus-Lipsius-Gebäudes des Rates wurden zwischen 1:30 und 2 Uhr nachts im großen Sitzungssaal die letzten Feinschliffe an der ECOFIN-Entscheidung vorgenommen. Die für alle akzeptable Entscheidung wurde um 2:08 Uhr getroffen, also acht Minuten nach Öffnung der asiatischen Märkte. Zusammen mit Salgado ging ich um 2:15 Uhr in den Presseraum des Rates, wo wir eine Pressekonferenz abhielten und die Lösung erläuterten. Nach 3 Uhr morgens ging ich nach Hause.

Auf dem Heimweg, als ich um 3:15 Uhr an den Brüsseler Woluwe-Teichen vorbeikam, rief Tim Geithner auf meinem Mobiltelefon an: „Meine herzlichsten Glückwünsche. Dies war eine sehr wichtige Entscheidung zur Eindämmung der Krise." Und er fügte mit einem Augenzwinkern hinzu: „Wenn Sie bei der künftigen Verwendung des Stabilitätsfonds eine beratende Stimme brauchen, zögern Sie nicht, sich an mich oder meine Leute zu wenden. Sie wissen, dass wir einige Erfahrung mit dem TARP-Abkommen haben …" Geithners Stimme hatte eine Kombination aus Freude und Selbstironie, die so typisch für ihn war – das TARP, oder das „Troubled Asset Relief Programme", das zur Rettung von Banken eingesetzt wurde, war sicherlich nicht leicht vom US-Kongress gebilligt zu bekommen. Jedenfalls schätzte ich seinen Anruf und generell seine konsequente Unterstützung für die Eurozone während der Krise.

Geithners Anruf hat mich zum Nachdenken gebracht: Könnte dies der ‚Hamilton-Moment' der Eurozone sein? In den Vereinigten Staaten schuf der erste Finanzminister Alexander Hamilton, derselbe Typ, zu dessen Geschichte heute am Broadway getanzt wird, die Grundlage für eine starke Volkswirtschaft dank der 1790 mit Thomas Jefferson geschlossenen Verträge, als man sich auf die Übernahme der Kriegsschulden der Bundesstaaten durch die Bundesregierung einigte und im Gegenzug die Hauptstadt in die Sümpfe des Potomac-Flusses legte, dem Ort des heutigen Washington D.C. Rückblickend wird deutlich, dass meine Vorstellungskraft mir zu einem Turboantrieb verholfen hat und mich fest getragen hatte. Besonders nachdem die Fragilität der EFSF-Kreditvergabekapazität offenbart wurde, sahen wir die wirtschaftlichen Grenzen des Abkommens vom Mai 2010.

Weiße Wolken in Pori vor dem nächsten Wolkenbruch

Bedauerlicherweise ging es bei den meisten Themen, die auf dem Tisch lagen, inzwischen um die Aufteilung Europas in Nord und Süd. Der belgische (flämische) Ökonom und Finanzjournalist Johan van Overtveldt, der spätere Finanzminister des Landes (2014–2019), spricht über das „deutsche Lager", zu dem er die Niederlande, Österreich und Finnland (und wahrscheinlich sein eigenes Flandern!) zählt, und das „französische Lager", zu dem die meisten anderen Mitgliedstaaten, insbesondere Südeuropa, gehörten.

Viele der Diskussionen an jenem Sonntag, bei Tag und Nacht, sowie die zahlreichen ähnlichen Diskussionen, die noch folgen sollten, wurden zu einer Fortsetzung der Spannungen, die insbesondere zwischen Deutschland und Frankreich bereits bei der Gestaltung der Wirtschafts- und Währungsunion herrschten. Die Kommission bemühte sich, diese Grenzen zu überwinden und die besten und tragfähigsten Elemente der Vorschläge zu kombinieren, mit dem Ziel, zu gemeinsamen Lösungen zu gelangen.

Deutschland forderte eine Stabilitätskultur und wollte die Haushaltsdisziplin wiederherstellen. Frankreich betonte die Solidarität und die politische Rolle der EZB. Diese Debatten hatten sich am Freitag, den 7. Mai, aufgeheizt. Nun wurde mit einer neuen Methode nach einer im Wesentlichen synthetischen Lösung gesucht. Das teilweise improvisierte Ergebnis der Gespräche vom 7. bis 10. Mai 2010 wurde von Luuk van Middelaar, einem scharfsinnigen Beobachter der europäischen Politik, der sich mit Politikwissenschaft und Philosophie beschäftigt, wie folgt beschrieben: „Die Länder der Eurozone hatten sich auch etwas gegeben, das wie ein ‚Europäischer Währungsfonds' aussah … Das war ein juristisch wackeliges Gebäude, aber es funktionierte. Die Märkte waren dieses Mal im positiven Sinne überrascht. Die Situation stabilisierte sich. Die Improvisation war ein Erfolg."[2]

Wenige Tage nach den kritischen Treffen beschrieb der deutsche Innenminister Thomas de Maizière in einem Interview die deutsche Haltung gegenüber den Stabilisierungsmaßnahmen der Eurozone wie folgt:

> Deutschland will seine Kreditbürgschaften auf der Grundlage seiner eigenen Kreditwürdigkeit gewähren und nicht irgendeine unbegrenzte Haftung übernehmen. Alle Deutschen haben hart gearbeitet, um bessere Finanzierungsbedingungen zu erreichen. Wenn wir einem Land, das in Schwierigkeiten steckt, Kreditgarantien geben, dann wollen wir diese Garantien zu den gleichen Bedingungen geben, die wir als Deutschland auf den Märkten vorfinden. Wir wollen die EU nicht in eine Transferunion verwandeln. Frankreich ist nicht so streng wie wir. Die Franzosen sagten, es würde ein starkes Signal an den Markt senden und die französischen Finanzierungsmöglichkeiten erleichtern, wenn wir einen durchschnittlichen europäischen Finanzierungssatz verwenden würden. Das war nicht unsere Position, und deshalb gingen die Verhandlungen so spät bis in die Nacht weiter.

Unter dem Gesichtspunkt der langfristigen Rettung des Euroraums wäre die ursprünglich von der Kommission vorgelegte Initiative, die eine proaktive Wirtschaftsaufsicht und stärkere gemeinsame Stabilitätsfazilitäten kombinierte, besser und überzeugender gewesen. Damit wäre sofort die große Panzerfaust entstanden, die in der Lage gewesen wäre, die Marktturbulenzen zu befrieden.

Andererseits ist es bedauerlicherweise typisch für das empfundene europäische Kräfteverhältnis, dass de Maizière die Entscheidungsfindung nur als ein bilaterales Abkommen, als ein Ringen zwischen Deutschland und Frankreich, ansah. Dies war jahrzehntelang die übliche Dynamik in der EU, und im besten Fall diente sie als Lokomotive der europäischen Integration. Doch obwohl das Veto Deutschlands ein kritischer Faktor ist, gab es diesmal tatsächlich viele Teilnehmer, die während des Prozesses zur Lösung beigetragen haben. Doch de Maizière hat Recht mit der Aussage, dass das Ergebnis in Richtung der von Deutschland vertretenen Position tendierte, was auch für die nachfolgenden Rettungsaktionen der Eurozone typisch wäre.

Bei der Entwicklung unseres Vorschlags habe ich damit gerechnet, dass wir auf das europäische Engagement von Wolfgang Schäuble zählen könnten, der als deutscher Finanzminister eine Schlüsselrolle bei den Entscheidungen zur Einrichtung eines neuen Stabilitätsfonds spielen würde. Wie bereits erwähnt,

---
[2] Luuk van Middelaar (2019, S. 37).

hatte Schäuble seinen Vorschlag für einen Europäischen Währungsfonds erst wenige Monate zuvor, im Februar, vorgelegt und durch die Ausformung seines Vorschlags in eine gemeinschaftsbasierte Initiative für einen Europäischen Stabilitätsfonds dachten wir, wir könnten die Deutschen gerade noch ins Boot holen. Es war zumindest einen Versuch wert, da alle anderen Alternativen für eine große Bazooka wesentlich schwächer waren. Deshalb haben wir uns für einen soliden Fonds entschieden, der in erster Linie durch Garantien aus dem EU-Haushalt und, sobald diese möglicherweise verbraucht sind, durch Solidarbürgschaften der EU-Mitgliedstaaten finanziell abgesichert ist. Wenn klassische Euroanleihen (die es bisher noch nie gegeben hat) vom Standpunkt der Finanzstabilität aus gesehen die erstbeste Idee gewesen wären, dann war dies wahrscheinlich „die beste der zweitbesten" Lösungen, so unsere damalige Überlegung.

Wie wir jetzt wissen, hat es aber nicht so geklappt. Leider wurde Wolfgang Schäuble noch am Tag der Entscheidungsfindung ins Krankenhaus eingeliefert. Aber wahrscheinlich spielte auch das keine Rolle, denn die deutschen roten Linien wurden vom Kanzleramt und vom Finanzministerium, wo es immer genug Kontinuität gab, verbindlich vorbereitet – wenn nicht sogar in Stein gemeißelt. Außerdem wurde die deutsche Position von den Niederländern und den Finnen, wahrscheinlich auch von den Österreichern und Luxemburgern, geteilt. Folglich mussten wir wieder an das Reißbrett zurückkehren und alle mögliche Kreativität nutzen, um ein Modell zu entwerfen, das sowohl die Aufgabe erfüllen als auch einstimmige Unterstützung finden würde.

Am Anfang war die EFSF überzeugend, und die Märkte hatten Vertrauen in sie. 750 Milliarden Euro waren das Kaliber einer großen Panzerfaust und ein größerer Fonds als der IWF. Mit der Zeit begann das Bild jedoch allmählich zu bröckeln. Dafür gab es zwei Gründe: Das Ziel eines AAA-Ratings führte, wie gesagt, dazu, dass die Hälfte der Garantien in den Puffer floss, so dass von der Bruttosumme von 440 Milliarden Euro netto nur noch gut 200 Milliarden Euro zur Verfügung standen, was die Glaubwürdigkeit von einer Seite her zu untergraben begann. Die große Bazooka schrumpfte zu einer bloßen Handgranate. Währenddessen stellte die Deutsche Bundesbank das Anleihekaufprogramm der EZB in Frage, was das Geschäft von der anderen Seite her auszuhöhlen begann. Nach einer Atempause, die den Sommer über anhielt, zogen am Eurohimmel mit dem Herannahen des Herbstes wieder stürmische Wolken auf.

Zuvor waren die Stresstests der europäischen Banken im Juli abgeschlossen worden. Ihre Umsetzung und Veröffentlichung hat gut begonnen. Bald kamen jedoch Zweifel auf, und die Glaubwürdigkeit der Tests wurde während der Sommerferien im August in Frage gestellt. Es gab keinen wirksamen europäischen Überprüfungsmechanismus, so dass die nationalen Finanzaufsichtsbehörden ihre eigenen Banken schützten, indem sie ihren wahren Zustand vorenthielten, was ein finanzpolitischer Nationalismus der ernsten Sorte war. Zur gleichen Zeit begann sich die Lage der irischen Wirtschaft und insbesondere der Banken rapide zu verschlechtern. Im August-September 2010 gewannen Vorahnungen an Boden, die beunruhigten.

Mitte Juli verbrachte ich, wie jedes Jahr, einige Tage in Pori beim Finland Arena-Diskussionsforum und beim Jazzfestival. In diesem Jahr war der Haupt-Akteur mein langjähriger Favorit John Fogerty, der Sänger und Songschreiber des Creedence Clearwater Revival, den ich noch nie zuvor in einem Live-Konzert gesehen hatte.

Am Freitagabend, den 23. Juli, musste ich jedoch vor dem Konzert von Fogerty an einer G7-Telefonkonferenz teilnehmen, in der ich im Namen der EU die Ergebnisse der Stresstests vorstellen sollte. Zu diesem Zweck mieteten wir ein Zimmer im Hotel Vaakuna, wo ich in meiner Sommerhose unsere Einschätzungen über die Form der europäischen Banken präsentierte. Zum Glück war es kein Video-Gespräch!

Ich habe die Präsentation schnell auf den Punkt gebracht, damit wir es zum Konzert schaffen. Nachdem die Telefonkonferenz mehr oder weniger planmäßig zu Ende war, trafen wir auf dem Konzert ein, als der zweite Song gerade begann: John Fogerty sang seinen Klassiker „Who'll Stop the Rain". Es war die richtige Frage, die der Marktsituation angemessen war. Wer würde die Schuldenkrise stoppen und die Regenwolken über dem Markt verschwinden lassen? Ich ertappte mich dabei, wie ich unter dem noch recht hellen Himmel des späten Abends in Pori darüber nachdachte.

Aber im Handumdrehen stellten wir fest: „A Hard Rain's A-Gonna Fall".

Literatur

Luuk van Middelaar, *Alarums & Excursions. Improvising Politics on the European Stage.* Agenda, 2019, S. 37

Carlo Bastasin, *Saving Europe.* Brookings Institution Press 2012

5

Der Weltuntergang von Deauville und Voldemort in Irland

„Wie sind Sie bankrott gegangen?" – „Zwei Wege. Allmählich, dann plötzlich." Die klassische Linienführung von Ernest Hemingway in seinem Werk *The Sun Also Rises* (im Deutschen *Fiesta*) kam mir in den Kopf, als ich über die finanziellen Turbulenzen Ende 2010 nachdachte. Als der Herbst 2010 näher rückte, begann sich die Stimmung an den Finanzmärkten wieder zu verschlechtern, zunächst allmählich und dann schneller. Es gab mehrere, miteinander verwobene Gründe. Es kamen immer mehr Zweifel an den Stresstests der europäischen Banken auf und es herrschte zunehmende Unsicherheit über den Zustand der irischen und spanischen Banken. Infolgedessen entstand eine sichtbare Lücke in den öffentlichen Finanzen Irlands, und die Märkte wussten, dass dies auch die Glaubwürdigkeit der Wirtschaftspolitik des Landes untergraben würde.

Die dadurch aufkommende Unsicherheit, dass die genaue Größe der Lücke zum damaligen Zeitpunkt nicht bekannt war, trug selbst zur aufkommenden Panik auf dem irischen Staatsschuldenmarkt bei. Es handelte sich um den klassischen Fall einer Bankenkrise, die sich zuerst in eine Marktpanik und dann in eine Staatsschuldenkrise verwandelte – die diabolische Schleife zwischen den Banken und den Staaten.

Nach einer alten Weisheit sind die Märkte ein guter Diener, aber ein schlechter Herr. Im Herbst 2010 liefen die Marktkräfte Amok und zogen die demokratisch gewählten Führer wie einen Hund an der Leine hinter sich her. Sicherlich gerieten auch die Marktkräfte in Panik. Die Situation glitt allen aus den Händen.

In seiner klassischen Schilderung des Zweiten Weltkriegs *Der Unbekannte Soldat* (Orig. 1954, dt. 1983) beschrieb der finnische Autor Väinö Linna die

Gefühle der finnischen Soldaten, denen moderne Panzerabwehrwaffen fehlten, als sie 1944 von sowjetischen Panzern überwältigt wurden: „Sie werden uns platt machen!" Diese Stimmung herrschte auch unter den Staats- und Regierungschefs der Eurozone im Herbst 2010. Auch diesmal gab es keine Panzerabwehr, vor allem nicht die schmerzlich vermisste „große Bazooka", die die Lawine der Marktkräfte hätte stoppen können. In Linnas Roman gelang es Leutnant Koskela, den Angriff für eine Weile einzudämmen, aber schließlich reichte ein Angriff mit primitiven Mitteln nicht aus, um die modernen Panzer aufzuhalten, und Koskela wurde wegen nichts getötet, bevor die Panzerfäuste eintrafen. War es die Eurozone, die nun plattgemacht wurde – und die Verteidigung war umsonst?

Irlands Spießrutenlauf

Ich erinnere mich lebhaft daran, wie am 21. November 2010 mein Handy um 8:30 Uhr an einem kalten und verschneiten Sonntagmorgen am Küchentisch unseres Hauses im Brüsseler Vorort Auderghem aufblitzte. Ich hatte meinen gewohnt starken schwarzen Kaffee aufgebrüht und wollte ihn gerade mit meinem ballaststoffreichen schwarzen Roggenbrot und zwei Spiegeleiern genießen, um meinen Körper vor meinem regulären Fußballtrainingsspiel am Sonntagmorgen in Schwung zu bringen.

Der Anrufer war der irische Finanzminister Brian Lenihan, der mir nach einem kurzen Smalltalk mitteilte, dass die Regierung des Landes in der Nacht zuvor beschlossen hatte, finanzielle Unterstützung durch die EU und den IWF zu beantragen. Es war vorerst eine geheime Entscheidung. Lenihan wollte mich vorwarnen, dass der Brief der Regierung über den Hilfsantrag später am Tag eintreffen und dann auch veröffentlicht würde. Lenihans Anruf war keine völlige Überraschung, da er mich am Freitag vor den Absichten Irlands gewarnt hatte.

Sofort rief ich den Präsidenten der EZB, Jean-Claude Trichet, an. Das Telefonat stieß auf den Anrufbeantworter, also hinterließ ich eine Nachricht. Als nächstes warnte ich mein Kabinett und meinen Generaldirektor. Dann ging ich anderthalb Stunden lang weg, um mit Finland United auf dem frostigen Rasen des Jubelparks in Brüssel Fußball zu spielen. Mitten im Trainingsspiel klingelte mein Handy – Trichet wollte den neuesten Stand über Irland erfahren. Ich beschrieb die Situation, und wir vereinbarten, dass wir Kontakt aufnehmen würden, sobald der Antrag Irlands eingetroffen sei. Trotz des frostigen Wetters spürte ich nicht, wie mein Schweiß trocknete und mein Hemd auf dem Rücken gefror. Adrenalin pumpte durch meine Venen.

Gegen Mittag überbrachte Lenihan in einem Interview mit dem irischen Rundfunksender RTE die Nachricht. Für den Abend war die Eurogruppe

5 Der Weltuntergang von Deauville und Voldemort in Irland

bereits zu einer Telefonkonferenz einberufen worden. Die EZB hatte aktiv auf ein EU-IWF-Programm für Irland gedrängt, da die dortige Unsicherheit die Glaubwürdigkeit des gesamten EU-Finanzsystems untergrub und das aufkommende Wirtschaftswachstum in der Region zu stoppen drohte. Die EZB wollte außerdem entschiedene Maßnahmen zur Korrektur der makroökonomischen Ungleichgewichte des Landes als Gegenleistung für die für die Banken lebenswichtige Liquiditätshilfe. Arthur Beesley, ein Journalist der Irish Times, berichtete später: „Die Geheimnisse, Lügen und Leugnungen waren am Ende. Die Rettung Irlands war endlich in aller Öffentlichkeit."[1] – Für Beesley möchte ich darauf hinweisen, dass die Beantragung eines finanziellen Rettungspakets der Durchführung einer Währungsabwertung sehr ähnlich ist – und es ist definitiv auch nicht üblich, Abwertungen im Voraus öffentlich bekannt zu geben. Wir Finnen kennen das gut, mit einer 61-jährigen Geschichte großer Abwertungen zwischen 1931 und 1992.

Zehn Tage zuvor hatte ich Brian Lenihan aus Seoul in Südkorea angerufen, wo die Finanzminister der G20-Gruppe ihr Treffen abhielten. Nach dem offiziellen G20-Treffen beriefen die Finanzminister und Zentralbanker der G7-Gruppe der westlichen Länder gegen Mitternacht Ortszeit ein informelles Krisentreffen zu der sich rapide verschlechternden Situation Irlands ein. Die irischen Anleiherenditen hatten bereits die kritische Schwelle zur Marktabschottung von 7 Prozent überschritten – dies ist zwar kein eisernes Gesetz, sondern eine Faustregel, aber als solche recht informativ. In den ersten Novembertagen, vor meinem Besuch in Dublin, waren sie auf fast 8 Prozent gestiegen (zum Vergleich: Es waren weniger als 5 Prozent drei Monate zuvor), und Mitte November näherten sie sich bereits dem Niveau von 9 Prozent. Der Bankensektor stand ebenfalls unter enormem Druck, mit Abflüssen von Einlagen und anderen Geldern in Höhe von etwa 2 Milliarden Euro in nur vier Tagen. Die sich verschärfende Situation in Irland stellte eine Bedrohung für die Stabilität der gesamten Eurozone und für die zu dieser Zeit anfangende zaghafte Erholung der Weltwirtschaft dar. Die zugespitzten Gerüchte und Lecks einer irischen Rettung, die von irgendwo angeregt wurden, halfen überhaupt nicht.[2]

Ich hatte in Seoul darum gebeten, nach dem Arbeitsessen der G20 ein G7-Treffen am späten Abend abzuhalten, was von anderen begrüßt wurde. Ich eröffnete das Treffen mit einer Präsentation der Situation Irlands vor meinen G7-Kollegen. Die Kollegen teilten meine Sorge, dass die Situation Ir-

---
[1] Beesley (2011).
[2] Cardiff (2016, S. 147–190). Das Buch von Cardiff enthält eine detaillierte und, soweit ich mich erinnere, genaue Darstellung des schwierigen Weges zum irischen EU-IMF-Programm.

lands außer Kontrolle geraten und zu einem Zusammenbruch des Vertrauens in das europäische Bankensystem führen könnte. Besonders Jean-Claude Trichet war sehr besorgt. Tim Geithner und Dominique Strauss-Kahn versprachen die Unterstützung der USA und des IWF für alle europäischen Bemühungen zur Beruhigung der irischen Situation. Geithner bewahrte wie immer die Ruhe und schlug vor, dass wir uns unverzüglich mit der irischen Regierung in Verbindung setzen sollten. Am Ende des Treffens kamen wir überein, dass ich Brian Lenihan sofort in Dublin anrufen und ihn über die Stimmung bei dem Treffen informieren würde – im Wesentlichen schlugen wir vor, das Ersuchen ohne weitere Verzögerung einzureichen.

Ich ging in den Flur des Hotels und fand eine ruhige Ecke. Ich rief den Namen Lenihan in meinem Handy auf und drückte den grünen Knopf. „Guten Abend, Brian. Es ist Mitternacht in Seoul. Die Situation hat sich geändert", sagte ich zu Lenihan. Das war unser Code, was bedeutete, dass die Zeit reif war und die Unterstützung für die Einreichung des Antrags auf finanzielle Unterstützung gesichert war. Ich wusste, dass er ihn verstand, da wir so oft über das weitere Vorgehen diskutiert hatten und die „veränderte Situation" als Euphemismus für den Übergang zu einer finanziellen Rettung galt. Lenihan fragte, ob die Vereinigten Staaten und der IWF vollständig mit an Bord sein würden. Ich antwortete, dass ich davon ausgehe, dass sie es tatsächlich seien. Bereits einige Monate zuvor, als der katastrophale Zustand der irischen Banken bekannt worden war, war ich mir klar geworden, dass die Wahrscheinlichkeit letztlich sehr gering war, dass Irland ein Abgleiten in ein EU-IWF-Programm vermeiden könnte.

Ich weiß, dass in Irland die Ereignisse in Korea und die Kontakte von dort zu Lenihan große Fragen über die richtige Ordnung der Dinge in einer Demokratie aufwarfen, wie es Kevin Cardiff in seinem Bericht über die irische Krise beschrieben hat.[3] Auf der anderen Seite bedrohte die irische Situation nun die gesamte Eurozone, was rasches Handeln erforderte.

Die Bankenkrise – ausgelöst durch den verwilderten „keltischen Tiger"

Aber wir sollten nichts überstürzen. Wie ist Irland im Laufe des Jahres 2010 in einen wirtschaftlichen Sturzflug geraten?

Zuerst müssen wir fragen: Wo hat der Abstieg Irlands begonnen? Eigentlich mit seinem Aufstieg. Ich denke, dass Irland nach der Einführung des Euro und dem daraus resultierenden Rückgang der Zinssätze in den Mitglied-

---

[3] Cardiff (2016, S. 150–153).

staaten der Peripherie eine rasche Kreditexpansion und folglich eine riesige Immobilienblase erlebte. Dieses Doping peitschte den „keltischen Tiger" zu einem noch ehrfurchtgebietenderen Wachstumsschub zusätzlich zu dem anfänglich schnellen Wachstum. So beschrieb der Kolumnist Fintan O'Toole den irischen Geisteszustand im Jahr 2011, auf dem Höhepunkt – oder Tiefpunkt – der irischen Krise:

> Der keltische Tiger war nicht nur eine Wirtschaftsideologie. Er war auch eine Ersatzidentität … die mit Inbrunst umarmt wurde, und sein plötzliches Ableben war sowohl ein psychischer als auch ein wirtschaftlicher Schock.[4]

Das irische Umfeld war nicht ohne Paradoxien. Vor der Krise galt Irland allgemein als eine europäische Erfolgsgeschichte. Von einem anfänglich unterentwickelten Staat konnte Irland vor allem in den 1990er-Jahren in Bezug auf die wirtschaftliche Entwicklung zum Rest Europas aufschließen. Irlands Bruttoinlandsprodukt betrug 1993 nur 80 Prozent des Durchschnitts der Eurozone, aber Kaufkraft-bereinigt hatte es 2007 sogar 134 Prozent erreicht.[5]

Ich war dem Club der Bewunderer Irlands beigetreten, als ich in meinem Buch *Suomen eurooppalainen valinta* Folgendes schrieb:

> Als Irland 1973 der Europäischen Wirtschaftsgemeinschaft beitrat, war es ein armes und rückständiges Land. Heute ist sein BIP das zweithöchste in der EU. Einer der Faktoren, die dieser fantastischen Erfolgsgeschichte zugrunde liegen, ist die Tatsache, dass Irland in den vergangenen drei Jahrzehnten die Chancen der gemeinsamen Politiken geschickt genutzt und von der regionalen Finanzierung profitiert hat.[6]

Sollte ich angesichts der Krise, die Irland in den frühen 2000er-Jahren beunruhigte, meine früheren Erklärungen zurücknehmen? Wohl nicht alle, denn es steckt immer noch – oder besser gesagt wieder – viel Wahrheit in der Geschichte: Irland ist in den letzten Jahren seit 2012 stark gewachsen. Besonders der Teil des Buches, der Irlands Wirtschaft und Modernisierung über mehrere Jahrzehnte hinweg beschreibt, ist immer noch gültig. Aber in anderer Hinsicht täte ich gut daran, meine Worte zu überdenken: Ich beziehe mich dort auf die irische Wirtschaftspolitik im ersten Jahrzehnt dieses Jahrtausends, die zu der Zeit nicht mehr auf tragfähigen Grundlagen stand. Dies war auf den Boom bei den Immobilienkrediten und den anschließenden Zusammen-

---

[4] O'Toole (2011, S. 3).
[5] Bastasin (2012, S. 229).
[6] Olli Rehn „Finnlands europäische Wahl", nicht ins Englische oder Deutsche übersetzt (2006, S. 88).

bruch sowie auf die übermäßige Abhängigkeit von ausländischen Kapitalzuflüssen zurückzuführen.

Schließlich war die Krise Irlands nicht in erster Linie eine Sackgasse, die wegen rücksichtslos genutzter öffentlicher Finanzen entstanden war, sondern eine Bankenkrise, die aus makroökonomischen Ungleichgewichten und der Überhitzung der Immobilienmärkte entstand und die öffentliche Wirtschaft letztlich in die Knie zwang. Die irische Kreditblase und die Bankenkrise waren in vielerlei Hinsicht sehr ähnlich wie die schweren Bankenkrisen in Finnland und Schweden in den 1990er-Jahren.

Die Krise hatte sich lange Zeit zusammengebraut, aber sie explodierte erst, als die globale Finanzkrise nach der US-Immobilienblase und dem Lehman-Bankrott 2007–2008 zuschlug. Die Nadel, die diese Blase in Irland schließlich zum Platzen brachte, war die allumfassende Einlagengarantie – die „Pauschalgarantie" –, die die Regierung im September 2008 auf alle Einlagen und Investitionen bei irischen Banken gewährte. Obwohl die irische Regierung anfänglich erfolgreich war, ging sie damit derart hohe Verpflichtungen ein, dass sie dies letztlich nicht mehr aus eigener Kraft bewältigen konnte. Dieses Einlagensicherungssystem deckte zudem auch zwei Banken ab, die unter verdächtigen Praktiken operierten, nämlich die *Anglo Irish Bank* und die *Irish Nationwide Building Society*, die als „Kasinos für Immobilienentwickler" beschrieben wurden.[7]

Als die irische Bankenkrise im Herbst 2010 in ihrer ganzen Grausamkeit enthüllt wurde, hatte sie aus der Perspektive der europäischen Wirtschaft – und nicht nur der Eurozone – eine potenziell noch explosivere Ladung und schlimmere Folgen als die griechische Krise. Das irische Finanzsystem war ein stark vernetzter Teil des europäischen Finanzsystems. Dies stellte auch für die britische Finanzstabilität und die Finanzhauptstadt des Landes, die City of London, eine so große Bedrohung dar, dass sich Großbritannien (genau wie auch Schweden) der Rettungsaktion für die irische Wirtschaft anschloss, die ansonsten von der Eurozone und dem IWF durchgeführt und finanziert wurde.

Erschwert wurde die Situation durch das im Verhältnis zur Gesamtwirtschaft unverhältnismäßig große Volumen des irischen Bankensystems. Vor der Krise beliefen sich die buchhalterischen Aktiva (= Bilanzsumme) der irischen Banken auf bis zu 1700 Milliarden Euro, was erstaunliche 1060 Prozent des BIP des Landes ausmachte. Und 70 Prozent der Gesamtbilanzsumme wurde von den irischen Tochtergesellschaften ausländischer Banken oder solcher Banken gehalten, die nur in Irland registriert waren, aber hauptsächlich im Ausland operierten. Obwohl die irische Wirtschaft nur 2 Prozent der

---

[7] O'Toole (2011, S. 7).

Wirtschaft des Euroraums ausmacht, entsprach das irische Bankensystem zu dem Zeitpunkt 10 Prozent des gesamten Euroraums, und daher wären die Zweitrundeneffekte eines Staatsbankrotts und anschließender Bankenpleiten für die gesamte europäische Wirtschaft sehr schädlich gewesen.[8]

Die Stresstests der Banken wurden zur verpassten Gelegenheit

Wie im vorhergehenden Abschnitt erörtert, waren die im Frühjahr und Sommer 2010 durchgeführten Stresstests eine längst überfällige Gelegenheit, der Öffentlichkeit und insbesondere den Investoren ein wahrheitsgetreues Bild von der Gestalt der europäischen Banken zu vermitteln. Die ein Jahr zuvor in den Vereinigten Staaten durchgeführten Stresstests hatten das Vertrauen in die Banken des Landes in einer kritischen Zeit wesentlich gestärkt. Alles in allem betrafen die Tests in der EU 91 Banken in 20 Ländern. Der Test deckte 65 Prozent aller von den Banken gehaltenen Aktiva und Passiva ab, was eine ausreichend breite Abdeckung darstellte.

Anfänglich wurden die Stresstests von den Märkten gut aufgenommen, aber schon bald kamen Zweifel auf. Nur sieben Banken scheiterten am Test und mussten sich zu einer Kapitalerhöhung verpflichten, um ihre Stresstoleranz zu stärken. Nur eine deutsche und eine griechische Bank sowie fünf spanische Sparkassen konnten nicht nachweisen, dass sie über ausreichende Kapitalreserven verfügen würden, um im Kontext einer Rezession und einer Schuldenkrise eine Eigenkapitalquote von mindestens 6 Prozent bezogen auf ihren ausstehenden Kreditbestand aufrechtzuerhalten. Daher wurde der gesamte Rekapitalisierungsbedarf auf nur 3,5 Milliarden Euro geschätzt, was nur etwa ein Zehntel der allgemein von den Märkten geschätzten Summe, nämlich 30–40 Milliarden Euro, war –diesmal lagen aber die Marktteilnehmer wahrscheinlich näher an der richtigen Schätzung. In einem anderen, höheren Extremfall hatte die Investmentbank Barclays Capital den gesamten Rekapitalisierungsbedarf im europäischen Bankensektor auf bis zu 86 Milliarden Euro geschätzt.[9]

Im Laufe der Zeit war Verteidigung der Stresstests, ohne mit der Wimper zu zucken, nicht die einfachste Aufgabe, aber ich tat es, solange wir uns gemeinsam darauf geeinigt hatten. Doch als die Kritik zunahm und sich als berechtigt erwies, half auch das Pokerface nicht mehr. Mein Kollege Michel Barnier, der für die Bankenregulierung und -aufsicht zuständig war, und ich waren zutiefst frustriert und wir kamen schließlich zu der Überzeugung, dass

---
[8] Bastasin (2012, S. 231).
[9] Bastasin (2012, S. 227).

es unumgänglich sei, robustere und überzeugendere institutionelle Lösungen für die europäische Bankenaufsicht zu finden.

Der Hauptgrund für das Scheitern der nach gemeinsamen Spielregeln durchgeführten Stresstests war, dass ihre Durchführung zu sehr von den nationalen Behörden abhängig war und ohne eine gemeinsame, starke europäische Finanzaufsicht durchgeführt wurde. In Ermangelung einer besseren Lösung wurde die Koordinierung der Tests durch eine relativ lockere gemeinsame Überwachung durch den CEBS (Ausschuss der Europäischen Aufsichtsbehörden für das Bankwesen) gesteuert. Damals hatten wir noch nicht die heutige EBA (Europäische Bankenaufsichtsbehörde), die wesentlich stärkere Befugnisse hat, und auch nicht den Einheitlichen Aufsichtsmechanismus der EZB, der der Motor der heutigen Bankenunion ist. Laut Nicolas Véron „verhinderte der finanzielle Nationalismus, dass die Tests glaubwürdig oder wirklich nützlich waren. Die Nationen betrachten die Bankentests als ein Wettbewerbsspiel zwischen den Ländern und nicht als einen Weg, um das gemeinsame Gut der europäischen Finanzstabilität zu gewährleisten".[10] Zweifellos hatte er in der damaligen Situation Recht.

Die nationalen Behörden neigten dazu, den Zustand der Banken in ihrem eigenen Land allzu positiv zu bewerten. Nur wenige Länder gingen mit dieser Voreingenommenheit zu weit, aber das reichte aus, dass die Glaubwürdigkeit der Tests insgesamt zerbröckelte. Unter anderem aus diesem Grund hatten wir in der Kommission begonnen, Vorbereitungen für eine engere, gemeinsame europäische Bankenaufsicht im Zusammenhang mit der EZB zu treffen.

Irlands Bankenchaos mindert das Vertrauen der Märkte

Keine der irischen Banken fiel beim Stresstest durch, was bald zu einem ernsten Problem für die Glaubwürdigkeit der irischen Bankenaufsicht wurde. Nach der vorherrschenden Wahrnehmung an den Märkten waren viele irische Banken schwach kapitalisiert, und niemand glaubte an den Persilschein, den sie erhalten hatten. Irland hatte sich schon lange Zeit in der Gefahrenzone befunden. Der Spießrutenlauf begann im September 2010, als Zweifel an der Form der Banken aufkamen und die Zinssätze stiegen.

Gleich Anfang September traf ich mit meinem Kollegen Joaquín Almunia zusammen, dem Vizepräsidenten der Kommission, der für den Wettbewerb und damit auch für die staatlichen Subventionen der Banken zuständig war. Als erfahrener wirtschaftspolitischer Entscheidungsträger war Almunia gut über den Zustand der irischen Banken informiert, da er vor mir bis Februar 2010 das

---

[10] Overtveldt (2011, S. 106–107).

5 Der Weltuntergang von Deauville und Voldemort in Irland

Ressort Wirtschafts- und Währungsangelegenheiten geleitet hatte. Wir sprachen darüber, wie Irland seine Banken reorganisieren, die nicht lebensfähigen Banken abstoßen, eine Vermögensverwaltungsgesellschaft oder eine „Bad Bank" einführen und die lebensfähigen Banken rekapitalisieren könnte.

In Dublin kursierten Gerüchte, insbesondere über die Verluste der Anglo Irish Bank, die auf Kosten der Steuerzahler gingen, und diese Gerüchte begannen sich auf den Märkten zu verbreiten. Am 6. September erhielt ich von meinen Beamten einen beunruhigenden Bericht über den Zustand der irischen Wirtschaft und der Banken. Mein leitender Berater Vesa Vihriälä, ein Experte für Bankenkrisen, und Istvan Szekely, der Länderreferent der Kommission, hielten mich über die Lage in Irland auf dem Laufenden. Ende August sank das Kreditrating Irlands, die Einlagen schmolzen dahin und der Zufluss wertloser Hypotheken in die Bad Bank ‚Nama' bedeutete einen beträchtlichen Anstieg des Rekapitalisierungsbedarfs der Banken. Dies wiederum führte zu einem Anstieg des irischen Haushaltsdefizits, was wiederum Investoren von irischen Staatsanleihen abschreckte.

Mitte September verschärfte sich die Krise in Irland weiter, als die Renditen der Staatsschulden die kritische Höhe von 6 Prozent erreichten. Die Rendite der zehnjährigen irischen Staatsanleihen ist während der Krise nie wieder unter diesen Wert gesunken. Im Allgemeinen gilt ein Zinsniveau von 6–7 Prozent als gefährlich hoch, und Zinssätze über 7 Prozent lassen das Fass überlaufen.

Es war ein Teufelskreis, die keynesianischen „animalischen Instinkte" waren wirklich in Aktion. Der Marktdruck wurde schnell zu einer sich selbst erfüllenden Prophezeiung. Wie es der angesehene Wirtschaftshistoriker Charles Kindleberger vor einigen Jahrzehnten formulierte:

> Die Theorie der rationalen Erwartungen geht davon aus, dass sich die Erwartungen der Anleger als Reaktion auf jeden Schock mehr oder weniger augenblicklich ändern und dass die Anleger die Auswirkungen jedes Schocks auf die langfristigen Gleichgewichtspreise sofort durchschauen … Im Gegensatz dazu ist die Einsicht aus der Finanzgeschichte, dass sich die Erwartungen zu manchen Zeiten langsam und zu anderen schnell ändern, wenn verschiedene Gruppen erkennen …, dass sich die aktuellen Prognosen von Preisen und Werten in ferner Zukunft von früheren Ansichten über dieselben Preise und Werte unterscheiden.[11]

Irland war also in die Gefahrenzone eingedrungen und schien zunehmend unfähig, aus eigener Kraft wieder herauszukommen. Zu diesem Zeitpunkt beobachteten wir Irland gemeinsam mit der Europäischen Zentralbank genau. Die EZB drängte auf rasche Lösungen zum Abbau des Defizits, um das Vertrauen der Investoren wiederherzustellen. Es gab jedoch ein neues Pro-

---
[11] Kindleberger (2011 [1978], S. 84).

blem von anderer Tragweite: Das Haushaltsdefizit drohte bald wahrhaft astronomische Ausmaße zu erreichen, da der Bankensektor einen hohen Rekapitulierungsbedarf hatte.

Mitte September kam ich zu dem Schluss, dass der Prozess mit den Iren beschleunigt werden müsse. Ich rief Minister Lenihan an und setzte ein geheimes Treffen mit ihm für Mittwochabend, den 22. September 2010, in Brüssel an. Diesmal war das Wort „geheim" keine Übertreibung, denn das Treffen blieb lange Zeit ein Geheimnis, und erst ein Jahr nach dem Treffen berichtete *The Irish Times* ausführlich über die Vorbereitung des irischen EU-IMF-Programms.[12] Am Nachmittag fand ein Treffen im Berlaymont-Gebäude statt, an dem auch Joaquín Almunia und Jürgen Stark, Chefvolkswirt der EZB und Mitglied des EZB-Direktoriums, teilnahmen. Während des Treffens führten wir eine intensive Inspektion der irischen Wirtschaft und des Bankensektors mit der Lupe durch. Zu diesem Zeitpunkt gab es noch keine offene Diskussion über ein Finanzierungsprogramm. In diesem Zusammenhang bedeutet „offen" eine beliebige Anzahl von Augen – also mehr als „nur vier Augen".

Nach dem Treffen setzte ich mich mit Lenihan zusammen, und wir vereinbarten, dass ich den IWF über die Entwicklungen in Irland auf dem Laufenden halten würde – nur für den Fall der Fälle. Lenihan deutete auch an, dass die Iren als ein Land im angloamerikanischen Kulturkreis enge Kontakte zu Washington unterhalten und sich nicht vor einer Beteiligung des IWF scheuen würden. Zu diesem Zeitpunkt konzentrierte sich der IWF noch nicht so sehr auf Irland, da seine Aufmerksamkeit eher darauf gerichtet war, bei den Entwicklungen in Spanien und Portugal auf dem Laufenden zu bleiben.

Die tickende Bombe ging nur wenige Tage später hoch. Meine Beamten berichteten mir, dass Irland bis Ende September einen Plan zur Abwicklung der Banken veröffentlichen und auch eine Schätzung der Kosten vorlegen würde. Insbesondere die Anglo Irish Bank, die im Sommer unerklärlicherweise den Stresstest bestanden hatte, würde immens überhöhte Kosten verursachen und die Gesamtrechnung an den irischen Steuerzahler von 17 Milliarden Euro auf mindestens 45 Milliarden Euro, möglicherweise sogar auf 50 Milliarden Euro, erhöhen.

Dies hatte zwei Konsequenzen: Erstens verbrauchten die irischen Banken die von der EZB genehmigten Sicherheiten sehr rasch, da die Einlagen von Firmenkunden in großen Mengen und schnell aus dem Land flossen. Die irischen Banken wurden nur durch die vom Eurosystem bereitgestellte Finanzierung aufrechterhalten. Zweitens würden die Kosten, die der Regierung

---

[12] Beesley (2011).

5 Der Weltuntergang von Deauville und Voldemort in Irland 103

durch die Rekapitalisierung der Banken entstanden, das irische Haushaltsdefizit in die Höhe treiben. Selbst ohne das Bankenchaos hätte das Defizit 12 Prozent betragen, aber mit dem Chaos erreichte es schließlich 32 Prozent des BIP. Für einen Laien sei darauf hingewiesen, dass es sich dabei tatsächlich um das Defizit in einem Jahr und nicht um die im Laufe der Jahre aufgelaufene Gesamtverschuldung handelte. Daher stieg die öffentliche Verschuldung auf rund 100 Prozent des irischen BIP. Vor der Krise hatte die irische Staatsverschuldung nur 27 Prozent des BIP betragen und war damit am niedrigsten.

Lenihan nahm am 30. September per Telefon von Dublin aus an der Sitzung der Eurogruppe teil. In einer halben Stunde beschrieb er die Elemente und die geschätzten Kosten des irischen Bankprogramms. Es herrschte Totenstille im Raum. Die Stimmung war ebenso frustriert wie düster. Gemeinsam mit dem Präsidenten der Eurogruppe, Jean-Claude Juncker, mussten wir jedoch öffentlich zu dem irischen Programm stehen. Unter der Führung Frankreichs hatte sich eine lautstarke Opposition gegen die irische Körperschaftssteuer von 12,5 Prozent gebildet. Das war verständlich, aber der Zeitpunkt war, gelinde gesagt, nicht optimal – man hilft einem Kollegen, der bereits am Boden liegt, nicht, indem man ihn in den Unterleib tritt! Am Ende unseres Treffens am Freitag lag die irische Staatsrendite bei 6,64 Prozent, so dass die 7 Prozent-Schwelle gefährlich nahe war. In der Kommission intensivierten wir unsere Vorbereitungen, um bereit zu sein, wenn Irland in ein Rettungsprogramm abgleiten würde.

Die nächsten Aktionen gingen schnell voran. Im Zusammenhang mit der Jahrestagung des IWF in Washington am 8. Oktober informierte ich den geschäftsführenden Direktor Strauss-Kahn über die Lage in Irland. Wir erkannten die Notwendigkeit, die Alarmstufe zu erhöhen und unsere gemeinsame Überwachung des Landes zu intensivieren. Nun wurde der IWF aktiv einbezogen. Am selben Abend stand Irland bei einem G7-Treffen der Finanzminister und Zentralbankgouverneure im Mittelpunkt des Geschehens. Am 12. Oktober landete die Delegation der Kommission auf dem Flughafen Dublin und begann ihre Erkundungen im Finanzministerium und bei der irischen Zentralbank.

Mitte Oktober 2010 war die wirtschaftliche Lage Irlands zunächst düster, doch bald wurde sie noch schrecklicher. Grund dafür war das Wochenendtreffen der deutschen und französischen Staats- und Regierungschefs in der Küstenstadt Deauville, bei dem die Beteiligung des privaten Sektors als Hauptstütze der EFSF festgelegt wurde, wodurch selbst die letzten Investoren aus Irland abgeschreckt wurden. Marktkenntnisse waren an diesem Wochenende Mangelware.

Der Deauville-Doppeldeal – ein echter Doppelschlag!

Ich gebe zu, dass der Deauville-Deal für mich und die Kommission aus dem Nichts kam – er kam völlig unerwartet aus dem Gebüsch gekrochen. Unsere eigene Aufklärung war völlig gescheitert. So war es auch für die anderen damals 14 Mitgliedstaaten der Eurozone. Allerdings war das Abkommen zwischen Frankreich und Deutschland eine solche Überraschung, dass ich es mir nicht einmal in meinen kühnsten Albträumen hätte vorstellen können, bevor ich es erleben musste.

Worum ging es dabei? Zwischen Deutschland und Frankreich hatte es ernsthafte Meinungsverschiedenheiten über die zur Bewältigung der Schuldenkrise erforderlichen Lösungen gegeben. Hier lassen sich besonders zwei Fragen herausstellen. Um die Haushaltsdisziplin durchzusetzen, forderte Deutschland automatische Sanktionen für diejenigen, die gegen den Stabilitätspakt verstoßen, während Frankreich wegen seiner eigenen hohen Verschuldung dagegen war. Darüber hinaus forderte Deutschland die Beteiligung der privaten Investoren an der Teilung der finanziellen Verluste, während Frankreich dagegen war, teils wegen der Ansteckungsgefahr, teils wegen seiner anfälligen Banken. Eine Beteiligung des privaten Sektors – oder *Haircuts* (Abschläge), wie es im Volksmund heißt – würde bedeuten, dass die privaten Gläubiger der Regierungen gezwungen wären, das Risiko ihrer Investoren zu tragen und dafür durch Umschuldungen oder *Haircuts* beim Kreditkapital zu bezahlen.

Präsident Sarkozy hatte Bundeskanzlerin Merkel nach Frankreich in den traditionellen Bade- und Kurort Deauville eingeladen, um über das Krisenmanagement zu diskutieren und ihre Positionen abzustimmen. Das Treffen begann am Sonntagabend, am 17. Oktober, und wurde montags fortgesetzt. Es wurde zu einem der Wendepunkte der Krise.

Die Informationen über das Abkommen zwischen Merkel und Sarkozy kamen den anderen Mitgliedstaaten und der Kommission auf recht seltsame Art und Weise zu Ohren. Die vom Präsidenten des Europäischen Rates, Herman van Rompuy, geleitete Task Force zur wirtschaftspolitischen Steuerung trat am Montagmorgen, den 18. Oktober, in Luxemburg zusammen. Ihre Zusammensetzung war im Wesentlichen die gleiche wie die des ECOFIN-Rates, wobei die Mehrheit der Mitglieder Finanzminister waren. Ich vertrat die Kommission in der Task Force.

Nach van Rompuys Eröffnungsrede und meiner Rede ersuchte Christine Lagarde als erste um das Wort und stellte die Position Frankreichs vor. Am Anfang war ihr Inhalt keine Überraschung, aber bald hörten wir etwas, das uns zwang, ihr genauer zuzuhören. Lagarde schlug vor, dass wir die halb automatischen Sanktionen, die die Kommission den Regelverstößen auferlegt hatte, aufgeben sollten. Außerdem sollte die Beteiligung des Privatsektors umgesetzt werden, sobald die EFSF auf Dauer angelegt sei. Als nächstes wurde das Wort dem deutschen Staatssekretär Jörg Asmussen erteilt, der den noch im Krankenhaus liegenden Schäuble ersetzte und – lakonisch und kurz – die deutsche Position vertrat: „Deutschland stimmt mit der von Minister Lagarde dargelegten Position Frankreichs überein." Ich kenne ihn gut, und für mich deutete seine Körpersprache darauf hin, dass er als finanziell höchstgebildeter Mensch mit dem Deal nicht ganz einverstanden war. Die anderen Mitglieder waren verblüfft über die plötzliche Wende.

Der Deauville-Deal bestand im Wesentlichen darin, dass Deutschland die Aufweichung der halb automatischen Sanktionen akzeptierte und Frankreich im Gegenzug die Beteiligung des Privatsektors an der Vereinbarung über den Europäischen Stabilitätsmechanismus akzeptierte – die Umschuldung war ein langjähriges Ziel Deutschlands. Beide Teile des Deauville-Deals weisen eigentlich auf die Strategie der „Marktdisziplin" in der wirtschaftspolitischen Steuerung hin.

Nachdem wir unseren ersten Schock überwunden hatten, begannen wir einen eintägigen, sehr zivilen „Krieg mit Guerillataktik" mit ein paar gleichgesinnten Finanzministern gegen das Deauville-Geschäft. Die üblichen deutschen Verbündeten in der Eurogruppe, Jan Kees de Jager aus den Niederlanden und Jyrki Katainen aus Finnland, zeichneten sich bei dieser Operation besonders aus.

Der Deauville-Kompromiss hätte eine Verwässerung der Sanktionen und eine Prozess-Verzögerung der damit verbundenen Entscheidungen von etwa zwei Jahren bedeutet, was das ganze Verfahren – und damit auch den Stabilitäts- und Wachstumspakt – bedeutungslos gemacht hätte. De Jager und Katainen verweigerten am Konferenztisch die Annahme der gemeinsamen Vorschläge Deutschlands und Frankreichs, bevor die Zustimmung der Kommission zu diesen Änderungen erfolgt war. Die Entscheidungen in der Task Force erforderten Einstimmigkeit von den Mitgliedstaaten, so dass wir in der Folge viele Elemente wieder einbringen konnten, darunter die Rettung des Sanktionsmechanismus und die Verkürzung der Zeitspanne, in der die Entscheidungen getroffen werden sollten, auf ein erträgliches Maß von wenigen Monaten (Frankreich wollte eine Verzögerung um Jahre).

Der Schaden, den der Doomsday von Deauville für das *Sixpack* und die Reform der Wirtschaftsregierung anrichtete, wurde also größtenteils während des unter hohem Druck stehenden und turbulenten, aber historischen Treffens, das etwa zwölf Stunden dauerte, behoben. Anschließend legte das Europäische Parlament den Rest des Paketes im Sommer 2011 fest, als das letzte Ringen um das *Sixpack*-Gesetz zwischen dem Parlament und dem Rat stattfand.

Die Grundlagen waren durch die Initiativen bzw. Mitteilungen der Kommission im Mai und Juni 2010 zu einer umfassenden Reform der Wirtschafts- und Währungsunion und zur Verstärkung der wirtschaftspolitischen Koordinierung und länderspezifischen Überwachung gelegt worden. Mit den beiden Initiativen wurde Neuland für die europäische Wirtschaftsregierung betreten. Dieses Reformpaket schuf auch die Agenda für die von Herman van Rompuy geleitete Task Force. Ohne die Legislativvorschläge der Kommission und ohne die Gemeinschaftsmethode hätte es keine Ergebnisse gegeben.

Die andere Frage, die Beteiligung des Privatsektors, konnten wir jedoch nicht lösen, da es sich dabei eindeutig um eine Entscheidung handelte, die Einstimmigkeit unter den Mitgliedstaaten erforderte. Der Präsident der EZB, Jean-Claude Trichet, kritisierte die Resolution sowohl vor Ort bei der Sitzung als auch bald auch in der Öffentlichkeit heftig.

Im Namen der Kommission schlug ich vor, dass die Entscheidung über die Beteiligung des Privatsektors nicht an Ort und Stelle – mitten in der Krise – getroffen werden sollte; es wäre ratsam, bis zum nächsten Jahr zu warten und die Angelegenheit in einem ruhigeren Moment zu besprechen. Wenn der Stabilitätsmechanismus ohne das Vorliegen einer akuten Krise auf einer blütenreinen Weste aufgebaut werden könnte, könnte die Beteiligung des Privatsektors ein wirksames Mittel sein, um moralisches Risiko und Trittbrettfahren im Voraus zu verhindern. Mitten in einer Krise würde sie jedoch nur Investoren von Staatsanleihen abstoßen, und gefährdete Länder wären nicht mehr in der Lage, sich auf den Märkten zu finanzieren.

Carlo Bastasin hat Deauville als „eine raffinierte Art, Selbstmord zu begehen",[13] bezeichnet. Bezüglich der halb automatischen Sanktionen waren unsere Korrekturmaßnahmen erfolgreich. Aber was die Beteiligung des privaten Sektors betrifft, d. h. die öffentliche Diskussion über die Umschuldung, wurde am Deauville-Wochenende Schaden angerichtet und dieser war nicht leicht zu beheben: Die Ansteckung war passiert. Wie Jean-Claude Trichet es Ende 2010 formulierte: „Vor Deauville war Griechenland auf dem Weg zurück zu den privaten Märkten."

Was ist die wesentliche politische Schlussfolgerung aus diesen Ereignissen? Meine Ansicht ist einfach. Deutschland und Frankreich sind die wichtigsten Triebkräfte der europäischen Integration. Ohne sie funktioniert die EU nicht. Aber die notwendige Lektion aus dem Deauville-Deal ist, dass Europa zu wertvoll ist, um es Deutschland und Frankreich allein zu überlassen. Vergessen wir auch nicht, wie Deutschland und Frankreich gemeinsam den Bruch des Stabilitäts- und Wachstumspakts im Jahr 2004 verschuldet haben, als sie den Pakt mit

---

[13] Bastasin (2012, S. 233).

der Unterstützung Italiens verwässerten. Es ist die Pflicht der EU-Institutionen, alle beteiligten Parteien und Entscheidungen kollektiv zu treffen. Dies nennt man die Gemeinschaftsmethode, die Europa legitimiert und in Bewegung hält.

Irland in der Sackgasse und die Mission in Dublin

Der Deauville-Deal besiegelte das Schicksal Irlands. Vielleicht wäre das Land ohnehin in den Geldbörsen der EU und des IWF gelandet, aber das wissen wir nicht. Innerhalb weniger Tage nach Deauville überschritten die irischen Zinssätze die kritische Marke von 7 Prozent. Ich habe Lenihan am Montag, dem 25. Oktober, in Brüssel getroffen, genau am Wochenende nach dem G20-Ministertreffen in Gyeongju, Korea. Trotz eines kleinen Jetlags und einer vollen und umfangreichen G20-Agenda musste ich mich auf das Gleichgewicht der öffentlichen Finanzen Irlands und die Ausgabenkürzungen im Haushalt 2011 konzentrieren, die ich auf dem Rückflug aus Korea studiert hatte. Jürgen Stark von der EZB nahm ebenfalls an dem Treffen teil.

Am 4. November kündigte Lenihan Ausgabenkürzungen in Höhe von 6 Milliarden Euro an, um den Haushalt auszugleichen. Dies war ein beträchtlicher Betrag nach irischem Maß, und eine Einigung innerhalb der Regierung war nicht leicht gewesen. Auf der Pressekonferenz der EZB unterstützte Trichet die Bemühungen Irlands auf eher ausweichende Weise, indem er sagte, dass das Ausmaß der Kürzungen „nicht unzureichend" sei. Bald überschritten die irischen Staatsrenditen zum ersten Mal 7,5 Prozent, erreichten einen Höchststand von 7,8 Prozent und schlossen den Tag mit 7,66 Prozent ab. Bei so hohen Zinssätzen würde Irland nicht lange überleben. Auch die EZB war zunehmend davon überzeugt, dass Irland externe Kredite benötigen würde.

Am 8. und 9. November unternahm ich eine lange vorbereitete Reise nach Dublin. Es lagen politische Spannungen in der Luft. Ich traf mich nicht nur mit Mitgliedern der Regierung, sondern auch mit den Oppositionsparteien sowie mit Vertretern des Gewerkschaftsbundes und des Arbeitgeberverbandes. Neben Lenihan hatte ich mit Premierminister Brian Cowen ein überwiegend herzliches Gespräch und ein längeres Treffen mit Michael Noonan, der ein erfahrener, politischer Sturkopf in der damals größten Oppositionspartei Fine Gael war. Es wurde vorhergesagt, dass Noonan Finanzminister werden würde, sollte seine Partei die Wahlen 2011 gewinnen, was tatsächlich bald geschah. Im Laufe der Jahre habe ich gelernt, seine Konsequenz und seine sichere politische Hand sowie seine Kombination aus wirtschaftlicher Kompetenz und politischer Erfahrung sehr zu respektieren.

Zum Abschluss des Tages aß ich mit meinem alten liberalen Kumpel Pat Cox, einem ehemaligen Präsidenten des Europäischen Parlaments und auch der dortigen liberalen Fraktion, privat zu Abend. Er war ein Spitzenmann in beiden Positionen. Pat redete nicht um den heißen Brei und erzählte, warum und wie die irische Wirtschaft in die Sackgasse geraten war. Ganz oben auf seiner Liste standen die engen Verbindungen zwischen führenden Politikern und Immobilienspekulanten. Pat beschrieb die sozialen Auswirkungen der Krise, indem er die Erfahrungen seiner sechs Kinder und ihrer Freunde an der Universität, im Arbeitsleben oder bei der Arbeitssuche schilderte. Er machte die bedauerlichen menschlichen Kosten der Krise sehr konkret und greifbar.

Während meiner Mission in Dublin versuchte ich, statt zu predigen, so viel wie möglich zuzuhören. Wenn überhaupt, dann ermutigte ich die Iren, einen gemeinsamen Standpunkt zu finden, der anderen kleinen Ländern schon geholfen hat, ihre Not zu überwinden. Ich erzählte meinen Amtskollegen von den Erfahrungen Finnlands bei der Überwindung unserer tiefen Depression in den 1990er-Jahren. Ich unterstrich die Position der kleinen Länder und die Rolle der Gemeinschaftspolitik in der EU, in deren Kontext die Finnen und Iren leicht eine Affinität zueinander finden werden. In Bezug auf das gegenseitige innenpolitische Verständnis erwies sich Irland als ein anderer Fall als Griechenland, wo keine innere Harmonie gefunden und vielleicht nicht einmal wirklich angestrebt wurde. Obwohl sich Irland auf Wahlen vorbereitete und es die üblichen innenpolitischen Auseinandersetzungen gab, war die Fähigkeit der Iren, eine gegenseitige Verständigung über die Hauptziele der Rettung der Wirtschaft zu finden, entscheidend und bewundernswert – und für das Land von großem Nutzen.

Bevor ich nach Dublin kam, wurde ich eingeladen, eine Rede am irischen Institut für Internationale und Europäische Angelegenheiten zu halten. Ich nutzte diese Gelegenheit, um eine sehr klare und unmissverständliche Botschaft der Unterstützung der EU für die Iren in ihrer Notlage zu übermitteln. Die Veranstaltung war überfüllt und schweißtreibend, für mich und für das Publikum. Sogar viele der hohen Beamten, die ich kannte, mussten stehen bleiben, da dem Saal mit der dicken Luft auch noch die Sitze ausgingen.

Ich wollte die Kampfbereitschaft erhöhen: „Es mag in Zeiten wie diesen nur ein kleiner Trost sein, aber ich habe keinen Zweifel daran, dass Irland diese Krise überwinden wird. Sie sind kluge und eigensinnige Menschen. Sie haben immer wieder bewiesen, dass Sie Widrigkeiten überwinden können. Und dieses Mal stellen Sie sich den Herausforderungen nicht allein. Europa steht zu Ihnen".

Am nächsten Morgen schrieb die Irish Times, dass der Vortragssaal des Instituts selbst während des Besuchs von Präsident Michail Gorbatschow nicht so kurz vor dem Platzen war. Ich bin nicht sicher, ob das als Kompliment zu werten ist.

Kein Voldemort in Dublin

Während meines Besuchs gab es noch keine offenen oder detaillierten Verhandlungen über das EU-IMF-Programm, obwohl dieser Voldemort – „er, der nicht genannt werden darf", wie jeder, der seinen Harry Potter gelesen hat, wissen wird – während meiner Treffen und Pressekonferenzen in der Luft hing. Irland hatte noch keinen Antrag auf finanzielle Unterstützung gestellt, so dass solche Verhandlungen formell gesehen nicht hätten geführt werden können, obwohl sich die Lage des Landes von Tag zu Tag verschlechterte. Aber bei dem Treffen mit Brian Lenihan diskutierten wir ein Rettungsprogramm als mögliches Szenario. Er wusste, dass ich ein Programm befürworte, aber er sagte, dass Irland immer noch gut finanziert sei und es nicht klar sei, dass ein Programm notwendig sein würde. Doch auch ohne den Voldemort in der Öffentlichkeit wusste jeder, was wir vorhatten, und tauschte Informationen mit uns aus, was die gemeinsame und schnelle Vorbereitung eines Programms sehr erleichterte.

Nach wochenlangen Vorbereitungen näherten wir uns der endgültigen Bereitschaft in der Kommission, mit den letzten Schritten für ein Programm zu beginnen, sollte die Anfrage kommen. Wir waren der Ansicht, dass wir keine Alternative hatten, und es war unsere Pflicht, uns darauf vorzubereiten, da die voraussichtlichen Auswirkungen der irischen Krise sonst nicht nur Irland, sondern auch der gesamten europäischen Wirtschaft schaden könnten.

Unterdessen änderte sich die kollektive Stimmung innerhalb der Eurogruppe in Bezug auf das schwierige Leben nach Deauville. Bald setzte sich vor allem bei den Finanzministern und ihren Staatssekretären die Einsicht durch, dass die unverblümte Ankündigung einer Beteiligung des privaten Sektors vor den Augen der Investoren nicht so sorgfältig überlegt war und die Situation korrigiert werden musste. Die Reparaturmaßnahme wurde einige Tage nach meiner Reise nach Irland, jetzt in Seoul, Südkorea, im Zusammenhang mit dem G20-Gipfel eingeleitet.

Gemeinsam mit den Staatssekretären der EU-Länder bereiteten wir den Entwurf für eine Erklärung vor, die die Finanzminister Deutschlands, Frankreichs, Italiens, Spaniens und Großbritanniens gemeinsam herausgeben wollten. Die Erklärung sollte im Wesentlichen unterstreichen, dass sich die Beteiligung des Privatsektors nur auf mögliche zukünftige Kreditprogramme beziehen würde und nicht auf die gegenwärtigen Inhaber von Staatsanleihen. Dadurch wurden jedoch die Pensionsfonds, die Pensionskassen für Arbeitnehmer und andere Investoren, die begonnen hatten, den irischen, portugiesischen und zunehmend auch den spanischen und italienischen Staatsanleihen auszuweichen, nicht sonderlich beruhigt.

Die Frage der Verantwortung der Investoren ist eine komplexe Frage. Hätte der Euroraum 2010 ohne die massive Staatsverschuldung in vielen Mitgliedstaaten auf einer reinen Weste aufgebaut werden können, hätten klare Regeln für die Verantwortung der Investoren für mehr Marktdisziplin sorgen und die Länder der Eurozone zu einem verantwortungsvolleren Umgang mit ihren öffentlichen Finanzen zwingen können. Wie ist das möglich? Weil Investoren wahrscheinlich fliehen und Zinssätze früher reagieren würden, wenn die Gefahr bestünde, dass die öffentlichen Finanzen vom nachhaltigen Pfad abkommen.

Leider lebten wir nicht in einer solchen Fantasiewelt, sondern in der grausamen Realität, in der die Schuldenlast der Eurozonen-Länder und auch anderer EU-Mitgliedstaaten innerhalb von nur zwei Jahren von 60 Prozent auf 90 Prozent angestiegen war. Unter solchen Umständen gleicht die ständige aktive Diskussion über die Verantwortung der Investoren durch so genannte *Haircuts* auf ihren Anleihen und über die Umschuldung durch verantwortliche Führungskräfte einem wirtschaftspolitischen Selbstmord. Allerdings weiß ich sehr wohl, dass die Bürger bzw. Steuerzahler und Wähler die Verantwortung der Investoren als notwendig empfinden, damit die Banken und andere Investoren, die Fehler gemacht haben, ihren Teil der Verantwortung tragen und Verluste hinnehmen müssen. Ein echtes Dilemma, auf das ich in späteren Kapiteln zurückkomme.

Die Anwendung elementarer Finanzkenntnisse, das Reden über die Verantwortung der Investoren mitten in der Krise bedeutete nun, dass solche Investitionen, die vorher als praktisch risikofrei empfunden wurden, plötzlich sehr riskant wurden, da eine Umschuldung einen erheblichen Teil des investierten Kapitals abschmelzen könnte. Aus der Sicht des einzelnen Anlegers war es dann sinnvoll, Investitionen in Staatsanleihen der Länder der Eurozone zu vermeiden, die sich plötzlich als sehr risikoreich erwiesen hatten, was zu einer geringeren Nachfrage und höheren Renditen – oder zu einem regelrechten Käuferstreik – führte. Das Endergebnis war eine vollständige Aussperrung mehrerer Länder von den Märkten, wie wir es in der Tat während der Schuldenkrise erlebt haben. Der Fall Irlands im Herbst 2010 war ein Lehrbuchbeispiel für diesen Effekt.

Die interne Entscheidungsfindung in der Eurozone war in einem wichtigen Punkt asymmetrisch: Die Position derjenigen, die auf eine stärkere Beteiligung des Privatsektors drängten, war aus dem einfachen Grund stärker, weil sie nur immer wieder darüber reden mussten, und der Schneeball rollte und wuchs fast von selbst weiter, während die Gerüchte um sich griffen. Nach einer gewissen Phase war es dann nicht mehr möglich, die Lawine aufzuhalten, die dann nur durch eine Umschuldung gestoppt werden konnte. In Griechenland wurde dieser Punkt im Frühjahr 2011 erreicht. Er wurde durch die internen Unstimmigkeiten in Griechenland und die Mängel bei der Umsetzung des Stabilisierungs- und Reformprogramms beschleunigt. Extern wurde er durch den wachsenden politischen Druck in den Ländern der Eurozone, die Griechenland keine Kredite gewähren wollten, vorangetrieben.

Die Argumente für eine öffentliche Diskussion über die Verantwortung der Investoren sind ähnlich wie bei denen zu den Abwertungen: Vorsicht ist geboten! Es ist nicht angebracht, dass die verantwortlichen Entscheidungsträger laut darüber sprechen, denn allein das Gerede über die Verantwortung der Investoren schürt Panik im Markt und schafft leicht eine sich selbst erfüllende Prophezeiung. Wenn es die Situationen erfordern, kann es jedoch von Fall zu Fall erforderlich sein, den Privatsektor einzubeziehen, um die Schuldendienstfähigkeit eines einzelnen Landes – in diesem Fall Griechenland – wiederherzustellen. Anfänglich musste dies in den Jahren 2010–2012 ohne jeglichen Ex-ante-Mechanismus in Betracht gezogen werden. Da das ESM seit 2012 in Kraft ist, enthalten die Kollektivklauseln (CACs) in den ESM-Programmen Regeln dafür, wie über eine mögliche Umschuldung entschieden werden könnte. In Zukunft könnte die Weiterentwicklung der CACs Teil eines verstärkten europäischen Stabilitätsmechanismus sein.

Bei der Sitzung der Eurogruppe am 15. November 2010 wurde Lenihan, der wegen des dichten Nebels auf dem Brüsseler Flughafen als letzter eintraf, von seinen Kollegen stark unter Druck gesetzt. Die Botschaft seiner Kollegen in der Eurogruppe war klar: Kehren Sie sofort nach Dublin zurück und sorgen Sie dafür, dass Ihre Regierung unverzüglich ankündigt, sich um Unterstützung zu bemühen. Andernfalls werden die Folgen des Zusammenbruchs des irischen Finanzsystems für die gesamte europäische Wirtschaft dramatisch sein. Also flog Lenihan zurück.

Nachdem Irland seinen Antrag eingereicht hatte, trat die Eurogruppe am Sonntagabend telefonisch zusammen, um die Angelegenheit zu erörtern, und sie verkündete ihre Unterstützung bei den Verhandlungen über das Programm. Wir haben sofort mit den offiziellen Verhandlungen begonnen. Dank der unter Funkstille getroffenen Vorbereitungen konnte das endgültige Programm innerhalb einer Woche genehmigt werden. Die Troika bzw. die EU-Kommission, die EZB und der IWF waren auf das, was auf sie zukam, vorbereitet, da sie die wesentlichen Elemente einer voraussichtlichen Rettungsaktion eng mit der irischen Regierung besprochen hatten. Das Abkommen wurde am 27. November unterzeichnet.

Die mit Irland getroffene Vereinbarung bestand aus einem 85-Milliarden-Europrogramm, von denen 35 Milliarden zur Rekapitalisierung der Banken verwendet werden sollten, nachdem alles Faule beseitigt, das Bankensystem reorganisiert und die Anglo Irish Bank heruntergefahren war. Laut einem Bericht des auf die Umstrukturierung von Banken spezialisierten Unternehmens BlackRock beliefen sich die Gesamtausgaben für die Rekapitalisierung Ende März 2011 auf 24 Milliarden Euro. Irland selbst finanzierte das Programm mit fast 20 Milliarden Euro aus seinen Pensionsfondsreserven. Der Anteil der EU-Länder an der Finanzierung belief sich auf rund 50 Milliarden Euro, der des IWF auf etwas weniger als 20 Milliarden Euro.

Es gab ein großes Problem, das aber erst zu einem späteren Zeitpunkt gelöst werden konnte. Als die Darlehensunterstützung für Irland zum ersten Mal angekündigt wurde, sollte sie zu einem Zinssatz gewährt werden, der so hoch war – mit etwa 6 Prozent, wenn man ihn auf Festzinsfinanzierung umrechnet –, dass er das Ziel der Übung zu untergraben schien. Wir waren uns des Problems in der Kommission bewusst und setzten uns in der Eurogruppe für einen niedrigeren Zinssatz ein, aber anfänglich ohne Erfolg. Wir brachten das Problem im März 2011 erneut zur Sprache; danach gingen die Diskussionen in der Eurogruppe weiter, und das Problem wurde später im Jahr 2011 korrigiert. Dies war im Grunde genommen bei Griechenland, Irland und Portugal (vor allem bei den beiden erstgenannten) das Gleiche: Wegen der Dringlichkeit, die Finanzmarktturbulenzen einzudämmen, war es notwendig, das Rettungsprogramm – und insbesondere die Finanzierung – schnell auf den Weg zu bringen; die Hauptgläubiger bestanden zu diesem Zeitpunkt aber unter dem Druck ihrer Parlamente – und der Wähler – immer noch auf einem zu hohen Zinssatz. Man kann es parlamentarische Demokratie nennen.

In Irland wurde die deutsch-französische Initiative, auf einer Erhöhung des Körperschaftssteuersatzes von 12,5 Prozent als Bedingung zu bestehen, noch komplizierter. Als sich die Lage jedoch beruhigte, wurde rational erkannt, dass diese Fragen nicht miteinander verknüpft werden sollten und der Zinssatz vernünftig gestaltet werden sollte.[14]

Es war dann keine Überraschung mehr: Die irische Bankenkrise führte zu einer politischen Krise, zum Rücktritt der Regierung von Premierminister Brian Cowen und zur Niederlage seiner Partei Fianna Fail bei den Wahlen. Anfang 2011 trat eine neue Koalitionsregierung, bestehend aus der Mitte-Rechts-Partei Fine Gael und der Mitte-Links-Labourpartei, ihr Amt an. Nach den Wahlen im Jahr 2011 zeichnete sich Irland durch politische Stabilität aus, die eine wichtige Voraussetzung für die beeindruckende wirtschaftliche Erholung des Landes war.

---

[14] Ich bin Professor Charles Goodhart dankbar, dass er mich auf die Bedeutung dieser Episode aufmerksam gemacht hat. Vgl. auch Cardiff (2016, S. 194–195, 221–222).

Die Regierung des Landes strebte an, im Herbst 2012 auf die Märkte zurückzukehren und mit der Beschaffung von Finanzmitteln von privaten Investoren zu beginnen. Der Europäische Rat traf Ende Juni 2012 recht wichtige Entscheidungen in Bezug auf dieses Ziel: Er begann damit, die toxische Verbindung zwischen Banken und Regierungen zu durchbrechen, indem er die direkte Rekapitalisierung von Banken ermöglichte, wenn die EZB die Bankenaufsicht übernimmt. Und er sah davon ab, die Verantwortung der Investoren innerhalb des ESM zu betonen. Infolgedessen gelang es Irland, bereits im Juli 2012 an die Märkte zurückzukehren, als es den Verkauf einer fünfjährigen Anleihe, der ersten Neuemission langfristiger Schuldverschreibungen seit September 2010, abschloss.

Brian Lenihan: persönlicher Mut und öffentlicher Dienst

Am 10. Juni 2011 trafen traurige Nachrichten aus Dublin ein. Brian Lenihan, der an Bauchspeicheldrüsenkrebs erkrankt war, verstarb im Alter von nur 53 Jahren. Er wurde von seinen EU-Kollegen und Finanzministerkollegen sehr geschätzt und vermisst. Ich schrieb einen Brief an Brians Witwe Patricia und gab der öffentlichen irischen Rundfunkanstalt RTE ein Interview:

> Brian hat in einer Zeit, die für Irland und Europa eine außerordentliche Herausforderung darstellte, großen persönlichen Mut, Stärke und Hingabe beim Managen der gemeinsamen Angelegenheiten gezeigt. Indem er seine Pflicht gegenüber der Nation über seine persönlichen Schwierigkeiten stellte, hat Brian Lenihan uns ein hervorragendes Beispiel für den Dienst an der Öffentlichkeit geliefert. Patricias Verlust wird von den vielen Menschen auf europäischer Ebene geteilt, die das Privileg hatten, Brian Lenihan als Politiker und als Person zu kennen.

Bis 2012 erholte sich Irland: Seine Exporte waren stark, die Industrieproduktion stieg und die Wirtschaft wuchs das zweite Jahr in Folge. Die Arbeitslosigkeit blieb jedoch hoch, und der lange Schatten der Krise mit ihren sozialen Auswirkungen würde noch lange auf Irland fallen. Die notwendige Anpassung und Korrektur der Ungleichgewichte schritten jedoch voran. Irlands Wachstum setzte sich 2013 fort, und das Land beendete sein Anpassungsprogramm im Dezember 2013. Bis 2018 wuchs die irische Wirtschaft weiterhin mit 3–4 Prozent pro Jahr, die Beschäftigung hat sich erheblich verbessert und das Defizit ist weiterhin auf einem Abwärtspfad. Mit diesen Fortschritten scheint es sicher zu sein, dass der ‚keltische Tiger' wieder in Form kommt, wenn auch hoffentlich als etwas weiser und etwas weniger aggressiv als vor der Krise.

Ich muss sagen, dass ich es genossen habe, mit den sachlichen irischen Beamten und Menschen über die Jahre hinweg zusammenzuarbeiten, weil ich wusste, dass es die härteste aller Zeiten für sie war; trotzdem bekam ich auch meinen gerechten Anteil an Kritik ab. Vielleicht rührt unsere besondere Beziehung zum Teil daher, dass ich irische Rock- und Volksmusik schon immer geliebt habe, und zwar in dem Maße, dass unser Hochzeits-„Walzer" eigentlich kein traditioneller Walzer war, sondern Van Morrisons „Someone like You".

Bis zu einem gewissen Grad schien die Gefühlslage auf Gegenseitigkeit zu beruhen. Kevin Cardiff, der ehemalige Generalsekretär des irischen Finanzministeriums, schreibt in seinen Krisenmemoiren einige Worte, die mir sehr am Herzen liegen:

> In den Jahren, in denen wir mit Olli Rehn zu tun hatten, wurde er zu Recht als guter Europäer und Freund Irlands angesehen.[15]

Keine weiteren Kommentare meinerseits. Lassen Sie uns einfach die Freundschaft aufrechterhalten und weitermachen.

Literatur

Arthur Beesley, Dark Days: Behind the Bailout. *The Irish Times*, 19. November 2011. http://www.irishtimes.com/newspaper/weekend/2011/1119/1224307810593.html.
Fintan O'Toole, *Enough Is Enough: How to Build a New Republic*. Faber & Faber, 2011, S. 3.
Kevin Cardiff, *Recap: Inside Ireland's Financial Crisis*. 2016, S. 147–190
Carlo Bastasin, *Saving Europe: How National Politics Nearly Destroyed the Euro*. Brookings Institution Press, 2012, S. 229
Olli Rehn, *Suomen eurooppalainen valinta*, 2006, S. 88
Charles Kindleberger, *Manias, Panics, and Crashes: A History of Financial Crises*, 6. Aufl. Palgrave Macmillan, 2011 [1978], S. 84
Johan van Overtveldt, *The End of the Euro: The Uneasy Future of the European Union*, Agate Publishers, 2011

---

[15] Cardif (2016, S. 125).

6

Die umfassende Krisenreaktion

Im Sommer 2010 wurde schließlich praktisch allen klar, dass es sich bei der Schuldenkrise der Eurozone um eine systemische und nicht um eine zyklische, zufällige oder sporadische Krise handelte. Dies erinnerte mich an die Worte von John Maynard Keynes in seinem *General Theory* 1936:

> Ich habe meine Theorie eine allgemeine Theorie genannt. Ich meine damit, dass ich mich vor allem mit *dem Verhalten des Wirtschaftssystems als Ganzes* beschäftige ... Und ich behaupte, dass entscheidende Fehler gemacht wurden durch die Ausdehnung von Erkenntnissen auf das System als Ganzes, die korrekt in Bezug auf einen isolierten Teil des Systems zustande gekommen sind.[1]

In der Kommission begannen wir unmittelbar nach dem Amtsantritt der Kommission Barroso-II im Februar 2010 mit der Vorbereitung einer systemischen Reaktion. Die Ereignisse und kritischen Entscheidungen vom Mai 2010, d. h. das an Bedingungen geknüpfte finanzielle Rettungspaket für Griechenland und die Einführung des Europäischen Finanzstabilitätsmechanismus/-fazilität, hatten die Dringlichkeit einer systemischen Reaktion nur unterstrichen.

Zusätzlich zu den Maßnahmen der einzelnen Länder der Eurozone war es höchste Zeit, damit zu beginnen, die in den Strukturen des Euro verbliebenen systemischen Mängel zu beheben, indem die Wirtschaftsunion gestärkt und die Einführung eines solchen dauerhaften Stabilitätsfonds, der die ständigen Turbulenzen beruhigen könnte, beschleunigt wurden.

---

[1] John Maynard Keynes (1973, S. xxxii). Vorwort zur französischen Ausgabe, 1936.

Schon bald wurden diese Themen unter dem Arbeitstitel „Umfassende Krisenreaktion" zusammengefasst – „umfassend", weil an allen politischen Fronten Handlungsbedarf bestand. Mein Kabinett taufte die umfassende Krisenreaktion rasch auf den Namen „CCR", in Anlehnung und sicherlich auch in gebührender Ehrerbietung an Creedence Clearwater Revival, die legendäre amerikanische Blues-Rock-Band aus den 1960er- und 1970er-Jahren, die von dem großen Sänger und Songschreiber John Fogerty geleitet wurde. Nun, besser der CCR als, sagen wir, „Status Quo", „Mötley Crüe" oder „Crazy Horse"!

Natürlich war uns auch bewusst, dass wir die CCR auf der Grundlage des „Learning by doing" angepasst hätten. Es ist gut, das Sprichwort von Mike Tyson im Hinterkopf zu behalten: „Jeder hat einen Plan, bis er einen Schlag auf den Mund bekommt." Wir hatten genug Schläge auf den Mund bekommen, um zu verstehen, wie überaus wichtig die Anpassung der Pläne ist.

Im Mai 2010 haben wir die Initiative ergriffen und eine Mitteilung der Kommission zur Stärkung der wirtschaftspolitischen Steuerung der Eurozone vorgelegt. Nach dem überwiegend positiven Feedback wurde das nachfolgende Gesetzespaket am 29. September 2010 vom Kollegium der Kommissare beschlossen. Es wurde bald unter dem Spitznamen *Sixpack* bekannt, dank der sechs darin enthaltenen Rechtsakte. Das Paket wurde damals in der EU im Großen und Ganzen gut aufgenommen, im gesamten politischen Spektrum von Mitte-Links-Rechts im Europäischen Parlament (wenn man die Euroskeptiker nicht mitzählt) und sowohl im Norden als auch im Süden – allerdings hielt der Konsens nicht lange an (s. Abb. 6.1).

Ein scharfes Abendessen im Justus-Lipsius-Gebäude

Um künftige Reformen der Wirtschaftsregierung vorzubereiten, berief Präsident van Rompuy für Montagabend, den 19. Juli 2010, ein Abendessen mit dem Thema Stärkung der Wirtschaftsregierung der WWU ein. Es fand im Speisesaal des Rates im 8. Stock des Justus-Lipsius-Gebäudes statt. Zu den Teilnehmern gehörten van Rompuy, Barroso, Jean-Claude Trichet und ich. Jeder von uns hatte einen politischen Berater dabei. Ich wurde von meiner stellvertretenden Kabinettschefin, Stéphanie Riso, begleitet.

Im Rückblick erwies sich das Abendessen im sommerlichen Brüssel (+30 °C) als recht wichtig für die künftige Brandbekämpfung, da es im Laufe der Zeit wesentlich dazu beitrug, die politische Koordination zwischen den verschiedenen EU-Institutionen im immer drängenderen Kontext der innerhalb der Eurozone wütenden Existenzkrise zu verbessern. Mit Präsident Bar-

6 Die umfassende Krisenreaktion   117

Abb. 6.1 Die Barroso-Kommission. Die Barroso-Kommission zielte darauf ab, die EU-Mitgliedstaaten zu Wirtschaftsreformen zu ermutigen, um nachhaltiges Wachstum und die Schaffung von Arbeitsplätzen zu unterstützen. Die Kommission trieb die Reform der EU-Wirtschaftsregierung und der Finanzregulierung voran. Die Arbeit in diesen Bereichen wurde von Präsident José Manuel Barroso zusammen mit Michel Barnier und mir geleitet. Hier stellen wir im Juni 2010 im Pressesaal der Kommission ein Paket von Reformvorschlägen vor (Quelle: © Europäische Union, 2010. Europäische Kommission Foto: Georges Boulougouris. Lizenziert unter CC BY 4.0 (https://creativecommons.org/licenses/by/4.0/))

roso hatten wir auf die Einladung van Rompuys zunächst mit einem gewissen Zögern und Skepsis reagiert, da das Ereignis als ‚imperialer' Schachzug des Präsidenten des Europäischen Rates in einem dieser klassischen, aber so nutzlosen Revierkämpfe in Brüssel gewertet werden könnte. Die Diskussion erwies sich jedoch nicht nur als offen und freimütig, sondern auch als äußerst produktiv und nützlich, was im Laufe der Zeit den Weg für reibungslosere Entscheidungen über verschiedene politische Maßnahmen sowie Koordinierungs- und Stabilisierungsmechanismen ebnete.

Wir konnten beobachten, dass van Rompuy in seiner Haltung zu den griffigen halb automatischen Sanktionen (der so genannten umgekehrten qualifizierten Mehrheit), von denen wir annahmen, sie seien das Ergebnis des französischen Einflusses, Rückschritte gemacht hatte. Am Ende des Treffens vereinbarten wir jedoch, wie von van Rompuy gefordert, dass die Kommission ein Grundsatzpapier über mögliche Optionen für die Task Force ausarbeiten solle.

Noch beunruhigender war die offene Skepsis von van Rompuy und Trichet in Bezug auf die Fähigkeit der Kommission, die wirtschaftspolitische Steuerung und fiskalische Überwachung im Einklang mit dem Stabilitäts- und Wachstumspakt zu gewährleisten. Barroso und ich riefen zu Fairness auf und verteidigten die Erfolgsbilanz der Kommission. „Die Mitgliedstaaten waren das Problem, nicht die Kommission; erinnern Sie sich an 2003–2005 mit Frankreich und Deutschland. " Das war ein Hinweis auf den Bruch des Paktes durch die beiden mächtigsten Mitgliedstaaten der Eurozone, der seine Glaubwürdigkeit kritisch untergraben hatte.

In Wirklichkeit hatte ich den Eindruck, dass van Rompuy wirklich besorgt darüber war, dass die Kommission die gegenwärtige politische Agenda auszuhöhlen schien: Das Gesetzespaket im *Sixpack* würde alle wesentlichen Neuerungen der Regierungsführung abdecken, die im Rahmen des bestehenden EU-Vertrags durchgesetzt werden könnten. Deshalb suchte er nach seinem „eigenen" Profil für die Task Force: Ursprünglich sollte sie ein Mechanismus für das Krisenmanagement sein, aber durch die Entscheidung vom 9. Mai über die EFSM/EFSF war ihre Einführung als politische Frage offensichtlich überholt. Nun ging es bei der Profilfrage anscheinend darum, einen obersten Finanzrat in der Eurozone zu schaffen, der in direkter Konkurrenz zur Kommission stünde und diese praktisch überflüssig machen würde.

Am Ende des Abendessens machte van Rompuy den Vorschlag, sich auf eine hochrangige „Wirtschaftsregierung" für die Eurozone zu einigen, die sich aus ihm selbst als Präsident des Europäischen Rates, Barroso, Trichet, Juncker und mir in unseren jeweiligen institutionellen Verantwortlichkeiten zusammensetzen sollte; auf diese Weise würden alle wichtigen Institutionen der Eurozone vertreten sein und ihren Beitrag leisten. Er schlug vor, dass dieses informelle Gremium immer vor den Sitzungen der Eurogruppe und des ECOFIN-Rates zusammenkommen sollte. Barroso war zunächst eindeutig gegen diese Regelung, da er meinte, dies sei ein institutionelles Oxymoron. Trichet folgte ihm, aber weicher: „vielleicht eine Telefonkonferenz".

Bald konnte ich mir froh eingestehen, dass sich mein Verdacht nicht bewahrheitet hatte, und zugeben, dass sich die Initiative van Rompuys als eine sehr wichtige institutionelle Neuerung herausstellte, für die ihm gebührend Anerkennung gezollt werden musste. Es wurde zu einer regelmäßigen Praxis, dass immer vor den Treffen der Eurogruppe und oft vor den Gipfeltreffen der Eurozone diese Konstellation von Personen zusammenkam, um die Positionen zu koordinieren und sicherzustellen, dass die Ergebnisse näher an den allerbesten als an den eher zweitbesten Ergebnissen liegen würden. Es war sicherlich keine Wirtschaftsregierung, aber dennoch ein sehr nützliches Gremium, um sicherzustellen, dass die Eurozone gemeinsame Positionen einnahm und nicht geteilt wurde. Für mich wurde es ein sehr nützliches Forum, um die Ansichten der Hauptakteure des „unmöglichen Dreiecks" effizient auszuloten: Juncker hatte in der Regel guten Kontakt mit den Deutschen und den Franzosen und kannte daher die Grundeinstellung der „reicheren" Mitgliedstaaten; die Kommission stand in engem Kontakt mit der EZB und ich persönlich sowohl mit Trichet als auch mit Draghi; der einzige Schlüsselakteur, der an diesem speziellen Tisch fehlte, war der IWF, aber das war kein wirkliches Problem, da die Kommission als präsidierende Institution in der Troika in der Regel gut über die Positionen des Fonds informiert war.

Seitdem wurde es etwas einfacher, die „roten Linien des Dreiecks" zu überwinden. Dies gilt auch für das Zusammenspiel von Fiskal- und Geldpolitik. Wie Tommaso Padoa-Schioppa, der ehemalige EZB- und Kommissionsbeamte und Finanzminister Italiens, bemerkte: „Es wäre bedauerlich, wenn man die Unabhängigkeit [der EZB] mit Einsamkeit verwechseln würde."[2] Meiner Ansicht nach ist der EZB-Rat immer völlig unabhängig, das zu entscheiden, was immer er im Rahmen seines Mandats für richtig hält, aber für die EZB und die Eurozone würde ein wenig Koordination in politischen Fragen nicht schaden.

Nach dem Abendessen hatten wir eine Nachbesprechung mit Barroso, der auf dem Parkplatz vom Justus-Lipsius-Gebäude stand. Um 23 Uhr war es immer noch +30 °C und die politische Luft war ebenso heiß und feucht. Wir waren uns einig, dass wir verfahrenstechnisch auf halbem Wege in die Richtung von van Rompuys Vorschlägen kommen könnten, was bedeutete, mit unserem Gesetzespaket zu warten, bis die Task Force Ende September ihren Bericht vorgelegt hatte. Ich sagte zu Barroso: „Wenn es ein unabhängiges Steuergremium geben wird, das Ex-ante-Bewertungen der Steuerpolitik der Mitgliedstaaten vornimmt, kann ich den Laden schließen und den Präsidenten um das Ressort Mehrsprachigkeit bitten …!" Barroso lachte und versprach, dies wohlwollend zu bedenken.

Nach mehreren Wochen des Feilschens und des Hin und Her von Ideen fanden wir eine Lösung. Ich wollte Trichets Unterstützung für die Stärkung der wirtschaftspolitischen Steuerung suchen. Wir kamen überein, uns unmittelbar nach der Sommerpause zu treffen. Also flog ich nach Frankfurt und wir trafen uns am 2. September 2010 in seinem Büro im Eurotower in Frankfurt. Ich stellte drei Kernpunkte für eine verstärkte wirtschaftspolitische Steuerung vor:

1. Stärkung des Paktes durch Einführung der Regel der umgekehrten qualifizierten Mehrheit und damit Umkehr der Beweislast. Mit dieser Änderung würden die Vorschläge der Kommission im Rahmen der wirtschaftspoliti-

---
[2] Padoa-Schioppa (2004, S. 180). Zitiert in Waltraud Schelkle (2017, S. 225).

schen Steuerung bestehen bleiben, es sei denn, es würde eine aktive 70-prozentige Opposition der Stimmen im Rat geben, um eine gegenteilige Meinung zu vertreten, was sehr selten der Fall sei.
2. Trennung von technischer Analyse und politischem Ermessen durch einen Kommissar, der mit der gleichen Art von Kompetenzen ausgestattet wäre, die der Wettbewerbskommissar bei der Durchsetzung der Wettbewerbs- und Beihilfepolitik hat.
3. Unter bestimmten Bedingungen wird eine Gruppe von Wirtschaftsweisen zur Rate gezogen.

Nachdem er sich unsere Pläne angehört und einige kritische Fragen gestellt hatte, sagte Trichet, er könne diese Grundlinien voll und ganz unterstützen, und betonte, dass eine enge Zusammenarbeit zwischen der Kommission und der EZB eine Voraussetzung für eine Lösung sei. Er wollte ganz konkret wissen, wie das „Modell des Wettbewerbskommissars" verwirklicht werden soll und wie die Befugnisse des Wirtschaftskommissars verstärkt werden sollen.

Nun wurden die gemeinsamen Ausgangspunkte der Diskussionen von Kommission und EZB für die abschließende Beratungsrunde in der von van Rompuy geleiteten Task Force zusammengebaut und vereinbart. Die Zusammenarbeit zwischen der EZB und der Kommission hatte wesentliche und substanzielle Auswirkungen auf den Abschlussbericht der Task Force. Sie ebnete auch den Weg für die Schaffung des Postens eines für Wirtschafts- und Währungsangelegenheiten und den Euro zuständigen Vizepräsidenten der Kommission, was mich selber betreffen würde. Ich verhandelte nämlich über meine eigene Stellenbeschreibung, war mir dessen aber noch nicht bewusst.

Aufkommende Stürme gegen Ende des Jahres 2010

Der Herbst 2010 stand in der Eurozone ganz im Zeichen der Rettung Irlands, der gesetzgeberischen Arbeit am *Sixpack* und der Gespräche in van Rompuys Task Force, wie in Kap. 5 beschrieben. Ein positives Ergebnis der Task Force war ihre Empfehlung im Bericht vom 21. Oktober 2010, einen permanenten Krisenbewältigungsmechanismus einzurichten, wie wir ihn gefordert hatten. Dies führte später zu einer separaten Entscheidung über die Wandlung der EFSF in den ständigen europäischen Stabilitätsmechanismus ESM. Die Eurogruppe billigte dies bei ihrem Treffen am 28. November 2010, und der Europäische Rat fasste am 16. und 17. Dezember 2010 einen Grundsatzbeschluss dazu. Der Beschluss enthielt Leitlinien für den Abschluss des ESM-Vertrags, wie z. B. die Erfordernis der Einstimmigkeit, den Status eines bevorrechtigten Gläubigers und die Einführung von Kollektivklauseln für die Staatsanleihen des Euroraums ab Juni 2013 (was eine kontrollierte Umschuldung erleichtern würde, falls dies in Zukunft erforderlich sein sollte). Darüber hinaus einigte sich der Europäische Rat darauf, den EU-Vertrag mit dem einfachen Verfahren zu ändern, um die Rechtsgrundlage für den ESM-Vertrag zu schaffen.

Ich verbrachte den finnischen Unabhängigkeitstag am 6. Dezember 2010 bei einem Treffen der Eurogruppe in Brüssel. Die finnische Rundfunkgesellschaft *Yleisradio* interviewte mich mit Finanzminister Jyrki Katainen vorher unten in der Lobby des Justus-Lipsius-Gebäudes. Es war schwierig, den Finnen etwas Aufmunterndes zu sagen, da die Krise trotz all der gewaltigen Gegenfeuer immer weiter ging. Außerdem konzentrierten sich die Menschen traditionsgemäß darauf, den Galaempfang zum Unabhängigkeitstag, der aus dem Präsidentenpalast übertragen wurde, auf ihren heimischen Fernsehern zu verfolgen.

Zwischen dem 6. Dezember und Heiligabend 2010 lag der bis dahin tiefste Abgrund der Eurokrise. Doch viele sollten noch folgen. Im Dezember 2010 war das irische Krisenprogramm verabschiedet worden. Darüber hinaus hatte die Stärkung der Wirtschafts- und Währungsunion eine positive Resonanz bei den gesetzgebenden Organen der EU, dem Europäischen Parlament und dem Rat, der die Mitgliedstaaten vertritt, gefunden. Auf der anderen Seite schienen die ständigen öffentlichen Spekulationen über die Beteiligung des privaten Sektors oder die Verantwortung der Investoren genau jene abzuschrecken und die Staatsrenditen in die Höhe zu treiben. Informationen von den Märkten deuteten nicht einmal an, dass die Zinssätze in den finanziell gefährdeten und notleidenden Ländern sinken könnten. Nachdem Irland um Hilfe gebeten hatte, war in Portugal und Spanien der härteste Druck auf Staatsanleihen zu spüren. Beiden Ländern drohte das Ende der marktbasierten Finanzierung, was die Staatsfinanzen in eine Sackgasse führen würde.

Die internationale Gemeinschaft unterstützte die Stabilisierungsbemühungen Europas weitgehend – einige Länder mehr als andere. Eine positive Überraschung war China, das die gesamte Krise hindurch die Eurozone konsequent unterstützte und im Gegensatz zu einigen Amerikanern nicht auf Schuldzuweisungen zurückgriff. Für China ist Europa der größte Wirtschaftsraum auf der Welt und damit entscheidend für seine Exportindustrien – und zweifellos hatten sie auch die Frage des marktwirtschaftlichen Status in der WTO im Auge.

Im Oktober 2010 hatten wir zusammen mit Juncker und Trichet unsere chinesischen Amtskollegen im so genannten Euro-Troika-Format (noch eines dieser Dreigestirne!) in Brüssel getroffen. Zhou Xiaochuan, der angesehene Chef der People's Bank of China, verwies auf jüngste Erklärungen der chinesischen Führung, mit seinen Devisenreserven EU-Länder mit Finanzierungsproblemen, insbesondere Griechenland, zu unterstützen, während Präsident Trichet China dankte und Chinas Vertrauen in die Eurozone und seine Staatssignaturen würdigte.

Im Dezember 2010, nur zwei Tage vor Weihnachten, besuchte ich Peking, um im Rahmen des so genannten Wirtschaftsdialogs auf hoher Ebene, der die formalisierte Methode zur Führung des Dialogs mit der Volksrepublik darstellt, mit Beamten der chinesischen Regierung zusammenzutreffen. Vizepräsident Joaquin Almunia und Handelskommissar Karel de Gucht aus dem Kollegenkreis waren ebenfalls Mitglieder der Delegation der Europäischen Kommission. Unser beeindruckend sachkundiger und geistreicher Gastgeber war Vizepremier Wang Qishan, der damals für Wirtschaft und Finanzen zuständig war. Später, in den Jahren 2012–2017, war er für die Korruptionsbekämpfung zuständig, eine Schlüsselaufgabe unter Präsident Xi Jinping, und wurde im März 2018 im Volkskongress zum Vizepräsidenten Chinas gewählt.

Nach unseren Gesprächen sagte Wang Qishan in einem Interview mit dem Wall Street Journal, dass China die von der EU und dem IWF ergriffenen Maßnahmen zur finanziellen Rettung bestimmter europäischer Länder und zur Stabilisierung der Finanzmärkte unterstütze. Er erklärte, China hoffe, dass die Auswirkungen der EU-Maßnahmen zur Bewältigung der Schuldenkrise in der Eurozone schnell deutlich würden. Seine öffentlichen Kommentare gaben dem Euro auf den Devisenmärkten einen positiven Impuls. Ich begrüßte seine Worte und die Unterstützung Chinas und unterstrich die Entschlossenheit Europas, die Krise einzudämmen und zu überwinden, wie zum Beispiel die jüngste Vereinbarung, den befristeten Rettungsfonds (der 2013 auslief) durch einen dauerhaften Finanzstabilisierungsmechanismus, den Europäischen Stabilitätsmechanismus (ESM), zu ersetzen.[3] Ich traf mich auch erneut mit Gouverneur Zhou, mit dem ich die Ehre und das Vergnügen hatte, die inhaltlichen Diskussionen über die Wirtschafts- und Währungspolitik über die Jahre hinweg fortzusetzen.

CCR in Zeitlupe

So war der Herbst vor allem mit der Vorbereitung des irischen Programms und der neuen Gesetzgebung für die verstärkte EU-Wirtschaftsregierung vorüber gegangen. Neben diesen Aufgaben begannen wir in der Kommission im November 2010 damit, die nächste Runde stärkerer Gegenmaßnahmen ge-

---

[3] Fletcher und Back (22 December 2010, S. 10).

gen die wieder aufflammende Schuldenkrise vorzubereiten. Unserer Ansicht nach hatte sich die Krise immer deutlicher zu einer Systemkrise entwickelt, und deshalb würde ihre Überwindung auch eine Lösung auf Systemebene erfordern.

Obwohl die EZB eine große Verantwortung bei der Bewältigung der Krise übernommen hatte, konnten wir aufgrund der Beschränkungen ihres Mandats im EU-Vertrag und auch aufgrund der Vorbehalte der EZB in ihrem eigenen Rat gegenüber einem proaktiveren Politikstil nicht dauerhaft auf sie zählen. Ohne einen starken permanenten Stabilitätsmechanismus wären wir unweigerlich mit einem Zerfall des Euroraums konfrontiert gewesen, entweder durch langsames Absterben oder durch einen schnelleren Zusammenbruch.

Der erste vollständige Entwurf einer umfassenden Krisenreaktion wurde im Oktober/November 2010 erstellt. Er wurde bis Anfang Dezember 2010 zu einem inoffiziellen Arbeitsdokument (sog. Non-Paper) entwickelt. Das Non-Paper der Kommission war eine Kombination aus Wirtschaftsreformen, Haushaltskonsolidierung, Finanzreparatur und Wirtschaftsregierung. Die nationalen Haushalte mussten auf eine solide Grundlage gestellt werden, um die Wiederherstellung des Gleichgewichts der gesamten Realwirtschaft nicht zu gefährden. Die Durchführung von Strukturreformen musste neu ausgerichtet werden, um die notwendige Grundlage für wirtschaftliches Wachstum zu schaffen. Das Bankkapital musste gestärkt werden, um eine Kreditklemme zu vermeiden. Der Stabilitätsmechanismus musste gestärkt werden, um den Marktturbulenzen entgegenzuwirken. Die Reform der Wirtschafts- und Währungsunion musste vorangetrieben werden, um die Krisenprävention proaktiv zu erleichtern.

Der Grundgedanke der CCR war sowohl lang- als auch kurzfristig. Während sich viele dieser Aktionen hauptsächlich auf die Langfristigkeit bezogen, war es vernünftig anzunehmen, dass all dies zusammen auch kurzfristig das Vertrauen in die Märkte stärken würde.

Während die Vorbereitungen für die CCR weitergingen, tauschten mehrere Akteure, darunter das deutsche Finanzministerium und der IWF, Informationen auf Beamtenebene aus und arbeiteten auf das gleiche Ziel hin, wenn auch mit etwas unterschiedlichen Nuancen. Im Großen und Ganzen gingen die Vorlagen der Non-Papers von Deutschland, der Kommission und vom IWF in die gleiche Richtung: Alle betonten die Notwendigkeit, die effektive Kreditvergabekapazität der EFSF und seinen Tätigkeitsbereich zu erhöhen, eine flexible Kreditlinie für die Eurozone zu schaffen, die Rekapitalisierung und Umstrukturierung der Banken zügig voranzutreiben und die anfälligen Mitgliedstaaten wie Portugal und Spanien zu ermutigen, ihre Stabilisierungs-

und Reformbemühungen zu intensivieren. Der IWF hätte auch fordern können, dass die EZB die Käufe von Staatsanleihen erheblich ausweitet und die Liquiditätsfazilitäten erhöht; die Kommission benutzte stattdessen den Euphemismus „Gewährleistung ordnungsgemäß funktionierender Anleihemärkte in der Eurozone", was im Grunde genommen dasselbe bedeutete, aber die geschätzte Unabhängigkeit der EZB respektierte. Sogar das deutsche Finanzministerium erkannte den systemischen Charakter der Krise an und befürwortete die Bereitstellung zusätzlicher Mittel für die EFSF, um sicherzustellen, dass der Betrag von 440 Milliarden Euro tatsächlich zur Verfügung steht; darüber hinaus waren sich die Deutschen über die Notwendigkeit im Klaren, dass Portugal ein volles Programm und Spanien ein vorsorgliches Programm auflegen sollte.

Der grundlegende Inhalt der Kommissionsvorlage über die CCR für die Eurozone war ein Paket, das einen soliden Rahmen bieten sollte, innerhalb dessen sich die gefährdeten Mitgliedstaaten zur Sanierung ihrer öffentlichen Finanzen und zur Wiederherstellung ihrer Wettbewerbsfähigkeit verpflichten würden. Die Kreditvergabekapazität der EFSF sollte auf 440 Milliarden Euro erhöht werden, was ausreichen sollte, um die Märkte davon zu überzeugen, dass mit Spekulationen gegen die Euroländer keine Gewinne zu erzielen waren. Auf diese Weise hätten wir in der Lage sein müssen, die Renditen der Staatsanleihen der gefährdeten Länder auf ein zumindest tolerierbares Niveau zu drücken.

Ich habe die CCR auf der Grundlage unseres Non-Papers mit verschiedenen Finanzministern am Rande der Eurogruppe im Dezember 2010 diskutiert. Zu diesem Zeitpunkt war die wichtigste Botschaft: „Wir sind noch nicht bereit, warten Sie bis Januar." Nun, wir haben gewartet – und gewartet. Es stellte sich heraus, dass es eine sehr lange Wartezeit wurde. Die Entscheidungen trafen schließlich erst im Sommer und Herbst 2011 ein. Zu diesem Zeitpunkt war es aber bereits zu spät, um eine weitere realwirtschaftliche Rezession zu vermeiden. Wenn Einstimmigkeit erforderlich ist, sind Entscheidungen oft schwer zu treffen, besonders in Krisenzeiten.

Während die Krise weiterhin drängte, gab es auch positive Entwicklungen für den Euro. Ich verbrachte Silvester und Neujahr in Tallinn, um den Beitritt Estlands zum Euro am 1. Januar 2011 zu feiern. Estland wollte zum politischen und wirtschaftlichen Kern Europas gehören und strebte danach, seine wirtschaftliche Stabilität in den Turbulenzen der Krise zu erhöhen. Estlands wirtschaftliche Flexibilität und unternehmerische Dynamik würde gut zum Euro passen, dachte ich. Auf den Weg der baltischen Staaten zum Euro werde ich in Kap. 14 ausführlicher eingehen.

Das Neujahrsfest in Tallinn war ein denkwürdiges Ereignis mit Estlands Präsident Toomas Ilves und Ministerpräsident Andrus Ansip, mit denen wir bei frostigem Winterwetter die ersten estnischen Euroscheine am Geldautomaten abgehoben haben. Mein Kollege Siim Kallas und unsere Ehefrauen Kristi und Merja waren bei den Feierlichkeiten mit dabei. Estland war jetzt ein ganz anderes Land als 1982, als ich es zum ersten Mal besuchte.

Der ESM wird zu einer effektiveren Bazooka

Am 3. Januar kehrte ich in mein Berlaymont-Büro zurück und hielt Vorbereitungssitzungen zur weiteren Schärfung der CCR ab. Am 5. Januar hatten wir ein ausführliches Briefing und eine Planungssitzung mit Marco Buti und Stéphanie Riso, wo es um die Frage ging, wie die EU-Finanz-Firewalls und die Regierungsführung gestärkt werden können. Wir wussten, dass wir uns auf einen langen Kampf vorbereiten mussten.

Am Abend des 5. Januar hatten wir ein Arbeitsessen mit Barroso im Berlaymont-Gebäude, um unsere Strategie zu verfeinern. Zur EFSF schlug ich ihm vor, „die effektive Kreditvergabekapazität zu stärken und den Umfang der Aktivitäten zu erweitern." Meiner Meinung nach waren wir in der Krise an dem Punkt angelangt, an dem wir so mutig wie möglich sein sollten und uns nicht mehr allzu viele Sorgen über den voraussichtlichen Knall machen mussten. Ich hatte den Eindruck, dass Barroso mit der von mir vorgeschlagenen Haltung einverstanden war. Wir diskutierten über Portugal und Spanien, einschließlich der Aussichten auf ein Rettungsprogramm, und ich erkannte, dass Barroso deren Notwendigkeit skeptisch gegenüberstand.

In der folgenden Woche haben wir die CCR weiter präzisiert. Mit Portugal hatten wir am darauffolgenden Sonntag auf dem verschneiten Feld von Ixelles in Brüssel eine angenehme Veranstaltung – ein Spiel mit Portugal. Es war ein 3:3-Unentschieden. Ich habe zwei Tore für Finland United erzielt, beide direkt, das erste schön ins obere Eck. Nicht schlecht für einen bald über 50-Jährigen, der mit unter 30-Jährigen spielte. Ich erinnere mich besonders gut daran, da es mein letztes Spiel war, in dem ich „ernsthaft" getroffen habe (wenn man das Tor gegen Deutschland im Europäischen Parlamentarierturnier 2016 nicht mitzählt!). Die Schuldenkrise der Eurozone hatte einen sehr negativen, übergreifenden Effekt auf den Veteranenfußball, indem sie die Karriere eines vielversprechenden 49-jährigen Stürmers unterbrochen hat.

Am Montag, den 10. Januar, war ich wieder im Büro, um mich auf zwei wichtige Treffen vorzubereiten, die am nächsten Tag stattfinden sollten. Am Dienstagmorgen kam Klaus Regling, ein ehemaliger Kollege mit durchdachten Ansichten aus der Kommission und jetzt geschäftsführender Direktor der EFSF/ESM, zu mir ins Berlaymont-Gebäude. Wir hatten eine vertrauliche

Unterredung über die möglichen Wege und Mittel einer Umschuldung Griechenlands. Klaus äußerte sich dazu, wie der Rückkauf von Staatsanleihen wie beim Brady-Plan (ein Schuldenrückkauf-Plan in Lateinamerika Ende der 1980er-Jahre) angewandt werden könnte. Sein Plan hatte eine frappierende Ähnlichkeit mit den späteren Anleihenrückkäufen in Griechenland. Es war immer produktiv, mit Klaus nachzudenken, und ist es auch heute noch.

Am Nachmittag besuchte mich Dominique Strauss-Kahn vom IWF im Berlaymont-Gebäude. Bei einer Tasse Kaffee diskutierten wir und waren uns völlig einig über die Notwendigkeit einer CCR und die politischen Prioritäten. Ich bat darum, dass er am nächsten Tag in Berlin, wo er sich mit Frau Merkel treffen wollte, mit ihr über einen flexiblen Einsatz von ESM sprechen könne. Er sagte, er plane dies zu tun. Natürlich musste ich auch nach seiner Präsidentschaftskandidatur im Jahr 2012 fragen – seine Antwort war ein entspanntes Lachen, und er sagte, er habe es noch nicht durchdacht und sei sich nicht sicher, was er tun werde.

Die Kommission fuhr ohnehin mit der Vorbereitung der umfassenden Krisenreaktion fort und legte sie unter dem Namen Annual Growth Survey (der erste jährliche Wachstumsbericht seiner Art) am 12. Januar 2011 vor. Wie gesagt, auch viele Menschen außerhalb der Kommission dachten in eine ähnliche Richtung.

Eine interessante Frage ist, ob die Idee einer Bankenunion in der Eurozone bereits in den Plänen enthalten war. Die Antwort lautet „nein" und „ja". Dem Namen nach war sie es noch nicht. Inhaltlich standen viele ihrer Elemente im Mittelpunkt der CCR: die Bilanzreparatur, die Stresstests, die Rekapitalisierung, die Regulierungsreform und die neue Aufsichtsarchitektur. Die Weiterentwicklung des Konzepts einer Bankenunion in der kritischen Phase 2011–2013 verdeutlicht die Herausforderungen, aber auch die Erfolge des in Vielfalt geeinten europäischen Projekts. Wie Waltraud Schelkle es formuliert hat:

> Das Paradox der Vielfalt kann auch erklären, warum es in den Vereinigten Staaten mehr als 150 Jahre und unzählige Finanzkrisen gedauert hat, bis eine tragfähige monetär-fiskalische Verfassung für die Mitglieder der Föderation akzeptabel wurde. Diese Geschichte war keine Optimierungsübung, sondern ein *trial-and-error*-Prozess, um wirtschaftlich stabilisierende und politisch akzeptable Wege zur Führung einer einheitlichen Währung zu finden. Mit anderen Worten, es war politische Ökonomie in Aktion, nicht reine rationale Ökonomie.[4]

---

[4] Waltraud Schelkle (2017, S. 2).

Ende Januar 2011 besuchte ich Berlin erneut. Wir trafen uns mit Wolfgang Schäuble und diskutierten die drängenden politischen Fragen und die Bedingungen für ein umfassendes Programm. Ich erhielt eine Bestätigung meiner Wahrnehmung, dass Deutschland bereit wäre, ein solches Programm durchzuführen – zumindest in irgendeiner Form und in irgendeiner Tiefe –, wenn die politische Zeit reif sein würde. Jörg Asmussen, Schäubles Stellvertreter und Staatssekretär, hatte mir noch vor Weihnachten 2010 die Kernideen Deutschlands für eine CCR mitgeteilt. Es gab viele Ähnlichkeiten mit unseren Ansichten, aber die beiden Ansätze waren nicht wirklich identisch. Dennoch war die wesentliche Analyse beider, auch der deutschen Position, dass die Reaktion der Eurozone bisher hinterher hinkte, und beide Positionen erkannten auch den systemischen Charakter der Krise an. Die deutsche Position wurde zusammengefasst: „Wir haben es nicht mehr mit einer Reihe von Vorfällen zu tun, die einzelne Unternehmen betreffen, … [sondern] einer Krise innerhalb des Systems. Es ist *das System selbst, das sich in der Krise befindet.*" Das Ergebnis der CCR-Beratungen war im Laufe der Zeit eine Synthese der beiden Positionen, obwohl es – was für die erfahrenen Beobachter der Eurozone keine Überraschung ist – näher an der deutschen Version lag.

Ich war auch eingeladen, eine Rede in der Fraktion der liberalen deutschen Partei, der FDP, zu halten. An dem Treffen nahmen die meisten der 93 Bundestagsabgeordneten der Partei sowie die Minister, die Abgeordneten des Europäischen Parlaments und eine große Gruppe von Assistenten teil. Der Empfang, den ich von dieser kleineren der beiden Regierungsparteien erhielt, war von der Atmosphäre her sympathisch, aber inhaltlich skeptisch.

Ich habe den ersten Teil meiner Rede auf Deutsch gehalten, was vor der Reise mehrere Tage hartes Training erforderte. Taneli Lahti, ein Mitglied meines Kabinetts und promovierter Wirtschaftswissenschaftler der Universität Erlangen-Nürnberg, half mir, einen soliden Text im Geiste der deutschen Stabilitätskultur zu verfassen. Selbst das schien nicht zu helfen, als ich zum zweiten Teil meiner Rede überging, der Einrichtung eines Stabilitätsfonds. „Vorbereitet und abgesegnet" sagte ein altgedienter Politiker über das Treffen, da die Positionen der FDP bereits beschlossen waren und es nicht viel Spielraum für Verhandlungen gab.

Die FDP war nicht mehr der Motor der europäischen Integration wie früher, als der verstorbene Hans-Dietrich Genscher Parteivorsitzender und dienstältester Außenminister Deutschlands war. Seit der Wahlniederlage 2013 feierte die Partei unter dem dynamischen Christian Lindner 2017 ein wahlpolitisches Comeback, doch ihre europäische Ausrichtung bleibt dualistisch – im Allgemeinen ist sie eine pro-europäische politische Kraft, bleibt aber gegenüber der wirtschaftlichen Stabilisierung skeptisch liberal eingestellt.

Präsident Barroso war sehr besorgt über die Verschlechterung der wirtschaftlichen Lage in Europa und drängte aktiv auf die Umsetzung des umfassenden Programms. In der Pressekonferenz zur CCR am 12. Januar schlug er eine Erweiterung der Kapazität der EFSF vor und betonte die Notwendigkeit, dass diese Entscheidung bereits auf dem für den 4. Februar 2011 geplanten Gipfeltreffen der Eurozone getroffen werden sollte. Barroso hatte Recht, aber wir haben dieses Mal „kein Tor geschossen". Auch in anderer Hinsicht war der Gipfel nicht der erfolgreichste. Deutschland und Frankreich forderten einen Pakt für Wettbewerbsfähigkeit (den Euro-Plus-Pakt), der die richtigen Dinge anstrebte. Aber er stützte sich nur auf eine lockere zwischenstaatliche Zusammenarbeit unter Umgehung der Institutionen der Union. Dies stieß bei vielen kleinen Mitgliedstaaten auf scharfe Kritik. Nach den Worten des belgischen Ministerpräsidenten Yves Leterme war es ein „wahrhaft surrealer Gipfel".

Im Anschluss an Barrosos Vorschläge wurde die Kommission ihrerseits heftig kritisiert, weil sie übertrieben aktiv sei und die Dinge unnötig überstürzt habe. „Ihr bringt das Boot ins Wanken!" „Das ist eine sehr künstliche Debatte!" Es wurden Salven mehr oder weniger aus allen Richtungen auf uns abgegeben. Nichtsdestotrotz behielt die Kommission unter Barrosos Führung ihre unternehmungslustige Haltung bei. Ich habe Barrosos Initiative zur raschen, notwendigen Erweiterung der Kreditvergabekapazität der EFSF nachdrücklich unterstützt.

Nach einem besonders langen Tag Mitte Januar habe ich in meinem Tagebuch vermerkt:

> Wir müssen diese Prügel einfach ertragen. Wir werden nichts erreichen, wenn wir nicht auch in der Öffentlichkeit die Linie halten. Ob wir dieses oder jenes tun, es wird immer der falsche Weg für jemanden sein. Wenn wir schweigen, wird nichts weitergehen und man wird sagen, auch die Kommission stellt keine Forderungen. Wenn wir hingegen Entscheidungen fordern, werden sie sagen, dass wir das Boot schaukeln und die Rettungsaktion des Euro gefährden.

Manchmal ist Mäßigung das Beste. Aber jetzt, da die Krise wirklich über uns hereinbrach, war es in der Tat besser zu verbrennen als zu verblassen oder zu rosten, wie der Rock-and-Roll-Dichter Neil Young es ausdrückte. Es ist die Pflicht der Kommission, die gemeinsame europäische Sache voranzutreiben, notfalls auch lautstark, nicht zuletzt während der lang anhaltenden Schuldenkrise, und nicht in der Gemeinde zu schweigen.

Die Sequenzierung scheitert – der falsche Marschbefehl

Die Erweiterung der Kreditvergabekapazität der Europäischen Finanzstabilitätsfazilität zog sich weiter in die Länge. Um sich die höchste Bonität zu sichern, war der Fonds bereits gezwungen, so hohe Puffer aufzubauen, dass seine tatsächliche Kreditvergabekapazität praktisch auf die Hälfte reduziert wurde. Dadurch wurde die Glaubwürdigkeit der EFSF untergraben, zunächst allmählich, aber bald mit immer schnelleren Schritten.

Auf einem anderen Gipfel der Eurozone gegen Ende März 2011 kündigten die Staats- und Regierungschefs der Eurozone jedoch etwas unerwartet an, dass sie ihre tatsächliche Kreditvergabekapazität von 200–250 Milliarden auf 440 Milliarden Euro erhöhen würden – was ja das ursprüngliche Ziel war, aber aufgrund der problematischen Finanzstruktur zurückgegangen war. Leider verflüchtigten sich die günstigen Auswirkungen dieser Entscheidung auf den Markt schnell, als einige Mitgliedstaaten, darunter Finnland, in letzter Minute zu feilschen begannen, um das bereits Vereinbarte zu verwässern. Das waren nicht die besten Momente dieser Zeit.

Die endgültige Einigung wurde erst im Oktober 2011 erzielt, als auch die Entscheidung getroffen wurde, die Einführung des ständigen Europäischen Stabilitätsmechanismus (ESM) um ein Jahr auf Juli 2012 vorzuziehen. Im Spätherbst 2011 kam diese Entscheidung jedoch bereits viel zu spät, da nun Italien in eine Glaubwürdigkeitskrise geraten war und auch Spanien insbesondere mit seinem Bankensektor in tiefen Schwierigkeiten steckte. Dieses Zögern erwies sich für Europa als eine kostspielige Angelegenheit und betraf sowohl die Arbeitslosenzahlen als auch das Geld der Steuerzahler.

Die richtige Ablaufsteuerung ist wichtig in der Wirtschaftspolitik und der finanziellen Brandbekämpfung. Um das bestmögliche Ergebnis zu erzielen, hätten die skizzierten Maßnahmen in der richtigen Reihenfolge durchgeführt werden müssen. Mit „bestmöglichem Ergebnis" meine ich hier die Stärkung der finanziellen Stabilität der gesamten Eurozone durch die Art von entschlossener Politik, die die Grundlagen für nachhaltiges Wachstum und bessere Beschäftigung schaffen würde.

Was wäre dann die richtige Steuerung gewesen?

Erstens hätten wir den Stabilitätsmechanismus stärken müssen, um den Ansteckungseffekt klein zu halten und die anderen gefährdeten Länder zu schützen. Als Nächstes oder als Zweites hätten wir auf eine Stärkung der Bilanzen und der Kapitalisierung der Banken drängen sollen, damit ihre Probleme und der anhaltende Schuldenabbau nicht zu einer Kreditklemme führen und die sich abzeichnende wirtschaftliche Erholung ersticken würden, sondern damit die Banken stattdessen ihre Kreditmöglichkeiten für Unternehmen und Haushalte hätten offen halten können. Der dritte und letzte Schritt hätte eine gesteuerte Umschuldung Griechenlands sein sollen, um die unmögliche Schuldenlast des Landes zu reduzieren. Die Umsetzung der „Beteiligung des privaten Sektors" (Private Sector Involvement, PSI), ein Euphemismus für die Umschuldung von Staatsschulden, hätte so erfolgen sollen, dass sie die anderen Länder der Eurozone nicht in Mitleidenschaft ziehen würde, wenn die Investoren aus ihren Staatsanleihen aussteigen.

Die Idee, die dieser Steuerung zugrunde lag, bestand darin, die Eurozone vor einer Liquiditätsfalle aufgrund des anhaltenden Schuldenabbaus im Bankensektor zu schützen und sich umsichtig auf eine gesteuerte Umschuldung in Griechenland vorzubereiten. Auf diese Weise hätten durch proaktive Maßnahmen negative Auswirkungen des Schuldenabbaus und der Umstrukturierung auf den Rest der Eurozone verhindert werden können.

Wie wir jetzt wissen, ist dieses vernünftige Ziel nicht ganz gelungen. Zuerst wurde die Rekapitalisierung der Banken vorangetrieben, und als Einzelmaßnahme implizierte dies einen Schuldenabbau-Prozess, der den Euroraum in eine Kreditklemme zu treiben drohte. Letztlich wurde die Eurozone davor nur durch die LRGs (Langfristige Refinanzierungsgeschäfte) der EZB gerettet, d. h. durch die massiven dreijährigen Kreditvergabeoperationen, die im Dezember 2011 und Februar 2012 eingeleitet wurden. Als nächstes wurde in zwei Phasen die gesteuerte Restrukturierung der griechischen Schulden durchgeführt, zuerst im Juli 2011 und dann, mit einer größeren Kürzung des Darlehensbetrags, Anfang 2012. Die Einführung des permanenten Stabilitätsmechanismus und die Stärkung seiner tatsächlichen Kreditvergabekapazität wurden auf einen späteren Zeitpunkt verschoben. Die gescheiterte Steuerung setzte den Euroraum so einem gefährlichen Kontaminierungseffekt aus.

Ich erinnere mich an eine frustrierte Stimmung im Berlaymont-Gebäude, die stärker war als je zuvor. Im Juli 2011, als wir über die Hindernisse und die Verwässerung der umfassenden Antwort diskutierten, hatte mir einmal Kommissionspräsident Barroso verzweifelt gesagt: „Ich glaube nicht daran. Es ist nur *Homöopathie*!" Meine Antwort: „Nein, Antibiotika!" Aber ich habe sicher hinzugefügt, dass wir definitiv eine chirurgische und wirklich systemische Krisenreaktion bräuchten.

Der Hauptgrund für die falsche Marschordnung und das Zögern in schwierigen Fragen kann nicht unbedingt auf einzelne Entscheidungsträger zurückgeführt werden, sondern liegt vielmehr in der starren Struktur des Entscheidungsprozesses in der Eurozone begründet. Es ist kühler Realismus zu sagen, dass es für die Regierungen der einzelnen Mitgliedstaaten unter bestimmten Umständen kurzfristig rational gewesen ist, das politische Risiko zu minimieren, selbst auf Kosten der wirtschaftlichen Zukunft der gesamten Eurozone. Dies führte zu einer politisch motivierten statt einer sachlich gerechtfertigten Prioritätensetzung. Risto Murto, CEO eines großen Pensionsfonds, brachte es mit Sicht auf die politische Haltung Finnlands so auf den Punkt: „Die Minimierung der gemeinsamen Verantwortung auf kurze Sicht führt zur Maximierung der langfristigen Verbindlichkeiten."

Diese Diskrepanz zwischen kurzsichtigen politischen Motivationen und langfristigen wirtschaftlichen Zielen bezieht sich nicht nur auf ein oder zwei Mitgliedstaaten, sondern war ein eher universelles Merkmal. In welcher Form es jedoch auftritt, scheint weitgehend von der wirtschaftlichen Wettbewerbsfähigkeit und der Finanzlage des betreffenden Mitgliedstaates abzuhängen. Marxisten würden auf einen impliziten Widerspruch in der Gesellschaftsordnung hinweisen. Dies ist der wesentliche Grund, warum die Eurozone während der Schuldenkrise 2010–2012 insgesamt 19 Krisengipfel abhalten musste. Lange Zeit war die Krise der Eurozone nicht mehr grundsätzlich eine wirtschaftliche Krise, sondern eine politische – oder genauer gesagt, eine institutionelle Krise der Entscheidungsstrukturen.

Ein weiterer Grund für die fehlgeleitete Steuerung war die Schwierigkeit, jede Entscheidung nach der Einstimmigkeitsregel zu treffen. Dies erlaubte keine systematische Planung, wie die gesamte Gleichung mehrerer Entscheidungen effektiv ausgeführt werden würde – oder zumindest erlaubte es nicht, auf eine systematische Umsetzung aller Pläne zu warten. Man musste eine Vereinbarung nach der anderen, wie sie getroffen werden konnten, annehmen, die Daumen drücken und zumindest für ein weltliches Wunder beten, wenn nichts Besseres zur Verfügung stand. Daher entsprach die Realität der Entscheidungsfindung in Brüssel nicht ganz dem von manchen Menschen so sehr gehassten Bild einer „Brüsseler Vormachtstellung". Vielmehr gab es oft zu viele rote Linien und damit wenig gemeinsames Territorium für Kompromisslösungen.

Wenn bei der Entscheidungsfindung in der EU die übliche Gemeinschaftsmethode angewendet wird, bei der die Kommission das Initiativrecht hat und der Rat mit qualifizierter Mehrheit und das Parlament mit absoluter Mehrheit entscheiden, ist die Fähigkeit der EU-Institutionen, Einfluss zu nehmen und proaktiv zwischen unterschiedlichen Meinungen eine Einigung zu vermitteln, viel mächtiger. Das war bei dieser Gelegenheit nicht der Fall.

Die Gemeinschaftsmethode ist in der Tat die Art und Weise, in der die Union in der Lage ist, zu funktionieren und Entscheidungen zu treffen. Wenn aber Einstimmigkeit erforderlich ist, ist die Fähigkeit des Rates, Entscheidungen effizient und rechtzeitig zu treffen, bedauerlicherweise begrenzt. Leider sind die historischen Präzedenzfälle dafür eher warnende Ausrufezeichen als warnende Beispiele. Schließlich war dies ein Schlüsselfaktor für das Scheitern des Völkerbundes in den 1930er-Jahren.

Portugals Wende vor der zweiten Runde in Griechenland

Gegen Ende 2010 gerieten Spanien und Portugal in das Epizentrum der Krise. Hinter den Kulissen gab es Diskussionen über ein Vorsorgeprogramm für Spanien und ein vollständiges Programm für Portugal.

Bald tauchte auch Griechenland wieder als Problem auf, da die politischen Parteien des Landes nicht in der Lage waren, sich zur Umsetzung des Reformprogramms zusammenzuschließen, und das Land hinter seinen Zielen zur Haushaltskonsolidierung zurückzubleiben begann. Die Diskussionen über das zweite griechische Programm begannen im März 2011 und liefen an Ostern auf Hochtouren. Es war immer deutlicher geworden, dass im Zusammenhang mit dem zweiten Programm private Investoren den Großteil der Verluste würden schultern müssen, da es keine andere Möglichkeit gab, die massive Schuldenlast Griechenlands auf einen nachhaltigen Weg zu bringen. Aber *wie* das entschieden werden konnte, war alles andere als klar.

Es kam zu Meinungsverschiedenheiten über den Umgang mit Griechenland und insbesondere über die Beteiligung des privaten Sektors. Einige Teilnehmer wie die EZB sprachen sich nachdrücklich gegen jegliche Umstrukturierung aus. Unterdessen drängten einige Mitgliedstaaten auf einen starken „Haircut", d. h. umfangreiche Kürzungen der Hauptlast griechischer Staatsschulden. Bedauerlicherweise konnte bis zum Sommer 2011 keine gemeinsame Basis gefunden werden. Die Vetos hebelten sich gegenseitig aus, und es war keine Entscheidung möglich, was dazu führte, dass die Eurozone richtungslos abdriftete und auf eine ungesteuerte Lösung zulief.

Portugals Situation verschlechterte sich Anfang 2011 aufgrund des schleppenden Wirtschaftswachstums und eines anhaltenden Defizits der öffentlichen Finanzen. Portugals eigentliches Problem war nicht so sehr eine rücksichtslose Verwaltung der öffentlichen Finanzen – obwohl es heikle und ererbte fiskalisch-strukturelle Probleme gab – als vielmehr die schwache Produktivität und Wettbewerbsfähigkeit der Wirtschaft und eine lang anhaltende Anhäufung von Schulden im privaten Sektor. Ministerpräsident José Socrates war nicht bereit, die Größe der Probleme Portugals einzugestehen, obwohl sogar die portugiesische Opposition von der Regierung verlangte, sich an die EU und den IWF zu wenden. Ende März 2011 verlor die Regierung jedoch die Abstimmung über das Finanzpaket im Parlament, was als Misstrauensantrag interpretiert wurde.

Der letzte Strohhalm war eine öffentliche Petition des Finanzministers Fernando Teixera de Santos Anfang April an seine eigene Regierung (sic!), um externe Hilfe zu fordern, einschließlich einer nur vage verborgenen Rücktrittsdrohung. Dies veranlasste – oder besser gesagt, zwang – Ministerpräsident Socrates, seine Meinung zu ändern. Am 7. April 2011 beantragte Portugal eine Darlehenshilfe der Eurozone, um seine Wirtschaft zu stabilisieren. Der Zeitpunkt spiegelte offenbar auch die Weigerung der größten portugiesischen Privatbanken wider, weitere Staatsanleihen zu kaufen, da sie dies für zu riskant hielten. Die Diskussion über die Beteiligung des Privatsektors an der Reduzierung der Schuldenlast Griechenlands beeinträchtigte die Risikowahrnehmung der Investoren für das übrige Europa. Nun erreichte dieser Ansteckungseffekt Portugal.

Im Nachhinein betrachtet wäre es Portugal besser ergangen, wenn es sich früher um Finanzhilfen der Eurozone bemüht hätte, da dies das Land früher auf den Weg der Reformen gebracht hätte und das gesamte Paket für die Eurozone billiger gewesen wäre. Es wäre definitiv auch für die Eurozone besser gewesen. Zum ersten Mal habe ich dies im Juni 2010 bei Minister Fernando Teixeira dos Santos unter vier Augen eingefordert mit der Frage, ob Portugal begonnen habe, sich auf ein EU-IWF-Programm vorzubereiten, da die notwendigen Anpassungen zur Wiedererlangung der Wettbewerbsfähigkeit die Ressourcen des Landes übersteigen würden. Im Winter 2010/2011 tauchte das Thema in den Diskussionen der Eurogruppe auf. Mehrere Länder der Eurozone sahen die Sackgasse Portugals und ermutigten das Land im Laufe des Winters, rasch um Unterstützung zu bitten. In der Zwischenzeit wurden in verschiedenen Regierungssitzen ständige Fazilitäten für Spanien vorbereitet, um die Märkte zu beruhigen, aber die Regierung des Landes hielt dies nicht für notwendig.

Wenige Tage nach Portugals Bitte um Unterstützung fand ich mich Mitte April in einer unmöglichen Situation auf einer inoffiziellen Sitzung des ECOFIN-Rates in der Stadt Gödöllő, in der Nähe von Budapest in Ungarn, wieder. Die damalige finnische Opposition – die Sozialdemokraten und die *Wahren Finnen* – drohte damit, die Kreditunterstützung für Portugal im Parlament mit ihren Gegenstimmen zu stürzen. Im internationalen Umfeld musste ich ständig auf die Fragen meiner Kollegen zu Finnland antworten. Das Bild von Finnland hatte einen neuen „Farbton" und vor allem einen viel „höheren Kontrast" erhalten. Dies war natürlich auch das Thema Nummer eins für die internationalen Medien, zu dem ich täglich, in jedem nur möglichen Kontext, Stellung nehmen sollte.

Vor der gesamten Weltöffentlichkeit sah ich mich auf der Pressekonferenz in Gödöllő gezwungen, auf die Frage zu antworten, ob das portugiesische Paket im finnischen Parlament in eine Sackgasse geraten würde. Um die Atmosphäre zu beruhigen, musste ich sagen, dass ich darauf vertraute, dass

Finnland schließlich an dem gemeinsamen Vorstoß des Euroraums teilnehmen würde, um Portugals Zahlungsausfall zu verhindern und die Finanzstabilität im Euroraum zu sichern. Da die finnischen Medien nach ECOFIN-Maßstäben eine rekordverdächtig hohe Beteiligung verzeichneten, verbreitete sich die Botschaft zur gleichen Zeit auch in Finnland. Die Opposition versäumte natürlich die Gelegenheit nicht, mich für die Missachtung der Demokratie zu kritisieren, was sicherlich nicht der Fall war, insbesondere bei einem frommen *républicain* wie mir selber.

Das Wort „Vertrauen", das ich oft benutze, kann neben der Einschätzung der Gewissheit von etwas auch als eine scheinbar verborgene Willensäußerung verstanden werden. Diesmal bedeutete es ohne Zweifel beides.

Aus irgendeinem Grund beschloss insbesondere die Sozialdemokratische Partei, aufgrund meiner Äußerungen einen kollektiven Angriff auf mich zu starten. Die Schlagzeile auf der Titelseite der Parteizeitung *Demari* (heute *Demokraatti*) tönte am Montag, den 11. April, dass ich den Sozialdemokraten Befehle diktiert hätte. So etwas hatte ich weder getan, noch war ich überhaupt dazu in der Lage. Zur gleichen Zeit, als die finnische SDP eine Breitseite auf mich abfeuerte, arbeitete ich täglich eng mit mehreren problembelasteten sozialistischen Regierungen zusammen. Zu dieser Zeit regierten die ideologischen Brüder und Schwestern der SDP beispielsweise in Griechenland, Portugal, Spanien und Irland – und die deutsche SPD unterstützte die Rettung aus der Oppositionsposition.

Schließlich entschied sich Finnland nach vielen Wendungen und diversen Ereignissen im Juni 2011, sich mit seinem zweiprozentigen Anteil am Gesamtpaket an der Kreditfinanzierung des portugiesischen Reformprogramms zu beteiligen. Dies wurde zu einem Schlüsselteil des Programms der Regierung von Ministerpräsidentin Jyrki Katainen (2011–2014), zu dem auch die SDP gehörte. Später war die Forderung nach einer Art Sicherheit zur Deckung der finnischen Kredite im zweiten griechischen Paket die Bedingung, die die SDP für ihre Unterstützung forderte und erhielt.

Die griechische Umschuldung: erster Akt

Als die Finanzminister und Zentralbankiers aus aller Welt eine Woche später Mitte April 2011 zu den Frühjahrstagungen des IWF in Washington zusammenkamen, befand sich der Euroraum wieder im Epizentrum der Schuldenkrise. Die Frühjahrs- und Jahrestagungen des IWF sind ein halbjährliches „Jamboree" – oder eine Art Parteitag für internationale wirtschaftspolitische Entscheidungsträger, auf dem in der Regel eher direkte, analytische und evidenzbasierte Diskussionen über die Aussichten der Weltwirtschaft mit dem Ziel geführt werden, die Wirtschaftspolitik verschiedener Länder oder Regionen zu koordinieren. Die G7 und die G20 treten in der Regel auch im Zusammenhang mit diesen IWF-Treffen zusammen. Darüber hinaus gibt es Dutzende von Panels, Randtreffen, Seminaren und Konferenzen mehrerer Organisationen.

Dieses Mal stand Portugal ganz oben auf der öffentlichen Tagesordnung, aber darunter – und vor dem Hintergrund eines echten politischen Gerangels – befand sich Griechenland. Zu diesem Zeitpunkt war das portugiesische Programm inhaltlich weitgehend abgeschlossen, und es wurde darüber in Washington nicht mehr diskutiert, abgesehen von einigen politischen Unsicherheiten in Bezug auf seine Genehmigung, nicht zuletzt in Finnland, wo die politische Atmosphäre europaskeptisch geworden war.

Unterdessen war das Thema Griechenland wieder da. Im Laufe des Winters hatten die Missionschefs der Kommission, der EZB und des IWF in Athen davor gewarnt, dass das griechische Programm nach einem guten Start entgleisen würde. Obwohl die griechische Regierung und das griechische Parlament beschlossen hatten, Konsolidierungsmaßnahmen in ihren öffentlichen Finanzen zu ergreifen, gab es keine Anzeichen für eine Wiederherstellung des Gleichgewichts der Finanzlage dieses Landes. Noch beunruhigender war, dass der kritische Teil des Programms, die Fortsetzung der Strukturreformen, fast komplett gescheitert war. Infolgedessen wurde nun erwartet, dass die Schuldenlast Griechenlands so hoch steigen würde – bis zu 160 Prozent des BIP –, dass das Land nicht in der Lage sein würde, die Last ohne eine Umstrukturierung zu bewältigen.

Da die Angelegenheit auf dem G20-Ministertreffen erörtert werden sollte, war es von entscheidender Bedeutung, eine gemeinsame Haltung der Eurozone zu finden. In Zusammenarbeit mit Ramon Fernandez, dem sehr kompetenten Staatssekretär des französischen Finanzministeriums, beriefen wir die Staatssekretäre der Eurozone ein, die an der G7/G20-Gruppe teilnahmen. Sie wurden schließlich als „die Washington-Gruppe" bekannt und kamen auch später weiterhin unregelmäßig zusammen, um gewisse Dinge vor vielen kritischen Entscheidungen zu klären. Wir setzten uns mit ihnen für einen langen und intensiven Gesprächsabend in Washington zusammen, nachdem die offizielle Tagesordnung des Treffens am Mittwoch, den 13. April, zu Ende gegangen war. Trotz der durch den Jetlag verursachten Müdigkeit sammelten wir die verbleibende Energie und suchten bis spät in die Nacht nach einer analytischen Lösung für die anhaltenden Probleme Griechenlands. Man braucht immer eine analytische Lösung – eine Strategie –, bevor man mit der Suche nach einer politischen Lösung beginnen kann.

Die Sitzung der Staatssekretäre fand einige Nächte später eine Fortsetzung, als die Finanzminister der G20-Eurozonenländer ein Treffen unter dem Vorsitz von Jean-Claude Juncker, dem Präsidenten der Eurogruppe, abhielten. Ich nahm zusammen mit Jean-Claude Trichet, dem Präsidenten der EZB, an dem Treffen teil. Aufgrund neuer beunruhigender Informationen, die von den Vertretern der Troika in Athen eingingen, gab es nun in Athen zum ersten Mal seit einem Jahr ernsthafte Diskussionen darüber, eine nachhaltige Lösung für die Probleme Griechenlands auch im Hinblick auf die Schuldentragfähigkeit zu finden.

Im Mai wurde Griechenland in Sitzungen von Gruppen unterschiedlicher Zusammensetzung in ganz Europa diskutiert. Nach anfänglichen Schwierigkeiten wurden die ersten Schritte zu einer kontrollierten Umstrukturierung unternommen, um die unerträgliche Schuldenlast Griechenlands zu mildern.

Insgesamt war die Situation im Frühjahr 2011 immer noch fragil und verschlechterte sich insbesondere in Italien und Spanien. Die CCR hatte sich in einige Richtungen bewegt, aber eben nur teilweise – daher blieb die Verwundbarkeit der Eurozone bestehen und unterstrich die Notwendigkeit und Dringlichkeit, Entscheidungen zu treffen. Mehr zu Griechenland und der CCR im Sommer und Herbst 2011 im nächsten Kapitel.

Ein weiterer heißer Sommer stand also bevor. Unten an der Ecke, da geht ein böser Mond auf![5] Aber es sollte nicht der letzte oder gar der heißeste Sommer werden – leider.

Literatur

John Maynard Keynes, *The General Theory of Employment, Interest and Money* (gesammelten Schriften von John Maynard Keynes): Bd. VII. Macmillan, Cambridge University Press, 1973, S. xxxii.

Owen Fletcher und Aaron Back, China Voices Support for European Bailouts. *Wall Street Journal*, 22 December 2010, S. 10.

Padoa-Schioppa, Tommaso, *The Euro and Its Central Bank: Getting United After the Union*, 2004, S. 180.

Waltraud Schelkle, *The Political Economy of Monetary Solidarity: The Euro Experiment*. Oxford University Press, 2017, S. 225.

---

[5] Anm. Übers.: Bezug auf den Songtext der Creedence Clearwater Revival: „I see the bad moon risin'".

7

Sommer-Blues in Italien

Das Frühjahr 2011 gipfelte in einer Nachrichtenbombe aus New York City: Dominique Strauss-Kahn, der geschäftsführende Direktor des Internationalen Währungsfonds, wurde am 14. Mai 2011 auf dem Kennedy-Flughafen verhaftet, nur wenige Minuten bevor er mit einem Air-France-Flug nach Paris abgehoben hätte. Ich erhielt die schockierende Nachricht per SMS von der Spanierin Elena Salgado, DSK's Vertrauter und einer sozialistischen Modernisiererin, und überprüfte dann die Nachrichten auf verschiedenen Webseiten: DSK war in der Tat unter dem Vorwurf des sexuellen Übergriffs auf eine Frau vom Hotelpersonal verhaftet worden, ein sehr schwerer Vorwurf, wenn er sich als wahr erweisen würde. Später, offenbar nach einigem juristischen Jonglieren, wurde die Anklage fallen gelassen, aber DSK musste sofort zurücktreten.

Ich hatte erst wenige Tage zuvor mit DSK gesprochen, in einer ganz anderen Stimmung und in einem etwas substanziellen Kontext, als wir ein neues Programm für Griechenland diskutierten. Er trieb die europäischen Entscheidungen in einer Weise voran, dass sich die Eurogruppe in die Enge getrieben und unfähig fühlen würde, Entscheidungen zu treffen. Er sagte, der IWF sei nicht bereit, sich auf ein zweites Programm festzulegen, es sei denn, die Eurozone übernehme die letztendliche Verantwortung für die Kreditvergabe an Griechenland. Der IWF würde seinen Teil der 12 Milliarden Euro, der bis Ende Juni im Rahmen des ersten Programms ausgezahlt werden sollte, blockieren, es sei denn, die EU sei bereit, den Finanzierungsbedarf Griechenlands für die nächsten zwölf Monate zu garantieren. Dies wäre jedoch in vielen Parlamenten nur sehr schwer und auch nicht so plötzlich durchzusetzen gewesen und hätte somit unnötige politische Spannungen hervorgerufen sowie das bisherige positive Ergebnis ernsthaft gefährdet.

Ich hatte den Verdacht, dass das Umfeld der französischen Wahlen einen gewissen Einfluss auf die Eile haben könnte, und notierte mir nach dem Telefonat:

„Ich kann mich des Eindrucks nicht erwehren, dass DSK im Juni auf die schnelle Lösung setzt, um bis zum 28. Juni, wenn er – ich habe es aus der Gerüchteküche gehört – seine Präsidentschaftskandidatur lancieren will, einen klaren Kopf zu bekommen. Aber mit diesem verfrühten und eiligen Drängen treibt er die Eurozone in eine beschissene Ecke, und die Meinungsverschiedenheiten werden in einer viel unkontrollierteren Weise hochkochen, ja sogar explodieren, was der Sache schaden könnte."

Diese Mutmaßungen über die Wahlen wurden bald irrelevant, und wir wissen nicht, ob sie richtig waren oder nicht – auch vom eher starren IWF-Standpunkt aus mag es inhaltliche Gründe für die Eile gegeben haben. Jedenfalls musste die Sozialistische Partei Frankreichs einen anderen Kandidaten finden, und im Juni wählte der IWF eine andere kompetente französische Politikerin, die Finanzministerin Christine Lagarde, die ab dem 5. Juli 2011 den Fonds als geschäftsführende Direktorin („MD" – Managing Director – im Jargon des Fonds) leiten sollte. Der MD-Posten wurde vorübergehend von DSKs fähigem Stellvertreter, dem amerikanischen Ökonomen John Lipsky, übernommen, mit dem wir die griechische Akte für eine spätere Entscheidung in den Frühsommerwochen umsichtig vorbereiteten.

Natürlich verursachte das Verschwinden von DSK aus der Führung des IWF eine gewisse Verzögerung bei den Verhandlungen über das zweite Programm für Griechenland, obwohl zuerst Lipsky und dann Lagarde den Staffelstab reibungslos übernahmen. Der Schwerpunkt der Brandbekämpfung verlagerte sich ohnehin nach Italien und Spanien. In gewisser Weise wurde der Sommer 2011 in zwei Hälften geteilt: Das Epizentrum lag bis Juli in Griechenland, ab Juli in Italien und Spanien. Es ist natürlich nicht zu übersehen, dass die griechischen *Haircuts* im Juli etwas mit dieser Abfolge der Ereignisse zu tun hatten. Wer behauptet, es gäbe keine Ansteckungswirkung von Umschuldungen, muss blind sein oder die Augen vor empirischen Beweisen verschlossen haben.

Ich verbrachte den Sommer 2011 nicht in den Ferien, sondern war mit den bis dahin bereits eingesetzten Aufgaben der Freiwilligen Feuerwehr der Eurozone beschäftigt. Krise für alle, Urlaub nur für einige. Unsere Suche nach der „verlorenen Arche" – der umfassenden Krisenreaktion – ging so intensiv weiter wie eh und je, obwohl wir keinen Harrison Ford hatten, der über „die Schlangen hätte springen" können. Meine traditionellen kulturellen Reisen zum *Pori Jazz Festival* und *Savonlinna Opera Festival* mussten wegen verschiedener Krisensitzungen in letzter Minute abgesagt werden.

Auch für mich war es ein sehr italienischer Sommer, aber nicht unter der sanften Sonne der Toskana, nicht im San-Siro-Stadion in Mailand, nicht auf historischen *Piazzas* von Rom, noch auf den faszinierenden Straßen von Elena Ferrantes Neapel. Stattdessen war meine schönste Erinnerung vom August 2011, als ich gerade meinen Urlaub in unserem Ferienhaus am See in Mikkeli begonnen hatte, bis das Telefon klingelte – und dann bis Ende August nicht mehr aufhörte zu klingeln. In diesen Momenten stand ich mit meinem Mobiltelefon mal auf dem Pier am See oder auf der Terrasse und sprach mit Mario Draghi, zu der Zeit Direktor der *Banca d'Italia,* oder mit Giulio Tremonti, dem damaligen Finanzminister Italiens. Dann fuhr ich wieder auf der finnischen Autobahn 5 und flog weiter nach Frankfurt und Brüssel, hin und her. Dann war der Sommer vorbei. Und für einen Finnen ist das Leben immer zu kurz, um auch nur einen Sommer zu verpassen.

Diejenigen, die an einem Ansteckungseffekt durch Griechenland und Irland zweifelten, sahen sich spätestens im Sommer 2011 getäuscht. Der Ansteckungseffekt war im Juli 2011 in vollem Gange. Die Ungewissheit um Griechenland, Schwierigkeiten im Zusammenhang mit der Verabschiedung des portugiesischen Programms in den Parlamenten einiger Mitgliedstaaten, Italiens Reformstau und die bröckelnde Glaubwürdigkeit der Stresstests für deutsche und spanische Banken – all dies nährte das Misstrauen, das Italien und Spanien an den Rand der Klippe zu ziehen begann. Die Schuldenkrise hatte immer deutlicher die Form einer *Euro*krise – es war eine wirklich systemische Krise, die eine ebenso passende systemische Reaktion erfordern würde.

Dazu trug auch die vorzeitige Zinserhöhung der EZB bei, mit der sie ihre Strenge bei der Verteidigung der Preisstabilität unter Beweis stellen wollte. Die EZB war vor allem in Deutschland wegen ihres Anleiheankaufprogramms heftig kritisiert worden. Als die Erholung voranschritt und die Gesamtinflation über zwei Prozent stieg (wenn auch nur sehr vorübergehend), begann der EZB-Rat – trotz der anhaltenden Finanzturbulenzen und der Schuldenkrise –, eine Zinserhöhung zu erwägen und vorzubereiten, die schließlich zweimal, im April und Juli, beschlossen und durchgeführt wurde. Rückblickend wissen wir, dass die Erholung im Frühjahr und Sommer sehr viel schwächer als gedacht ausfiel und sicherlich durch die vorzeitigen Zinserhöhungen im Jahr 2011 leider weiter abgeschwächt worden war.

Es war für viele, auch für mich, unangenehm zu erfahren, dass der EZB-Rat trotz der sich abzeichnenden finanziellen Turbulenzen bereit war, die Zinssätze zu erhöhen, und zwar nur auf der Grundlage eines relativ kurzfristigen Aufwärtstrends der Inflation. Es war üblich, dass der Kommissar nicht zu den Dinnern und Diskussionen der Zentralbankpräsidenten eingeladen wurde, die den Sitzungen zur Festlegung der Geldpolitik vorausgingen, insbesondere in der Trichet-Ära, und so war ich überrascht, als ich am Morgen bei der offiziellen Sitzung davon erfuhr.

Im Flugzeug zurück nach Brüssel kritzelte ich am Abend in mein Notizbuch und fragte mich, ob die Zinserhöhung angesichts der gefährlichen Turbulenzen in den Krisenländern Griechenland, Portugal und Irland sowie in den Randländern Italien und Spanien klug war. Auch das Spiel um Trichets Nachfolger war ein Faktor, der das übliche Mittelfeld fast so kämpferisch machte wie die Falken, da die Unterstützung Deutschlands als entscheidend für die Ernennung des nächsten EZB-Präsidenten angesehen wurde.

Darüber hinaus strebte die EZB eine klare Unterscheidung zwischen normaler Geldpolitik (= Leitzins) zur Inflationsbekämpfung und unkonventionellen Maßnahmen (= das SMP (Securities Markets Programme), Anleihekaufprogramm am Sekundärmarkt) zur Bändigung der Krise an. Bald stellte sich heraus, dass dies eine zu kluge Taktik war, die zu gegebener Zeit einer kalibrierten Strategie Platz machte, die auf der Abfolge sowohl konventioneller als auch unkonventioneller politischer Maßnahmen und einer vorausschauenden Führung in der Kommunikation beruhte.

Die damaligen Kommentatoren waren ziemlich rücksichtslos in der Beurteilung der EZB-Entscheidungen. Carlo Bastasin schrieb: „Die Entscheidung der Europäischen Zentralbank, den Kauf der Anleihen von Griechenland, Portugal und Irland einzustellen, war eine wichtige Episode des Tauziehens zwischen der EZB und den nationalen Regierungen. Beide Seiten unterschätzten die unbeabsichtigten Folgen, die ihr Konflikt auf die Privatwirtschaft haben würde. Es war ein fataler Fehler."[1] Im September 2011 schrieb James Surowiecki: „Die Zinserhöhung vom Juli war wie ein Tritt für die Wirtschaft, als diese schon am Boden lag."[2]

Abgesehen von den Zinserhöhungen gab es im Laufe des Sommers zwei weitere Höhepunkte. Erstens wurde am 21. Juli ein Gipfeltreffen der Eurozone einberufen, da sich die Lage – nicht zuletzt wegen Griechenland – immer weiter verschlechterte. Seine Wirkung war wiederum nur von kurzer Dauer. Zweitens beschloss die EZB Anfang August, das Anleiheankaufprogramm wieder aufzunehmen, diesmal auch unter Einbeziehung von Italien und Spanien. Dies wurde durch einige kommunikative Bemühungen der Kommission unterstützt und trug dazu bei, für einige Zeit einen ruhigen Windschatten zu schaffen …, aber schließlich stellte sich heraus, dass es nur

---

[1] Bastasin (2012).
[2] https://www.newyorker.com/magazine/2011/09/05/europes-big-mistake

ein vorübergehender Waffenstillstand war. Die Entscheidungen vor und auf dem Juli-Gipfel konnten die Märkte nicht davon überzeugen, dass die Krise unter Kontrolle gebracht worden war, und die Turbulenzen gingen trotz der Maßnahmen der EZB weiter.

Für Italien bedeutete dies einen sengenden Sommer und Herbst. Ministerpräsident Silvio Berlusconi distanzierte sich von der Politik seines eigenen Finanzministers Giulio Tremonti. Um den Haushalt auszugleichen, hatte Tremonti auf weitere Ausgabenkürzungen und Steuererhöhungen gedrängt. Die Zinsen in Italien hatten zum ersten Mal seit drei Jahren die 5-Prozent-Marke übersprungen. Noch beunruhigender war, dass sich die italienischen Zinssätze nun auf dem gleichen Kurs befanden wie ein Jahr zuvor in Griechenland, Irland und Portugal. Das Buschfeuer in Griechenland weitete sich zu einem Waldbrand in der gesamten Eurozone aus und drohte auch die italienische und spanische Wirtschaft in Mitleidenschaft zu ziehen.

Im Juli gab es eine Lawine von schlechten Nachrichten aus verschiedenen Teilen des Euroraums. Portugals Kreditrating sank in die Kategorie „Schrott", die EZB hob zum zweiten Mal ihren Leitzins an und einige Politiker der Eurozone begannen lautstark eine grobe und harte Umschuldung und einen Euroausstieg für Griechenland zu fordern. Um dem Ganzen noch die Krone aufzusetzen, versäumten es die Staats- und Regierungschefs der Eurozone, die Kreditvergabekapazität der Europäischen Finanzstabilitätsfazilität (EFSF) auszuweiten, was entscheidend gewesen wäre, um ihren beschädigten Ruf als „große Panzerfaust" oder als echte und robuste Finanz-Firewall wiederherzustellen. Ich wusste, dass wir von da an definitiv auf dem Drahtseil der extremen Turbulenzen wandeln würden.

Das „geheime" Treffen in Luxemburg

Aber der Schauplatz für die sommerlichen Turbulenzen wurde bereits im Frühjahr festgelegt. Im Mai 2011 war allen wichtigen Akteuren klar geworden, dass die Schuldenlast Griechenlands und ihre Entwicklung nicht tragbar war, auch wenn die EZB der letzte Mohikaner war, der sich noch widersetzte. Die Angelegenheit wurde bei verschiedenen Treffen in unterschiedlicher Zusammensetzung in ganz Europa diskutiert.

Der Präsident der Eurogruppe, Jean-Claude Juncker, wollte – meines Erachtens zu Recht und in letzter Minute – Ordnung in die öffentliche Kakofonie um das zweite Programm für Griechenland und die sehr spaltende Frage der Umschuldung bringen. Deshalb lud er eine kleine Gruppe wichtiger Minister und Beamter für Freitag, den 6. Mai 2011, zu einem kleinen Geheimtreffen nach Luxemburg ein – oder sollte ich sagen, zu einem „angeblich geheimen" Treffen, da es durchgesickert war und öffentlich wurde, bevor es begonnen hatte.

Nicht, dass wir nicht alles versucht hätten, es geheim zu halten. Ich traf meine Vorbereitungen innerhalb der Kommission, ohne jemandem außer Präsident Barroso den genauen Zweck zu verraten, und plante die Reise außerhalb der offiziellen Kanäle, was einfach war, da wir nur von Brüssel nach Luxemburg fuhren. Der griechische Finanzminister George Papaconstantinou, der an der zweiten Hälfte des Treffens teilnahm, traf Vorkehrungen wie die Buchung des Fluges nach Frankfurt, um undichte Stellen zu vermeiden – was in seinem Fall im Gegensatz zu einigen anderen, gelang.

Es war ein sonniger und warmer Freitagnachmittag in Luxemburg, als wir in der Regierungsvilla in Luxemburg eintrafen. Jemand schlug vor, dass wir das Treffen draußen auf der Terrasse beginnen könnten, was wir auch taten. Gerade als wir anfangen wollten, fing das Telefon jedes Einzelnen an zu blinken, zu wackeln oder zu summen, als Hunderte von SMS-Nachrichten eintrafen, in denen gefragt wurde, was zum Teufel hier los sei. *Spiegel Online* hatte die Geschichte durchgestochen und das Treffen enthüllt, mit dem unangenehmen und völlig falschen Hinweis, dass das Treffen dringend einberufen worden wäre, um einen möglichen griechischen Ausstieg aus dem Euro zu diskutieren. Das war natürlich politischer Zündstoff.

Der erste Sprecher von Juncker dementierte das Treffen, was bei den Medien nicht gut ankam – eine Untertreibung des Jahres. Nach kurzem Überlegen und kollektivem Nachdenken beschlossen wir, eine kurze Erklärung zur Schadensbegrenzung abzugeben, in der wir feststellten, dass Christine Lagarde (damals G20-Vorsitzende) und Juncker (als Vorsitzende der Eurogruppe) beschlossen hatten, die Eurozonenminister der G20 zu einem informellen Treffen einzuberufen, um G20-Angelegenheiten zu erörtern, und den griechischen Finanzminister zur Konsultation eingeladen hatten. Die einfache Lektion war direkt aus dem Leitfaden *Communications 101*: Niemals lügen!

Die undichte Stelle verursachte verständliche Wut und Angst unter den Teilnehmern, und die versteckten Spannungen in Bezug auf die substanziellen Fragen kamen nun zwangsläufig zum Vorschein. Das Leck und die Art und Weise, wie es öffentlich wurde, trugen nicht wirklich dazu bei, eine Atmosphäre des Vertrauens zu schaffen und die drängenden Probleme der Eurozone zu lösen, ganz im Gegenteil. In der Halbzeit, als Papaconstantinou eintraf, verließ Trichet den Schauplatz und weigerte sich, an einem Treffen teilzunehmen, bei dem es auch nur um die Umschuldung ging.

In der zweiten Hälfte beim beschränkten kleinen Abendessen ging Juncker direkt zum Streitpunkt über: Da Griechenland 2012 keine Chance auf einen

Marktzugang hatte, mussten wir uns auf ein neues, zweites Programm einigen. Ich folgte danach und gab die Einschätzung der Kommission wieder: Das Programm als solches war nicht gescheitert, und das Haushaltsdefizit war erheblich reduziert worden, aber die Umsetzung sollte beschleunigt werden – mit einem stärkeren Schwerpunkt auf Strukturreformen. Ich bedauerte auch, dass die Opposition in Griechenland das Programm nicht unterstützte, sondern eher untergrub – Samaras' Partei *Nea Demokratia* war Mitglied der Europäischen Volkspartei, wie die meisten Teilnehmer am Tisch. Ich appellierte an sie, Nea Demokratia aufzufordern, die nationale Einheit zu unterstützen. Vergeblich.

Als nächstes stellte Papaconstantinou die griechische Lage vor und verwies auf die enorme Haushaltskonsolidierung, die schon erreicht wurde, und die vielen durchgeführten Reformen. Aber für ihn war die Atmosphäre rund um das Programm sowohl in Griechenland als auch außerhalb des Landes im Vergleich zu den erzielten Fortschritten übermäßig negativ. Seiner Ansicht nach wäre der beste Weg für Griechenland eine Kombination aus einem ehrgeizigen Ausgleich der öffentlichen Finanzen mit einem hohen Primärüberschuss auf der einen Seite und einem freiwilligen Angebot an die Anleihegläubiger zur Verlängerung oder zum Umtausch von Anleihen mit einer Laufzeit bis 2020 ohne Abschläge auf der anderen Seite.[3]

Es war nun klar, dass die interne Kluft der Eurogruppe in Bezug auf Schuldentragfähigkeit und Beteiligung des privaten Sektors immer tiefer wurde. Ich habe versucht, in Luxemburg Brücken zwischen den beiden Lagern zu bauen und einige der roten Linien im *unmöglichen Dreieck* rosa zu färben, einfach um bei der Brandbekämpfung voranzukommen. Ich verteidigte die griechische Erfolgsbilanz, indem ich sagte, dass sieben (!) Prozentpunkte Defizitabbau keine Peanuts sind, während ich auch die Notwendigkeit unterstrich, 2014 einen substanziellen Primärüberschuss zu erreichen. Mein Vorschlag zur Umschuldung bestand darin, die Argumente für eine freiwillige Neuprofilierung anzuerkennen: Wir sind nicht gegen eine weitere Wien-artige Initiative, die eine Verlängerung der Belastung vorsieht.

Aufgrund der verbleibenden roten Linien und der begrenzten Mandate sind wir jedoch in der Substanz nicht weitergekommen. Tremonti beklagte, dass die Abwesenheit der EZB bei diesem Treffen tragisch sei. Juncker erklärte anschließend, dass unsere gemeinsame Botschaft lauten sollte: kein Ausstieg Griechenlands, keine Umstrukturierung, aber eine Neuprofilierung ist offen, und wir würden uns für ein verstärktes Programm einsetzen. Ich verfolgte dieses Konzept in meiner nachfolgenden Mitteilung.

---

[3] Papaconstantinou (2016, S. 198).

Das „geheime" Treffen war zwar ein sofortiger Misserfolg, aber es wurde dennoch etwas Nützliches erreicht, das sich später auszahlen sollte, und zwar früher, als wir damals dachten. Die Beteiligung des privaten Sektors (PSI), im Volksmund als *Haircuts* bekannt, war der „weiße Elefant" im Raum gewesen, oder der „Voldemort" aus dem wirklichen Leben, der „nicht erwähnt werden sollte". Nun war es zumindest erlaubt, den Voldemort intern zu diskutieren, und die ernsthafte Arbeit der Analyse der Optionen und nächsten Schritte im Vorbereitungsmechanismus der Eurogruppe konnte endlich beginnen, echte Fortschritte zu machen.

Haircuts und Friseure

Im Laufe des Frühjahrs und Sommers 2011 fanden zwischen der griechischen Regierung und dem Weltbankenverband (International Institute of Finance, IIF), der ihre internationalen Investoren und Banken vertrat, Verhandlungen über eine wie auch immer geartete Umschuldung statt. Diese internationale Gruppe von Investoren und Banken wurde von Josef Ackermann, dem Vorstandsvorsitzenden der Deutschen Bank und Vorsitzenden des IIF, geschickt gelenkt.

In der Kommission waren wir besorgt darüber, dass dieser Prozess ein „Kreditereignis" – ein Codewort für harte Umschuldung – auslösen könnte, weil wir dies als einen Sprung ins Unbekannte und als gefährlich im Hinblick auf die Beschleunigung der bereits laufenden Ansteckung ansahen. Ich habe den Standpunkt der Kommission am Rande einer FT (Financial Times) Deutschland-Konferenz in Königstein dargelegt: „Wir haben über eine Initiative im Wiener Stil diskutiert und in diesem Zusammenhang auch die Machbarkeit einer freiwilligen Umschuldung oder Neuprofilierung unter der Bedingung geprüft, dass dadurch kein Kreditereignis ausgelöst wird."[4] Mit „Wiener Stil" bezog ich mich auf die öffentlich-private Wiener Initiative im Jahr 2009 zur Umschuldung von Krediten in Ost- und Mitteleuropa, statt einer völligen Umstrukturierung oder Reduzierung des Kapitals. Das half damals, die Systemkrise einzudämmen und die Kreditvergabe an die Realwirtschaft in der Region aufrechtzuerhalten. Meiner Ansicht nach war die Zeit der Ablehnung einer Art von Umschuldung vorbei, insbesondere nach den Erfahrungen vom Mai in Luxemburg, und es war besser, einige beruhigende und nicht dramatische Botschaften zu vermitteln, auch wenn der endgültige *Haircut* tiefer gehen könnte und wahrscheinlich auch gehen sollte.

---
[4] Rehn/EU, Must Avoid Triggering Greek „Credit Event". Reuters, 8. Juni 2011.

In Athen war nun Bewegung in die Sache gekommen. Ende Juni verabschiedete das griechische Parlament nach sehr kontroversen Diskussionen ein weiteres Stabilisierungspaket, das umfangreiche Sparmaßnahmen und Steuererhöhungen vorsah. Dies war eine Bedingung der Eurogruppe für die Genehmigung des zweiten Darlehensprogramms. Nachdem in Athen Fortschritte erzielt worden waren, berief Jean-Claude Juncker auf meine Bitte hin die Eurogruppe am 2. Juli, einem Samstagabend, zu einer Telefonkonferenz ein, um Entscheidungen zu treffen. Da ich an einer Konferenz in Finnland teilnahm, führte ich den Anruf im Büro der Kommission in Helsinki durch.

Im Namen der Troika legte ich die Beschlüsse vor, die von den Mitgliedstaaten einstimmig, aber ohne Enthusiasmus unterstützt wurden. Nach den Beschlüssen zu Griechenland forderte ich die Eurogruppe auf, vor den mitteleuropäischen Sommerferien die noch fehlenden Beschlüsse zum CCR zu fassen. Diese wären insbesondere im Hinblick auf die Stärkung des Stabilitätsfonds zur Abwehr von Ansteckungseffekten sowie die Rekapitalisierung der Banken zur Stärkung des Vertrauens erforderlich. In dieser Hinsicht war das Treffen jedoch fruchtlos und frustrierend, ja sogar deprimierend.

Nach dem langen, dunklen Winter und einem ebenso düsteren Frühling war die Stimmung unter den Ministern der Eurogruppe spürbar angespannt, was man selbst am Telefon in einer Telefonkonferenz spüren konnte. Auch ich bekam meinen Anteil an der Negativität ab, an die ich mich schon gewöhnt hatte. Des Zögerns müde wollte ich deutlich machen, dass wir mit den kritischen Entscheidungen zu Griechenland und einer Verstärkung der finanziellen Firewall, die im Juli hätte getroffen werden sollen, nicht noch über die Sommerpause hinaus warten können. Einige Minister hielten es für „unglaublich", dass die Kommission die Dinge im vermeintlichen Hoheitsbereich der Mitgliedstaaten überstürzt hatte.

Doch innerhalb weniger Tage führten die zunehmende Unsicherheit und das Zögern bei den Entscheidungen am 7. und 8. Juli zu einer „chaotischen Spirale" auf den Märkten.[5] Am Wochenende vom 9./10. Juli liefen die Telefonleitungen heiß, insbesondere zwischen Berlin, Paris, Frankfurt und Brüssel. Die Marktturbulenzen waren kein Wunder, denn es lag viel Unsicherheit in der Luft. Der kritische Punkt war die vermutlich bevorstehende Umschuldung der griechischen Staatsschulden, die für eine Reduzierung des Nennwertes einer Schuld steht (auch „Haircut" oder „PSI" genannt, wie bereits erwähnt). Eine bescheidenere Version wäre die Neuprofilierung, die für eine Verlängerung der Laufzeit eines von einem privaten Investor gehaltenen Darlehens in die ferne Zukunft steht, um eine unmögliche Erhöhung oder Rück-

---

[5] Bastasin (2012, S. 288).

zahlung auf kurze bis mittlere Sicht zu vermeiden. Wie Papaconstantinou richtig schrieb, „wurden bis zum Frühjahr 2011 beide ‚R'-Wörter[6] von den Treffen der Eurogruppe verbannt".[7] Aber das bedeutete nicht, dass sie nicht anderswo diskutiert wurden: öffentlich von den Bankiers, den Medien und einigen Politikern, privat von politischen Entscheidungsträgern.

Ich erinnere mich, dass ich irgendwann im Winter 2010/2011, als sich die Debatte über die Umschuldung intensivierte, dachte, wir müssten wirklich über den Tellerrand hinausschauen. Also habe ich die Angelegenheit bei einem bilateralen privaten Treffen mit Kommissionspräsident Barroso angesprochen und vorgeschlagen, die Einberufung eines langen Wochenendtreffens aller Mitgliedstaaten und EU-Institutionen in Erwägung zu ziehen, bei dem eine Entscheidung über eine substanzielle Umschuldung mehrerer südeuropäischer Länder getroffen werden könnte, die bis Sonntagabend bekannt gegeben werden sollte, und bei der die Entscheidungen am Montagmorgen in Kraft treten sollten. Die negativen Auswirkungen auf die Märkte müssten durch eine robuste Finanz-Firewall, die gemeinsame Feuerkraft von EZB und EFSF, eingedämmt werden. Wir haben ein ernsthaftes Gedankenexperiment über diese einfallsreiche Alternative durchgeführt, mussten aber zu dem Schluss kommen, dass es sich um ein nicht durchführbares Szenario handelte – vor allem wegen der tiefen internen Spaltungen in der EU, die eine rationale, effektive und ausreichend schnelle Entscheidungsfindung nicht erleichtert hätten. Zweifellos hätte es auch andere, eher technische Hürden gegeben. Jedenfalls musste diese „Urknall-Idee" als undurchführbar fallen gelassen werden.

Die Debatte drehte sich nun um die Frage der Schuldentragfähigkeit Griechenlands. Es muss betont werden, dass die einzigen rechtsgültigen Verhandlungen zwischen der griechischen Regierung und ihren internationalen Gläubigern, vertreten durch das Internationale Finanzinstitut, stattfanden. Die Eurogruppe hatte jedoch einen großen Anteil am Ergebnis, da sich bei der Programmfinanzierung die Verringerung der Schuldenlast Griechenlands direkt auf den Umfang des Programms auswirkte, was wiederum den Bedarf an offiziellen Krediten durch andere Mitgliedstaaten verringern würde. Die Finanzierungsgleichung war einfach: Der Betrag, für den offizielle Kredite anderer Mitgliedstaaten benötigt wurde, war die große Restkomponente, die übrig blieb, nachdem der Primärüberschuss oder das Primärdefizit des öffentlichen Sektors zusammen mit der Finanzierung durch den IWF und der Nettoreduzierung der öffentlichen Verschuldung, letztere durch einen Haircut

---

[6] Anm. der Übers.: „re-profiling" und „repayment".
[7] Papaconstantinou (2016).

7 Sommer-Blues in Italien 147

oder Schuldenrückkauf, oder eine andere Form der Restrukturierung zusammengefasst worden war. Daher war es nur natürlich, dass die Eurogruppe und die Kommission Griechenland bei diesen Gesprächen flankierende Unterstützung leisteten.

Die „Hintertür"-Diskussionen waren bis Juni-Juli 2011 soweit ausgereift, dass das Thema vertraulich in den EU-Institutionen aufgegriffen werden konnte. Den Vorsitz der Euro-Arbeitsgruppe hatte zu dem Zeitpunkt Italiens marktkundiger und stets analytischer Staatssekretär Vittorio Grilli inne, der ein Jahr später als Nachfolger von Giulio Tremonti zum italienischen Finanzminister ernannt wurde. Zu den Optionen, die auf dem Tisch lagen, gehörte ein Schuldenaustausch oder ein Schuldenrückkauf, der von mehreren Mitgliedstaaten als Bedingung für die Annahme eines zweiten Programms für Griechenland angesehen wurde, das das Land brauchte, um zahlungsfähig zu bleiben.

Am Sonntag, den 17. Juli, rief mich Jean-Claude Juncker morgens an. Wir vereinbarten ein Treffen mit Ackermann und den Leuten von IIF am Dienstag in Brüssel in der luxemburgischen Botschaft. Wir beschlossen auch, dass Jean-Claude Schäuble und Ackermann anrufen würde, ich würde mit Grilli und Dallara sprechen.

Also rief ich Grilli an, der in engem Kontakt mit seiner Schnittstelle der Staatssekretäre, der Euro-Arbeitsgruppe, stand, die später am Tag eine Telefonkonferenz abhielt. Grilli war ziemlich pessimistisch in Bezug auf das Krisenbewusstsein in einigen Mitgliedstaaten: „Die Märkte glauben nicht an das Euro-Regierungshandeln. In der Zwischenzeit glauben einige in den Mitgliedstaaten, dass es keine Ansteckung gibt. Bald, nach den nächsten Herabstufungen, werden Italien und Spanien aus den EFSF-Darlehenspaketen herausfallen, die nur den AAA überlassen werden." Ich muss sagen, Grilli hatte Recht mit seinem fundierten Pessimismus oder vernünftigen Realismus, wie die Ereignisse bald beweisen würden.

Wir waren vorsichtig und der Ansicht, dass jedes Abkommen *freiwillig* vereinbart werden müsse, um ein „Kreditereignis" zu vermeiden, d. h. einen Staatsbankrott, der als gefährlich für die finanzielle Stabilität und Glaubwürdigkeit angesehen wurde. Das Maximum war ein „selektiver Zahlungsausfall", eine im Marktjargon weichere und kürzere Version.

Wir hatten auch intensive Kontakte mit dem IWF, nicht zuletzt, weil John Lipsky ein enger Mitarbeiter geworden war und Christine Lagarde bereits eine solche war und immer vertrauter wurde. Sie schickte mir in der Nacht (in Europa) vom Montag, den 18. Juli, eine Botschaft der Ermutigung und drängte uns Europäer herzlich, die Umschuldung voranzutreiben – sie hatte gerade ihren Arbeitsplatz von Frankreich in den IWF verlegt. Ich antwortete ihr:

Vielen Dank für die dringend benötigte Ermutigung die Luft ist immer noch voller roten Linien … In der Tat nicht gegen die Beteiligung des privaten Sektors, aber es hängt davon ab, wie sie realisiert werden würde; der Schlüssel ist kein Kreditereignis. Wir drängen auf eine umfassendere Lösung, einschließlich des flexibleren Einsatzes der EFSF (sekundär und vorsorglich) und der Senkung der Zinssätze und Verlängerung der Laufzeiten … Mehr können wir jetzt nicht erreichen. Sicherlich wird Weiteres folgen, entweder sofort, wenn sich die Krise vertieft, oder nur kurz, wenn wir eine Atempause haben. Ich denke, Ihre Mitarbeiter sollten die Ansteckung genauer unter die Lupe nehmen; sie wird unterschätzt … Was ich sage, mag als Durchwursteln kritisiert werden, aber es ist schwer, im Moment eine praktikablere und politisch machbarere Alternative zu finden. Ich würde gerne meine Meinung ändern, wenn sich die Fakten und Umstände ändern. Ich bleibe unvoreingenommen.

Unser Balanceakt auf dem Drahtseil ging also weiter. Bei dem Treffen in der luxemburgischen Botschaft in Brüssel am 19. Juli war die Stimmung herzlich, aber angespannt, da für alle Teilnehmer viel auf dem Spiel stand. Ackermann schloss sich unserer allgemeinen Einschätzung an, dass die Situation für die europäische Wirtschaft kritisch sei: „Niemand im Nahen Osten, in der Schweiz, in Russland, glaubt an den Euro … Wir nähern uns dem September 2008. Wir brauchen so schnell wie möglich ein überzeugendes Paket." Doch eine Einigung war nicht in Sicht.

Die Gespräche wurden in den nächsten zwei Tagen insbesondere zwischen Griechenland und seinen internationalen Gläubigern fortgesetzt. In der Ecke der Eurogruppe dachte Deutschland bereits über die nächsten Schritte nach, da es davon ausging, dass sich der aktuell anstehende Schritt als unzureichend erweisen würde. Laut Papaconstantinou wurde die Situation in der griechischen Regierung so wahrgenommen: „Deutschland dachte bereits über eine einfache Neuprofilierung hinaus, wartete aber das Ende von Trichets Amtszeit ab, bevor es das Thema erneut aufgriff."[8]

Ich sprach mit Barroso, der Bedenken über die Auswirkungen einer möglichen Beteiligung des privaten Sektors in „Ansteckungsländern", d. h. Italien, Spanien und Portugal, hatte. Um die Ansteckung nach dem griechischen *Haircut* einzudämmen, sollten wir unserer Meinung nach zunächst – und bevor irgendetwas anderes versucht wird – die Finanz-Firewall der Eurozone verstärken, die in erster Linie die EFSF/ESM war, sich aber auch auf die Maßnahmen der EZB stützen könnte, zumindest teilweise. Dies sollte auf dem bevorstehenden Gipfeltreffen der Eurozone die eindeutige Priorität sein.

---

[8] Papaconstantinou (2016, S. 213).

Der Gipfel der Eurozone am 21. Juli: Fortschritte, aber zu spät

Damit wurde der Weg für die erste Runde der Umschuldung Griechenlands geebnet. Kaum drei Wochen waren seit der Telefonkonferenz der Eurogruppe vom 2. Juli vergangen. Inzwischen waren die Marktturbulenzen so eskaliert, dass der Präsident des Europäischen Rates Herman van Rompuy beschloss, für den 21. Juli 2011 einen Eurogipfel einzuberufen.

Präsident Barroso beschrieb die Situation unverblümt, aber auf den Punkt gebracht, als er seine Eröffnungserklärung vor seinen Kollegen auf dem Gipfel abgab:

> Bislang haben wir die Krise nicht wirksam bewältigt. Zu viele nationale Interessen haben die Einigung auf eine umfassende Lösung behindert. Wenn wir uns auf eine solche Lösung einigen wollen, müssen wir diese nationalen Interessen beiseite schieben. Wir müssen diese Lösung heute finden! Je länger wir zögern, desto weniger Optionen haben wir zur Verfügung.

Barroso hielt daran fest, dass die Eurozone ihre Aufmerksamkeit auf eine langfristige strategische Reaktion auf die Krise konzentrieren und sofort mit dem Handeln und Treffen von Entscheidungen beginnen müsse, die auf sieben Bausteinen basieren:

1. Wiederherstellung der Nachhaltigkeit der griechischen öffentlichen Finanzen,
2. Klärung der Bedingungen für die „Beteiligung des privaten Sektors" (PSI),
3. Reform und Erweiterung der EFSF,
4. ernsthaftes Angehen der Reparatur des Bankensektors,
5. Verpflichtung der EZB, die Liquidität zu unterstützen,
6. Einigung über die Wirtschaftsregierung und
7. bessere Kommunikation und Beseitigung der Kakofonie.

Auf dem Gipfel wurden einige wichtige Entscheidungen getroffen. Zusätzlich zu den Maßnahmen zur Linderung der griechischen Schuldenkrise, einschließlich der ersten Runde von *Haircuts*, einigten sich die Staats- und Regierungschefs der Eurozone auf eine flexiblere Nutzung der EFSF. Auf der Grundlage der Beschlüsse des Gipfels wurde die EFSF (und die künftige ESM) in die Lage versetzt, auf der Basis eines Vorsorgeprogramms zu handeln, indem sie eine vorsorgliche Kreditlinie *à la* IWF für problembelastete Länder gewährt. Sie könnte auch die Rekapitalisierung von Banken unter bestimmten Bedingungen durch Darlehen an Regierungen finanzieren, bei Bedarf auch in den Nichtprogrammländern (sehr wichtig für Spanien und möglicherweise auch für Italien). Und sie könnte damit beginnen, Staatsanleihen auf den Sekundärmärkten zu kaufen (was wiederum vor allem für Italien und Spanien als sehr wichtig erachtet wird). All diese Maßnahmen wären streng an korrigierende politische Maßnahmen der betreffenden Länder gebunden.

Die Resolution vom Juli 2011 bedeutete einen weiteren finanziellen Beitrag von 109 Milliarden Euro für Griechenland. Ein Großteil davon kam von privaten Investoren, da die geordnete Schuldenumstrukturierung den Finanzierungsbedarf Griechenlands über drei Jahre um 54 Milliarden Euro reduzieren sollte. Daher wurde prognostiziert, dass die Schuldenlast Griechenlands bis 2020 von unerträglichen 160 Prozent auf einigermaßen erträgliche 120 Prozent sinken würde. Im Nachhinein wissen wir, dass diese Ziele nicht vollständig erreicht wurden, da viele Anleihegläubiger die *Haircuts* vermeiden konnten, indem sie sich den kollektiven Entscheidungen verweigerten. Das war eine weitere Komplikation beim Streben nach einer sauber und ordentlich geführten Restrukturierung, die oft als einfaches Allheilmittel für die Eurokrise dargestellt wurde.[9] Daher war und ist die Einführung wirksamer Klauseln über kollektive Maßnahmen immer wichtiger, um einen sinnvollen Weg zur Erreichung der Schuldentragfähigkeit zu erleichtern.

Zwei Interpretationen des Ergebnisses können sofort vorgenommen werden. Einerseits konnte man davon ausgehen, dass die Lösung langfristig weder endgültig noch ausreichend war, aber zumindest der Weg zur Schuldentragfähigkeit geebnet war. Andererseits konnte man den Schluss ziehen, dass das Tabu der Beteiligung des Privatsektors gebrochen worden sei, aber das Ergebnis sei nicht glaubwürdig, so dass der Kompromiss der schlechtest mögliche sei.

So oder so – die Fortsetzung kam schneller als erwartet.

Natürlich gab es keinen Grund, mit dem Ergebnis übermäßig zufrieden zu sein. Die *Haircuts* für Griechenland reichten eindeutig nicht aus, um zu überzeugen. Und die EFSF-Erweiterung wurde in den Hintergrund gedrängt, was das sicherste Mittel war, um die Märkte in Schwierigkeiten zu bringen. Es fiel mir schwer, den Mangel an Marktkenntnis oder die schiere Selbstgefälligkeit zu verstehen. Dieses Versäumnis verfolgte uns bald, und zwar im großen Stil.

Bis Anfang August hatte sich die Lage auf den Märkten von schlecht zu ganz schlecht oder von ernsthaftem Gemurmel zu unkontrollierten Turbulenzen gewandelt. Ein Grund dafür waren die Zinserhöhungen der EZB im April und Juli und die Einstellung des Anleihekaufprogramms SMP im Hochsom-

---

[9] Vgl. z. B. Sandbu (2017).

mer. Diese wurden durch das fehlende fiskalische Engagement einiger Mitgliedstaaten noch verstärkt. Italien befand sich nun im Epizentrum der Krise.

Während der Jahre, in denen die Krise andauerte, war an Sommerferien nicht zu denken. Im Sommer 2011, nachdem ich Ende Juli gerade den dritten Versuch unternommen hatte, einen Sommerurlaub zu machen, musste ich wieder sofort von Mikkeli nach Mitteleuropa zurückkehren.

Am 1. August hatte mich Mario Draghi (damals noch an der Spitze der *Banca d'Italia*) in sehr besorgter Stimmung angerufen. Er war sehr betroffen über den Marktdruck und die höheren Renditen, da das Land im September mit umfangreichen Anleiheauktionen konfrontiert sein würde, und bat die Kommission um flankierende Unterstützung für eine mutigere Reaktion aller EU-Institutionen. Am folgenden Tag hatte ich ein Telefongespräch mit Finanzminister Giulio Tremonti. Im Einklang mit der Pflicht der Kommission zur wirtschaftspolitischen Überwachung teilte ich ihm mit, dass die Kommission den revidierten Haushalt Italiens billigen könne, und unterstrich die vorrangige Bedeutung seiner wirksamen Umsetzung.

Am selben Tag wurde eine Telefonkonferenz der „Institutionellen" der EU organisiert, um eine Bilanz der wirtschaftlichen Lage und der Umsetzung der Beschlüsse des Gipfels vom 21. Juli zu ziehen. Die Präsidenten van Rompuy, Juncker, Barroso und Trichet und ich waren am Telefon zusammengekommen. Ich machte den Anruf aus dem Büro von *Länsi-Savo*, der Regionalzeitung, bei der ich einst als Sommerreporter gearbeitet hatte, da sie für diesen Zweck besser ausgerüstet waren als mein Ferienhaus und versprachen, keine Abhörgeräte einzuschalten – manchmal können die Medien sehr konstruktiv und vertrauenswürdig sein!

Ich sagte in meinem Beitrag, dass sich die kurzfristigen Wachstumsaussichten im Vergleich zu unserer Frühjahrsprognose verschlechtert hätten. Die Turbulenzen an den Finanzmärkten und der Vertrauensverlust forderten ihren Tribut. Ich unterstrich die Bedeutung der vollständigen Umsetzung der Gipfelbeschlüsse. Es seien einige Fortschritte erzielt worden, da ein neuer EFSF-Rahmenvertrag abgeschlossen und die Richtlinien bezüglich der Rekapitalisierung von Finanzinstituten und der vorsorglichen Kreditlinie vereinbart worden seien. Die Richtlinien bezüglich der Interventionen auf dem Primär- und Sekundärmarkt seien jedoch noch in der Diskussion, was in einem sehr kritischen Marktmoment ein großes Handicap darstelle. Ich betonte auch die Notwendigkeit, die Reform der Wirtschaftsregierung abzuschließen, da das *Sixpack* noch immer in Gesprächen zwischen dem Rat und dem Europäischen Parlament anhängig war, ein Jahr nachdem der Kommissionsvorschlag ihnen zur Annahme übermittelt worden war. – In der Konferenzschaltung wurden keine Schlussfolgerungen angenommen, aber die von mir angesprochenen Punkte wurden allgemein als künftiges Vorgehen befürwortet.

Die EZB will ihre Anleihekäufe auf den Sekundärmärkten ausweiten

Am nächsten Tag war ich auf dem Weg zum EZB-Rat, der am 4. August in Frankfurt tagte. Am 3. August rief ich auch Jean-Claude Trichet an und ermutigte die EZB unter vier Augen, das Wertpapiermarkt-Programm zu nutzen, um die Ansteckung einzudämmen: „Die Situation ist äußerst ernst und die Ansteckung breitet sich aus. Die Beschlüsse des Gipfels der Eurozone haben nicht funktioniert. Der morgige EZB-Rat ist sehr wichtig. Könnten Sie erwägen, ein Signal zu geben, dass das SMP aktiviert werden kann, um Liquidität bereitzustellen? Zumindest das nicht ausschließen?"

Trichet verteidigte stets entschieden die Unabhängigkeit der EZB – zu Recht und so auch dieses Mal. Aber nach den notwendigen Dementis ging er in die „Meditation", seine bevorzugte Ausdrucksweise, dass wir gelernt haben, uns auf vertiefte Überlegungen zu beziehen, und fuhr fort, die Regierungen der Eurozone wegen des mangelnden Verständnisses für den Ernst der Lage zu kritisieren – mit einem besonderen Hinweis auf Italien, wo Berlusconi auf dem besten Weg war, seinem Finanzminister Giulio Tremonti den Teppich unter den Füßen wegzuziehen, indem er die von diesem vorgeschlagenen Konsolidierungsmaßnahmen zurücknahm. Es gab einen „absoluten Mangel an Glaubwürdigkeit der Regierungen", so Trichet. Ich war nicht so lautstark, aber ich konnte Trichets Frustration gut verstehen. Auf der anderen Seite kritisierte er die Regierungen wegen der griechischen *Haircuts*, dem ich nicht zustimmen konnte. Aber für die EZB galten sie als „ein Dolchstoß in den eigenen Rücken", da sie das Programm zum Wertpapiermarkt (SMP) angeblich völlig nutzlos mache. Dies war ein Grund für die Einstellung der SMP-Käufe.

Der Rahmen für die Sitzung des EZB-Rates war besonders anspruchsvoll und heikel. Ende Juli, als die Verhandlungen in Washington über die US-Fiskalklippe ergebnislos endeten, schlug die weltweite Aversion gegen Epidemie-Risiken zu. Als Folge der Beschlüsse des Eurozonen-Gipfels vom 21. Juli waren dagegen die Erwartungen der Märkte an die EFSF und insbesondere an die EZB sehr hoch.

Da die Kommission für die fiskalische Überwachung in den Mitgliedstaaten zuständig war, habe ich meine Einschätzung der von Italien und Spanien ergriffenen Maßnahmen vor dem Hintergrund der Empfehlungen des Rates vorgelegt. Ich sagte, dass Italien im Begriff sei, in fiskalischen und strukturellen Fragen mehr zu tun, als es zu vermitteln vermochte, einschließlich der jüngsten Rede von Ministerpräsident Berlusconi. Ich habe eine relativ positive Bewertung abgegeben: „Die Kommission erwartete, dass Italien die fiskalischen Ziele für 2013 und 2014 mit konkreten Maßnahmen untermauern würde, was nun geschehen ist, und die jüngsten Entscheidungen implizierten, dass Italien auf dem richtigen Weg ist, sein Haushaltsdefizit 2012 unter 3 Prozent zu senken und bis 2014 einen ausgeglichenen Haushalt zu erreichen." Ich hielt es für eine faire Bewertung, die weitgehend die erheblichen Anstrengungen von Finanzminister Giulio Tremonti widerspiegelte. Allerdings gab es ein kleines Handicap: Wie sich bald zeigte, wurde die Regierung diesen Aussagen nicht gerecht.

Aber das war zum Zeitpunkt der Entscheidung noch nicht bekannt, und die EZB konnte sich jetzt bewegen. Dank der Entscheidungen des Eurogipfels und der italienischen Behörden war der EZB-Rat dennoch der Ansicht, dass die Regierungen ihr Versprechen zu aktiven Maßnahmen eingehalten hatten, die es der EZB ermöglichten, die Käufe von Vermögenswerten auf den Sekundärmärkten wieder anzukurbeln und das SMP-Programm auch auf Italien und Spanien auszuweiten – Länder, die durch sträflich hohe Zinssätze erstickt wurden.

In seiner regelmäßigen Pressekonferenz nach der Sitzung stellte Präsident Trichet die wirtschaftliche und monetäre Analyse der EZB vor, indem er die besonders hohe Unsicherheit und die Abwärtsrisiken bei anhaltendem moderatem Wachstum hervorhob: „Angesichts der erneuten Spannungen an einigen Finanzmärkten im Euroraum beschloss der EZB-Rat heute auch die Durchführung eines liquiditätszuführenden längerfristigen Refinanzierungsgeschäfts (LRG) mit einer Laufzeit von über sechs Monaten."[10]

In Bezug auf die Finanzpolitik betonte Trichet die Notwendigkeit einer „strikten und rechtzeitigen Umsetzung der IWF/EU-Anpassungsprogramme und des erneuten Bekenntnisses aller Staats- und Regierungschefs zu den vereinbarten finanzpolitischen Zielen." Dies war eine klare Botschaft an Berlusconi und an den spanischen Ministerpräsidenten Zapatero. Mehrere Länder sollten, so der EZB-Rat, „mit harter Entschlossenheit" zusätzliche vorzeitige fiskalische Anpassungsmaßnahmen ankündigen und umsetzen. Das bedeutete eine ziemlich starke Intervention der EZB in das Gebiet der Finanzpolitik der Regierungen.

Anfänglich führten die Entscheidungen der EZB zu einem Rückgang der Zinssätze in diesen Ländern. Dies hatte jedoch einen Preis: Die interne Einheit der EZB geriet ins Wanken. Jürgen Stark, deutsches Mitglied des Direk-

---

[10] ECB, Einleitende Stellungnahme der Presse Konferenz, 4. August 2011.

toriums, drohte wegen der Sekundärmarktkäufe mit seinem Rücktritt, da er diese Aktionen als monetäre Finanzierung betrachtete, die gegen den EU-Vertrag und gegen seine Grundsätze verstieß. Dieser Drohung wurde er im Herbst gerecht, und der Rücktritt wurde zum Jahresende wirksam. An seiner Stelle wurde Jörg Asmussen, der Staatssekretär des Finanzministeriums, ein erfahrener und kluger Politiker mit großer Erfahrung in internationalen Finanzfragen und bald eines der wichtigsten Mitglieder der Feuerwehr der Eurozone, ernannt.

Treffen mit der Presse in Brüssel

Von Frankfurt flog ich am Donnerstag, dem 4. August 2011, abends nach Brüssel weiter. Da es klare Probleme in unserer Kommunikation gab, wollte ich mehrere Vorbereitungstreffen, Telefonkonferenzen und eine Pressekonferenz organisieren und leiten, die wir einberiefen, um Sorgen und Spekulationen zu beruhigen.

Am nächsten Nachmittag, am Freitag, den 5. August 2011, traf ich im Pressesaal des Berlaymont-Gebäudes ein volles Haus der von der EU akkreditierten Medien an. Zunächst gab ich zu, dass die Märkte nicht wie erwartet auf die Beschlüsse des Juli-Gipfels reagiert hatten. Ich gab auch zu, dass die Eurozone Schwierigkeiten hatte, die getroffenen Entscheidungen zu kommunizieren.

Ich betonte jedoch, dass der Anstieg der Renditen von Staatsanleihen nicht die fundamentalen Daten der Realwirtschaft des Euroraums widerspiegelte, da eine bescheidene Erholung im Gange war und die Stabilisierung der öffentlichen Finanzen und die Durchführung von Strukturreformen in Gang gesetzt worden waren. Ich unterstrich die Tatsache, dass die Nutzung der EFSF dank des Gipfels immer flexibler wurde, Anleihekäufe an den Märkten durchzuführen und Banken zu rekapitalisieren. Nun war die Umsetzung der Beschlüsse trotz der Sommerferien im Gange.

Ich bezog mich auch auf Italien und Spanien und versuchte, an den gesunden Menschenverstand der Marktkräfte zu appellieren: „Ein Wort zu Italien und Spanien. Die Marktunruhen, die in den letzten Tagen zu beobachten waren, sind einfach nicht mit den wirtschaftlichen Daten zu rechtfertigen. Es ist nicht so, dass sich die Fundamente der italienischen und spanischen Wirtschaft über Nacht geändert hätten!"

Die Botschaft schien in der richtigen Art und Weise aufgenommen zu werden und beruhigte die Marktteilnehmer zunächst. Eine erfahrene irisch-europäische Schnittstelle der Finanzmärkte schrieb an Marco Buti: „Habe die

Pressekonferenz auf BBC verfolgt. Ging gut und wurde von den Kommentatoren gut aufgenommen. Würdigte die Bemühungen, die Einigung zu erklären, gab sein Bedauern zu, dass es nicht schneller gehen kann, und entschuldigte sich für die schlechte Kommunikation. Beeindruckt, dass OR den Urlaub abbrach, als britische Politiker unter Beschuss gerieten, weil sie abwesend waren."

So konnten wir den Schwerpunkt für eine Weile an einen anderen Ort verlagern … Aber natürlich wussten wir, dass wir – bestenfalls – nur Zeit gewinnen würden. Wir wussten, dass wir, sobald die Sommerpause vorbei und die Märkte wieder in vollem Gange waren, mit unserer neu belebten umfassenden Krisenreaktion besser wirklich ernsthaft und entgegenkommend sein sollten.

In der Pressekonferenz ging ich auch davon aus, dass die EZB weiterhin eine Schlüsselrolle bei der Bewältigung der Krise spielen würde: „Gestern kündigte der EZB-Rat eine Reihe von nicht standardisierten Maßnahmen an, um den Spannungen an einigen Finanzmärkten innerhalb des Euroraums zu begegnen." Natürlich habe ich die Unabhängigkeit der EZB unterstrichen, aber ich habe auch versucht, mit meiner Botschaft den Eindruck zu vermitteln, dass es eine aktive Koordination zwischen den Akteuren des Euroraums gibt. Den Brüsseler Korrespondenten war bekannt, dass ich an den Sitzungen des EZB-Rates teilnahm – wenn auch ohne Stimmrecht – und am Tag zuvor an der Sitzung in Frankfurt teilgenommen hatte.

Ich sagte auch, dass die Kommission voll und ganz darauf vertraue, dass die EZB weiterhin alles Notwendige tun werde, um die Finanzstabilität im Euroraum zu erhalten und einen angemessenen geldpolitischen Transmissionskanal wiederherzustellen. Der Verweis auf den geldpolitischen Transmissionskanal wurde als eine besondere Rechtfertigung für die EZB angesehen, Maßnahmen zu ergreifen, um die Sekundärmärkte auszugleichen.

Von Zeit zu Zeit hatte ich das Gefühl, dass der Mangel an gemeinsamer Koordinierung ein echtes Problem in der Regierungsführung der Eurozone war. In dieser Hinsicht unterscheidet sich die Funktionsweise des Eurosystems von der traditionell eher reibungslosen Beziehung in den USA, auf der die gegenseitigen Interaktion zwischen dem US-Finanzministerium und der US-Notenbank beruht und damit eine solidere Grundlage für die Nutzung des gesamten wirtschaftspolitischen Instrumentariums bietet. Es muss jedoch relativiert werden, dass es in normalen Zeiten so funktioniert hat, was in der jüngsten Periode seit 2016 nicht mehr unbedingt ein Hauptmerkmal ist. Jedenfalls ist die recht komplizierte Koordination der Eurozone einer der Gründe, warum in den Vereinigten Staaten ausgebildete Ökonomen es oft so schwierig finden, die Politikgestaltung der Eurozone zu verstehen. Das ist ein

Grund, warum ich die Initiative von Präsident Herman van Rompuy vom Juli 2010 begrüßt habe, die politische Koordinierung zwischen den EU-Institutionen wesentlich zu verbessern.

Im Gegensatz zu dem, was einige Kommentatoren zu behaupten pflegen, glaube ich nicht, dass der EU-Vertrag ein Hindernis für diese Art der Koordinierung darstellt. Gemäß dem ersten Absatz von Artikel 127 besteht das vorrangige Ziel der EZB in der Wahrung der Preisstabilität. Im nächsten Absatz desselben Absatzes wird jedoch betont, dass die EZB die Erreichung der allgemeinen Ziele der Union, wie sie im dritten Artikel des EU-Vertrags festgelegt sind, unterstützen sollte, solange dies nicht im Widerspruch zum Streben nach Preisstabilität steht. Und der dritte Artikel erläutert „die nachhaltige Entwicklung Europas auf der Grundlage eines ausgewogenen Wirtschaftswachstums und von Preisstabilität, eine in hohem Maße wettbewerbsfähige soziale Marktwirtschaft, die auf Vollbeschäftigung und sozialen Fortschritt abzielt, sowie ein hohes Maß an Umweltschutz und Verbesserung der Umweltqualität." Somit hat die EZB tatsächlich die Möglichkeit, auf diese wichtigen „sekundären" Ziele eines ausgewogenen Wachstums, der Vollbeschäftigung, des sozialen Fortschritts und der Qualität der Umwelt einzuwirken, solange die Preisstabilität gewahrt bleibt.

Im Juli 2012 prägte Lorenzo Bini-Smaghi, zu diesem Zeitpunkt bereits ein ehemaliges Mitglied des EZB-Direktoriums, die krasse Aussage: „Die Preisstabilität ist im Moment nicht in Gefahr. Der Euro könnte es sein."[11] Er hatte prinzipiell Recht, obwohl ich hinzufügen muss, dass die EZB ihr Preisstabilitätsziel von „unter, aber nahe 2 Prozent" seit 2011 nicht erreicht hat, und wir sollten eine asymmetrische Interpretation dieses zentralen politischen Ziels nicht akzeptieren.

Lektionen über das moralische Risiko und die Grenzen der Konditionalität

Trotz aller anstrengenden Bemühungen gingen der italienische Sommer-Blues und Berlusconis Spießrutenlauf weiter. Die Situation wurde durch die gemeinsame Erklärung des Eurozonen-Gipfels und der EU-Institutionen (einschließlich der EZB) gemildert, „alles zu tun, was erforderlich ist, um die finanzielle Stabilität der Eurozone als Ganzes zu gewährleisten", die der EZB politische Deckung gab, um ihr Programm zum Ankauf von Staatsanleihen, das so genannte Wertpapiermarktprogramm SMP, zu reaktivieren. Bald be-

---
[11] Lorenzo Bini-Smaghi. *Financial Times*. A-list, 23. Juli 2012.

gann die EZB, italienische und spanische Staatsanleihen auf dem Sekundärmarkt zu kaufen.

Aber die EZB und die *Banca d'Italia* unter der Leitung von Jean-Claude Trichet bzw. Mario Draghi wollten sich nicht bedingungslos zum Kauf von Anleihen verpflichten. Sie wollten von der italienischen Regierung im Gegenzug stabilitätsfördernde strukturelle und fiskalische Maßnahmen. So nahmen Trichet und Draghi nach der Sitzung des EZB-Rates am 4. August im Namen des Eurosystems mit Ministerpräsident Silvio Berlusconi Kontakt auf, um in einem Schreiben vom 5. August um eine Zusage für die Maßnahmen Italiens zum Ausgleich des Haushalts und zur Beschleunigung der Reformen zu bitten. Der Brief forderte Italien auf, 2012 ein Haushaltsdefizit von einem Prozent und 2013 einen ausgeglichenen Haushalt zu erreichen und verlangte ein Gesetzesdekret, um diese Entscheidungen bis September umzusetzen. Dies stand im Einklang mit der Analyse der Kommission. Wie Jean Pisani-Ferry schreibt: „Der Brief enthielt eine außergewöhnlich präzise Reihe von politischen Initiativen, die die italienische Regierung in Bereichen wie Arbeits- und Produktmärkte, Renten und öffentliche Finanzen – kaum das Brot und Butter-Geschäft der Zentralbanken – ergreifen sollte."[12]

Berlusconi akzeptierte zunächst die Bedingungen – die sie ja waren – für den Kauf der SMP-Anleihen. Am 5. August 2011 kündigte Berlusconi Pläne an, den Haushalt 2013 und nicht erst 2014 auszugleichen. Dies sollte z. B. durch weitreichende Arbeitsmarktreformen erreicht werden. Um fiskalische Lücken zu schließen, erließ die Regierung Berlusconi am 13. August das Gesetzesdekret 138, das einen neuen Steuersatz von 20 Prozent auf Zinsen für bestimmte in Italien steuerpflichtige Wertpapiere und Dividenden für Stammaktien festlegte. Noch in derselben Woche begann die EZB mit dem Ankauf italienischer und spanischer Anleihen auf Sekundärmärkten und kaufte in nur fünf Tagen für mehr als 20 Milliarden Euro.

Als das Gesetzesdekret dem italienischen Parlament zur Ratifizierung vorgelegt wurde, fehlten jedoch einige der Maßnahmen, die von der EZB als Bedingungen für ein Tätigwerden auf den Sekundärmärkten festgelegt worden waren. Präsident Jean-Claude Trichet fühlte sich verraten, und die Stimmung in der Bevölkerung und in der Regierung, vor allem in Deutschland und Nordeuropa, wandte sich deutlich gegen Italien und gegen die Lösung der Krise in der Eurozone durch mutige Maßnahmen á la große „Bazooka". Dies verursachte daher einen großen Kollateralschaden für die Rettungsbemühungen der Eurozone.

---

[12] Pisani-Ferry (2011, S. 105–106). Der Brief wurde nicht veröffentlicht, aber anscheinend wurde er der italienischen Zeitung *Corriere della Sera* zugespielt und bald von dieser veröffentlicht.

Finanzminister Giulio Tremonti schreckte vor allem in unseren bilateralen Gesprächen und Telefonaten nicht davor zurück, diese Arbeitsweise der EZB und des Eurosystems heftig zu kritisieren. Teilweise verständlich, denn Italiens Finanzpaket war substanziell: So wurden am 14. September 2011 Ausgabenkürzungen in Höhe von 54 Milliarden Euro vom Parlament beschlossen. Andererseits war die Episode eine Folge des mangelnden Vertrauens in die damalige italienische Regierung, das sich leider als empirisch begründet erwies, da die Regierung Berlusconi nicht alle Verpflichtungen einhielt, die sie vor Beginn des Anleihekaufs gegenüber dem Eurosystem eingegangen war.

Im August „brannte" sogar Frankreich, als seine Zinssätze in die Höhe schossen. Es drohten eine Herabstufung der Kreditwürdigkeit und der Verlust des AAA-Status. Das strukturelle Haushaltsdefizit Frankreichs und die geschwächte Wettbewerbsfähigkeit hatten die Investoren in Angst und Schrecken versetzt. Präsident Nicolas Sarkozy verlegte die Haushaltssitzung der Regierung auf August vor und erklärte, er werde in der Verfassung eine Haushaltsregel nach deutschem Vorbild vorschlagen, um Frankreichs AAA-Rating zu schützen.

Darüber hinaus verursachte die Verlangsamung des Wachstums auch Wellen in Frankreich und sogar in Deutschland. Merkel und Sarkozy trafen sich Mitte August in Straßburg, um über eine gemeinsame Strategie zur Überwindung der Eurokrise zu diskutieren. Die Märkte erwarteten eine Stellungnahme zu Euroanleihen, aber sie kam nicht. Stattdessen forderten die deutschen und französischen Staats- und Regierungschefs eine weitere Stärkung der Wirtschaftsunion, noch strengere Haushaltsdisziplin und eine Finanztransaktionssteuer. Dieses breite und allgemein formulierte Paket reichte offensichtlich nicht aus, um die Märkte zu beruhigen. Wie Richard McGuire, der Chefstratege der Rabobank, bemerkte: „Bei diesem Treffen geht es nur um eine Peitsche – die Durchsetzung der Haushaltsregeln – und nicht um Zuckerbrot – die Bündelung von Steuermitteln durch eine gemeinsame Bindung."

Eine Rezession, die hätte vermieden werden können

Rückblickend betrachtet war der italienische Sommer-Blues eine kritische Episode bei der Brandbekämpfung der Krise in der Eurozone, da er die Grenzen der politischen Konditionalität aufzeigte, insbesondere im Fall größerer Mitgliedstaaten. Er offenbarte auch das moralische Risiko bei der Tätigkeit der Zentralbanken – insbesondere dann, wenn es keinen klaren, regelbasierten Rahmen für gegenseitig verbindliche Verpflichtungen gibt. Für mich unterstrich dies die Bedeutung eines klar geschriebenen und einfachen Regelwerks für die Eurozone, sicherlich für die Operationen der EZB, aber auch für die EWS-Aktivitäten. Dieses Regelwerk sollte die Bedingungen für eine wirksame, aber an Bedingungen geknüpfte Reaktion zur Wahrung der Finanzstabilität festschreiben und auf diese Art eine solche erleichtern. Mit der EZB-Entscheidung über die endgültigen Währungstransaktionen im August/September 2012 und der Einführung und ersten Reformrunde des Europäischen Stabilitätsmechanismus ist ein solches Regelwerk zwar vorangekommen, aber es bleibt noch viel zu tun, insbesondere im Hinblick auf die Rolle des EWS als fiskalischem Backstop in der Bankenunion.

Die Episode machte daher auch die Bedeutung einer Finanz-Firewall mit ausreichender Feuerkraft deutlich, wie die frühere Erfahrung in den Vereinigten Staaten gezeigt hat, wo diese Methode die Märkte schnell beruhigte, da die Feuerkraft sowohl überwältigend als auch schnell verfügbar war. Somit sprachen immer mehr dafür, die Stärkung der EFSF zu beschleunigen und sie zu einer dauerhaften, kapitalkräftigen internationalen Finanzinstitution zu machen. Dies war nun unser Hauptziel, unsere Hauptanstrengung.

So lief die Suche nach der „verlorenen Arche" einer umfassenden Krisenreaktion weiter und würde noch länger weitergehen. In der Zwischenzeit kehrte die Rezession aufgrund der beschädigten Finanzstabilität und des Vertrauensverlustes nach Europa zurück. Sie hätte vermieden werden können. Das war das „unmögliche Dreieck" in Aktion, mit immer noch zu vielen roten Linien.

Literatur

Carlo Bastasin, *Saving Europe*, 2012
George Papaconstantinou, *Game Over*. Papadopoulos Publishing, 2016, S. 198
Martin Sandbu, *Europe's Orphan*, 2017
Jean Pisani-Ferry, *Euro Crisis and Its Aftermath*, 2011, S. 105–106

8

Die Stunde Obamas – und Don Camillos

Brescello ist für viele Italiener ein heiliger Ort. Und das war er auch für meinen Vater Tanu. Dies ist das Dorf von Don Camillo und Peppone aus den Romanen und Filmen von Giovanni Guareschi. Wer meint, den Ort nicht kennen zu müssen, kennt die Geschichte Europas nicht wirklich – mein Vater, der als Heranwachsender in den 1930er-Jahren nur unregelmäßigen Zugang zur Schule hatte und den Ort nie besuchte, war dennoch durch seine intensive Leseleidenschaft mit dem Dorf Brescello sehr gut vertraut.

Ich kam nach Brescello. Die Ursprünge dieser Mission ergaben sich aus einer Plenarsitzung des italienischen Parlaments im November 2011, zu der ich eingeladen worden war. Ich verstand die Funktionsweise des *Camera dei Deputati* und die *Senato della Repubblica* recht gut, da ich bereits seit meinem Amtsantritt als Erweiterungskommissar im Herbst 2004 häufig nach Rom gereist war. Die politische Kultur Italiens war – oder war zumindest bis vor kurzem, und ich vertraue darauf, dass sie es im Grunde immer noch ist – stark für die europäische Integration. Das Land hat auch ein lebhaftes Erbe an Überlegungen zu Fragen der Zukunft Europas sowie einen praktischen Bezug zum Westbalkan. Der ehemalige Präsident Giorgio Napolitano hat mich im Jahr 2005 in seiner Eigenschaft als Senator stark in Bezug auf die Erweiterungspolitik der EU gedrängt, obwohl wir eigentlich die gleiche Auffassung von der Bedeutung der Erweiterungspolitik für die Außenbeziehungen der EU und die Stabilisierung Südosteuropas teilten. Nun hatte sich meine Rolle geändert, und doch hatten wir einen intensiven Dialog mit den Abgeordneten, in dessen Verlauf sie mich mit der Frage nach der von ihnen wahrgenommenen mangelnden Solidarität der EU konfrontierten.

Auf meiner Reise nach Rom im November arbeitete ich nach einer langen Arbeitswoche an einem Redeentwurf. Zusätzlich zu den trockenen Finanzfragen suchte ich nach etwas, mit dem ich die italienischen Parlamentarier und ganz allgemein andere Italiener mental erreichen konnte, da der Anlass gefilmt werden sollte. In der Tiefe meiner Erinnerungen fand ich einen Schnappschuss von Giovanni Guareschis Don Camillo, dessen Abenteuer ich als kleiner Junge gelesen hatte. Das Bücherregal meines Vaters Tanu enthielt unter seinen vielen Schätzen auch alle Don Camillo-Bücher. Mein Lieblingsbuch war zweifellos *Genosse Don Camillo*, dessen Unternehmungen in einer kommunistisch dominierten Delegation unter der Leitung von Bürgermeister Peppone in den 1960er-Jahren in die Sowjetunion zur Zeit der Errichtung der Lada-Fabriken in Samara ein hervorragendes Gegenmittel gegen eine mögliche Ansteckung durch die „Finnlandisierung" waren. So erbärmlich, wenn auch komisch, waren die von Guareschi gemalten Geschichten über den realen Sozialismus in der Sowjetunion. Die Fabriken in Samara sind unter dem Namen *Togliatti* bekannt, der sich auf den Führer der kommunistischen Partei Italiens bezieht, der zusammen mit den Fiat-Kapitalisten italienische Automobiltechnologie an die Sowjetunion verkaufte. Dies trug in der Folge in vielen Teilen Europas dazu bei, das quadratisch-kastenförmige Modell Fiat 124 über den preiswerten Lada Mitte der 1970er-Jahre zum meistverkauften Auto zu machen.

Ich begann meine Rede in der *Camera,* indem ich den Abgeordneten von diesen Leseerfahrungen und der von Guareschi aufgebauten kulturellen Verbindung zwischen Nord- und Südeuropa erzählt. Ich sagte dann, dass ich sicher sei, dass sowohl Don Camillo als auch Peppone für die Regierung Monti gestimmt hätten – einige Tage zuvor hatte das Parlament Mario Monti ein festes Vertrauensvotum gegeben, das von einer großen Mehrheit unterstützt wurde. Diese Mehrheit beruhte auf der Unterstützung der gemäßigten Rechten und der linken Mitte. Mir ging es für alle offensichtlich darum, dass Don Camillo das frühere Erbe repräsentierte, das frühere *Democrazia Cristiana* oder Christdemokraten, die sich jetzt zwischen Mitte-Rechts und Mitte-Links verteilen, und Peppone letztere, die *Demokratische Partei (Partido Democratico),* von denen viele Abgeordnete aus der ehemaligen *Partito Comunista Italiano,* den Euro-Kommunisten, stammten.

Die Botschaft wurde gut aufgenommen. Die Sitzung im Parlament verlief im Geiste freundschaftlich, aber die von den Abgeordneten gestellten Fragen waren hart.

Wenige Tage nach meinem Besuch in Rom erhielt ich einen freundlichen Brief aus dem Dorf Brescello, dessen Bürgermeister mir für den Hinweis auf Don Camillo und Peppone dankte und mich zu einem Besuch in seinem

Dorf einlud. Ich antwortete, dass ich die Einladung annehmen würde, sobald ich die Gelegenheit dazu bekäme.

Vom stürmischen Sommer zum turbulenten Herbst 2011

Nach dem stürmischen August 2011 folgte ein mindestens ebenso turbulenter Herbst, und es wurde bis November immer schlimmer und schlimmer. Der damalige Brüsseler Bürochef der *FT*, Peter Spiegel, erkannte die überragende Bedeutung dieser folgenschweren Ereignisse:

> Wenn die Geschichte der Eurokrise geschrieben wird, wird die Krise der Eurozone wahrscheinlich neben dem Gründungsvertrag von Rom, der Erweiterung nach Osteuropa nach dem Fall der Berliner Mauer und der Einführung des Euro selbst als einer der entscheidenden Momente des europäischen Projekts in die Geschichte eingehen ... Und die Zeit von Ende 2011 bis 2012 wird als die Monate in Erinnerung bleiben, die sie für immer verändert haben.[1]

Zunächst warnte der IWF vor größeren Lücken als angenommen in der Kapitalisierung der europäischen Banken, was den Märkten im September einen neuen Grund zur Beunruhigung gab. Zweitens kamen beunruhigende Nachrichten über die spanischen Staatsfinanzen und den Bankensektor auf, die durch die im Oktober bevorstehenden Wahlen noch verstärkt wurden. Drittens stand Italien unter besonderer Beobachtung der Marktkräfte und sah sich vor allem bis zum Amtsantritt der Regierung Monti mit steigenden Renditen konfrontiert.

Ich war im Spätsommer und Frühherbst 2011 nicht in Bestform, da der Magenkrebs meiner Mutter Vuokko schneller voranschritt, als wir es uns hätten vorstellen können. Am 9. und 10. September, Freitag/Samstag, nahm ich am Treffen der G7-Minister und Zentralbanker in Marseille teil, wo neue Anstrengungen unternommen wurden, um eine wirksame gemeinsame Strategie zur Überwindung der Krise zu entwerfen. Spät in der Nacht erhielt ich einen Anruf meiner Frau aus dem Zentralkrankenhaus von Mikkeli, dass sich der Zustand meiner Mutter ernsthaft verschlechtert hatte. Es gelang mir, einen Morgenflug nach Helsinki zu buchen, den Wecker in Marseille auf 4:00 Uhr morgens zu stellen, die Anschlussflüge über Paris und Helsinki zu nehmen und schließlich um 17:00 Uhr abends in Mikkeli anzukommen.

---

[1] Peter Spiegel (2014).

Meine Mutter war noch bei Sinnen, und wir unterhielten uns lange Zeit. Ich blieb mit ihr in Mikkeli.

„Aujourd'hui, maman est morte." Diese lakonischen Eröffnungsworte, „Mutter starb heute", aus *Der Fremde* von Albert Camus, drängten sich mir in den Sinn, als meine Mutter Vuokko in den frühen Morgenstunden des Dienstags verstarb. Ich hatte diesen Moment schon immer unbewusst gefürchtet, seit ich den aufreibenden *L'Étranger* gelesen hatte.

Die Marktkräfte und die Eurokrise hatten keinen Respekt vor menschlichen Emotionen, die natürlich nicht zu ihrer Jobbeschreibung gehören. Insbesondere die Turbulenzen an den Finanz- und Staatsanleihemärkten wurden im Laufe des Herbstes immer schlimmer.

Darüber hinaus hatte die EZB die Käufe von notleidenden Staatsanleihen auf dem Sekundärmarkt gestoppt, was die Kraft unserer Gegenmaßnahmen schwächte und eine breitere Uneinigkeit über die Bewältigung der Krise und über die Aufteilung der Zuständigkeiten zwischen der Zentralbank und den Mitgliedstaaten widerspiegelte.

Carlo Bastasin kritisierte die Lösung heftig und bedauerte die Spannungen zwischen der EZB und bestimmten Mitgliedstaaten. Wie im vorherigen Kap. 7 dargelegt, hielt er die Beendigung von Anleihekäufen für einen „fatalen Fehler" für die Eurozone. Es war sicherlich ein großes Wagnis, und im Nachhinein kann man leicht beurteilen, dass es das Wagnis nicht wert war. Andererseits ist das Vorgehen der EZB vor dem Hintergrund zu sehen, dass die Regierungen der Mitgliedstaaten die Stabilitätsreserven nicht angehäuft und ihnen flexiblere Instrumente zur Verfügung gestellt hatten, und schließlich hat sich Berlusconis Italien im Herbst 2011 vor seinen Verpflichtungen gedrückt, was von der EZB als ein fundamentaler Vertrauensbruch gewertet wurde.

Ich habe das Handeln der EZB sowohl als Insider, als auch als Außenstehender erlebt. Insider, da ich an den Sitzungen des EZB-Rates teilnehmen und dort meine Sichtweise der allgemeinen Wirtschaftspolitik, der Wirtschaftsreformen und der Fiskalpolitik in der Eurozone als Kommissar in den Jahren 2010–2014 darlegen konnte. Außenstehender, da ich ein nicht stimmberechtigtes Mitglied war, das die Unabhängigkeit der Zentralbank zu respektieren hatte und daher keine Stellung zur Geldpolitik beziehen durfte, die zu Recht den Gouverneuren der nationalen Zentralbanken und den Mitgliedern des Direktoriums vorbehalten war.

In meinem Fall waren die damals monatlich stattfindenden Sitzungen des EZB-Rates in Frankfurt eigentlich ein „mentaler Urlaub", eben weil ich aus institutionellen Gründen nicht in die Kernfrage der Geldpolitik eingreifen konnte, sondern die Gelegenheit hatte, von der ausgezeichneten ökonomischen Analyse der EZB-Mitarbeiter und von den qualitativ hochwertigen geldpolitischen Diskussionen der Mitglieder des EZB-Rates zu profitieren. Normalerweise nehme ich beruflichen Druck nicht persönlich, aber besonders in den Jahren 2010–2013 bestand mein Leben aus „kontinuierlichem Argumentieren"; d. h. entweder in Brüssel oder in den Hauptstädten der EU bestand meine Aufgabe darin, das Argument vorzubringen und meine Partner bei der wirtschaftspolitischen Ausrichtung davon zu überzeugen, Strukturreformen zu verfolgen, die öffentlichen Finanzen auszugleichen oder die Rettungsprogramme zu unterstützen. So tat der „mentale Urlaub" tatsächlich manchmal gut. Natürlich habe ich meine Arbeit gemacht und eingegriffen, aber gleichzeitig stand ich nicht im Mittelpunkt.

Jedenfalls konnte ich so das Dilemma der EZB in Sachen Konditionalität aus nächster Nähe miterleben. Die Missachtung der Verpflichtungen Italiens nach dem Kauf der Staatsanleihen durch die EZB veranschaulicht das grundlegende Dilemma der EZB: Wie kann die EZB die wirtschaftspolitische Konditionalität für ihre Unterstützung festlegen, ohne ihre Funktionsprinzipien zu verletzen? Nach diesen Prinzipien gehört die Fiskalpolitik den Mitgliedstaaten und der Eurogruppe, während die Kommission für die Überwachung der Mitgliedstaaten zuständig ist und die EZB die Geldpolitik regelt.

Dieses Dilemma wurde vom EZB-Präsidenten Mario Draghi im August 2012 elegant gelöst, indem er eine Resolution verabschiedete, die besagt, dass der Kauf von Staatsanleihen durch die EZB ein gerechtfertigtes Mittel ist, um die Transmission der Geldpolitik in die Wirtschaft zu verbessern, wenn diese durch Zweifel an der Nachhaltigkeit des Euro an den Märkten untergraben wird. Eine Voraussetzung für die Unterstützung von Käufen ist die Verpflichtung des betreffenden Landes auf ein Reformprogramm und die Bereitschaft der Eurogruppe, zumindest eine ständige Fazilität mit gemeinsamen Mitteln für das EWS einzurichten. Die Eurogruppe und die Kommission legen die finanzpolitischen Bedingungen fest, die erfüllt sein müssen, bevor die EZB nach ihrem unabhängigen Ermessen unterstützende Käufe auf den Sekundärmärkten tätigen kann.

Obama führt die Eurogruppe

Im Rahmen des G20-Gipfels von Cannes traf US-Präsident Barack Obama im Laufe der drei Tage in einem multilateralen Format mehrmals mit den Europäern zusammen. Obama, der beruflich unter anderem einen Hintergrund als ehrenamtlicher Sozialarbeiter in zivilgesellschaftlichen Organisationen Chicagos hat, nahm nun wahrscheinlich eine ähnliche Rolle ein, die er damals in Chicago gespielt hatte, und fungierte als Hauptmoderator, indem er schnell die richtigen Fragen stellte und prägnante Schlussfolgerungen für das weitere Vorgehen zog. Nach der Versammlung fragte ich mich, wie es kommt, dass der US-Präsident im Wesentlichen den Vorsitz bei der Sitzung der Eurogruppe führte! Und mehr noch, er hat es recht gut gemacht.

Ende Oktober 2011 kamen wir also im verregneten und kalten Cannes an. Es herrschte nicht viel Gefühl von Ruhm und Glanz, das man normalerweise vom Ort des berühmten Filmfestivals erwarten würde. Die kritischen Diskussionen drehten sich um Griechenland und Italien, deren Situation sich in beiden Ländern rapide verschlechterte. Spanien blieb immer noch am Rand der Diskussionen im Schatten, da der Schwerpunkt woanders lag und es an Zeit mangelte. Neil Irwin beschrieb die Stimmung gut: „Italien, und in geringerem Maße auch Spanien, sah die genaue Abfolge der Ereignisse, die dazu geführt hatten, dass Griechenland und dann Irland und dann Portugal eine Rettung benötigten – nur dass jetzt überhaupt nicht klar war, ob eine Rettung überhaupt möglich sein würde."[2]

Ministerpräsident George Papandreou setzte sich dafür ein, die griechische Wirtschaft zu reformieren. Aber er empfand den Druck der Straßendemonstrationen und der politischen Machtspiele in Athen als eine imposante Herausforderung für die Legitimität seiner Politik, was ihn im Oktober 2011 dazu veranlasste, ein Referendum über die Euromitgliedschaft Griechenlands anzukündigen. Er spielte mit dem Feuer – und mit der Zukunft der Eurozone.

Aus europäischer Sicht war das Problem nicht das Referendum selbst, sondern sein ganz sicher unmögliches Timing. Die Organisation eines Referendums hätte höchstwahrscheinlich mehrere Monate gedauert, wahrscheinlich sogar bis Januar oder Februar 2012. Die daraus resultierende langwierige Unsicherheit über mehrere Monate wäre aus der Perspektive der Wirtschaftsstabilität im Euroraum völlig unerträglich gewesen. Die Ankündigung von Papandreou verschärfte die Turbulenzen, hob die Zinssätze im gesamten Euroraum an und begann, die ohnehin schon fragilen Aussichten auf eine Erholung zu überschatten.

Andere Mitgliedstaaten der Eurozone reagierten energisch, sogar politisch gewaltsam, angeführt von Merkel und Sarkozy: Die allgemein geteilte Ansicht war, dass die gaunerischen Aktionen Griechenlands das Boot der gesamten Eurozone ins Wanken brachten. Dies wurde als ungerechtfertigt angesehen – zumal Griechenland selbst ständig Hilfe von den anderen Ländern der Eurozone suchte, deren Wirtschaft es nun durch seine einseitigen Wendungen erschütterte.

---

[2] Neil Irwin (2013, S. 316).

Auf dem G20-Gipfel in Cannes Ende Oktober, wenige Tage nach der Ankündigung des Referendums, wurde Papandreou von den anderen anwesenden Staats- und Regierungschefs der Eurozone beschimpft. Nach der heftigen Ablehnung und da Papandreou in der komplizierten und manchmal surrealen Welt der griechischen Politik in eine Sackgasse geraten war, beschloss er zurückzutreten. Der griechische Präsident Karolos Papoulias fungierte als aktive ‚Hebamme' für eine neue Koalitionsregierung, die zum Teil aus Technokraten bestand und das Land aus der Krise führen und einen reibungslosen Übergang ermöglichen sollte. Am 11. November wurde der ehemalige Vizepräsident der EZB, Lucas Papademos, ein international angesehener Wirtschaftswissenschaftler und Zentralbanker, als neuer Ministerpräsident vereidigt. Es handelte sich um ein Interimskabinett einer Drei-Parteien-Koalition. Während Papademos Konsistenz und Kompetenz in das griechische wirtschaftliche Krisenmanagement einbrachte, verlief der politische Übergang alles andere als reibungslos.

Im Kabinett von Papademos saßen Vertreter der beiden größten Parteien, der sozialistischen Pasok und der Mitte-Rechts-Partei Neue Demokratie. Der starke Mann und Machthaber bei den Sozialisten, Evangelos Venizelos, der Hauptkonkurrent von Papandreou, ersetzte letzteren als Pasok-Führer. Antonis Samaras, der Führer der Neuen Demokratie, der unerbittlich auf das EU-IWF-Wirtschaftsprogramm eingedroschen hatte, beschloss, außerhalb der Regierung zu bleiben. Venizelos und Samaras kannten einander gut und schienen eine enge persönliche Verbindung miteinander zu haben. Die Machtpolitik stand in Griechenland weiterhin im Mittelpunkt, obwohl sich das Land in einer Notsituation befand. Die nationale Einheit fehlte eindeutig. Dies war der grundlegende Fluch Griechenlands.

In den folgenden Monaten war die Regierung von Lucas Papademos dennoch in der Lage, schwierige Entscheidungen über Wirtschaftsreformen und Haushaltskonsolidierung zu treffen. Gleichzeitig wurde, mit der Unterstützung der Eurogruppe und der Kommission, nach einer nachhaltigeren, wenn auch noch nicht ausreichenden Lösung für die Schuldenlast Griechenlands gesucht, damit das Land auf den Wachstumspfad zurückkehren konnte.

Die Stunde Montis

Im Verlaufe des Herbst 2011 geriet Berlusconis Position als Ministerpräsident ins Wanken. Präsident Giorgio Napolitano, ein Veteran in der Bewältigung politischer Krisen und der europäischen Integration, suchte nach einer Resolution, die Italiens politische Glaubwürdigkeit wiederherstellen würde. Auf dem politisch aufgeheizten G20-Gipfel in Cannes erhielt Berlusconi von seinen Kollegen eine Breitseite, da Italien sich als unfähig erwiesen hatte, den Kurs seiner Wirtschaftspolitik zu korrigieren und sich von den Verpflichtungen, die es eingegangen war, distanziert hatte. Die Staats- und Regierungschefs der Eurozone trafen sich in Cannes in der gleichen Zusammensetzung wie in der Vorwoche in der Frankfurter Oper, diesmal trugen sie jedoch spezifische *„Groupe de Francfort"*-Namensschilder, was ein französischer Versuch war, die Gruppe zu institutionalisieren, um eine Regierung der Eurozone zu imitieren.

Nach dem Glaubwürdigkeitsverlust an den Märkten und dem Vertrauensverlust bei Gleichgesinnten und im eigenen Land geriet Berlusconi in eine politische Sackgasse und beschloss, im November 2011 von seinem Amt als Ministerpräsident zurückzutreten. Präsident Napolitano beauftragte den ehemaligen Kommissar für Binnenmarkt und Wettbewerb, Professor Mario Monti, mit der Bildung einer neuen Regierung. In der Folge berief Monti ein Expertenkabinett ein und wurde Mitte November zum Ministerpräsidenten ernannt.

Nach seiner Amtszeit als Kommissar im Jahr 2004 war Monti nach Italien zurückgekehrt und hatte als Rektor der renommierten Bocconi-Universität in Mailand, Italiens Hauptstadt der Industrie und des Unternehmertums, sowie als Vorstandsvorsitzender des Bruegel Think Tank in Brüssel fungiert. Norditalien ist nicht nur die Heimat eines großen Teils erfolgreicher italienischer, sondern auch europäischer, kleiner und mittlerer Unternehmen. Wer am Unternehmergeist und wirtschaftlichen Potenzial der Italiener zweifelt, dem schlage ich von Herzen einen Besuch in Mailand, Turin oder Bologna vor. Monti bezeichnete sich selbst als „den deutschesten Wirtschaftswissenschaftler Italiens".

Als erste Aufgabe beschloss die Regierung Monti ein mutiges und entschlossenes, aber auch unumgängliches Programm zur Reform der Strukturen der italienischen Wirtschaft. Als Ziel für 2013 wurde ein ausgeglichener Haushalt festgelegt. Eine Entscheidung zur Reform des Rentensystems wurde sofort getroffen. Eine Arbeitsmarktreform sollte bis Ende März 2012 umgesetzt werden, was teilweise auch geschah. Geschlossene Berufe sollten für den Wettbewerb geöffnet werden.

Ich beschloss, Rom unmittelbar nach der Amtseinführung von Monti zu besuchen, um die Unterstützung der EU für die reformorientierte Regierung zu zeigen und mich über ihre künftige Politik zu erkundigen. Zusätzlich zu den objektiven Umständen – eine neue reformorientierte Regierung, die unschätzbare Entscheidungen für die Überholung der italienischen Wirtschaft vorantrieb – überwogen mein Respekt für Mario Monti und eine gut begründete und zeitlich gut abgestimmte Empfehlung meines Freundes Petri Tuomi-Nikula, des finnischen Botschafters in Italien. Während meiner zweitägigen Reise am 24. und 25. November 2011 hatten wir eine lange Arbeitssitzung mit Ministerpräsident Monti, und am nächsten Tag hielt ich eine Rede, beantwortete Fragen im italienischen Parlament und schloss den Tag mit einer langen Pressekonferenz ab.

Die Regierung Monti hat einen mutigen und soliden Start der Reformen unternommen. Unmittelbar nach ihrem Amtsantritt im Dezember 2011 beschloss sie eine Rentenreform, die das Rentenalter für Frauen und Männer auf rund 67 Jahre anhob. Vor Weihnachten verabschiedete sie außerdem ein neues Sparpaket zur Wiedereinführung der Vermögenssteuer und zur Anhebung der Mehrwertsteuer von 21 auf 23 Prozent. Im Frühjahr 2012 setzte die Regierung Monti trotz der Einwände der Gewerkschaften eine große Arbeitsmarktreform durch, die darauf abzielt, die Anreize für die Arbeitslosenversicherung zu verbessern, periodische Arbeitsverhältnisse in reguläre Beschäftigung umzuwandeln und produktionsbedingte Entlassungen im privaten Sektor zu ermöglichen. Zunächst kehrte das Vertrauen in die italienische Wirtschaftspolitik zurück, auch wenn sich dies noch nicht in den Anleiherenditen oder Zinssätzen zeigte, die Italien für seine Staatsschulden zahlen musste.

Die Kehrseite des entschlossenen Handelns war der nicht ganz unerwartete Popularitätsverlust des zuvor sehr populären Mario Monti, der mit der verminderten Handlungsfähigkeit seiner Regierung bald seinen Tribut forderte. Aber die Regierung Monti hat wichtige Reformen durchgeführt, für die sie anerkannt werden sollte.

Spanien taucht aus dem Schatten Italiens auf den Krisenschauplatz

Spanien war etwas mehr als Italien von den Turbulenzen des Sommers und Frühherbstes 2011 verschont geblieben. Dies lag zum Teil daran, dass die sozialistische Regierung von José Zapatero nun endlich, beginnend im September 2010, einige mutige Entscheidungen traf, um die öffentlichen Finanzen auszugleichen und mit der Reform des Rentensystems zu beginnen. Finanzministerin Elena Salgado wurde in ihrem Heimatland „die Eiserne Faust" genannt, dank der empfundenen Härte dieser Maßnahmen. Die Unterstützung für Zapateros sozialistische Partei hatte unter der finanzpolitischen Kehrtwende des Ministerpräsidenten zu leiden begonnen, obwohl die Wende für die Zukunft des Landes offensichtlich unvermeidlich war. Währenddessen bröckelte das Wirtschaftswachstum, und Informationen über große Kreditverluste durch die „*cajas*", die spanischen Sparkassen, und die großen Defizite der Provinzen begannen das Vertrauen in die Fähigkeit Spaniens zur Bewältigung seiner Probleme zu untergraben.

Als der G20-Gipfel in Cannes im November 2011 stattfand, war die wirtschaftliche und finanzielle Lage Spaniens also bereits in eine ernste Krise geraten. Nach Griechenland und Italien war Spanien das dritte Krisenland, das auf das Rampenlicht von Cannes wartete. Sowohl Italien als auch Spanien wurden von Deutschland, Frankreich und dem IWF stark unter Druck gesetzt, ein Rettungsprogramm oder zumindest eine vorsorgliche Kreditlinie des IWF zu beantragen.

Auf diese Weise veranschaulicht Paul Taylor mit seinem lebendigen Schreibstil, was geschehen ist:

> An einem Regentag im November 2011 im riesigen Betonpalast der Festspiele in Cannes, wo in den wärmeren Monaten Filmstars auf der mit rotem Teppich ausgelegten Treppe stolzieren, überfiel Angela Merkel José Luis Rodriguez Zapatero. Angesichts der Turbulenzen auf den Finanzmärkten und der Spekulationen, dass der europäische Währungsraum auseinanderbrechen könnte, versuchte die deutsche Kanzlerin, den damaligen spanischen Ministerpräsidenten ohne Vorankündigung zu überreden, eine Rettungsaktion des Internationalen Währungsfonds zu starten, so seine Darstellung des Treffens.[3]

Das Rendezvous fand nur wenige Tage vor den spanischen Parlamentswahlen 2011 statt. Zapatero schreibt darüber in seinen Memoiren *El Dilema* (Das Dilemma). So beschreibt er das Treffen:

> Sie begrüßte mich freundlich und legte fast ohne jede Einleitung einen Vorschlag vor, zu dem wir keine Hinweise hatten. Merkel fragte mich, ob ich bereit sei, beim IWF eine präventive Kreditlinie von 50 Milliarden Euro zu beantragen, während weitere 85 Milliarden an Italien gehen würden. Auch meine Antwort war direkt und klar: ‚Nein'.[4]

Bei den Wahlen im November 2011 gewann die Mitte-Rechts-Partei *Partido Popular* unter der Führung von Mariano Rajoy die absolute Mehrheit im Parlament. Rajoys Regierung trat ihr Amt noch vor Weihnachten an und traf noch vor Neujahr 2012 erste Entscheidungen über massive Ausgabenkürzungen und Steuererhöhungen, was ein gutes Zeichen für die Wiederherstellung

---

[3] Paul Taylor (25. November 2013).
[4] José Luis Rodriguez Zapatero (2013); zitiert in Paul Taylor (2013).

der Glaubwürdigkeit war. Das internationale Misstrauen gegenüber Spanien und die Unsicherheit über den Zustand der Wirtschaft und der Banken des Landes konnten jedoch nicht sofort beseitigt werden.

Im Frühjahr 2012 verschlechterte sich die Situation in Spanien allmählich, aber rapide weiter, da die Kreditausfälle im Gefolge einer massiven Immobilienblase und der sich verschärfenden Arbeitslosigkeit zunahmen. Insbesondere die *cajas* meldeten immer schlechtere Ergebnisse und größere Verluste, obwohl Spaniens große und weltweit tätige Banken wie Santander und BBVA nach wie vor solide Ergebnisse erzielten. Gleichzeitig tauchten neue und beunruhigende Informationen über das Haushaltsdefizit des Landes auf, als insbesondere die Haushalte und Steuereinnahmen der autonomen Regionen bei weitem nicht den Prognosen entsprachen. Statt der prognostizierten 4 Prozent drohte das Defizit 7 Prozent zu erreichen. Die Differenz zwischen dem Ziel und der Realität betrug über 30 Milliarden Euro, und eine solche Lücke durch Ausgabenkürzungen und Steuererhöhungen zu schließen, wäre politisch gesehen, gelinde gesagt, eine schwierige Aufgabe.

Im März 2012 fand in der Eurogruppe eine hitzige Diskussion zu diesem Thema statt, nachdem Ministerpräsident Rajoy einseitig ein Defizitziel von 5,8 Prozent erklärt hatte, das deutlich über dem lag, was die Kommission empfohlen hatte. Symbolisch gesehen handelte es sich dabei um einen eher ungeschickten Kommunikationsakt, da Ministerpräsident Rajoy oben im Justus-Lipsius-Gebäude im Europäischen Rat gerade den Fiskalpakt der EU unterzeichnet hatte, der sie an einen ausgeglichenen Haushalt bindet, während er, nachdem er mit dem Fahrstuhl nach unten zur Pressekonferenz gefahren war, im Grunde das genaue Gegenteil erklärte!

Entsprechend dem Vorschlag der Kommission wurde auf der nächsten Sitzung der Eurogruppe jedoch ein Defizitziel von 5,3 Prozent festgelegt. Manchmal spielen auch Dezimalstellen eine Rolle – vor allem, wenn sie Milliarden von Euro repräsentieren und politisch stark belastet sind. Neue Regelungen, die die wirtschaftspolitische Steuerung stärkten, gaben den entscheidenden Schub, denn ein Sturz des Kommissionsvorschlags hätte eine so genannte umgekehrte qualifizierte Mehrheit erfordert, also 70 Prozent der Stimmen im Rat. Dies wäre damals im Rat sehr schwer zu verkaufen gewesen – und es wäre auf den Märkten sehr schlecht aufgenommen worden. Diesmal setzte sich die Haushaltsdisziplin durch.

Dennoch setzten sich gegen Ende 2011 die nervösen Turbulenzen an den Finanzmärkten fort. Paul Taylor, heute Kolumnist bei *Politico* und damals Redakteur für europäische Angelegenheiten bei *Reuters*, der die Berichterstattung über die Krise in der Eurozone leitete, erzählte mir Anfang Dezember 2011 privat, dass Reuters eine Art „B-Team" eingerichtet habe, an dem Journalisten in London und Berlin beteiligt seien, um die möglichen Folgen einer Auflösung des Euro zu analysieren. Damals war er in Paris stationiert und selbst auch auf Aufklärungsmissionen sowohl in Berlin als auch in Brüssel gewesen. Ein Zeichen der Zeit, und definitiv kein gutes.

Wallfahrt in das Dorf von Don Camillo und Peppone

Auf Einladung des Bürgermeisters fand meine Reise nach Brescello, der Stadt und dem Landstrich von Don Camillo und Peppone in der Emilia-Romagna, im darauf folgenden April 2012 statt. Wir machten zwischen den Missionen in Florenz und Mailand einen Zwischenstopp in Brescello und verbrachten einen schönen langen Nachmittag auf der Straße der Erinnerung.

Der heutige Bürgermeister „Peppone", Giuseppe Vezzani von Brescello und Giorgio Quarantelli von Roccabianca, dem Nachbardorf, sowie Pater „Camillo", Don Giovanni Davolli, führten uns im Geiste des Buches und des Films durch das Dorf. Das Kruzifix mit Jesus, das ich aus den Filmen wiedererkannte und vor dem Don Camillo oft kniete, war noch intakt.

Ich lehnte es jedoch ab, entweder neben dem amerikanischen Sherman-Panzer, der vor dem Museum steht, oder neben der Sichel und dem Hammer im sowjetischen Stil, die Peppones Büro schmücken, zu posieren, obwohl die Gastgeber und die Fotografen der italienischen Zeitungen dies nahelegten. Der Sherman war 1943 mit den amerikanischen Truppen, die das Land befreiten, nach Italien gekommen. Nun hatte er – noch in gutem Zustand – in Brescello möglicherweise seine letzte Ruhestätte gefunden.

Am Ende des Besuchs traf ich die Kinder des Schriftstellers Giovanni Guareschi, Alberto und Carlota, die in Roncole Verdi, einem Nachbardorf, neben dem Geburtsort und der Statue des Komponisten Giuseppe Verdi, leben. Es waren fesselnde Menschen, die das literarische und kulturelle Erbe ihres Vaters Giovanni hochhielten.

Der nächste Schritt war eine mehrstündige Fahrt und ein spätes Treffen in Mailand mit Spaniens Finanzminister Luis de Guindos, der aus Madrid eingeflogen war, um mich vorzuwarnen, was in seinem Land so vor sich geht. Diese Begegnung zwang mich zurück in die Realität der Schulden- und Bankenkrise. Spanien und seine Banken standen wieder im Mittelpunkt. Gemeinsam mit den spanischen Behörden begannen wir, eine Rettungsaktion vorzubereiten.

Wie dem auch sei, der Tag in Brescello, der vom finnischen Filmregisseur Pekka Lehto und seinem Kameramann Mika Purola für den Dokumentarfilm „Im Auge des Sturms" verewigt wurde, war eine angenehme und gesunde Erinnerung daran, dass Europa nicht nur auf eine endlose Schulden- oder Vertrauenskrise, eine Flüchtlingskrise oder eine terroristische Bedrohung hinausläuft, sondern auch auf ein tief verwurzeltes und bereicherndes gemeinsames kulturelles Erbe. Ich würde mehr davon bevorzugen.

Literatur

José Luis Rodriguez Zapatero, *El Dilema*, 2013

Neil Irwin, *The Alchemists: Inside the Secret World of Central Bankers*. Headline Business Plus, 2013, S. 316

Paul Taylor, *Merkel Tried to Bounce Spain into IMF Bailout—Ex-PM*. Reuters, 25. November 2013

Peter Spiegel, *How the Euro Was Saved*. Financial Times e-book, 2014

9

Die Flexibilisierung des Sixpack

Reformen sind nie einfach. Dennoch ist es notwendig, mit der sich rasch verändernden Welt fertig zu werden – sowohl im Leben im Allgemeinen als auch in der Wirtschaft im Besonderen.

Ich erinnere mich, dass ich im Oktober 2010 beim Lisbon Council-Think Tank in Brüssel die Ludwig-Erhard-Vorlesung gehalten habe. Der Rat, der sich den liberalen Wirtschaftsreformen in Europa widmet, hat seine jährliche Hauptvorlesung nach Ludwig Erhard, dem Vater des Wirtschaftswunders im Nachkriegsdeutschland, benannt. In meinem Vortrag bezog ich mich auf den verstorbenen Soziologen Ralf Dahrendorf, der 1990 in seinem wunderbaren kleinen Buch *Betrachtungen über die Revolution in Europa* schrieb, dass ein Land, das sich im demokratischen und wirtschaftlichen Übergang befindet, sowohl eine verfassungsgebende Führungspersönlichkeit braucht, um politische Legitimität aufzubauen und zu gewährleisten, als auch eine weitere Führungspersönlichkeit in der „normalen Politik", um die notwendigen Wirtschaftsreformen voranzutreiben. Das Nachkriegsdeutschland hatte das Glück, mit Konrad Adenauer und Ludwig Erhard diese Führungspersonen zu haben, den ersten als verfassungsmäßigen Anführer und den zweiten als wirtschaftlich handelnde Persönlichkeit.

Auch wenn die wirtschaftlichen Herausforderungen, die vor über 70 Jahren vor Herrn Erhard und nach der Finanzkrise im Jahr 2010 vor uns standen, vielleicht nicht vergleichbar waren, habe ich auf einige Parallelen hingewiesen. Ganz wie das Nachkriegsdeutschland mussten wir unsere von einer tiefen Krise gebeutelte europäische Wirtschaft wieder aufbauen. Deutschland hat dies dank Ludwig Erhard und seiner Reformen gegen die meisten, wenn nicht sogar gegen alle Widerstände geschafft. Die Grundlage von Erhards Politik war die Währungsreform im Juni 1948, die im Wesentlichen eine monetäre Schocktherapie war, die plötzlich die meisten Preise befreite und alle Rationierungen aufhob. Wir kennen das Ergebnis als *Wirtschaftswunder*.

Ich fragte mich, ob wir ein weiteres „Wirtschaftswunder" wahrnehmen und konzipieren könnten – dieses Mal in Europa? Glücklicherweise ist in Erhards „Wunder" nichts Übernatürliches enthalten. Das *Wirtschaftswunder* war ein bodenständiges Wirtschaftsreformprogramm, das auf den Prinzipien der Währungsstabilität und des freien Marktes aufbaute, um das Unternehmertum zu fördern, die wirtschaftliche Effizienz zu steigern und die Schaffung von Arbeitsplätzen zu erleichtern.

Eine der Lehren von Erhard ist, dass Regierungshandeln und Wachstum miteinander verflochten sind. Dies war die Begründung für die Reform der EU-Wirtschaftsregierung. Die erste Phase der Reform der Wirtschaftsregierung, die sechs Rechtsakte der EU umfasste und daher auch als *Sixpack* bezeichnet wurde, wurde von der Europäischen Kommission im Mai 2010 zunächst zur Konsultation vorgelegt, im September 2010 in Form von Legislativmaßnahmen vorgeschlagen und schließlich im Dezember 2011 vom Rat und vom Parlament verabschiedet. Das Legislativpaket war vor den Sommerferien 2011 aufgrund des schleppenden Vorgehens des Rates und der maximalistischen Forderungen des Parlaments ins Stocken geraten. Am Ende jedoch war die nach intensivem Feilschen von einigen Monaten erzielte Einigung im Wesentlichen dem ursprünglichen Vorschlag der Kommission ähnlich oder sogar besser.

Neben dem *Sixpack* und der Wirtschaftsregierung verfolgte die Kommission Barroso II in den Jahren 2010–2013 mit viel Dynamik weitere institutionelle und politische Reformen. So führte sie zum Beispiel den jährlichen Wachstumsbericht ein, der das Jahr im Januar mit einem umfassenden Überblick über die wirtschaftlichen Aussichten und politischen Prioritäten beginnt, nicht nur in Bezug auf die Wirtschaftspolitik, sondern auch in Bezug auf die nachhaltige Entwicklung und die soziale Dimension. Die Zusammenarbeit zwischen den Kommissaren war ausgezeichnet, mit vielen fortschrittlichen Vorschlägen auf der politischen Agenda. So haben wir beispielsweise mit Michel Barnier parallel die Reformpakete der Finanzregulierung und der wirtschaftlichen Steuerung vorangetrieben. Mit László Andor setzten wir den sozialen Dialog mit den Gewerkschaften und Arbeitgeberverbänden fort und legten ein Grünbuch über die Ausarbeitung nachhaltiger, sicherer und angemessener Rentensysteme in Europa vor. Mit Vivian Reding legten wir einen Vorschlag vor, um die Gleichstellung der Geschlechter in den Vorstandsetagen voranzubringen, oder genauer gesagt, um **„das Ziel einer 40-prozentigen Präsenz des unterrepräsentierten Geschlechts unter den *nicht*** *geschäftsführenden Direktoren* von börsennotierten Unternehmen" zu erreichen (dies wurde vom Rat nicht angenommen) (vgl. Abb. 9.1). Aus der Sicht der Kommission war Kommissionspräsident Barroso ein kompetenter Kapitän, der bei politischen Debatten die Führung übernahm, verschiedenen Standpunkten aufgeschlossen zuhörte, die Diskussionen mit klaren politischen Orientierungen abschloss und dann seine Kommissare unterstützte.

Breite Unterstützung im Parlament, deutsch-französischer Widerstand im Rat

Angesichts der rückwirkenden Geißelung und Selbstgeißelung (durch einige) lohnt es sich in der Tat, an das *Sixpack*-Gesetz zu erinnern, das eine breite Unterstützung fand und im Europäischen Parlament von einer riesigen oder sogar großen parteiübergreifenden Mehrheit unterstützt wurde. Und das zu Recht, denn es war ein entscheidender Baustein, um das Vertrauen wiederher-

Abb. 9.1 Viviane Reding und Olli Rehn. Die Europäische Kommission hat die Gesetzgebung zur Gleichstellung der Geschlechter vorangetrieben. Meine Kollegin Viviane Reding und ich haben 2012 eine Richtlinie vorgeschlagen, die die Präsenz des unterrepräsentierten Geschlechts unter den nicht geschäftsführenden Direktoren börsennotierter Unternehmen auf mindestens 40 Prozent erhöht hätte. Unser Vorschlag wurde jedoch von den Mitgliedstaaten abgelehnt. Nicht einmal meine „südlichen" Handgesten reichten aus, um sie zu überzeugen. (Quelle: © Europäische Union, 2012 – Quelle: Europäische Kommission – Foto: Georges Boulougouris. Lizenziert unter CC BY 4.0 (https://creativecommons.org/licenses/by/4.0/))

zustellen, die öffentlichen Finanzen der Eurozone wieder auf eine tragfähige Grundlage zu stellen und so dazu beizutragen, die Krise zu überwinden.

Die Berichterstatter des Parlaments, die Niederländerin Corien Wortmann-Kool für die Europäische Volkspartei EVP, die Portugiesen Diogo Feio ebenfalls für die EVP und Elisa Ferreira für die Partei der Europäischen Sozialdemokraten (S&D) sowie der Finne Carl Haglund für die Allianz der Liberalen und Demokraten für Europa (ALDE) und die Britin Vicky Ford für die Europäischen Konservativen und Reformisten (EKR) steuerten das Gesetzespaket zumeist geschickt und stets mit Nachdruck an sein Ziel, wobei Sharon Bowles, die Vorsitzende des Ausschusses für Wirtschaft und Währung (ALDE), als Pilotin fungierte. In der sozialdemokratischen Fraktion leistete meine Landsmännin Liisa Jaakonsaari wertvolle, auf gesundem Menschenverstand beruhende flankierende Unterstützung. Sven Giegold und Philippe Lamberts von den Grünen drängten darauf, dass wir die Bedeutung der Korrektur makroökonomischer Ungleichgewichte stärker betonen, und das zu Recht. Sylvie Goulard, eine Europaabgeordnete der französischen Demokraten und die ALDE-Koordinatorin im Wirtschaftsausschuss, unterstützt von Guy Verhofstadt, dem Vorsitzenden der ALDE-Fraktion und ehemaligem belgischen Ministerpräsidenten, waren maßgeblich an der Aushandlung des Gesamtpakets beteiligt. Sie schlichen sich als Bedingung für die Zustimmung des Parlaments in das Paket ein, eine Zusage der Kommission, ein „Grünbuch" über Eurobonds zu erstellen – oder „Stabilitätsanleihen", wie die Kommission später beschloss, sie zu nennen.

Auf der anderen Seite war der ECOFIN-Rat bei der Reform der Regierungsführung sehr schwierig. Die verstärkte Methode, Sanktionen zu erlassen, war für viele Mitgliedstaaten ein rotes Tuch, nicht zuletzt für Frankreich. Als Finanzministerin musste sich Christine Lagarde diesem wesentlichen Baustein der Reform widersetzen. Es war ihr wahrscheinlich unangenehm, aber wenn *La République* ruft: „Eine Dame muss tun, was eine Dame tun muss" – *je ne regrette rien!* Das Verfahren für makroökonomische Ungleichgewichte, an das wir große Erwartungen knüpften, um die Wirtschaft der Eurozone wieder ins Gleichgewicht zu bringen und die nächste Krise zu verhindern, bekam ebenfalls Gegenwind. Ich hatte heftige Dispute und mehrere harte, aber faire Diskussionen im Rat mit Deutschland und Wolfgang Schäuble über die Definition eines „übermäßigen makroökonomischen Ungleichgewichts", insbesondere über die Behandlung des deutschen Leistungsbilanzüberschusses. Dieser Streit dauerte mehrere Monate. Am Ende war es, um das gesamte *Sixpack* zu verabschieden, notwendig, mit Schäuble eine Einigung zu erzielen, die weder für die eine noch für die andere Seite perfekt war. Dies geschah in einer der angespanntesten ECOFIN-Sitzungen, an die ich mich erinnern kann. Es sollte eine *asymmetrische* Lösung werden, nach der Leistungsbilanz-*Defizite* eine genaue Untersuchung und Analyse auslösen, wenn sie 4 Prozent überschreiten, während die Leistungsbilanz-*Überschüsse* dasselbe erst tun, wenn sie 6 Prozent überschreiten. Die Logik besteht darin, dass Leistungsbilanz-Defizite für die finanzielle Stabilität des Euroraums letzten Endes immer noch gefährlicher sind als Überschüsse, wie es 2008–2011 der Fall war, und dies hätte in der Tat in der Zeit vor der Krise festgestellt werden müssen.

Die *Sixpack*-Reform der Wirtschaftsregierung trat am 13. Dezember 2011 in Kraft. Wir beschlossen, von den neuen Instrumenten sofort Gebrauch zu machen. Im November habe ich eine Vorwarnung vor einem möglichen Bruch des Haushaltsdefizitziels in den Jahren 2011–2012 an insgesamt fünf Länder versandt: Belgien, Zypern, Malta, Polen und Ungarn.

Ich diskutierte die Vorwarnung zuerst in einer Pressekonferenz am 10. November 2011, und am folgenden Tag folgte ein Brief an die Finanzminister der fünf Länder. Den Ländern wurde eine Finanzsanktion angedroht, falls sie die empfohlenen Maßnahmen nicht umsetzen würden, um ihre Haushalte auszugleichen und ihr Defizit unter drei Prozent zu drücken. Die Sanktion würde zunächst in Form einer Kaution in Höhe von bis zu 0,2 Prozent des BIP verhängt und könnte anschließend in eine Geldstrafe umgewandelt werden, die das Land dann verlieren und bezahlen würde.

So entsprachen beispielsweise für Belgien 0,2 Prozent des BIP rund 800 Millionen Euro. Das ist vielleicht keine riesige Summe, aber in diesem Fall war sie ausreichend – vor allem, wenn man bedenkt, dass die zur Vermeidung einer Sanktion erforderlichen Einsparungen in der gleichen Größenordnung lagen, nämlich bei etwa einer Milliarde (oder 1000 Millionen) Euro. Belgien musste sich also zwischen der Einsparung von einer Milliarde Euro und dem Verlust desselben Betrags entscheiden. Bei jeder sinnvollen Maßnahme gab es nur eine vernünftige Antwort: zu sparen.

Natürlich waren die politischen Umstände bereit dazu, potenzielle Sanktionen als Anreizmittel einzusetzen, da das Ziel der fiskalischen Nachhaltigkeit als legitim angesehen wurde. Die Mehrheit der Belgier hatte die Nase voll von der Unfähigkeit der Politiker des Landes, die Wirtschaft auszubalancieren oder einfach nur eine politisch legitimierte Regierung einzusetzen. Im Dezember 2011 schließlich, zeitgleich mit dem Inkrafttreten des *Sixpack* und nach einem rekordverdächtigen Verhandlungszeitraum, der 540 Tage dauerte, nahmen die Koalitionsgespräche ein neues Tempo auf und wurden mit der Bildung einer neuen Regierung abgeschlossen. Dem sozialistischen Führer Elio Di Rupo gelang es zunächst, mit sechs Parteien eine Einigung über den Haushalt zu erzielen und anschließend auf derselben Grundlage eine neue Regierung für das Land einzusetzen. Kurz vor Weihnachten traf ich Di Rupo als den künftigen Ministerpräsident und führte intensive Verhandlungen mit Finanzminister Steven Vanackere über die Grundzüge der Haushaltseinsparungen und deren Verteilung.

Zu Hause in Brüssel konnte ich während der Neujahrspause am Sonntag, den 8. Januar 2012, live im belgischen Fernsehen verfolgen, wie Ministerpräsident Di Rupo sowohl die Stabilisierungsmaßnahmen als auch die Regierungsbildung ankündigte. Die Rede wurde elegant – und sehr scharfsinnig – in beiden offiziellen Hauptsprachen des Landes gehalten: Die Ausgabenkürzungen wurden auf Flämisch, die sozialen Aspekte auf Französisch vorgetragen. Welch ein Meisterwerk des segmentierten politischen Marketings!

Später im Januar, beim Neujahrsempfang der königlichen Familie, lud mich König Albert II. zu einem privaten Gespräch ein. Er brachte seine Dankbarkeit für die Arbeit zum Ausdruck, die die Europäische Kommission für die Stabilisierung der öffentlichen Finanzen Belgiens geleistet hatte, und sagte mir, dass die neue *Sixpack*-Verordnung der EU sowohl bei der Aufstellung des Haushalts als auch bei der Normalisierung der politischen Lage in seinem Land eine Schlüsselrolle gespielt habe.

Nach seinen Überlegungen zu urteilen, schien der König auch einen sehr klaren Plan zu haben, wie das Haushaltsverfahren und die Lösungen für die im Wesentlichen sprachlichen Probleme der Gemeinschaft nun weitergehen sollten, um die bestehenden Bedrohungen der Einheit Belgiens zu überwinden, die von einigen politischen Kräften, vor allem in Flandern, ständig in Frage gestellt wurde. Wir unterhielten uns in Französisch, meiner schwächeren Arbeitssprache. Nach dem Treffen machte ich mir Vorwürfe, dass ich meine Beamten nicht um ein ausführlicheres Briefing in Französisch gebeten hatte – der König war über alle relevanten Einzelheiten des Haushalts seines Landes äußerst gut informiert. Hochachtung!

Auch Zypern, Malta und Polen krempelten die Ärmel hoch und trafen damals ausreichende Entscheidungen, um Strafkautionen zu vermeiden. Ungarn hingegen war dazu noch nicht bereit und weigerte sich, die erforderlichen weiteren Maßnahmen zu ergreifen. Daher beschloss die Kommission im Januar den Vorschlag, ihre Zahlungen an Ungarn aus dem Kohäsionsfonds einzufrieren. Der Rat unterstützte diese Haltung nach einer harten Debatte. Infolgedessen traf Ungarn im Mai die Entscheidungen über die erforderlichen Stabilisierungsmaßnahmen, um das Defizit 2012 unter drei Prozent zu drücken. Im Juni einigten sich die Kommission und der Rat wiederum darauf, die Zahlungen der Kommission an das Land wieder aufzunehmen.

Diese Beispiele veranschaulichen, dass die neuen Regeln zur Stärkung der Wirtschafts- und Währungsunion der EU so funktionieren könnten, wie sie sollten. Natürlich wurden und werden die Regeln ständig getestet. Je politischer die Kommission wird, desto schwieriger wird es für sie, die Regeln objektiv anzuwenden – dies könnte den Druck erhöhen, die Aufgabe der Überwachung der Finanzpolitik auf einen Europäischen Währungsfonds zu verlagern, der in einigen einflussreichen Vierteln der Eurozone in der Planung ist.

Das *Sixpack* war auch durch die Einführung des Verfahrens für makroökonomische Ungleichgewichte und die Ermöglichung einer besseren, substanziellleren und sachdienlicheren Überwachung der Wirtschaftsreformen in den Mitgliedstaaten ein großer Schritt nach vorn. Da die Überwachung in der makroökonomischen und Reformpolitik per Definition jedoch hauptsächlich *qualitativer Natur* ist, während die haushaltspolitische Überwachung *quantitativ* ist, liegt der Schwerpunkt in den Medien und in der politischen Debatte tendenziell auf der Finanzpolitik. Ich würde es vorziehen, wenn man sich mehr auf Strukturreformen und die Makroökonomie konzentrieren würde, die für die wirtschaftliche Gesundheit und Leistungsfähigkeit einer Nation grundlegend wichtiger sind. Dies ist eine der wichtigsten Lehren aus der Krise für die nächste Reform der Regierungsführung in der Eurozone.

2013 wurden zwei zusätzliche Gesetze verabschiedet, um die wirtschaftspolitische Steuerung der EU zu stärken, die als *Twopack* bekannt sind. Sie gaben der Kommission das Recht, die nationalen Haushaltspläne der Mitgliedstaaten zu überprüfen und Änderungen vorzuschlagen. Wirtschaftsreformen werden durch die nationalen Reformprogramme bewertet, die der Kommission jährlich vorgelegt und in der Eurogruppe diskutiert werden. Wir haben von dieser Möglichkeit bei sechs Mitgliedstaaten gleich im November 2013 Gebrauch gemacht, angefangen mit Finnland, das nicht das praktizierte, was es predigte, und das die harte Zeit verdient hatte, die es seinen Vertretern, dieses Mal Beamten des Finanzministeriums, auferlegte.

Welche Auswirkungen hatte die Reform der Wirtschaftsregierung? Dies ist die Einschätzung der politischen Ökonomin Waltraud Schelkle im Jahr 2017:

Trotz der Grenzen der bisher überprüften Reformen [der Eurozone] muss bestätigt werden, dass sie zu Sammelklagen geführt haben. Sie waren zügig, verwaltungstechnisch anspruchsvoll in Bezug auf die fiskalische Überwachung und substanziell bedeutsam im Falle der Klauseln über kollektive Maßnahmen bei Staatsanleihen. Es wäre daher eher oberflächlich, sie als Beweis für noch mehr Untätigkeit darzustellen, wie es viele Beobachter in den Medien und in der Wissenschaft taten.[1]

---
[1] Waltraud Schelkle (2017, S. 209).

Als Teil des Reformpakets verpflichtete sich die Kommission auch, das Für und Wider von „Stabilitätsanleihen" zu analysieren, die als gemeinsame und verschiedene Staatspapiere, d. h. Eurobonds, wahrgenommen werden könnten. Sie starteten jedoch zu keinem Zeitpunkt in der Eurogruppe oder im ECOFIN-Rat durch. Darüber hinaus wurden in den Strategiepapieren der Kommission verschiedene Alternativen zur Verringerung der hohen Schuldenlast in Betracht gezogen, wie z. B. die Idee eines Schuldentilgungsfonds, die ursprünglich von der deutschen Gruppe der Wirtschaftsexperten („die Wirtschaftsweisen") vorgelegt worden war, aber auch diese kam nie auf den Weg.

Als Kommissionsvizepräsident zuständig für den Euro

Im Winter 2011–2012 mussten wir die umfassende Krisenreaktion, die ein Jahr zuvor vorgeschlagen worden war, verstärken, weil ihre erste Version – soweit die Beschlüsse erreicht worden waren – in mancher Hinsicht hinter den Zielen zurückgeblieben war. Dies markierte die zweite Phase des CCR: Wir begannen, die Wirtschafts- und Finanzminen in der Eurozone eine nach der anderen zu entschärfen und dabei schrittweise das gesamte Minenfeld zu räumen. Die zweite Umschuldung Griechenlands und der 70-prozentige *Haircut* waren darauf ausgerichtet, eine nachhaltige Lösung zu erreichen, die es dem Land ermöglicht, seine Schuldenlast in den Griff zu bekommen. Italien und insbesondere Spanien machten Fortschritte bei ihren Wirtschaftsreformen.

Eine der Entscheidungen zur Stärkung der wirtschaftlichen Steuerung geht auf die Diskussionen zurück, die ein Jahr zuvor im Juli 2010 bei dem von Präsident Herman van Rompuy organisierten Abendessen geführt worden waren. Nun, 15 Monate später, lud mich Präsident Barroso in sein Büro ein, um am 25. Oktober 2011 mittags über „eine Verwaltungsangelegenheit" zu sprechen.

Es stellte sich heraus, dass es sich um eine Kombination aus einem Stellenangebot und einer Beförderung handelte. Barroso sagte, er habe daran gedacht, mich zum Vizepräsidenten der Europäischen Kommission zu machen, der nicht „nur" allgemein für Wirtschafts- und Währungsangelegenheiten, sondern ausdrücklich und insbesondere auch für den Euro zuständig wäre. „Wir müssen einen Mr. Euro innerhalb der Kommission schaffen und nicht zulassen, dass dies außerhalb geschieht", sagte er in Bezug auf die laufende Debatte über einen Finanzminister der Eurozone. „Außerdem ist dies von den Ministerpräsidenten Rütte und Verhofstadt vorgeschlagen worden, also sollte es auch die Unterstützung Ihrer liberalen und zentristischen Freunde finden", fügte er hinzu. Barroso wusste, dass er die Unterstützung der ALDE im Parlament brauchte, sowohl in der Wirtschaftspolitik, als auch im Allgemeinen.

Ich antwortete, dass ich die Mitteilung sowie die politischen und politischen Gründe für die Veränderung verstehen würde und bedankte mich für das Vertrauen. Barroso sagte abschließend, dass er seine Entscheidungen entweder am nächsten Tag im Kollegium oder in zwei Wochen, nach dem G20-Gipfel in Cannes, vorlegen werde.

Ich nutzte die Gelegenheit, sowohl die Arbeit der Kommission als auch meine eigene Arbeit zu rationalisieren. Also schlug ich Barroso halb spontan in derselben Sitzung vor:

Könnte ich einen Vorschlag machen? Wir könnten bei der wirtschafts- und finanzpolitischen Überwachung überzeugender und glaubwürdiger sein, wenn wir innerhalb der Kommission einen Schutzwall zwischen der rein technischen Analyse, insbesondere der Analyse statistischer Daten, und einem stärker politisch motivierten Ermessensspielraum schaffen würden. So könnte ich die Verantwortung für Eurostat an einen Kollegen abgeben, um die statistische Analyse von Eurostat von der politischen Entscheidungsfindung der Kommission zu trennen.

Barroso überlegte einen Moment lang und stimmte schnell zu, dass es nach einer guten Idee klinge. Anschließend beauftragte er Algirdas Semeta, den Kommissar für Steuern und Audit, mit der Verantwortung für Eurostat. Semeta war ein ehemaliger Finanzminister Litauens und hatte ein vertieftes Wissen im Gebiet der Statistik, so dass er eine ideale Wahl, ein kompetenter und fairer Kollege war. Nachdem die Entscheidung in Kraft getreten war, arbeiteten wir in unseren jeweiligen Bereichen eng zusammen, wobei wir beide die neue Firewall respektierten.

Zwei Tage später, am 27. Oktober 2011, vertraten Barroso und ich die Kommission im Plenum des Europäischen Parlaments, um über die wichtige Sitzung des Europäischen Rats vom 23. und 26. Oktober 2011 zu berichten. Barroso sagte, dass die Schlussfolgerungen des Gipfels die Rolle der Gemeinschaftsmethode und der Kommission in der Wirtschaftsregierung stärken werden. „Tatsächlich haben die Staats- und Regierungschefs versprochen, auf den Maßnahmen des *Sixpacks* und des Europäischen Semesters aufzubauen, indem sie die Rolle der Kommission bei der Bewertung, Überwachung und Koordinierung der nationalen Wirtschaftspolitiken und -haushalte stärken werden." Er kündigte an, dass die Kommission am 23. November ein umfassendes Paket zur Regierungsführung vorlegen werde, das eine weitere Vertiefung beinhalte, die Finanzhilfen mit der fiskalischen Überwachung verknüpfe und ein Grünbuch über Stabilitäts-(Euro-)Anleihen vorstelle. Dieses Paket solle nicht nur helfen, die finanziellen Waldbrände einzudämmen, sondern auch den Ansichten des Parlaments entgegenkommen.

Er fuhr fort: „Die Kommission ist bereit, diese Verantwortung zu übernehmen ... Die unabhängige und objektive Autorität der Kommission ist noch wichtiger, nämlich für den Erfolg des Euro und die Stärkung der Governance – eine Ansicht, die von diesem Parlament oft geäußert wurde. Heute kündige ich an, dass ich beabsichtige, Olli Rehn mit einem verstärkten Status und zusätzlichen Arbeitsinstrumenten auszustatten. Er soll Vizepräsident der Kommission für Wirtschafts- und Währungsfragen und den Euro werden."

Die Entscheidung Barrosos hatte mehrere Auswirkungen. Erstens gab sie mir die Instrumente an die Hand, mit denen ich Entscheidungen in der Kommission durchsetzen konnte, so dass nationale Vetos eines Kommissars auch in der Diskussion nicht mehr akzeptiert wurden. Diese hatten die Substanz von Entscheidungen zuvor nicht einmal verändert, aber manchmal waren sie ein ernstes Ärgernis.

Zweitens hat es mir bei meiner Koordinierungstätigkeit innerhalb der Kommission geholfen, wo ich im selben ECOFIN-Team auch höherrangige Kollegen, insbesondere Joaquin Almunia und Michel Barnier, hatte. Mit ihnen hatten wir immer eine inhaltliche Beziehung, „lassen Sie das beste Argument gewinnen", und ich hatte keine Probleme mit diesen ausgezeichneten Kollegen. Die Entscheidung Barrosos hat dafür gesorgt, dass wir auch in Zukunft nicht auf zwei verschiedenen Seiten stehen würden.

Darüber hinaus hat die Entscheidung die Debatte zwischen der Kommission und dem Rat darüber, wer den Euro im internationalen Kontext in erster Linie vertreten soll, wirksam beruhigt. Im Grunde mag die Frage bis heute ungeklärt geblieben sein, da sowohl der Präsident der Eurogruppe als auch der Vizepräsident der Kommission eine Rolle bei der Vertretung des Euro spielen, aber mittelfristig haben wir dafür gesorgt, dass wir nicht ständig politische Energie in völlig nutzlose Revierkämpfe mit dem Rat investieren mussten. Aber selbstverständlich muss hinzugefügt werden, dass der Präsident der EZB in der Öffentlichkeit und in der institutionellen Führung die höchsten „Weihen" von Frau/Herrn Euro trägt, und das zu Recht.

Das Europäische Semester – keine Ferien

Die *Sixpack*-Reform der Wirtschaftsregierung führte auch einen systematischen Kalender für die Eurozone ein, das so genannte *Europäische Semester*. Dies bedeutet, dass in der ersten Jahreshälfte die Politik sowohl in den Mitgliedstaaten als auch in den EU-Institutionen überwacht, analysiert und geplant wird, während in der zweiten Jahreshälfte die Haushalts- und Reformpläne für das folgende Jahr kritisch bewertet und diskutiert werden.

Dank der Reform der wirtschaftlichen Steuerung in den Jahren 2010–2013 verfügt die Eurozone nun im Prinzip über das notwendige Instrumentarium, um sich aufbauende makroökonomische Ungleichgewichte und sich verschärfende Unterschiede in der Wettbewerbsfähigkeit frühzeitig zu erkennen, und sie hat auch die Befugnis, Vorschläge zu deren Korrektur zu machen. Diese Ungleichgewichte, wie z. B. ein rasch wachsendes Leistungsbilanzdefizit oder explodierende Arbeitskosten, waren zuvor wie aus dem Nichts aufgetaucht und bildeten zusammen mit den Haushaltsdefiziten (aber eigentlich auch noch anderen Problemen) die eigentliche Ursache der Schuldenkrise.

Kasten 9.1: Makroökonomische Ungleichgewichte und Leistungsbilanz überschüsse/-defizite

Worum geht es bei makroökonomischen Ungleichgewichten? Nehmen Sie zunächst die Schlüsselbegriffe. Die Leistungsbilanz bezieht sich auf den aggregierten Betrag der Kapitalströme zwischen einer Volkswirtschaft und dem Ausland während eines bestimmten Zeitraums, zum Beispiel eines Jahres. Sie umfasst neben dem Überschuss oder Defizit des Außenhandels mit Gütern (= Handelsbilanz) auch die Dienstleistungsbilanz (= Dienstleistungsbilanz) sowie das Vermögenseinkommen, sonstige Faktoreinkommen und laufende Übertragungen. Leistungsbilanzdefizit bedeutet eine Zunahme der Nettoauslandsverschuldung, während Überschuss eine Verringerung der Nettoauslandsverschuldung bedeutet.

Leistungsbilanzüberschüsse und -defizite sind Teil des Funktionierens einer offenen internationalen Wirtschaft, und im Prinzip versprechen sie wirtschaftliche Konvergenz in einer Währungsunion, indem überschüssige Ersparnisse in (vorzugsweise) produktive Investitionen investiert werden. In Wirklichkeit spiegelten sie jedoch einige grundlegende Probleme des Euroraums wider. In den letzten zehn Jahren haben die integrierten Kapitalmärkte die Ersparnisse von Ländern mit langsam wachsender Inlandsnachfrage nach Investitionen in Länder mit wachsender Inlandsnachfrage und steigenden Investitionen gelenkt. An sich war dies kein Problem, aber die Tatsache, dass die Kapitalströme, die durch diesen Mechanismus entstanden, sehr groß, kurzfristig (und als solche reversibel) und über Banken geleitet waren sowie übermäßig für unproduktive Zwecke verwendet wurden, führte zu kumulativen Leistungsbilanzdefiziten und wurde dadurch wirtschaftlich toxisch.

Diese Kreditvergabe, insbesondere für Bau- und Immobilienkredite, nahm in den Defizitländern wie Irland und Spanien rasch zu; in Griechenland ging es dabei eher um den öffentlichen Konsum. Gleichzeitig – und unvermeidlich – stiegen in diesen Ländern die Löhne und Preise rasch an. Dies schuf eine Spirale aus Luftblasen- und Kasinowirtschaft, die den Konsumrausch der Binnennachfrage nährte. All dies führte schließlich zu einem zu raschen Anstieg der Arbeitskosten, dem bald ein tief greifender Verlust an kostenmäßiger Wettbewerbsfähigkeit folgte.

Neben der Stärkung des europäischen Hauses schuf die Reform auch stärkere nationale Finanzinstitutionen in den Mitgliedstaaten. Eine der wichtigsten Reformen des *Sixpacks* war die Einrichtung eines unabhängigen Finanzrats oder einer gleichwertigen Institution in jedem EU-Mitgliedstaat. Ich glaube, dies wird sich langfristig als eine der wichtigsten Regierungsreformen erweisen, da sie systematische und wissenschaftlich unabhängige Analysen und Ratschläge für die politischen Entscheidungsträger und die öffentliche Debatte liefern wird. Ich habe dies in Finnland erlebt, wo der Rat für Wirtschaftspolitik, der 2014 auf Initiative von Finanzministerin Jutta Urpilainen eingerichtet wurde, objektive, analytische und damit sehr wertvolle Arbeit bei der Bewertung der Wirtschaftspolitik der Regierung geleistet hat. Er wurde in den Jahren 2014–2018 von Professor Roope Uusitalo und seit 2019 von dem erfahrenen Makroökonomen Jouko Vilmunen geleitet. Der Rat hat seine Aufgabe recht weit ausgelegt und nicht nur die Finanzpolitik, sondern auch die makroökonomische Politik und die Strukturreformen bewertet und Ratschläge zu einigen spezifischen politischen Fragen wie der Bildung erteilt. Es war nicht immer angenehm für die Regierung – das kann ich als ehemaliger Regierungsminister sagen –, aber das hat ihre Arbeit legitimiert und sie wurde respektiert.

Bei der Vorbereitung der unabhängigen wirtschaftspolitischen Räte haben wir in der Kommission vor allem die Niederlande als Maßstab genommen. Die Niederlande haben hier eine starke Tradition mit dem CPB, dem *Centraal Planbureau* als unabhängiger Institution, die seit 1945 tätig ist. Sie erstellt unabhängige makroökonomische Prognosen, Schätzungen für budgetäre Maßnahmen – und sogar Analysen von Wahlmanifesten, was in vielen Ländern der Welt wahrscheinlich nicht funktionieren würde! Die Nachhaltigkeitsanalyse der öffentlichen Finanzen sowie die Ausgabenregeln und Ausgabenrahmen wurden von den Niederländern eingeführt. Sowohl die rechtliche Grundlage des CPB als auch die breite Akzeptanz seiner Rolle in der Gesellschaft sind die Essenz der niederländischen Stabilitätskultur.

Diese niederländischen Errungenschaften verdanken Professor Jan Tinbergen, dem ersten Präsidenten des CPB und dem ersten Nobelpreisträger für Wirtschaftswissenschaften 1969, viel. Ich bin versucht zu sagen, dass Tinbergen für eine umfassende wirtschaftspolitische Analyse dasselbe getan hat wie Johan Cruyff für den Fußball durch die Philosophie des „Totalen Fußballs". Europa kann auch von diesem niederländischen Modell lernen und wendet seine Lehren bereits an.

Diese Regierungsreform wurde durchgeführt und wird im Rahmen der normalen EU-Gesetzgebung angewandt. Sie basiert auf der praxiserprobten Gemeinschaftsmethode der EU, die in diesem Zusammenhang der Eurogruppe und der Kommission eine große Verantwortung für die Überwachung der Wirtschaftspolitik der Eurozone überträgt und allen Mitgliedstaaten der Eurozone gemäß dem Gründungsvertrag die Autorität für gemeinsame Entscheidungen verleiht.

Im Gegensatz dazu ist der Ende 2011 vereinbarte fiskalische Vertrag in erster Linie ein wichtiges politisches Verpflichtungsinstrument der Mitgliedstaaten zur Stabilitätskultur. Er verlangt u. a. die Aufnahme einer „Schuldenbremse" direkt in die nationale Gesetzgebung. Gleichzeitig überschneidet sich der fiskalische Vertrag weitgehend mit der *Sixpack*-Reform der wirtschaftlichen Steuerung, die die praktische Grundlage für die Überwachung der Wirtschaftspolitik der Mitgliedstaaten darstellt.

Nur wenige hielten diese Änderungen im Frühjahr 2010 für möglich. Sie waren jedoch unvermeidlich, um die ursprüngliche Idee der Währungsunion zu stärken. Natürlich müssen die geschaffenen Instrumente auch konsequent und antizyklisch eingesetzt werden, damit die Mitgliedstaaten auf dem Weg einer nachhaltigen Wirtschaftspolitik bleiben können. Grundsätzlich erfordert sie nationale Eigenverantwortung, ein Thema, auf das ich in Kap. 19 bei der Diskussion über die nächste Reform der Eurozone zurückkommen werde.

Diese Art des neuen Denkens und die neuen Instrumente tragen erste Früchte, wenn es darum geht, eine Kultur der wirtschaftlichen und fiskalischen Stabilität in den Mitgliedstaaten zu implementieren. Welche Auswirkungen hat die reformierte Regierungsführung gehabt?

In meiner letzten Pressekonferenz als Vizepräsident der Kommission am 2. Juni 2014 in Brüssel konnte ich, nachdem ich nur zehn Tage zuvor in Finnland zum Mitglied des Europäischen Parlaments gewählt worden war, den Medien und der Öffentlichkeit mitteilen, dass wir in der Finanzpolitik eine Reihe wichtiger positiver Entscheidungen im Zusammenhang mit dem Verfahren bei einem übermäßigen Defizit (VÜD) getroffen haben. In erster Linie empfahlen wir dem Rat den Abschluss des Defizitverfahrens für sechs Mitgliedstaaten: Belgien, die Tschechische Republik, Dänemark, die Niederlande, Österreich und die Slowakei. Diese Länder hatten alle ihre Defizite nachhaltig unter 3 Prozent des BIP gesenkt, wozu ich ihnen gratulierte. Ich erinnerte auch daran, dass sich 2011 nicht weniger als 24 Mitgliedstaaten noch im Defizitverfahren befanden. Im Jahr 2014 waren es 17. Nachdem der Rat die Empfehlungen der Kommission vom Juni 2014 angenommen hatte, sank die Zahl auf 11. – Zum Zeitpunkt dieses Schreibens im Sommer 2019 ist die Zahl der Länder, die sich im Defizitverfahren befanden, auf nur noch eines gesunken: Spanien. Frankreich wurde 2018 aus dem VÜD gestrichen, so dass Spanien im Verfahren allein dasteht.

Wenn man sich darüber hinaus das seit der Krise akkumulierte Haushaltsdefizit in Europa ansieht, ist es dramatisch zurückgegangen. Das Haushaltsdefizit der Eurozone ist von sehr hohen über 6 Prozent in den Jahren 2009–2010 auf etwa 3 Prozent im Jahr 2014, unter 1,5 Prozent in den Jahren 2016–2017 und schließlich auf etwa 0,5 Prozent im Jahr 2018 gesunken. Der Gesamtschuldenstand der Eurozone ist von 92 Prozent im Jahr 2014 auf 86 Prozent im Jahr 2018 gesunken.[2] Im Gegensatz zu dem, was viele behauptet haben, beweist dies, dass der Stabilitäts- und Wachstumspakt funktionieren kann, wenn der richtige Wille vorhanden ist und die öffentlichen Finanzen Europas tatsächlich in Ordnung gebracht werden. Die neueren Entwicklungen in Bezug auf den finanzpolitischen Kurs Italiens bilden eine Ausnahme von diesem Trend.

Erhards mutige liberale Reformen

Wie die Fälle in den einzelnen Ländern gezeigt haben, ist es alles andere als einfach, ausreichende politische Unterstützung für die notwendigen Reformen zu finden. Die politische Akzeptanz der an Bedingungen geknüpften Finanzhilfeprogramme, etwa in Irland und Griechenland, unterschied sich sehr stark voneinander. Und es ist in der Tat offensichtlich, dass Wirtschaftsreformen eine starke politische und soziale Akzeptanz in der Gesellschaft voraussetzen, um wirksam umgesetzt werden zu können und damit eine echte Wirkung und Verbesserung der Lebensbedingungen zu erzielen. Dazu bedarf es einer überzeugenden Kommunikation und eines Dialogs in der Gesellschaft. Und das erfordert natürlich einiges an Überzeugungskraft und Durchhaltevermögen von den politischen Entscheidungsträgern. Hatten wir das in Europa in den Jahren 2010–2014? Viele haben daran gezweifelt. Aber ich habe darauf vertraut, dass wir am Ende diese Schritte unternehmen können.

Die Kühnheit und der Weitblick, die Ludwig Erhard zum deutschen Wirtschaftswunder verhalfen, würden in Europa noch einiges an Nutzen haben. Erinnern wir uns an die Geschichte, in der Ludwig Erhard mit dem US-General Lucius Clay konfrontiert wurde, der von seinen Beratern gewarnt wor-

---

[2] https://ec.europa.eu/eurostat/documents/2995521/9731224/2-23042019-AP-EN/bb78015c-c547-4b7d-b2f7-4ffe7bcdfad (zum Haushaltsdefizit).

https://ec.europa.eu/eurostat/documents/2995521/9510404/2-21012019-AP-EN.pdf/97de2ad5-5b7e-4de9-ab36-7bbf8773aad0 (zur Staatsverschuldung).

See also IWF Fiscal Monitor (April 2018, S. 7).

den war, dass Erhards Entscheidungen über Wirtschaftsreformen ein schrecklicher Fehler seien. „Hören Sie nicht darauf!", antwortete Erhard, „meine Berater sagen mir das Gleiche." Die Reformen wurden wie geplant durchgeführt. Und der Rest ist Geschichte in Deutschland, die noch heute und morgen große Auswirkungen in Europa hat.

Literatur

IWF Fiscal Monitor, *Capitalizing on Good Times.* April 2018, S. 7.
Waltraud Schelkle, *The Political Economy of Monetary Solidarity: Understanding the Euro Experiment.* Oxford University Press, 2017, S. 209.

10

Luftholen vor dem Eintauchen

Sic transit gloria mundi – so vergeht der Ruhm der Welt. Dies schien den Bemühungen und Auswirkungen der Entscheidungsfindung der Eurozone im Rahmen der umfassenden Krisenreaktion in den Jahren 2011–2012 gerecht zu werden. Die verbal kreativste Kritik kam von dem Wirtschaftswissenschaftler und späteren griechischen Finanzminister Yannis Varoufakis, der 2013 unmissverständlich formulierte: „Als ungebildeter, gelber Unterhändler der dritten Kategorie bekommt Rehn seine Befehle und ist verpflichtet, den Fehler des IWF zu leugnen. Und er leugnet ihn."[1]

Die Stärkung der wirtschaftspolitischen Steuerung, die viele Facetten hatte und im Mittelpunkt der umfassenden Krisenreaktion stand, hatte in erster Linie eine präventive Wirkung: Umgang mit der Gegenwart, aber Konzentration auf die Zukunft. Sie diente dazu, eine weitere Krise in der Zukunft zu verhindern. Was die akute Krise betraf, so trugen die neuen Regeln hauptsächlich zur Stärkung des Vertrauens bei, was wichtig war, um die hohe Instabilität zu überwinden. Doch trotz aller Reformen zeigten die Renditen der Staatsanleihen der notleidenden Länder im Herbst 2011 keine Anzeichen eines Rückgangs.

Um dem finanziellen Stress entgegenzuwirken, begann die Europäische Zentralbank, mutigere Maßnahmen zu ergreifen, um die kurzfristige Finanzierung der Banken sicherzustellen. Die Ausweitung der im Dezember 2011 und Februar 2012 durchgeführten Langfristigen Refinanzierungsgeschäfte (LRGs) in Höhe von bis zu 1,1 Billionen Euro minderte den Druck auf die Banken, um zu verhindern, dass sie ihre Kredite zu schnell vergaben, und

---

[1] https://www.keeptalkinggreece.com/2013/02/14/varoufakis-olli-rehn-an-illiterate-yellow-3rd-category-understrapper/.

milderte so die drohende Kreditklemme. Zusammen mit der Reformwelle in den gefährdeten Ländern und der nachhaltigeren griechischen Lösung schienen die LRGs Anfang 2012 die Aussichten des Euroraums zu verbessern, was uns ein bisschen Luft verschaffte.

Nach diesen Maßnahmen schienen die Wachstumsaussichten der Eurozone für das Jahr 2012 ermutigender, und auch die Aussichten auf eine allmähliche Belebung der Beschäftigung verbesserten sich. Der strahlende Stern des jährlichen Gipfeltreffens des Weltwirtschaftsforums in Davos Ende Januar 2012 war der neue EZB-Präsident Mario Draghi, der die Entscheidungen zu den LRGs durchgesetzt hatte und damit zu Recht den Verdienst erhielt, eine schlimmere Kreditklemme als die erlebte verhindert zu haben.

Die längerfristigen Refinanzierungsgeschäfte waren die bedeutendste systemische Maßnahme, die die EZB bis dahin ergriffen hatte. Der kurze Wirtschaftsaufschwung von Dezember 2011 bis März 2012, für den wir so hart gearbeitet hatten, wurde jedoch durch schlechte Nachrichten aus den Krisenländern, insbesondere Italien, Spanien und – nicht zuletzt – wieder Griechenland, abgebrochen. Zu diesem Zeitpunkt war die Krise eine Kombination sowohl systemischer als auch länderspezifischer Faktoren, und die politische Reaktion musste ebenfalls auf beides abzielen.

Vor dem relativ kurzen Aufschwung wurde die wirtschaftspolitische Steuerung der Eurozone, wie im vorigen Kapitel beschrieben, durch die so genannte *Sixpack*-Gesetzgebung wesentlich gestärkt. Sie hatte einen positiven Einfluss auf die Glaubwürdigkeit der Wirtschaftspolitik der Eurozone. Mittelfristig war sie entscheidend für die Rückkehr des Vertrauens in die fiskalische Nachhaltigkeit in Europa. Kurzfristig waren seine positiven Auswirkungen jedoch begrenzt, und die unmittelbaren Krisensymptome wurden immer schlimmer und schlimmer.

Kurz vor Weihnachten 2011 machte der Chefökonom der Kreditratingagentur Standard & PoorS's, Jean-Michel Six, eine eher unerhörte, aber – im Nachhinein betrachtet – schmerzlich genaue Prognose: „Wahrscheinlich bedarf es noch eines weiteren Schocks, bevor jeder in der Eurozone dasselbe sieht; zum Beispiel eine große deutsche Bank, die echte Schwierigkeiten auf den Märkten hätte, was in naher Zukunft eine echte Möglichkeit wäre. Dann würde man erkennen, dass tatsächlich alle im selben Boot sitzen und dass sogar deutsche Institute von dieser Ansteckung betroffen sein können. Ich fürchte, dass dies immer noch erforderlich sein könnte."

Natürlich protestierte die Kommission heftig gegen diese rücksichtslose Vorhersage eines Marktteilnehmers. Aber immerhin war er genauer als Nouriel Roubini, der vorausgesagt hatte, dass die Eurozone entweder in fünf oder sogar in zwei Jahren auseinanderbrechen würde! Der „nochmalige Schock" kam jedoch nicht aus Deutschland, sondern erneut aus Griechenland. Obwohl Italien und Spanien im Sommer und Herbst 2011 ihren gerechten Anteil an den finanziellen Schwierigkeiten hatten, gingen die schlimmsten Turbulenzen bald von Griechenland aus – wieder einmal. Sie konzentrierten sich auf den Sechsmonatszeitraum zwischen Oktober 2011 und Juni 2012.

Fortschritte vor dem Rückschritt in Griechenland

Das EU-IWF-Programm für Griechenland hat im Laufe der Jahre einen schlechten Ruf bekommen. Das Gesamtbild umfasst jedoch mehr Grautöne als nur Schwarz-Weiß-Bilder. Im ersten Programmsommer 2010 gab es ernsthafte Fortschritte bei der Umsetzung des Programms. Wie der damalige Finanzminister George Papaconstantinou sagt: „In jenem Sommer hatten wir alle das Gefühl, dass sich die Dinge in Bewegung setzten: Die Zahnräder drehten sich langsam wieder und die Maschine begann zu arbeiten, ein wild gelaufenes System wurde wieder vernünftig, Verantwortung war wieder an der Tagesordnung, und längst überfällige Veränderungen begannen sich abzuzeichnen."[2]

Nach dem Gipfel von Cannes im Oktober 2011 gab es in Griechenland wieder Fortschritte. In den Wintermonaten 2011–2012 handelte Griechenland durch eine Umschuldung mit seinen internationalen Gläubigern einen substanziellen *Haircut* aus, inspiriert durch den Brady-Plan, der in den 1980er-Jahren dazu beitrug, die lateinamerikanische Schuldenkrise, beginnend mit Mexiko, zu lindern.[3] Das Pendant der griechischen Regierung war wiederum das Internationale Finanzinstitut unter der Leitung von Charles Dallara und dem Vorsitz von Josef Ackermann, der zusammen mit dem effektiv arbeitenden Jean Lemierre von BNP Paribas im Namen der großen europäischen und internationalen Banken verhandelte. Der freiwillige Schuldentausch war sowohl von der Erzielung eines strukturellen Überschusses in den öffentlichen Finanzen, als auch von einem neuen und umfangreichen Haircut für Staatsschulden privater Investoren abhängig, von denen erwartet wurde, dass sie bis zu 70 Prozent ihres Kapitals durch die so genannte PSI oder „Beteiligung des privaten Sektors" verlieren würden, was der Euphemismus für *Haircuts* auf das Kapital der Investoren war.

Der Rahmen für die Lösung wurde bereits im Oktober 2011 festgelegt, aber die Details wurden noch mehrere Monate lang ausgearbeitet und ver-

---

[2] George Papaconstantinou (2016, S. 149).
[3] William R. Rhodes (2011, S. 222–223).

handelt. Mit Unterstützung der Eurogruppe verhandelte Griechenland – und im Wesentlichen Ministerpräsident Lucas Papademos selbst mit einem sehr praxisnahen Ansatz eines erstklassigen Ökonomen und erfahrenen Zentralbankers – mit internationalen Investoren über die oben erwähnten zusätzlichen und substanziellen *Haircuts* für die Staatsschulden des Landes, was insgesamt zu der erwähnten Abschreibung von 70 Prozent auf Schuldverschreibungen privater Investoren führte. Nach der damals gemeinsam von der EU und dem IWF vorgenommenen Bewertung wurde erwartet, dass diese Abschreibungen die Schuldenlast Griechenlands von über 160 Prozent des BIP auf etwa 117 Prozent senken würden, wenn die Wirtschaft, wie erwartet zu wachsen begann und nicht rückfällig würde.

Während die allgemeine Stimmung unter den „Kommentatoren" in den Medien und in der akademischen Debatte über die Probleme der Eurozone immer populistischer wurde, gab es auch einige ausgewogene Stimmen der Vernunft. So plädierte beispielsweise Professor Raghuram Rajan, der ehemalige Chefökonom des IWF und spätere Gouverneur der indischen Zentralbank, im März 2012 für einen vernünftigen Keynesianismus und bezog sich dabei auf Griechenland:

> Für Griechenland sind die Staatsausgaben das Problem, nicht die Lösung. Eine verantwortungsbewusste Regierung würde vernünftige Sparmaßnahmen durchführen, die in den Anfangsjahren eingestellten Parteiknechte entlassen, Löhne und Renten kürzen und sich selbst umstrukturieren, um Steuern einzutreiben und nützliche Dienstleistungen zu erbringen, selbst wenn sie die Transfers an Bedürftige und ältere Menschen beibehalten würde. Da die Beschäftigten des öffentlichen Sektors den Schmerz des privaten Sektors teilen, könnte sich die nationale Solidarität verbessern.[4]

Tatsächlich beschrieb Professor Rajan weitgehend die Ziele des EU-IWF-Programms. Leider war seine Umsetzung alles andere als einfach.

In Griechenland kam die Umsetzung des Programms zum Stillstand, nachdem der konservative Führer Antonis Samaras das Land im April effektiv zu Neuwahlen gezwungen hatte, was zu weiterer Unsicherheit über die Ausrichtung des Landes führte. An der griechischen Front war es eine Zeit lang ruhig gewesen, ohne dass dem Rest des Euroraums Schwierigkeiten bereitet worden wären – aber das hielt nicht lange an. Nun drohte Griechenland erneut, den Rest des Euroraums in eine gefährliche Abwärtsspirale zu ziehen.

---

[4] Raghuram Rajan (23. Mai 2012).

Gleichzeitig verschlechterte sich die Lage der spanischen Banken und Provinzen rapide. Mitunter trug die eher ungeschickte und umständliche Kommunikation der Regierung des Landes auch nicht gerade zur Verbesserung der Situation bei. Die politische Krise Griechenlands und die Wirtschaftskrise Spaniens nährten sich gegenseitig und bedrohten den gesamten Euroraum.

In Griechenland nutzte Alexis Tsipras, der charismatische und energiegeladene Führer der linken Syriza-Partei, die Unzufriedenheit des Volkes und hob den Rückhalt für die Partei auf Rekordhöhe. Im Gegenzug verlor die sozialistische Partei Pasok den größten Teil ihrer Unterstützung. Nach den ersten vorgezogenen Wahlen im Mai erwies sich die Bildung einer Regierung als unmöglich, und das Land musste Ende Juni zu einer weiteren Runde vorgezogener Wahlen antreten.

Der ultimative Tiefpunkt: Blitzwahlen und ein ‚bank run' während eines drohenden ‚Grexit'

Der Sommer 2012 sollte ein weiterer Tiefpunkt sein, auch dieses Mal wieder ernst wie eh und je. Rückblickend war dies wohl der gefährlichste Tiefpunkt der ganzen langen Reihe von Tiefstständen. Der Silberstreif am Horizont war, dass es schließlich die europäischen Staats- und Regierungschefs aufweckte, sowohl die politischen Führer im Europäischen Rat als auch die Zentralbankiers im EZB-Rat.

Zur Veranschaulichung, wie ernst die Lage in Griechenland war: Ich erinnere mich, dass Tim Geithner mich etwa eine Woche vor den Wahlen im Juni anrief, um zu erfahren, wo wir stehen. Im Wesentlichen ging es dabei um Spanien und Deutschland. Er hatte Spanien gedrängt, die Rekapitalisierungsbemühungen und die Unterstützung der EFSF (ESM) fortzusetzen. Darüber hinaus hatte er Deutschland ermutigt, Schlüsselelemente für eine Bankenunion zu unterstützen oder zu skizzieren – und dies noch vor den Wahlen in Griechenland und dem G20-Gipfel in Mexiko. Geithner und der Fed-Vorsitzende Ben Bernanke gaben hilfreiche Ratschläge, als wir in Europa die Bankenunion planten und aufbauten, und ich konsultierte sie gewöhnlich zu diesem Thema unter anderem bei Treffen in Washington oder anderswo im Konferenzzirkus.

Da ich jedoch Geithners Ansichten zu diesen Fragen hätte erahnen können und sie bereits auch kannte, ging es bei Geithners Anruf diesmal in Wirklichkeit um eine Botschaft, die er oberflächlich ruhig, in Wirklichkeit aber im

Zustand einer nur sehr schwach verborgenen Verzweiflung zum Ausdruck brachte: „Ich mache mir jetzt viel mehr Sorgen um Griechenland als im letzten Herbst ... Ich fürchte, wir sind über den *Point of no Return* hinaus."

Das war in der Tat schweres Geschütz, denn Geithner war in meinen Augen der ultimative internationale Finanz-Feuerwehrmann, der immer eine *analytische* Lösung vorzuschlagen hatte – zusammen mit *politischen* Lösungen, die zu befolgen wären (oder eben nicht!) –, was ihn zu einem äußerst wertvollen „Sonderberater" für die Eurozone während der Krise machte. „Haben wir wirklich schon die Klippe umschifft", erinnere ich mich gedacht zu haben. Jetzt waren die „roten Linien" in vollem Umfang dabei, die Eurozone heimzusuchen. Aber wir mussten weiterkämpfen.

Die Kommission hatte intern bereits seit einiger Zeit ein Worst-Case-Szenario vorbereitet, bei dem Griechenland entweder beschließen würde, aus dem Euro auszusteigen, oder sich von den Umständen dazu veranlasst sehen würde. Um nicht mit der Frage „Haben Sie einen Plan B?" konfrontiert zu werden, nannten wir diesen Ausweichaktionsplan Plan Z. Wir waren uns des Risikos eines Lecks bewusst, aber andererseits mussten wir einfach unseren Aktionsplan für den Fall, dass sich ein Worst-Case-Szenario ergeben würde, simulieren und proben. Die Disziplin war jedoch groß, und es gab keine undichten Stellen. Anschließend wurde in der Euro-Arbeitsgruppe, dem einflussreichen Treffen der Ministerdelegierten oder Staatssekretäre, Anfang September 2011 zum ersten Mal das „kontrafaktische" Szenario diskutiert, für den Fall, dass es zu einer grundlegenden Nichteinhaltung des Programms kommen sollte. Im September herrschte in Bezug auf die Umsetzung des griechischen Programms die Stimmung, dass „das Glas eher halb leer als halb voll" sei. Insbesondere Deutschland, die Niederlande und Finnland würden ein weiteres Abweichen von den politischen Zielen Griechenlands nicht akzeptieren.

Neun Monate später sah es so aus, als ob sich diese Gefahr bald konkretisieren würde. Am 14. Mai 2012 um 8.30 Uhr hatten wir ein Treffen im kleinen Kreis zu Griechenland mit meinen ranghöchsten Mitarbeitern, sowohl aus dem Kabinett, als auch aus der Generaldirektion Wirtschaft und Finanzen. Marco Buti, Servaas Deroose, Maarten Verwey, Timo Pesonen, Taneli Lahti und ich waren dabei, die Alternativen auszuarbeiten. Ich sagte, wir können es uns nicht leisten, dass sich die Situation von 2011 wiederholt, in der die EZB und Deutschland zerstritten waren – wir brauchen jetzt eine kleine Einheit, die die Vorbereitungen leitet. Marco stimmte dem zu und sagte, dass eine kleine Gruppe notwendig sei, da ein Sturm auf die Banken eine echte Gefahr darstelle. Die erste Schlussfolgerung bestand darin, darüber kontrafaktisch nachzudenken und wie viel das die Eurozone kosten würde. Maarten

Verwey wies darauf hin, dass die EZB eine Schlüsselrolle spiele, da das griechische Bankensystem zuerst unter Beschuss geraten würde, wenn es zu einem ‚bank run' käme. Andere gefährdete Länder zeigten sich besorgt: „Wir müssen einen Art Umzäunung für Spanien errichten." Die finanzielle Ansteckung war in Europa immer noch eine sehr gegenwärtige Gefahr.

Als Zusammenfassung der Diskussion habe ich Schlussfolgerungen für unsere zukünftige Arbeit formuliert: Griechenland steuerte auf Neuwahlen im Juni zu, die zu einem „point of no return" führen könnten; es war wahrscheinlich, dass die Finanzierung des Souveräns im August austrocknen würde, wenn das Programm nicht umgesetzt würde; und auf kurze Sicht konnte ein ‚bank run' nicht ausgeschlossen werden. Die Wahrscheinlichkeit eines Ausstiegs Griechenlands wurde immer höher, und wir mussten uns auf beide Szenarien vorbereiten – „Wir können uns kein Wunschdenken leisten!"

Meine operationellen Schlussfolgerungen für meine leitenden Mitarbeiter auf der Sitzung Mitte Mai dienten als Orientierung für die Arbeit an Plan Z in den nächsten Stunden, Tagen und Wochen:

1. Wir müssen den Rest der EU und der Eurozone durch finanzielle Abgrenzung sichern, wobei die EZB und der ESM die Schlüsselrolle spielen müssten, und die direkte Rekapitalisierung der Banken sollte vorangetrieben werden.
2. Wir müssen uns darauf vorbereiten, den Schaden in Griechenland so gering wie möglich zu halten, z. B. wo es unvermeidlich wäre, einen Feiertag auszurufen, Kapitalkontrollen einzuführen ... (und im schlimmsten Fall darüber nachzudenken, wie Griechenland in der EU bleiben könnte, wenn es nicht mehr in der Eurozone wäre).
3. Wir müssen die Kosten verschiedener Szenarien schätzen, einschließlich des „Kontrafaktischen" (was in unserem umsichtigen Jargon *Grexit* bedeutete).
4. Wir müssen eine kleine geheime Gruppe einsetzen, um beide Alternativen zu planen und vorzubereiten; ihr sollten die Schlüsselpersonen aus der Kommission, der EZB, der EWG (Eurogroup Working Group), Deutschland und Frankreich angehören, und insbesondere die Zusammenarbeit zwischen EZB und Kommission müsste äußerst reibungslos verlaufen, während der IWF auf dem Laufenden gehalten werden müsste.
5. Wir müssen uns auf eine gemeinsame Kommunikationslinie einigen, im Wesentlichen auf einen „Sozialvertrag" zwischen Griechenland und der Eurozone, um Verpflichtungen einzuhalten und Solidarität als eine Straße in beide Richtungen zu betrachten; und um zu verstehen, dass ein Ausstieg für beide schlecht wäre, aber für Griechenland und die Griechen viel schlimmer als für den Rest der Eurozone.

Später am selben Tag fand von 13–15 Uhr ein Treffen der EU-Institutionen statt, das vom Kommissionspräsidenten Herman van Rompuy einberufen worden war. Ich gab eine knappe und nur leicht bereinigte Zusammenfassung des Vorbereitungstreffens der Kommission wieder und schlug vor, dass wir auf beide Szenarien vorbereitet sein sollten und so die Stabilität der restlichen Eurozone sichern und den Schaden in Griechenland minimieren müssen. Ich schlug auch vor, ein kleines geheimes Krisenteam aus dem EWG-Vorsitzenden Thomas Wieser, der Kommission, der EZB und anderen Interessengruppen einzurichten.

Ich erinnere mich, dass Mario Draghi die Notwendigkeit einer wirksamen Vorbereitung auf Notfallmaßnahmen unterstrichen hat. Ich erinnere mich auch daran, dass Herman van Rompuy dem zustimmte, obwohl ich das Gefühl hatte, dass er es nicht wissen wollte … Ich gebe zu, es war unorthodox, aber die Situation war beispiellos und gefährlich genug, um ein solches Vorgehen zu planen. In den folgenden Tagen und Wochen spielte nach meinem Verständnis vor allem Thomas Wieser eine zentrale Rolle dabei, Bundeskanzlerin Merkel von den enormen wirtschaftlichen und politischen Kosten eines Grexits für Europa und Deutschland zu überzeugen.

Mitte Juni: Wahlen in Griechenland und der G20-Gipfel in Los Cabos

Die Wahlen in Griechenland am Wochenende 16./17. Juni 2012 stießen auf großes internationales Interesse. Die Kommission praktizierte während des Wahlkampfes völlige Funkstille. Wir betonten lediglich, dass das griechische Volk selbst demokratisch entscheiden müsse, ob das Land Reformen durchführen und im Euro bleiben wolle oder nicht. Reine Plattitüden, da jede substanzielle politische Intervention in die überhitzte griechische politische Debatte kontraproduktiv gewesen wäre.

Am selben Wochenende, an dem die Wahlen in Griechenland stattfanden, fand in Los Cabos an der Westküste Mexikos ein G20-Gipfel statt. Normalerweise hätte ich als Teil der Barroso-Delegation an diesem Gipfeltreffen teilgenommen, dem immer Treffen der Finanzminister, die meine institutionellen Amtskollegen waren, vorausgehen. Diesmal wäre ich jedoch wegen des zweitägigen Hin- und Rückflugs nach Los Cabos und der zehnstündigen Zeitverschiebung zwischen Los Cabos und Brüssel, die es praktisch unmöglich gemacht hätten, das Krisenmanagement in der Eurozone von der Pazifikküste aus zu leiten, vom eigentlichen Spiel abgekoppelt. Deshalb waren Barroso und ich uns einig, dass ich in Brüssel bleiben sollte, um potenzielle Krisenmaßnahmen zu leiten, insbesondere für den Fall, dass es in Griechenland zu einem ‚bank run' kommt. Barroso sagte am 29. Mai 2012 zu mir: „Ich bitte Sie, am 17. und 18. Juni hier in Brüssel zu bleiben, wegen der möglichen Auswirkungen der griechischen Wahlen und deren Management."

Noch wichtiger war, dass Mario Draghi von der EZB beschloss, in Frankfurt zu bleiben, und der Präsident der Eurogruppe, Jean-Claude Juncker, in Luxemburg. Wir waren alle in Alarmbereitschaft, um sofort und gemeinsam zu handeln, falls etwas Schlimmes passieren und eine Ansteckung verursachen würde. Wir hatten einen Notfallplan vorbereitet und die Washingtoner Gruppe konsultiert, für den Fall, dass es am Montagmorgen zu einem ernsthaften Ansturm auf die Banken kommen würde. Es war keine leere Paranoia: Medienberichten zufolge hatten die Griechen allein am Freitag, den 15. Juni, mehr als 3 Milliarden Euro von ihren Bankkonten abgehoben, was 1,5 Prozent des griechischen BIP entsprach! Die Abhebung war seit Jahren im Gange, aber es war immer noch eher ein „Bankjogging" als ein ausgewachsener ‚bank run'. Der Plan Z der Kommission, der von der Euro-Arbeitsgruppe gebilligt war und Notfallmaßnahmen wie Kapitalkontrollen für den Fall vorsah, dass die Dinge in Griechenland heikel werden sollten, war bereit, bei Bedarf aktiviert zu werden.[5]

EZB-Präsident Mario Draghi und der Präsident der Eurogruppe Jean-Claude Juncker blieben nun, wie ich, im Juni 2012 in Europa, als die kritischen griechischen Wahlen während des G20-Gipfels in Los Cabos stattfanden. Im Februar 2012 hielten wir im Anschluss an das Treffen der G20-Minister und Zentralbankpräsidenten in Mexiko-Stadt eine Pressekonferenz ab, zusammen mit Mario Draghi und der Finanzministerin des dänischen EU-Ratsvorsitzes, Margarethe Vestager, die zu einem der starken Mitglieder der Juncker-Kommission wurde und nun Vizepräsidentin der Kommission ist (vgl. Abb. 10.1).

Das Wochenende Mitte Juni des G20-Gipfels in Mexiko war ein sehr langes Wochenende für uns, die wir in Europa geblieben waren: warten, warten und noch immer warten. Da wir Ausweichpläne vorbereitet hatten und nur auf das Wahlergebnis warten mussten – und die meisten Kollegen befanden sich ohnehin in Mexiko in einer anderen Zeitzone –, gab es beruflich nicht viel Sinnvolles zu tun. Es wäre vielleicht nervenaufreibend gewesen, wenn man sich darauf eingelassen hätte nichts zu tun. Jedenfalls lud ich meine Tochter Silva ein, das surrealistisch großartige *Musée Magritte* in Brüssel zu

---

[5] Peter Spiegel (2014).

Abb. 10.1 Mario Draghi, Olli Rehn und Margarethe Vestager bei einer Pressekonferenz nach dem Treffen der G20-Minister und Zentralbankpräsidenten in Mexiko-Stadt. (Quelle: © Europäische Union, 2012 – Europäische Kommission – Foto: Johan Ordonez. Lizenziert unter CC BY 4.0, https://creativecommons.org/licenses/by/4.0/)

besuchen, das die perfekte Wahl war, da sein Geist ebenso surrealistisch war wie der Zustand Europas an diesem Wochenende! Später am Abend zappte ich zwischen der griechischen Wahlprognose und den Fußballspielen Euro-2012 zwischen Portugal gegen Holland und Dänemark gegen Deutschland hin und her. Griechenland hatte Russland am Samstag mit dem großartigen Tor von Giorgos Karagounis besiegt, was zumindest ein gutes Omen war.

Die griechischen Neuwahlen waren zu einem regelrechten Duell zwischen Samaras und Tsipras geworden, bei dem die Haltung zu den durch die Euro-Mitgliedschaft erforderlichen Reformen den entscheidenden Punkt markierte. Nach einem intensiven Wahlkampf gewannen Samaras und die Neue Demokratie die Wahlen mit einem Vorsprung von wenigen Prozentpunkten. Die neue Regierung Samaras wurde kurz nach den Wahlen auf der Grundlage der Neuen Demokratie, Pasok und einer kleineren Partei der Demokratischen Linken gebildet. Yiannis Stournaras, ein angesehener Wirtschaftswissenschaftler mit Oxford-Abschluss, wurde zum Finanzminister ernannt. Die Herausforderung für die neue Regierung bestand darin, die Glaubwürdigkeit Griechenlands bei der Umsetzung des Programms, das während des Wahlkampfs zum Stillstand gekommen war, wiederherzustellen, die erforderlichen

Entscheidungen für weitere Reformen und Programmbedingungen im Parlament zu treffen und so einen völligen Bankrott des Landes zu verhindern.

Obwohl es sich um einen politischen Thriller gehandelt hatte und die Vorzeichen für die Zukunft nicht besonders gut waren, sollte es in Griechenland ab dem Sommer eine Phase der besseren Umsetzung der Wirtschaftsreformen geben. Doch die politischen Turbulenzen gingen weiter und führten Griechenland 2015 zu einer weiteren Blitzwahl, die Syriza an die Macht brachte und zu einer offenen Konfrontation mit der Eurogruppe aufgrund der Spieltheorien von Yanis Varoufakis führte. Ich war damals bereits aus der Kommission ausgeschieden und wunderte mich über die Episode aus einiger Entfernung. Mehr dazu in Kap. 16.

Keine Regierung, keine Umsetzung – Griechenland vor der Unregierbarkeit

Aufgrund des langen politischen Vakuums mit zwei anschließenden Parlamentswahlen in dem Land, das sich in einer tiefen Wirtschaftskrise befand, wurde die Umsetzung des griechischen Programms im Frühjahr 2012 für etliche Monate gestoppt, da es keine funktionierende Regierung im Land gab und die Verwaltung des Landes allein nicht sehr funktionsfähig war – was eher eine Untertreibung ist. Da die Umsetzung ins Stocken geriet, geriet auch die Auszahlung der Unterstützungskredite ins Stocken – eine Realität, für die die griechischen Politiker Verantwortung trugen. Gewöhnlich wird in einer schweren Krisensituation in kleinen Staaten ein notwendiges Mindestmaß an nationalem Konsens gefunden, um die Krise zu überwinden, sei es nun eine Sicherheits- oder eine Wirtschaftskrise. Diese nationale Einheit und Entschlossenheit konnte man in Irland, Lettland und Portugal sehen, aber nicht in Griechenland. Dem Land fehlte das Mindestmaß an nationaler Einheit – z. B. bei der Bekämpfung der Steuerhinterziehung –, was seine Bevölkerung in Bezug auf die sozialen und wirtschaftlichen Folgen der Krise teuer zu stehen kam.

Das war von Anfang an das Problem, vom ersten Programm an. Griechenland hat ein sehr starkes unternehmerisches Potenzial und damit die Fähigkeit, Wohlstand zu schaffen. Viele Griechen waren in verschiedenen Lebensbereichen erfolgreich, so dass das Land über ein großes menschliches Innovationspotenzial verfügt. Aber ich muss zugeben, dass wir das Führungsvakuum und die Managementherausforderung in Griechenland unterschätzt haben.

Francis Fukuyama beobachtete die griechische Geschichte wie folgt: „Als die Europäische Union und der IWF Strukturreformen als Gegenleistung für eine Umschuldung der griechischen Schulden verlangten, war die griechische Regierung bereit, praktisch jede Form von Sparmaßnahmen in Betracht zu ziehen, bevor sie sich bereit erklärt hätte, die Parteikontrolle über die Protektion zu beenden."[6]

Während weiterhin die Reformen in Griechenland hartnäckig langsam waren, was war die Alternative? Kein Finanzhilfeprogramm vorzuschlagen? Keine Finanzmittel für Griechenland aus der Eurozone zur Verfügung zu stellen? Ich bezweifle stark, dass die Griechen damit besser dran gewesen wären.

In dem 2015 von der Regierung Syriza organisierten Referendum lehnte die Mehrheit der Griechen das Programm ab. Bald darauf kehrte das Land dennoch auf den Pfad des Programms zurück, offenbar weil man die Alternative für viel schlechter hielt. Das Hauptproblem für die Griechen bestand wahrscheinlich darin, ihre Banken und Einlagen liquide zu halten. Letztlich ging es darum, dass das griechische Volk beim Euro bleiben wollte. Aber es wurde wieder viel Zeit verschwendet. Und die einfachen Griechen zahlten den Preis dafür.

Literatur

Francis Fukuyama, *Political Order and Political Decay*. Profile Books, 2014, S. 107.
George Papaconstantinou, *Game Over*. Papadopoulos Publishing, 2016, S. 149.
Peter Spiegel, *How the Euro Was Saved*. FT e-Book, 2014.
Raghuram Rajan, Sensible Keynesians Know There Is No Easy Option. *Financial Times*, 23. Mai 2012.
William R. Rhodes, *Banker to the World*. McGraw-Hill, 2011, S. 222–223.

---

[6] Francis Fukuyama (2014, S. 107).

Teil III

Die Wende zum Besseren

11

„Whatever it takes" und die Bankenunion

Im Juni 2012 traten wir in den letzten Wendepunkt der Krise ein, auch wenn wir es damals noch nicht realisieren konnten. Zu viele Tiefpunkte hatten ihren Tribut an das Selbstvertrauen gefordert. Ja, die ersten 20 Tage des Juni waren ein politischer und wirtschaftlicher Albtraum gewesen, in dem Griechenland die Eurozone erneut an den Rand einer Katastrophe brachte. Aber als ein Silberstreif am Horizont spornte dieser Tiefpunkt in den letzten zehn Tagen des Monats zu entschlossenem Handeln an und führte im Laufe des Sommers zu wichtigen Entscheidungen. Es war der Sommer des Infernos und der Erlösung.

Im Winter 2011–2012 hatten wir weiter an der umfassenden Krisenreaktion gearbeitet, um das Wachstum zu unterstützen und die Liquiditätsfalle zu durchbrechen, in die die Wirtschaft der Eurozone geraten war. Wir hatten auch erwartet, dass die EZB mehr tun würde – als Gegenleistung oder zumindest als Unterstützung für die konsequente Konsolidierung der öffentlichen Finanzen, die im Gange war und die die EZB gefordert hatte (gewissermaßen als Gegenleistung für geldpolitische Impulse). Der Policy-Mix war jedoch unausgewogen, und ein stärkerer geldpolitischer Impuls, der zur Unterstützung der Erholung erforderlich war, stand noch aus. Ich erinnerte an das, was Tommaso Padoa-Schioppa, einer der Gründerväter des Euro, einmal sagte: „Es wäre bedauerlich, wenn man die Unabhängigkeit der EZB mit Einsamkeit verwechseln würde."

So hatten wir inzwischen schon als alte Hasen der zweitbesten Bemühungen an vielen Fronten Initiativen ergriffen. Zum Beispiel gaben wir unser Bestes, um die Liquiditätssituation der italienischen kleinen und mittleren Unternehmen (KMU) zu glätten, indem wir Italien eine Sonderbehandlung bei der fiskalischen Überwachung gewährten für eine Notfallmaßnahme zur Rückzahlung von 20 Milliarden Euro Staatsschulden an Unternehmen pro Jahr, sowohl 2012 als auch 2013. Das war eine der Errungenschaften der Regierung Monti. Wir haben sehr intensiv für dieses Ziel mit meinem Kollegen, Kommissionsvizepräsident Antonio Tajani, gearbeitet, der der Vater der Zahlungsverzugsrichtlinie war, einem sehr wichtigen Rechtsakt für europäische KMU.

Die Kapitalaufstockung, die nicht gezündet hat – EIB verstärkt

Eine weitere unserer Initiativen war die Verfolgung einer Kapitalerhöhung der Europäischen Investitionsbank. Wir haben sie Anfang 2012 mit den Mitgliedstaaten getestet. Anfänglich gab es keine Unterstützung. Dann zeichnete sich eine gewisse Erwärmung ab. Wolfgang Schäuble sagte mir: „Wenn Sie die FDP überzeugen, warum nicht." Immer geistreich, meinte er es diesmal wahrscheinlich nur halbernst, denn er hatte politische Schwierigkeiten mit seinem Koalitionspartner in der deutschen Bundesregierung und versuchte, mich als Liberalen gegenüber den Freien Demokraten in die Verantwortung zu nehmen. Mein Einfluss war jedoch begrenzt.

Nach mehreren Gesprächsrunden kamen wir immer noch nicht weiter. Gleichzeitig wurde die Liquiditätsfalle vor allem für die KMU nur noch schlimmer, und die Maßnahmen der EZB schienen damals nicht stark genug zu sein, um das Leid zu lindern oder die finanzielle Zersplitterung zu beenden.

Im Mai 2012 waren wir in eine ausreichend verzweifelte Situation geraten, um unser Glück selbst um den Preis einer Gegenreaktion zu versuchen – so funktioniert das Leben oft und so werden Fortschritte gemacht. Als ich an einem grauen und regnerischen Mittwochmorgen in Straßburg meine Rede für die Plenarsitzung des Europäischen Parlaments vorbereitete, sprach ich auf dem Weg vom Hotel zum Parlament mit meinem Berater Taneli Lahti. „Sollten wir nicht versuchen, die Kapitalerhöhung der EIB jetzt aufzubringen? Wir haben nicht viel zu verlieren. Vielleicht können wir jetzt die Stimmung heben."

Deshalb haben wir im Auto ein paar Stichpunkte entworfen, die ich für meine Wortmeldung in der Plenarsitzung verwendete. Nach der Rede haben wir den Text in eine präzisere Form gebracht, die dem gesprochenen Wort entsprach, und ihn dann veröffentlicht. Meine Rede ging in diese Richtung:

Es gibt viele Maßnahmen, die wir schnell ergreifen können, um unsere Wirtschaft zu stärken und eine Botschaft des Vertrauens auszusenden. Die Förderung öffentlicher und privater Investitionen ist ein Eckpfeiler unserer Wachstumsinitiative.

Wir werden zunächst vorschlagen, dass die Mitgliedstaaten weitere 10 Milliarden Euro für die Europäische Investitionsbank bereitstellen. Dies könnte ein Vielfaches dieser Summe an neuen Investitionen freisetzen. Die EIB könnte ihr Darlehensvolumen ausweiten, was ein schneller und effektiver Weg ist, dringend benötigte Impulse für die Realwirtschaft zu kanalisieren.

Ich bezog mich auf den Vorschlag von Präsident Barroso, der dem Europaparlament am 28. September 2011 in seiner Rede zur Lage der Nation vorgelegt wurde. Nun gab es einen Anstoß, den Vorschlag auf den Weg zu bringen, wobei der Schwerpunkt auf der Finanzierung innovativer und wettbewerbsfähiger kleiner und mittlerer Unternehmen lag, insbesondere in Ländern und Regionen, die dies am dringendsten benötigten. Darüber hinaus bezeichnete ich den nächsten EU-Haushalt als Marshallplan für Europa und schlug vor, dass die EIB und die EU-Strukturfonds wirksamer eingesetzt werden könnten.

Wir werden auch auf eine sofortige Einigung über unseren auf Wachstum ausgerichteten Haushalt für 2013 drängen, mit einer Einigung bis Ende des Jahres über den mehrjährigen Finanzrahmen (MFR) für 2014–2020. Dies wird ein wichtiges Signal für die Bereitschaft Europas sein, in seine Zukunft zu investieren, in ein beschäftigungsreiches grünes Wachstum und eine innovationsbasierte Re-Industrialisierung Europas. In Wahrheit ist der MFR unser Marshallplan für Europa.

Und wir werden uns mit der weiteren Optimierung der Nutzung der Strukturfonds befassen. Wir wollen besser investieren und die Mittel als Katalysatoren nutzen, um Sektoren wie die erneuerbaren Energiequellen zu fördern, die ein großes Potenzial haben, aber nur schwer Zugang zu Finanzmitteln finden. Ebenso wollen wir die allgemeine und berufliche Bildung wirksamer unterstützen.

Aber ich sagte, dass es ein grundlegendes Problem gebe: Die EIB sei an die Grenzen dessen gestoßen, was sie mit ihrer derzeitigen Kapitalbasis tun könne. Daher gäbe es ohne die Unterstützung der EU-Mitgliedstaaten keine zusätzlichen Investitionsanreize – sehr schade.

Mein Beitrag war ein Katalysator für eine monatelange ernsthafte Debatte über die Stärkung der Kreditvergabekapazität der EIB. Nach den sehr starken

Impulsen des aktiven EIB-Präsidenten Werner Hoyer und noch vielen Verhandlungen im Rat und im Parlament erhielt die EIB im Jahr 2013 eine Kapitalerhöhung von 10 Milliarden Euro. Infolgedessen stieg das Darlehensvolumen der EIB in den Jahren 2013–2015 jährlich um 40 Prozent, was zu Gesamtinvestitionen von rund 180 Milliarden Euro in den drei Jahren führte, die hauptsächlich auf Innovation und Infrastruktur, erneuerbare Energien und die Bio-Wirtschaft sowie auf KMU ausgerichtet waren.

Dies bildete eine solide Grundlage für die Juncker-Kommission, um 2014 den Europäischen Fonds für strategische Investitionen (EFSI) ins Leben zu rufen. Sein Gesamtvolumen, wenn man sowohl öffentliche als auch private Investitionen mitzählt, liegt bei rund 315 Milliarden Euro. Er hat die Arbeitsweise der Europäischen Investitionsbank verändert und wesentlich dazu beigetragen, die wirtschaftliche Erholung in Europa zu unterstützen.

Es liegt auf der Hand, dass der Investitionsplan mit einer erneuten Anstrengung zum Bürokratieabbau, zur Fortsetzung des Wachstums über unsere Grenzen hinaus durch freien Handel, zur Vollendung des Binnenmarkts für Dienstleistungen und zur Beschleunigung des digitalen Binnenmarkts einhergehen sollte. Wir brauchten ein besseres Geschäftsumfeld und eine stärkere voraussichtliche Nachfrage für die Unternehmen, die investieren, und ebenso für die Pensionsfonds und andere institutionelle und private Investoren, die Finanzmittel bereitstellen. Auf diese Weise lassen sich Wachstumsinvestitionen und nachhaltige öffentliche Finanzen, die für ein nachhaltiges Wachstum erforderlich sind, miteinander verbinden.

Dies warf die Frage der Investitionen auf. Die grüne Wirtschaft, der elektronische Handel und die Kreditvergabe an KMU sollten zunehmend in den Mittelpunkt der Kreditvergabe der Europäischen Investitionsbank rücken. Sie ist die öffentliche Entwicklungsbank der EU und eines der bestgehüteten Geheimnisse der Welt ist, dass sie tatsächlich die größte Entwicklungsbank der Welt mit einer Kreditvergabekapazität ist, die um ein Vielfaches größer ist als die der Weltbank.

Auf dem Weg zur Bankenunion

„Könntest du morgen Abend zum Charles de Gaulle kommen?", fragte mich mein Kabinettschef Timo Pesonen am Montag am Telefon. Es war eine rhetorische Frage, denn natürlich würde ich hingehen. Es hatte länger den Plan gegeben, ein kleines Vorbereitungstreffen der Frankfurter Gruppe zu organisieren, bei dem es darum gehen sollte, wie man die giftige Schleife zwischen den Banken und den Souveränen durchbrechen konnte, und nun kam das Treffen zustande.

Also fuhren wir mit zwei meiner Kommissionskollegen am Dienstag, den 26. Juni 2012, von Brüssel zum Hotel Sheraton am Pariser Flughafen Charles de Gaulle. Die Minister Wolfgang Schäuble und Pierre Moscovici und die IWF-Vositzende Christine Lagarde trafen parallel dazu ein, und auch die Finanzminister Italiens und Spaniens, Vittorio Grilli und Luis de Guindos, nahmen teil. Die wirtschaftspolitischen Berater der Staats- und Regierungschefs kamen ebenfalls dazu, darunter Emmanuel Macron, der damalige politische Berater von Präsident François Hollande und Vertreter der G7/G20, auch „Sherpa" genannt. Das Treffen wurde vollständig unter dem Radar und unauffällig organisiert, aber wie wir bei uns zu Hause sagen, war dennoch „ziemlich viel Geist eines großen Sportspektakels in der Luft".

Die direkte Rekapitalisierung der Banken stand ursprünglich im Mittelpunkt des Treffens, auch wenn die Tagesordnung auf die Bankenunion ausgeweitet wurde. Bei der direkten Rekapitalisierung wurde eine Einigung erzielt, obwohl es später einige Verstimmungen gab und zwar auf einer Ebene oberhalb der Minister (sprich: der Kanzlerin), und unsere Vereinbarung als solche nicht zustande kam. Aber es war auch ein entscheidendes Treffen, um die Bankenunion auf den Weg zu bringen. Und die Bankenunion war ein Kernstück der umfassenden Krisenreaktion (Comprehensive Crisis Response), für die wir uns seit 2010, als die CCR ursprünglich auf die Tagesordnung gesetzt wurde, eingesetzt hatten.

Warum die Bankenunion so wichtig ist, veranschaulicht der FT-Wirtschaftsautor Martin Sandbu: „Inzestuöse Beziehungen zwischen Staaten und Banken ... – nennen wir es den Bank-Staat-Komplex – tragen einen Großteil der Schuld für die wirtschaftliche Verschwendung im Boom und die Schwäche der Erholung. Indem sie aufgelöst wird, verspricht die Bankenunion eine viel gesündere politische Wirtschaft in Europa und seinen Nationalstaaten."

Das De Gaulle-Abendessen bereitete im Wesentlichen den Eurogipfel vor, der nur wenige Tage später Donnerstag und Freitag, 28./29. Juni 2012, in Brüssel stattfinden sollte. Auf dem Gipfel entschieden die Staats- und Regierungschefs der Eurozone über die Stärkung und die nächste Reform der Wirtschafts- und Währungsunion, insbesondere über den Aufbau einer Bankenunion, die die gefährliche Verbindung zwischen Banken und Staatsschulden auflösen würde.

Wir waren mit den Beschlüssen zufrieden, solange wir miterleben konnten, wie sie dann auch umgesetzt wurden. Der unmittelbare Grund für die Beschlüsse war, da die Kapitalisierung der Banken zwangsläufig die Schuldenquoten der Regierungen erhöhte, dass dann auch das Vertrauen in die Fähigkeit der Regierungen, ihre Schulden zu bedienen, geschwächt wurde, was die Schuldenkrise weiter verschärfte. Dies musste umgedreht werden, und die Bankenunion war die wichtigste Antwort darauf.

Die Vereinbarung bedeutete, dass der Europäische Stabilitätsmechanismus (ESM), sobald eine glaubwürdige und funktionsfähige Bankenaufsicht für den Euroraum eingerichtet wurde, das Recht haben würde, Banken direkt zu rekapitalisieren, ohne dass die von ihm gewährte Verschuldung die Schuldenlast der bereits unter dem Druck des Marktes leidenden Regierungen noch erhöht. Es gab jedoch ziemlich rasch eine Reaktion gegen die Vereinbarung aus Deutschland, Finnland und den Niederlanden, die die Stabilisierungsbemühungen der Eurozone wieder hätte entgleisen lassen können, wenn nicht im Sommer 2012 andere wichtige Dinge stattgefunden hätten.

Der Legislativvorschlag der Kommission wurde rasch fertiggestellt und im September 2012 vorgelegt. Er schuf die rechtliche Grundlage für eine Bankenunion, deren Hauptbestandteile neben einer umfassenden Bankenregulierung und -aufsicht, die bereits reformiert worden waren, ein angemessenes Krisenmanagement bzw. ein Mechanismus zur Lösung von Bankenkrisen mit klaren Rettungsregeln, die den Steuerzahlern Euros sparen würden, sowie ein einheitlicheres Einlagensicherungssystem sein sollten, über deren Einzelheiten zu einem späteren Zeitpunkt entschieden werden sollte. Der Großteil der einschlägigen Rechtsvorschriften wurde in die so genannte „BRRD" oder die Richtlinie zur Sanierung und Abwicklung von Banken (*Bank Recovery and Resolution Directive*) aufgenommen.

Die Länder der Eurozone kamen auch überein, die bereits vorhandenen Instrumente zur Stabilisierung der Märkte in den notleidenden Mitgliedstaaten effektiv zu nutzen. Dies bedeutete, dass das ESM die Möglichkeit hatte, Staatspapiere entweder zum Zeitpunkt ihrer Emission auf den Primärmärkten oder alternativ auf den Sekundärmärkten zu kaufen, auch wenn in beiden Fällen stets eine separate Entscheidung getroffen werden musste. Trotz des letztgenannten Vorbehaltes, der seine Wirkung abschwächte, war dies auch eine wichtige Botschaft an die Finanzmärkte, dass die Stabilität im Euro-Währungsgebiet mit allen erforderlichen Mitteln aufrechterhalten werden würde.

Es wurde vereinbart, dass die notwendige Voraussetzung für den Einsatz dieser Instrumente ein glaubwürdiges Bekenntnis der Länder, die Hilfe erhalten sollten, zu Reformen sein würde. Dies bedeutete, dass Marktoperationen nur zur Unterstützung solcher Mitgliedstaaten eingesetzt werden können, die bereit sind, sich zu einer soliden Haushaltspolitik und zu Strukturreformen zur Förderung von Wachstum und Beschäftigung zu verpflichten. Diese Forderung war nicht nur Gerede, sondern führte auch zu konkreten Entscheidungen: Im Juli 2012 beschloss Spanien ein zweijähriges mittelfristiges Stabilisierungspaket in Höhe von 65 Milliarden Euro, was über sechs Prozent seines BIP entsprach. Ebenfalls im Juli 2012 beschloss Italien Ausgabenkürzungen in Höhe von 26 Milliarden Euro, um an die in den Vorjahren umgesetzten Stabilisierungspakete anzuknüpfen.

Der Eurogipfel dauerte bis in die frühen Morgenstunden, diesmal nicht umsonst. Es war bereits früh morgens um 4:35 Uhr am Freitag, den 29. Juni 2012, als der Ratspräsident Herman van Rompuy nach intensivem Feilschen den Gipfel, der zu wichtigen Entscheidungen und für einige auch zu Siegen geführt hatte, schloss. Den Abschluss des Gipfels bildete die deutsche Bundeskanzlerin Angela Merkel, die Ministerpräsident Mario Monti zum Sieg Italiens im Halbfinale des Fußballturniers Euro 2012 gratulierte.

Die Gipfelbeschlüsse allein haben die Eurozone noch nicht stabilisiert. Die Anleiherenditen waren weiterhin hoch, und es wurde weiter über den Grexit gesprochen. Exit-Gespräche verbreiteten sich auch weiter, einschließlich Finnland. Einige nicht sehr vorsichtige Ministererklärungen über den Sommer 2012 erweckten den Eindruck, der *Fixit* könnte ernsthaft zur Debatte stehen, was nie wirklich der Fall war. Zum Beispiel schrieb Roubini von Global Economics in *Crisis Watch* vom 9. Juli 2012: „Es gibt zunehmende Zweifel an der Zukunft der Mitgliedschaft Finnlands in der Eurozone … die rein wirtschaftlichen Überlegungen legen nahe, dass ein Ausstieg klüger wäre. Erst kürzlich wurde in den finnischen Medien erhebliche Kritik an der Mitgliedschaft in der Eurozone geäußert. Wenn sich die öffentliche Wahrnehmung ändert, werden sich auch die Ansichten der Politiker ändern."[1] Der Bericht vergaß zu erwähnen, dass die Euro-Mitgliedschaft in Finnland selbst während der Krise eine solide Zweidrittelmehrheit als Unterstützung hatte. Wie dem auch sei, in den Krisenjahren habe ich schnell gelernt, Roubinis auffällige, Schlagzeilen-trächtige Bemerkungen mit Vorsicht zu genießen. Ich wünschte, der Rest der Welt hätte das auch getan.

Aber diese Art von Spekulation schürte eine Menge Aufregung, Unsicherheit und schädliche Spekulationen über „Fixit", die mir auf meiner Reise im August 2012 von den Marktkräften im größten Finanzzentrum der Welt, New York City, direkt ins Gesicht gerufen wurden. Nach meinem Vortrag beim Abendessen und einer lebhaften anschließenden Diskussion bei der Bank of America in ihrem Finanzzentrum Ecke Fifth Avenue und 42. Straße fingen mich zwei jugendliche Vertreter der Marktkräfte in die Ecke des Speisesaals ab und fragten angeblich diskret: „Was ist Ihre Meinung, wird Finnland bereits im Herbst dieses Jahres aus der Eurozone austreten, oder wird es

---

[1] Roubini (9. Juli 2012).

erst später geschehen, z. B. im nächsten Jahr?" – Was kann man dazu sagen? Nun, natürlich habe ich ruhig erklärt, wie die Dinge wirklich sind: Geduld, Besonnenheit, Ausdauer …

Die spanische Rettung

Im Frühjahr/Sommer 2012 befand sich Spanien in einer Sackgasse und musste nun bei anderen Ländern der Eurozone um finanzielle Unterstützung zur Rekapitalisierung seiner Banken nachsuchen. Es ist nicht so, dass sich Spaniens wirtschaftlichen Fundamentaldaten – zumindest die realwirtschaftlichen – über Nacht so stark verändert hätten, dass der Druck „gerechtfertigt" gewesen wäre. Vielmehr war es der Stress im Banken- und Finanzsystem, insbesondere der ‚*cajas*', oder der Sparkassen, deren Führung eher altmodisch war, um es milde auszudrücken. Sowohl Benoit Coeure als auch Barry Eichengreen unterstrichen diese Tatsache rückblickend:

> Die Spanne spanischer und italienischer Staatsanleihen mit zehnjähriger Laufzeit gegenüber Deutschland hatten sich im Juli 2012 im Vergleich zum Vorjahr um 250 bzw. 200 Basispunkte erhöht. In keinem der beiden Länder hatten sich die Fundamentaldaten so spektakulär verändert, um eine so drastische Neubewertung des Staatsrisikos zu rechtfertigen … Die spanische Regierung hatte gerade eine Reihe von Reformen eingeleitet, um die seit langem bestehenden Probleme auf dem Arbeitsmarkt und im Bankensektor zu lösen.[2]

Anfang Juni 2012 wandelte sich die Situation im spanischen Bankensektor von kritisch zu fast verzweifelt. Am 5. Juni 2012 diskutierte ich mit Präsident Barroso darüber, was zu tun sei, um eine Sackgasse zu vermeiden. Wir wussten, dass Bundeskanzlerin Merkel nicht bereit für eine direkte Rekapitalisierung der Banken war, also mussten wir einen anderen Weg nach vorn finden. Ministerpräsident Rajoy wiederum erwartete einen Quantensprung hin zur Bankenunion, sprach sich aber entschieden gegen ein vollwertiges Anpassungsprogramm mit voller Konditionalität aus. Die politischen Kosten eines ernsthaften Reformprogramms erschreckten die stolzen Spanier.

Es war Zeit für eine Kompromisslösung, die auf der Kombination eines speziell auf die Sanierung des Bankensektors ausgerichteten Programms auf der einen Seite und einer begrenzten Konditionalität in der Steuerpolitik und bei den Strukturreformen auf der anderen Seite beruhen könnte. Barroso dis-

---

[2] Benoit Coeure (2014), zitiert in Barry Eichengreen (2015, S. 13).

kutierte diese Option mit Merkel. Sie bat Barroso, nach Madrid zu fliegen, um mit Rajoy zu sprechen und ihn zu überzeugen.

Da zwei Wochen später der G20-Gipfel im mexikanischen Los Cabos bevorstand, wurde auf Rajoy ein immenser Druck ausgeübt, sich für ein Programm zu entscheiden. Spanien hatte von der Absicherung durch die unmittelbarere Krise profitiert, mit der Italien und Griechenland auf dem G20-Gipfel in Cannes im November konfrontiert waren. Nun gab es das unangenehme Szenario, dass „Rajoy der Berlusconi von Los Cabos sein wird".

Also sprach Barroso mit Madrid und überzeugte Rajoy von den Vorzügen eines Programms für den Bankensektor. In der Zwischenzeit intensivierten sich hinter den Kulissen die Vorbereitungen eines möglichen begrenzten Programms für den Bankensektor in der Kommission und mit den spanischen Behörden. Schließlich wurde nach monatelangen Verhandlungen und Gesprächen im Hinterzimmer der Platz für den Antrag der spanischen Regierung auf ein bedingtes Finanzhilfeprogramm zur Rekapitalisierung ihrer Banken geschaffen.

Die letzte Phase der Verhandlungen über das Programm ging weiter, und am 27. Juli war es soweit: Eine Telefonkonferenz der Eurogruppe beschloss, dass die anderen Länder der Eurozone bereit seien, die Banken in Spanien zu rekapitalisieren, unter der Bedingung, dass Spanien seinen Bankensektor gründlich rationalisiert und unrentable Banken abbaut, um die Kosten für den europäischen Steuerzahler zu minimieren. Das EFSF/ESM-Programm beinhaltete die Gewährung von Darlehen in Höhe von maximal 100 Milliarden Euro für die Rekapitalisierung der Banken in Spanien. Das Programm sah eine Erste-Hilfe-Reserve von 30 Milliarden Euro vor.

Ich führte die Telefonkonferenz durch und stellte den Vorschlag der Kommission vor, während ich auf dem Pori Jazz Festival an der finnischen Westküste war, was in den Krisenjahren zur gängigen Praxis geworden war. Ich danke der Bürgermeisterin der Stadt Pori, Aino-Maija Luukkonen, und den stellvertretenden Bürgermeistern, dass ich ihre Büros für die Telefonkonferenz nutzen durfte – ein Europa der Regionen in Aktion! Tatsächlich ist Pori ein sehr geeigneter Sitz für wichtige europäische Entscheidungen, da ein wahrer Jazzkenner, Kommissionspräsident Jacques Delors, das Pori Jazz Festival 1994 mit seiner Anwesenheit und Teilnahme geehrt hatte.

Was sollten wir nun dem spanischen Rettungsprogramm wegnehmen? Zunächst einmal und ausnahmsweise arbeiteten die Eurogruppe und die Kommission eng zusammen und beschlossen zu **überschreiten** statt zu unterschreiten, was für die Glaubwürdigkeit der spanischen Rettungsaktion und für die finanzielle Stabilität der Eurozone entscheidend war. Es war wichtig zu zeigen, dass wir endlich vor oder zumindest nicht mehr „hinter der Kurve" waren.

Die Märkte nahmen unser Engagement ernst und positiv auf und erkannten, dass wir tatsächlich bereit waren, den spanischen Bankensektor zu rekapitalisieren, da der Höchstbetrag von 100 Milliarden Euro deutlich über dem angenommenen Finanzierungsbedarf lag.

Hinzu kam die ausgezeichnete Vorbereitung durch die spanischen Behörden, insbesondere durch die Zentralbank, *Banco de España*, die entscheidend für den Erfolg des spanischen Programms war. Wesentlich dazu beigetragen haben die qualitativ hochwertige Arbeit des Missionsteams der Kommission, das von dem sehr kompetenten stellvertretenden Generaldirektor Servaas Deroose geleitet wurde, und auch das Länderteam des IWF, das technische Hilfe leistete.

Draghi's Rede bringt einen Waffenstillstand an den Märkten

Als die schweren Turbulenzen an den Märkten im Juli/August 2012 anhielten, begannen die Mitgliedstaaten – und die Marktkräfte – die EZB um Hilfe zu bitten. Während seines Besuchs in London anlässlich der Olympischen Spiele im Juli 2012 hielt Mario Draghi eine mehr oder weniger spontane Rede, in der er die Bereitschaft der EZB zusicherte, „alles zu tun, was nötig ist", um die Stabilität in der Eurozone wiederherzustellen und das Überleben des Euro zu sichern. „Glauben Sie mir, es wird ausreichen", erklärte er, und die Märkte nahmen ihn beim Wort.

Doch wie Barry Eichengreen aufgezeigt hat, wird oft vergessen, dass Draghi in seinem Satz eine wichtige Vorbemerkung hatte: „*Im Rahmen unseres Mandats* ist die EZB bereit, alles zu tun, um den Euro zu erhalten" (Hervorhebung hinzugefügt).[3] Es überrascht nicht, dass der neue Aktivismus der EZB vor allem in Deutschland heftige Kritik erhielt. Im Laufe der Zeit und mit den zweifellos positiven Ergebnissen konnte die EZB-Führung der Kritik jedoch besser standhalten, auch wenn sie sich nie ganz beruhigt hat.

Unterdessen fanden in Helsinki zwei wichtige Staatsbesuche statt: Sowohl Bruce Springsteen als auch Mario Monti waren von Ende Juli bis Anfang August in der Stadt. Am 31. Juli spielte der Boss im Olympiastadion von Helsinki sein bisher längstes Konzert, das 5 Stunden und 37 Minuten dauerte! Man kann sich nur über die *erneuerbaren* Energien wundern und seine großartigen Lieder genießen, was ich seit 1975 getan habe, und es nun mit

---
[3] Barry Eichengreen (2015, S. 13).

meiner Frau Merja und meiner Tochter Silva und 49.997 anderen Fans tat. Es gab keinerlei „Dunkelheit am Rande der Stadt".

Der nächste Morgen war für mich eine Rückkehr in die Realität der zeitgenössischen europäischen Finsternis, denn ich traf Ministerpräsident Mario Monti auf dem Flughafen von Helsinki, kurz nachdem er gelandet war. Wir gingen direkt zum Geschäftlichen über und analysierten Optionen, um die untragbar hohen Zinssätze zu senken, die nun insbesondere Italien und Spanien hart trafen. Die Beschlüsse des Juni-Gipfels der Eurozone hatten zumindest auf den Anleihenmärkten noch nicht die gewünschte Wirkung gezeigt. Mario hatte verschiedene Optionen im Sinn, darunter die Nutzung des ESM zu diesem Zweck durch mögliche Kreditverbesserungen. Die Kommission war im Prinzip dafür, hatte aber im Gouverneursrat des ESM keine Stimme.

Die Verschwörungen zur Eindämmung der Gefahr eines Zusammenbruchs des Euro gingen in den folgenden Tagen weiter. Am Nachmittag des 1. August, wenige Stunden nach dem Treffen mit Mario Monti in Helsinki, sprach ich mit Mario Draghi, der jetzt in Frankfurt und nicht mehr in Rom war, um herauszufinden, wie er die Inhalte seiner Londoner Rede im EZB-Rat weiterverfolgen würde. Er erläuterte seinen Plan, war aber ziemlich besorgt über einen wahrscheinlichen und sogar starken Widerstand gegen seine Linie. Deshalb bestand er darauf, dass ich offen und ehrlich über die kritische oder fast verzweifelte Lage auf den Märkten für Staatsanleihen und die Notwendigkeit einer raschen Stabilisierung sprechen sollte. Er predigte einem Bekehrten – ich würde es aus Überzeugung tun. Also auf zu den Frankfurter Finanzschlachtfeldern aus dem süßen Sommer von Helsinki.

Am nächsten Tag, am Donnerstag, den 2. August 2012, tagte der EZB-Rat in Frankfurt. Auf Draghis Vorschlag hin kündigte der EZB-Rat an, dass er bei Bedarf bereit sein werde, Marktoperationen mit der Bezeichnung „Outright Monetary Transactions (OMT)" auf den sekundären Märkten für Staatsanleihen durchzuführen, die darauf abzielen, „eine angemessene geldpolitische Transmission und die Einheitlichkeit der Geldpolitik zu gewährleisten". Entgegen einiger rückblickender Behauptungen wurde die Entscheidung in voller Unabhängigkeit vom EZB-Rat getroffen und war mit einem hohen Risiko von Rückschlägen verbunden. Das macht sie in meinen Augen zu einem noch mutigeren und entscheidenderen Akt; entscheidend war sie schon immer.

Der EZB-Rat unterstrich die politische Konditionalität, indem er feststellte, dass er Staatsschulden notleidender Länder der Eurozone nur so lange aufkaufen könne, wie diese Länder sich zur Einhaltung klarer Ziele in Bezug auf Finanzpolitik und Strukturreformen verpflichteten. Die EZB musste diesen Punkt der rigorosen Konditionalität durch ihre Erfahrungen im Frühherbst 2011 unterstreichen, als Ministerpräsident Berlusconi begann, sich aktiv von den Verpflichtungen, die er im Hinblick auf einen Kurswechsel eingegangen war, zu verabschieden. Wie Draghi es in seiner Pressekonferenz am 2. August 2012 formulierte:

> Risikoprämien, die mit der Furcht vor der Reversibilität des Euro zusammenhängen, sind inakzeptabel, und sie müssen grundlegend angegangen werden. Der Euro ist irreversibel. Das Festhalten der Regierungen an ihren Verpflichtungen und die Erfüllung ihrer Rolle durch die EFSF/ESM sind notwendige Voraussetzungen. Der EZB-Rat ... kann uneingeschränkt Offenmarktgeschäfte in einem Umfang durchführen, der ausreicht, um sein Ziel zu erreichen.[4]

Im Anschluss an die August-Sitzung arbeiteten die technischen Ausschüsse des Eurosystems sehr intensiv und erarbeiteten bald einen Vorschlag für den technischen Rahmen der OMT-Operationen, der einen Monat später, am 6. September 2012, beschlossen wurde. Auf derselben Sitzung des EZB-Rats wurde auch das seit Mai 2010 angewandte Wertpapiermarktprogramm der EZB beendet.

Jede mögliche OMT-Operation würde von der Europäischen Zentralbank in Betracht gezogen, falls und wenn eine Regierung der Eurozone um finanzielle Unterstützung bittet. Noch rigoroser machte die EZB die Aktivierung davon abhängig, dass sich das Land zunächst mit dem Europäischen Stabilitätsmechanismus (ESM) auf ein Konditionalitätsprogramm einigt. Über den OMT konnte die EZB, wenn sie dies beschloss, Staatsanleihen mit einer Laufzeit von ein bis drei Jahren aufkaufen, vorausgesetzt, die Anleihen-emittierenden Länder stimmen bestimmten wirtschaftspolitischen Stabilisierungs- und Reformmaßnahmen zu.

An dieser Stelle kam die Konditionalität ins Spiel. Die Konditionalität würde von den Mitgliedstaaten durch den Europäischen Stabilitätsmechanismus umgesetzt, wenn oder falls der OMT-Mechanismus aktiviert werden sollte, was bisher nicht der Fall war. Die Entscheidungsbefugnis und politische Verantwortung liegt also letztlich kollektiv bei den Mitgliedstaaten im ESM. Aufgabe der Kommission wäre es, die Bedingungen des Programms für die Eurogruppe festzulegen und deren Erfüllung zu überwachen.

Diese Vereinbarung war für die EZB eine wesentliche Garantie für die Erfüllung der Konditionalität, die für die Schuldenkäufe festgelegt wurde. Meiner Meinung nach war es eine voll gerechtfertigte Lösung, die der EZB das erforderliche rechtliche und politische Rückgrat gab.

Wie Eichengreen bemerkte: „Der auffälligste Aspekt der OMT war, dass sie eigentlich nicht aktiviert werden musste, um das gewünschte Ergebnis zu er-

---

[4] Mario Draghi (2. August 2012).

zielen."⁵ Ich möchte hinzufügen, dass die Logik der OMT die Logik der auf den Kopf gestellten SMP war: Während die SMP 2010 in der Atmosphäre des ‚alten Normal' entworfen wurde, indem sie „leise spricht und einen bescheidenen Stock trägt", wurde die OMT 2012 im Geiste des ‚neuen Normal' entworfen, indem sie „laut spricht und eine große Panzerfaust mit uneingeschränkter Feuerkraft trägt". Diese strategische Wende war Teil des Lernprozesses der EZB während der Krise – es war auch ein Lernprozess für uns alle.

Einige Kolumnisten und Experten verglichen das Vorgehen der EZB mit einem Herrn Draghi, der eine Schachpartie spielte und auf den nächsten Zug der Mitgliedstaaten wartete. Obwohl ich Glücksspiele und Glücksspielmetaphern ablehne, da ich die sozialen Kosten in zu vielen Fällen gesehen habe, halte ich Stud Poker, das ich in meiner Jugend manchmal auf Reisen zu Auswärtsspielen gespielt habe, für eine bessere Metapher. Draghi hatte bereits nach ein paar Deals ein gutes Blatt auf dem Tisch offen liegen und – wie ich vermute – ein Ass im Ärmel, also war es wohl eine No-Lose-Situation. Das macht die anderen Spieler normalerweise nicht glücklich, die entscheiden müssen, wann sie einen Zug machen. Aber im Gegensatz zu Schach oder Stud Poker ist dies kein Nullsummenspiel, und deshalb kann jeder gewinnen, zusammen und einzeln.

Die ersten Reaktionen der Marktteilnehmer auf Draghis Aussage waren kritisch oder zumindest zweifelhaft. Zuerst hatte ich das Gefühl, mir selber sagen zu müssen: „Das darf nicht wieder passieren!" Ich hatte Angst, dass wir wegen des möglichen Unverständnisses für die angeblich klare Botschaft der EZB einen weiteren Tiefpunkt erleben würden. Die Marktsituation begann sich jedoch im Laufe des folgenden Tages, Freitag, den 3. August, zu verbessern.

Am gleichen Freitagmorgen sprach ich auf Mikkeli's Marktplatz in Finnland zu den Teilnehmern des Nationalen Heimstättentages und zu den Stadtbewohnern aus allen Gesellschaftsschichten, die das sonnige Wetter Anfang August auf den Marktplatz lockte. Mein Hauptpunkt war, dass die Marktkräfte die wahre Bedeutung der Entscheidung der EZB nicht richtig verstanden zu haben scheinen. Es war nun endlich die kritische große Bazooka, behauptete ich, vor allem vor den anwesenden Fernsehkameras.

Darüber hinaus habe ich gegenüber meinen Mitbürgern von Mikkeli betont, dass es keinerlei Grund gebe, den Einfluss eines kleinen Landes, insbesondere Finnlands, innerhalb der EU zu schmälern. Um auf den Punkt zu kommen: Zu der Zeit waren die Sitze am Tisch des EZB-Rates 2:2 zwischen Mikkeli und Deutschland aufgeteilt (ich stellte allerdings fest, dass ich als Vertreter der Kommission nicht abstimmen, sondern nur sprechen durfte). Um

---
⁵ Barry Eichengreen (2015, S. 15).

noch genauer zu sein, sagte ich, dass die Zuständigkeiten zwischen Pitkäjärvi und Deutschland 2:2 geteilt seien, da sowohl die Familie von Erkki Liikanen als auch meine Familie ursprünglich aus demselben Vorort von Pitkäjärvi, direkt neben der Innenstadt von Mikkeli, stammten. Ich gebe zu, dass ich damit nicht den Einfluss der Bundesbank auf die EZB oder ihre 10.000 Mitarbeiter gemeint habe, das ist ein Mehrfaches von dem, was die EZB und die Bank von Finnland zusammen haben. Das sind Details, nur Details … Aber denken Sie daran: Wenn ein Savonianer spricht, hören Sie nach eigenem Ermessen zu!

Stabilisierung im Jahr 2012 – und Rückkehr zu Aufschwung und Wachstum?

In der zweiten Hälfte des Jahres 2012 machte sich eine Stabilisierung der Eurozone bemerkbar – oder besser gesagt, sie begann sich einzuschleichen. Dies war zu einem großen Teil Mario Draghis wegweisender Rede in London und den anschließenden Entscheidungen der EZB im August und September zu verdanken. Die Einführung des ständigen Europäischen Stabilitätsmechanismus und die wiederhergestellte Glaubwürdigkeit der Finanzpolitik und der Strukturreformen der Mitgliedstaaten boten wichtige flankierende Unterstützung und waren eine Voraussetzung für den Erfolg der aktiveren Rolle der EZB bei der Eindämmung der Krise.

Nach der klimabedingten und vor allem finanziell und politisch aufgeheizten Sommerpause 2012 trafen sich die damals 27 Finanzminister und 27 Zentralbankpräsidenten der EU (Kroatien war noch nicht beigetreten) im September in Nikosia, Zypern, zu ihrem zweimal jährlich stattfindenden „informellen ECOFIN-Treffen". Der dunkle Schatten einer drohenden Finanz- und Bankenkrise in Zypern selbst hing über dem Ministertreffen. Die meisten Teilnehmer waren sich der kritischen Finanzlage des Landes bewusst. Die Kommission hatte Ende des Vorjahres 2011 Präsident Dimitris Christofias und die zypriotische Regierung davor gewarnt, dass das Land in eine finanzielle Sackgasse geraten würde. In der Tat hätte Zypern um seiner selbst Willen viel früher in ein wirtschaftliches Anpassungsprogramm eintreten sollen, als es das schließlich tat. Es gab etwas russisches Doping! Mehr dazu in Kap. 16.

Der informelle ECOFIN-Rat konzentrierte sich jedoch nicht auf Zypern, sondern auf den allgemeinen Zustand und die kurzfristigen Aussichten der europäischen Wirtschaft. Die Diskussionen konzentrierten sich auf das Streben nach einer Bankenunion und Strukturreformen. Sowohl bei dem Treffen selbst als auch bei der anschließenden Pressekonferenz habe ich versucht, eine realistische, aber beruhigende Botschaft zu vermitteln. Ich erkannte die Kehrseite einer verzögerten Erholung an, unterstrich aber auch die positive Seite, dass der Prozess der Neuausrichtung wirklich im Gange war. Letzteres tat ich zum Teil aus der Notwendigkeit heraus, da dies die einzig denkbare ehrliche Art und Weise war, zumindest einige gute Nachrichten zu überbringen. Und gute Nachrichten waren notwendig, um das Vertrauen der Verbraucher und Investoren glaubwürdig zu stärken, was wiederum notwendig war, um eine angemessene Erholung zu erreichen.

So lautet mein Resümee: „Wir begannen die heutige Diskussion mit einem ernüchternden wirtschaftlichen Ausblick, bei dem sich die wirtschaftliche Erholung ins nächste Jahr verzögern wird. Aber die Neuausrichtung und die Reformen in der Eurozone sind in vollem Gange, auch wenn sie noch einige Jahre andauern müssen."

Im Laufe der folgenden Wochen im September/Oktober 2012 begannen die von unseren Ökonomen frisch analysierten „harten und weichen" Daten, die unsere ökonometrischen Modelle durchliefen, zu zeigen, dass die lang erwartete Stabilisierung nun stattfand und die Erholung endlich auf dem Weg war, sich abzeichnete und spürbar wurde. Dies stand im Gegensatz zu den früheren Schätzungen, wonach die Wirtschaft im zweiten Quartal 2012 wieder in eine Schrumpfung zurückgegangen war und für das dritte und vierte Quartal mit weiteren Schwächen gerechnet wurde. Die Rezession kehrte aber nicht zurück, und im Vergleich zu der sehr fragilen Situation vor dem Sommer ließen die finanziellen Spannungen im Herbst 2012 allmählich nach. Endlich spürten wir etwas festen Boden unter unseren Füßen.

In der Tat hat sich die Erholung der Eurozone, nachdem sie sich ihr so lange entzogen hatte, im Verborgenen vollzogen. Bis Mitte 2012 waren alle Bemühungen um Stabilisierung und Wiederaufnahme des Wachstums bald zunichte gemacht worden. Deshalb war es schwer zu glauben, dass wir endlich wieder auf den Pfad der Erholung und des Wachstums zurückkehren würden – wir mussten es sehen, bevor wir es glauben konnten. Der Ausstieg ehemaliger Krisenländer aus ihren Programmen verstärkte die positive Wirkung noch. Eine gestärkte Wirtschaftsregierung sorgte für anhaltende Solidität der Wirtschaftspolitik und gewährleistete die fiskalische Nachhaltigkeit.

Bald nach meinem Amtsantritt, insbesondere nachdem ich die gewaltigen Herausforderungen in der Kommunikation erkannt hatte, mit denen ich in der Lage sein sollte, die politischen Entscheider, die normalen Bürger und die Marktteilnehmer gleichermaßen zu erreichen, entschied ich mich nicht für vorsichtigen Optimismus, sondern für einen verhaltenen Realismus und wählte die Neuausrichtung der Eurozone als meine wichtigste Geschichte.

Warum das? Weil es den Tatsachen entsprach. Ihre Tugend war inhaltliche Gültigkeit und unbestreitbare Ehrlichkeit. Warum Realismus? Ganz einfach, weil die Erzählung von der Wiederherstellung des Gleichgewichts zeigte, dass die großen kumulativen makroökonomischen Ungleichgewichte, die mit übermäßigen Kapitalströmen und Leistungsbilanzüberschüssen und -defiziten zusammenhängen, die Grundursache für die Banken- und Schuldenkrise der Eurozone waren – und da sie sich über Jahre hinweg angehäuft hatten, würde es auch Jahre dauern, sie zu überwinden.

Aber ebenso wichtig war, dass der Prozess der Neugewichtung durch eine kluge und koordinierte Politik beschleunigt werden könnte. Aus diesem Grund konzentrierte sich die Kommission zu Beginn der Krise auf die Prävention und Korrektur makroökonomischer Ungleichgewichte, was zu einem Kernstück der *Sixpack*-Reform unter der Bezeichnung „Verfahren bei makroökonomischen Ungleichgewichten" wurde. Im Rahmen dieses Verfahrens liegt der Schwerpunkt sowohl auf den Überschuss- als auch auf den Defizitländern, was uns zu den Ursprüngen des Euro und ganz allgemein der europäischen Währungsintegration führt, wo Deutschland und Frankreich eine Schlüsselrolle gespielt haben und wo beide eine gewisse wirtschafts- und währungspolitische Philosophie vertreten, die sogar die derzeitigen Spannungen innerhalb des Konstrukts der Eurozone untermauert.

Ich werde mich auf die Frage der Neugewichtung in Kap. 14 konzentrieren, in dem sowohl Leistungsbilanzüberschuss- als auch -defizitländer analysiert werden. Ich werde Deutschland und Frankreich als besondere Fälle herausgreifen, einfach weil sie in den Krisenjahren unser besonderer politischer Schwerpunkt waren und weil aus ihren Erfahrungen viel zu lernen ist.

Dies hat mich veranlasst, bei der Vorstellung der Herbstprognose der Kommission am 7. November 2012 einen Schritt weiter zu gehen und das Vertrauen in die Rückkehr des Wachstums zum Ausdruck zu bringen und zu sagen, dass wir nun endlich Licht am Ende des Tunnels sehen: „Die Rückkehr zu einem moderaten Wachstum wird für die erste Hälfte des Jahres 2013 prognostiziert. Wichtige politische Entscheidungen haben die Grundlagen für die Stärkung des Vertrauens gelegt."

Aber ich fuhr mit einer Warnung fort und rief zur Wachsamkeit bei den Reformen auf: „Der Stress an den Märkten hat sich verringert, aber es gibt keinen Raum für Selbstgefälligkeit. Europa muss weiterhin eine solide Finanzpolitik mit Strukturreformen kombinieren, um die Voraussetzungen für ein nachhaltiges Wachstum zu schaffen, damit die Arbeitslosigkeit von dem derzeit unannehmbar hohen Niveau gesenkt werden kann."

Später am selben Tag hielt ich einen Vortrag im European Policy Centre, einem der reformistischen Think-Tanks in Brüssel. Die Idee war, die Botschaft zu verstärken, dass Europa auf einen positiven, wenn auch noch fragilen Wachstumspfad zurückgekehrt sei:

Vorhin habe ich unsere neueste Wirtschaftsprognose mit dem Titel ‚Segeln durch raue Gewässer' vorgestellt. Während wir erwarten, dass das Wachstum im nächsten Jahr allmählich zurückkehrt und sich 2014 festigt, befindet sich die europäische Wirtschaft in einem Neuausgleichsprozess, der noch einige Zeit andauern wird. Deshalb müssen wir alle Hebel in Bewegung setzen, um die langfristigen Triebkräfte eines nachhaltigen Wachstums zu stärken.

Mit Volldampf voraus: Die Blaupause für eine echte WWU im November 2012

Während wir uns auf die Realwirtschaft und ihre Neugewichtung konzentrierten, hatten wir die institutionellen Reformen nicht vergessen, im Gegenteil. Nach dem Erfolg des *Sixpacks* wollten wir die Stärkung der Eurozone mit voller Kraft vorantreiben.

Nach vielen Monaten der Vorbereitung nahm die Kommission am 28. November 2012 ein wichtiges politisches Dokument an, die *Blaupause für eine tiefe und echte Wirtschafts- und Währungsunion,* die es verdient, erwähnt zu werden, da sie eine Vision für eine starke und stabile Architektur im finanziellen, fiskalischen, wirtschaftlichen und politischen Bereich der Eurozone bietet. Es war der wichtigste Beitrag der Kommission nach dem *Sixpack*, um die wirtschaftliche Verwaltung in der Eurozone zu stärken und dabei Solidität mit Solidarität zu verbinden. Er lieferte auch die intellektuelle Grundlage für die nachfolgenden politischen Initiativen, wie die Berichte der vier bzw. fünf Präsidenten in den Jahren 2012–2015.

Ziel der Blaupause war es, den Weg für eine tief greifende und echte Wirtschafts- und Währungsunion zu ebnen, um die Vertrauenskrise zu überwinden, die den europäischen Volkswirtschaften schadete. Wir mussten einen greifbaren Beweis für unsere Bereitschaft liefern, zusammenzuhalten und entschlossen voranzuschreiten, um die Architektur in den Bereichen Finanzen, Steuern, Wirtschaft und Politik zu stärken, die die Stabilität des Euro untermauern. Im Kasten 11.1 wird der Entwurf kurz und bündig veranschaulicht (Tab. 11.1).

Tab. 11.1 Ein Entwurf für eine tiefe und echte WWU: eine europäische Debatte anstoßen

					Sekundäres Recht	Vertrags-änderung
Während des gesamten Prozesses	kurzfristig	Innerhalb der nächsten 18 Monate	1.	Vollständige Umsetzung des Europäischen Semesters und des Sixpacks sowie rasche Einigung und Umsetzung des *Twopacks*	X	
			2.	Bankenunion: Finanzregulierung und -aufsicht: schnelle Einigung über Vorschläge für ein einheitliches Regelwerk und einen einheitlichen Aufsichtsmechanismus	X	
			3.	Bankenunion: einheitlicher Lösungsmechanismus	X	
			4.	Rasche Entscheidung über den nächsten mehrjährigen Finanzrahmen	X	
			5.	Ex-ante-Koordination wichtiger Reformen und die Einführung eines Instruments für Konvergenz und Wettbewerbsfähigkeit (CCI)	X	
			6.	Förderung von Investitionen in der Eurozone im Einklang mit dem Stabilitäts- und Wachstumspakt	X	
			7.	Vertretung des Euroraums nach außen	X	
	mittelfristig	18 Monate bis 5 Jahre	8.	Weitere Stärkung der haushaltspolitischen und wirtschaftlichen Integration	X	X
			9.	Angemessene fiskalische Kapazitäten für den Euroraum aufbauend auf der CCI	X	X
			10.	Tilgungsfonds		X
			11.	Eurobills		X
	langfristig	Über 6 Jahre hinaus	12.	Vollständige Bankenunion		X
			13.	Vollständige Finanz- und Wirtschaftsunion		X
				Politische Union: Angemessene Fortschritte bei demokratischer Legitimität und Rechenschaftspflicht	X	X

Quelle: Europäische Kommission

Kasten 11.1: Das Konzept der Kommission für eine echte WWU, November 2012

In dem Entwurf wurde der Weg zu einer tief greifenden und echten WWU aufgezeigt, der kurz-, mittel- und längerfristige, inkrementelle Maßnahmen umfasst. Wir betonten, dass ein Teil der Agenda auf der Grundlage der derzeitigen Verträge umgesetzt werden könnte, auch wenn ein anderer Teil Vertragsänderungen erfordert. Ihre Kernelemente waren:

- Auf kurze Sicht (innerhalb von 6 bis 18 Monaten) sollte der Umsetzung der bereits vereinbarten (*Sixpack*) oder kurz vor der Vereinbarung stehenden (*Twopack*) Reformen der Regierungsführung unmittelbare Priorität eingeräumt werden. Die Mitgliedstaaten wurden auch dringend aufgefordert, bis Ende 2012 eine Einigung über einen einheitlichen Aufsichtsmechanismus für Banken anzustreben. Wir wiesen darauf hin, dass eine wirksame Bankenunion nicht nur die Einrichtung eines einheitlichen Aufsichtsmechanismus, sondern

nach dessen Annahme auch einen einheitlichen Lösungsmechanismus für Banken in Schwierigkeiten erfordern würde.
- Darüber hinaus sollte, sobald eine Einigung über den mehrjährigen Finanzrahmen erzielt worden war, der Rahmen für die wirtschaftspolitische Steuerung durch die Einführung eines vom mehrjährigen Finanzrahmen getrennten „Konvergenz- und Wettbewerbsinstruments" innerhalb des EU-Haushalts weiter gestärkt werden, um die rechtzeitige Umsetzung von Strukturreformen zu unterstützen, die für die Mitgliedstaaten und für das reibungslose Funktionieren der WWU wichtig sind. Es wurde vorgeschlagen, diese Unterstützung auf Verpflichtungen zu stützen, die in „vertraglichen Vereinbarungen" zwischen den Mitgliedstaaten und der Kommission festgelegt sind.
- Mittelfristig (18 Monate bis 5 Jahre) wurde erwartet, dass eine weitere Stärkung des kollektiven Verhaltens der Haushalts- und Wirtschaftspolitik – einschließlich der Steuer- und Beschäftigungspolitik – mit einer verbesserten Finanzkapazität einhergehen würde. Es wurde vorgeschlagen, eine eigene fiskalische Kapazität für die Eurozone zu schaffen, die sich auf die Eigenmittel des EU-Haushalts stützt und wichtige Strukturreformen in großen Volkswirtschaften unter Stress ausreichend unterstützt. Diese sollte auf der Grundlage des Instruments für Konvergenz und Wettbewerbsfähigkeit entwickelt werden, hätte aber von neuen und spezifischen Vertragsgrundlagen profitiert. Ein an strenge Bedingungen geknüpfter Tilgungsfonds und Eurobills wurden zur Prüfung vorgeschlagen, um beim Schuldenabbau zu helfen und die Finanzmärkte zu stabilisieren. Die Überwachungs- und Managementfunktion für die fiskalische Kapazität und andere Instrumente sollte von einem WWU-Schatzamt innerhalb der Kommission wahrgenommen werden.
- Auf längere Sicht (über 5 Jahre hinaus) wurde es auf der Grundlage einer angemessenen Bündelung von Souveränität, Verantwortung und Solidarität auf europäischer Ebene für möglich gehalten, einen autonomen Haushalt der Eurozone aufzustellen, der eine fiskalische Kapazität für die WWU vorsieht, um die von wirtschaftlichen Schocks betroffenen Mitgliedstaaten zu unterstützen. Ein zutiefst integrierter wirtschafts- und fiskalpolitischer Steuerungsrahmen könnte die gemeinsame Ausgabe von Staatsschulden ermöglichen, was das Funktionieren der Märkte und die Durchführung der Geldpolitik verbessern würde.

Einige der Schritte im Entwurf der Europäischen Kommission hätten innerhalb der Grenzen der geltenden Verträge übernommen werden können. Andere hätten Änderungen der gegenwärtigen Verträge und neue Zuständigkeiten für die Union erfordert.

Der Blueprint war auch der Beitrag der Kommission zum Bericht der „vier Präsidenten" über die nächsten Schritte für die Wirtschafts- und Währungsunion. Eine endgültige Fassung des Berichts wurde vom Präsidenten des Europäischen Rates Herman van Rompuy in Abstimmung mit Präsident Barroso, dem Präsidenten der Europäischen Zentralbank Mario Draghi und dem Präsidenten der Eurogruppe Jean-Claude Juncker erstellt und vom Europäischen Rat am 13. und 14. Dezember 2012 diskutiert.

Der Bericht führte jedoch nicht zu einem neuen Durchbruch. Fortschritte bei der Reform der Eurozone sind vor allem im Bereich der Bankenunion erzielt worden. Andere Reformen wurden von den Mitgliedstaaten in den Hintergrund gedrängt, was bedauerlich ist und die Eurozone verwundbar macht. Ich werde auf die Reform der Eurozone in Kap. 19 zurückkommen.

Literatur

Roubini, *Crisis Watch*. Finland and the Eurozone: Should I Stay or Should I Go? Global Economics, 9. Juli 2012

Barry Eichengreen, *The European Central Bank: From Problem to Solution*. BBVA, 2015, S. 13

Coeuré, Benoit. 2014. „Outright Monetary Transactions, One Year On." Unpublished manuscript. European Central Bank

Mario Draghi, Presseerklärung, 2. August 2012

12

Die heimliche Genesung

Das Zeichen der Zeit: „Ich bin heute nicht mehr so besorgt wie im vergangenen Jahr", sagte Bundeskanzlerin Angela Merkel am 8. Januar 2013 auf der Neujahrskonferenz der Welt in Berlin.

Tatsächlich begann das Jahr 2013 besser als 2012, auch wenn die Bundeskanzlerin in ihrer negativen Erinnerung an 2012 vielleicht eher das schreckliche Frühjahr 2012 im Sinn hatte ... das Jahr 2012 begann eigentlich gut, wandte sich aber bald einem Wettbewerb zu, der den größten Beitrag zum kollektiven Selbstmord Europas leisten sollte, einem Wettbewerb, der bis Juni andauerte. Erst ab Mitte des Sommers setzte sich die Vernunft wieder durch, mit entschlossenem Handeln sowohl des Europäischen Rates als auch der EZB, wie im vorigen Kapitel beschrieben.

Ich habe die positive Erzählung von Bundeskanzlerin Merkel im Januar 2013 in Davos wiederholt, als ich von Paul Taylor von Reuters interviewt wurde. „Ich erinnere mich, dass Davos im vergangenen Jahr, 2012, voller Unsicherheiten über die Eurozone war. In diesem Jahr sehen wir, wie sich die Stimmung von einer Stabilisierung zu einer Erholung bewegt, und das bedeutet, dass ich die Chance haben sollte, etwas Skilanglauf zu betreiben." Ich konnte nicht umhin, eine nordische Metapher zu liefern, auch wenn ich kein sehr begeisterter Skifahrer bin – als Skifahrer könnte man mich sogar als „eher eifrig als kompetent" bezeichnen! Wie dem auch sei, „Brexit hatte Grexit als den Albtraum des Davoser Mannes ersetzt", wie Paul Taylor das diesjährige Treffen der globalen Wirtschaftsführer prägte. Paul Taylors Witz erwies sich als eine höchst aufschlussreiche Vorhersage, sehr zu unserem gemeinsamen Bedauern!

Ich hatte 2012 eine etwas ruhigere Weihnachtspause als sonst, so dass ich Zeit hatte, mir die Wirtschaftsanalyse und die neuen Statistiken genauer anzusehen und über die Aussichten und Abhilfemaßnahmen nachzudenken, die vor mir lagen. Da ich dazu neige, beim Schreiben nachzudenken, nutzte ich einen Teil der Pause, um meine Rede für das Zentrum für Europapolitik am 10. Januar 2013 zu verfassen.

Es kam der Februar 2013, und es war Zeit für die Winterprognose der Kommission. Ich fuhr mit der Botschaft der Wiederherstellung des Gleichgewichts und der allmählichen Erholung fort, da die europäische Wirtschaft langsam aus der Schrumpfung herauskam, eine Wende, die den gesunkenen Risikoprämien für die gefährdeten Staaten und Banken auf den Finanzmärkten geschuldet war. Dies signalisierte das zurückkehrende Vertrauen in die Integrität des Euro und in die Entschlossenheit der Mitgliedstaaten, die Staatsverschuldung wieder auf einen tragfähigen Pfad zu bringen.

Entgegen meinen Gewohnheiten bezog ich mich auch auf ein Stück Lieblingsjargon der Ökonomen, die „negative Rückkopplungsschleife" zwischen fragilen öffentlichen Finanzen, anfälligen Banken und einer schwachen Makroökonomie: „Die negative Rückkopplungsschleife, die die Staatsschuldenkrise in der ersten Hälfte des Jahres 2012 angeheizt hat, hat sich zwar abgeschwächt, aber die verbesserte Situation an den Finanzmärkten steht immer noch im Gegensatz zu dem fehlenden Kreditwachstum und der Schwäche der kurzfristigen Wirtschaftsaussichten. Die Wiederherstellung des Gleichgewichts der europäischen Wirtschaft belastet weiterhin das Wachstum auf kurze Sicht."

Den Kurs der Sparmaßnahmen halten – nein zur Reform!

In Anbetracht der Tatsache, dass die Aussichten auf eine Erholung zumindest noch fragil waren, habe ich betont, dass die Beibehaltung des Reformkurses und die Vermeidung jeglichen Impulsverlustes, der die Vertrauenswende untergraben könnte, ein obligatorisches Element der Stabilität und des Wachstums im kommenden Jahr sei. Wie schon zuvor sprach ich konsequent über die Beibehaltung des *Reform*kurses, nicht der *Sparmaßnahmen*. Die Entscheidung für Reformen anstelle von Sparmaßnahmen war eine bewusste Entscheidung meinerseits und der Kommission, denn es gibt einen grundlegenden inhaltlichen Unterschied zwischen beiden. Wirtschaftsreformen zielen darauf ab, das potenzielle Wachstum anzukurbeln, während sich die Konsolidierung – die vor allem während der Krise abwertend als „Sparmaßnahmen" bezeichnet wurde – auf die öffentlichen Finanzen bezieht.

Anfang Mai 2013 war der Diskurs des vorsichtigen und realistischen Optimismus über den Zustand der europäischen Wirtschaft richtig etabliert und an den Märkten zur Kenntnis genommen worden, insbesondere nach dem Rettungspaket für Zypern Ende März, wie in Kap. 16 erläutert wird, das sich mit den Nachbeben der Krise, die nicht explodiert ist, befasst.

Als ich am 3. Mai 2013 die Frühjahrsprognose der Kommission vorstellte, gab es dennoch wenig Anlass zur Selbstzufriedenheit. Die Wirtschaft sollte 2013 nur sehr langsam an Fahrt gewinnen und 2014 nur relativ geringe Gewinne erzielen bei steigenden Investitionen und wachsendem Konsum. Darüber hinaus gingen wir davon aus, dass die Binnennachfrage durch eine Reihe von Wachstumshemmnissen, die üblicherweise mit Bilanzrezessionen nach tiefen Finanzkrisen verbunden sind, eingeschränkt bleiben würde. Dies implizierte, dass die prognostizierte Erholung der Inlandsnachfrage in den nächsten zwei Jahren bescheiden bleiben würde.

Ich wollte den Schwerpunkt noch deutlicher als bisher auf stärkeres Wachstum und die Schaffung von Arbeitsplätzen verlagern. Die Finanzpolitik zielte bereits auf einen mittelfristigen strukturellen Ausgleich ab. Die Kreditklemme war jetzt eine große Herausforderung:

> Angesichts der lang anhaltenden Rezession und der hohen Arbeitslosigkeit in vielen Teilen Europas müssen wir wirklich alles tun, um die Krise der Arbeitslosigkeit zu überwinden. Jede EU-Institution wird im Rahmen ihres eigenen Mandats arbeiten müssen. Der Policy-Mix der EU ist auf nachhaltiges Wachstum und die Schaffung von Arbeitsplätzen ausgerichtet. Die Geldpolitik ist entgegenkommend und wird es auch bleiben. In der Finanzpolitik wird die konsequente Konsolidierung fortgesetzt, wenn auch im derzeitigen wirtschaftlichen Kontext mit einem langsameren Tempo, und gleichzeitig die mittelfristige Nachhaltigkeit der öffentlichen Finanzen sichergestellt. Als Nächstes müssen wir die Finanzierungsfalle der Haushalte und Unternehmen, insbesondere in Südeuropa, lösen, um Kredite fließen zu lassen und das Wirtschaftswachstum zu erleichtern, indem wir die möglichen Mittel und Wege nutzen, die den EU-Institutionen, einschließlich der Europäischen Investitionsbank, zur Verfügung stehen.

Ich konnte in der Öffentlichkeit nicht sagen, dass die EZB mehr tun sollte, was zum Teil der Grund war, warum ich und die Kommission uns so sehr auf die Kapitalerhöhung der EIB konzentriert haben. Es war ein inhaltlich angemessenes Ziel, der Finanzierungsfalle zu begegnen, und ein angemessenes Signal, dass wir es begrüßen würden, wenn die EZB eine noch aktivere politische Haltung einnehmen würde.

Bei der Entschuldung von Banken, Unternehmen und Haushalten gab es zwar Fortschritte, aber sie müssten diese noch einige Jahre aufrechterhalten. Die Regierungen mussten auch die Konsolidierung ihrer öffentlichen Finanzen fortsetzen, wenn auch dank der großen Anstrengungen der letzten zwei Jahre mit einem geringeren strukturellen Tempo. Beide waren zwar unvermeidlich, stellten jedoch Wachstumshindernisse dar, die kurzfristig nur schwer zu überwinden waren. Das bedeutete, dass wir von dem laufenden Prozess der Neugewichtung keine Wunder erwarten konnten, eine Tatsache, die eine große Portion Realismus in der Kommunikation erforderte.

G7 fordert bessere politische Koordinierung und die EU-Bankenunion

Als Zeichen besserer Zeiten war das G7-Treffen in Großbritannien am 10. und 11. Mai 2013 deutlich ruhiger als seit vielen Jahren, und die Eurozone befand sich nicht mehr im Epizentrum. Statt sich nur auf die unmittelbare Krisenbewältigung zu konzentrieren, war das Treffen zukunftsorientierter, was die Konzentration auf die politische Koordinierung und die institutionelle Reform betraf. Das Treffen war auch das erste G7-Treffen, an dem Janet Yellen, damals als stellvertretende Vorsitzende der Federal Reserve, teilnahm. Ich hatte die Gelegenheit, beim Abendessen neben ihr zu sitzen – eine wunderbare Persönlichkeit mit einem großen Sinn für Humor. Wir sprachen über die Politik der US-Notenbank, aber auch im Smalltalk über Finnland, wo sie Ende der 1970er-Jahre einige Wochen verbracht hatte, um einen von James Tobin gehaltenen Doktorandenkurs zu leiten.

Das Treffen wurde von der britischen G7-Präsidentschaft auf dem englischen Land im beeindruckenden Hartwell House in der Nähe von Aylesbury in Buckinghamshire organisiert. George Osborne, der Schatzkanzler, und Sir Mervyn King, der Gouverneur der Bank von England, richteten es in bester britischer Tradition mit sachlicher Substanz und ungezwungenem Witz aus; das ist der britische Stil, den wir nach dem Brexit vermissen werden.

Es wurde auch vereinbart, dass das Treffen kein Kommuniqué verabschieden würde, was ebenfalls eine analytische und ehrliche – oder wie man auch sagt „frank und freie" – Diskussion ermöglichte. Wie Osborne vor dem Treffen sagte, wollte er „die G7 zu ihren Wurzeln als einem Forum für fortgeschrittene Volkswirtschaften zurückbringen, um sich zu informellen Gesprächen zu treffen", und das wurde während der zwei Tage erfolgreich umgesetzt.

12 Die heimliche Genesung

Bei dem Treffen gab es einen breiten Konsens über einen Policy-Mix, der eine nicht-standardisierte, expansive Geldpolitik mit einer konsistenten, auf mittelfristige Pläne ausgerichteten Finanzpolitik kombinieren würde. Natürlich gab es auch die üblichen und für einige „notwendigen" Scharmützel über globale makroökonomische Ungleichgewichte und den deutschen Leistungsbilanzüberschuss zwischen dem neuen US-Finanzminister Jack Lew und dem deutschen Finanzminister Wolfgang Schäuble – es gab in der Tat eine gewisse Kontinuität in den Verhandlungen, denn daran änderte sich auch nichts, als Tim Geithner das Finanzministerium verließ! Ich habe diesen Policy-Mix im Namen der Europäischen Kommission aktiv unterstützt, da dies tatsächlich das war, was wir seit den ersten Entwürfen für eine „umfassende Krisenreaktion" im Dezember 2010 gefordert hatten. Manchmal war es einfacher, diese Fragen der Koordinierung am G7- oder IWF-Tisch zu diskutieren als an einem europäischen Tisch. So formulierte es Osborne in seiner Presseerklärung:

> Wir erörterten die jüngsten Maßnahmen unserer Zentralbanken, sowohl konventioneller als auch unkonventioneller Art, und die Rolle, die die Geldpolitik spielen kann, um die Erholung zu unterstützen und gleichzeitig die Preisstabilität zu wahren. Wir bekräftigten unsere im Februar eingegangene Verpflichtung, dass unsere Finanz- und Geldpolitik darauf ausgerichtet war und bleiben wird, unsere jeweiligen inländischen Ziele mit inländischen Instrumenten zu erreichen, und dass wir keine Wechselkursziele verfolgen werden.
>
> Wir erörterten die Bedeutung glaubwürdiger länderspezifischer, mittelfristiger Pläne zur Haushaltskonsolidierung, um nachhaltige öffentliche Finanzen und nachhaltiges Wachstum zu gewährleisten, und die Notwendigkeit, sich auf strukturelle Defizite zu konzentrieren, um die kurzfristige Flexibilität zu gewährleisten, indem beispielsweise die automatischen Stabilisatoren wirken können. Dieses Treffen bestätigte, dass es mehr Bereiche gibt, in denen wir uns in der Finanzpolitik einig sind, als gemeinhin angenommen wird.[1]

In meinem Beitrag informierte ich die G7-Kollegen über die Schwerpunktverlagerung des Vorjahres bei der Koordinierung der EU-Finanzpolitik von nominalen Zielen hin zu einem strukturellen Haushaltssaldo und die entsprechenden Entscheidungen vom Dezember 2012, um mehreren Mitgliedstaaten, darunter Frankreich, Spanien und den Niederlanden, zusätzliche Zeit zur Erfüllung ihrer Defizitziele einzuräumen. Ich unterstrich die Bedeutung der Strukturreformen der Mitgliedstaaten, die in unserer Wirtschaftsregierung unterstützt werden sollen, und gab eine Vorschau auf unser Paket vom 29. Mai 2013: „Ich konzentriere mich auf Reformen und Ungleichgewichte und

---
[1] George Osborne (2013).

beabsichtige, das ‚Volle Programm' zu machen und in allen 27 Hauptstädten gleich unbeliebt zu werden." Rückblickend ist mir dieses Ziel in den Jahren 2010–2014 so ziemlich gelungen!

Am nächsten Morgen, am Samstag, den 11. Mai, wurde ich damit beauftragt, die Pläne der EU zur Bankenunion vorzustellen, und ich nutzte die Gelegenheit, meine Kollegen über die erzielten Fortschritte zu informieren, um ein substanzielles und möglicherweise nützliches Feedback zu erhalten. Ich hatte alle IWF- und G7-Treffen genutzt, um bilaterale Gespräche mit Ben Bernanke zu führen, der immer sehr hilfreich und einfühlsam war, wenn es darum ging, wie die Bankenunion der Eurozone sinnvoll aus den Erfahrungen der USA lernen konnte. Dieses Mal waren die einleitenden Beiträge von Mario Draghi und Janet Yellen besonders aufschlussreich und lehrreich, vor allem hinsichtlich der Mittel und Wege, wie der Lösungsansatz und die Bail-in(Gläubigerbeteiligung)-Prinzipien mit Fragen der Finanzstabilität kombiniert werden könnten.

In meinen einleitenden Bemerkungen konzentrierte ich mich auf die Abwicklungsverfahren von Banken:

> Der EU-Ansatz zum Umgang mit notleidenden Banken liegt dem Vorschlag der Kommission für eine EU-Richtlinie zur Sanierung und Sanierung von Banken zugrunde, die noch vor dem Sommer zwischen den EU-Mitgliedstaaten und dem EP vereinbart werden soll. Eine Schlüsselfrage ist, wie die private Finanzierung der Bankenrettung organisiert werden soll. Der Vorschlag sieht vor, dass die Interessenvertreter der zahlungsunfähigen Bank über ein Bail-In-Verfahren einen Beitrag leisten sollen. In der Zwischenzeit sollte der breitere Bankensektor über vorfinanzierte Abwicklungsfonds dazu beitragen.

Ich habe auch unseren Ansatz zur Sequenzierung einer möglichen Rettungsaktion in den neuen Leitlinien für staatliche Beihilfen erläutert: 1. Gerechtigkeit, 2. nachrangige Verbindlichkeiten, 3. vorrangige Verbindlichkeiten, 4. nicht versicherte Einlagen. Ich wies darauf hin, dass wir wahrscheinlich die Präferenz der Einleger unterstützen würden, „was nach den jüngsten Entscheidungen zu Zypern besonders wichtig ist".

Mario Draghi stellte fest, dass wir deshalb nicht direkt vom amerikanischen FDIC-Gesetz ausgehen könnten, da wir einheitliche Spielregeln brauchen würden. Meiner Ansicht nach war dies ein höchst substanzieller Punkt, eigentlich ein rein empirisch begründeter, gesunder Menschenverstand, aber wahrscheinlich wurde dies von einigen als Provokation empfunden. Osborne beendete die Debatte:

Wir erörterten die Bedeutung von Maßnahmen, die in einigen unserer Volkswirtschaften ergriffen oder in Erwägung gezogen werden, um sicherzustellen, dass Kredite in angemessener Weise zur Unterstützung der Wirtschaft fließen können. Wir waren uns einig, wie wichtig es ist, sicherzustellen, dass die Bilanzen der Banken ausreichend kapitalisiert sind, damit sie ihre Rolle bei der Unterstützung der Wirtschaft spielen können, und wir erörterten die Schritte, die zur Gründung einer Bankenunion in Europa unternommen werden.[2]

Wäre Margarethe Vestager nicht verfügbar gewesen, George Osborne wäre ein ausgezeichneter Wettbewerbskommissar der Europäischen Union geworden – mein Bauchgefühl sagt mir, dass es sein Traumberuf gewesen wäre. Leider hat die Entscheidung seines Verbündeten David Cameron, ein Brexit-Referendum zu organisieren, den europäischen Diskurs in Großbritannien und das Verhältnis zu Europa drastisch verändert und als Nebeneffekt alle Chancen auf seine Nominierung zunichte gemacht. Für die anderen Implikationen von Camerons Entscheidung, die nun zunehmend das Licht der Welt erblicken, überlasse ich Ihnen das Urteil.

„Der beste Witz der G7"

Es gab auch mehr erinnerungswürdige als normale Momente in den relativ kurzen gesellschaftlichen Teilen des Treffens. Das Freitagsdinner fand mit „Erlaubnis von Premierminister Cameron" im benachbarten Chequers Court, dem Landsitz des Premierministers, statt. Wir wurden von George Osborne herumgeführt und konnten verschiedene Arten von Kunst- und Geschichtssammlungen des Britischen Empire bewundern. Dazu gehörte eine wertvolle Sammlung von Napoleons Briefen und Musketen in Vitrinen. Als einige Mitglieder der französischen Delegation die Briten aufforderten, die Briefe und Musketen Napoleons an *La République* zurückzugeben, scherzte George schnell: „Auf keinen Fall, wir haben den Krieg gewonnen!" – So viel zur europäischen Einheit, und so schnell zurück ins Jahr 1815!

Mein Beitrag zur leichteren Seite der Politikgestaltung stammte aus der Bankenunion. Als ich den Kollegen den Projektplan erläuterte, sagte ich ihnen, dass wir Unterstützung von der höchsten Ebene der internationalen Gemeinschaft, einschließlich der Vereinten Nationen, erhielten, wobei ich mich auf mein kürzliches Treffen mit dem UN-Generalsekretär Ban Ki-Moon in New York beziehen konnte. Die koreanische Aussprache seines Namens geht

---
[2] Vgl. George Osborne (2013).

mehr oder weniger so: ***pan.gi.mun***. Ich erzählte, dass er sehr wohlwollend gelächelt habe, als ich ihm die Bankenunion erklärte. Eigentlich fragte ich mich, warum er lächelte, aber dann sagte er plötzlich, dass er „wirklich die *Ban-Kim ... mmnngg ... mm-Union* unterstütze!"

Es gab eine verlangsamte Reaktion und erst Verwirrung, bevor ein lautes Gelächter im Sitzungssaal zu hören war. George erklärte: „Olli bekommt den Preis für den besten Witz der G7!"

Aber die leichtere Seite des Lebens hat meine Kontakte nicht dominiert. Am Rande des Treffens hatte ich eine Diskussion mit Mario Draghi über fiskalische Backstops für die Bankenrekapitalisierung und ihre Behandlung im Verfahren bei einem übermäßigen Defizit (EDP). Er sprach sich aus verständlichen Gründen für eine Sonderbehandlung (= Ausnahme) der Backstops aus, die für die Rekapitalisierungsoperationen als wichtig erachtet wurden. Mit Christine Lagarde vom IWF diskutierten wir über Zypern, Slowenien und die Finanzierung der Bankenrekapitalisierung. Mit dem frischgebackenen italienischen Finanzminister Fabrizio Saccomanni, einem hoch angesehenen ehemaligen Zentralbanker, habe ich im Mai konkrete Entscheidungen gefordert, damit Italien endlich aus dem EU-Verfahren bei einem übermäßigen Defizit aussteigen kann. Mit George Osborne besprachen wir die Behandlung Großbritanniens im Defizitverfahren, die immer weniger streng war, als bei den Euromitgliedern, obwohl Großbritannien tatsächlich hohe Haushaltsdefizite hatte.

So habe ich meine Zeit typischerweise verbracht – mit der Koordinierung der Politik bei den G7- und G20-Treffen sowie beim IWF und beim Weltwirtschaftsforum. Bei diesen Gelegenheiten konnte man sich mit Menschen treffen und Botschaften vermitteln, und manchmal konnte man die Dinge auf sehr kosteneffiziente Weise in Bewegung setzen. Zusammen bilden diese Foren eine kontinuierliche Konzertierung im Bereich der globalen Wirtschaftsführung, die in unserer modernen, vernetzten Welt unbedingt erforderlich ist. Wenn Sie das nicht glauben, lesen Sie den modernen Klassiker von Liaquat Ahamed *Die Herren des Geldes,* eine Geschichte der politischen Entscheidungsträger und ihrer Fehler in den 1920er- und 30er-Jahren sowie des dramatischen Zusammenbruchs der internationalen politischen Koordination, die zur wirtschaftlichen Katastrophe der Weltwirtschaftskrise und dem anschließenden Zweiten Weltkrieg beitrugen.[3] Tim Geithner schreibt in seinen Memoiren, dass er auf dem Höhepunkt der Finanzkrise begann, Ahameds Buch zu lesen, aber er hatte es nach ein paar Kapiteln wieder weggelegt, da er es zu beängstigend fand!

---

[3] Liaquat Ahamed (2010).

EXIT ja – Grexit nein!

Während 2012 in Städten – oder zumindest in allen Finanzzentren der Welt, von New York bis Schanghai, von London bis Frankfurt – über den „Grexit" oder einen möglichen Austritt Griechenlands aus dem Euro gesprochen wurde, begannen wir 2013 über ganz andere Arten von Austritten zu sprechen. Das heißt, die meisten Programmländer waren nach und nach bereit, aus ihren an Bedingungen geknüpften Finanzhilfeprogrammen auszusteigen, was ein sehr konkretes Zeichen für die anhaltende wirtschaftliche Erholung in Europa war. Irland war das erste Land, das im Dezember 2013 aus seinem Programm ausstieg, gefolgt von Portugal im Mai 2014.

Beide Länder machten einen so genannten „sauberen Ausstieg", d. h. sie verlangten kein Vorsichtsprogramm, das es ihnen erlaubt hätte, mit der Unterstützung – z. B. einer vorsorglichen Kreditlinie – aus dem Europäischen Stabilitätsmechanismus an die Märkte zurückzukehren, falls sie Probleme bekommen hätten. Sie wollten den Erfolg der Anpassungsprogramme verdeutlichen und insbesondere weitere Einschränkungen ihrer nationalen Wirtschafts- und Finanzpolitik von Seiten der Troika vermeiden.

Die Vorbereitungen für den Ausstieg der Iren aus dem Programm begannen früh. Nachdem die Stabilisierung der Eurozone Ende 2012 auf solidem Boden stand, intensivierten wir die Konsultationen mit den irischen Behörden in dieser Angelegenheit. Wir standen in ständigem und direktem Kontakt mit Finanzminister Michael Noonan, der den Prozess in Dublin mit all dem Geschick und der Ausdauer steuerte, die er in der irischen Politik über einige Jahrzehnte gesammelt hatte.

Auf dem Treffen der Eurogruppe am 11. Februar 2013 habe ich über die Situation in Irland berichtet:

> Ich begrüße die wichtigen Schritte, die die irischen Behörden unternommen haben, und ihre anhaltend konsequente Programmumsetzung, wie der erfolgreiche Abschluss der 9. Überprüfungsmission in der vergangenen Woche gezeigt hat. Dies dürfte dazu beitragen, die Aussichten Irlands auf eine dauerhafte Rückkehr zur Marktfinanzierung weiter zu verbessern und einen erfolgreichen Ausstieg aus dem Programm bis zum Jahresende zu erleichtern.

Schon früh wurde klar, dass die Iren in der Tat einen sauberen Ausstieg bevorzugen würden. Dies war nicht die ursprüngliche Präferenz der Kommission, denn wir hätten es vorgezogen, auf Nummer sicher zu gehen und eine Folgefinanzierungsvereinbarung zu treffen, unterstützt z. B. durch das neue Instrument des EWS, eine vorsorgliche Kreditlinie – vielleicht ergänzt durch eine parallele IWF-Vereinbarung. Wie der ESM-Ex-Post-Evaluierungsbericht 2017 richtig feststellt: „Die Europäische Kommission und die EZB versicherten, dass Nachfolgevereinbarungen gerechtfertigt seien, da die Länder in allen frühen Programmen auch nach dem Ausstieg anfällig für Schocks blieben ... Die Liquiditätssicherung und die fortgesetzte Konzentration auf Reformverpflichtungen trieben die Überlegungen für eine Nachfolgevereinbarung voran.[4] Dies sollte bei der nächsten Reform der Regierungsführung festgelegt werden, lange vor der nächsten Krise, denn es wird eine geben – eines Tages, in einem Jahr, in einem Jahrzehnt.

Da ich jedoch die Stimmung in Dublin kannte, hielt ich es für unangebracht, Irland öffentlich zu beraten. Deshalb haben wir mit Noonan eine Arbeitsmethode vereinbart, so dass wir uns gegenseitig umfassend informierten und in kritischen Phasen konsultierten, und anschließend entschieden die Iren und machten den Vorschlag, wie weiter zu verfahren ist. So ist es geschehen.

Da Irland das erste Land war, das sein Programm beendete, setzte es ein Modell für andere und einen Präzedenzfall, dem es zu folgen galt. Es ging erfolgreich zur Marktfinanzierung über. Portugal beschloss, diesem Beispiel zu folgen, nachdem es erneut frühzeitige Konsultationen mit der Regierung geführt hatte. Finanzministerin Maria Luis Albuquerque hatte einen sorgfältig ausgearbeiteten Plan vorbereitet und war sehr entschlossen, ihn auszuführen. Nach meinem Verständnis waren die meisten Mitgliedstaaten, darunter auch Deutschland, mit den sauberen Ausgängen nicht unzufrieden, denn diese würden es sowohl den politischen Entscheidungsträgern ermöglichen, den Erfolg der beiden ESM-Programme zu zeigen, als auch gleichzeitig insbesondere den Gläubigerregierungen helfen zu vermeiden, in ihre eigenen Parlamente gehen und um Unterstützung für eine vorsorgliche Kreditlinie aus dem Europäischen Stabilitätsmechanismus bitten zu müssen – ein Kurs, der als politisch schmerzhaft angesehen wurde.

Die Geschichte hat ein einigermaßen glückliches Ende in dem Sinne, dass beide Länder bereits vor ihrem offiziellen Austritt auf die Märkte zurückkehrten. Irland gab im März 2013 eine erfolgreiche 10-jährige Anleiheemission zu 4,15 Prozent Zinsen heraus und Portugal im Mai desselben Jahres zu 5,67 Prozent. Seitdem sanken die Renditen ihrer Staatsanleihen bis März 2015 unter 1,5 Prozent bzw. 2,4 Prozent, was als eine große Erfolgsgeschichte betrachtet werden sollte. Auch die Wirtschaftsleistung der Länder verbesserte sich erheblich.

---

[4] ESM Evaluation Report 2017, S. 59.

Gouverneur Carlos da Silva Costa hat die Elemente des Erfolgs im Falle Portugals richtig zusammengefasst. Erstens war die Eigenverantwortung für das Programm von wesentlicher Bedeutung; Portugal setzte sich für die Umsetzung des Programms ein, das von der Bevölkerung akzeptiert und in einem konstruktiven Dialog mit den Sozialpartnern durchgeführt wurde. Zweitens waren die Schnelligkeit und Intensität der Reaktion des Handelsgüter-Sektors, insbesondere der Exporte, entscheidend für die rasche Wiederherstellung des Gleichgewichts der Auslandskonten. Und drittens war die Aufrechterhaltung des Vertrauens in den Bankensektor, insbesondere in das Verhalten der Einlagen, entscheidend, um einen Zusammenbruch der Wirtschaft mit einer Kreditklemme zu verhindern und Kapitalverkehrskontrollen zu umgehen.[5]

Die irischen Hausaufgaben, der spanische Aufschwung und die Rückkehr zum Wachstum

Eine Lehre aus der Krise in der Eurozone ist der mustergültige irische Aufschwung, der zeigt, wie wichtig Flexibilität und Funktionalität der Realwirtschaft sind. Die Tatsache, dass Irland eine gewisse Kontrolle über die wirtschaftliche Entscheidungsfindung verloren hat, indem es ein EU-IWF-Programmland wurde, hat bei den irischen Wählern großes Unbehagen ausgelöst. Nichtsdestotrotz hat Irland politische Stabilität genossen, die eine wichtige Voraussetzung für den Aufschwung war. Es gibt eine hervorstechende Darstellung über die irische Erholung von der Krise: Die Iren haben „ihre Hausaufgaben gemacht", was bedeutet, dass sich die Iren nach drei Jahren der Aufopferung mit der Umsetzung der Reformen und der Haushaltskonsolidierung aus der Krise gekämpft haben. Heute blüht die irische Wirtschaft wieder auf, vorzugsweise nachhaltiger als während der Ära des „keltischen Tigers". Seit 2013 ist Irland deutlich schneller gewachsen als der Euroraum als Ganzes. Heute gibt es einige makroprudenzielle Bedenken hinsichtlich der boomenden Gewerbeimmobilienmärkte in Dublin. Der Austritt des Vereinigten Königreichs aus der Europäischen Union, insbesondere der Fall des so genannten harten Brexit, würde die irische Wirtschaft ziemlich hart treffen und sie möglicherweise mehrere Prozentpunkte ihres BIP einbüßen lassen.

Während der Krise haben die multinationalen Unternehmen Irland nie im Stich gelassen. Während einige der außergewöhnlich hohen Wachstumszahlen eher virtuelle Unternehmenstransfers von geistigem Eigentum widerspie-

---
[5] Carlos da Silva Costa (1. März 2019).

geln mögen, konnte das Land eine beträchtliche Menge an ausländischen Direktinvestitionen anziehen. Irland war auch in der Lage, seine Wettbewerbsfähigkeit zu steigern und seine Wirtschaft weg vom Banken- und Bauwesen zu diversifizieren. Darüber hinaus wurden die längerfristigen Wachstumsaussichten nicht durch den Rückgang des Produktivitätswachstums gedämpft, der insbesondere im Vereinigten Königreich den Aufschwung abgeschwächt hat.

Irland hat bei der Bewältigung einer hohen Schuldenlast von seinem Wirtschaftswachstum profitiert. Wachstum trägt dazu bei, die Schuldenquote zu senken. Mit steigendem Lebensstandard ist der Staat in der Lage, Haushaltsüberschüsse zu erzielen, um die Schulden zu tilgen. Darüber hinaus erhöht das Wachstum die Steuereinnahmen, was die öffentlichen Finanzen noch weiter entlastet.

Die Finanzkrise hat einen langen Schatten vorausgeworfen, insbesondere für die schwächsten Länder. Aber die gute Nachricht für Irland ist, dass die Arbeitslosigkeit zwar 2013 mit 15,4 Prozent ihren Höchststand erreicht hat, aber bis zum Frühjahr 2019 um fast zwei Drittel auf 5,7 Prozent gesunken ist.[6] Im Großen und Ganzen bietet Irland ein solides Modell dafür, wie man eine Wirtschaft aus der Krise in den Aufschwung und das Wachstum führt. Man muss immer die Lehren ziehen, nicht nur aus **Krisen,** sondern auch der **Erholungen**. Die irische Genesung ist Teil der umfassenderen Geschichte der europäischen Erholung von der Schuldenkrise. Heute stehen Irland und andere Länder, die sich von der Krise erholten, vor der Herausforderung, dafür zu sorgen, dass jeder einen Anteil an der wirtschaftlichen Erholung erhält.

Wie im vorhergehenden Kapitel erläutert, erhielt Spanien eine Unterstützung von 41,3 Milliarden Euro zur Rekapitalisierung seines Bankensektors aus der ihm vorbehaltenen Kreditlinie von 100 Milliarden Euro. Die Umstrukturierungs- und Abwicklungspläne wurden von der Kommission nach den Regeln für staatliche Beihilfen genehmigt und im Laufe der Jahre 2012–2014 durchgeführt. Die spanischen Behörden engagierten sich auch stark für die Haushaltskonsolidierung und strukturelle Maßnahmen im Einklang mit dem Verfahren bei übermäßigem Defizit und makroökonomischen Ungleichgewichten.

Spanien ist im Januar 2014 aus dem Finanzhilfeprogramm ausgestiegen. Die Erholung in Spanien ist beeindruckend. Sobald das BIP zu wachsen begann, war die Wachstumsrate stark. Die Zahlungsbilanzdefizite der von den Krisen betroffenen Länder haben sich in Überschüsse verwandelt. Die Ent-

---

[6] https://www.reuters.com/article/ireland-economy-unemployment/irish-un employment-rate-revised-up-to-57-percent-from-53-percent-idUSS8N1X-N00X.

schuldung des spanischen Unternehmenssektors war schmerzhaft, aber die Kreditqualität hat sich verbessert, was sich am Rückgang des Anteils der notleidenden Kredite ablesen lässt.

Das *Twopack* stellt neue Instrumente für die wirtschaftliche Steuerung bereit

Mit dem Herbst 2013 kam die Einführung zusätzlicher fiskalischer und Reformüberwachungsinstrumente, die auf dem so genannten Legislativpaket im *Twopack* basierten, das am 13. Mai vom Rat gebilligt worden war. Neben der Forderung an die Mitgliedstaaten der Eurozone, eine Schuldenbremse in ihre nationale Gesetzgebung aufzunehmen, beauftragte das Legislativpaket die Kommission, ihre Haushaltsplanentwürfe (die so genannten Stabilitätsprogramme) zu prüfen und eine Stellungnahme dazu abzugeben, bevor sie in den jeweiligen nationalen Parlamenten zur Abstimmung gestellt wurden. Parallel dazu legen die Mitgliedstaaten der Eurozone nationale Reformprogramme vor, die ihre Strukturreformpläne skizzieren und im Zusammenhang mit den Haushaltsplänen überprüft werden. Wenn der Entwurf der Haushaltspläne in klarem Widerspruch zu den gemeinsam vereinbarten Haushaltsregeln steht, hat die Kommission das Recht, den Mitgliedstaat aufzufordern, seine Pläne zu überprüfen. Aufgrund früherer Unzulänglichkeiten bei der Förderung von Strukturreformen durch die wirtschaftspolitische Steuerung wird nun mehr Nachdruck darauf gelegt und die finanzpolitischen Wege werden geglättet unter der Bedingung, dass überzeugende Wirtschaftsreformen durchgeführt werden, was aus Sicht der Wirtschaftstheorie zur Unterstützung des Wachstums sinnvoll ist.

Bis zum 15. Oktober 2013, der im *Twopack* festgelegten Frist, sandten die Mitgliedstaaten der Eurozone zum ersten Mal in der Geschichte ihre Haushaltsentwürfe und Reformprogramme zur frühzeitigen Prüfung durch die Kommission ein. Die Analyse wurde genau einen Monat später vorgelegt und enthielt die Stellungnahmen der Kommission zu 13 Haushaltsplanentwürfen, mit Ausnahme von Zypern, Griechenland, Irland und Portugal, die noch einem makroökonomischen Anpassungsprogramm unterlagen und somit von dieser Analyse ausgenommen waren. Die Vorlage des so genannten finanzpolitischen Herbstpakets bildete den Höhepunkt mehrerer intensiver Wochen der Vorbereitung auf die erste Prüfung dieser Art überhaupt.

Der Druck der Fachkollegen und der Kommission auf die Haushaltspläne wirkte sich positiv aus: Die Pläne waren größtenteils glaubwürdig und realistisch im Gegensatz zu den allzu optimistischen Budgets, die wir in den vergangenen Jahren gesehen hatten. Von den 13 bewerteten Ländern hielten alle Länder den Stabilitäts- und Wachstumspakt im Großen und Ganzen ein, wenngleich Italien (mit dem Risiko unzureichender Fortschritte beim Abbau der Staatsverschuldung), Spanien (wo das Haushaltsdefizit 2015 voraussichtlich steigen würde) und Finnland (das die 60 Prozent-Schwelle der Schuldenquote überschritt) Gefahr liefen, gegen die Regeln zu verstoßen. Die Tatsache, dass keiner der geprüften Haushaltspläne letztendlich als nicht konform angesehen wurde, zeigte, dass die Mitgliedstaaten ihre Verpflichtungen zu soliden öffentlichen Finanzen ernst genommen hatten. Dies war ein gutes Vorzeichen für künftige Stabilität.

Andererseits war es bedauerlich, dass die Regierungen den Auswirkungen ihrer Pläne zur Haushaltskonsolidierung auf das Wachstum nicht genügend Aufmerksamkeit schenkten, insbesondere wenn es um die öffentlichen Investitionsausgaben ging. Die öffentlichen Ausgaben, d. h. die öffentlichen Investitionen, gingen weiter zurück, obwohl es bereits erste Anzeichen einer wirtschaftlichen Erholung gab. Wir haben dies als dringende Angelegenheit behandelt, und zusammen mit den Bemühungen, die Gesamtinvestitionen in Europa durch einen effizienteren Einsatz der Europäischen Investitionsbank anzukurbeln, war dies eine der obersten Prioritäten unserer wirtschaftspolitischen Agenda für die restliche Amtszeit der Kommission.

Betrachtet man die allgemeine Wirtschaftslage, so hatte sich das Wachstum im zweiten Quartal 2013 ins Positive gedreht und das setzte sich im dritten Quartal fort. Dies galt auch für das krisengeschüttelte Spanien und Portugal, die ihre Anpassungsbemühungen planmäßig durchgeführt hatten und auf dem Weg zum Ausstieg aus den Hilfsprogrammen waren. Auf dem Höhepunkt der Krise 2011 befanden sich nur drei Mitgliedstaaten NICHT im Verfahren bei einem übermäßigen Defizit (Excessive Deficit Procedure, EDP), so dass 24 Mitgliedstaaten unter der besonderen Überwachung des EDP standen. Im Jahr 2013 war die Zahl der Länder, die sich im Verfahren befanden, mit 12 von 27 noch immer hoch; doch bis dahin war die Zahl der Länder, die sich nicht im Defizitverfahren befanden, von 3 auf 15 gestiegen, und damit bewegte sich Europa eindeutig in eine bessere Richtung. Die Verschuldung im Verhältnis zum BIP war für die EU als Ganzes mit etwa 90 Prozent immer noch alarmierend hoch, was die Bedeutung unseres Finanzpakets vom Herbst noch erhöhte. Ebenso alarmierend waren die steigenden Schuldenstände in Ländern wie Finnland, die zuvor in dieser Hinsicht relativ gut zurechtzukommen schienen.

Ab 2013 taucht das Gespenst der Deflation auf

Während die Erholung voranschritt und allmählich an Boden gewann, zogen neue Wolken am Horizont auf: das Schreckgespenst der Deflation oder zumindest der „Niedrigflation", was sich auf eine zähe und lang anhaltende Periode ungewöhnlich niedriger Inflation bezog. Unsere Sorgen über die hohe Verschuldung im Verhältnis zum BIP wurden durch die immer niedrigere Inflationsrate nicht gemildert – im Gegenteil. Die Verbraucherpreisinflation in der Eurozone war seit Sommer 2012 rapide zurückgegangen, von 2,6 Prozent im August 2012 auf nur noch 1,3 Prozent in der ersten Hälfte des Jahres 2013 (dies ist die „offizielle" Inflationsrate, HVPI = Harmonisierte Verbraucherpreisinflation; nicht die Kerninflationsrate, die von den Auswirkungen der volatilen Energie- und Lebensmittelpreise neutralisiert wird). Im November 2013 war die Inflation bereits unter 1,0 Prozent gefallen und schien sich weiter den Tiefstständen unter Null zu nähern, die nach dem Zusammenbruch im Sommer 2009 erreicht worden waren.

Wir waren daher sehr besorgt über eine längere Periode niedriger Inflation oder sogar Deflation, die der Schuldentragfähigkeit Europas – ganz zu schweigen von Wachstum und Beschäftigung – am meisten schaden würde. Aber wir waren uns auch bewusst, dass unsere kurzfristigen Instrumente zur Lösung des Problems auf Seiten der Kommission begrenzt waren. Das durch die verbesserte Wirtschaftslage ermöglichte langsamere Tempo der Haushaltskonsolidierung gab uns einen gewissen Spielraum, aber nicht annähernd genug, wenn man das Ausmaß des Problems berücksichtigt. Unsere Aufgabe bestand darin, die Wirtschaftsreformen trotz spürbarer Reformmüdigkeit weiterzuführen und die Voraussetzungen und den Spielraum für die EZB zu schaffen.

„Die Aussichten zeigen eine lange Periode niedriger Inflation. Das Risiko einer regelrechten Deflation für den Euroraum wäre jedoch wahrscheinlich nur dann relevant, wenn es zu einem großen Schock für das BIP käme oder die Inflationserwartungen nicht verankert würden", sagte ich den Ministern während des ECOFIN-Treffens im Januar 2013 in Brüssel. Der Rückgang der Inflationsrate im Euroraum spiegelte sowohl ein Nachlassen des zugrunde liegenden Preisdrucks im Gefolge einer anhaltenden Konjunkturflaute als auch einen geringeren Einfluss kurzfristiger Faktoren wie Steuern, Energie und Lebensmittel wider. Einige Mitgliedstaaten verzeichneten eine sehr niedrige oder sogar vorübergehend negative Inflation, die in der Tat ein wesentliches Element des notwendigen Anpassungsprozesses ihrer Wettbewerbsposition war. Die durchgeführten Strukturreformen hatten die Reaktionsfähigkeit der Löhne und Preise auf die anhaltend großen Produktionslücken erhöht, was zur Senkung der Inflation beitrug.

Kurzfristig wirkte sich die niedrige Inflation natürlich nicht nur negativ aus. Etwa zwei Drittel des Rückgangs der Verbraucherpreisinflation seit 2012 waren auf eine günstige Entwicklung der international festgelegten Energie- und Lebensmittelpreise zurückzuführen, die die Kaufkraft von Verbrauchern und Investoren erhöhte. Dieser Trend wurde durch den Einbruch der Ölpreise in der zweiten Jahreshälfte noch verstärkt.

Die Möglichkeit, dass die „niedrige Inflation" in eine regelrechte Deflation umschlagen könnte, wurde jedoch im Frühjahr 2013 zu einer immer ernsteren Gefahr. In den Jahren 2013–2014 habe ich häufig öffentlich vor den Gefahren gewarnt, die eine mögliche Deflation oder ihre weichere Version, eine lang anhaltende „Niedrigflation", mit sich bringen würden, die beide schädlich wären. Es gab eine weitere große Sorge politischer Natur: Die Geopolitik hatte ein böses und höchst unwillkommenes Comeback erlebt und sich auch auf das Wirtschaftsklima ausgewirkt, da Russland im Februar/März 2014 die Krim illegal annektierte und anschließend den Krieg in der Ostukraine unterstützte.

Mein Gefühl der Deflationsgefahr wurde durch die oben erwähnten Gespräche mit G7-Zentralbankern und Finanzministern Anfang Mai 2013 auf dem britischen Land noch verstärkt. Daher beschloss ich, einen seltenen öffentlichen Eingriff in die Geldpolitik zu machen – wobei ich mich bewusst an den Grenzen des ungeschriebenen Verhaltenskodex zwischen der Kommission und der EZB bewegte – und zwar aus zwei Gründen: erstens, um die Öffentlichkeit für die Deflationsgefahr zu sensibilisieren und politische Maßnahmen zu ihrer Bekämpfung zu fordern; zweitens, um die EZB flankierend zu unterstützen, falls sie sich zu weiteren Maßnahmen entschließen sollte. So berichtete Reuters über meine Rede vor dem Atlantischen Rat von Finnland in Helsinki am 17. Mai 2013:

> Wirtschaftskommissar Olli Rehn ermutigt zu neuen Zinssenkungen, da eine außergewöhnlich niedrige Inflation der Europäischen Zentralbank einen Handlungsspielraum bietet. Aus der Perspektive der niedrigen Inflationsrate ist es möglich, die geldpolitischen Bedingungen weiter zu lockern. Die Inflation in der Eurozone lag im April bei 1,2 Prozent, das ist der niedrigste Wert seit drei Jahren.[7]

Nach meiner Intervention zur Geldpolitik, die von verschiedenen Seiten in Europa und darüber hinaus wahrgenommen wurde, erwartete ich einen „freimütigen und offenen" Anruf von Mario Draghi. Aber er kam nicht. Ich wer-

---

[7] „Rehn: EKP:lla vielä varaa helpottaa rahapolitiikkaa. *Taloussanomat*, 17. Mai 2017; unter Bezugnahme auf die Reuters-Geschichte. Siehe auch: Rehn. *Matala infaatio antaa EKP:lle uusia mahdollisuuksia*. Yle, 17. Mai 2017.

tete das als ein sehr gutes Zeichen – in der Tat das beste Zeichen seit langem! Warum das? Weil ich genau in diesem Moment davon ausgehen konnte, dass die EZB – oder zumindest ihr Präsident – höchstwahrscheinlich mit der Notwendigkeit einer weiteren Anpassung der Geldpolitik einverstanden war und vielleicht irgendwann eine quantitative Lockerung verfolgen würde.

Warum war dies eine wichtige Diskussion? Was sind die Implikationen und warum wäre eine deflationäre Abwärtsspirale so schädlich gewesen? Aus der instinktiven Sicht des Verbrauchers scheint es kein Problem zu sein, da eine niedrige Inflation die Reallöhne stützen sollte. Aber das ist ein trügerisches Argument, denn eine längere Periode sehr niedriger Inflation in der Eurozone, ganz zu schweigen von einer regelrechten Deflation, hätte die laufende Neuausrichtung der europäischen Wirtschaft sehr viel schwieriger gemacht.

Warum? Es ist nur natürlich, dass während der Krise und ihrer Nachwirkungen die Inflation in anfälligen Reformländern wie Irland, Spanien, Portugal und Griechenland – und sogar Italien – niedrig gehalten werden musste, weil diese Länder bemüht waren, ihre Kosten- und Preiswettbewerbsfähigkeit wiederzuerlangen. Das Problem bestand darin, dass es eine längere Phase niedriger Inflation im gesamten Euroraum den sich erholenden Krisenländern sehr viel schwerer machen würde, diese Ziele zu erreichen. Denn der reale Wechselkurs des Euro wäre hoch geblieben, und in der Folge hätten die Bemühungen der gefährdeten Länder, ihre Kosten- und Preiswettbewerbsfähigkeit wiederherzustellen, weniger reale Auswirkungen gehabt, und darüber hinaus wären sie durch das übermäßig langsame Wachstum der Exportnachfrage erstickt worden.

Kurz gesagt, eine längere Periode niedriger Inflation hätte den Prozess der Neuausrichtung in den krisengeschüttelten Ländern zweifellos sehr viel schwieriger gemacht. Eine regelrechte Deflation hätte ihn noch schlimmer gemacht und damit Europa als Ganzes geschädigt. Wie sich herausstellte, war es für die EZB weitaus besser, energisch zu handeln, als auf eine Deflation zu warten, weil es sehr viel einfacher ist, eine deflationäre Dynamik durch schnelles und entschlossenes Handeln zu verhindern, als das Problem verspätet anzugehen.

Literatur

George Osborne, *Schlusswort des Schatzkanzlers beim G7-Treffen*. Aylsbury, 10. Mai 2013. Siehe: http://www.g8.utoronto.ca/fnance/fm130511.htm

Liaquat Ahamed, *Die Herren des Geldes*, Finanzbuch Verlag 2010

Carlos da Silva Costa, *The Challenge of Inclusive Growth*. Grundsatzrede auf dem Delphi-Forum in Griechenland, 1. März 2019

13

Basta!: „Austerianer" vs. „Spendanigans"

„*Basta!*" – „Sie brauchen Ihre Kopfhörer nicht aufzusetzen", rief mir Elisa Ferreira, eine sozialdemokratische Europaabgeordnete aus Portugal, zu und bezog sich dabei auf ein Headset mit Simultanübersetzung. „Sie müssen nur ein einziges Wort auswendig lernen: *Basta!* Das ist genug!"[1]

Ich habe einen kühlen Kopf bewahrt und mich nicht auf diesen gänzlich einseitigen Meinungsaustausch eingelassen. Es war im Mai 2013 beim ECON-Ausschuss, dem Wirtschaftsausschuss des Europäischen Parlaments, und die Stimmung war noch hitziger als sonst. Elisa Ferreira war ein geachtetes Mitglied des Ausschusses und eine kompetente frühere Berichterstatterin für das Verfahren bei makroökonomischen Ungleichgewichten, zu einer Zeit, als die Sozialisten und Demokraten noch aktiv die *Sixpack*-Reform der EU-Wirtschaftsregierung unterstützten. Heute sind wir Kollegen in unseren jeweiligen Zentralbanken, sie in Portugal und ich in Finnland – und, wie ich annehme, immer noch Freunde auf einer europäischen Reise.

Zu dieser Zeit, als sich die europäische Wirtschaft bereits auf dem heimlichen Weg des Aufschwungs befand, verdroschen Populisten und andere Kritiker verschiedener politischer Couleur im Europäischen Parlament und anderswo die Kommission und mich und sagten, wir würden Europa in den Ruin treiben. Zweifellos war die wirtschaftliche Lage nach der Krise schrecklich und die Arbeitslosigkeit in vielen Mitgliedstaaten hoch, was höchst bedauerliche soziale und menschliche Kosten verursachte. Aber die heftige Kritik war zum Teil auch das Ergebnis der Multiplikatoren-Debatte des IWF, da

---

[1] http://www.nytimes.com/2013/05/18/world/europe/europe-econo-mist-rehn-rejects-austerity-label.html.

die (vermeintlichen) Ansichten des IWF ein mythisches Eigenleben zu führen begannen und politisch instrumentalisiert wurden.

Auf der anderen Seite wurde die Konzentration der Kommission auf den mittelfristigen strukturellen Saldo der öffentlichen Finanzen als übermäßig großzügig gegenüber den Ländern mit hohen Haushaltsdefiziten empfunden. Und unsere Forderungen nach mehr Entschlossenheit bei der Bekämpfung der Deflationsgefahr wurden, vor allem in Deutschland, fast als Ketzerei angesehen. Wolfgang Schäuble schreckte nicht davor zurück, meine Ansichten als „Unsinn" zu bezeichnen. Klartext, sehr geschätzt – und ich vertraue darauf, dass auch wir auf unserer europäischen Reise noch Freunde sind.

Die öffentliche Debatte über die Finanzpolitik während der Krise kann durchaus als ein erbitterter politischer Kampf zwischen den Austerianern und den Spendanigans dargestellt werden. Ersteres bezieht sich auf diejenigen, die glauben, dass fiskalische Nachhaltigkeit – „Sparsamkeit" oder „Austerität", was ein ideologisch verwirrtes und beladenes Wort ist, das ich mich weigere zu benutzen – der Weg zurück zu einer gesunden Wirtschaft und einem soliden Wachstum ist. Letzteres bezieht sich auf diejenigen, die glauben, dass die Sorgen über hohe Schulden und Defizite in Zeiten der Rezession zweitrangig sind, was sie zu der Annahme veranlasst, dass erhebliche diskretionäre Defizitausgaben stattdessen zur Stimulierung der Wirtschaft eingesetzt werden sollten, und nicht nur auf automatische Stabilisatoren und einige Feineinstellungen zu setzen.

Ich weigere mich, einen Eid auf eine dieser beiden Ansichten zu leisten, da es meiner Ansicht nach keine einzige Bewegung in dieser Thematik gab, die die Krise mit einem Zauberstab hätte lösen können. Außerdem geht es am Thema Fiskalpolitik vorbei, wenn man sich nur auf die Finanzpolitik konzentriert, denn in Wirklichkeit waren die finanzielle Sanierung und das Streben nach verbesserten Kreditbedingungen sowie die Durchführung von Strukturreformen mindestens ebenso wichtig, um den Wirtschaftsmotor zu schmieren und das Wachstum anzukurbeln.

Sehen wir uns die Fakten an. Wie haben sich die öffentlichen Finanzen während der Eurokrise entwickelt? Die Haushaltsdefizite in der Eurozone stiegen während der globalen Finanzkrise im Jahr 2008 rapide an, sowohl aufgrund der schweren Rezession selbst als auch aufgrund der fiskalischen Stimuli, die zur Bekämpfung der Rezession durchgeführt wurden. Wie aus Abb. 13.1 ersichtlich ist, erreichte das Gesamtdefizit der Eurozone sowohl 2009 als auch 2010 über 6 Prozent des BIP, was berechtigte Bedenken hinsichtlich der Nachhaltigkeit der öffentlichen Finanzen aufkommen ließ. In einigen Ländern waren die Defizite wesentlich größer, wie z. B. 15,4 Prozent in Griechenland, die, wie bereits erwähnt, zu „Käuferstreiks" und Aussper-

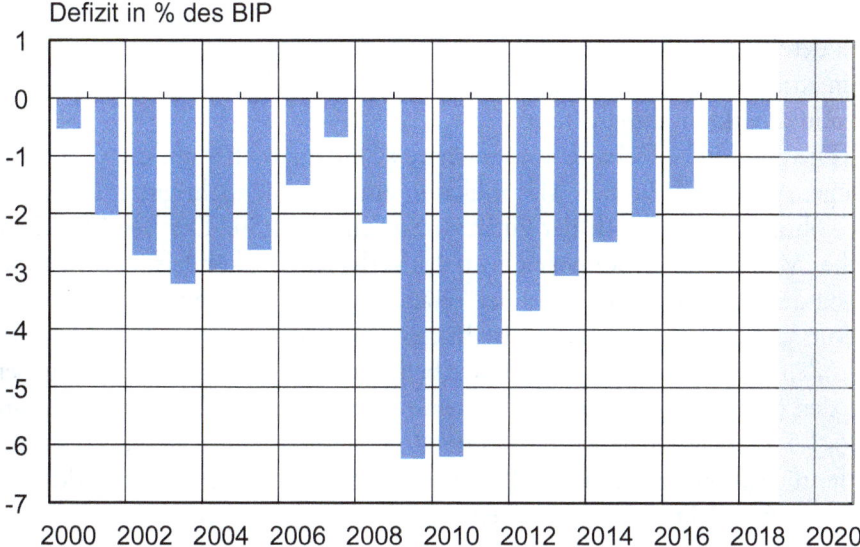

Quellen: Europäische Kommission und Macrobond.
*Schattierter Bereich kennzeichnet Prognosen.

Abb. 13.1 Öffentliches Defizit im Euroraum, 2000–2020

rungen von den Märkten führte. Seit Ende 2009 wurden Entscheidungen getroffen, die auf eine länderweise differenzierte Haushaltskonsolidierung abzielten. Infolgedessen wurden die Haushaltsdefizite der Eurozone im Durchschnitt bis 2014 unter 3 Prozent und bis 2017 unter 1 Prozent gesenkt. Das zuletzt statistisch erfasste Gesamtdefizit lag 2018 bei rund 0,5 Prozent.

Mit den verschiedenen Phasen der Krise entwickelte sich auch parallel die Finanzpolitik. Liest man die Medienberichterstattung im Frühjahr 2013, dem Zeitraum, in dem die Eurozone von der Stabilisierung zur Erholung überging, so gewinnt man den Eindruck, dass ein grundlegender Wandel in der Wirtschaftspolitik der Kommission im Gange war. Das war jedoch nicht der Fall. Manchmal liegt die Sparsamkeit im Auge des Betrachters. Diese Wahrnehmungslücke ist auf die weit verbreitete und hartnäckige Ansicht zurückzuführen, dass die Wirtschaftspolitik der Kommission aus einem starren Beharren auf Haushaltskonsolidierung und wenig mehr bestand. In Wirklichkeit bestand die Kommission jedoch konsequent darauf, dass Strukturreformen zur Förderung eines nachhaltigen Wachstums und zur Schaffung von Arbeitsplätzen mindestens ebenso wichtig seien wie eine solide Finanzpolitik. Wie Waltraud Schelkle im Rückblick bemerkte: „Die Kommission suchte nach Wegen, den Regierungen Spielraum zu geben, um prozyklische Sparmaßnahmen zu vermeiden, insbesondere durch Betonung der Strukturreformen."[2] Und Europa machte bis 2013 sowohl bei der Neugewichtung als auch bei den Wirtschaftsreformen Fortschritte. Viele europäische Länder haben in den Krisenjahren große Strukturreformen, insbesondere auf den Arbeits- und Produktmärkten, durchgeführt.

Die öffentliche Debatte konzentrierte sich damals eher auf die Größe des so genannten fiskalischen Multiplikators unter Berücksichtigung der außergewöhnlichen Umstände der Finanz- und Schuldenkrise. Der Begriff „fiskalischer Multiplikator" bezieht sich auf das Verhältnis der kurzfristigen Veränderung des Volkseinkommens zu der Veränderung der Staatsausgaben, die diese verursacht. Der Multiplikator ist in der Regel positiv, zum Beispiel in der Größenordnung von 0,5 bis 1,5, was bedeutet, dass ein Euro mehr Ausgaben in den öffentlichen Finanzen als direkte Auswirkung das BIP kurzfristig um 0,5-1,5 Euro erhöhen würde, während ein Euro weniger Ausgaben in den öffentlichen Finanzen das BIP um 0,5-,1,5 Euro verringern würde. Der Wachstumseffekt eines fiskalischen Stimulus lässt normalerweise im Laufe einiger Jahre nach; in der Zwischenzeit steigt die öffentliche Verschuldung an, es sei denn, der Wachstumsimpuls gleicht dies vollständig aus. Dies ist der Zielkonflikt, mit dem Politiker normalerweise konfrontiert sind.

Die „außergewöhnlichen Umstände" der Finanz- und Schuldenkrise können sich auf zwei Dinge beziehen: erstens auf die Nulluntergrenze in der Geldpolitik, von der angenommen wird, dass sie den Multiplikatoreffekt der Staatsausgaben verstärkt. Zweitens kann sie sich alternativ darauf beziehen, dass ein Land von der normalen Marktfinanzierung ausgeschlossen ist, was den Multiplikator zu einem weniger relevanten Konzept macht und den Multiplikator streng theoretisch sogar in einen negativen Bereich verwandeln kann. Im letzteren Fall würden die so genannten Vertrauenseffekte gegenüber den direkten fiskalpolitischen Effekten dominieren und damit das Ausgabendefizit kontraproduktiv machen. Dies war zumindest in den Jahren 2010/2011 in Griechenland, Irland und Portugal der Fall; Italien und Spanien standen an der Klippe.

Ein Großteil der Debatte über fiskalische Multiplikatoren konzentrierte sich auf die Frage, ob der Vertrauenseffekt oder die direkte Wirkung dominiert und in welchem Ausmaß. Es ist ein wichtiger analytischer Austausch sowohl für die Theorie der Makroökonomie als auch für die oft sehr praxisnahe Konkretisierung der Wirtschafts- und Finanzpolitik.

Aus der europäischen Perspektive wurde die Debatte über die fiskalischen Multiplikatoren laufend in der Kommission reflektiert. Auf der IWF-Jahrestagung, die Mitte Oktober 2012 in Tokio stattfand, wurde ich intensiv

---
[2] Waltraud Schelkle (2017, S. 208).

damit konfrontiert. Es folgten heftige Debatten im Europäischen Parlament in den ersten Monaten des Jahres 2013, sowie dann die überarbeiteten Forschungsberichte des IWF und unser Dialog mit dem IWF.

Das Ergebnis des analytisch-politisch geprägten Boxkampfes war eher ein Unentschieden als ein K.o. Meiner Ansicht nach ist es offensichtlich, dass die fiskalischen Multiplikatoren für das kurzfristige Wachstum von Bedeutung sind. Was offen bleibt, ist ihre Größe und in den Ausnahmefällen, in denen eine Aussperrung der Märkte droht, auch ihre Richtung. Die Schlussfolgerungen hängen sehr stark von den Annahmen und den in der Analyse verwendeten Modellierungsparametern ab, die im Verlauf der Analyse empirisch überprüft werden müssen.

Erste Runde: Multiplikatoren in Tokio

Im Oktober 2012 veröffentlichten der Chefökonom des IWF, Olivier Blanchard, und sein Kollege Daniel Leigh ohne jegliche Vorwarnung an ihre (vermeintlichen) „Mitstreiter" in Brüssel ein Papier, das den finanzpolitischen Kurs der Eurozone und den allgemeinen Umgang mit der Krise sehr kritisch beurteilte. Ich wurde erst auf das Papier aufmerksam, nachdem ich gerade in Tokio gelandet war und mir kurz danach ein Mikrofon quasi in den Mund gesteckt wurde.

Es war keine reine Wissenschaft, denn in dieser eher einseitigen Geschichte war der Kommission die Rolle des bösen Buben vorbehalten. Ich war nicht bereit, dies ohne ein Argument zu akzeptieren – nicht zuletzt, da wir die Programme für Griechenland, Irland und Portugal in Zusammenarbeit und in Absprache mit dem IWF konzipiert hatten. Dies führte zu einer sechsmonatigen intensiven Debatte, in der das IWF-Papier von Fraktionen im EP und anderswo politisch instrumentalisiert wurde. Es war schwierig, in diesem sehr hitzigen politischen Klima einen ausgewogenen, analytischen Standpunkt zu vertreten, aber wir haben es dennoch versucht.

In Tokio musste ich all mein ohnehin begrenztes politisches Entscheidungskapital einsetzen, um den finanzpolitischen Kurs der Eurozone zu verteidigen. Auf der Jahrestagung des IWF lautete mein Standpunkt wie folgt:

Sollte die Haushaltskonsolidierung ganz aufgegeben werden, um stattdessen Raum für fiskalische Anreize zu schaffen? Selbst wenn man für einen Moment die durch den regelbasierten fiskalischen Rahmen der EU gesetzten Grenzen beiseite lässt, muss man sich fragen, welchen Handlungsspielraum die EU-Länder in dieser Hinsicht hätten. Die Reaktion der Wirtschaft auf eine Änderung der staatlichen Steuer- und Ausgabenpläne – der so genannte Multiplikator – sollte nicht an einem impliziten Business-as-usual-Szenario gemessen werden, sondern an einem Szenario, in dem die nicht nachhaltige Politik, die durch die Krise offenbart wurde, fortgesetzt werden darf. Es ist nicht allzu schwer, sich die Reaktion von Kapitalabflüssen und Risikoprämien vorzustellen, die die vermeintlichen Vorteile einer fiskalischen Lockerung schnell zunichte machen würden.

Am 13. Oktober brach die Debatte in den Sitzungen des IWF mit voller Wucht aus und zwang auch die anderen Europäer zur Reaktion. Wolfgang Schäuble zögerte nicht, in einen Gegenangriff zu gehen und die europäische Politik zu verteidigen (das tut er nie!). Er sagte, dass Europa niemals die von den Finanzmärkten gewünschte Zeitlinie erreichen werde, was das Einprügeln auf Europa sehr schädlich mache. Er versicherte den anderen, dass Europa mittelfristig etwas erreichen werde, z. B. seien die Defizite von 6 Prozent auf 3 Prozent halbiert worden. Seiner Ansicht nach sei es besser, keine Erwartungen zu wecken, die man nicht erfüllen könne, z. B. eine Bankenunion, die ab dem 1. Januar 2013 voll in Kraft treten würde. Italiens Finanzminister Vittorio Grilli schloss sich der Linie Schäubles an und plädierte dafür, dass die Haltung auch von anderen durchgesetzt werde – mit anderen Worten: Italien hatte einfach keinen fiskalischen Spielraum!

So verließen wir die „Multiplikatorenschlacht von Tokio" zerschlagen, aber nicht geschlagen. Als ich am 15. Oktober nach Brüssel zurückkehrte, hielt ich vor meinem Kabinett und dem leitenden Management der Generaldirektion Wirtschaft und Finanzen einen lebhaften, temperamentvollen und vielleicht etwas frustrierten Vortrag – bereit, die Debatte fortzusetzen und die nächste Phase analytisch vorzubereiten. Ich sagte, wir müssten offen und kritisch für Veränderungen sein, auch selbstkritisch, aber wir sollten keine falschen Anschuldigungen und lockeren Angriffe akzeptieren. Ich war mit dem Niveau der analytischen Vorbereitung der Kommission und meiner Abteilung nicht ganz zufrieden und ließ es sie wissen.

Auf der Sitzung des Kollegiums der Kommissare einige Tage später berichtete ich wie folgt über die Treffen der G7 und des IWF in Tokio:

> Es gab auch einige Diskussionen über die fiskalischen Multiplikatoren, aber dies veranlasste den IWF nicht dazu, vorzuschlagen, dass die fiskalischen Konsolidierungspfade in der EU geändert werden sollten. Im Gegenteil, die geschäftsführende Direktorin des IWF, Christine Lagarde, betonte in der Schlusssitzung, dass die Haushaltskonsolidierung wie geplant fortgesetzt werden sollte.

Meine Kollegen hatten den Eindruck, dass der IWF seine Karten mit zwei sehr unterschiedlichen Blättern ausspielte – wie ein klassischer zweihändiger Ökonom. Offensichtlich lagen sie nicht völlig falsch.

Rückblickend kann man sagen, dass die schlimmsten Turbulenzen an den Finanzmärkten bereits im Oktober 2012 zu verblassen begannen, nicht zuletzt dank der OMT-Entscheidung der EZB im September. Aber man konnte es damals noch nicht sicher wissen, und das ist die entscheidende Metrik. Als wir die beruhigende Wirkung an den Märkten zu sehen begannen, waren wir erst nur zögerlich beruhigt, aber wir beschlossen, auf Nummer sicher zu gehen – der einfache, aber sehr stichhaltige Grund war, dass wir schon so oft von unvorhergesehenen Rückschlägen enttäuscht worden waren, nachdem angeblich entscheidende Maßnahmen ergriffen worden waren, die die Krise logischerweise hätten eindämmen sollen. Und angesichts der bekannten universellen Verzögerungen in der Finanzpolitik und der Probleme im Zusammenhang mit ihrer Feinabstimmung in einer Währungsunion mit 17 Mitgliedern sind eine Woche oder ein Monat keine lange Zeit, um sicherzustellen, dass die Stabilisierung wirklich hält.

Darüber hinaus war der finanzpolitische Kurs für 2013 mit der Verschiebung vom Frühjahr 2012 von den unmittelbaren „Feuerlösch-" und Nominalzielen hin zum mittelfristigen strukturellen Saldo bereits weniger rigoros, als es der Öffentlichkeit und den politischen Entscheidungsträgern bewusst war. Wir gingen also davon aus, dass wir bald auf eine Erholung zusteuern würden und zum Wachstum zurückkehren könnten, und das wollten wir nicht gefährden, indem wir das Risiko einer vorzeitigen Lockerung der Fiskalpolitik eingingen und möglicherweise die tödlichen Finanzturbulenzen erneut erleben würden.

Zweite Runde: Unfälle passieren auch in den besten Zeitungen

Runde zwei fand Ende 2012 und Anfang 2013 statt. Sie stand im Zusammenhang mit der praktischen Umsetzung der zuvor beschlossenen „intelligenten Lockerung" der fiskalischen Ziele in mehreren Mitgliedstaaten. Da unter den Marktteilnehmern und einigen Gläubigerstaaten beträchtliche Skepsis gegenüber diesem Ansatz herrschte und sich viele betroffene Länder noch nicht in sicherem Fahrwasser befanden, beschlossen wir, mit umsichtig kalibrierten Schritten und einer sorgfältigen Kommunikationsstrategie vorzugehen.

Das Ziel wurde zwar erreicht, aber methodisch hat es nicht ganz so geklappt. Nach den Ereignissen konnte man sich nur mit der Logik trösten, die aus dem Skispringen bekannt ist: Auch wenn wir für die Eleganz nicht viele Punkte bekommen haben, so ist letztlich doch die Länge des Sprungs ausschlaggebender.

Um den Weg für unseren kalibrierten Ansatz zu ebnen, der als Gegenleistung für stärkere Maßnahmen bei den Wirtschaftsreformen eine Fristenverlängerung für die Korrektur von Haushaltsdefiziten für einige Mitgliedstaaten vorsah, beschloss ich, einen Artikel zu schreiben und ihn der *Financial Times* vorzulegen. Meine Absicht war es, den politischen Ansatz der Kommission zu verdeutlichen, aber das hat nicht ganz so geklappt. Ich stehe immer noch zu dem **Text**, den ich schrieb – und überprüfte –, aber nicht zum **Titel**, der vom Herausgeber ausgewählt wurde und den ich vorher nicht gesehen habe. Und so ist es passiert:

Ich habe den Text Anfang Dezember 2012 mit Hilfe meines Kabinetts und des Sprechers Simon O'Connor verfasst, einem sehr fähigen und kühl denkenden Kommunikator, der die gleichen Aufgaben für Kommissar Pierre Moscovici übernommen hat. Nachdem der Entwurf am 7. Dezember bei der *Financial Times* eingereicht und zur Veröffentlichung angenommen worden war, folgte der normale Redaktionsprozess. Montag, der 10. Dezember, wurde in ständigen Verhandlungen zwischen Simon und dem FT-Redakteur verbracht. Der bearbeitete Text war schließlich in Ordnung und besagte, dass die Wiederherstellung des Gleichgewichts voranschreite und das Vertrauen zurückkehre, da die Strukturreformen dazu beitragen würden, die Wirtschaft wieder ins Gleichgewicht zu bringen. Nachdem wir zunächst mehrere Tage lang intern sorgfältig an dem Beitrag gearbeitet und ihn dann mit dem Team der *Financial Times* abgestimmt hatten, wurde unsere Botschaft unter dem von uns gewählten Titel ordentlich verpackt: *Den Reformkurs beibehalten*. Als ich abends nach Hause ging, nachdem ich endgültig grünes Licht für den Beitrag gegeben hatte, freute ich mich darauf, den Text in der Online-Version der FT zu lesen.

Es stellte sich jedoch ganz anders heraus. „I don't like Mondays!" – an diesen Text von Bob Geldof und den Boomtown Rats erinnerte ich mich, als ich die eigentliche Schlagzeile sah. Es wurde ein noch unruhigerer Montag als sonst. Statt *„Den Reformkurs beibehalten"*, was nach allen objektiven journalistischen Maßstäben den Inhalt des Artikels prägte, hieß es nun in gegenüber der Leitartikelseite – der sog. op-ed-Seite – mit meinem Namen darunter *„Den Sparkurs beibehalten!"* Die Änderung eines einzigen Wortes kehrte die ganze Bedeutung um. Die Schlagzeile war nicht Teil der Verhandlungen mit der FT gewesen, und es kam uns nicht in den Sinn, dass eine solch unfaire und offen gesagt monströse Verwechslung so kurz vor der Ziellinie geschehen konnte.

Natürlich wurde das Image der Haltung der Kommission im Umgang mit der Krise durch den schmerzlichen journalistischen Schnitzer der FT stark beschädigt – obwohl ich mich immer noch weigere zu glauben, dass es sich dabei um eine reine Absicht handelte. Wie dem auch sei, dies kam zu dem bereits angeschlagenen Ruf der Kommission und auch meinem eigenen Ruf als böser Bulle der Eurozone noch hinzu. Aber es war keine Zeit, sich depressiv zurückzulehnen, wir konnten nur weitermachen.

Natürlich haben wir uns bei den Herausgebern beschwert, aber der Schaden war bereits angerichtet. Ich schrieb eine E-Mail an den Chefredakteur Lionel Barber und den Brüsseler Bürochef Peter Spiegel: „Vielen Dank, dass Sie meinen Artikel über die Wirtschaftsreform in der Eurozone in der heutigen Zeitung veröffentlicht haben. Dennoch muss ich, nur für das Protokoll, sagen, dass die Überschrift, die für meinen Artikel gewählt wurde, nicht wirklich den Inhalt widerspiegelt. Ich habe nie das Wort ‚Sparmaßnahmen' verwendet und weigere mich, mich auf die übermäßig vereinfachte Debatte ‚Sparmaßnahmen vs. Wachstum' einzulassen. Außerdem sind es die Reformen, auf die es ankommt, und darum ging es in dem Artikel."

Glücklicherweise hat zumindest Christine Lagarde vom IWF den ganzen Artikel gelesen und nicht nur die Schlagzeile. Unmittelbar nachdem er erschienen war, schickte sie mir eine SMS mit der Aufschrift „Bravo!!!". Der Hintergrund ist, dass wir uns mit ihr „verschworen" hatten, den Schwerpunkt auf Wirtschaftsreformen und produktive Investitionen zu legen und eine Anpassung des finanzpolitischen Kurses der Eurozone vorzubereiten, und sie stand mir trotz des Durcheinanders in der Presse zur Seite. Diese Art von Konsequenz und Fairness war in der ansonsten prekären Situation ermutigend.

Was habe ich also versucht zu sagen und was wollte ich mit dem Artikel erreichen? Zunächst einmal schrieb ich, dass die kurzfristigen wirtschaftlichen Aussichten zwar schwach blieben, dass es aber Anzeichen dafür gibt, dass das Vertrauen durch den Prozess der Neugewichtung zurückkehrt: „Weitreichende Reformen tragen dazu bei, die Wirtschaft der Eurozone wieder ins Gleichgewicht zu bringen. Die Fortschritte sind greifbar: Die Leistungsbilanzungleichgewichte zwischen den Mitgliedern der Eurozone sind deutlich zurückgegangen, da einige Mitglieder im Jahrzehnt vor der Wiedererlangung der Krise an Wettbewerbsfähigkeit verloren haben."

Zweitens habe ich auch eine symmetrischere externe Neugewichtung innerhalb der Eurozone gefordert, die effektiv sowohl die Gläubiger- als auch die Schuldnerländer einbeziehen sollte: „Die Europäische Kommission hat gesagt, dass Überschussländer Reformen durchführen sollten, um die Binnennachfrage zu stärken. Deutschland könnte dies tun, indem es seinen Dienstleistungsmarkt öffnet und Lohnerhöhungen entsprechend der Produktivität fördert, zwei der Empfehlungen, die der EU-Rat im vergangenen Juli in Berlin ausgesprochen hat."

Drittens habe ich versucht, den Schaden zu korrigieren, der durch Romano Prodis berüchtigte Aussage, der Stabilitäts- und Wachstumspakt sei „dumm", entstanden ist:

> Trotz gegenteiliger Fehleinschätzungen trägt der reformierte Stabilitäts- und Wachstumspakt der EU den sich entwickelnden wirtschaftlichen Bedingungen in vollem Umfang Rechnung. Die Konsolidierungsbemühungen jedes Landes werden strukturell spezifiziert, indem die Auswirkungen des Konjunkturzyklus und einmaliger Maßnahmen beseitigt werden, und berücksichtigen den fiskalischen Spielraum und die makroökonomischen Bedingungen des Landes. Wenn sich das Wachstum verschlechtert, kann ein Land zusätzliche Zeit erhalten, um sein übermäßiges Defizit zu korrigieren, sofern die vereinbarten Konsolidierungsbemühungen durchgeführt werden. Solche Entscheidungen wurden in diesem Jahr für Spanien, Portugal und Griechenland getroffen.

Klingt nicht gerade nach geradliniger, brutaler „Sparmaßnahme", oder?

Ich habe die Leser der FT auch darüber informiert, dass die Kommission eine weitere Revision der Auslegung vorbereitet: „Wir beabsichtigen auch, im Rahmen der Regeln des Stabilitäts- und Wachstumspakts weitere Möglichkeiten zu erkunden, um öffentliche Investitionen bei unserer Bewertung der nationalen Finanzpläne zu berücksichtigen."

Ich spitzte meine Botschaft im letzten Absatz wie folgt zu:

> Um die Krise zu überwinden und das Vertrauen wiederherzustellen, müssen wir weiterhin strukturelle Hindernisse für nachhaltiges Wachstum und Beschäftigung beseitigen, eine umsichtige Haushaltskonsolidierung verfolgen und kühne Gedanken in überzeugende Taten umsetzen, wenn wir unsere Wirtschafts- und Währungsunion umgestalten und neu aufbauen. Kurz gesagt, wir müssen den Reformkurs beibehalten und entscheidende Reformen in unseren Mitgliedstaaten und eine tiefere Integration in der Eurozone verfolgen.

Ich hätte der Liste hinzufügen können: „Ich vertraue darauf, dass die EZB die expansive Geldpolitik und unkonventionelle Maßnahmen intensivieren wird." Da es aber nicht üblich ist, dass die Kommission den geldpolitischen Kurs der EZB kommentiert, habe ich dies der Fantasie des einigermaßen intelligenten Lesers überlassen.

Keine Überraschung, die unglückliche und irreführende Schlagzeile regte wütende Kommentare an, und ich reagierte auf einige von ihnen. Ich werde sie hier nicht ausführlich zitieren, sondern nur ein anschauliches Beispiel meiner Antworten in der Rubrik „Leserbriefe" anführen:

In seinem Brief vom 13. Dezember 2012 behauptet Andrew Watt, dass ‚der Umschwung auf Sparmaßnahmen auf dem gesamten Kontinent Anfang 2011' der Grund für den Abschwung der europäischen Wirtschaft nach der Erholung Ende 2009 und 2010 war. Bedauerlicherweise verwechselt Herr Watt Ursache und Folge.
Zunächst einmal spürten nicht alle Teile Europas diese Erholung. Griechenlands Wirtschaft schrumpfte 2009 um 3,1 Prozent und weitere 4,9 Prozent im Jahr 2010, dem Jahr, in dem es sich um Hilfe an die Eurozone und den IWF wandte. Es war der freie Fall der griechischen Wirtschaft bis April 2010, der das Land dazu zwang, und nicht umgekehrt.
In jüngster Zeit wurde das Vertrauen von Investoren und Verbrauchern in der gesamten Eurozone durch das Wieder aufflammen von Stress auf den Finanzmärkten erschüttert: im Herbst 2011 aufgrund der Angst vor politischer und wirtschaftlicher Stagnation in Italien, dann wieder im Frühjahr 2012 aufgrund der Sorge um die Solvenz der spanischen Banken und der politischen Unruhen in Griechenland als Folge zweier aufeinander folgender und sehr turbulenter Wahlkämpfe.
Deshalb ist es so wichtig, dass die Eurozone weiterhin das Vertrauen wiederherstellt. Und aus diesem Grund muss eine umsichtige Haushaltskonsolidierung mit Strukturreformen und gezielten Investitionen einhergehen, um nachhaltiges Wachstum und Beschäftigung zu untermauern.

Um mit G.B. Shaw zu sprechen, „sich selbst zu zitieren, verleiht der Konversation Würze" – und damit auch Rückgrat. Ich habe meinen eigenen Artikel ausführlich zitiert, aus guten Gründen. Nicht nur, um die Dinge richtig zu stellen, sondern weil sowohl der Zeitpunkt, als auch die Botschaft des Artikels für das Verständnis der europäischen Strategie des Krisenmanagements wichtig sind. Es ging darum, geduldig, umsichtig und konsequent zu sein: 2012 ging die Neugewichtung voran, und Anfang 2013 wandte sich die Wirtschaft der Eurozone dem Pfad der Erholung und des Wachstums zu, auf dem sie sich zumindest bis zum Verfassen dieses Buches Mitte 2019 fortgesetzt hat. Natürlich war die expansive Politik der EZB in dieser Hinsicht kritisch.
Ein konkreter Fall, in dem die neue Linie angewendet werden müsste, war Frankreich. Unsere Schlussfolgerung aus der wirtschaftlichen Analyse und den ökonometrischen Studien der Generaldirektion Wirtschaft und Finanzen

war, dass es sinnvoll wäre, Frankreich eine längere Anpassungsfrist einzuräumen, um den Referenzwert von 3 Prozent des Haushaltsdefizits zu erreichen, d. h. eine Verlängerung der Korrekturfrist für das übermäßige Defizit von 2014 auf 2015, unter der Bedingung, dass Frankreich im Gegenzug ernsthafte Wirtschaftsreformen durchführt. Darauf werde ich im nächsten Kapitel 14 zurückkommen.

Dritte Runde: Debatten im Europäischen Parlament

Um die Jahreswende 2012/2013 stand die Fiskalpolitik ganz oben auf der europäischen politischen Agenda, da die Debatte durch die Papiere des IWF und das Schreiben der EU-Medien zu diesem Thema angeregt worden war. Natürlich bestand das Europäische Parlament darauf, sie zu diskutieren. Daher wurde ich im Januar 2013 zu den Sitzungen des EP-Wirtschaftsausschusses und des Plenums eingeladen. Mein Standpunkt zu fiskalischen Multiplikatoren lautete wie folgt:

> Wir stimmen mit dem IWF darin überein, dass die fiskalischen Multiplikatoren wahrscheinlich größer als üblich sein werden, wenn die Haushalte nur über begrenzte Kreditmöglichkeiten verfügen und die Geldpolitik bereits akkommodierend ist. […] Insbesondere für Länder, die Gefahr laufen, ihren Marktzugang zu verlieren, hätte ein Mangel an glaubwürdiger Konsolidierung zu einem solchen Anstieg der Risikoprämie geführt, dass sie die Vorteile einer nachgiebigeren Finanzpolitik leicht zunichte gemacht oder sogar noch übertroffen hätte. In ihrem jüngsten Papier warnen Blanchard und D. Leigh selbst sehr deutlich davor, ihre Ergebnisse als Aufforderung zu interpretieren, den seit der Krise verfolgten Kurs der Fiskalpolitik umzukehren.

Ich bezog mich auf das überarbeitete Papier von Blanchard und Leigh, das sie nach der Kritik an der Methodik in der ersten Fassung verfasst hatten. In der zweiten Fassung wurden einige Ausreißer weggelassen und die Schlussfolgerungen abgeschwächt, was eine umfassende Überarbeitung der politischen Schlussfolgerungen bedeutete.

Die Debatte wurde im ECOFIN-Rat fortgesetzt, wo ich am 12. Februar den EU-Finanzministern den Standpunkt der Kommission unter dem Punkt „Wirtschaftliche Lage und Multiplikatorendebatte" präsentierte:

Die Multiplikatoren sind größer, wenn die Haushalte hoch verschuldet sind und wenn die Zinssätze niedrig sind. Darüber besteht bereits Konsens unter den Ökonomen. Darüber hinaus liefern die jüngsten Studien keine robuste und schlüssige Antwort, vor allem weil ihr Zeithorizont eher kurz ist und sie nicht ausschließen können, dass andere Faktoren zu dem Wachstumsrückgang beigetragen haben, der in den Prognosen der meisten Analysten in den ersten Jahren der Krise nicht erwartet worden war.

Ich habe auch gesagt, dass Prognosefehler entstehen können, weil entweder die Auswirkungen oder der Umfang einer fiskalischen Änderung fehlerhaft geschätzt wurden, oder sogar beide. Darüber hinaus umfasste der untersuchte Zeitraum sowohl den Wachstumseffekt der Haushaltskonsolidierung als auch den der fiskalischen Stimulierung – der IWF und die Kommission stimmten in der Feststellung überein, dass die größten Fehler bei den Wachstumsprognosen im Jahr 2010 auftraten, als die meisten Länder nach dem massiven Rückgang der Aktivität im Jahr 2009 befristete fiskalische Stimulierungsmaßnahmen einführten. Ich fand es schwierig, von den Konjunkturmaßnahmen zu den Konsolidierungsmaßnahmen zu verallgemeinern in Bezug auf ihre Auswirkungen – sie waren ganz unterschiedliche Biester.

Es gab einen weiteren, damit zusammenhängenden und häufig falschen Vorwurf – nicht von Blanchard, sondern von verschiedenen anderen Kommentatoren –, der während der Krise häufig erhoben wurde: dass die Entscheidungsträger der Eurozone an die Doktrin der „expansiven Sparsamkeit" geglaubt hätten. Paul Krugman definiert sie als „das Argument, dass eine Kürzung der öffentlichen Ausgaben durch die Erhöhung des Vertrauens große Mengen an privaten Ausgaben erzeugen würde", und bezieht sich dabei auf eine Studie von Alesina und Ardagna aus dem Jahr 2010.[3]

Ich kenne keinen Politiker der Eurozone, der sich dieser puritanischen Sichtweise angeschlossen hätte, aber ich weiß auf jeden Fall, dass ich nie an einen solchen Effekt geglaubt habe. Die Programme zur Haushaltskonsolidierung in den gefährdeten Ländern wurden aufgrund der Realität oder der ernsthaften Gefahr einer Aussperrung aus der privaten Finanzierung und der sich rasch ausweitenden Renditen von Staatsanleihen und der bedauerlicherweise steigenden Kreditkosten konzipiert, die mit rasch steigenden sozialen und menschlichen Kosten verbunden gewesen wären – nicht weil wir an irgendeine himmlische, wachstumsfördernde Wirkung der Konsolidierung geglaubt hätten. Für einige anglo-amerikanische Ökonomen, die am Überleben

---

[3] Paul Krugman (1.-2., 5. Januar 2018, S. 156–168).

Europas keine eigenen Interessen hatten, war es leicht, diese ungeheuerlichen Behauptungen aufzustellen.

Sogar Alesina selbst hat später präzisiert, dass expansive Sparmaßnahmen nicht die Regel, sondern eher die Ausnahme sind: Das bedeutet nicht, dass jedes Mal, wenn eine Regierung die öffentlichen Ausgaben reduziert, die Wirtschaft expandiert, sondern nur, dass sie in bestimmten Fällen funktioniert. Mit seinen Koautoren Carlo Favero und Francesco Giavazzi hat er in einer systematischen und gründlichen empirischen Studie gezeigt, dass es auf die Art der Konsolidierung ankommt: Ausgehend von den Erfahrungen Europas in den Jahren 2010–2014 war eine ausgabenbasierte Konsolidierung eindeutig wachstumsfreundlicher als eine steuerbasierte Konsolidierung. Sie haben auch keine überzeugenden Beweise dafür gefunden, dass die Multiplikatoren in den Krisenjahren deutlich größer waren.[4]

Es lohnt sich, daran zu erinnern, was Markus Brunnermeier, Harold James und Jean-Pierre Landau als die realistischen Alternativen aufzeigten, die den politischen Entscheidungsträgern damals zur Verfügung standen:

> Der Begriff *Sparmaßnahmen* ist eine falsche Bezeichnung, denn all die verschiedenen EU-Pakete an Länder der Peripherie waren in Wirklichkeit *immer noch entspanntes Sparen*. Ohne all diese Pakete wären die erforderlichen Anpassungen zur Rettung von Ländern, insbesondere in Griechenland, grausamer gewesen als alles, was in der Praxis beobachtet wurde. Natürlich kann man argumentieren, dass die fiskalische Anpassung noch mehr schrittweise hätte erfolgen sollen, aber die innenpolitischen Erwägungen in den Gläubigerländern erwiesen sich als harter Zwang.[5]

Im August 2013 präsentierten drei Forscher des IWF, Ran Bi, Haonan Qu und James Roaf, ein Forschungspapier mit dem Titel *Bewertung der Auswirkungen und der Phasen einer mehrjährigen Haushaltsanpassung: Ein allgemeiner Rahmen*, das sie wie folgt zusammenfassten:[6]

> Die Studie legt nahe, dass für eine hoch verschuldete Wirtschaft, die eine große mehrjährige Haushaltskonsolidierung durchführt, hohe Multiplikatoren nicht immer gegen eine vorzeitige Anpassung sprechen.

In intellektueller Hinsicht ist diese „etwas" ausgewogenere Schlussfolgerung fundiert und solide, und man kann gut damit leben. Nachdem der neu

---
[4] Alberto Alesina, Carlo Favero und Francesco Giavazzi, (2019, S. 5–6, 141–147, 158–159).
[5] Markus Brunnermeier, Harold James und Jean-Pierre Landau (2016, S. 148).
[6] IMF Arbeitspapier Nr. 182, 29. August 2013.

kalibrierte Forschungsbericht vom IWF veröffentlicht worden war, kommentierte mein leitender Berater Taneli Lahti ihn per E-Mail ironisch: „Ich frage mich, warum dieses Papier nicht so viel Beachtung gefunden hat wie sein Vorgänger."

Festhalten am Reformkurs und nachhaltiges Wachstum

Zusammenfassend lässt sich sagen, dass die Wirtschaftspolitik der EU während der Krise auf die Förderung eines nachhaltigen Wirtschaftswachstums und die Schaffung von Arbeitsplätzen sowie auf die Eindämmung des Schuldenanstiegs ausgerichtet war. Um diese beiden Ziele zu erreichen, die Hand in Hand gehen und sich gegenseitig ergänzen, förderten wir den Ausgleich der öffentlichen Finanzen durch eine konsequente Finanzpolitik, mit der wir die strukturellen Defizite mittelfristig reduzierten.

Im Einklang mit dieser Politik entwickelte sich das Tempo der Haushaltskonsolidierung und verlangsamte sich in Europa bis 2013. In diesem Jahr sollten die strukturellen fiskalischen Anstrengungen rund 0,75 Prozent des BIP in der Eurozone betragen – die Hälfte des Vorjahreswertes von rund 1,5 Prozent. Die Entscheidungen, die zu dieser Reduzierung führten, wurden im Jahr 2012 getroffen, in Übereinstimmung mit den Empfehlungen der Kommission vom Frühjahr 2012. Im Vergleich dazu reduzierten die Vereinigten Staaten ihr Defizit im Jahr 2013 um rund 1,75 Prozentpunkte, proportional doppelt so viel wie in Europa.

Diese Verlangsamung des Tempos der fiskalischen Konsolidierung wurde durch drei Faktoren ermöglicht: erstens durch die gestiegene Glaubwürdigkeit der Fiskalpolitik, die die Mitgliedstaaten des Euroraums seit 2011 erreicht hatten; zweitens durch die überragenden Entscheidungen, die die EZB getroffen hatte, um die Märkte mit den langfristigen Refinanzierungsgeschäften und den endgültigen monetären Transaktionen zu stabilisieren; und drittens durch die Reform der wirtschaftspolitischen Steuerung in der EU, die einen soliden Rahmen für eine differenzierte fiskalische Anpassung und das Vorantreiben der Strukturreformen bot.

Dank dieser Faktoren hatte die Eurozone seit 2012 den notwendigen Spielraum, um eine Finanzpolitik mit mittelfristiger Perspektive zu betreiben. Dies war in den Jahren 2010–2011 noch nicht möglich gewesen, als viele Euroländer von Zahlungsunfähigkeit bedroht waren, von den privaten Finanzmärkten ausgeschlossen waren oder sich im freien Fall in den Strudel prohibitiv hoher Zinsen befanden. Viele Mitgliedstaaten mussten ihre politische Glaubwürdigkeit durch schwierige Entscheidungen wiederherstellen, um ihre öffentlichen Finanzen auf einen tragfähigen Pfad zu bringen. Ich kann mich den Schlussfolgerungen aus 2014 von Olivier Blanchard, Giovanni Dell'Ariccia und Paolo Mauro durchaus anschließen: „Das Argument, dass sich fiskalische Stimuli mehr als bezahlt machen und somit den Schuldenstand senken können, scheint ebenso schwach zu sein wie das frühere Argument, dass die Haushaltskonsolidierung kurzfristig die Produktion steigern könnte."[7]

Im Wesentlichen gab die Europäische Kommission in diesen Jahren länderspezifische Empfehlungen und führte ihre fiskalpolitische Überwachung im Einklang mit den Empfehlungen des IWF durch. So beurteilte das Unabhängige Evaluierungsbüro des IWF in seinem Bericht 2019 rückblickend die Empfehlungen des Fonds: „Der Fonds unterstützte die Hinwendung zur Haushaltskonsolidierung ab 2010, während er ab 2013 auch dazu aufrief, den Spielraum innerhalb des Stabilitäts- und Wachstumspakts zu nutzen, um als Reaktion auf die zunehmende Besorgnis über mangelnde Wachstumsdynamik eine übermäßige Wachstumsbremse zu vermeiden."[8] Und der Bericht fuhr fort, indem er die Verlagerung von der anfänglichen zur mittelfristigen Strategie analysierte: „Da die wirtschaftliche Erholung nach wie vor schleppend verlief, nuancierte der Fonds seine Botschaft und stellte fest, dass die Einführung einer glaubwürdigen mittelfristigen Strategie zur Haushaltskonsolidierung die Notwendigkeit von Vorabanpassungen mildern könnte, und drängte die Länder, ihren fiskalischen Spielraum zu nutzen und die erforderlichen Anpassungen ‚so wachstumsfreundlich wie möglich' vorzunehmen … Dennoch blieb die fiskalische Botschaft insgesamt überwiegend kämpferisch."[9]

So entwickelten sich die Überlegungen zur Fiskalpolitik in der Kommission und im IWF parallel. Vor dem Hintergrund dieser Entwicklung war es sinnvoll, dass die Juncker-Kommission 2015 ihre Flexibilitätsmitteilung zum Umgang mit Schulden- und Defizitkriterien vorlegte, um über die Entwürfe hinauszugehen und die Wahrnehmungslücke in der Fiskalpolitik zu schließen. Diese sah etwas intelligentere fiskalische Regeln vor, die Strukturreformen und produktiven Investitionen mehr Gewicht verleihen sollten. Eine vollständige Verwässerung des reformierten Stabilitäts- und Wachstumspakts wäre jedoch mit einem hohen Preis verbunden gewesen. Die Ignorierung seiner Regeln würde die Glaubwürdigkeit der Wirtschaftspolitik der Eurozone

---

[7] Olivier Blanchard, Giovanni Dell'Ariccia und Paolo Mauro (2014, S. 16).
[8] Independent Evaluation Office of the International Monetary Fund (2019, S. 14–15).
[9] IEO/IMF 2019, S. 16.

und ihre fiskalische Nachhaltigkeit untergraben, die nach wie vor für die wirtschaftliche Stabilität und damit für ein nachhaltiges Wachstum unerlässlich ist.

Sicherlich gibt es Spielraum für eine Vereinfachung der fiskalischen Regeln. Der sinnvollste Weg, dies zu erreichen, wäre meines Erachtens, den Schwerpunkt auf den potenziellen Wachstumstrend zu legen und dann den Verschuldungspfad und die Ausgaben darauf zu beziehen. Auf dieser Grundlage könnte eine grundlegende Ausgabenregel besagen, dass die nominalen Ausgaben nicht schneller expandieren sollten als das langfristige nominale Einkommen. Die Alterung der Bevölkerung und die Rentenausgaben sind Schlüsselparameter einer solchen einfachen Ausgabenregel. Dies wird in Kap. 19 weiter erörtert.

Auf jeden Fall sind die fiskalischen Regeln nicht umsonst da. Wären das anhaltend hohe Haushaltsdefizit und die steigende Staatsverschuldung ein Rezept für ein schnelles Wirtschaftswachstum gewesen, dann wären Frankreich und Italien in den Krisenjahren Europameister auf diesem Gebiet gewesen, Japan die erste Wirtschaftsmacht der Welt und Finnland der nordische Wachstumsmeister. Doch dies war in den Jahren 2010–2014 offensichtlich nicht der Fall. Was diesen Ländern gemeinsam ist, war ein in der Vergangenheit anhaltender Mangel an Bereitschaft zu Strukturreformen – glücklicherweise haben wir in den letzten Jahren meist eine Kurskorrektur zum Besseren erlebt.

Jenseits der Schwarz-Weiß-Karikaturen von „Austerianern" und „Spendanigans" ist die Wahrheit, dass die reale Finanzpolitik in Europa in unterschiedlichen Grautönen gemalt wurde und wird. Die makroökonomische Forschung liefert wertvolle Hinweise für politische Entscheidungen. Gleichzeitig bedeuten die schwierigen Wahlmöglichkeiten, mit denen jede Entscheidung in Krisenzeiten konfrontiert ist, dass vorgefasste Erzählungen, die sich nur auf eine Denkschule stützen, einen schlechten Wegweiser für unsere komplexe Realität darstellen. Da wir immer noch vor großen Herausforderungen stehen, liegt es im Interesse der Europäer, den Kurs der *Nicht -Sparsamkeit,* aber – ja – *der Reform* im Interesse eines nachhaltigen Wachstums und der Schaffung von Arbeitsplätzen beibehalten.

Schäuble schlägt den ‚Kandidaten': „Unsinn!"

Wenn die „Spendanigans" nicht vor einem „Beschuss durch eigene Truppen" gegen die Kommission zurückschreckten, so hielten auch die „Austerianer" ihr Pulver nicht trocken. Die Gefahr einer Deflation in den Jahren 2013–2015 offenbarte tief greifende Unterschiede zwischen den wirtschaftlichen Denkschulen in Europa. Sowohl auf den Treffen der Eurogruppe und des ECO-FIN-Rates als auch gelegentlich bei öffentlichen Auftritten habe ich immer wieder vor einer Deflation gewarnt. Auf dem Weltwirtschaftsforum in Davos im Januar 2014 setzte ich diese Warnung fort. Was ich sagte, war nicht besonders revolutionär. In meinem Reuters-Interview in Davos hielt ich daran fest, dass die Inflation, die damals bei 0,8 Prozent lag, näher an das Ziel der EZB von unter, aber nahe 2 Prozent herankommen müsse, um die notwendige wirtschaftliche Anpassung innerhalb der Eurozone zu ermöglichen:

> Eine lange Periode niedriger Inflation kann es schwieriger machen, wenn diese niedrige Inflation durch eine sehr niedrige Inflation in Kerneuropa verursacht wird. Um im Prozess der Neuausrichtung der gesamten Eurozone erfolgreich zu sein, sollte die durchschnittliche Inflation nahe am 2-Prozent-Ziel liegen, das sich die EZB gesetzt hat.

Das kam weder in der Bundesregierung noch im Finanzministerium der Bundesrepublik Deutschland gut an. *„Unsinn!"*, erklärte Finanzminister Wolfgang Schäuble nachdrücklich. Er sagte, er teile meine Ansicht nicht, weil dies bedeutet hätte, dass Europa nur auf der Grundlage von Instabilität und Inflation funktioniere, und „das ist Unsinn".[10]

Als erfahrener Taktiker verlagerte Schäuble die Debatte sofort auf die politische Ebene: „Bei Olli Rehn bin ich mir nicht mehr sicher, ob er noch als Kommissar oder schon als Wahlkämpfer spricht. Wenn er als Kommissar spricht, müsste ich mich eindeutig distanzieren. Wenn er als Wahlkämpfer Unsinn redet, muss ich sagen: ‚Es ist besser, meine Partei zu wählen'."[11]

Ich hatte meine Pläne mitgeteilt, im Mai 2014 für einen Sitz im Europäischen Parlament zu kandidieren, und wurde als möglicher Spitzenkandidat meiner liberalen politischen Familie, der Allianz für die Liberalen und Demokraten in Europa, in Betracht gezogen. Ich hielt die aufkommende Welle des Populismus für gefährlich und sah es als meine Verantwortung an, meinen Teil dazu beizutragen, diese populistische Welle einzudämmen und stattdessen Europa und seine Integration sowie die liberale internationale Ordnung proaktiv zu verteidigen. Aber meine Intervention hatte nichts mit meinen politischen Zielen zu tun, da ich seit Jahren ernsthaft besorgt war über die Langsamkeit der Neugewichtung, die durch den lang anhaltenden Zustand niedriger Inflation zusätzlich erschwert wurde. Die Tatsache, dass mein

---

[10] *Germany's Schäuble Raps EU's Rehn for 'nonsense' Comments on Rebalancing.* Reuters, 25. Januar 2014. Siehe: https://www.reuters.com/article/us-davos-schaeuble/germanys-schaeuble-raps-eus-rehn-for-nonsense-comments-on-rebalancing-idUSBREA0O0DZ20140125.

[11] Reuters, 25. Januar 2014.

Freund Wolfgang ein „friendly fire" lieferte, trug also nicht gerade dazu bei, ein substanzielles Gespräch über dieses Thema voranzubringen.

Es war nicht immer ein Zuckerschlecken, meiner wirtschaftspolitischen Denkweise zu folgen, die aus einem dreigleisigen Policy-Mix aus aktiver Geldpolitik und nachhaltiger Fiskalpolitik sowie einer entschlossenen Strukturpolitik zur Förderung von Investitionen und Innovation und zur Durchführung von Wirtschaftsreformen zur Steigerung von Produktivität und Beschäftigung bestand. Trotz politischen Gegenwinds von links und rechts beharrte ich weiterhin auf diesem dreigleisigen Policy-Mix. Wir haben Fortschritte gemacht, aber oft sind wir nur mit dem Kopf vor die Wand gelaufen. Mir persönlich hat das nichts ausgemacht, aber für Europa haben diese Gegenwinde viel wirtschaftlichen und sozialen Schaden verursacht, da es einen besseren und reibungsloseren Weg zur Wiederherstellung des Gleichgewichts durch verstärkte politische Maßnahmen gegeben hätte.

Nachdem ich im Juni 2014 zum Mitglied des Europäischen Parlaments gewählt worden war, habe ich die politische Debatte auf der Grundlage des dreigleisigen Ansatzes weitergeführt, sowohl im Parlament als auch in der breiteren öffentlichen Debatte. In meinem Artikel mit dem Titel „Das Schreckgespenst der Deflation" in der ‚Europe's World' im Herbst 2014 warnte ich erneut vor den Gefahren einer Deflation und drängte auf Maßnahmen zur Lösung der Liquiditätsfalle, die sich vor allem in Südeuropa negativ auf Haushalte und Unternehmen auswirkte (vgl. Abb. 13.2).[12]

Als frisch gewählter Parlamentarier und damit ‚freier' Mann, der seine eigenen Ansichten und nicht ‚nur' die der Kommission äußern konnte, forderte ich in meinem Artikel einen neuen Pakt über das Streben nach Reformen und die Bereitstellung von Krediten zwischen den Ländern der Eurozone und den europäischen Institutionen, einschließlich der Europäischen Zentralbank. Der neue Reform- und Kreditpakt hätte drei Elemente umfassen müssen, schrieb ich. Erstens sollten die Länder, die die notwendigen Wirtschaftsreformen jahrelang hinausgezögert hatten, wie Frankreich, Italien und auch mein Heimatland Finnland, einen höheren Gang einlegen. Zweitens: Sobald Frankreich und Italien es mit den Wirtschaftsreformen ernst meinten, sollte die EZB ohne unnötige Verzögerung den ganzen Weg gehen, um die Deflationsspirale zu bekämpfen. Und drittens sollten die Überschusswirtschaften der Eurozone, insbesondere von Deutschland, die Binnennachfrage und die öffentlichen und privaten Investitionen weiter ankurbeln, um die Wirtschaftstätigkeit in der gesamten Eurozone zu unterstützen, wie es die Europäische Kommission seit vielen Jahren befürwortet hatte. Alles in allem empfahl ich die beste Lösung für die Eurozone, die auf einer innovativen und pragmati-

---

[12] Olli Rehn (Herbst 2014, S. 10–19).

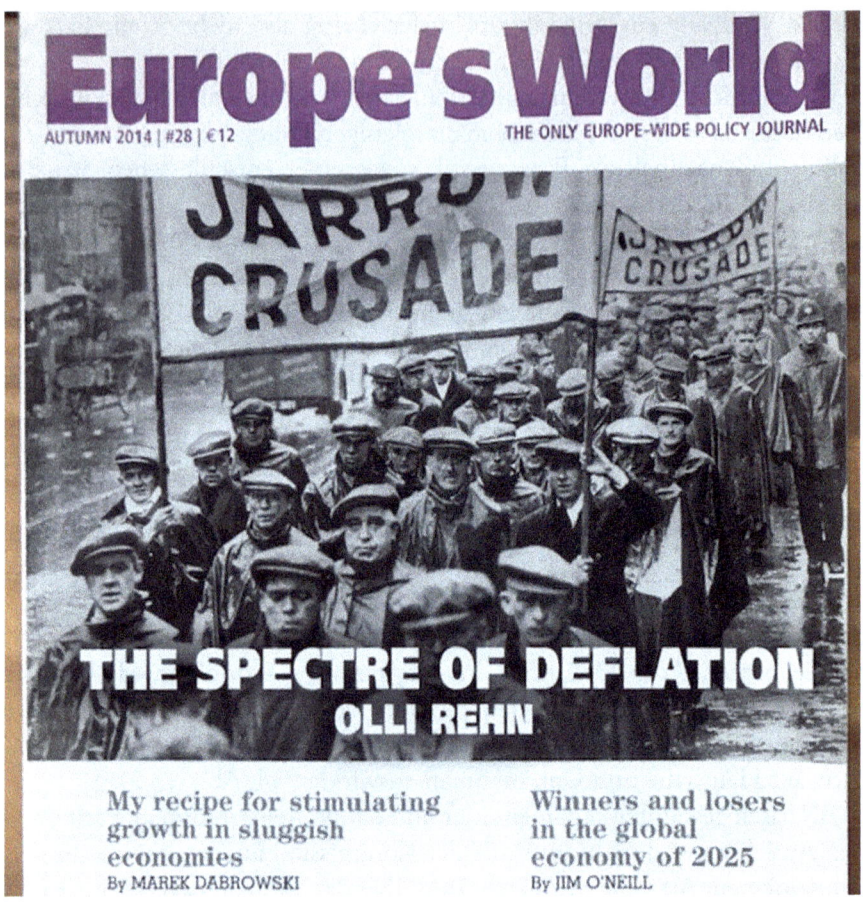

Abb. 13.2 Warnung vor dem Schreckgespenst der Deflation, das 2013–2015 über Europa schwebte. (Quelle: Europe's World # 28, 2014)

schen Koordinierung zwischen allen wichtigen Akteuren in Europa beruht. Es ist vielleicht keine Überraschung, dass diese Art der wirtschaftsinspirierten Politikoptimierung in Europa nicht als solche funktioniert hat. Doch glücklicherweise kamen viele ihrer Elemente allmählich voran, darunter die Fortführung einiger Wirtschaftsreformen in den Mitgliedstaaten, ein massives Investitionsprogramm der Europäischen Investitionsbank unter dem Deckmantel des Juncker-Plans und der progressive Aktivismus der Europäischen Zentralbank.

Rückblickend auf die Jahre 2013–2015 und im Hinblick auf die Deflations-Inflationsdynamik war das entschlossenere Vorgehen der EZB, im Juni 2014 negative Leitzinsen und 2015 eine quantitative Lockerung mit den Programmen zum Ankauf von Vermögenswerten anzustreben, eine *conditio sine qua non*, um die Gefahr einer Deflation einzudämmen. Angesichts der wirtschaftlichen Erholung und der Schaffung von Arbeitsplätzen in den letzten Jahren hat sich der Pragmatismus der EZB somit bestätigt.

Als ich dies Mitte 2019 schrieb, war die Gefahr einer Deflation seit langem gebannt, vor allem dank der quantitativen Lockerung und der niedrigen Leitzinsen durch die EZB. Die Kerninflation ist jedoch immer noch niedrig und liegt unter dem Inflationsziel der EZB. Die Normalisierung der Geldpolitik wartet auf ihre Wende hinter den Kulissen. Es ist von größter Bedeutung, vor der nächsten Rezession mehr geldpolitischen Spielraum zu schaffen. Und wenn wir zum Prozess der Normalisierung der Geldpolitik zurückkehren, ist es unerlässlich, die Lehren aus der Eurokrise zu ziehen, insbesondere die vorzeitigen Zinserhöhungen 2011, die Turbulenzen 2013 nach dem Konjunktureinbruch und die langsame Reaktion der EZB auf deflationäre Gefahren in den Jahren 2013–2014. Ich werde auf dieses Thema in Kap. 19 zurückkommen.

Literatur

Waltraud Schelkle, *The Political Economy of Monetary Solidarity: Understanding the Euro Experiment.* Oxford University Press, 2017, S. 208.

Paul Krugman, Good Enough for Government Work? Macroeconomics Since the Crisis. *Oxford Review of Economic Policy*, 34(1.-2., 5. Januar 2018): S. 156–168.

Alberto Alesina, Carlo Favero und Francesco Giavazzi, Au*sterity: When It Works and When It Doesn't*. Princeton University Press, 2019, S. 5–6, 141–147, 158–159.

Markus Brunnermeier, Harold James und Jean-Pierre Landau, *The Euro and the Battle of Ideas*. Princeton University Press, 2016, S. 148.

Olivier Blanchard, Giovanni Dell'Ariccia und Paulo Mauro, Introduction: Rethinking Macro II Getting Granular. In George Akerlof, Olivier Blanchard, David Romer und Joseph Stiglitz (Hrsg.), *What Have We Learned?: Macroeconomic Policy after the Crisis*. MIT Press, 2014, S. 16.

International Monetary Fund, *IMF Advice on Unconventional Monetary Policies*. Evaluation Report 2019, S. 14–15.

Olli Rehn, The Spectre of Defation. *Europe's World*, #28 (Herbst 2014): S. 10–19.

14

Die große Wiederherstellung des Gleichgewichts: Frankreich vs. Deutschland

Man kann nicht über das moderne Europa sprechen, ohne über die Versöhnung zwischen Frankreich und Deutschland nach dem Krieg zu sprechen, das heißt, *la réconciliation franco-allemande* auf Französisch, *die Aussöhnung* auf Deutsch. Die direkte Übersetzung des Wortes ist offensichtlich „die Wiederherstellung freundschaftlicher Beziehungen" zwischen Frankreich und Deutschland, aber in beiden Sprachen – und in beiden politischen Kulturen – hat das Wort eine viel tiefere, fundiertere Bedeutung. Das deutsche Wort *Aussöhnung* könnte genauso gut mit „Überwindung" übersetzt werden, was sich spezifischer auf die Überwindung der Bitterkeit jahrhundertelanger Feindseligkeit und Kriegsführung bezieht. Diese Versöhnung war der Kern der grundlegenden Verhandlungen zwischen Außenminister Robert Schuman und Bundeskanzler Konrad Adenauer im Jahr 1950 und zwischen Präsident Charles de Gaulle und Konrad Adenauer im Jahr 1963. Sie war auch die philosophische Untermauerung des berühmten gemeinsamen Hand-in-Hand-Gangs von Präsident François Mitterrand und Bundeskanzler Helmut Kohl auf dem Schlachtfeld – oder Friedhof – von Verdun im Jahr 1984.

Daher war der Euro immer ein politisches Projekt, wahrscheinlich mindestens ebenso sehr wie ein wirtschaftliches Projekt. Das ist auch der Grund, warum die Reform der Eurozone nicht nur auf eine technische Frage der Risikominderung und -teilung reduziert werden kann, sondern im größeren historischen Kontext der deutsch-französischen Aussöhnung und der europäischen Einigung gesehen werden muss. Das ist auch der historische Kontext, in dem die Gemeinschaftsmethode geboren und aufgeworfen wurde: Die Rolle der Europäischen Kommission entwickelte sich zu einem proaktiven Vermittler zwischen der französischen und der deutschen Regierung, um die deutsch-französische Grundsatzvereinbarung zu institutionalisieren und die europäische wirtschaftliche und politische Integration auf der Grundlage ihrer Unterstützung voranzutreiben. Später, in den 1960er und erneut in den 1980er-Jahren, bekam das Initiativrecht der Kommission stärkeren und unabhängigen Wind unter die Flügel, bevor es in den letzten Jahrzehnten politisch wieder stärker beschnitten wurde.

Dieses historische Narrativ und mehr noch, diese historischen Wurzeln wurden nicht von allen in Westeuropa geteilt oder gleich interpretiert, insbesondere nicht von der politischen Elite Großbritanniens. Das ist einer der Hauptgründe für die Entstehung des Brexit.

Aber die Erzählung entwickelte sich auch auf andere Weise. Während es bei der Europäischen Gemeinschaft für Kohle und Stahl 1950–51 und der Europäischen Wirtschaftsgemeinschaft 1957–58 im Wesentlichen um die Verankerung des Friedens auf unserem Kontinent ging, ging es bei der Osterweiterung 2002–2004 vor allem um die Freiheit für die ehemaligen sozialistischen Völker. Obwohl es in Europa für viele von uns immer um *Beides* ging: Frieden *und* Freiheit. Nicht zuletzt für die Finnen, die an der Bindestelle von Skandinavien und der osteuropäischen Zeitzone leben.

Wie ich in Kap. 1 geschrieben habe, hatte die deutsch-französische Aussöhnung und damit das europäische Integrationsprojekt, obwohl sie in erster Linie historisch waren, sicherlich auch eine sehr starke wirtschaftliche Dimension. Dies begann zunehmend die ewig wichtige makroökonomische Frage der Leistungsbilanzüberschüsse und -defizite zu berühren.

Das Verfahren bei makroökonomischen Ungleichgewichte tritt auf den Plan

Die Europäische Kommission hat die Frage der makroökonomischen Ungleichgewichte, d. h. übermäßige Leistungsbilanzdefizite und -überschüsse, regelmäßig als Priorität sowohl bei der Reform der Regierungsführung als auch bei politischen Empfehlungen angesprochen. Die Reform der Regierungsführung im *Sixpack* beinhaltete die Initiative der Kommission zu einem Verfahren bei makroökonomischen Ungleichgewichten, das nach einer intensiven und hitzigen Debatte Ende 2011 vom Rat und vom Parlament verabschiedet wurde. Die Auswirkungen dieser institutionellen Veränderungen und politischen Bemühungen waren begrenzt, aber mehr als nur Null. Dieses Kapitel befasst sich auch mit diesen Bemühungen, insbesondere in Bezug auf die beiden größten Volkswirtschaften der Eurozone, Deutschland und Frankreich. Ersteres ist das Paradebeispiel einer Überschusswirtschaft, die zweite der eher typische Fall einer Defizitwirtschaft (zumindest nach der Amtszeit von Präsident de Gaulle).

Als analytisches Thema – das immer ein guter Ausgangspunkt für wirtschaftspolitische Entscheidungen ist – sind die internen Ungleichgewichte der Eurozone alles andere als einfach, auch wenn sie oft als solche dargestellt werden. Es ist oft argumentiert worden, dass die notwendige wirtschaftliche Neugewichtung in symmetrischer Weise zwischen den Überschuss- und Defizitländern erfolgen könnte. Das wäre angeblich die erstbeste, wirtschaftlich optimale Lösung für das Problem der Ungleichgewichte und nicht nur eine zweitbeste politisch mögliche. Die Realität ist jedoch komplexer und hängt mit der wirtschaftlichen Offenheit und den Handelskanälen der Eurozone zusammen.

Ein Großteil der Aufmerksamkeit von Ökonomen und Experten hat sich auf den deutschen Leistungsbilanzüberschuss konzentriert, der in den Jahren unmittelbar nach der Krise im Durchschnitt etwa 6 Prozent und in den jüngeren Jahren etwa oder über 7 Prozent betrug, wie aus Abb. 14.1 ersichtlich ist.

Dies hat viele Ökonomen und Kommentatoren dazu veranlasst, von Deutschland mehr fiskalische und Lohnstimulierungsmaßnahmen zu for-

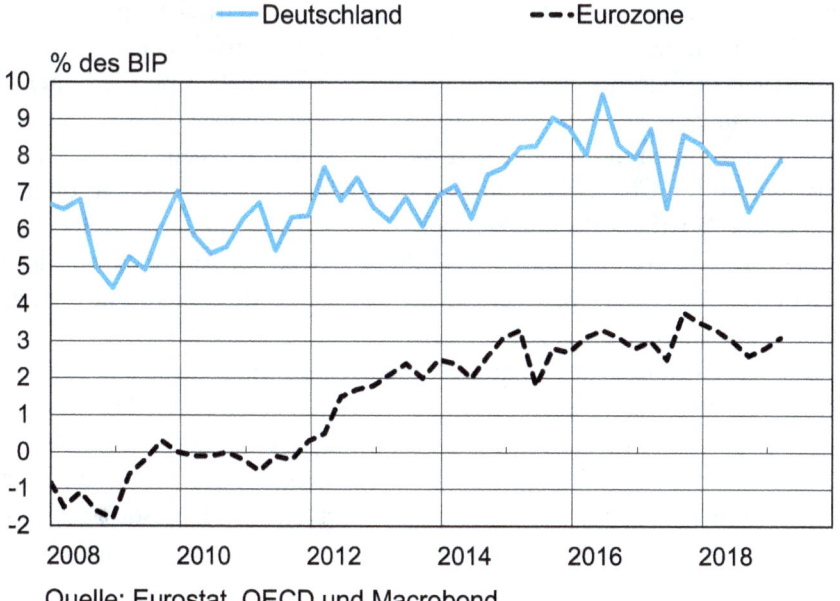

Abb. 14.1 Leistungsbilanzsaldo in Deutschland und in der Eurozone, 2008–18

dern, um die Wirtschaft in der gesamten Eurozone wieder ins Gleichgewicht zu bringen. „Wenn Deutschland nur seinen fiskalischen Spielraum nutzen und mehr Geld in die Binnennachfrage pumpen würde, dann würde die gesamte Eurozone reibungslos aus der Flaute herauskommen", so das Argument. Aber warum ist das Thema komplexer und nuancierter?

Im Wesentlichen, weil die Eurozone weder eine kleine offene, noch eine große geschlossene Volkswirtschaft ist, *sondern eine große offene Wirtschaft, die viel Handel mit dem Rest der Welt treibt.* Dies wurde durch die Europäische Kommission im Jahr 2012 in einer ausführlichen und detaillierten Studie „Leistungsbilanzüberschüsse in der EU" klar umrissen, die darauf abzielte, rationale Analysen in die sehr hitzige Debatte einzubringen.[1] Bedauerlicherweise neigten Ökonomen und Experten dazu, die Studie zu übersehen – oder sie gar nicht zu lesen. Wenn man bedenkt, dass viele Kommissionsbeamte dazu neigten, von Natur aus *dirigistisch* zu sein (d. h. instinktiv geneigt waren, politische Probleme durch rationale Regeln und Vorschriften zu lösen, anstatt sich auf marktbasierte Lösungen zu stützen), war diese Studie in der Tat sehr objektiv und im Gegensatz dazu recht kritisch gegenüber der *dirigistischen* Blicke auf die Eurozone, die paradoxerweise besonders viele anglo-amerikanische Ökonomen in der Frage der Leistungsbilanzsalden zu haben schienen. Aber es gibt keine erkennbare Handschrift, wie man quasi mit einem Zauberstab mit den makroökonomischen Ungleichgewichten umgehen und sie ausgleichen kann. Leistungsbilanzungleichgewichte sind das Ergebnis von Wirtschaftsprozessen, die von der Politik beeinflusst, aber nicht bestimmt werden können.

In der Eurozone, als einer großen offenen Wirtschaft, sind die Unternehmen gezwungen, sich den Herausforderungen des globalen Wettbewerbs zu stellen, und sollten in der Lage sein, sich darauf einzustellen und die sich daraus ergebenden Chancen zu nutzen. In der Weltwirtschaft beruht die reale, strukturelle Wettbewerbsfähigkeit der EU-Mitgliedstaaten grundsätzlich auf den realen Faktoren Produktion und Produktivität, insbesondere auf der Innovationsfähigkeit Europas, der Effektivität der Produktions- und Lieferketten und gut ausgebildeten Arbeitskräften.

Die Überwindung des langen Schattens der Finanz- und Schuldenkrise hängt daher in hohem Maße von der Fähigkeit ab, die strukturellen wirtschaftlichen Ungleichgewichte in allen Ländern Europas umzukehren. Deshalb sind Strukturreformen so wichtig für die Wiederherstellung des Gleichgewichts und das Wachstum: um das Funktionieren der Waren-, Dienstleistungs-, Arbeits- und Kapitalmärkte zu verbessern. Und dies erfordert Maßnahmen in und von den Mitgliedstaaten.

---

[1] Europäische Kommission (2012).

Ins Gleichgewicht bringen: ein langsamer Prozess der Wiederherstellung der Wettbewerbsfähigkeit

Auch wenn sich ein Großteil der Debatte über makroökonomische Ungleichgewichte in letzter Zeit auf Deutschland konzentriert hat, ist es dennoch angebracht, darauf hinzuweisen, dass das dringendste und schmerzlich reale Problem ab 2010 die verlorene Wettbewerbsfähigkeit der *Defizit*-Länder war. Es mag nicht ganz richtig gewesen sein, nur ihnen die Schuld zuzuschieben, aber es ist ebenso viel zu einfach, die Schuld allein Deutschland und seinen Leistungsbilanzüberschüssen zuzuschieben, was der Grundinstinkt vieler angloamerikanischer Ökonomen gewesen ist.

Der Verlust der Kostenwettbewerbsfähigkeit ist in Abb. 14.2 dargestellt, das die Divergenz der Lohnstückkosten in der Eurozone seit 2000 zeigt. Dies war Jean-Claude Trichets „Lieblings"-Diagramm aus der Krisenzeit, das den Ministern bei fast jedem Treffen der Eurogruppe gezeigt wurde. In den Ländern der so genannten Peripherie, insbesondere in Irland, Spanien, Portugal

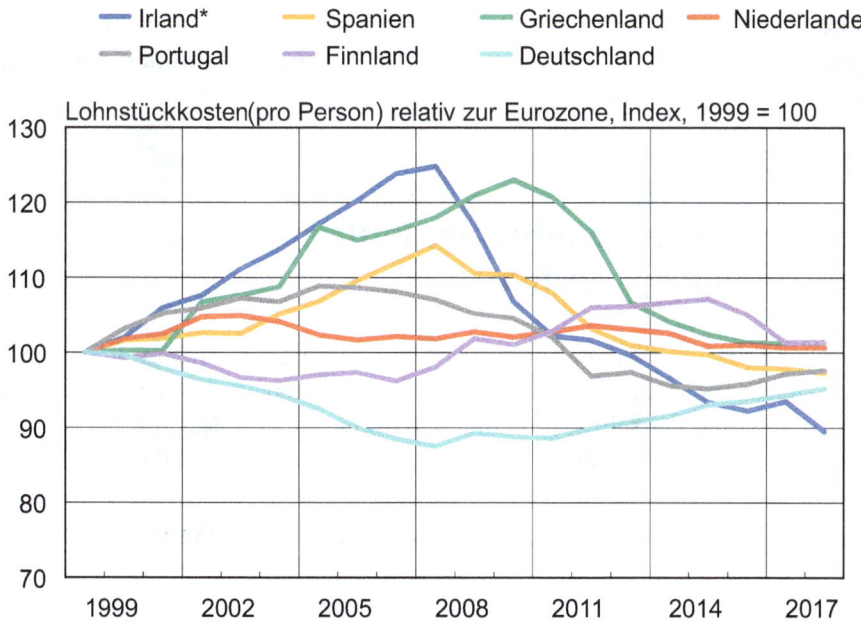

Abb. 14.2 Lohnstückkosten (pro Person) im Verhältnis zur Eurozone, 1999–2018 (1999 = 100)

und Griechenland, stiegen die Lohnstückkosten im Vergleich zum Durchschnitt der Eurozone stark an, was ihre Kostenwettbewerbsfähigkeit untergrub und zur Ausweitung der Leistungsbilanzdefizite beitrug. Die vereinfachten Grundursachen waren die erhöhten Kapitalströme in die Peripherieländer nach der Einführung des Euro und die unangebrachte Bepreisung des Risikos bei der Kreditvergabe an die Peripherieländer, für die die gleichen Zinssätze gelten wie für Deutschland und die anderen so genannten Kernländer.

Während es leicht ist, Ungleichgewichte zu akkumulieren, indem man das Leistungsbilanzdefizit sich ausweiten und verfestigen lässt, ist es viel schwieriger, das Gleichgewicht wiederherzustellen, indem man damit beginnt, Leistungsbilanz*überschüsse* zu akkumulieren. Mit einem flexiblen (oder festen, aber anpassbaren) Wechselkurs kann die Korrektur durch eine Währungsabwertung unterstützt und beschleunigt werden. Innerhalb der Währungsunion führt dieser Weg offensichtlich in eine Sackgasse, was bedeutet, dass die Anpassung durch eine interne Abwertung erfolgen muss, zumindest wenn es keine föderale Steuerstruktur gibt, die automatische Stabilisatoren in Form von grenzüberschreitenden Sozialtransfers (über die die Eurozone nicht verfügt) bieten könnte. Dies führte dazu, dass der Prozess der Neugewichtung innerhalb der Eurozone relativ langsam verlaufen ist. Diese allmähliche Neugewichtung in der Eurozone seit 2010 (im irischen Fall früher, seit 2008) wurde in Kap. 1 in Abb. 1.2 dargestellt.

Frankreich als Urheber der Initiative – und des Ungleichgewichts

Die Wahl des zentristischen Reformers Emmanuel Macron zum Präsidenten Frankreichs im Mai 2017 weckte große Erwartungen an den wirtschaftlichen und politischen Fortschritt in Frankreich und in Europa. Macrons Frankreich strebt eine führende Rolle in Europa an, was mich an die Bemerkung des Historikers Paul Kennedy vor drei Jahrzehnten erinnert: „Es sind vor allem die Franzosen, die sich für eine ausgeprägt ‚europäische' Position in internationalen Wirtschafts- und Verteidigungsfragen eingesetzt haben – und die daher die europäischen Anliegen am deutlichsten artikulieren. Aus diesem Grund ist es in der Regel Paris, das bei der Initiierung neuer Politiken die Führung übernommen hat."[2] Gleichzeitig ist es nützlich, einen Blick auf die

---

[2] Paul Kennedy (1988, S. 630).

jüngsten Entwicklungen und Herausforderungen der französischen Wirtschaft und Wirtschaftspolitik zu werfen.

Vor der Wahl von François Hollande zum Präsidenten im Jahr 2012 litt Frankreich unter wirtschaftlicher Stagnation, dem Mangel an Reformen und einem hohen Leistungsbilanzdefizit (2,0–2,5 Prozent in den Jahren 2010–12). Trotz einiger gegenteiliger Bemühungen blieben während der Präsidentschaft Hollande kühne, wachstumsfördernde Strukturreformen weitgehend aus, zumindest bis das *Macron-Gesetz* eingesetzt wurde und einen Unterschied auf dem Arbeitsmarkt ausmachte. Zudem stützte sich die Haushaltskonsolidierung ursprünglich zu sehr auf Steuererhöhungen. Die französische politische Tradition von Streiks und Straßendemonstrationen galt als Einschränkung des Handlungsspielraums jeder Regierung, unabhängig von ihrer politischen Ausrichtung. Das Schicksal des Ex-Premierministers Alain Juppé, der ernsthafte Wirtschaftsreformen verfolgte, aber den Massendemonstrationen von 1997 zum Opfer fiel, war bis zur Zeit von Macron die wichtigste lebende Erinnerung der französischen Politiker. Ende 2018 drängten die gelben Westen (*les gilets jaunes*) Macron zu einem taktischen Rückzug, hoffentlich nur vorübergehend.

Wenn ich an Frankreich denke, erinnere ich mich an einen sehr hochrangigen deutschen Politiker, der 2013 sagte: „Deutschland kann am besten zu den französischen Reformen beitragen, wenn wir den Mund halten. Die Globalisierung ist schwierig für Frankreich und das französische Volk. Das ist auch der Grund, warum wir das Vereinigte Königreich in der EU halten wollen." Es ist schwer, dieser nüchternen, realistischen Einschätzung nicht zuzustimmen, auch wenn der letzte Satz jetzt wie Wunschdenken klingen mag.

Meine Beziehung zu Frankreich ergibt sich aus meiner Wertschätzung der französischen Geschichte und Kultur sowie seines Beitrags zur europäischen Integration von Jean Monnet über Robert Schuman bis hin zu Jacques Delors. Ich hatte auch die Ehre, mit großartigen Kollegen in der Kommission zusammenzuarbeiten, insbesondere mit Pascal Lamy und Michel Barnier. Ich habe noch im Erwachsenenalter Französisch gelernt, um als *Kabinettschef* in den späten 1990er-Jahren in der damals noch eher *französischsprachigen* Europäischen Kommission zu überleben. Später entwickelte ich während meiner mehr als zwei Amtszeiten in der Kommission eine enge und direkte Arbeitsbeziehung zu den französischen Außen- und Finanzministern. – Außerdem habe ich Michel Platini, Zinedine Zidane und Kiliyan Mbappé live auf dem Spielfeld gesehen, unter anderem bei der denkwürdigen WM-Endrunde im Pariser Stade de France 1998 und im Moskauer Lutchnik-Stadion 2018. (Und ich habe miterlebt, wie Michel Platini im Juli 2016 im Stade de France ausgebuht wurde, aber das ist eine andere Geschichte – ein trauriges Ende in der UEFA für eine wirklich außergewöhnliche Fußballkarriere.)

Christine Lagarde ist eine sachliche Wirtschaftspolitikerin von höchstem globalen Kaliber und ausgezeichneter Kommunikationsfähigkeit; eine Persönlichkeit, die weder Dummheiten noch Plattitüden verzeiht, die über natürliche Führungsqualitäten verfügt und Truppen für die gemeinsame Sache mobilisieren kann, sei es in Frankreich, Europa oder der Welt. Sie führte den IWF tadellos, was als Nebeneffekt dazu beigetragen hat, einige gläserne Decken zu durchstoßen.

Pierre Moscovici lernte ich bereits kennen, als ich 2004–2010 Erweiterungskommissar war, denn er war einer der Hauptakteure im Europäischen Parlament und dessen Berichterstatter für Rumänien. Nachdem er 2012 sein Amt als Finanzminister angetreten hatte, wurde unser Dialog über die Wirtschaftspolitik Europas und Frankreichs intensiv. Dies fiel mit der allmählichen Erholung der europäischen Wirtschaft zusammen, was ein Überdenken einiger Elemente unserer gemeinsamen Wirtschaftspolitik erleichterte (s. Abb. 14.3).

Abb. 14.3 Finanzminister Pierre Moscovici überreichte mir im Herbst 2014 im Berlaymont die neue französische Haushaltsvorlage für 2014. Lange Gespräche, die im Februar 2013 in Moskau begannen, führten zu einem positiven Ergebnis. Pierre Moscovici setzte seine Tätigkeit im Bereich der europäischen Wirtschaftspolitik als Kommissar in der Juncker-Kommission fort. (Quelle: © Europäische Union, 2013 – Europäische Kommission – Foto: Thierry Charlier. Lizenziert unter CC BY 4.0 https://creativecommons.org/licenses/by/4.0/)

Pierre war ein sehr nachdenklicher Gesprächspartner in diesen Fragen, und es hat mich nicht überrascht, dass er sich schon früh in der fünfjährigen Amtszeit von Hollande dafür entschieden hat, mein Nachfolger als Kommissar für Wirtschaft und Währung in der nächsten Kommission für 2014–2019 zu werden. Er war maßgeblich an der Ausarbeitung der „Flexibilitätsmitteilung" der Juncker-Kommission beteiligt, die mehr wachstumsbasierten Ermessensspielraum bei der Anwendung fiskalischer Regeln und ihrer Konditionierung für Investitionen und Strukturreformen bietet.

Pierre beschreibt mich in seinem Buch *Combats* (2013) wie folgt: „ein Liberaler … aber ein finnischer Liberaler, der in Frankreich zweifellos als Mitte-Links eingestuft werden würde". Während meine Unternehmerfreunde zu Hause durch diese positiv gemeinte Provokation Pickel bekommen könnten, nehme ich es als bürgerlich-sozialer Liberaler selber als Ehrenzeichen. Und ich kann mich revanchieren, indem ich sage, dass Pierre in Finnland leicht als „Mitte-Mitte" eingestuft werden könnte, da ihm glücklicherweise kein Reformwiderstand innewohnt!

Doch trotz dieser soliden Ausgangslage sind Fakten nun einmal Fakten, und die zählen: In der Wirtschafts- und Finanzpolitik haben die Franzosen nicht immer das praktiziert, was sie gepredigt haben. Das betraf sowohl die Zeit von Sarkozy als auch die von Hollande. Die Haushaltsdefizite befanden sich ständig an der Grenze zu den zuvor schon aufgeweichten Anforderungen an die fiskalische Anpassung. Die Strukturreformen kamen nicht voran, zumindest nicht mit dem erforderlichen oder vom Rat und von der Kommission empfohlenen Tempo.

Im Laufe des Jahres 2012 haben wir also begonnen, den Umgang mit Frankreich neu zu überdenken. Dabei ging es im Wesentlichen darum, die finanzpolitischen Regeln der EU so anzuwenden, wie sie sein sollten, was bedeutete, dass der Schwerpunkt nun solide auf der konsequenten mittelfristigen Konsolidierung des strukturellen Haushaltssaldos lag. Der allgemeine Grundsatz lautete nun, dass wir nur, wenn der betreffende Mitgliedstaat die Kommission von seinem Willen und seiner Fähigkeit überzeugen konnte, wachstumsfördernde Struktur- und Steuerreformen durchzuführen, eine längere Periode der fiskalischen Anpassung gewähren konnten, solange diese glaubwürdig war. Frankreich entwickelte seinen wirtschaftspolitischen Kurs entsprechend weiter. Vor diesem Hintergrund beschlossen wir, mit Frankreich in diesem Sinne als „Pilotfall" zusammenzuarbeiten und uns dabei auf Wirtschaftsreformen auf dem Arbeits- und Produktmarkt zu konzentrieren, die das Land unserer Ansicht nach dringend benötigte. Frankreich hatte aufgrund großer Verluste bei der Wettbewerbsfähigkeit und der Exportleistung ernsthafte Ungleichgewichte, die sowohl auf Kosten- als auch auf Nichtkostenfaktoren zurückzuführen waren.

Daher wurde gegen Herbst und Winter 2012–2013 eine Politik entwickelt, die aus einem ziemlich einfachen Deal oder einem Kompromiss aus zwei Strategien bestehen sollte. Unter der Annahme, dass Frankreich die Wirtschaftsreformen ernsthaft in Angriff nehmen würde, würde die Kommission im Gegenzug dem Land eine zweijährige Verlängerung der Frist für die Korrektur seines Haushaltsdefizits auf das 3 Prozent-Niveau gewähren – anstatt nur ein Jahr –, was einen reibungsloseren Weg der Haushaltsanpassung bedeutete. Wir mussten jedoch vorsichtig vorgehen, da wir sonst die Unterstützung der fiskalischen Falken im Rat, vor allem der EZB und Deutschlands und seiner Verbündeten, hätten verlieren können.

Folglich beschloss ich, vor Weihnachten 2012 einen Testlauf durchzuführen, um den Hintergrund zu prüfen, möglicherweise eine Verlängerung um zwei Jahre von 2013 bis 2015 durchzuführen. Also sprach ich mit Philippe Ricard, dem erfahrenen und kompetenten Korrespondenten von *Le Monde*, dem sofort eine gute Geschichte einfiel, die zudem seiner eigenen keynesianischen Denkweise entsprach, die für die französische Mitte-Links-Linie charakteristisch ist. Mein Artikel in der FT wenige Tage zuvor, am 13. Dezember 2012, stand in direktem Zusammenhang mit dieser Operation mit Frankreich – als vermeintlich kluge Möglichkeit, der Fiskalpolitik im Gegenzug für Wirtschaftsreformen mehr Spielraum zu verschaffen –, auf die ich in Kap. 16 zurückkommen werde.

Als Qualitätspapier hatte *Le Monde* am 21. Dezember 2012 eine korrekte Schlagzeile: *Déficits: Olli Rehn envisage un „ajustement plus doux" pour la France,* d. h. „OR sieht eine weichere Anpassung für Frankreich vor". Philippe Ricard schrieb: „In der Eurozone, in der das Wachstum nachlässt, wenn nicht sogar verschwindet, stellt Olli Rehn, der Kommissar für Wirtschaft und Währung, klar, dass die Rückkehr der Haushaltsdefizite auf 3 Prozent des BIP ein Bezugspunkt ist und die Tür zu mehr Flexibilität bei der Umsetzung der Finanzpolitik offen hält."

Libération, die der Sozialistischen Partei und Präsident Hollande nahe stehende Zeitung, nahm den Pass an und schrieb am Heiligabend, dem 24. Dezember 2012: „Sparsamkeit: Brüssel schlägt Flexibilität vor, Paris deklariert Strenge". Jean Quatremer, ein weithin anerkannter Korrespondent in Brüssel und überzeugter europäischer Föderalist, schrieb: „Paris noch strenger als Brüssel? Als Wirtschafts- und Währungskommissar Olli Rehn am vergangenen Freitag vorschlug, dass Frankreich mehr Zeit eingeräumt werden könnte, um seine öffentlichen Finanzen ins Gleichgewicht zu bringen, bekräftigte Premierminister Jean-Marc Ayrault am Samstag seinen starken Willen, das Ziel zu respektieren, das öffentliche Defizit bis Ende 2013 auf 3 Prozent des BIP zu senken."

Ein Moskau Deal mit Moscovici

Wie in den vorangegangenen Kapiteln beschrieben, hatten wir Anfang 2013 das Gefühl, dass eine Erholung allmählich an Boden gewinnt – zunächst nur eine bescheidene und zerbrechliche Erholung. Im Januar/Februar 2013 intensivierte sich unser Dialog mit Pierre Moscovici. Das entscheidende Treffen zur Vereinbarung eines weiteren partnerschaftlichen Vorgehens wurde Mitte Februar ausgerechnet in Moskau arrangiert, wo wir beide an der G20-Konferenz der Finanzminister und Zentralbanker teilnahmen, wobei Pierre Frankreich und ich die EU vertraten. Ich hatte das Treffen mit meinen Beamten gründlich vorbereitet, und wir hatten auf der Grundlage der Empfehlungen des Rates an Frankreich im Dezember eine zweiseitige Notiz über konkrete Wirtschaftsreformen verfasst, die ich Moscovici als Voraussetzung für die Gewährung der zweijährigen Verlängerung vorgelegte. Der Vermerk konzentrierte sich auf die Arbeitsmarktreform zur Verbesserung der Flexibilität und Kostenwettbewerbsfähigkeit der französischen Wirtschaft, auf die Produktmarktreform zur Steigerung des Wettbewerbs in vielen Sektoren sowie die Überprüfung der öffentlichen Ausgaben und Reformen in den netzgebundenen Wirtschaftszweigen wie Eisenbahn und Kommunikation.

Pierre stand der angestrebten umfassenden und zweigleisigen Lösung grundsätzlich positiv gegenüber. Er sprach seit einiger Zeit in die gleiche Richtung. In seinem Buch beschreibt er die „immensen diplomatischen Anstrengungen", die im Sommer 2012 begannen und sich in der ersten Hälfte des Jahres 2013 intensivierten, „um die Parameter der europäischen Debatte zu ändern, ohne die Verhandlungen ganz wegzuwerfen". *(„changer les paramètres du débat européen sans renverser la table")*. Es gab also ein offensichtliches Zusammentreffen der Meinungen über den wirtschaftspolitischen Kurs, das dazu beitrug, eine gemeinsame Schlussfolgerung zu finden. Wir schlossen unsere Arbeit auf dieser Grundlage ab und beschlossen, zu gegebener Zeit mit weiteren Bausteinen zurückzukommen, sobald die französischen Beamten Gelegenheit hatten, konkrete Reformelemente vorzubereiten, die uns und die Mitgliedstaaten der Eurozone überzeugen konnten.

Bald darauf stellte Präsident Hollande die Weichen in die gleiche Richtung, indem er zugab, dass das finanzpolitische Ziel wahrscheinlich nicht erreicht werden könne. Wie David Marsh am 18. Februar 2013 schrieb: „Mit einer gallischen Mischung aus Pragmatismus hat Präsident Francois Hollande die Weichen gestellt. Er hat zugegeben, was die meisten Leute ohnehin wussten: Es besteht kaum eine Chance, dass Frankreich seine Wachstums- und Haushaltsdefizitziele in diesem Jahr erreichen wird."

Marsh ist ein erfahrener Beobachter der Eurozone und hat einen wichtigen Band über den Aufbau des Euro und zuvor über die Bundesbank verfasst. Er hat die Wirtschaftsreformen und die Fristverlängerung korrekt miteinander verknüpft, auch wenn er die Dezember-Angaben für die Aussicht auf eine Verlängerung um zwei Jahre verpasst hatte:

> Frankreich braucht keine direkten europäischen Auswirkungen zu fürchten. Paris muss lediglich höflich auf die Finger klopfen. Olli Rehn, der EU-Währungskommissar, hat letzte Woche vorsichtig signalisiert, dass Ländern wie Frankreich und Spanien ein zusätzliches Jahr gewährt werden könnte – bis *2014* – ihre Defizitziele zu erreichen, wenn sie nachweisen können, dass sie Anstrengungen bei den Strukturreformen unternehmen.[3]

Aber inhaltlich hat er sicherlich den richtigen Punkt getroffen.

Die Vorbereitungen gingen also weiter. Am 12. April 2013 trafen wir am Rande einer Konferenz in Dublin erneut mit Moscovici zusammen. Ich sagte, es sei nicht sehr hilfreich, dass wir die Defizitprognose von 3,7 Prozent für das laufende Jahr 2013 nach oben korrigieren müssten, da nach den neuen Daten des französischen Statistikamtes INSEE das Defizitziel für 2012 nicht erreicht wurde. Auf der anderen Seite erkannte ich positiv an, dass Frankreich als Grenzfall die durchschnittliche jährliche strukturelle Anstrengung bei der Haushaltskonsolidierung im Zeitraum 2010–2013 gerade noch erreichen sollte, indem es nahe, aber unter 1 Prozent lag (der Rat hatte empfohlen, dass die strukturelle Anstrengung 2010–2013 „über 1 Prozent des BIP" liegen sollte). Daher forderte ich Frankreich nachdrücklich auf, den Haushalt für 2013 vollständig umzusetzen und die für 2013 angestrebte strukturelle Anstrengung zu erreichen, die bei 1,4 Prozent des BIP lag.

Am Ende des Treffens mit Moscovici erörterten wir die Möglichkeit einer Verschiebung der Korrekturfrist auf *2015* unter der Bedingung, dass Frankreich die Strukturreformen nach dem Muster des Moskauer Abkommens intensiviert. Dies wurde vorläufig vereinbart, und Moscovici versicherte uns, dass er konkrete Reformen durchführen würde. Wir kamen zu dem Schluss, dass eine strukturelle finanzpolitische Anstrengung von mindestens 1,25 Prozent erforderlich sein würde, was etwa 25 Milliarden Euro an Konsolidierungsmaßnahmen entsprach. Dies sollte zu zwei Dritteln durch Ausgabenkürzungen und zu einem Drittel durch Einnahmenerhöhungen erreicht werden.

Ende Mai 2013, nachdem ich den Boden mit den Regierungen vorbereitet hatte, erklärte ich in einem Interview mit der Deutschen Presseagentur DPA,

---

[3] David Marsh, OMFIF Kommentar am 18. Februar 2013.

dass „das Tempo der Sparmaßnahmen in Europa nachlassen kann". Ich habe das Wort „Sparmaßnahmen" nicht verwendet, aber inhaltlich war die Botschaft richtig. Frankreich war eindeutig ein typisches Beispiel dafür. Im Laufe der Vorbereitungen beriet ich mich mit Wolfgang Schäuble, der mich unterstützte.

Im Mai 2013 besuchte Präsident Hollande das Berlaymont-Gebäude. Barroso bat mich, mit ihm beim Mittagessen den ‚Bad Cop' zu spielen – das habe ich gerne getan und sprach offen und ehrlich über die Stagnation der französischen Wirtschaft und den unglücklichen Stillstand der Wirtschaftsreformen. Präsident Hollande hat dies nicht bestritten.

Ende Mai empfahl die Kommission schließlich eine zweijährige Verlängerung der Korrekturfrist für Frankreich zusammen mit Spanien, Slowenien und Polen und eine einjährige Verlängerung für Belgien, die Niederlande und Portugal. Ich habe dazu eine Rede gehalten, um dies auf der Konferenz zum Europäischen Semester am 29. Mai 2013 ausführlicher zu erläutern. Zu Frankreich sagte ich: „Die empfohlenen Anpassungsbemühungen in den Jahren 2014 und 2015 sind etwas geringer als in diesem Jahr ... Im Gegenzug ist es sehr wichtig, dass Frankreich diese zusätzliche Zeit nutzt, um sein zugrundeliegendes Wettbewerbsproblem anzugehen." Damit war das Geschäft besiegelt und öffentlich gemacht.

Wie sollte das Urteil dieses Experiments lauten, das ein Pilotfall war, bei dem die Verfolgung von Strukturreformen mit einem eher mittelfristigen Pfad der fiskalischen Anpassung verknüpft wurde? Im Nachhinein kann das Glas – je nach dem Auge des Betrachters – als halb voll oder halb leer angesehen werden. Einige Strukturreformen, etwa bei den Renten und den Arbeitskosten, sind vorangekommen. Der Fortschritt des Macron-Gesetzes, *Loi Macron,* das auf eine breit angelegte Liberalisierung der Produkt- und Dienstleistungsmärkte einschließlich der Ladenöffnungszeiten abzielte, und der Rest der reformorientierten politischen Agenda von Präsident Macron schienen zu zeigen, dass Reformen in Frankreich tatsächlich möglich sind. Ob dies nach den gewalttätigen Straßendemonstrationen nur ein Hirngespinst ist, ist eine der entscheidenden Fragen für die Zukunft Europas. Auf jeden Fall wünsche ich den Reformern der neuen Generation, auf denen die Hoffnung auf einen wirtschaftlichen und gesellschaftlichen Aufschwung Frankreichs – und wahrscheinlich auch Europas – jetzt ruht, viel Erfolg.

Wie gesagt, unser Ansatz mit Frankreich in den Jahren 2012–2013 war ein sehr bewusster Versuch der Konditionalität, der darauf abzielte, Wirtschaftsreformen voranzutreiben, anstatt sich nur auf fiskalische Ziele zu konzentrieren. Zumindest zeigte das Experiment die Grenzen der politischen Konditionalität auf. Was wäre ein besserer Weg? In der idealen Welt sollte man die

Bedingungen so konstruieren können, dass zuerst die Umsetzung von Reformen nachgewiesen wird und so die Verlängerung des Erreichens der fiskalischen Ziele von der Umsetzung abhängig gemacht wird. Aber in der realen Welt bewegen sich diese beiden Dimensionen parallel zueinander, und eine absolute Unterscheidung zwischen den „durchgeführten" Reformen und der „künftigen" Konsolidierung ist nicht so leicht möglich.

Die deutsche Frage kehrt durch den anhaltenden Überschuss zurück

In seinem kleinen, aber gehaltvollen Buch *German Power: Das Paradox der deutschen Stärke* (2016) beschreibt der Politikwissenschaftler Hans Kundnani die Rolle Deutschlands in Europa heute als „Halbhegemon", allerdings mit wichtigen Einschränkungen:

> Deutschland ist kein europäischer Hegemon – und kann es auch nicht sein. Vielmehr ist es zu so etwas wie der Position der ‚Halb-Hegemonie' zurückgekehrt, die es zwischen 1871 und 1945 in Europa hatte – allerdings in ‚geo-ökonomischer' und nicht in geopolitischer Form. Gleichzeitig haben sich eine neue Form des deutschen Nationalismus, der auf Exporten und der Idee des ‚Friedens' basiert, und ein erneuertes Gefühl für die deutsche Mission herausgebildet.[4]

Deutschland ist also vor allem eine geo-ökonomische Macht, deren moderne nationale Selbstidentität auf den Begriffen Frieden und Export beruht – wir könnten die Demokratie der Liste hinzufügen. Darüber hinaus ist Deutschland grundlegend in der europäischen Gemeinschaft verankert und arbeitet viel über EU-Institutionen. Was wir heute erleben, ist das, was der Nobelpreisträger Thomas Mann als das „europäische Deutschland" und nicht als ein „deutsches Europa" bezeichnet hat. Selbst die Finanz- und Schuldenkrise und Deutschlands Aufstieg zum „Halbhegemon" haben daran nichts Grundlegendes geändert.[5]

Ja, es gibt auch gegenteilige Stimmen zu diesem pro-europäischen Konsens. Vor allem die rechtspopulistische Partei *Alternative für Deutschland* (AfD), die Anti-Europäismus mit Anti-Immigration verbindet, sammelt seit der Eurokrise in Europa Unterstützung, indem sie die Finanzierungszusagen Deutschlands und die unkonventionelle Politik der Europäischen Zentral-

---

[4] Hans Kundnani (2016).
[5] Hans Kundnani 2016.

bank zur Eindämmung der Krise kritisiert. Aber es gibt auch andere Stimmen: Viele Bürger und Politiker in Deutschland fordern eine engagiertere und entschlossenere Europapolitik Deutschlands. So hat zum Beispiel Joschka Fischer, ein Gründungsvater der Grünen und ehemaliger Außenminister, gesagt, dass die Krise Europa voranbringen müsse und der Status quo keine Alternative mehr sei. Er war ein vehementer Kritiker des verworrenen Vorgehens und hat es so auf den Punkt gebracht: „Deutschland weiß nicht, wie es mit der Führung und der Verantwortung umgehen soll, die auf seine Schultern gefallen sind, die es sich aber nicht zu tragen gewünscht hat."[6] Der letztgenannte Standpunkt Joschka Fischers scheint bei den Europawahlen 2019 den Ausschlag gegeben zu haben, bei denen die Grünen von 10 Prozent auf 20 Prozent stiegen und damit zur zweiten politischen Kraft im Land wurden.

Ein großer Teil der Diskussion über die Rolle Deutschlands dreht sich um die Frage des hohen Leistungsbilanzüberschusses und auch um die Schuldenbremse. Was steckte hinter dem großen Überschuss? Ein Schlüsselfaktor war die Vertiefung der europäischen Integration in den letzten 10–20 Jahren, die in vielerlei Hinsicht zur Stärkung der industriellen Wettbewerbsfähigkeit Deutschlands beigetragen hat. Erstens verhinderte die Einführung des Euro, dass der deutsche Wechselkurs aufgewertet wurde, um den großen Überschuss widerzuspiegeln. Zweitens ermöglichte die Integration mittel- und osteuropäischer Unternehmen und Arbeitnehmer in seine Produktionsketten Deutschland eine Diversifizierung und die Nutzung eines großen Pools gut ausgebildeter und relativ kostengünstiger Arbeitskräfte. Und drittens führten die Integration der Finanzmärkte und die Konvergenz der Zinssätze zu internationalen Kapitalströmen, die diese Leistungsbilanzentwicklungen widerspiegelten.

Ebenso wichtig ist, dass die Anpassungskanäle erheblich von der globalen wirtschaftlichen Abhängigkeit beeinflusst werden. Deutschland hat sich auf Produkte spezialisiert, die in der übrigen Welt gefragt sind. Das Land ist sowohl bei der Qualität als auch beim Preis sehr wettbewerbsfähig. Hohe Ersparnisse und niedrige Investitionen in vielen Sektoren haben zu dem großen und anhaltenden Leistungsbilanzüberschuss beigetragen.

Darüber hinaus erklärt sich rund ein Drittel des deutschen Leistungsbilanzüberschusses aus den Erträgen der in den Jahren vor der Krise im Ausland angesammelten Vermögenswerte, als überschüssige Ersparnisse in Deutschland und anderen Kernländern in der gesamten Eurozone und darüber hinaus umverteilt wurden. Anstatt produktivitätssteigernde Investitionen anzukurbeln, die ein nachhaltiges Wachstum gefördert hätten, haben sie am Ende

---
[6] Joschka Fischer (2014, S. 90–91).

weitgehend den Kreditboom und die nachfolgenden Vermögens- und Immobilienblasen in den Empfängerländern angeheizt. Diese Fehleinschätzung des Risikos war für beide Seiten nachteilig: Die katastrophalen Zusammenbrüche, die die peripheren Volkswirtschaften trafen, führten zu Verlusten für die deutschen Banken selbst, die zu den Verlusten aus ihren Investitionen in toxische US-Vermögenswerte hinzukamen. In der Zwischenzeit waren die Investitionen in Deutschland von 21,5 Prozent des BIP im Jahr 2000 auf rund 17,4 Prozent im Jahr 2013 zurückgegangen,[7] ein geringerer Anteil als in anderen Ländern der Eurozone.

In den Krisenjahren hat sich der Leistungsbilanzüberschuss Deutschlands gegenüber dem Euroraum fast halbiert. Dagegen hat sich der Überschuss Deutschlands gegenüber dem Rest der Welt im gleichen Zeitraum fast verdreifacht. Die strukturellen Verschiebungen der letzten 30 Jahre führten dazu, dass die peripheren Länder der Eurozone, insbesondere in Südeuropa (im Gegensatz zu Mittel- und Osteuropa), weniger in die deutschen Handelsstrukturen integriert sind, als gemeinhin angenommen wird. Die Kommission vom Dezember 2012 stellte fest, dass eine dynamischere Binnennachfrage in Deutschland nur eine sehr begrenzte *direkte* Auswirkung auf die Leistungsbilanz von Ländern wie Spanien, Portugal oder Griechenland hätte.

Im Juli 2013 empfahl der EU-Rat Deutschland, wie in vielen anderen Jahren auch, die Engpässe für ein Wachstum der Binnennachfrage zu öffnen. Insbesondere wurde Deutschland geraten, die Voraussetzungen für ein nachhaltiges Lohnwachstum zu schaffen, etwa durch die Senkung hoher Steuern und Sozialabgaben vor allem für Niedriglohnempfänger. Den Empfehlungen lag der Gedanke zugrunde, die wirtschaftliche Dynamik in Deutschland zu erhöhen, wofür das Land den Wettbewerb im Dienstleistungsbereich – insbesondere im Baugewerbe, aber auch in bestimmten Handwerksbereichen sowie bei den freiberuflichen Dienstleistungen – weiter stimulieren sollte, um die inländischen Wachstumsquellen zu stärken.

Diese Vorschläge mögen nicht nach revolutionären Reformen klingen, aber ihre Umsetzung hätte nichtsdestotrotz erheblich zur Neuausrichtung der gesamten Wirtschaft des Euroraums beigetragen, um sie schneller und mit geringerem Schaden als nur in Zeitlupe durchzuführen, was letztlich auch den deutschen Interessen entsprochen hätte.

Es gibt auch noch andere drängende Herausforderungen. Die Energiewende, der Übergang im Energiesektor, wird ein verbessertes Regelwerk erfordern, um private Investitionen in Energienetze freizusetzen. Die Ankurbe-

---

[7] http://www.economywatch.com/economic-statistics/economic-indicators/Investment_Percentage_of_GDP/.

lung der Investitionen in die Infrastruktur wird durch ihre positiven Auswirkungen auf die Produktivität auch längerfristig zur Stützung der Binnennachfrage beitragen.

All diese Investitionen wären ein großer Dienst für Europa – und für Deutschland selbst. Sie würden die wirtschaftliche Leistungsfähigkeit Deutschlands langfristig steigern und die Ungleichheiten, die sich in den vergangenen Jahren angesammelt haben, verringern. Unnötig zu erwähnen, dass die positiven Auswirkungen durch eine für beide Seiten vorteilhafte Neugewichtung auch andere Länder der Eurozone erreichen würden. Insbesondere ein Anstieg der deutschen Binnennachfrage hätte den Aufwertungsdruck auf den realen Wechselkurs des Euro verringert und damit den Exporteuren in der Peripherie den Zugang zu den Weltmärkten erleichtert.

Andererseits haben die Lohnerhöhungen und die außertariflichen Maßnahmen der EZB eine gewisse positive ausgleichende Wirkung gehabt. Zusätzlich zu dem beträchtlichen Tempo der deutschen Lohnerhöhungen, die sich einem Plus von jährlich 3 Prozent nähern, wurde das Wechselkursproblem in den letzten Monaten des Jahres 2014 und Anfang 2015 dank des Abwertungseffekts des umfangreichen quantitativen Lockerungsprogramms der EZB gemildert. Dies setzte sich in den Jahren 2015–2017 fort und trug zum verstärkten Wachstum in Europa bei.

Eine im Januar 2017 veröffentlichte Studie der Bundesbank zeigt, dass die Anleihekäufe der EZB zwischen Oktober 2014 und Ende 2016 zu einer Abwertung des Euro gegenüber dem Dollar von 6,5 Prozent geführt haben, wobei der größte Teil dieser Abwertung bereits vor der Ankündigung des Anleiheankaufprogramms Ende Januar 2015 erfolgte. Die Bundesbank hat diesen Effekt zwar erkannt, seine Bedeutung aber heruntergespielt: „Die Anleihekäufe des Eurosystems hatten außer Signalwirkung und den damit verbundenen Erwartungen keine wesentlichen zusätzlichen Auswirkungen auf den Wechselkurs." Tatsächlich war der Euro bis Ende 2016 gegenüber dem Dollar seit Ende 2014 um 20 Prozent gefallen, was teilweise auf eine Straffung der eigenen Geldpolitik der Federal Reserve zurückzuführen war.[8]

Natürlich wussten wir nach ein paar Jahren im Krisenmodus sehr wohl, dass Deutschland nicht das einzige Land ist, dessen Politik Spill-over-Effekte, ob gut oder schlecht, auf den Rest der Eurozone hatte. In den Jahren 2013–14 waren wir glücklicherweise viel weniger mit der unmittelbaren Brandbekämpfung beschäftigt. Die allgemeinen Aussichten auf ein langsames Wachstum blieben jedoch besorgniserregend, ebenso wie die damals drohende Gefahr einer Deflationsspirale.

---

[8] http://www.reuters.com/article/us-ecb-policy-bundesbank-idUSKBN1571AO?il=0.

Ist eine deutsch-französische Win-Win-Wirtschaftsstrategie plausibel?

Meiner Ansicht nach würde ein Ausgleich zwischen den beiden wirtschaftspolitischen Lagern – nämlich Deutschland zu Maßnahmen zur Ankurbelung der Binnennachfrage und der Investitionen und Frankreich zu Reformen des Arbeitsmarkts, des Unternehmensumfelds und des Rentensystems zur Förderung der Wettbewerbsfähigkeit zu ermutigen – auf den Rest der Eurozone durchschlagen und für mehr Wachstum und Arbeitsplätze sorgen, was wiederum dazu beitragen würde, die sozialen Spannungen in den von der Krise betroffenen Ländern zu verringern.

Rückblickend zeigen die Statistiken, dass sich der Überschuss in den letzten Jahren wieder in Wachstum verwandelt hat. Dies konnten wir jedoch zum Zeitpunkt der Empfehlung im Jahr 2012 noch nicht wissen. Frühzeitig konterte der damalige Finanzminister Wolfgang Schäuble auf diese Empfehlungen am 18. Mai 2011 im Brüsseler Wirtschaftsforum am Sitz der Kommission in Brüssel. Ich hatte ihn eingeladen, dort als Hauptredner den ersten Vortrag der Tommaso Padoa-Schioppa-Vorlesungsreihe zu halten, zum Missfallen und zur Bestürzung einiger meiner eher föderalistischen Kollegen in der GD Wirtschaft und Finanzen, die dies für fast unangebracht hielten; meiner Meinung nach war es jedoch in der Tat mehr als angebracht, dass wir Schäuble, der ein engagierter Europäer ist und ein wichtiger Führer der Feuerwehr der Eurozone und der Finanzminister des größten Gläubigers war, anhören würden!

Ich stellte Wolfgang Schäuble vor, indem ich auf seine langjährige europäische Überzeugung verwies, die durch seine Mitautorschaft am Lamers-Schäuble-Papier von 1994 über Kerneuropa und die Integration mit mehreren Geschwindigkeiten illustriert wird. Ich konnte nicht umhin, auch auf die klassische Unterscheidung des Philosophen Jesaja Berlin von Staatsmännern zu verweisen, der sie in Füchse und Igel aufteilte, wo „der Fuchs viele Dinge weiß und der Igel eine große Sache weiß" – ich sagte, dass Schäuble das langjährige Engagement des Igels für das europäische Aufbauwerk mit dem parlamentarischen und politischen Scharfsinn des Fuchses verbinde. Ich bin mir nicht sicher, ob ihm mein anerkennender Witz gefallen hat, obwohl er es hätte tun sollen – er war aufrichtig.

Schäuble machte einen erwarteten, aber trotzdem scharfen präventiven Angriff gegen die Initiative der Europäischen Kommission zur Einrichtung eines Verfahrens für makroökonomische Ungleichgewichte (MIP). Wir erwarteten, dass das MIP der Eurogruppe und der Kommission glaubwürdige politische Instrumente an die Hand geben würde, um sich darauf zu konzentrieren, wie die Leistungsbilanzüberschüsse einer besseren und produktiveren Verwendung für Wachstum und Beschäftigung in der Eurozone zugeführt werden könnten. Lassen Sie Schäuble für sich selbst sprechen:

> Ja, wir müssen allzu große Ungleichgewichte zwischen den Mitgliedstaaten vermeiden. Aber nein, dies kann nicht in der Form geschehen, dass erfolgreiche Länder ihre Wettbewerbsfähigkeit freiwillig einschränken … Der einzig gangbare Weg ist, dass die etwas schwächeren Länder der Eurozone stärker werden. Wir können ihnen helfen, aber wir können ihre Aufgabe nicht erfüllen. Außerdem löst man die eigenen Probleme der Wettbewerbsfähigkeit nicht, indem man von anderen verlangt, weniger wettbewerbsfähig zu werden, und man kann die Lücke zwischen Ausgaben und Einnahmen nicht dauerhaft schließen, indem man von anderen mehr Geld verlangt.

Aus den Worten Schäubles lässt sich leicht schließen, dass die Empfehlungen der Kommission zur Neugewichtung des deutschen Leistungsbilanzüberschusses politisch nicht leicht in Deutschland zu verkaufen waren, wo ich während der Krise oft Kritik erhielt, wenn ich in der öffentlichen Debatte immer wieder das Thema der Ungleichgewichte ansprach. Das liegt daran, dass die Deutschen leider zu der Wahrnehmung neigen, die EU wolle ihre Wettbewerbsfähigkeit schwächen, was durch die Mediendebatte noch verstärkt wird. Das ist natürlich nicht das Ziel, sondern es ist die Stärkung der Binnennachfrage und der produktiven Investitionen durch die Beseitigung von Engpässen und strukturellen Hindernissen.

Während meiner Jahre in der Kommission habe ich auf meine deutschen Kritiker mit Worten geantwortet, die sie verstehen: Wenn der FC Bayern München gegen den FC Barcelona spielt, bedeutet die Korrektur der Unausgewogenheit nicht, dass die Bayern schlechter spielen sollten, um das Spiel für Barcelona auszugleichen (was nicht heißen soll, dass Barcelona es notwendigerweise brauchen würde, zumindest nicht mit Leo Messi!). Es gehe hier nicht um ein Nullsummenspiel zweier Klubs, sondern vielmehr darum, eine europäische Win-Win-Mannschaft zu schaffen, was bedeute, dass die bestmögliche Mannschaft aus den besten Spielern in der Verteidigung, im Mittelfeld und in der Offensive jeder Mannschaft zusammengestellt würde. – Trotz meiner besten Kommunikationsbemühungen in der Sprache des Spiels, in der die Deutschen Meister sind, bin ich – glaube ich – in ein vorübergehendes politisches Abseits geraten, zumindest in Deutschland.

„Wachstum durch Wandel"

Nichtsdestotrotz fuhr ich fort, auf die exzessiven Überschüsse hinzuweisen, die Jahr für Jahr erzielt wurden, was eine gewisse Ausdauer erforderte, um die sich anhäufende Frustration zu überwinden. Ich hielt die Predigt im überfüllten Pressesaal der Kommission und beantwortete die Fragen der kritischen deutschen Journalisten; ich predigte in Deutschland selbst, aber auch in anderen Mitgliedstaaten. Ein Beispiel dafür war die Konferenzrede in der Höhle des Löwen, d. h. bei der Deutschen Bank am 12. Oktober 2012 im Zusammenhang mit der IWF-Jahrestagung in Tokio:

> Es ist wichtig, dass auch Länder mit Leistungsbilanzüberschüssen Strukturreformen durchführen, um unnötige Beschränkungen der Inlandsnachfrage und der Investitionsmöglichkeiten zu beseitigen. So hat die Kommission Deutschland empfohlen, ein der Produktivität entsprechendes Lohnwachstum zuzulassen, seinen fiskalischen Spielraum für wachstumsfördernde Investitionen zu nutzen und die Erwerbsbeteiligung, insbesondere von Frauen, zu erhöhen.

Die Resonanz im Publikum war eher zweigeteilt: bei der internationalen Bankengemeinschaft sehr positiv, bei der deutschen Komponente herzlich, aber nicht enthusiastisch. Positiv stellte ich jedoch fest, dass die Tarifverträge in einigen wichtigen Branchen (insbesondere der IG Metall) in Deutschland für 2012 Nominallohnerhöhungen von nahezu 3 Prozent vorsahen, was bei einer Inflationsrate von 2 Prozent zumindest eine kleine Reallohnerhöhungen implizierte.

Um für einen ausgewogenen Ansatz in Bezug auf Deutschland zu plädieren, schrieb ich einen Blog[9] (3. Juli 2013), in dem ich die Grundursachen und wirtschaftlichen Auswirkungen des deutschen Leistungsbilanzüberschusses analysierte. Später im Herbst 2013 setzte ich die inhaltliche Diskussion mit der deutschen Finanzbranche und der politischen Führung fort, zumindest mit der entsprechenden Leserschaft durch einen ähnlichen Artikel in der Frankfurter Allgemeinen Zeitung mit dem Titel *Was Handelsüberschüsse mit dem Euro zu tun haben*[10] (11. November 2013).

Auf Anregung meines erfahrenen Beraters Peer Ritter habe ich für meinen Blog die Überschrift *Wachstum durch Wandel* gewählt, was für mich ein sehr anschaulicher Ausdruck ist, um den deutschen Erfolg zu veranschaulichen.

---

[9] http://ec.europa.eu/archives/commission_2010-2014/blogs/rehn/germany-wachstum-durch-wandel.html.

[10] http://www.faz.net/aktuell/wirtschaft/gastbeitrag-was-handelsueberschuesse-mit-dem-euro-zu-tun-haben-12657154.html.

Außerdem passt er perfekt zu den beiden anderen Ausdrücken der jüngeren deutschen Geschichte: *Wandel durch Annäherung*, die zentrale Logik von Willy Brandts Ostpolitik, und *Wandel durch Handel*, das nach dem Kalten Krieg zum Schlagwort wurde; oder wie Gerhard Schröder es ausdrückte, würde „wirtschaftlicher Austausch zu gesellschaftlichem Wandel" führen.[11]

In meinem Artikel erinnerte ich die Leser daran, dass *The Economist* vor vierzehn Jahren über Deutschland geschrieben hatte: „Während das Wirtschaftswachstum wieder einmal ins Stocken gerät, wird das Land als der kranke Mann (oder sogar das Japan) Europas gebrandmarkt." Dies, so wurde argumentiert, werfe „unweigerlich einen Schatten auf die europäische Einheitswährung ... denn Deutschland macht ein volles Drittel der Produktion der Euroländer aus". *The Economist* fuhr fort, die Gründe für die Malaise Deutschlands aufzulisten, darunter „ein byzantinisches und ineffizientes Steuersystem, ein aufgeblähtes Wohlfahrtssystem und überhöhte Arbeitskosten".

Es gerät heute leicht in Vergessenheit, woher Deutschland um die Jahrtausendwende kam. Zu Beginn des Euro im Jahr 1999 befand sich Deutschland in einem doppelten Anpassungsprozess: zum einen an die Wiedervereinigung mit Arbeitslosenquoten in Ostdeutschland von immer noch rund 20 Prozent und zum anderen an die Öffnung der Märkte seiner mittel- und osteuropäischen Nachbarn. Angesichts des geringen Wachstumspotenzials hatte der deutsche Unternehmenssektor seinen Verschuldungsgrad verringert und versucht, die Rentabilität durch Direktinvestitionen in anderen europäischen Ländern zu erhöhen. Dies intensivierte die Integration der mittel- und osteuropäischen Volkswirtschaften in die deutsche Produktionskette. Gleichzeitig wurde der Arbeitsmarkt reformiert, viele Arbeitslose erhielten Arbeit, und es kam zu Lohnzurückhaltung. Auch die Sozialpartner übernahmen Verantwortung und nahmen Öffnungsklauseln in die Tarifverträge auf.

Dieser Prozess fiel mit der Einführung des Euro zusammen. Folglich erlebte die Peripherie der Eurozone sinkende Staatsrisikoprämien zu einer Zeit, als die Finanzmärkte in die EU integriert wurden. Die Zunahme des Kapitals, das aus dem Kern der Eurozone in ihre Peripherie floss, kam als Schulden, nicht als ausländische Direktinvestitionen zurück, und es floss unverhältnismäßig stark in nicht handelsfähige Sektoren, was zur Überhitzung beitrug. Seit dem Ende des Booms im Jahr 2007 haben sich die Leistungsbilanzdefizite der Peripherieländer erheblich verringert.

Die deutsche Regierung war offensichtlich nicht allzu glücklich über die Tätigkeit der Kommission, aber zumindest hat sie sich nicht öffentlich beschwert. Gleichzeitig erwartete sie – zumindest zwischen den Zeilen –, dass

---
[11] Hans Kundnani 2016, S. 82.

sie als größter Beitragszahler der Kriseneindämmungs- und Stabilitätsmechanismen nicht sanktioniert werden würde. Ich fand es besser, partnerschaftlich zusammenzuarbeiten, um Deutschland rational davon zu überzeugen, sich an einem proaktiveren Prozess der Neuausrichtung zu beteiligen, als etwas zu tun, das völlig gegen seine Natur gewesen wäre.

Diese Art von Dialog war im Sommer 2011 notwendig, als der ECOFIN-Rat zwischen den EU-Mitgliedstaaten und dem Europäischen Parlament in der Diskussion über die kritischen Schwellenwerte feststeckte, um eine eingehende Untersuchung der makroökonomischen Ungleichgewichte in Gang zu setzen. Dies wurde zu einem Thema von vitalem nationalem Interesse für die deutsche Bundesregierung, da sie nicht allzu leicht an ihren großen Überschuss erinnert werden wollte.

Da der Streit die Verabschiedung der *Sixpack*-Reform der Wirtschaftsregierung blockierte, blieb uns nichts anderes übrig, als nach einem vernünftigen Kompromiss zu suchen. Im ECOFIN-Rat im Juli 2011 habe ich im Namen der Kommission einen Vorschlag gemacht, die Schwelle auf 4 Prozent für Defizitländer und 6 Prozent für Überschussländer festzulegen. Nach einigen scharfen Worten stimmte Wolfgang Schäuble zu. Dieser Deal war natürlich im Vorfeld vorbereitet worden, aber wir waren uns nicht über die endgültige Position Deutschlands sicher gewesen.

Sicherlich war diese nur zweitbeste asymmetrische Vereinbarung nicht perfekt, auch wenn es eine tragfähige Rechtfertigung dafür gibt, die Messlatte für Defizitländer niedriger anzusetzen, deren Probleme das Land plötzlich stärker treffen und negative Auswirkungen auf den Rest der Eurozone haben können. Aber zumindest war nun der Weg frei für das *Sixpack* und damit für eine verstärkte Wirtschaftsregierung, um makroökonomische Ungleichgewichte anzugehen.

Die Verantwortung Deutschlands und Frankreichs für die Eurozone

Als die beiden größten Volkswirtschaften der Eurozone halten Deutschland und Frankreich gemeinsam den Schlüssel zu einer Rückkehr zu einem stärkeren, nachhaltigen Wachstum und einem höheren Beschäftigungsniveau in Europa in der Hand. Es liegt auf der Hand, dass die makroökonomischen Ungleichgewichte und politischen Unterschiede zwischen Deutschland und Frankreich nicht plötzlich aus einem Vakuum auftauchten und auch nicht nur auf die wirtschaftlichen Fundamentaldaten, wie die unterschiedlichen

Produktionsstrukturen zurückzuführen sind. Stattdessen sind sie das Produkt tief verwurzelter und ganz unterschiedlicher Paradigmen makroökonomischer Ziele und Politiken, die aus dem traditionellen Interventionismus und *dirigisme* in Frankreich und von der Stabilitätskultur und dem Ordo-Liberalismus in Deutschland hervorgehen.[12]

Zusammenfassend lässt sich sagen, dass ein reibungsloser Prozess der Neugewichtung, der als solcher wünschenswert wäre, Reformen des Arbeitsmarktes, des Unternehmensumfelds und des Rentensystems erfordern würde, um die Wettbewerbsfähigkeit in Frankreich zu stärken, sowie Strukturmaßnahmen zur Stärkung der Binnennachfrage und insbesondere zur Ankurbelung der Inlandsinvestitionen in Deutschland. Dies empfahl die Europäische Kommission, nachdem das *Sixpack* die wirtschaftspolitische Steuerung gestärkt und uns im Rahmen des Verfahrens für makroökonomische Ungleichgewichte und seiner Länderberichte und eingehenden Überprüfungen neue Instrumente an die Hand gegeben hatte. Die Auswirkungen waren begrenzt.

Aber wenn Deutschland und Frankreich gemeinsam das konkret umsetzen würden, was der Europäische Rat auf Initiative der Kommission empfohlen hat, würden sie der Neuausrichtung der gesamten europäischen Wirtschaft den größten Dienst erweisen, indem sie für ein stärkeres Wachstum sorgen, mehr Arbeitsplätze schaffen und soziale Spannungen abbauen – und sie würden auch zur Neuausrichtung der Weltwirtschaft beitragen. All dies würde sicherlich dazu beitragen, den populistischen Druck in der demokratischen Politik zu verringern. Während die institutionelle Reform der Eurozone oft die Schlagzeilen beherrscht, sind die Reform- und Politikanstrengungen der Länder in der Realwirtschaft noch wichtiger.

Tietmeyers Vermächtnis an die wirtschaftliche und politische Union

Anfang Juli 2013 flog ich noch einmal nach Frankfurt, diesmal aus einem Grund, den ich besonders schätzte, nämlich zu Ehren von Professor Hans Tietmeyer, der gerade 82 Jahre alt geworden war und als Vorsitzender der Initiative Neue Soziale Marktwirtschaft (INSM), einer angesehenen wirtschaftswissenschaftlichen Denkfabrik in Deutschland, in den Ruhestand ging. Tietmeyer ist 2017 im respektablen Alter von 86 Jahren verstorben. Als einflussreicher Staatssekretär des Bundesfinanzministeriums in den 1980er-Jahren und später

---

[12] Zur deutschen makroökonomischen Tradition siehe z. B, Bratsiotis und Cobham (2016).

als Vizepräsident und Präsident der Bundesbank in den 1990er-Jahren hatte Tietmeyer davor gewarnt, dass die Währungsunion eine starke Strukturanpassungsfähigkeit erfordere. Die Erfahrungen mit der deutschen Währungsunion nach der Wiedervereinigung waren noch frisch in Erinnerung.

In Frankfurt hatte ich nach der Konferenz beim Mittagessen die Gelegenheit, Professor Tietmeyer zuzuhören und mit ihm zu diskutieren. Ich konnte ihm erzählen, dass wir uns vor über 20 Jahren zum ersten Mal begegnet waren, obwohl ich nicht erwartete, dass er sich daran erinnern würde, da ich einer Delegation des finnischen Parlaments angehörte. Wir bereiteten uns damals auf die EU-Beitrittsverhandlungen Finnlands vor, und die Analyse, die Professor Tietmeyer unserem Wirtschaftsausschuss zur WWU vorlegte, war sowohl intellektuell streng als auch politisch realistisch, ja sogar ernüchternd.

In meiner Rede unterstrich ich die Notwendigkeit, die wirtschaftspolitische Steuerung zu reformieren, um die Stabilitätskultur und damit das nachhaltige Wachstum in der Eurozone zu stärken. Als Reaktion darauf überlegte Professor Tietmeyer, ob es ein Fehler war, die Economic Governance bei der Einführung der Wirtschafts- und Währungsunion zu verwerfen. Seiner Ansicht nach gab es aber keine andere Alternative, wenn Europa die WWU überhaupt schaffen wollte, denn der damalige Finanzminister Theo Waigel war „ein Gefangener seines eigenen Wahlkreises in Bayern, und er konnte keine politische Union anstreben". Ich interpretierte dies als Unterstützung für die institutionellen Reformen, die wir zur Stärkung der Wirtschaftsregierung initiiert und im Großen und Ganzen im Laufe der Krisenjahre 2010–2013 umgesetzt haben.

Übrigens, ich erinnere an eine sehr ähnliche Diskussion, aber aus französischer Sicht, in der französischen Nationalversammlung mit Eduard Balladur, Ex-Premierminister, der Mitte der 2000er-Jahre den Vorsitz im Ausschuss für auswärtige Angelegenheiten führte. Dieselbe Diskussion gab es auch mit Jean Arthuis und Sylvie Goulard, sehr guten und kompetenten Kollegen aus dem Europäischen Parlament in der Wirtschaftspolitik, und mit Arthuis, ebenfalls ehemaliger Haushaltsminister 1995–1997.

Alles in allem wird zwar der Beitrag Deutschlands und Frankreichs hoch geschätzt, aber eine der entscheidenden Lehren aus der Krise ist, dass Europa bei weitem zu wertvoll ist, um diesen beiden allein überlassen zu werden. Nach den strukturellen Schwächen, die im Vertrag von Maastricht für den Aufbau der Eurozone belassen wurden, gab es viele unglückliche Ereignisse, wie den Bruch des Stabilitäts- und Wachstumspakts 2003–2004 und den Weltuntergang von Deauville 2010 sowie viele andere Maßnahmen des Krisenmanagements durch das Duo. Darüber hinaus tragen Deutschland und Frankreich einen gerechten Teil der Verantwortung dafür, dass die Reform der

Eurozone in den letzten Jahren nicht wirklich vorangekommen ist – seit der Bankenunion oder seit 2013 sind keine größeren Reformen beschlossen worden.

In diesen Tagen wünscht man sich eigentlich, dass zumindest das deutschfranzösische Duo die institutionelle Initiative ergreifen und die Führung für die Eurozone übernehmen könnte, natürlich unter enger Einbindung und Ermächtigung der anderen EU-Mitgliedstaaten und Institutionen. Die politische Initiative von 14 deutschen und französischen Ökonomen Anfang 2018 war ein ermutigender und intellektuell stark fundierter, synthetischer Schritt in die richtige Richtung. Die Regierungen Deutschlands und Frankreichs haben nicht den Grad an Kühnheit und Konsensfähigkeit ihrer Ökonomen erreicht. Wir können mit Recht erwarten, dass die Staats- und Regierungschefs von Deutschland und Frankreich dem Beispiel ihrer Landsleute folgen und sich auf die nächste Stufe einer notwendigen Reform der Eurozone einigen könnten, auf die ich in Kap. 19 eingehen werde. Und diese positive Perspektive erfordert auch eine aktive Kommission, die eine entsprechende Initiative ergreift, und sie unterstreicht auch die Gemeinschaftsmethode als den kritischen Weg der Entscheidungsfindung. Meiner Ansicht nach ist dies eines der wesentlichen Medikamente gegen den zeitgenössischen Populismus und sogar gegen den gefährlichen Zerfall Europas.

Literatur

Bratsiotis und Cobham (Hrsg.), *German Macro: How It's Different and Why It Matters*. European Policy Centre, 2016.

Europäische Kommission, Leistungsbilanzüberschüsse in der EU, *Europäische Wirtschaft* 9/2012. http://ec.europa.eu/economy_finance/publications/european_economy/2012/pdf/ee-2012-9_en.pdf

Hans Kundnani, *German Power: Das Paradox der deutschen Stärke*. C.H.Beck, 2016.

Joschka Fischer, *Epäonnistunut Eurooppa*. Into, 2014, S. 90–91. (dt. *Scheitert Europa?*, Kiepenheuer&Witsch 2014)

Paul Kennedy, *The Rise and Fall of the Great Powers*, Fontana Press 1988, S. 630.

15

Die baltischen Staaten setzen die Segel gegen den Wind

Ich muss zugeben, dass das Abheben frischer estnischer Euroscheine am Geldautomaten in der Innenstadt von Tallinn mit Ministerpräsident Andrus Ansip in der eisigen Kälte kurz nach Mitternacht in der Silvesternacht des 31. Dezember 2010 eine der kühlsten – oder *coolsten* – Erfahrungen in meiner Amtszeit als Kommissar für Wirtschafts- und Währungsangelegenheiten war. Dieser Moment symbolisierte zwei Jahrzehnte demokratischer und wirtschaftlicher Transformation Estlands und kristallisierte die europäische Ausrichtung des Landes heraus.

Während die Eurozone brannte, machten die baltischen Staaten weiter und brachten ihre Volkswirtschaften nach den schädlichen Auswirkungen der Finanzkrise immer wieder auf den Pfad der Erholung zurück. Alle drei, Estland, Lettland und Litauen, wurden 2011–2015 Mitglieder der Eurozone: Estland 2011, Lettland 2014 und Litauen 2015. Da während der Krise weder Grexit noch andere Austritte aus der Eurozone stattfanden – entgegen den Voraussagen vieler Kassandras –, wuchs die Mitgliederzahl der Eurozone tatsächlich von 16 auf 19 Mitglieder.

Aus einer längerfristigen historischen Perspektive betrachtet, sind die letzten drei Jahrzehnte im Baltikum eine inspirierende Ära der Freiheit und des Fortschritts.

Ich reiste das erste Mal in diese damals vergessene Ecke Europas, als ich im Mai 1982 den Finnischen Meerbusen von Helsinki nach Tallinn überquerte und zwar, um meine wiedergewonnene persönliche Freiheit nur wenige Tage nach Beendigung meines Militärdienstes als frischgebackener Leutnant der Reserve zu feiern – was mich dazu brachte, das Schicksal des Baltikums unter der Sowjetunion mit dem des freien und unabhängigen Landes Finnland zu vergleichen. Das war weniger als ein Jahrzehnt nach der Unterzeichnung des historischen Helsinki-Abkommens im Sommer 1975 und ungefähr zu der Zeit, als die Stagnation der Breschnew-Ära ihren Höhepunkt erreichte. Seitdem haben die baltischen Staaten einen langen Weg zurückgelegt, und ihre EU-Mitgliedschaft war ein wichtiger Baustein für ihre erfolgreiche demokratische und wirtschaftliche Transformation. Die baltischen Staaten sind im Großen und Ganzen auch eine wirtschaftliche Erfolgsgeschichte, auch wenn die jüngsten Skandale im Zusammenhang mit Geldwäsche ihren Ruf geschädigt haben. Ihre Säuberung durch rigorose Anti-Geldwäsche-Aktivitäten ist eine wesentliche Herausforderung für die baltischen Staaten wie auch für ihre nordischen Nachbarn.

Estlands Weg zur Freiheit – und nach Europa

Seit Mitte der 1980er-Jahre und dem Beginn der *Glasnost* und *Perestroika* von Gorbatschow wurde ich zu einem regelmäßigen politischen Touristen in Estland. Im Mai 1986 organisierten wir in Tallinn eine erste finnisch-sowjetische Jugendveranstaltung mit dem Titel „Peace to the Border" und brachten eine Reihe finnischer Rockbands mit, darunter die legendäre *Sielun Veljet* (die „Soul-Brüder"), mit großem Erfolg. Dabei konnte ich zum ersten Mal erleben, dass die estnischen Gastgeber tatsächlich nicht der Führung der Moskauer Menge folgten, obwohl die Führungsspitze des Komsomols (Jugendorganisation der KPdSU) anwesend war. Das halbe Jahrzehnt 1986–1991 wurde für Estland zu einer Zeit der allmählichen politischen Liberalisierung und des proaktiven Aufbaus einer Nation, so dass die meisten gesellschaftlichen Strukturen der damaligen Sowjetrepublik von unabhängig denkenden Menschen besetzt waren, von den Zeitungen über die Gewerkschaften bis hin zur Parteimaschinerie (im Singular, da nur eine Partei zugelassen war), *Eestimaa Kommunistische Partei* (EKP; die lokale Zweigstelle der KPdSU). Die überwiegend aus Chorgesang bestehenden Liederfeste wurden im Wesentlichen zu jährlichen Demonstrationen des gemeinsamen Willens, das estnische Erbe zu erhalten.

Damals dachten wir Finnen, und einige prahlten sogar damit, dass wir die Sowjetunion „kannten". Die Esten kannten sie jedoch besser, da sie innerhalb dieser Union lebten und ihre Schwachstellen und ihren strukturellen Niedergang direkt kannten. 1988 drückte Siim Kallas, damals stellvertretender Herausgeber der wichtigsten estnischen Zeitung *Rahva Hääl*, es unverblümt aus, als er vor einem Seminarpublikum in Turku (Finnland) sprach: „Die Sowjetunion wird zerfallen." Das sorgte für viel Verwirrung und Unglauben unter den Seminarteilnehmern und in der anschließenden öffentlichen Debatte. Es wurde gesagt, dass nur sehr wenige im finnischen Publikum wirklich verstanden, dass er wahrhaftig meinte, was er sagte![1] Und es war kein sprachliches Problem, denn Kallas spricht perfekt Finnisch. Siim Kallas war einer der Väter des „IME", des unabhängigen Wirtschaftsprogramms für Estland, und seit der Unabhängigkeit Zentralbankchef, Finanzminister und Ministerpräsident des Landes. In den Jahren 2004–2014 diente er als Vizepräsident der Europäischen Kommission, war ein großartiger Kollege und wurde ein enger Freund.

Bald nach dem Zusammenbruch der Sowjetunion 1991 und der Unabhängigkeitserklärung der drei baltischen Republiken begannen sie, sich ihrer europäischen Perspektive anzunähern – und die Europäer hießen sie im Großen und Ganzen willkommen. Die erste Station auf dem Weg zur EU war die Mitgliedschaft im Europarat. Als junger Abgeordneter leitete ich 1991–1995 die finnische Delegation in der Parlamentarischen Versammlung des Europarates, wo wir intensiv daran arbeiteten, die Mitgliedschaft der baltischen Staaten in der Organisation voranzubringen. Estland wurde im Frühjahr 1993 als Mitglied aufgenommen, das war ein sonniger, heller und großer Tag in Straßburg und eine meiner besten europäischen Erinnerungen.

Mitte der 1990er-Jahre traten in allen drei baltischen Staaten Freihandelsabkommen mit der EU in Kraft, die eine beispiellose wirtschaftliche Umstrukturierung und Konvergenz auslösten. Bald darauf folgten umfassendere Europa-Abkommen, die baltischen Produkten zusätzlichen Zugang zum EU-Binnenmarkt gewährten und den freien Verkehr von Dienstleistungen und Kapital sicherten. Über die wirtschaftliche Liberalisierung hinaus erleichterten die Europa-Abkommen auch die Freizügigkeit der Arbeitnehmer und die Zusammenarbeit in den Bereichen Wissenschaft, Bildung, Tourismus, geistige Eigentumsrechte, Verkehr, Telekommunikation, Energie, nukleare Sicherheit, Umwelt, Finanzdienstleistungen, öffentliches Beschaffungswesen, Zoll, justizielle Zusammenarbeit, Kultur usw.

Ende der 1990er-Jahre waren die vollwertigen EU-Beitrittsverhandlungen auf gutem Wege. Im Mai 2004 traten insgesamt zehn Länder, darunter Estland, Lettland und Litauen, im Rahmen der Osterweiterung, der größten Einzelerweiterung der EU, der Europäischen Union bei. Die baltischen Staaten gewährleisteten westliche Sicherheitsgarantien, indem sie auch der NATO beitraten.

---

[1] Jarmo Virmavirta (20. Juli 2009).

Die baltische Erweiterung der Eurozone in 2011–2015

Insgesamt kann das baltische Trio, zumindest nach dem lettischen EU-IWF-Programm zur wirtschaftlichen Anpassung in den Jahren 2009–2012, eine glaubwürdige Bilanz einer soliden Wirtschafts- und Haushaltspolitik vorweisen, und ihre Defizite und die Verschuldung des öffentlichen Sektors gehören zu den niedrigsten in der EU. Dies ist nicht nur den entschlossenen politischen Maßnahmen zu verdanken, die alle drei im Gefolge der Finanzkrise ergriffen haben, sondern steht auch für ihren bemerkenswerten rechtlichen, demokratischen und wirtschaftlichen Übergang seit der Wiedererlangung der Unabhängigkeit in jenem dramatischen Sommer 1991. Die Erfahrungen der baltischen Staaten sind ein ermutigender Beweis für andere Länder der Eurozone, dass eine umsichtige makroökonomische Politik und mutige Wirtschaftsreformen einen Tugendkreis schaffen können, der Wachstum und Wohlstand bringt.

In den baltischen Staaten werden die ersten beiden Jahrzehnte der 2000er-Jahre als eine Zeit der tiefen Integration in Europa in Erinnerung bleiben. Bis Mai 2014, also bis zum 10. Jahrestag der Osterweiterung, waren Estland und Lettland Teil der WWU geworden, und Litauen zog rasch nach und führte die einheitliche Währung zum 1. Januar 2015 ein, womit das „baltische Full House" in der Eurozone vollendet war.

Estland war der erste baltische Staat, der die so genannten Maastricht-Kriterien erfüllte, darunter eine niedrige Verschuldung und ein niedriges Defizit sowie eine stabile Inflation, die die Voraussetzungen für den Eintritt in die letzte Stufe der Währungsunion darstellen. Das Engagement und die harte Arbeit des Landes wurden am 13. Juli 2010 von allen in der Europäischen Union anerkannt, als der ECOFIN-Rat beschloss, dass Estland bereit sei, den Euro im Januar 2011 einzuführen. Das Land hatte mitten in der tiefsten Weltwirtschaftskrise der jüngeren Geschichte energische Anstrengungen unternommen und war mit einem robusten finanzpolitischen Kurs und der bei weitem niedrigsten Staatsverschuldung in der EU daraus hervorgegangen. Dies war vor allem der flexiblen Wirtschaft Estlands und seiner Fähigkeit zu verdanken, sich bereits seit zwei Jahrzehnten unter einem festen Wechselkurs anzupassen (s. Abb. 15.1).

In den Diskussionen der Eurogruppe im Jahr 2010 gab es einige skeptische Stimmen und sogar Widerstand hinsichtlich der Nachhaltigkeit von Estlands Wirtschaftsleistung und Mitgliedschaft. Ich verteidigte Estland mit einem einfachen, aber eindringlichen Argument, das sich auf eines der Schlüsselkriterien der Euro-Mitgliedschaft bezog: „Können Sie als derzeitige Euro-Mitgliedsländer mit einer durchschnittlichen Staatsverschuldung von 75 Prozent

Abb. 15.1 Kommissionsvizepräsident Siim Kallas, ehemaliger Ministerpräsident Estlands, zieht am Silvesterabend 2011 druckfrische estnische Euro aus dem Geldautomaten in der eiskalten Innenstadt von Tallinn. (Quelle: © Europäische Union, 2011 – Europäische Kommission – Foto: Ralgo Pajula. Lizenziert unter CC BY 4.0 https://creativecommons.org/licenses/by/4.0/)

einem Beitrittskandidaten mit einer Staatsverschuldung von 7,5 Prozent wirklich ‚Nein' sagen? So steht Estland heute da." Mit diesem verbalen Schlag fiel die Debatte über die Fähigkeit Estlands, die Kriterien zu erfüllen, sehr kurz aus.

Es überrascht nicht, dass die positiven Nachrichten aus Estland weitgehend von dem sich verschlechternden Marktvertrauen und der miserablen Wirtschaftslage in Griechenland, Portugal und Irland zu dieser Zeit überschattet wurden. Dennoch war und ist der Erfolg Estlands ein Beweis für die Vitalität der Währungsunion und für die Gültigkeit der ihr zugrunde liegenden Prinzipien. Sie untermauerte die Rolle des Euro als mittelfristigem politischem Anker und bestätigte, dass nachhaltige politische Anstrengungen und eine langjährige Bilanz stabilitätsorientierter Politik zu konkreten Ergebnissen führen.

Gleichzeitig war klar, dass die Euroeinführung für Estland – wie für jedes Land – große wirtschaftliche Anstrengungen mit sich brachte. Die größte Herausforderung für Estland bestand darin, das Wieder aufleben eines Auf- und-Ab-Zyklusses zu vermeiden, wie er vor der Krise Anfang der 2000er-Jahre stattgefunden hatte. Das anhaltende Wachstum in der ersten Hälfte des Jahrzehnts über dem eigentlichen Wirtschaftspotenzial wurde teilweise durch eine einzigartige Kombination von Faktoren verursacht, die in absehbarer Zukunft wahrscheinlich so nicht wieder auftreten werden. Zu diesen Faktoren im Zusammenhang mit der frühen Transformation zählten der wirtschaftliche Übergang und die Umstrukturierung der letzten zwei Jahrzehnte sowie die rasche finanzielle Vertiefung und der Beitritt zur EU, die neue Märkte öffneten und zur Modernisierung des regulatorischen Umfelds beitrugen. Sie führten aber auch zum Entstehen übertrieben optimistischer Erwartungen unter den Wirtschaftsakteuren und zu einem nicht nachhaltigen, kreditgetriebenen Boom der Inlandsnachfrage, verbunden mit übermäßigen Lohn- und Preissteigerungen und einem hohen Leistungsbilanzdefizit.

Was kann Estland tun, um in Zukunft ein ausgewogeneres Wachstum zu gewährleisten? Meiner Ansicht nach gibt es zwei Hauptfaktoren für ein nachhaltigeres Wachstum.

Erstens wird es wichtig sein, die Arbeitslosigkeit rückläufig zu halten und sicherzustellen, dass sich die Qualifikationen entsprechend den Bedürfnissen der estnischen Wirtschaft entwickeln. Aktive arbeitsmarktpolitische Maßnahmen und Bildungssysteme, die auf die Bedürfnisse des Arbeitsmarktes reagieren, sind für die Steigerung der Produktivität von entscheidender Bedeutung.

Zweitens hat Estland eine erfolgreiche Kultur der fiskalischen Vorsicht und nachhaltiger öffentlicher Finanzen übernommen. Ich bin davon überzeugt, dass eine Bewahrung dieser Kultur für seine Bürger und für die Eurozone als Ganzes wirklich von Vorteil sein wird.

Estland ist bereits bekannt als ein führendes digitales Land dank seines *eEstland*-Ansatzes. Ich glaube auch, dass Estland in dieser Hinsicht sehr nützliche Erfahrungen hat, die es mit anderen Mitgliedstaaten teilen kann, insbesondere da *eEurope* noch im Entstehen begriffen ist.

Lettland kommt vom Abgrund zurück und tritt dem Euro bei

Am 5. Juni 2013 veröffentlichte die Kommission ihre Einschätzung der Bereitschaft Lettlands zur Einführung des Euro. Ich konnte dabei bekannt geben, dass Lettland unseres Erachtens die Bedingungen für den Beitritt zur gemeinsamen Währung erfüllte:

> Die Erfahrung Lettlands zeigt, dass ein Land makroökonomische Ungleichgewichte, so schwerwiegend sie auch sein mögen, erfolgreich überwinden und gestärkt daraus hervorgehen kann. Nach der tiefen Rezession von 2008–9 ergriff Lettland entschlossene politische Maßnahmen, unterstützt durch das von der EU und dem IWF geleitete Finanzhilfeprogramm, das die Flexibilität und An-

passungsfähigkeit der Wirtschaft innerhalb des allgemeinen EU-Rahmens für nachhaltiges und ausgewogenes Wachstum verbesserte. Und dies zahlte sich aus: Es wird prognostiziert, dass Lettland in diesem Jahr die am schnellsten wachsende Wirtschaft in der EU sein wird.

Ich habe einen allgemeinen Punkt zum Euro hinzugefügt: „Der Wunsch Lettlands, den Euro einzuführen, ist ein Zeichen des Vertrauens in unsere gemeinsame Währung und ein weiterer Beweis dafür, dass diejenigen, die den Zerfall der Eurozone vorausgesagt haben, sich geirrt haben."

Das offizielle Gütesiegel für die WWU-Mitgliedschaft Lettlands wurde von den EU-Finanzministern im ECOFIN-Rat im darauf folgenden Monat, am 9. Juli 2013, verliehen.

Wie ist Lettland aus der tiefen Krise wieder zu einem schnellen Wachstum gekommen?

Seit dem Tiefpunkt der Krise im Jahr 2009 hat Lettland einen sehr schwierigen wirtschaftlichen Anpassungsprozess bewältigt. Ich mache mir keine Illusionen darüber, wie hart die globale Finanzkrise das lettische Volk in den Jahren 2008–2009 in Bezug auf das rasch sinkende BIP und die rasch steigende Arbeitslosigkeit getroffen hatte. Im Jahr 2009 wurden die Löhne um mehr als 10 Prozent gesenkt, und die Wirtschaft schrumpfte um mehr als 15 Prozent. Die Arbeitslosigkeit und die Abwanderung von Arbeitskräften stiegen zunächst sprunghaft an.

Die Situation wurde Ende 2008 als so schlimm eingeschätzt, dass die Ökonomen des IWF eine Währungsabwertung und das Verlassen der Eurobindung empfahlen. Dies ist verständlich, denn dies war schon immer Teil des IWF-Instrumentariums, und im Falle eines Landes, das *nicht* Mitglied oder Kandidat für eine Währungsunion war, ermöglicht sie in der Regel eine schnellere und weniger schmerzhafte Anpassung – allerdings mit erheblichen Nebenwirkungen für z. B. inländische KMUs mit Währungskrediten, insbesondere im Zeitalter des freien Kapitalverkehrs. Die Kommission, die vom damaligen Kommissar für Wirtschaft und Währung, Joaquin Almunia, mutig gelenkt wurde, und die EZB widersetzten sich diesem Rat jedoch entschieden und empfahlen stattdessen eine interne Anpassung, die kurzfristig schwierig wäre, langfristig aber die Wirtschaft widerstandsfähiger machen würde. Lettland entschied sich für die letztere Alternative. Im Falle Lettlands hat dies funktioniert.

So lautete die Einschätzung von Jean Pisani-Ferry, einem der prominentesten europäischen Ökonomen und Gründungsmitglied des Bruegel-Think-Tanks: „Eine interne Abwertung ist nicht unmöglich. Lettland, ein kleines baltisches Land, hat es nach der Finanzkrise von 2008–2009 recht erfolgreich durchgezogen ... IWF-Ökonomen empfahlen, die Eurobindung aufzugeben und die Währung abzuwerten. Lettland, unterstützt von der EZB und der

Europäischen Kommission, lehnte diesen Rat ab … und beschloss stattdessen, einen energischen Prozess der internen Anpassung einzuleiten."[2]

Im Jahr 2016 schrieb Vivek Arora, ein IWF-Beamter, der nach der Finanzkrise an der „Feuerwehr" teilnahm, in der Ex-post-Bewertung, dass der IWF sein Programmdesign im Zuge der Krisenentwicklung angepasst habe. Er kam auch, meiner Ansicht nach zu Recht, zu dem Schluss: „Wenn der Wechselkurs nicht als Instrument zur Unterstützung der Wirtschaft bei der Anpassung an Schocks zur Verfügung steht, müssen wir uns möglicherweise auf längere Programme mit mehr Finanzierung vorbereiten."[3]

Tatsächlich war die Beibehaltung der Eurobindung entscheidend für die notwendige finanzielle Stabilisierung, die den späteren Erfolg des lettischen EU-IWF-Anpassungsprogramms untermauerte. Das Vertrauen in das Finanzsystem, dessen Fehlen die Krise 2008 auslöste, wurde schnell wiederhergestellt. Die lettischen Behörden hielten an der seit langem bestehenden Währungs- und Wechselkursregelung fest. Sie trafen auch wichtige Maßnahmen zur Stabilisierung des Finanzsystems, insbesondere durch die Umstrukturierung notleidender Banken, während die Aufsicht und Regulierung verstärkt wurden.[4] Doch wie wir Anfang 2018 erfuhren, gab es große Probleme im Bankensektor und bei der Aufsicht. Die US-Behörden stellten fest, dass die lettische ABLV-Bank in Geldwäsche verwickelt war, und der EZB-Aufsichtsrat erklärte sie für gescheitert oder kurz vor dem Scheitern, was zu ihrer Auflösung führte, da es nicht im öffentlichen Interesse lag, sie zu retten. Dies erforderte eine Stärkung der Finanzaufsicht in Lettland sowie eine Stärkung der europäischen Kompetenzen zur wirksameren Bekämpfung der Geldwäsche.

In jedem Fall hat die entschlossene Umsetzung des von der EU und dem IWF geführten Hilfsprogramms Lettland in den Jahren 2009–2012 bei den Reformen und der Rückkehr zum Wirtschaftswachstum geholfen, wahrscheinlich schneller, als die Kommission oder der IWF ursprünglich dachten. Tatsächlich wurde Lettland 2012 zur am schnellsten wachsenden EU-Wirtschaft. Der *baltische Tiger* war ein Beispiel für andere europäische Länder, die damit kämpften, ihre Volkswirtschaften wieder zum Laufen zu bringen, auch wenn man die Kehrseite der beträchtlichen Auswanderung und des Brain-Drain – der Abwanderung von Fachkräften – nicht vernachlässigen darf, ebenso wenig wie die vielen verbleibenden Herausforderungen, einschließlich der hohen sozialen Ungleichheit.

---

[2] Jean Pisani-Ferry (2013, S. 117–118).
[3] Vivek Arora, (11. Juli 2016).
[4] Siehe z. B., Gabriele Giudice, *The Adjustment in Latvia*, ein Foliensatz präsentiert auf der ELIAMEP-Konferenz, Poros, 8. Juli 2011. Giudice war in den kritischen Jahren Missionschef der Kommission in Lettland und später in Griechenland.

Es war keine einfache Reise! Ich erinnere mich an viele schwierige Gespräche über das Tempo der Haushaltskonsolidierung mit Valdis Dombrovskis, dem klar fokussierten und mutigen Ministerpräsidenten Lettlands in den Jahren 2009–2013. Ich vertraue darauf, dass es keine negativen Gefühle mehr gibt. Der entschlossene Ansatz der Kommission wurde als Ermutigung verstanden, „das volle Programm durchzuziehen" und der Wirtschaft zu einem schnelleren Umschwung zu verhelfen. Valdis Dombrovskis wurde 2012 mit 60 Prozent Unterstützung wiedergewählt, und 2010–2014 fungierte er mit großer Zustimmung als mein Nachfolger als Vizepräsident der Kommission für Wirtschafts- und Währungsfragen.

Das lettische Reformprogramm wurde von gegensätzlichen Schulen des wirtschaftlichen Denkens für den Versuch genutzt, ihren Standpunkt zu beweisen. Dombrovskis antwortete auf Paul Krugman, der darauf bestand, dass das Programm zu hart sei und keinen Erfolg haben könne: „Krugman sagte bereits im Dezember 2008, Lettland sei das neue Argentinien, es werde unweigerlich in Konkurs gehen, und jetzt fällt es ihm schwer, seinen Irrtum einzugestehen."[5]

Im Juni 2012 veranstaltete die Bank von Lettland zusammen mit dem IWF eine Konferenz zum wichtigsten Thema: „Welche Lehren sollten die europäischen Entscheidungsträger aus den Anpassungserfahrungen Lettlands und des Baltikums ziehen?" Auf dem Podium saßen die wichtigsten politischen Entscheidungsträger der Krisenzeit, u. a. Christine Lagarde und Mario Draghi. In meinem Namen gratulierte ich Lettland zum soliden Abschluss des EU-IWF-Programms und zur erfolgreichen Rückkehr auf die Märkte. Meiner Ansicht nach bewies es den Ansatz, dass wirtschaftliche Anpassung ohne Währungsabwertung möglich ist. Ich unterstrich, dass dies der Beginn eines langen Weges hin zu einem nachhaltigen Wirtschafts- und Finanzmodell sei, das in einen dauerhaften Erfolg umgewandelt werden könne. Ich fasste die Lehren aus der Krise in Lettland für den Rest der Eurozone zusammen, indem ich vier Punkte hervorhob: erstens, die Kosten und die reale Wettbewerbsfähigkeit („Flexibilität ist ein Trumpf, *Flexicurity*[6] ist noch besser") beibehalten; zweitens, eine rigorose Reparatur des Finanzsektors verfolgen; drittens, fiskalische Vorsicht walten lassen und einen Puffer aufbauen, um Konjunkturzyklen zu widerstehen; und schließlich, auf makroökonomische Ungleichgewichte achten und diese verhindern, auch mit Hilfe der damals in der Entwicklung befindlichen makroprudenziellen Instrumente.

---

[5] Markus Brunnermeier, Harold James und Jean-Pierre Landau (2016, S. 147).
[6] Anm. der Übers.: *Flexicurity* ist ein arbeitsmarktpolitisches Konzept. Das Wort ist künstlich aus den engl. Begriffen *flexibility* und *security* zusammengesetzt.

Litauens Eintritt in den Euro 2015

Nach der erfolgreichen Einführung des Euro in Lettland verlagerte sich der Fokus bei den baltischen Staaten auf Litauen. Am 4. Juni veröffentlichte die Kommission ihren Konvergenzbericht 2014, in dem sie zu dem Schluss kam, dass Litauen die Maastricht-Kriterien erfülle und bereit sei, in die Endphase der Währungsunion einzutreten.

Als ich auf dem Weg zum Pressesaal der Kommission war, hatte ich nur wenige Tage zuvor den letzten Monat meiner 14-jährigen Karriere als Kommissionsbeamter begonnen. Es war also an der Zeit, eine längerfristige Perspektive einzunehmen und zurückzublicken. Es erschien mir angebracht, eine Pressekonferenz abzuhalten, auf der ich einige sehr konkrete Ergebnisse der in den letzten Jahrzehnten erzielten Fortschritte vorstellte. Ich bezog mich auf die tief greifenden Anpassungen, die in den mittel- und osteuropäischen Volkswirtschaften stattgefunden hatten, als wir vor fast genau zehn Jahren ihren Beitritt zur EU feierten. Im Jahr 1994 betrug ihr Pro-Kopf-Einkommen weniger als die Hälfte des EU-Einkommens. Im Jahr 2004 war dieses Verhältnis auf 58 Prozent gestiegen. Aber im Jahr 2014 erreichte das Pro-Kopf-Einkommen der *Beitrittswelle* von 2014 schon 72 Prozent des EU-Einkommens.

Litauens Bereitschaft zur Einführung des Euro spiegelte seine langjährige Unterstützung für eine umsichtige Finanzpolitik und Wirtschaftsreformen wider. Diese Reformdynamik, die zum Teil durch den EU-Beitritt Litauens zehn Jahre zuvor vorangetrieben wurde, hatte zu einem erheblichen Anstieg des Wohlstands geführt: Das Pro-Kopf-BIP des Landes war von nur 24 Prozent des EU28-Durchschnitts im Jahr 2004 auf 52 Prozent im Jahr 2018 gestiegen.[7]

Vor dem Hintergrund der anhaltenden Krise in der Ukraine zeigte sich nun deutlicher, dass die Entwicklung Mittel- und Osteuropas ganz anders hätte verlaufen können – und die harte Arbeit, die hinter ihren demokratischen Übergängen steckte, sollte nicht als selbstverständlich angesehen werden. Die Entwicklungen z. B. in Ungarn und Polen zeigen außerdem bedauerlicherweise, dass der demokratische Übergang nicht unumkehrbar ist. Auf jeden Fall beweisen die Erfolge der baltischen Staaten bei ihrer politischen und wirtschaftlichen Transformation, dass die europäische Integration, richtig genutzt, eine starke Triebkraft für Stabilisierung, Demokratie und Wohlstand gewesen ist. Diese Kraft sollte beibehalten werden.

---

[7] http://appsso.eurostat.ec.europa.eu/nui/submitViewTableAction.do.

Nur eine – oder keine?

Ich erinnere mich an ein Gespräch mit Andris Piebalgs, einem sehr guten lettischen Kollegen aus den Jahren 1997–1998, der damals als ständiger Vertreter seines Landes in der EU fungierte. Das war eine Zeit, in der Estland die Chance hatte, ein Beitrittskandidat zu werden, was zu diesem Zeitpunkt für Lettland und Litauen nicht als realistischer Status galt. Mein Freund Andris bestand darauf, dass wir alle drei baltischen Staaten, nicht nur einen, dabei unterstützen sollten, ein Kandidatenland zu werden. Ich erinnere mich an meine Antwort, dass „jetzt die Wahl nicht zwischen einem oder drei, sondern zwischen einem oder *keinem*" bestehe. Tatsächlich diente Estlands Status in der ersten Gruppe von sechs Ländern, die die Verhandlungen über den EU-Beitritt begannen, aber dazu, die Tore Europas für alle baltischen Staaten zu öffnen, und ebnete den Weg für ihre EU- und Euro-Mitgliedschaft.

Heute sind Europa und die Welt in einer ganz anderen Verfassung als nach dem Ende des Kalten Krieges und dem Wendepunkt im Baltikum 1991 oder im Vergleich zur EU-Osterweiterung von 2004. Die Geopolitik hat sich durchgesetzt, und die russische Machtpolitik verursacht berechtigte Sicherheitsbedenken in den baltischen Staaten. Wir leben mit Populismus und fragmentierten politischen Systemen in Europa, was Herausforderungen der Unregierbarkeit schafft. Auch die baltischen Staaten sind auf den Geschmack gekommen. Aber auf jeden Fall befinden sich alle drei baltischen Staaten heute innerhalb des wirtschaftlichen und politischen Kerns Europas, einschließlich des Sicherheitsschirms der NATO. Und das sollte für die baltischen Staaten ermutigend und beruhigend sein und auch für Europa eine gute Nachricht sein.

Literatur

Jarmo Virmavirta, Suomessa ei 1980-luvun lopulla tajuttu, kuinka lähellä Viron uusi itsenäisyys oli. *Turun Sanomat*, 20. Juli 2009.

Jean Pisani-Ferry, *The Euro Crisis and Its Aftermath*. Oxford University Press, 2013, S. 117–118.

Markus Brunnermeier, Harold James und Jean-Pierre Landau, *The Euro and the Battle of Ideas*. Princeton University Press, 2016, S. 147.

Vivek Arora, *Five Lessons from a Review of Recent Crisis Programs*. iMF Direct – The IMF Blog, 11. Juli 2016.

16

Nachbeben und die Brexit-Bombe

Während die explosivsten Jahre der Krise in der Eurozone im Frühjahr 2013 vorbei waren, gab es 2013–2015 noch viele Nachbeben, die die bis dahin erzielten Fortschritte gefährdeten. Keines von ihnen – was jetzt im Rückblick deutlicher zu erkennen ist, wenn auch nicht zu dem Zeitpunkt, als sie geschahen – ist jedoch richtig hochgegangen, noch hat eines die immer noch zerbrechliche Erholung erschüttert. Aber sie hätten es tun können, und deshalb sollten sie bei dieser Niederschrift der Krisen-Geschichte nicht ignoriert werden.

Dieses Kapitel befasst sich mit den Ereignissen in Zypern, Slowenien und Griechenland. Das erste der Nachbeben war die zyprische Bankenkrise im Winter 2012–2013, die sich allerdings schon seit vielen Jahren zusammengebraut hatte. Sie erschütterte das Land und seine Bevölkerung, ließ aber den anhaltenden Aufschwung in der Eurozone nicht entgleisen. Auf jeden Fall kann man viel daraus lernen, wie man damit umgehen kann und wie man *nicht* mit der Bewältigung von Bankenkrisen umgeht. Die anderen finanzpolitischen Nachbeben waren Slowenien in den Jahren 2012–2013 und Griechenland (erneut) im Jahr 2015.

Zypern: Krise im überdimensionierten Bankensektor

Erzählen Sie mir nicht, dass es keine finanzielle Ansteckung gibt! Die Diskussionen in Griechenland um einen griechischen Schuldenerlass im späten Frühjahr 2011 hatten unmittelbare Folgen für Zypern. Fitch führte Ende Mai eine dreifache Herabstufung und Standard & Poor's eine einstufige Herabstufung der zypriotischen Staatsschulden durch, da die zypriotischen Banken stark in griechischen Staatsanleihen engagiert sind. Dies führte zu einer Rallye steigender Zwei-Jahres-Spreads mit deutschen Bundesanleihen. Im September 2011 erreichten die Spreads ihr neues Rekordhoch von 2548 Basispunkten und blockierten die internationalen Kapitalmärkte für Zypern.

Betrachtet man die Grundursachen der zypriotischen Bankenkrise, so wird deutlich, dass ihre Probleme über viele Jahre hinweg aufgebaut wurden. Ihr Ursprung war der überdimensionierte Bankensektor (fast 1000 Prozent des BIP, ungefähr die gleiche relative Größenordnung wie in Island oder Irland), der davon lebte, ausländische Einlagen – nicht zuletzt aus Russland – zu sehr günstigen Bedingungen anzulocken. Die Bankprobleme wurden durch schlechtes Risikomanagement und mangelnde Bankenaufsicht noch verschärft. In Ermangelung einer angemessenen Aufsicht bauten die größten zypriotischen Banken übermäßige Risikopositionen auf.

Auch Zypern kämpfte mit übermäßig hohen Defiziten. Der zypriotische Haushaltssaldo ging von -5,3 Prozent im Jahr 2010 auf -6,3 Prozent im Jahr 2011 zurück. Bedenken hinsichtlich der Finanzlage Zyperns traten im Juli zutage, als Moody's die Staatsanleihen des Landes um zwei Stufen absenkte. Demetris Christofias, der Präsident Zyperns, führte am 5. August eine Regierungsumbildung durch und ernannte Kikis Kazamias zum neuen Finanzminister. Christofias stammte aus der nominell kommunistischen Partei AKEL, was ihn nicht zu einem natürlichen Experten des internationalen Kapitalismus machte – es sei denn, man zählt seine marxistisch-leninistischen Wurzeln dazu. Ich erinnere mich daran, dass ich 2005 in seinem Parteibüro V.I. Lenin in Form einer Büste und der roten Fahne mit Hammer und Sichel gegenüberstand. Es hätte sich ziemlich surreal angefühlt, wenn ich nicht die Erfahrung mit seinen sowjetischen Genossen, im Rahmen der internationalen Jugendzusammenarbeit in den 1980er-Jahren, gemacht hätte. In der praktischen Politik glich die AKEL jedoch weitgehend einer normalen Mitte-Links-Partei in Europa.

Während der heißen Sommermonate hatten wir alle Hände voll zu tun, eine Lösung für die Finanzierung eines neuen Programms für Griechenland zu finden. Das für den 11. Juli 2011 anberaumte Treffen der Eurogruppe drohte fragwürdig zu werden, aber angesichts der drängenden Zeit war es unerlässlich, Fortschritte bei der Einführung eines einvernehmlichen und operationellen Modells für die Beteiligung des Privatsektors und einer Vereinbarung zwischen Griechenland und seinen Gläubigern zu erzielen.

Ein Teil unserer Arbeit befasste sich mit möglichen Ansteckungseffekten. Neben der Ausarbeitung von Maßnahmen zur Abgrenzung anderer gefährdeter Länder brauchten wir einen Plan für den Fall, dass die Entwicklungen in Griechenland zu einem ungeordneten Ergebnis führen sollten. Wir waren uns sehr wohl bewusst, dass die negativen Auswirkungen auf Zypern sofortige Vorkehrungen für externe Finanzhilfe erforderlich gemacht hätten – die Bankenprobleme der Insel und die daraus resultierenden fiskalischen und makroökonomischen Ungleichgewichte wurden in die Berichte und länderspezifischen Empfehlungen des ersten Europäischen Semesters im Juni 2011 aufgenommen. Vor diesem Hintergrund lag die Idee, dass Zypern ein Vorsorgeprogramm beantragen sollte, bei unseren internen Treffen bereits lange vor der Einigung über das zweite Rettungspaket Griechenlands, das eine Beteiligung des privaten Sektors vorsah, auf dem Tisch.

Das Rettungspaket Griechenlands vom 21. Juli 2011 hatte erhebliche Auswirkungen auf Zypern. Um den zunehmenden Ängsten vor dem Zusammenbruch zypriotischer Banken entgegenzuwirken, verschärfte die Zentralbank von Zypern im Juli die Kapitalanforderungen, und die inländischen Banken bemühten sich das ganze Jahr über, ihre Kapitalbasis zu erhöhen. Nichtsdestotrotz zeigte unsere Risikoanalyse, dass jeder Haircut auf die griechischen Staatsanleihenbestände der zypriotischen Banken den Banken eine Finanzierungslücke von mehreren Milliarden Euro verursachen würde. Bedenken wurden auch hinsichtlich der Risiken im Zusammenhang mit dem Abbau der Verschuldung ausländischer Einlagen geäußert, die wir als möglichen Zweitrundeneffekt betrachteten, falls das Vertrauen in den Bankensektor schwinden sollte.

Anfang November 2011 äußerte ich gegenüber Finanzminister Kazamias sehr ernste Bedenken über die Wirtschafts- und Bankensituation in Zypern. Ich sagte ihm, dass die Kommission recht weit fortgeschrittene Vorbereitungen im Vorfeld eines möglichen zyprischen Antrags auf ein Vorsorgeprogramm getroffen habe, was unvermeidlich wäre, wenn die anhaltenden Probleme nicht sofort angegangen würden. Dies war als letzter Weckruf an Zypern und seine Führung gedacht. Aber die Tatsache zu akzeptieren, dass Zypern ein Programm benötigte, war für zypriotische Politiker eine bittere Pille, die sie schlucken mussten, und so wurde viel Zeit verschwendet. Die gleiche Geschichte wie bei anderen Programmländern – alles noch einmal von vorn.

Das brennendste Thema war der übermäßig aufgeblähte Finanzsektor und die besondere Beziehung der zypriotischen Banken zu Russland. Allein im Zeitraum 2007–2010 hatten die Russen über die Banken Mittel im Wert von rund 30 Milliarden Euro an Unternehmen in russischem Besitz in Zypern geleitet, was den Löwenanteil der gesamten russischen Auslandstransaktionen ausmachte. Aufgrund des Umfangs dieser Partnerschaft und der Bedeutung des Finanzsektors für die damalige zypriotische Wirtschaft waren zypriotische

Beamte alles andere als begeistert davon, dass die Troika ihre Vorschläge zur Reform des Finanzsektors vorlegte.

Im Herbst 2011 sah die Situation schlimm aus. Zypern brauchte Geld zur Refinanzierung seiner Schulden, aber das Land war de facto an den internationalen Kapitalmärkten blockiert. Anfang 2012 gingen Zypern die Mittel aus.

(Nicht viele) Liebesgrüße aus Moskau

Doch Zypern hatte seinen (vermeintlichen) Trumpf, der aus Russland kam, noch nicht ausgespielt – dieser war eher nicht mit viel Liebe geplant. Im Oktober 2011 beantragte und erhielt Zypern von Russland ein Darlehen in Höhe von 2,5 Milliarden Euro mit einem Zinssatz von 4,5 Prozent für 4,5 Jahre – ein attraktiver Deal, da die 10-jährige Benchmark-Anleihe Zyperns mit einer Rendite von über 10 Prozent gehandelt wurde. Das Geschäft sollte den mittelfristigen Finanzierungsbedarf Zyperns decken und Liquiditätsengpässe bei den lokalen Geschäftsbanken vermeiden.

In der Zwischenzeit hätte ein Programm der Eurozone einen wesentlich günstigeren Kredit mit ca. 2–3 Prozent Zinssatz ermöglicht. Dies hätte jedoch ein Anpassungsprogramm erfordert, das der Regierung nicht passte.

Der russische Kredit machte Zypern noch abhängiger von russischem Geld und Einfluss. Im Hinblick auf ein mögliches Hilfsprogramm machte das Abkommen die Verhandlungsposition Zyperns komplizierter: Inwieweit würden sie die russischen Interessen berücksichtigen, wenn es zu einer Rettungsaktion käme?

Vorspulen auf 2013: Das russische Roulette kehrte zurück, wenn auch nicht rachsüchtig, so doch mit Bedeutung für die Lösung der Krise im Jahr 2013, wie Professor Panicos Demetriades, der während der hitzigen Hochphase der Krise in den Jahren 2012–2014 als Gouverneur der Zentralbank von Zypern fungierte, richtig beschrieben hat:

> Die Botschaft [von Moskau nach Nikosia] war, dass die Russen bereit wären, zur Rettung Zyperns beizutragen, aber der Beitrag sollte auf nicht mehr als 10 Prozent ihrer Einlagen begrenzt werden … Niemand erwähnte, dass sie die Armen besteuern, um nicht nur die russischen Oligarchen zu schützen, sondern auch das Geschäftsmodell, mit dem die zypriotische Elite ihr Geld verdiente. Auch nicht, dass höhere Zinssätze möglicherweise ein erhöhtes Risiko widerspiegelten.[1]

---

[1] Panicos Demetriades (2017).

Das Jahr 2012 begann wieder mit den Blicken der Finanzwelt auf Griechenland. Die Verhandlungen über ein zweites wirtschaftliches Anpassungsprogramm gingen weiter, bis am 21. Februar 2012 eine endgültige Einigung erzielt wurde. Der 53,5-prozentige Haircut für griechische Staatspapiere von Privatanlegern hatte nachteilige Auswirkungen auf den zypriotischen Bankensektor, der viel in griechische Anleihen investiert hatte. Die Bank von Zypern, die größte Bank der Insel, verlor 1,8 Milliarden Euro, und Laiki, die zweitgrößte Bank, verlor 2,3 bis 2,5 Milliarden Euro – rund 60 Prozent des gesamten Eigenkapitals der Banken.

So ging das Jahr 2011 ohne ein Hilfeersuchen Zyperns zu Ende. Nach schwierigen Verhandlungen verabschiedete die Regierung Mitte Dezember ein Haushaltsgesetz für 2012, das eine beträchtliche Anzahl von Konsolidierungsmaßnahmen mit dem Ziel vorsah, das öffentliche Defizit von 6,3 Prozent des BIP im Jahr 2011 auf 2,5 Prozent im Jahr 2012 zu senken. Diese Maßnahmen waren ein großer Schritt in die richtige Richtung, insbesondere im Hinblick auf die Kriterien, die Zypern im Rahmen des Verfahrens bei einem übermäßigen Defizit auferlegt wurden.

Die erhebliche Schwächung der Kapitalausstattung der beiden größten Banken Zyperns führte aber dazu, dass Moody's Mitte März die Kreditwürdigkeit des Inselstaates auf den Ramsch-Status herabstufte. Moody's war nach der ähnlichen Entscheidung von Standard & Poor's im Januar die zweite Kreditrating-Agentur, die dies tat. Fitch als letzte der drei großen Rating-Agenturen zog am 25. Juni nach. Das bedeutete, dass Zyperns Anleihen von der EZB nicht mehr als Sicherheiten akzeptiert wurden, was den Zugang des Landes zu den Finanzmärkten effektiv einschränkte.

Nachdem das russische Doping im Winter 2012–2013 ausgelaufen war, wandte sich Zypern an die Eurozone, um seinen Finanzierungsbedarf zu decken. Am selben Tag, an dem die letzte Herabstufung der Kreditwürdigkeit stattfand, d. h. im Hochsommer 2012 oder fünf Tage vor der Übernahme der rotierenden EU-Präsidentschaft, bat Zypern um eine Rettungsaktion der EFSF/ESM, um inmitten steigender Risiken eine Finanzierung zur Rekapitalisierung seiner Banken zu erhalten.

Es wurde geschätzt, dass ein Rettungspaket im Wert von rund 17 Milliarden Euro erforderlich sein würde. Allein die Mittel zur Rekapitalisierung der Banken würden rund 10 Milliarden Euro erfordern. Aber die Mitgliedstaaten der Eurozone waren nicht bereit, das Geld einfach so zu drucken. Es wurden verbindliche externe Zwänge beschlossen, die den Handlungsspielraum einschränkten: Die Mitgliedstaaten stellten absolut klar, dass die Programmfinanzierung 10 Milliarden Euro (von den 17 Milliarden Euro) nicht überschreiten sollte.

Nach einem Mandat der Eurogruppe begann die Kommission dann mit der EZB und dem IWF an einem Anpassungsprogramm für Zypern zu arbeiten. Aufgrund von Meinungsverschiedenheiten zwischen der Troika und der Regierung Christofias über den Umfang der notwendigen Strukturreformen und fiskalischen Maßnahmen kamen diese nur langsam voran. Eine Einigung über die Reformen wurde schließlich im November 2012 erzielt, und viele von ihnen wurden noch vor Weihnachten durch das Parlament verabschiedet.

Die Einigung auf die Reformagenda war nur der erste Schritt auf einem holprigen Weg. Die wirtschaftliche Lage in Zypern verschlechterte sich Anfang 2013 weiter. Seit Anfang des Jahres hatte es erhebliche Abflüsse von Einlagen aus zypriotischen Banken gegeben.

Am 20. Februar 2013 rief ich Wolfgang Schäuble an und sagte zu ihm:

> Die Situation in Zypern hat sich in der letzten Woche erheblich verschlechtert. In der vergangenen Woche gab es bemerkenswerte Abflüsse von Einlagen, und an diesem Dienstag haben sich die Abflüsse beschleunigt. Falls die Eurogruppe nicht beabsichtigt etwas zu unternehmen, um diesen Trend umzukehren, könnten wir bald eine Situation erreichen, in der die zypriotischen Behörden gezwungen sein werden, einen Bankfeiertag auszurufen und die Einlagen einzufrieren, gefolgt von Kapitalkontrollen. Dies kann jeden Augenblick geschehen. Die Troika hat die technischen Vorbereitungen intensiviert, um bereit zu sein, falls dieses Szenario eintritt. Tatsächlich könnten wir den Rubikon bereits überquert haben.

Ich erinnere mich, dass Schäuble der Analyse weitgehend zustimmte und sagte, dass sie auch den Abfluss zypriotischer Einlagen beobachtet hätten. Die Bedenken waren auf den Märkten weit verbreitet. Unter den Analysten des Finanzsektors herrschte ein breiter Konsens darüber, dass die beiden größten Banken Laiki und Bank of Cyprus bankrott waren und liquidiert werden sollten. Und unter den Finanzministern herrschte die Meinung vor, dass die Zentralbank von Zypern durch die von der EZB akzeptierte Notfall-Liquiditätshilfe (Emergency Liquidity Assistance – ELA) viele Risiken eingegangen sei, und dass es notwendig sei, sich jetzt mit diesen Risiken auseinanderzusetzen. Viele Finanzminister waren auch der Ansicht, dass es ein Fehler gewesen sei, dass die EZB die Rettungsaktion für Irland (und die Beteiligung des privaten Sektors für Griechenland) blockierte.

Unter den Gläubigermitgliedstaaten näherten sich die Ansichten an: 1) Die beiden größten Banken sollten (in Übereinstimmung mit der Position des IWF) abgewickelt werden, 2) der Körperschaftssteuersatz sollte auf das Niveau Irlands (12,5 Prozent) angehoben werden, 3) der IWF muss mit Finanzhilfe an Bord sein, und 4) wenn Russland bereit ist, eine Bank zu übernehmen, dann ist eine russische Beteiligung akzeptabel; ansonsten spielt sie keine große Rolle (man beachte, dass diese Ereignisse mehr als ein Jahr vor der Annexion der Krim stattfanden). Die Kommission teilte nicht alle diese Ansichten, aber wir mussten sie kennen, um eine vernünftige Lösung zu planen – es gab keinen perfekten Weg mehr.

Im Januar 2013 hatte die Eurogruppe einen neuen Vorsitzenden gewählt, Jeroen Dijsselbloem, der erst zwei Monate zuvor zum niederländischen Finanzminister ernannt worden war. Er hatte eine harte Feuertaufe, denn er musste auf den schnell fahrenden Zug der Zypern-Rettung aufspringen. Aber er lernte das Handwerk zügig und wurde im Laufe der Zeit ein weithin respektierter Vorsitzender der Eurogruppe, dessen Weltbild das eines wirtschaftsreformistischen und steuerlich verantwortlichen Politikers mit sozialdemokratischem Hintergrund ist. Bald lernten wir, gut zusammenzuarbeiten. Wenn ich mich öffentlicher Kritik wegen der konsequenten Umsetzung der wirtschafts- und finanzpolitischen Regeln durch die Kommission oder dem offenen Widerstand einiger untersuchter Mitgliedstaaten ausgesetzt sah, war Jeroen immer fair und unterstützend.

Am 11. März 2013 sagte ich in der Eurogruppe, dass es wichtig sei, den Abschluss eines Programms mit Zypern kurz nach den für Mitte Februar geplanten Präsidentschaftswahlen anzustreben. Es hatte leider ein Leck in einer frühen Version eines Arbeitsdokuments der Troika gegeben, in dem eine vollständige Rettungsoption erwähnt wurde. Das Leck hatte die Dringlichkeit nur noch erhöht, nicht zuletzt, weil die zypriotischen Banken in der ersten Woche nach dem Leck satte 750 Millionen Euro verloren hatten. Wir wussten, dass wir auf einem sehr schmalen Grat wanderten, denn Deutschland und der IWF übten starken politischen Druck aus, um in irgendeiner Form einen substanziellen, wenn auch nur teilweisen Rettungsplan aufzustellen, um eine Einigung über ein Programm zu erzielen. Auf der anderen Seite hatten wir keine andere Wahl, als die Option der vollständigen Rettungsaktion öffentlich zu verwerfen, um keine Panik auf den Märkten zu schüren.

In den Wintermonaten fand eine sehr komplizierte Diskussion darüber statt, wie der Finanzierungsbedarf Zyperns gedeckt werden konnte. Die Troika hatte es schwer, die roten Linien zu überschreiten, die eine Gruppe von Mitgliedstaaten, darunter auch Deutschland, gegenüber dem Paket im Wert von rund 17 Milliarden Euro gesetzt hatte, von denen 10 Milliarden Euro zur Rekapitalisierung der Banken und der Rest zur Deckung des Finanzbedarfs des Staates benötigt wurden. Zwei starke externe Zwänge schränkten den Handlungsspielraum ein: die Tatsachen, dass der IWF auf einer Schuldenquote von nicht mehr als 100 Prozent des BIP bis 2020 bestand und dass wichtige Mitgliedstaaten der Eurozone, darunter Deutschland, klargestellt hatten, dass die Programmfinanzierung 10 Milliarden Euro nicht überschreiten sollte.

Dies bedeutete, dass mindestens 6 Milliarden Euro Finanzierungslücke durch eine Art Kaution gedeckt werden mussten. Unsere bevorzugte Linie in der Kommission war der Schutz der versicherten Einlagen unter 100.000 € und die Einführung einer höheren Abgabe auf nicht versicherte Einlagen, die in der Regel von wohlhabenderen Personen und Unternehmen gehalten werden. Bald wurde jedoch klar, dass die hohe Abgabe von etwa 15 Prozent auf nicht versicherte Einlagen (d. h. Einlagen über 100.00 €) für die zypriotischen Entscheidungsträger nicht akzeptabel war.

Bis März hatte sich die wirtschaftliche Lage so stark verschlechtert, dass das Szenario einer eher allmählichen wirtschaftlichen Anpassung nicht mehr in Sicht war. Vor allem der Zustand der Banken verschlechterte sich rapide. Bald wurde klar, dass die zweitgrößte Bank, Laiki, sofort aufgelöst werden musste. Die Gefahr eines vollständigen Zusammenbruchs des gesamten Bankensystems – und damit eines weitreichenden Verlustes von Einlagen und Ersparnissen und eines ungeordneten Ausfalls des Staates – stand kurz bevor. Das wäre eine Katastrophe für Zypern und das zypriotische Volk gewesen.

Während der Diskussion der Eurogruppe in der Nacht vom 15. auf den 16. März 2013 wurden mit dem Vorsitzenden der Eurogruppe, Jeroen Dijsselbloem, und ausnahmsweise auch mit dem Präsidenten des Europäischen Rates, Herman van Rompuy, der aktiv ein Paket mit dem zypriotischen Präsidenten Nicos Anastasiades vermittelte, verschiedene Optionen geprüft.

Nach einer ziemlich chaotischen Nacht verpflichteten sich die Zyprioten schließlich, die Finanzierungslücke von 5,8 Milliarden Euro durch die Einführung einer Abgabe von 6,75 Prozent und 9,9 Prozent auf Einlagen zu decken. Es war die merkwürdigste politische Diskussion und Entscheidung, an der ich je beteiligt war (beteiligt sein *musste*, genauer gesagt): eine Entscheidung **wurde getroffen** und zwar mit passiver Stimme. Die Ad-hoc-Sitzung, die die Entscheidung vorbereitete, war nicht richtig organisiert, und niemand wusste, wer für die Unterbreitung des Vorschlags verantwortlich sein würde. Ich hatte kein Mandat von der Kommission. Niemand wollte im Nachhinein das Geburtsrecht oder den Vorschlag für sich beanspruchen.

Letztendlich erodierte alles in den folgenden Tagen, als sich die Zyprioten während der Telefonkonferenz der Eurogruppe am 18. März weigerten, die Abgabestruktur zu ändern, um die versicherten Einleger vollständig freizustellen, trotz der Ermutigung durch den Rest der Eurogruppe und die Troika. Es wurde deutlich, dass die hohe Abgabe (15,6 Prozent statt 9,9 Prozent), die dies auf nicht versicherte Einlagen (= die Einlagen über 100.000 Euro) impliziert hätte, für die zypriotische Führung auch nicht akzeptabel waren.

Nach der Ablehnung der Abgabe durch das zypriotische Repräsentantenhaus am 19. März geriet Laiki unter massiven Druck und das zypriotische Parlament setzte die Priorität darauf, Gesetze zur Bankenauflösung und zur Kapitalbeschränkung zu verabschieden und dann eine Einigung über ein Programm zur Vermeidung eines völligen Staatsbankrotts zu erzielen. In den zehn Tagen bis zur Einigung in der Eurogruppe am 25. März, als die Schlüsselelemente des Programms vereinbart wurden, blieben die Banken geschlossen. Als sie wieder öffneten, verhängten die zypriotischen Behörden Kapitalkontrollen, um die Flucht von Einlagen zu verhindern – ein Schritt, der angesichts der schwierigen Umstände, mit denen die Insel konfrontiert war, gerechtfertigt war.

Als die Eurogruppe wieder zusammentrat, lagen unserer Ansicht nach keine optimalen Lösungen mehr auf dem Tisch, sondern nur noch schwierige Entscheidungen – und die Notwendigkeit, ohne weitere Verzögerung eine tragfähige Einigung zu erzielen.

Die Einigung, die am Sonntagabend erzielt wurde, entsprach weitgehend dem ursprünglichen IWF-Vorschlag. Auch wenn die Vereinbarung nicht unsere bevorzugte Option war, so lag die Priorität damals doch darin, sie so gut wie möglich umzusetzen: also die negativen Auswirkungen auf die Wirtschaft und die Finanzstabilität zu minimieren und Zypern beim Vorankommen zu helfen.

Das Programm sollte Zypern im Zeitraum 2013–2016 dabei unterstützen, die Last der Vergangenheit zu überwinden und die übermäßigen wirtschaftlichen Ungleichgewichte, unter denen das Land litt, zu korrigieren. Es zielte darauf ab, einen kleineren, aber widerstandsfähigen und transparenten Bankensektor zu gewährleisten. Die Reform des Rechtsrahmens für die Bekämpfung der Geldwäsche und die Gewährleistung ihrer wirksamen Umsetzung waren ein Schlüsselelement in dieser Hinsicht und eine notwendige Voraussetzung für die Finanzierung des ESM.

In der Fiskalpolitik erleichterte das Programm die Beseitigung des übermäßigen Defizits Zyperns innerhalb von vier Jahren. Es umriss auch eine breit angelegte Agenda von Strukturreformen zur Schaffung von Bedingungen für die Erneuerung der zypriotischen Wirtschaft, aufbauend auf ihren Stärken, wie gut ausgebildeter und qualifizierter Arbeitskräfte und der Tradition des Unternehmertums.

Wie lautet im Rückblick das Urteil zum Krisenmanagement in Zypern angesichts der Erholung? Laut der Analyse der Europäischen Kommission vom Herbst 2017 „hat das Wirtschaftswachstum in den letzten Quartalen die Erwartungen übertroffen … die Prognose für 2017 liegt bei 3,5 Prozent und … bleibt über 2018–2019 robust. Die Arbeitslosigkeit wird weiter sinken … Auf der fiskalischen Seite werden für 2017–2019 Überschüsse erwartet, die durch ein günstiges makroökonomisches Umfeld unterstützt werden."

Klingt gut, und es ist sicherlich besser, als die meisten von uns im Jahr 2013 erwartet haben. Allerdings gibt es noch eine Kehrseite, nämlich die langsamere Erholung des Bankensektors. Niemand hat erwartet, dass der zypriotische Bankensektor zu den extrem ungesunden und unhaltbaren Bedingungen vor der Krise zurückkehren würde, aber es gibt immer noch große Herausforderungen, um die finanzielle Sanierung abzuschließen. Die Zahl der notleidenden Kredite ist hoch, die Rentabilität der Banken ist schwach, und die Kapitalpolster sind allenfalls mittelmäßig. Aber innerhalb des gesunden makroökonomischen Kontextes sollte dies sicherlich beherrschbar sein.

Was sind die wesentlichen Lehren, die aus der Zypern-Krise gezogen wurden?

Zunächst einmal wurde Zypern, unbeabsichtigt, aber seinerseits ja nicht ganz so unschuldig, zum ersten Versuchsfeld für eine wirksame Rettungsaktion, die für die Bankenunion der Eurozone zur Regel gemacht wurde. Der anfängliche Schock war zwar schlimm, aber die Rettungsaktion hat dazu beigetragen, den Steuerzahler wie beabsichtigt zu schützen, und hat zu einer milderen Schrumpfung als eine traditionelle Rettungsaktion geführt.

‚Verzögern Sie die Anpassung nicht', ist die andere Lektion. Vorbeugend Handeln ist immer besser als Korrektur oder Milderung. Der Europäische Stabilitätsmechanismus sollte entsprechend entwickelt werden. Meiner Ansicht nach wäre eine gangbare Alternative eine kurzfristige ESM-Fazilität vorsorglicher Natur, wahrscheinlich mit einem geringeren Grad an Bedingungen.

Die Zukunft Zyperns nehme ich zugegebenermaßen auch sehr persönlich: Ich habe fünf Jahre lang als Kommissar für die Erweiterung hart gearbeitet, um die Wiedervereinigung des Landes zu erleichtern. Ich bedaure, dass es in letzter Zeit keine entscheidenden Fortschritte gegeben hat. Es lohnt sich nämlich immer noch, daran zu erinnern, dass die Wiedervereinigung der Insel der wirtschaftlichen und sozialen Entwicklung Zyperns einen wichtigen Impuls geben würde.

Sloweniens wirtschaftliche Wende in den Jahren 2012–2013

Slowenien ist ein kleines und schönes Land in der nördlichen Ecke der Adria und am Tor zum Westbalkan. Als ein ehemaliger Teil sowohl des Habsburger Reiches als auch Jugoslawiens tauchte es im Laufe des Jahres 2012 auf dem Radarschirm der Finanzfeuerwehren auf. Ich kannte das Land gut, denn ich hatte 2008–2009 im Grenzstreit um die Bucht von Piran zwischen Slowenien und Kroatien vermittelt.

Nach einer Analyse der Kommission im Frühjahr 2012 hielt ich eine öffentliche Warnung für notwendig, um die Regierung des Landes bei raschen Entscheidungen zur Wiederherstellung des Gleichgewichts der Wirtschaft zu unterstützen. In einer Rede am 15. Juni sagte ich, dass es in Slowenien ernsthafte Ungleichgewichte bei der Unternehmensverschuldung, der Bankenstabilität und der externen Wettbewerbsfähigkeit gebe. Ende 2012 wurden einige politische Maßnahmen ergriffen. Insbesondere verabschiedete das slowenische Parlament am 4. Dezember 2012 eine Rentenreform, während ein scheinbar populistisches Referendumsbegehren, das die Lösung wahrscheinlich zum Scheitern gebracht hätte, vermieden wurde.

Die Gefahr der Unregierbarkeit suchte Slowenien jedoch heim, da die Hürde für die Einberufung eines Referendums sehr niedrig ist und der Zugang entsprechend leicht. So reichten beispielsweise die Gewerkschaften des öffentlichen Sektors des Landes im Dezember 2012 einen Antrag auf ein Referendum über den vom Parlament bereits genehmigten Haushalt für das Haushaltsjahr 2013/2014 ein. Selbst der verabschiedete Haushalt war sanft ausgeprägt und konnte dazu führen, dass Slowenien mit einem Defizit von 3,9 Prozent des BIP seine Korrekturfrist verpasst, während die öffentliche Verschuldung den Prognosen zufolge im Jahr 2014 60 Prozent des BIP überschreiten würde.

Ein noch gravierenderes Problem war die große Anzahl notleidender Kredite und der große Bedarf an Rekapitalisierung im slowenischen Bankensektor. Hierfür wurde eine „Bad Bank", d. h. eine Vermögensverwaltungsgesellschaft, als Lösung in Betracht gezogen. Darüber hinaus waren die damals laufenden Arbeitsmarkt- und Verfassungsreformen einem politischen Risiko ausgesetzt.

Bis Ende 2012 hatte die slowenische Regierung eine Vermögensverwaltungsgesellschaft zur Bankenrettung und zur Bewältigung der großen Menge fauler Kredite in den Bankenbüchern vorgeschlagen. Zu diesem Zeitpunkt blieben jedoch noch Fragen der Umsetzung offen. Die Banken brauchten frisches Kapital, aber wir waren uns bewusst, dass die Beschaffung von Finanzmitteln schwierig sein würde, solange Unsicherheit über die Rettungsmaßnahmen herrschte.

Ich habe Ministerpräsident Janez Janša am 14. Dezember 2012 im Berlaymont-Gebäude auf diese Punkte hingewiesen. Ich sagte ihm privat, aber unverblümt, dass die Mitarbeiter der Kommission der Meinung sind, dass Slowenien seine wirtschaftlichen und bankenpolitischen Herausforderungen nicht ohne ein finanzielles Rettungsprogramm bewältigen könne, einschließlich natürlich der normalen Konditionalität, und viele Mitgliedstaaten teilten diese Ansicht. Ich wiederholte dies vor der neuen Ministerpräsidentin Alenka

Bratušek im Februar 2013, kurz nachdem sie ernannt worden war. Es war kein leeres Versprechen, denn unsere Mitarbeiter und die meisten Mitgliedstaaten teilten diese Ansicht, die nicht unbedingt meine war. Nur mit einem sehr entschlossenen Programm von Korrekturmaßnahmen konnte Slowenien seine wirtschaftlichen Probleme ohne ein Rettungsprogramm überwinden.

In den folgenden Monaten verschlechterte sich die wirtschaftliche und finanzielle Situation Sloweniens immer weiter. Auf dem Treffen der Eurogruppe in Dublin am 12. und 13. April 2013 habe ich signalisiert, dass die makroökonomischen und finanziellen Ungleichgewichte in Slowenien übermäßig hoch seien und sich verschärften und dringend angegangen werden müssten:

> Angesichts negativer Wirtschaftstrends und erheblicher Risiken, die sich aus der hohen Verschuldung der Unternehmen und dem Schuldenabbau ergeben, verschärfen die Verflechtungen mit dem Staat den Fall der slowenischen Banken. Diese Risiken werden durch die begrenzte Anpassungsfähigkeit auf den Arbeits- und Kapitalmärkten und aufgrund einer Wirtschaftsstruktur, die vom Staatseigentum dominiert wird, noch verschärft. Der jüngste Anstieg der Spreads von Banken und Anleihen und die Herabstufung der slowenischen Banken stellen für die Regierung, die im Juni mit der Schuldentilgung konfrontiert ist, ein zusätzliches Problem dar. Die Rekapitalisierung der Banken stellt eine zusätzliche Herausforderung für die Finanzierung des öffentlichen Sektors dar. Dies sind die Hauptargumente für ein Programm.

Es war ein offenes Gespräch in einem möglichst klaren und gebrochenen finnischen „Rallye-Englisch". Ich machte dies als letzten Weckruf, bevor Slowenien in der Tat keine andere Alternative gehabt hätte, als sich für ein Programm zu entscheiden. Ich konnte jedoch auch den letzten Olivenzweig liefern, indem ich sagte: „Nach Ansicht der Kommission besteht die Chance, ein Programm zu vermeiden, wenn Sie baldmöglichst eine glaubwürdige politische Antwort im bevorstehenden Nationalen Reformprogramm geben und bereits in den kommenden Wochen mit konkreten Maßnahmen beginnen."

Ich bezog mich auf konkrete Maßnahmen zur Konsolidierung der öffentlichen Finanzen, die Strategie des Bankensektors sowie auf Strukturreformen und Staatseigentum. Im Bankensektor forderten wir eine transparente und verlässliche Überprüfung der Vermögensqualität und Stresstests der inländischen Banken. Zusätzlich zu diesen Sofortmaßnahmen forderten wir für 2014–2015 eine Überprüfung der Ausgaben der öffentlichen Finanzen, eine Bereinigung der Bilanzen der Banken mit Hilfe der Bad Bank und die vollständige Privatisierung der staatlichen Banken.

Im Laufe des Jahres 2013 geschah nach langem Zögern in Slowenien und Verzweiflung in unserer Zentrale ein kleines Wunder. Es war in der Tat sehr knapp. So sagte z. B. der Gouverneur der Zentralbank, Boštjan Jazbec, noch im November 2013, dass er eine Bitte um ein Rettungsprogramm nicht ausschließen könne, da die Rezession tiefer wäre als erwartet.[2] So begann Slowenien ab Anfang 2013, entschiedene Maßnahmen zu ergreifen, um seine schwerwiegenden wirtschaftlichen Schwächen anzugehen. Zur Überraschung vieler machte es Fortschritte und konnte so ein Rettungsprogramm vermeiden. Im Mai 2013 konnte ich feststellen, dass die Kommission eine Verlängerung der Frist für die Korrektur der öffentlichen Finanzen um zwei Jahre empfiehlt. Darüber hinaus ergriff die Regierung Maßnahmen zur Verbesserung der Kostenwettbewerbsfähigkeit und leitete eine ernsthafte Sanierung des Bankensektors ein.

Im Großen und Ganzen war die Bankenreparatur eine Erfolgsgeschichte. Vor diesem Hintergrund ist es auffällig, dass Gouverneur Boštjan Jazbec und seine Arbeit wegen angeblicher Unregelmäßigkeiten der Zentralbank während der Reform des Bankenstektors 2013 einer Untersuchung unterzogen wurden. Die EZB leitete rechtliche Schritte gegen Slowenien wegen der Verletzung der Unabhängigkeit und der Beschlagnahme von Dokumenten in der Zentralbank ein. Zum Zeitpunkt dieses Schreibens ist der Fall noch offen.

Was war das Ergebnis dieser mutigen politischen Maßnahmen? Wie gesagt, Slowenien vermied ein Rettungsprogramm und kehrte früher als erwartet auf den Pfad der Erholung und des Wachstums zurück. Dies unterstreicht einmal mehr die Bedeutung der finanziellen Stabilität für ein nachhaltiges Wachstum. So berichtete Reuters im Juni 2017 über Slowenien: „Slowenien kehrte ein Jahr nach der Bankenrevision auf den Wachstumspfad zurück, und die Regierung erwartet, dass die Wirtschaft in diesem Jahr um 3,6 Prozent expandieren wird gegenüber 2,5 Prozent im Jahr 2016, hauptsächlich aufgrund eines Anstiegs der Investitionen, Exporte und Inlandsausgaben."

Die rasche wirtschaftliche Erholung Sloweniens ist ein klassisches Beispiel dafür, dass ein kleines Land entschlossen und geschlossen handelt, wenn es vor einer fast unmöglichen Aufgabe steht. Das Land und seine Bevölkerung haben in letzter Minute die Kurve gekriegt. Das verdient von den anderen Europäern gebührenden Respekt und Anerkennung.

---

[2] Reuters (15. November 2013).

Spiel, Satz und Sieg – Aufstieg und Fall der Spieltheorie in Griechenland

Im Jahr 2015 wandelte sich die Situation in Griechenland mit einem weiteren Wahlsieg hin zu einem weiteren Drama. Der Unterschied zum Zeitraum 2010–2012 bestand in der Tat darin, dass die Situation jetzt im Jahr 2015 rein politisch und absolut selbst verschuldet war, während sie in der früheren Phase zum Teil auf die äußeren Bedingungen der globalen Finanzkrise und zum Teil auf lang anhaltende strukturelle Probleme in der griechischen Wirtschaft und der griechischen Politik zurückzuführen war.

Während ich die nationale Einheit Griechenlands forderte, versuchte ich auch, mit der Opposition in Kontakt zu bleiben. Im Dezember 2013 traf ich mich mit Alexis Tsipras, dem Führer von Syriza, der bald darauf griechischer Ministerpräsident wurde (s. Abb. 16.1). Tsipras hatte seine Redebeiträge auf einem iPad, das sich nicht allzu revolutionär oder marxistisch anfühlte, und wir hatten ein konstruktives, fast freundschaftliches bilaterales Treffen in meinem kleinen Büro in Straßburg.

Abb. 16.1 Alexis Tsipras, der damalige Oppositionsführer von Syriza, wurde im Dezember 2013 in Straßburg mit „einem analphabetischen, gelben Befehlsempfänger der dritten Kategorie" (um Professor Yanis Varoufakis zu zitieren) fotografiert. (Quelle: © Europäische Union, 2013 – Europäische Kommission – Foto: Mathieu Cugnot. Lizenziert unter CC BY 4.0 https://creativecommons.org/licenses/by/4.0/)

Aber es sollte keine einfache Reise werden, was natürlich niemand erwartete. Die siegreiche Syriza-Bewegung wollte in den Jahren 2014–2015 die Funktionsprinzipien des Euro in Frage stellen. Sie zielte darauf ab, insbesondere als Tsipras den Kollegen Yanis Varoufakis mit dem Finanzministerium betraute, den wirtschaftlichen und rechtlichen Rahmen der Eurozone zu „revolutionieren". Varoufakis spielte angeblich ein Gefangenendilemma und bedrohte die Eurozone mit einem einseitigen Grexit, es endete aber mit einem sechsmonatigen Schattenboxen mit den Europäern, die sich weigerten, den Ring zu betreten und ruhig von außen zusahen. Das Ergebnis war ein Selbstläufer.

Unter Bezugnahme auf die Ereignisse in Griechenland in den Jahren 2014–2015 argumentierte Kommissar Pierre Moscovici, dass das zweite Programm (2012–2015) erfolgreich hätte abgeschlossen werden können, wenn die Regierung der Koalition Neue Demokratie/PASOK der Reform der sozialen Sicherheit und der Erhöhung der Mehrwertsteuer für die Inseln im Jahr 2014 zugestimmt hätte, was Griechenland vor vielen politischen Unruhen hätte bewahren können. Yannis Stournaras, der Finanzminister in der reformistischen Koalitionsregierung von 2012–2014 und amtierender Gouverneur der Bank von Griechenland, stimmt halbwegs mit Moscovici überein, indem er sagte, dass „bei einem vernünftigen und realistischen Verhalten beider Seiten ein drittes Programm hätte vermieden werden können". Er berechnete, dass die Kosten der Ereignisse von 2014–2015 für die griechischen Steuerzahler in der Größenordnung von 86 Milliarden Euro lagen, basierend auf der vom IWF durchgeführten Analyse der Schuldentragfähigkeit: Während die griechische Staatsverschuldung im Jahr 2022 nach der Analyse von 2014 105–110 Prozent des BIP betragen hätte, wurde für 2015 ein Verhältnis von 160–170 Prozent des BIP prognostiziert. Die zusätzlichen Kosten wurden durch die Politik verursacht und entsprechen der Differenz von ca. 55–60 Prozent des BIP. So kostete das spiel-theoretische Laborexperiment Varoufakis Griechenland und die Eurozone rund 86 Milliarden Euro.[3]

Ich habe dem, was bereits über die Episode geschrieben wurde, nicht viel hinzuzufügen, da ich nicht mehr im Epizentrum der Ereignisse stand, da ich nach meiner Wahl ins Europäische Parlament im Mai 2014 in meinen parlamentarischen Pflichten nachkam Tatsächlich führte George Papaconstantinou, einer der Vorgänger von Varoufakis, die Geschichte auf den Punkt:

---

[3] Interview mit Yannis Stournaras, *Kathimerini*. Englische Ausgabe, 23. August 2018.

> Trotz ihres Bravourstücks wurden die griechische Regierung und ihre Spieltheorieexperten schlecht ausgespielt. Sie spielten denjenigen direkt in die Hände, die den Ausstieg Griechenlands befürworteten. Der Rest der Eurozone wartete geduldig darauf, dass das Spiel sich selbst ausspielte.[4]

Für mich war es schwierig, ein *Déjà vu*-Gefühl zu vermeiden. Im Frühjahr 2011 verbrachte ich einige Zeit in Helsinki, um die potenziellen Koalitionspartner in einer neuen Regierung, zu der auch die populistischen *Wahren Finnen* gehören könnten, davon zu überzeugen, das portugiesische und griechische Rettungspaket zu unterstützen. Im Frühjahr 2015 nahm ich aktiv an den Koalitionsgesprächen teil, bei denen ein politisches Programm für eine weitere Koalitionsregierung ausgearbeitet wurde, zu der auch die *Wahren Finnen* gehören könnten. In der Folge unterstützten die *Wahren Finnen* das griechische Rettungspaket von 2015. Sie wurden schließlich gespalten, kehrten aber 2019 in radikalisierter Form zu den Wahlen zurück.

Die zweite griechische Krise von 2014–2015 war zwar ein unnötiges und unverantwortliches politisches Drama, das Griechenland in die Gefahr brachte, die Eurozone verlassen zu müssen, und die laufende wirtschaftliche Erholung des Landes zum Scheitern brachte, doch hatte sie eine positive Folge. Sie säuberte die Luft zum Thema Ausstiegsdebatten in der Eurozone. Brexit ist eine andere Geschichte, und ihre Wurzeln liegen tiefer in der Geschichte, wie ich weiter unten erläutern werde.

Immer noch die ‚Troika' – oder doch ein Europäischer Währungsfonds?

In Kap. 1 bezeichnete ich das unmögliche Dreieck als *Modus Operandi* der Rettungsprogramme der Eurozone. Mir waren die Probleme bei der Gestaltung und Koordinierung der Politik schmerzlich bewusst. Lassen wir „die andere Seite des Tisches" über die Funktionsweise des „unmöglichen Dreiecks" Zeugnis ablegen. George Papaconstantinou, der damalige griechische Finanzminister, hat in seinem scharfsinnigen Zeugnis *Game Over* (2016) geschrieben:

> Auch die Troika hatte Probleme. Die drei Institutionen hatten noch nie zuvor bei einem solchen Programm zusammengearbeitet … Die Eurozone stellte den größten Teil des Geldes zur Verfügung, also würde man erwarten, dass die Kommission an erster Stelle steht. Nichtsdestotrotz bedeutete die Finanzierungsvereinbarung, dass sie sicherstellen musste, dass die zu treffende Entscheidung auch

---

[4] George Papaconstantinou (2016).

für die schwierigsten Ländern der Eurozone schmackhaft sein würde ... Den IWF in die Vereinbarung einzubinden, stellte ausdrücklich die Kompetenz der Kommission und ihre Fähigkeit, die Märkte zu beruhigen, in Frage. Dadurch erhielt der Fonds in den Verhandlungen ein Gewicht, das größer war als sein Anteil von einem Drittel an der Finanzierung ... Trotz der Rollenverteilung kam es zu Spannungen; bei mehreren Gelegenheiten mussten die Verhandlungen ausgesetzt werden, bis sich die drei Institutionen untereinander einigen konnten.

Ich kann gestehen, dass die Analyse von Papaconstantinou im Großen und Ganzen meiner Erfahrung entspricht. Yannis Stournaras hatte ähnliche Ansichten:

Es ist natürlich, dass es bei einer so schwierigen Verhandlung zu Spannungen kommt. Aber sie hielt sich immer im Rahmen der Höflichkeit und der zivilen Debatte. Poul Thomsen, als Leiter der IWF-Mission in Griechenland, der Institution mit der härtesten Haltung, hatte seine Ansichten, und ich als Finanzminister hatte meine ... am Ende haben wir immer [die Differenzen] ausgearbeitet. Natürlich ging wertvolle Zeit verloren, aber ich hoffe, dass wir alle unsere Lektion gelernt haben und nun klüger darüber sind, wie wir den Euroraum besser abschirmen können, indem wir seine Architektur verbessern.[5]

Die wesentliche Lehre, die wir meiner Ansicht nach daraus ziehen sollten, ist, dass die Eurozone ihre eigene Handlungsfähigkeit noch verbessern muss. Wir müssen die ESM-Entscheidungsfindung effektiver und schneller machen und sie mit neuen Instrumenten vorsorglicher Natur ausstatten.

Die Notwendigkeit, die Arbeitsweise der EU-IWF-Troika zu verbessern, wurde durch die Kritik des Europäischen Parlaments, insbesondere an der Beteiligung des IWF an der Troika, beschleunigt. Um die Haltungen zu begradigen und die Ausführung zu verbessern, schlug ich daher vor, dass Mario Draghi und Christine Lagarde sich treffen und dieses auf der Ebene der Direktoren der drei Institutionen diskutieren sollten. Die wichtigste Schlussfolgerung war, dass sich alle drei Institutionen zur dreiseitigen Zusammenarbeit und zur vorausschauenden, rechtzeitigen Durchführung der Programme verpflichteten. Eine Ausstiegsstrategie der Programmländer zur Marktfinanzierung wurde weitgehend vereinbart. Zur Lösung von Kommunikationsproblemen wurde vereinbart, eine „Hotline" einzurichten, um mögliche Meinungsverschiedenheiten auf der Ebene der Direktoren rasch beizulegen. All dies trug dazu bei, die Atmosphäre zu verbessern und die drei Institutionen, sowohl in der Zentrale, als auch vor allem vor Ort besser zusammenarbeiten zu lassen.

---

[5] Interview mit Stournaras, 2018.

Zur Beteiligung des IWF sagte ich, dass wir anfänglich unsere Zweifel hatten, aber wir haben gelernt, damit zu leben und die Professionalität des Fonds zu schätzen, und wir werden sie im EP verteidigen. Lagarde gab bereitwillig zu, dass der IWF mit einem kleineren Anteil der Finanzierung, aber größerem Einfluss teilnimmt – das ist nicht ihr Problem. (Wohl wahr!) Sie wies darauf hin, dass es aus der Sicht des IWF wirklich merkwürdig sei, dass eine Zentralbank Teil der Troika ist und nicht Gegenstand eines Programms (ein recht kluger Gegenangriff!). Die EZB hatte zwei besondere Bedenken: erstens, dass der IWF in der Troika gebraucht wird, da die Mitgliedstaaten der als politisch angesehenen Kommission kein Vertrauen entgegenbringen; zweitens, die plötzlichen Alleingänge gegenüber den anderen Institutionen, wie z. B. der IWF-Finanzbericht über Griechenland.

Nach diesen Treffen und unter Berücksichtigung der Debatten in unserer gemeinsamen Anhörung im EP war ich der Meinung, dass sich der IWF kurzfristig immer noch an einem möglichen finanziellen Rettungsprogramm der Eurozone beteiligen müsste. Aber mittel- bis langfristig waren sowohl die EZB als auch der IWF nicht die natürlichen Überwacher eines Programms der Eurozone; die EZB, da sie fast unweigerlich zu umfassenderen politischen Entscheidungen herangezogen werden würde, die ihre Unabhängigkeit als Zentralbank gefährden würden, und der IWF, da es von der übrigen Welt nicht als angemessen erachtet wird, dass er Geld zur Rettung der reicheren Volkswirtschaften der Eurozone auf den Tisch legen muss. Dies hat offensichtliche Auswirkungen auf die Reform der Eurozone. Ich werde auf dieses Thema in Kap. 19 zurückkommen.

Der Brexit: Kollateralschaden oder eine flankierende Explosion?

Während diese Nachbeben innerhalb der Eurozone nicht in einer finanziellen oder wirtschaftlichen Explosion endeten, fand am nordwestlichen Rand des Kontinents, kurz nachdem das Schlimmste in Europa vorüber war, eine andere Art massiver politischer Explosion statt: der Brexit.

Es wurde behauptet, dass der Brexit ein Kollateralschaden der Eurokrise gewesen wäre, da das britische Volk angeblich auf die mühsamen Kämpfe der Eurozone reagierte und nicht mehr mit der EU assoziiert werden wollte. Ich finde das viel zu simpel. Vielmehr war es eine flankierende Explosion, die zeitlich mit der Eurokrise zusammenfiel.

Während der Eurokrise wurde die britische Herangehensweise an die Entwicklung der Eurozone tatsächlich in eine konstruktivere Richtung gelenkt, verglichen mit der traditionell restriktiven, ja sogar gegensätzlichen Sichtweise des Landes auf die gemeinsame Währung. Im Jahr 2011, auf dem Höhepunkt – oder Tiefpunkt – der Krise, erklärte George Osborne, der damalige Schatzkanzler, dass die „erbarmungslose Logik" der Währungsunion die Mitglieder der Einheitswährung in Richtung einer größeren Steuerunion führe. „Ich denke, wir müssen akzeptieren, dass eine größere Integration der Eurozone notwendig ist, damit die gemeinsame Währung funktioniert, und das liegt sehr stark in unserem nationalen Interesse. Wir sollten bereit sein, dies geschehen zu lassen." Osborne gab zu, dass dies der traditionellen britischen Politik zuwiderlief.[6] Ich wünschte, Osborne hätte mit seiner Vorhersage Recht gehabt, denn wir haben keinen Quantensprung in der Reform der Eurozone gesehen!

Die Eurokrise und auch vorher die globale Finanzkrise spielten zwar eine Rolle bei der Änderung der öffentlichen Meinung in Großbritannien (und anderswo), aber sie waren kaum ein entscheidender Faktor. Stattdessen wurde der lange und kurvenreiche Weg zum Brexit durch die politisch erbitterte britische (vor allem englische) Debatte der letzten drei oder vier Jahrzehnte geebnet, die durch die meist euroskeptische Boulevardpresse des Landes weiter angeheizt wurde. Die EU ist sicherlich nicht fehlerfrei, aber auch nicht die Art von Monster, wie sie von einem Großteil der britischen Medien oder den euroskeptischen Kommentatoren und Politikern des Landes dargestellt wurde. Während meiner anderthalb Jahrzehnte in der Europäischen Kommission habe ich festgestellt, dass es in keinem anderen EU-Mitgliedstaat so schwierig – praktisch unmöglich – war, eine analytische und substanzielle Debatte über Europa zu führen wie im Vereinigten Königreich. Zu meinem Bedauern waren der britische Pragmatismus und der englische Empirismus mehr oder weniger abwesend.

Dennoch ist Großbritannien in Europa ein Thema, über das ich mit besonderem Interesse spreche, da ich eine ganz besondere Beziehung zu Großbritannien habe. Ich habe eine große Affinität und Zuneigung zu diesem Land. Meine Mutter war Englischlehrerin. Ich habe einen Abschluss von einer britischen Universität. Zwei meiner Cousins haben britische Pässe. Ich habe mir mein ganzes Leben lang die englische und die Premier League angesehen. Ich bin lebenslang ein Unterstützer von Manchester United. Und ich habe mich ebenso stark dafür eingesetzt, dass sich Großbritannien voll und ganz und aktiv in der Europäischen Union engagiert, einer Union, von der es ein wesentlicher Teil sein sollte.[7]

Die Antwort auf die Frage „Brexit oder kein Brexit, und wie?" ist zum jetzigen Zeitpunkt alles andere als klar. Jedenfalls wissen wir, dass erheblicher

---
[6] https://www.ft.com/content/e357fe94-b2ec-11e0-86b8-00144feabdc0.
[7] Siehe auch meine Rede auf Policy Network, London, 28. Februar 2013. https://europa.eu/rapid/press-release_SPEECH-13-174_en.htm.

wirtschaftlicher und politischer Schaden entstehen wird, vor allem für das Vereinigte Königreich, aber auch für die EU.

Die engsten Partner Großbritanniens, wie die Finnen und andere Nordländer, bedauern die Entscheidung Großbritanniens, die Union zu verlassen, sehr. Nach der Brexit-Abstimmung 2016 schrieb mir ein finnischer Freund mit Trauer: „Habe ich 30 Jahre meines Lebens verschwendet? Vielleicht." Er hat einen großen Teil seines Lebens der europäischen Integration gewidmet und dabei auf Großbritanniens Rolle in ihr und, was noch grundlegender ist, auf Großbritanniens Rolle in der breiteren westlichen Sicherheits- und Wirtschaftsgemeinschaft gezählt. Viele von uns teilen das gleiche Gefühl und die gleiche Enttäuschung.

Aber Gefühle können nicht über die Vernunft siegen, denn die EU muss ihre eigenen Interessen verteidigen und das Europa von heute und morgen in Ordnung bringen. Während des Prozesses der Brexit-Verhandlungen, die von Michel Barnier auf der Seite der EU geduldig geführt wurden, war es wichtig, dass die EU nicht zugelassen hat, dass ganz Europa aufgrund des Brexit-Schlamassels in anhaltende politische und wirtschaftliche Turbulenzen gerät, denn der Brexit ist der Schlamassel Großbritanniens und sollte nicht zum Schlamassel Europas gemacht werden. Es ist das legitime Recht und in der Tat eine tiefe Verantwortung der EU-Führer, die Ansteckung aus Großbritannien einzudämmen und die Turbulenzen in Europa so klein und kurz wie möglich zu halten. Die EU ist keine wohltätige Organisation, sondern eine Gemeinschaft von Nationen, die sich um die Interessen ihrer Mitgliedstaaten und Bürger kümmern muss.

In gewisser Weise ist die Beziehung Großbritanniens zu Europa immer noch durch seine imperiale Vergangenheit und seinen Inselstatus bedingt. Im größten Teil Europas, in kleineren und sogar großen Mitgliedstaaten, aber eben weniger in Großbritannien, wird weithin anerkannt, dass die Europäische Union als politische Gemeinschaft ein größeres Gewicht in der Weltpolitik hat als einzelne Mitgliedstaaten. In unserer Zeit von Handelsspannungen oder sogar Handelskriegen bilden die gemeinsame Handelspolitik und der Binnenmarkt der EU ein starkes Rückgrat, um günstige Handelsbedingungen für jeden Mitgliedstaat aufrechtzuerhalten. Die Bekämpfung des Klimawandels wäre ohne das gemeinsame und mutige Vorgehen der EU viel schwieriger. Selbst die größten Mitgliedstaaten der EU sind im weltweiten Vergleich keine Großmächte, sondern brauchen das Rückgrat der EU.

Die Stimmung unter dem in Eton und *Oxbridge* ausgebildeten englischen politischen Establishment ist ganz anders und eher durch das Diktum von Lord Palmerston vor bald zwei Jahrhunderten geprägt: „Nationen haben keine ständigen Freunde oder Verbündeten; sie haben nur ständige Interessen." Dieser Ansatz mag in der fernen Vergangenheit in einem geteilten Europa funktioniert haben, aber er steht in einem grundlegenden Widerspruch zu dem, worum es der EU heute geht – das Wesen der EU besteht darin, „ständige Freunde und Verbündete" zu haben!

Seit nunmehr über vier Jahrzehnten ist Großbritannien dank seiner Mitgliedschaft in der Europäischen Union stärker: wirtschaftlich dynamischer, sozial gerechter und einflussreicher in der Welt. Aber es hat sich an die Erinnerung an seine imperiale Blütezeit geklammert, deren Überbleibsel in vielen Teilen der Welt das kollektive Bewusstsein nicht verlassen haben – und auch nicht in Großbritannien selbst, in vielerlei Hinsicht.

Um die Bedeutung Europas für Großbritannien zu veranschaulichen, hat Dr. Simon Sweeney von der Universität York meines Erachtens den Nagel auf den Kopf getroffen, als er Folgendes schrieb:

> Was hat die EWG/EU jemals für uns getan? Nicht viel, abgesehen davon: Bereitstellung von 57 Prozent unseres Handels; Strukturfondsmittel für Gebiete, die vom industriellen Niedergang betroffen sind; saubere Strände und Flüsse; sauberere Luft; bleifreies Benzin; Beschränkungen der Deponierung; eine Recyclingkultur; billigere Mobilfunkgebühren; billigere Flugreisen; Wettbewerb im Binnenmarkt, der Qualitätsverbesserungen und eine bessere industrielle Leistung bringt; Auflösung von Monopolen; europaweiter Patent- und Urheberrechtsschutz; kein Papierkram und keine Zölle für Exporte im gesamten Binnenmarkt; Reise-, Lebens- und Arbeitsfreiheit in ganz Europa; geförderte Möglichkeiten für junge Menschen, im Ausland zu studieren oder Praktika zu absolvieren; Arbeitsschutz und verbesserter sozialer Schutz; rauchfreie Arbeitsplätze; EU-finanzierte Forschung und industrielle Zusammenarbeit; Europäischer Haftbefehl …

Ich muss hier aus Platzgründen aufhören, da er Dutzende anderer Dinge aufzählte, die die EU für Großbritannien gebracht hat. Aber er fasste es gut zusammen:

> All dies ist nichts im Vergleich zu ihren größten Errungenschaften: Die EU ist seit 60 Jahren die Grundlage des Friedens zwischen den europäischen Nachbarn nach Jahrhunderten des Blutvergießens. Darüber hinaus hat sie seit 1980 die außerordentliche politische, soziale und wirtschaftliche Transformation von 13 ehemaligen Diktaturen, die jetzt EU-Mitglieder sind, unterstützt … Wir müssen voll und ganz dazu beitragen, die Union in die Lage zu versetzen, eine Kraft des Guten in einer multipolaren globalen Zukunft zu sein.

Das ist der Punkt. Und die Europäische Union ist heute aufgrund des enormen Beitrags Großbritanniens zu ihr stärker. Unsere Wirtschaft ist offener und dynamischer, was auf Großbritanniens liberalen Instinkt zurückzuführen ist, der ein wichtiges Gegengewicht zu dem manchmal immer noch auftauchenden Regulierungsreflex bildete.

Der Binnenmarkt, den wir in den letzten drei Jahrzehnten aufgebaut haben, hat diesen liberalen Instinkten viel zu verdanken. Aber lassen Sie uns eines klarstellen: Der Binnenmarkt braucht Regeln, Vorschriften und starke und effektive Institutionen, damit er richtig funktionieren kann. Ohne diese gibt es keinen Binnenmarkt. Premierministerin Margaret Thatcher hat dies verstanden, als sie die Einheitliche Europäische Akte unterzeichnete und ratifizieren ließ.

Daher wäre es im Interesse aller, wenn Großbritannien aktiv an der europäischen Entscheidungsfindung mitwirken würde. Wenn ich britischer Staatsbürger wäre, würde ich mir wünschen, dass mein Land als Spielmacher im Mittelfeld spielt und nicht von der Seitenlinie aus zuschaut. Niemand hat je auf der Bank sitzend Tore geschossen.

Wie dem auch sei, die bedauerlichste menschliche Konsequenz des Brexits ist, dass die von den älteren Generationen abgegebenen Stimmen den jüngeren britischen Bürgern eine Menge zukünftiger Möglichkeiten nehmen werden, in Europa zu reisen, zu studieren und zu arbeiten. Während man sich darüber im Klaren ist, dass die inhärente Logik der Brexit-polarisierten britischen Gremienpolitik das Land in Richtung eines harten Brexits führt, ist die Perspektive der jüngeren Generationen ein wichtiger Grund, warum es in Europa viele wie mich gibt, die sich wünschen würden, dass das Vereinigte Königreich im Laufe des Prozesses beschließen könnte, der europäischen Familie sehr nahe zu bleiben.

Meiner Meinung nach wäre die vernünftigste und im Moment geradezu realistische Alternative, ein Abkommen in der Art einer Zollunion zwischen dem Vereinigten Königreich und der EU auszuhandeln. Das würde als eine sehr enge Brücke zwischen den beiden Unionen dienen, bis das Vereinigte Königreich beschließt, in die europäische Gemeinschaft der Nationen zurückzukehren – in der nächsten Generation.

Literatur

George Papaconstantinou, *Game Over*. Papadoulos Publishing, 2016.
Panicos Demetriades, *A Diary of the Euro Crisis in Cyprus: Lessons for Bank Recovery and Resolution*. Palgrave Macmillan, 2017.
Reuters, *Slovenian Central Bank Chief Warns of Looming Bailout*, 15. November 2013.

Teil IV

Was wir aus der Krise lernen können

17

Fiskalischer Multiplikator vs. Finanzbeschleuniger

In den vergangenen Jahren gab es intensive politische und akademische Debatten über die Lehren aus der Krise und über den Policy-Mix zur Eindämmung und Überwindung der Krise. Südeuropäische Interpretationen tendierten dazu, mehr Solidarität und die Zusammenlegung der Schuldenlast zu fordern, während nordeuropäische Analysen die Notwendigkeit unterstrichen haben, eine Stabilitätsunion aufzubauen und an fiskalischer Vorsicht und Strukturreformen festzuhalten. Natürlich – und glücklicherweise – gibt es viele Beiträge, die dieses Süd-Nord-Gefälle überwinden.

Führende retrospektive Analysen der Leistung der Eurozone während der Krise konzentrieren sich sowohl auf die Institutionen als auch auf die Politik. Zu den wichtigsten institutionellen Erklärungen gehören die strukturellen Mängel und der unvollendete Aufbau der Wirtschafts- und Währungsunion, wie die Schwäche und/oder Verdrehung des Stabilitäts- und Wachstumspakts oder, aus einem anderen Blickwinkel, das Fehlen eines *Lender of Last Resort* aufgrund des angeblich begrenzten Mandats der Europäischen Zentralbank. Ein weiterer anerkannter Punkt ist die Erbsünde von Maastricht, dass keine Eurozone-weite Bankenaufsicht, makroprudenzielle Instrumente oder ein Finanzstabilitätsmechanismus zur Verfügung stehen.

Übermäßige fiskalische Strenge („Sparsamkeit"), das langsame Tempo der Strukturreformen sowie die kumulierten makroökonomischen Ungleichgewichte und die Verschuldung gehören zu den wichtigsten politikbezogenen Erklärungen, auch wenn sie möglicherweise in der Konstruktion der WWU verwurzelt sind. Makroökonomische Ungleichgewichte gelten als der übliche Verdächtige – meiner Meinung nach zu Recht, denn diesmal war es ähnlich. Wie Richard Baldwin et al. es beschreiben, waren die Grundursachen der

Krise in der Eurozone „die Ungleichgewichte [, die] extrem unoriginell waren – zu viele öffentliche und private Schulden, die vom Ausland geliehen wurden".

In diesem Kapitel werde ich beurteilen, wie diese politikbezogenen Erklärungen im Lichte der empirischen Belege für Wirtschaftswachstum und Steuerbilanz abschneiden. Die Analyse basiert auf OECD-Daten vom Zeitraum 2009–2015 zum Wirtschaftswachstum und zur fiskalischen Lage sowohl der Eurozone als auch der Vereinigten Staaten. Beachten Sie, dass die Daten für die Eurozone aggregiert sind und den gesamtstaatlichen Saldo in den jeweiligen Rechtsordnungen darstellen. Der statistische Vergleich wird durch historische Beobachtungen aus der realen Welt dieses Zeitraumes ergänzt, die als relevant für die politischen Ergebnisse betrachtet werden.

Bei Analysen zur Bewältigung der Schuldenkrise in der Eurozone sind die wichtigsten Erklärungsparameter in der Regel die folgenden: 1. die Finanzpolitik, 2. die Geldpolitik, 3. die Strukturreform, 4. die Schuldentragfähigkeit und 5. die finanzielle Instabilität. Lassen Sie mich einige Beispiele für diese Argumentationslinien anführen.

Erstens, die Finanzpolitik. Wie im vorigen Kapitel erörtert, haben sich viele Analysten und Kommentatoren sehr kritisch zur Fiskalpolitik geäußert, die in den Jahren 2011–2012 im Euroraum verfolgt wurde. So sagte beispielsweise der ehemalige EZB-Vizepräsident Vitor Constâncio in seiner nachdenklichen Abschiedsrede im Mai 2018: „Was wirklich für die Rezession von 2012/2013 verantwortlich war, war die koordinierte Haushaltskonsolidierung, an der sich alle Mitgliedstaaten beteiligt haben." Er hat Recht in Bezug auf die asymmetrische wirtschaftliche Anpassung in der Eurozone, da die Defizitländer nicht in der Lage waren, das Wachstum durch fiskalische Anreize oder höhere Lohnerhöhungen anzukurbeln, während die Überschussländer dies nicht wollten, wie in Kap. 1 dargelegt wurde. Trotz des Verfahrens für makroökonomische Ungleichgewichte, das bis 2011 geschaffen wurde, gab es keine politischen Instrumente, mit denen die Kommission einen symmetrischeren Ausgleichsprozess oder einen besser kalibrierten gesamtwirtschaftlichen finanzpolitischen Kurs hätte fordern können. Wir müssen jedoch auch feststellen, dass der EZB-Rat selbst eine noch rigorosere Haushaltskonsolidierung forderte als der ECOFIN-Rat oder die Europäische Kommission. Der EZB-Rat hat nämlich seine Forderung nach einer noch rigoroseren Haushaltskonsolidierung, wie in dieser Erklärung vom September 2011, konsequent und kontinuierlich bekräftigt:

> Zur Finanzpolitik ... **um die Glaubwürdigkeit zu gewährleisten, ist es jetzt entscheidend, dass die angekündigten Maßnahmen vorzeitig und vollständig**

umgesetzt werden ... Die Regierungen müssen bereit sein, weitere Konsolidierungsmaßnahmen, insbesondere auf der Ausgabenseite, durchzuführen, wenn sich die Risiken hinsichtlich der Erreichung der derzeitigen Haushaltsziele konkretisieren ... *Alle Regierungen des Euroraums müssen ihre unnachgiebige Entschlossenheit unter Beweis stellen, ihre eigene individuelle souveräne Unterschrift voll und ganz zu respektieren,* die ein entscheidendes Element zur Sicherung der Finanzstabilität in der Eurozone als Ganzes ist.

Die eindringliche Formulierung „unnachgiebige Entschlossenheit" sticht als Leitprinzip der EZB für eine rigorosere Haushaltskonsolidierung oder, wie manche es nennen würden, für Sparmaßnahmen hervor. Ob richtig oder falsch, es ist schwer vorstellbar, wie diese Position des EZB-Rates *weniger* rigoros betrachtet werden könnte bei der Forderung nach einer fiskalischen Abschottung!

Die zweite Argumentationslinie ist die Kritik an den Zinserhöhungen der EZB im Frühjahr und Sommer 2011. Wie in Grafik 17.1 dargestellt, wurde der Leitzins (= Hauptrefinanzierungssatz, MRO) im April 2011 (um 0,25 Prozent) und im Juli (um 0,25 Prozent) angehoben, also insgesamt um 0,5 Prozent. Diese Zinserhöhungen wurden jedoch im selben Jahr vollständig rückgängig gemacht, als die Zinssätze im November (-0,25 Prozent) und Dezember (-0,25 Prozent) gesenkt wurden (Abb. 17.1).

Diese Kritik deckt sich mit der Kritik von Carlo Bastasin und James Surowiercki, die in Kap. 8 erwähnt werden: „ein fataler Fehler", „wie ein Tritt gegen die Wirtschaft, als diese am Boden lag". Dies wurde im Laufe der Jahre auch von vielen anderen Kommentatoren als Argument genutzt, sowohl damals, als auch im Nachhinein. Constâncio, der in den Jahren 2010–2018 als Vizepräsident der EZB fungierte, räumt im Rückblick ebenfalls ein, dass die Zinserhöhungen ein Fehler waren, obwohl er darauf hinweist, dass das Wachstum damals solide war (obwohl ich mich nicht daran erinnere) und die Inflation stieg.[1] Wenn man den Zeitraum genau betrachtet, kann man feststellen, dass die Kerninflation erst im Frühjahr 2011 wieder anzog und das BIP-Wachstum zu diesem Zeitpunkt bereits zum Stillstand gekommen war. Auch wenn die Gesamtinflation 2011 mit 3 Prozent ihren Höchststand erreichte, begann der sich abschwächende Wirtschaftsausblick den zugrunde liegenden Inflationsdruck zu verringern. Ich halte die Kritik an den Zinserhöhungen 2011 für ziemlich unvermeidlich und vernünftig. Aber das ist sicherlich nicht die ganze

---

[1] Siehe Vitor Constancios umfassende und tief gehende Analyse der geldpolitischen Geschichte der EZB in seiner Rede in Malta im Jahr 2018: https://www.ecb.europa.eu/press/key/date/2018/html/ecb.sp180504.en.html.

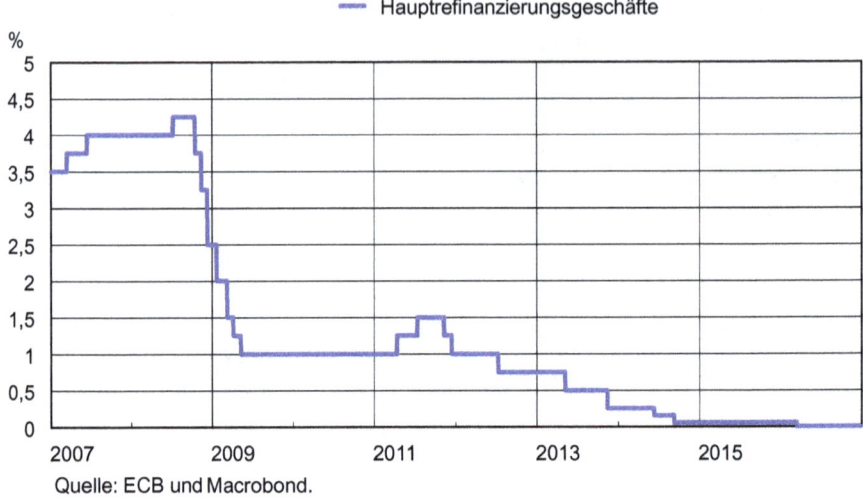

Abb. 17.1 Der Zinssatz für Hauptrefinanzierungsgeschäfte (MRO) in 2007–2016

Erklärung, wenn man den Umfang der Zinserhöhungen, den Anstieg der Kreditkosten und das Ausmaß der Rezession bedenkt.

Ein drittes Argument könnte das Fehlen von Strukturreformen in den Mitgliedstaaten sein. Es stimmt in der Tat, dass Reformen ein zentraler Teil der Lösung zur Überwindung des langsamen Wachstums der Eurozone waren. Aber ich würde mich nicht der Ansicht anschließen, dass das Fehlen von Strukturreformen an sich **die Hauptursache** für die Finanz- und Schuldenkrise war. Vielmehr hat der langsame Rhythmus der Reformen die Produktivität und die Schaffung von Arbeitsplätzen behindert. Allerdings gibt es keine empirischen Beweise dafür, dass genau dies die Krise oder den doppelten Tiefschlag ausgelöst hätte.

Viertens: Schuldentragfähigkeit. Der Wirtschaftswissenschaftler und *FT*-Wirtschaftsautor Martin Sandbu hat in seinem intelligenten Buch *Europe's Orphan* denjenigen Entscheidungsträgern der Eurozone die Schuld gegeben, die sich im Frühjahr/Sommer 2010 gegen eine Umschuldung gewehrt haben. In einer idealen Welt – in einer Welt ohne schädliche Spillovers und finanzielle Ansteckung und ohne institutionelle Zwänge – hat dieses Argument definitiv seine Berechtigung. Wenn Sandbu jedoch die Umschuldung als die Wunderwaffe zur Lösung der Eurokrise betrachtet, vernachlässigt er die wirtschaftspolitischen Zwänge, die sich aus dem „unmöglichen Dreieck" oder den Spaltungen zwischen den Mitgliedstaaten und den EU-Institutionen in dieser Frage in den Jahren 2010–2011 ergeben haben. Er unterschätzt auch bei weitem die Ansteckungswirkung, die in Europa bis in den Herbst 2012 in vollem Gange war.

Daher bin ich versucht zu sagen, dass Sandbu zwar in der Theorie stark ist, aber in der Praxis ins Straucheln gerät – was die Grundlagen seiner Analyse in der realen Welt untergräbt. Dennoch hat Sandbu mit seinen Schlussfolgerungen Recht, wenn er die überragende Bedeutung des Aufbaus einer soliden Bankenunion und der Anwendung eines Rettungs- und Abwicklungssystems unterstreicht, wodurch es auch realistischer und glaubwürdiger wäre, in Zukunft irgendeine Form der Umschuldung als Standardpraxis im Krisenmanagement zu erwarten.[2]

Fünftens und letztens schließlich war, wie oben angedeutet und unten weiter ausgeführt, der Zusammenbruch der Finanzstabilität in vielerlei Hinsicht ein entscheidender Faktor für die Auslösung und Verschärfung der Krise. Seine Saat wurde durch die makroökonomischen Ungleichgewichte der 2000er-Jahre gesät. Die Krise erwürgte die Interbanken-Kreditvergabe in den Jahren 2008–2009 und erneut in den Jahren 2011–2012 und führte zu prohibitiven Kreditkosten für die gefährdeten Euro-Mitgliedsländer. Im Rückblick war sie auch eine offensichtliche intellektuelle Vernachlässigung durch die Wirtschaftsfachwelt, wie Olivier Blanchard 2013 ironisch bemerkte: „Es ist zu einem Klischee geworden zu sagen, dass makroökonomisches Denken die Rolle finanzieller Faktoren bei wirtschaftlichen Schwankungen unterbewertet habe."[3]

Darüber hinaus könnten einige der notwendigen Abhilfemaßnahmen, die darauf abzielten, künftige Finanzkrisen ähnlich der von 2007–2009 zu verhindern, wie z. B. höhere Eigenkapitalanforderungen und andere strengere aufsichtsrechtliche Vorschriften, die Kreditklemme, die in der Eurozone nach der Finanzkrise und durch die Schuldenkrise entstanden ist, noch verstärkt haben. Wie Charles Goodhart bemerkte: „Insbesondere die Forderung, die Eigenkapitalquoten schnell und dramatisch zu erhöhen … ohne eine starke Richtung, zumindest in der EU, dahingehend *wie* dies hätte erreicht werden sollen, war mitverantwortlich für den Schuldenabbau und das langsame Wachstum sowohl der Bankkredite als auch der Einlagen seit 2009."[4] Dies ist in der Tat dieselbe Art von Kritik, die Mario Draghi gegen die falsche Abfolge von Krisenbewältigungsmaßnahmen geäußert hat, auf die in Kap. 6 Bezug genommen wurde.

Welche dieser Erklärungen hat im Lichte der empirischen Evidenz das größte Gewicht? Wir können die Erklärungen in drei unterschiedlichen Krisenzeiten vergleichen: 2008–2010, 2011–2012 und 2013–2015. Darüber

---

[2] Martin Sandbu (2017). Siehe insbesondere Kap. 3 und 7.
[3] Olivier Blanchard (2013).
[4] Goodhart (2016, S. 193).

hinaus können wir durch den Vergleich der jeweiligen Phasen und politischen Ergebnisse in der Eurozone und in den Vereinigten Staaten von Amerika sinnvoll versuchen, das relative Gewicht dieser verschiedenen Erklärungen zu bewerten. Im Folgenden wird die Entwicklung des BIP-Wachstums einerseits und des konjunkturbereinigten staatlichen Primärsaldos andererseits zwischen der Eurozone und den Vereinigten Staaten verglichen. Das Konzept des „konjunkturbereinigten Haushaltssaldos" bezieht sich auf den Haushaltssaldo (= den Überschuss oder das Defizit der öffentlichen Finanzen), bei dem der Effekt des Konjunkturzyklus neutralisiert und somit der politisch induzierte fiskalische Kurs offenbart wird, der auf Entscheidungen der Regierung beruht. Es gibt allerdings bekannte Verzögerungen in den Auswirkungen der Finanzpolitik auf das Wirtschaftswachstum, die von Monaten bis zu Jahren reichen.

1. Die Rezession als Folge der Finanzkrise (2008–2010)

Wie wir aus Abb. 17.2 ersehen können, haben sowohl die USA als auch die Eurozone auf die erste Phase der Finanzkrise 2008–2009 mit einem umfangreichen Konjunkturprogramm reagiert.

In den USA war der Stimulus mehr als doppelt so hoch wie in der Eurozone, denn die Veränderung des Haushaltssaldos betrug 2008 in den USA -2,3 Prozent des BIP gegenüber -0,8 Prozent in der Eurozone und 2009 -3,4 Prozent in den USA und -1,3 Prozent in der Eurozone. Im Einklang mit den erwarteten kurzfristigen fiskalischen Multiplikatoren ging das Wachstum in der Eurozone stärker zurück als in den USA – die Differenz betrug 2009 2 Prozentpunkte, da die Wachstumsrate in den USA -2,5 Prozent und in der Eurozone -4,5 Prozent betrug.

Auch wenn andere Faktoren eine Rolle spielten, können wir den Schluss ziehen, dass die Wachstumsergebnisse in den Jahren 2008–2009 mit dem geringeren fiskalischen Stimulus in der Eurozone übereinstimmen. Mit anderen Worten, die fiskalischen Multiplikatoren schienen sich in der Anfangsphase der Finanzkrise „normal" verhalten zu haben, da sie offensichtlich logisch auf die fiskalischen Impulse reagierten, die von den Regierungen auf beiden Seiten des Atlantiks bereitgestellt wurden, und zwar fast in der gleichen Weise, wie man sie in einer einführenden wirtschaftswissenschaftlichen Vorlesung lernen würde.

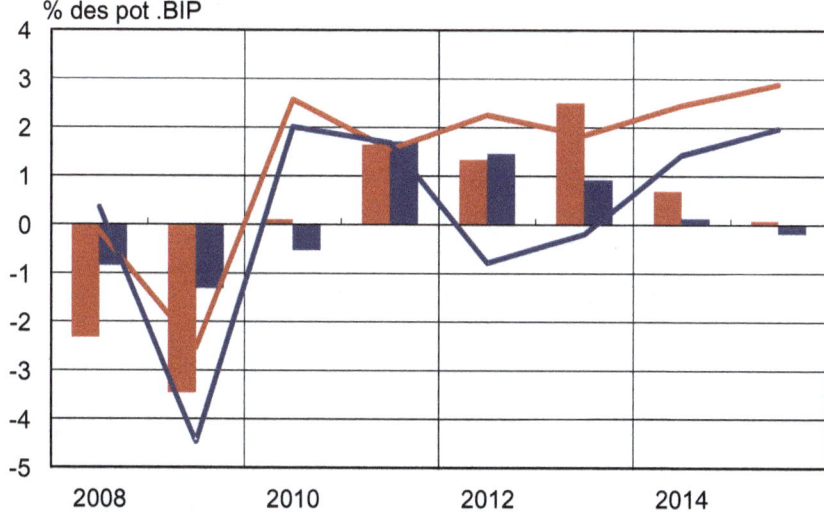

Abb. 17.2 BIP-Wachstum und Fiskalpolitik in den USA und der Eurozone, 2008–2015

2. Schuldenkrisen-Rezession (2011–2012)

Hält die gleiche Geschichte auch in der Talsohle der Schuldenkrise der Eurozone an? Offensichtlich nicht, wenn man den empirischen Beweisen glauben darf. Einige Dinge scheinen sich geändert zu haben, und die mächtigsten Faktoren waren wahrscheinlich andere als die Fiskalpolitik.

Schauen wir uns den Tiefpunkt der Krise in den Jahren 2011–2012 an. Die Erholung verlief in den USA und der Eurozone von 2009 bis 2010 trotz der geringeren fiskalischen Impulse der Eurozone im Jahr 2009 noch recht gleichmäßig. In beiden Fällen können wir von der normalen zeitlichen Verzögerung in der Wirkung der Politik ausgehen. Die überraschende Erkenntnis ist jedoch, zumindest angesichts der allgemeinen Stoßrichtung der nachträglichen Debatte, dass der finanzpolitische Gesamtpfad im kritischen Jahr 2010 in der Eurozone weniger beschränkend war als in den USA. Die Veränderung des konjunkturbereinigten Haushaltssaldos in den USA war positiv, d. h. +0,2 Prozent des BIP, während sie in der Eurozone geringfügig expansiv war, d. h. –0,5 Prozent.

In den Jahren 2011–2012 war die Veränderung des aggregierten Haushaltssaldos in beiden Jurisdiktionen deutlich positiv und damit schrumpfend und sogar in der gleichen Größenordnung (2011 +1,7 Prozent in beiden und 2012 1,4 Prozent bzw. 1,5 Prozent in den Vereinigten Staaten und der Eurozone). Während die Wachstumsrate 2011 zwischen den USA und der Eurozone praktisch parallel verlief (1,6 Prozent gegenüber 1,7 Prozent), fiel sie 2012 in der Eurozone plötzlich in den negativen Bereich (-0,8 Prozent), während sie in den USA deutlich positiv blieb (+2,2 Prozent). Infolgedessen verzögerte sich die Erholung der Eurozone ab 2011 um zwei Jahre, da sie erst im Laufe des Jahres 2013 allmählich zum Wachstum zurückkehrte.

3. Wende und Erholung (2013–2015)

Zum Zeitpunkt der Entstehung dieses Buches befand sich die Wirtschaft der Eurozone seit Frühjahr 2013 schon sechs Jahre auf dem Pfad der Erholung und des Wachstums, zunächst schwach und zerbrechlich. Diese Wiederbelebung folgte auf die Einrichtung der europäischen Stabilitätsmechanismen in den Jahren 2010–2012, auf die Verpflichtung der Mitgliedstaaten zur Konsolidierung der öffentlichen Finanzen, die dazu beitrug, die Panik an den Finanzmärkten einzudämmen, sowie auf die richtungsweisende Entscheidung der EZB, sich im August-September 2012 zu endgültigen monetären Transaktionen (OMTs) und 2015 zur Umsetzung der quantitativen Lockerung zu verpflichten. Die OMT-Entscheidung der EZB wurde als Reaktion auf die Rezession in den Jahren 2011–2012 und vor dem Hintergrund der erneuten Turbulenzen im Sommer 2012 getroffen, die die schlimmste Talsohle bzw. den tiefsten Tiefpunkt der Schuldenkrise der Eurozone darstellten.

Ab 2013 setzte die Eurozone ihre allmähliche Erholung fort, die in ihrer ersten Phase schwächer ausfiel als in den USA. Trotzdem war ihr finanzpolitischer Kurs in den Jahren 2013–2015 weniger restriktiv als in den USA. Beispielsweise betrug die Veränderung des finanzpolitischen Kurses in der Eurozone im Jahr 2013 +0,9 Prozent, während sie in den USA +2,5 Prozent betrug (der größere positive Wert deutet auf eine stärkere Konsolidierung und damit einen schrumpfenden finanzpolitischen Kurs hin).

Ab 2014 hat die Korrelation zwischen der Fiskalpolitik und der Wachstumsrate wieder ein logischeres Verhalten angenommen und wir erleben nun eine allmähliche Rückkehr zur „Normalität".

Bernankes „finanzielle Beschleunigungstheorie" als Erklärung

Es scheint, dass während des Tiefpunktes der Krise in den Jahren 2011–2012 die normalerweise konsistente Korrelation zwischen dem aggregierten finanzpolitischen Kurs und der Wachstumsrate in der Eurozone im Lichte der OECD-Daten abnimmt. Warum ist das so – was könnte die logische Erklärung für die zweite Welle der Rezession im Euroraum sein?

Wenn man sich einer fiskalischen Erklärung für die Schwäche der Eurozone in den Jahren 2012 und 2013 anschließt, dann könnte eine Variation der fiskalpolitischen Multiplikatoren helfen, das Ergebnis zu erklären. Wie wir wissen, wurde die Fiskalpolitik in den Peripherieländern, die keinen fiskalischen Spielraum hatten, am stärksten gestrafft und viel weniger in den Kernländern. Es ist plausibel, wenn der Kanal der Finanzintermediation nicht richtig funktioniert, wie es in den Peripherieländern der Fall war, dass dann eine fiskalische Straffung einen größeren Effekt auf die Nachfrage haben kann, als wenn die Finanzmärkte normal funktionieren. Man kann jedoch in Frage stellen, ob dieser Unterschied allein groß genug sein könnte, um das viel schwächere Wachstum in der Eurozone insgesamt als in den USA in diesem Zeitraum zu erklären. Schließlich waren die Länder, die von den Märkten gezwungen wurden, ihre Finanzpolitik zu straffen, in den meisten Fällen relativ klein.

Daher sollte man wahrscheinlich an anderer Stelle zumindest nach einer ergänzenden Erklärung suchen. Eine offensichtliche Alternative zu einer fiskalischen Erklärung ist entweder eine monetäre oder eine finanzielle – oder eine Kombination aus beiden. Was können sie dann über die Auswirkungen auf das Wachstum aussagen?

Die Periode, in der sich die Wachstumsperformance der Eurozone im Vergleich zu den USA wirklich abzuschwächen begann – die zweite Hälfte des Jahres 2011 – fällt mit einer sich vergrößernden Kluft zwischen den langfristigen Zinssätzen zwischen der Eurozone und den USA zusammen. Zum Teil ist dies auf die Erhöhung der Leitzinsen der EZB zurückzuführen. Ein letztlich wichtigerer Faktor war jedoch die Verschärfung der Banken- und Schuldenkrise im Euroraum, die sich an den Finanzmärkten bemerkbar machte und sich in den deutlich gestiegenen Spreads zwischen den Anleiherenditen der gefährdeten Länder und der Kernländer niederschlug, wie in Abb. 1.2 dargestellt.

Hohe Renditen von Staatsanleihen hatten einen schädlichen Einfluss auf das Wachstum in den betroffenen Ländern. Die Refinanzierungskosten der

Banken stiegen und die Werte der Vermögenswerte sanken, was die Verfügbarkeit von Sicherheiten schwächte, zu einem rascheren Schuldenabbau führte und einen finanziellen Engpass im privaten Sektor verursachte. Darüber hinaus setzte ein Teufelskreis in den öffentlichen Finanzen ein: Höhere Renditen erhöhten die Finanzierungslast des öffentlichen Sektors und verstärkten die Insolvenzängste sowie die Befürchtung, dass die Staaten die Funktionsfähigkeit des Bankensektors nicht garantieren könnten, wenn dieser mit Solvenzproblemen konfrontiert würde.

Das klingt sehr ähnlich wie „der *finanzielle Beschleuniger*", ein Konzept, das von Ben Bernanke als einem führenden Gelehrten der Großen Depression eingeführt und entwickelt wurde, lange bevor er Vorsitzender der US-Notenbank wurde. Die Kernaussage ist, dass „Rezessionen dazu neigen, den Kreditfluss zu behindern, was wiederum die Rezession verschlimmert". Dies bedeutet, dass die Banken in der Rezession vorsichtiger Kredite vergeben, da sie durch Verluste belastet sind, und gleichzeitig werden die Kreditnehmer weniger kreditwürdig, da sich ihre Finanzen verschlechtern. Infolgedessen wird die Kreditvergabe eingeschränkt, was sich auf die Käufe der privaten Haushalte und Unternehmensinvestitionen auswirkt und so die Rezession verstärkt. All dies bringt die Wirtschaftstätigkeit in einen Rückwärtsgang.[5]

In ähnlicher Weise unterstreicht Charles Goodhart die zentrale Rolle der Finanzintermediäre für die geldpolitische Transmission. Wie er hervorhebt, sind die Finanzintermediäre, insbesondere die Banken, für die Vermittlung zwischen der Zentralbank und den Wirtschaftsakteuren verantwortlich, und viele Akteure haben über diese Vermittlung als erste Zugang zum Finanzsektor. Dies wird von den heutigen ökonomischen oder ökonometrischen Modellen in der Regel nicht erfasst: „Wenn der Transmissionsmechanismus über Banken und andere Nichtbanken-Finanzintermediäre ernsthaft beeinträchtigt wird, dann wird auch die Wirksamkeit einer bestimmten Änderung der Zinspolitik beeinträchtigt – ein Punkt, den die meisten formalen Modelle übersehen."[6]

Mehrere Wissenschaftler, die sich mit der Schuldenkrise der Eurozone befasst haben, sind im Großen und Ganzen zu ähnlichen Schlussfolgerungen gekommen. Hélène Rey betont in ihrer Studie über den Realzins und eine lange Geschichte von Boom-Bust Zyklen die Rolle der globalen Finanzzyklen. Sie betont, wie wichtig es ist, die Krisenzeiten besser zu verstehen, in denen finanzielle Zwänge bindend sein und die Schocks verstärken können, die die Wirtschaft treffen und zu einem Schuldenabbau und einer gedrückten

---
[5] Bernanke (2015, S. 35–36). Siehe auch Bernanke (2000, S. 5–38; 70–160).
[6] Goodhart (25. Oktober 2017).

Gesamtnachfrage führen können.⁷ Ebenso hat Gavyn Davies die entscheidende Rolle der Indikatoren für die finanzielle Lage (FCI) bei der Beurteilung der wahrscheinlichen Auswirkungen der Geldpolitik betont: „Die [jüngste] IWF-Studie zeigt deutlich, dass Änderungen der FCIs bei der Vorhersage des BIP-Wachstums bis zu 12 Monate im Voraus hilfreich sein können, insbesondere wenn eine deutliche Straffung der FCIs eine Zunahme des Rezessionsrisikos vorhersagt."⁸

Diese empirischen Ergebnisse wie auch die IWF-Analyse deuten darauf hin, dass der in den Mitgliedstaaten der Eurozone empfundene finanzielle Stress die Realwirtschaft mit einer Zeitverzögerung beeinträchtigt haben könnte, die sich in den BIP-Zahlen kumuliert etwa 12 Monaten später zeigte. Interessanterweise kam ein unabhängiger Bewertungsbericht über die EFSF/ESM-Finanzhilfe zu dem Schluss, dass dort, wo die bedingten Finanzhilfeprogramme des Europäischen Stabilitätsmechanismus in den gestressten Ländern effektiv und im Vorfeld umgesetzt wurden (d. h. Irland und Spanien), der Bankensektor stabilisiert wurde und im Durchschnitt in sieben Quartalen (= 21 Monate) wieder in die Gewinnzone zurückkehrte.⁹ Die Stabilisierung des Bankensektors war notwendig, um die Kreditvergabe an Unternehmen und Haushalte wieder in Gang zu bringen und damit die Voraussetzungen für ein nachhaltiges Wachstum zu schaffen.

Diese Interpretation wird durch Fakten untermauert, wenn wir uns die Ereignisse ansehen, die der Linderung der finanziellen Belastung vorausgingen oder mit ihr zusammenfielen. Die Rede von EZB-Präsident Mario Draghi im Juli 2012 in London, in der er versprach, „alles zu tun, was nötig ist, um den Euro zu retten – und glauben Sie mir, es wird ausreichen", hatte einen raschen Einfluss auf die Renditen der gefährdeten Euroländer. Bald darauf, im August/September 2012, fasste der EZB-Rat Beschlüsse über die Bereitstellung von endgültigen monetären Transaktionen (OMT), die als notwendig erachtet wurden, und die Eurokrise kühlte allmählich ab – auch ohne den tatsächlichen Einsatz dieser OMT-Interventionen.

Nach Draghis Rede musste die EZB seine Worte mit konkreten Entscheidungen und Kommunikation untermauern und die Rolle eines *Lender of Last Resort* wahrnehmen – oder genauer gesagt „die Bilanz der letzten Instanz", wie sie von Papadia und Välimäki genannt wurde.¹⁰ Seither steht die EZB hinter grundsätzlich solventen einzelnen Mitgliedstaaten in dem kritischen Sinne,

---

⁷ Rey (2017, S. 7).
⁸ Davies (30. Juli 2017).
⁹ EFSF/ESM Financial Assistance. Evaluation Report, 2017.
¹⁰ Papadia mit Välimäki (2018, S. 141).

dass sie Staatsschulden in ausreichender Höhe aufkaufen kann, wenn die Renditen Redenominierungsrisiken vermuten lassen – aber nur unter dieser Bedingung und unter der Voraussetzung, dass die fiskalische Nachhaltigkeit des jeweiligen Staates durch ein wirtschaftliches Anpassungsprogramm eines EWS erleichtert wurde. Das Wort „Redenominierung" bezieht sich hier auf die potenzielle Gefahr eines Auseinanderbrechens des Euro.

Die Frage der Redenominierung hängt mit dem Charakter der Eurozone als Währungsunion zusammen. Wie Adair Turner beobachtet hat, bestand eine dramatische Konsequenz des zuvor während der Krise wahrgenommenen Redenominierungsrisikos darin, dass die Länder der Eurozone im Durchschnitt höhere Zinssätze zahlen mussten als beispielsweise Japan, obwohl die durchschnittliche Staatsverschuldung in Japan 138 Prozent betrug, während sie in der Eurozone „nur" 74 Prozent betrug. Folglich musste die Eurozone die Haushaltsdefizite bei nur 2 Prozent des BIP halten, verglichen mit 6–7 Prozent in Japan, den USA und dem Vereinigten Königreich.[11] Dies kann als ein Zwang zur Redenominierung betrachtet werden, die damals in der Eurozone vorherrschte.

Ebenso nennt Paul De Grauwe die Panik auf dem Markt und das Fehlen eines *Lender of Last Resort* als Ursache für die doppelte Rezession: „Diese zweite Rezession in der Eurozone ist das Ergebnis des strukturellen Problems in der Währungsunion … Das Fehlen von Zentralbanken zur Unterstützung der nationalen Regierungen führte zu Panik auf vielen Märkten und zwang die Regierungen zu allzu strengen Sparmaßnahmen."[12]

Der Zwang zur Redenominierung war während der Krise eindeutig ein wesentlicher Faktor für den Abwärtstrend, da er die Möglichkeiten eines expansiveren oder keynesianischen finanzpolitischen Kurses oder sogar die Beibehaltung eines konsistenten und langsameren Tempos der Haushaltskonsolidierung in den ersten Jahren der Schuldenkrise einschränkte. Es gibt zwar auch nichts zu bejubeln und sicherlich auch keinen Grund zur Selbstgefälligkeit, aber auf der anderen Seite ist die positive Folge, dass die Volkswirtschaften der Eurozone heute im Durchschnitt viel weniger verschuldet sind als beispielsweise die Vereinigten Staaten, China oder Japan, wie der IWF-Finanzmonitor 2018 zeigt.[13]

Bedauerlicherweise lieferten damals nur wenige Ökonomen solide und sachdienliche intellektuelle Argumente für eine Änderung des geldpolitischen Kurses. Ausnahmsweise schrieb Paul De Grauwe in den Jahren 2011–2013

---

[11] Turner (2016, S. 158).
[12] De Grauwe (2017, S. 146).
[13] Te IMF Fiscal Monitor, April 2018.

einige Artikel, die das Denken in vielen Kreisen beeinflussten und in denen er die Argumente für den notwendigen *Lender of Last Resort* in einer Währungsunion artikulierten.[14] Er erörterte die unnatürlichen Erhöhungen der Staatszinsen einiger Euroländer in der Anfangsphase der Schuldenkrise und führte das Problem auf die Zwänge der EZB zurück, die aufgrund ihres vermeintlichen Mandats nicht in der Lage sei, als *Lender of Last Resort* aktiv auf Marktpaniken zu reagieren, und zwar nicht nur gegenüber Banken, sondern allgemein gegenüber der Wirtschaft, einschließlich der Staaten. Darin sieht er den grundlegenden Systemmangel in der institutionellen Architektur der Eurozone. Lektion: Institutionen sind wieder wichtig!

Als Gegenmittel gegen diese Erbsünde der WWU argumentierte De Grauwe, dass die EZB als *Lender of Last Resort* fungieren müsse, auch wenn dies im Maastrichter Vertrag nie ausdrücklich vorgesehen war – vielleicht war sogar das Gegenteil vorgesehen, meinen einige. Seiner Ansicht nach muss eine Zentralbank das tun, was eine Zentralbank tun muss: die Funktion des Kreditgebers letzter Instanz – des *Lender of Last Resort* – in einer Währungsunion wahrnehmen, im Interesse der Finanzstabilität, die für nachhaltiges Wachstum und die Schaffung von Arbeitsplätzen unerlässlich ist. Obwohl ich die Vorzüge von De Grauwes Arbeit über den *Lender of Last Resort* anerkenne, würde ich seiner weiteren Ansicht nicht zustimmen, dass die EZB zum bedingungslosen Unterstützer schwacher Regierungen werden sollte,[15] was zu einem unüberbrückbaren moralischen Risiko führen und auf eine im EU-Vertrag verbotene monetäre Finanzierung hinauslaufen würde.

Verbindungen zwischen Steuerpolitik und finanzieller Reparatur

Auch wenn die Maßnahmen der EZB sicherlich unerlässlich waren, haben sie allein den Kurs der Eurozone nicht geändert. Auch die Maßnahmen zur Beruhigung der Finanzmarktturbulenzen zunächst durch die Einführung des Europäischen Stabilitätsmechanismus (ESM) und später mit der Entscheidung zur Gründung einer Bankenunion waren notwendige Bausteine für die Wende. Es ist auch wichtig, sich zu erinnern, dass die von der EZB im August 2012 getroffene entscheidende Entscheidung über endgültige Währungsgeschäfte (OMT) in Bezug auf Käufe (oder „endgültige Transaktionen") von

---

[14] De Grauwe (10. Mai 2011). Siehe auch Paul De Grauwe und Yuemei Ji (21. Februar 2013). Eine nützliche Zusammenfassung der Artikel findet sich in überarbeiteter Form in De Grauwe (2017, S. 117–130).
[15] So zitiert in Papadia mit Välimäki (2018, S. 283).

Anleihen der Eurozone-Mitgliedstaaten auf den sekundären Märkten für Staatsanleihen auf einer durchdachten politischen Konditionalität beruhte. Jedes OMT-Programm wurde zu einer Bedingung für ein wirtschaftliches Anpassungsprogramm des Empfängerlandes erklärt, das vom ESM bereitgestellt und konzipiert werden sollte.

Auch die OMT-Entscheidung wurde durch das Streben nach einer Rückkehr zu einer vernünftigen fiskalischen Vorsicht in der Eurozone ermöglicht. Die im *Sixpack* durchgeführte Reform der Wirtschaftsregierung hatte diesen Ansatz bereits ermöglicht. Darüber hinaus forderten sowohl Deutschland als auch die EZB eine noch strengere Verankerung der fiskalischen Vorsicht. So entstand der fiskalische Pakt im Frühjahr/Winter 2012, der im November/Dezember 2011 in Kraft trat.

Wie die *Financial Times* am 1. Dezember 2011 berichtete, startete ein ernsthafter Rettungsplan für die Eurozone in letzter Minute, nachdem Mario Draghi sagte, dass ein fiskalischer Pakt den Weg für eine aggressivere Reaktion der Europäischen Zentralbank auf die anhaltende Schuldenkrise Europas ebnen könnte. Wie Draghi dem Europäischen Parlament sagte, wäre ein Abkommen, das die Regierungen an strenge Regeln für die öffentlichen Finanzen bindet, „das wichtigste Element, um mit der Wiederherstellung der Glaubwürdigkeit" gegenüber den Finanzmärkten zu beginnen. „Andere Elemente könnten folgen, aber die Reihenfolge ist wichtig", fügte er hinzu. Als neu eingesetzter EZB-Präsident argumentierte Draghi auch, dass ein fiskalischer Pakt als langfristiger Vertrauensanker fungieren könnte, was auch kurzfristig das Vertrauen der Investoren stärken würde. Draghis Kommentare zur Abfolge und zur fiskalischen Übereinkunft wurden so interpretiert, dass die EZB nach dem bevorstehenden europäischen Gipfel am 9. Dezember 2011 ihr Anleihenankaufprogramm SMP verstärken könne.[16] Aus diesem Grund hatte Jean-Claude Trichet als Präsident der EZB bereits zuvor nach Garantien für die Fähigkeit der Mitgliedstaaten gesucht, die Nachhaltigkeit ihrer Fiskalpolitik sicherzustellen.

Ich kann mit Überzeugung sagen, dass die Europäische Kommission nie ein großer Fan des allzu rigorosen fiskalischen Pakts war. Die Kommission zog die *Sixpack*-Reform vor, um die wirtschaftspolitische Steuerung der Eurozone zu stärken, was im Einklang mit der Gemeinschaftsmethode stand und im Einklang mit einer intelligenteren und steuerlich vernünftigen Gestaltung des Stabilitäts- und Wachstumspakts stand. Aber um den Handlungsspielraum und den Aktivismus der EZB zu erleichtern, musste die Kommission für den Fiskalkompromiss den Rhythmus vorgeben. Für den Nominalwert war es

---

[16] Atkins und Carnegy (1. Dezember 2011).

eine weitere zweitbeste Lösung. Auf der anderen Seite wurde der Substanz kein Schaden zugefügt, und im Wesentlichen war es Draghi's kluger Schachzug, seinen Handlungsspielraum für das Gemeinwohl zu erweitern.[17]

Zusammenfassend lässt sich sagen, dass die finanzielle Beschleunigungstheorie, oder sollten wir in diesem Fall sagen „*die finanziellen Verlangsamer*", die Rezession und die schwache Wachstumsleistung der Eurozone besser erklärt als andere Erklärungen. Die Eurozone schwankte und handelte langsam und bot zu wenig finanzielle Feuerkraft, als die Krise zuschlug. Daher war dem Finanzsystem zu lange der Sauerstoff ausgegangen, um Kredite zu stützen (siehe Abb. 17.3).

Auf der anderen Seite sind die Vereinigten Staaten nach dem Ausbruch der Krise im September 2008 fast sofort in den Krisenmodus gewechselt, um eine sehr expansive Geldpolitik zu betreiben und das schwer geschädigte Banken- und Finanzsystem zu reparieren. Die Reparatur des Bankensystems der Vereinigten Staaten wurde 2008–2010 durchgeführt, während in der Eurozone die finanzielle Reparatur erst in den Jahren 2012–2014 ernsthaft in Angriff genommen wurde.

Quelle: EZB
Hinweis: Kreditbestände bereinigt Bilanztransfers und Verbriefung. .

Abb. 17.3 Kreditwachstum im Euroraum

---

[17] Zur Argumentation, siehe Präsident Mario Draghi's Ludwig Erhard Lecture (15. Dezember 2011).

Schlussbetrachtung

Aus den harten Erfahrungen mit der finanziellen Verlangsamung der Eurozone lassen sich mehrere Lehren für die Wirtschaftspolitik und die finanzielle Brandbekämpfung ziehen.

Eine wesentliche Schlussfolgerung, die von den damaligen politischen Entscheidungsträgern (einschließlich meiner Person) gezogen wurde, war, dass eine überzeugende finanzielle Sanierung notwendig war, damit die Eurozone auf einen nachhaltigen Pfad der Erholung und des Wachstums zurückkehren konnte. Dies drängte die Eurozone zum Aufbau einer Bankenunion, die zwar gut vorangekommen ist, aber immer noch in Arbeit ist.

Auf einer eher theoretischen Ebene spiegelt die Eurokrise das Schlüsselargument des zum Außenseiter gewordenen Mainstream-Ökonomen Hyman Minsky wider: Wenn Stabilität destabilisierend wirkt, kann der Effekt durch eine geschickte Anwendung von Regulierung und Politik eingedämmt werden – aber selbst das kann niemals von Dauer sein, und die Politik wird sich ständig an neue Umstände anpassen müssen. So sehr die Reform der wirtschaftlichen Steuerung der Eurozone in den Jahren 2010–2012 notwendig war, um die Fehler in ihrem ursprünglichen Entwurf zu korrigieren, so unvollständig war sie doch von Anfang an, weshalb der Wiederaufbau der WWU nicht ewig warten kann.

Eine weitere Lektion ist, dass die Geldpolitik, wenn eine große Gefahr einer Rezession oder Deflation oder beides gleichzeitig droht, mit Nachdruck eingesetzt werden muss, um wieder mehr Beschäftigung und eine normale Inflation zu schaffen. So formuliert es Ben Bernanke:

> [Es gibt] für Zentralbanker und andere politische Entscheidungsträger einige bleibende Lehren aus der Depression. Erstens sollte in Zeiten der Rezession, der Deflation oder beidem die Geldpolitik mit Nachdruck eingesetzt werden, um Vollbeschäftigung und ein normales Inflationsniveau wiederherzustellen. Zweitens müssen die politischen Entscheidungsträger entschlossen handeln, um die finanzielle Stabilität und normale Kreditflüsse zu erhalten.[18]

Zeitweise war die EZB eher langsam oder zurückhaltend im Handeln. Dennoch handelte sie im Herbst 2008 und vor allem im Sommer und Herbst 2012 wieder entschlossen und bekämpfte dann die Deflationsgefahr ab 2014–2015.

---

[18] Bernanke (2015, S. 35–36).

Die wirtschaftspolitischen Entscheidungsträger müssen zielgerichtet und mit dynamischer Kraft handeln, um die Stabilität des Finanzsystems zu sichern und normale Kreditflüsse aufrechtzuerhalten. Das ESM wurde 2012 konzipiert, das zusammen mit der OMT-Verpflichtung der EZB verspätet die dringend benötigte „große Bazooka" schuf, basierend auf den mutigen, aber bitteren Erfahrungen seines schwächeren Vorgängers EFSF, der im Mai 2010 mehr oder weniger durch einen Not-Kaiserschnitt geboren wurde. Aber dieses Instrument allein reichte offensichtlich nicht aus, um die Krise einzudämmen.

Die Zentralbanken können nicht die ganze schwere Arbeit leisten: Die Fähigkeit zur realwirtschaftlichen Anpassung ist in einer Währungsunion von entscheidender Bedeutung. Daher kommt es auf die nationale Wirtschaftspolitik an. Die Koordinierung der Politik in der Eurozone sollte dieses Bestreben unterstützen.

In Kap. 19 wird mehr über die Lehren gesagt, die bei der Sicherung der Finanzstabilität und der Unterstützung eines stärkeren, nachhaltigen Wachstums und der Schaffung von Arbeitsplätzen in der Eurozone gezogen wurden. Zuvor, im nächsten Kapitel, werfen wir noch einen Blick auf einige „Missgeschicke der düsteren Wissenschaft", um zu sehen, mit welchen Problemen der Berufsstand der Wirtschaftswissenschaftler in diesen harten und turbulenten Zeiten konfrontiert war und wie es ihm gelungen ist, sie zu bewältigen.

Literatur

Adair Turner, Between Debt and the Devil: Money, Credit and Fixing Global Finance. Princeton University Press 2016, S. 158.

Ben S. Bernanke, *The Courage to Act: A Memoir of a Crisis and Its Aftermath*. W. W. Norton, 2015, S. 35–36.

Ben S. Bernanke, *Essays on the Great Depression*. Princeton University Press, 2000, S. 5–38; 70–160.

Charles Goodhart, Financial Crises. In David Chambers und Elroy Dimson (Hrsg.), *Financial Market History: Refections of the Past for Investors Today.* CHA Institute and the University of Cambridge, 2016, S. 193.

Charles Goodhart, *The Optimal Size for Central Bank Balance Sheets*. Central Banking, 25. Oktober 2017.

Francesco Papadia mit Tuomas Välimäki, *Central Banking in Turbulent Times*. Oxford University Press, 2018, S. 141.

Gavyn Davies, The Message from Financial Conditions Indicators. *The Financial Times*, 30. Juli 2017.

Hélène Rey, *The BIS Andrew Crockett Memorial Lecture: The Global Financial System, the Real Rate of Interest and a Long History of Boom-Bust Cycles*, 2017, S. 7.

Martin Sandbu, *Europe's Orphan: The Future of the Euro and the Politics of Debt*. Princeton University Press, 2. Aufl., 2017

Olivier Blanchard, 2013. Siehe: https://voxeu.org/article/rethinking-macroeconomic-policy.

Paul De Grauwe, *The Limits of the Market: The Pendulum Between Government and Market*. Oxford University Press, 2017, S. 146.

Paul De Grauwe, *Managing a Fragile Eurozone*. VoxEU, 10. Mai 2011.

Paul De Grauwe und Yuemei Ji, *Panic-Driven Austerity in the Eurozone and Its Implications*. VoxEU, 21. Februar 2013: http://www.voxeu.org/article/panic-driven-austerity-eurozone-and-its-implications.

Paul De Grauwe, *The Limits of the Market: The Pendulum Between Government and Market*. Oxford University Press, 2017, S. 117–130.

Ralph Atkins und Hugh Carnegy, Draghi Hints at Eurozone Rescue Plan. *The Financial Times*, 1. Dezember 2011. Siehe: https://www.ft.com/content/87b3db16-1bfc-11e1-9631-00144feabdc0.

Mario Draghi's *The Euro, Monetary Policy and the Design of a Fiscal Compact*. Berlin, 15. Dezember 2011: https://www.ecb.europa.eu/press/key/date/2011/html/sp111215.en.html.

18

Fehlschlüsse der „düsteren" Wirtschaftswissenschaften

Im Umfeld der Eurokrise – und ich beziehe mich absichtlich auf eine *Euro-Krise* statt nur auf eine Krise im Euro-Währungsraum – gab es einige Fehlschlüsse in den Wirtschaftswissenschaften, womit ich solche Interpretationen und Argumente meine, die sich als völlig falsch oder zumindest auf schwankendem Boden als schlecht erwiesen haben.

Die Systemfehler des Euro sind auf bestimmte Paradigmen der Wirtschaftswissenschaften zurückzuführen, die sich als scheinbar falsch erwiesen haben und zu politischen Fehlern geführt haben. Daher der Titel dieses Kapitels, der nicht die „düsteren" Wissenschaftswissenschaften (im Orig. „Dismal Science", wie Thomas Carlyle 1849 die Wirtschaftswissenschaften nannte) verunglimpfen soll, sondern einige der Überzeugungen dieser schönen und unverzichtbaren Disziplin auf der Grundlage der in der Krise gewonnenen Erkenntnisse in Frage stellen soll.

Jede Verantwortung in dieser Hinsicht ist jedoch offensichtlich geteilt. Die Systemfehler resultieren auch aus den Mängeln im institutionellen Design der EU und dem normalen politischen Druck der Mitgliedstaaten, die gemeinsam dazu neigen, zu zweitbesten Kompromissen zu führen – zufällig führen diese leider nicht immer zu den besten politischen Ergebnissen. Die kritischen politischen Ökonomen Magnus Ryder und Alan Cafruny gehen sogar so weit zu sagen: „Die traditionelle Theorie hat es nicht nur versäumt, die Krise vorherzusehen, sondern hat auch sehr wenig über die Unfähigkeit Europas, sie zu lösen, ausgesagt."[1]

In der Anfangsphase der Krise wurde die Eurokrise häufig falsch dargestellt, indem man sie nur als ein moralisches Spielchen behandelte, bei dem die

---
[1] Ryner und Cafruny (2017, S. 10).

Sünden der Vergangenheit durch Versäumnisse bestraft oder mit Sanktionen geahndet werden. Die Eurokrise war jedoch nicht nur ein griechisches Drama: Ihre Wurzeln liegen in den systemischen Problemen der Währungsunion, die in den ersten beiden Jahrzehnten des Euro 1990–2010 nicht erkannt oder anerkannt wurden. Ausgehend von den praktischen Erfahrungen der Krisenjahre und der damit verbundenen wirtschaftspolitischen Debatte erscheinen vor allem zwei Lehrsätze falsch.

Erstens wurde in der Aufbauphase der WWU – und im Gegensatz zu dem, was viele Beobachter in den letzten Jahren behauptet haben[2] – sehr viel Wert auf die Theorie des optimalen Währungsgebiets und der asymmetrischen Schocks gelegt, die sich aus den unterschiedlichen Produktionsstrukturen in den von der Theorie betonten Ländern ergeben. In der Zwischenzeit wurde den Finanzströmen und den durch diese Finanzströme begünstigten makroökonomischen Ungleichgewichten überraschend und bedauerlicherweise wenig Aufmerksamkeit geschenkt. Es gab viele Ökonomen, die argumentierten, dass die Zahlungsbilanz in einer Währungsunion keine Rolle spiele. Und nicht nur das: Abgesehen von den Leistungsbilanzdefiziten verdiente die Möglichkeit einer Krise des Finanzsystems nicht die Aufmerksamkeit, die ihr gebührt. Und der Fähigkeit der Finanzmärkte, wirtschaftliche Schocks zu verstärken, wurde erstaunlich wenig Aufmerksamkeit geschenkt, obwohl ein gewisser Ben Bernanke bereits 1983 bewiesen hatte, dass dies eine zentrale Ursache für die Verschärfung der Großen Depression war.[3]

Durch die Vernachlässigung der überragenden Bedeutung makroökonomischer Ungleichgewichte, wie z. B. übermäßig hohe Leistungsbilanzdefizite und rasch steigende Arbeitskosten, die sich im trügerisch günstigen Kontext des integrierten Finanzmarktes und des einheitlichen Zinsniveaus zusammenbrauten, schlafwandelte die Eurozone in eine eigene klassische Finanzkrise. Ihre Auswirkungen auf die finanzielle Stabilität der Volkswirtschaften der Eurozone erwiesen sich als weitaus schädlicher, als in den 2000er-Jahren ständig angenommen wurde.

Zweitens gab es zum Zeitpunkt der Einführung des Euro einen starken Glauben an die Fähigkeit des Stabilitäts- und Wachstumspakts, zusammen mit den Marktkräften eine wirksame Haushaltsdisziplin aufrechtzuerhalten und eine übermäßige private Verschuldung zu verhindern. Man ging davon aus, dass die Gefahr steigender Zinssätze ein Land der Eurozone dazu zwingen würde, seine öffentlichen Finanzen zu stabilisieren, Ungleichgewichte zu vermeiden und seine Kostenwettbewerbsfähigkeit zu verbessern. Im Rückblick können wir jedoch feststellen, dass sowohl die politischen Regeln als auch die

---

[2] Zum Beispiel: Overtveldt (2011) ebd. erhebt diesen Anspruch.
[3] Bernanke (3. Juni 1983, S. 257–276).

Marktkräfte bei dieser Aufgabe schwer versagt haben. Dies wurde im Delors-Bericht von 1989 tatsächlich richtig erkannt:

> Die Erfahrung zeigt, dass ... der Zugang zu einem großen Kapitalmarkt für einige Zeit sogar die Finanzierung wirtschaftlicher Ungleichgewichte erleichtern kann. Anstatt zu einer allmählichen Anpassung der Kreditkosten zu führen, neigen die Marktmeinungen über die Kreditwürdigkeit offizieller Kreditnehmer dazu, sich abrupt zu ändern, was dazu führt, dass der Zugang zu Finanzierungen gesperrt wird. Die von den Marktkräften auferlegten Beschränkungen können entweder zu langsam und schwach oder zu plötzlich und störend sein. Daher müssten die Länder akzeptieren, dass die Teilung eines gemeinsamen Marktes und eines einheitlichen Währungsgebiets politische Zwänge auferlegt.[4]

Ziemlich weise Worte angesichts der Krise des Euro in den Jahren 2010–2012! Es ist schade, dass diese Warnungen bei den Maastricht-Verhandlungen 1990–1992 und bei der Einführung des Euro-Stabilitätspakts 1996–1997 nicht befolgt wurden. Erst als das *Verfahren für makroökonomische Ungleichgewichte* in 2010/2011 konstruiert wurde, wurden diese Warnungen berücksichtigt – mehr zum MIP (*Macroeconomic Imbalance Procedure*) und seinen Grenzen weiter unten.

Bei den Marktkräften mag dies zum Teil durch ihre (mehr oder weniger) rationale Erwartung verursacht worden sein, dass die EU-Mitgliedstaaten denjenigen, die unüberwindlichen finanziellen Belastungen ausgesetzt sind, immer noch aus der Patsche helfen würde, obwohl der EU-Vertrag dies ausdrücklich verbietet. Das könnte verzerrte Anreize geschaffen und zur Fehleinschätzung des Risikos bei Staatsanleihen beigetragen haben. Darüber hinaus beruhte die Annahme der rationalen Macht der Marktkräfte auf der damals vorherrschenden Theorie des optimalen Funktionierens selbstregulierender, effizienter Finanzmärkte. Die offensichtliche Lektion ist, dass die Institutionen und Anreize so gestaltet werden müssen, dass sie dazu beitragen, die Marktkräfte in sinnvolle Bahnen zu lenken – man kann es „Marktdisziplin" nennen.

Darüber hinaus wurde der Stabilitäts- und Wachstumspakt der EU, der die fiskalische Nachhaltigkeit in den Mitgliedstaaten zusammen mit der Marktdisziplin aufrechterhalten sollte, gleich bei der ersten Gelegenheit verwässert, als Deutschland und Frankreich 2003–2004, unterstützt von der damaligen italienischen EU-Präsidentschaft, gegen seine Bedingungen verstießen. Dies hatte lang anhaltende Glaubwürdigkeitsprobleme für die Wirtschaftsregierung des Euro zur Folge.

---

[4] Committee for the Study of Economic and Monetary Union (Jacques Delors, Vorsitzender), *Report on Economic and Monetary Union in the European Community*. Vorgestellt am 17. April 1989, S. 20.

Theorie des optimalen Währungsgebiets und asymmetrische Schocks

Das erste Missgeschick, die Überbetonung der Theorie des optimalen Währungsgebiets, ereignete sich vor etwa 20 Jahren und hielt lange an. Während die Theorie als solche offensichtliche Vorzüge hat, kann ihre allgemeine Anwendung in der Eurozone des 21. Jahrhunderts aufgrund der sich ändernden Umstände in Frage gestellt werden. Im Wesentlichen betont die Theorie des optimalen Währungsraums die Bedeutung asymmetrischer, in der Regel länderspezifischer Schocks, die für einen einzelnen Mitgliedstaat ein schwerwiegendes Anpassungsproblem darstellen würden, wenn das Zinsniveau an die Entscheidungen des gesamten Währungsraums gebunden ist und das Deviseninstrument – d. h. die Währungsabwertung – nicht mehr zum Einsatz kommt. Innerhalb der Währungsunion wurden Arbeitsmobilität und Einkommenstransfers als Schlüsselelemente zur Anpassung an asymmetrische Schocks angesehen.

Im Allgemeinen wird davon ausgegangen, dass eine Volkswirtschaft, die von einem einzigen Rohstoff und seiner Veredelungsindustrie lebt und daher zyklischen Schwankungen dieses speziellen Rohstoffs ausgesetzt ist, besonders anfällig für asymmetrische Schocks ist. Dies ist logisch und wird oft als „Texas-Phänomen" bezeichnet, da die Schwierigkeiten des ölreichen Bundesstaates Texas bei der Anpassung an die oft starken Schwankungen der Rohölpreise in der US-Dollar-Union (d. h. in Ermangelung einer eigenen texanischen Währung auf Bundesstaatsebene) als klassisches Beispiel für eine für asymmetrische Schocks anfällige Wirtschaft angesehen wurde.

In den 1990er-Jahren erhielt die Theorie des optimalen Währungsgebiets einen neuen Auftrieb, als einige Forscher wie Jeffrey Frankel und Andrew Rose die Ansicht vertraten, dass eine Währungsunion zu einer **endogenen Konvergenz** unter ihren Mitgliedstaaten führen kann.[5] Man ging davon aus, dass ein zunehmender Handel unter den Mitgliedern der Währungsunion auch zu einer höheren Korrelation ihrer Konjunkturzyklen führen würde. Somit könnte sich das Euro-Währungsgebiet zu einem optimalen Währungsgebiet entwickeln, auch wenn es vor seiner Gründung kein solches war.[6] Krugman (1993) vertrat eine gegenteilige Ansicht: Eine gemeinsame Währung

---

[5] Frankel und Rose (1998, S. 1009–1025).
[6] Mognelli (2010). Es ist erwähnenswert, dass Jeffrey Frankel und Andrew Rose sogar vorausgesagt haben, dass die Euro-Mitgliedsländer rückwirkend die Bedingungen für die Zugehörigkeit zu einem optimalen Währungsgebiet erfüllen könnten, auch wenn sie diese im Voraus nicht erfüllt haben! Sie rechneten auch damit, dass dies zu einer Stärkung der wirtschaftlichen Konvergenz oder zu einer Verringerung der Unterschiede im Wachstums- und Lebensstandardniveau führen würde.

würde zu einer stärkeren Spezialisierung der Länder führen, wodurch ihre aggregierten Konjunkturzyklen weniger ähnlich wären als zuvor.[7]

Letztlich sind die Fragen im Zusammenhang mit endogener Konvergenz empirischer Natur. Hat die Konjunkturkorrelation innerhalb der Währungsunion zugenommen? War die Veränderung dieser Korrelation innerhalb der Währungsunion anders als z. B. zwischen anderen EU-Mitgliedstaaten? Campos, Fidrmuc und Korhonen liefern Belege dafür, dass die konjunkturelle Korrelation in Europa nach der Einführung des Euro allgemein zugenommen hat und dass diese Korrelationszunahme für die Länder, die den Euro 1999 eingeführt haben, größer ist.[8] Dies würde die Ansicht unterstützen, dass eine endogene Konvergenz stattfindet, aber es stimmt auch, dass der Effekt von Land zu Land unterschiedlich sein kann, und es ist nicht klar, ob dies endogen ist oder primär durch andere Faktoren verursacht wird.

Die Theorie des optimalen Währungsgebiets stand auch in Finnland bei der Abwägung der Vor- und Nachteile der WWU im Mittelpunkt der wirtschaftlichen Debatte.[9] Dies war verständlich, da Finnland damals noch stärker als heute von der zyklischen Forstwirtschaft abhängig war und das „Nokia-Phänomen" im Technologiesektor noch an Fahrt gewann. Auch ich habe meinen eigenen Beitrag geleistet, indem ich auf der Grundlage meiner Doktorarbeit im Jahre 1996, zwei Jahre bevor das finnische Parlament den Beitritt Finnlands zur WWU beschloß, die folgende Passage schrieb:

> Betrachte ich es dagegen aus der Sicht Finnlands, so ist meine Antwort unsicher und bedingt. Die WWU kann sich – wenn sie richtig eingesetzt wird – als ein Mittel zur Sicherung einer stabilen wirtschaftlichen Entwicklung und einer stabilen Währung für Finnland erweisen. Aber wenn sie falsch eingesetzt wird, kann sich die WWU – für eine entfernte und zyklisch offene Wirtschaft – als eine Zwangsjacke erweisen, die die Wirtschaft daran hindert, die Folgen internationaler Konjunkturschwankungen oder einer verfehlten Wirtschaftspolitik flexibel zu bewältigen.[10]

Ich habe keinen Grund, so zu tun, als hätte ich die ganze Zeit „Recht" gehabt, aber man kann deutlich sehen, dass die anhaltende wirtschaftliche Rezession von 2011–2015 dieser Prognose entsprach. Finnland ist ein seltenes Beispiel eines echten asymmetrischen Schocks aufgrund mehrerer und gleich-

---

[7] Krugman (1993).
[8] Campos et al. (2019, S. 274–283).
[9] Zum Beispiel widmete die Experten-Arbeitsgruppe unter der Leitung von Professor Jukka Pekkarinen (1997) der Theorie der optimalen Währungsgebiete große Aufmerksamkeit.
[10] Rehn Dissertation (1996, S. 69).

zeitiger struktureller Rückschläge im letzten Jahrzehnt – ich meine den Niedergang des Mobilfunkgeschäfts von Nokia, den langen Nachfragerückgang bei den Produkten der Papierindustrie und den Wirtschaftsabschwung in Russland, die durch den Verlust der Kostenwettbewerbsfähigkeit seit 2005–2007 aufgrund teurer Lohnabschlüsse noch verstärkt wurden.

Zum Zeitpunkt der Verfassens dieses Buches befand sich die finnische Wirtschaft nach einem halben Jahrzehnt mit einem praktisch Nullwachstum seit 2015 dank der stärkeren Exportnachfrage in der Wirtschaft der Eurozone und der Korrektur ihrer eigenen Kostenwettbewerbsfähigkeit auf einem Erholungspfad. Es hat lange gedauert, bis die finnische Politik und die Sozialpartner das Problem erkannt und auch gehandelt haben. Die Bewährungsprobe ist im Großen und Ganzen bestanden worden, allerdings mit einiger Verzögerung. Der Wettbewerbspakt, der bis Februar 2016 ausgehandelt und bis Juni desselben Jahres von den Sozialpartnern ratifiziert wurde, war ein Lackmustest, ob Finnland im Rahmen der einheitlichen Währung leben kann. Der Pakt trat 2016 in Kraft und hat bisher seine Wirkung entfaltet, da die Lohnstückkosten pro Stunde 2014–2017 im Vergleich zu den hauptsächlich konkurrierenden Ländern um 6½ Prozent gesunken sind und die Wirtschaft in jüngster Zeit mit einer Wachstumsrate von 2–3 Prozent pro Jahr für 2016–2018 wieder in der Nähe des Produktionspotenzials gewachsen ist.[11]

Die meisten anderen in Schwierigkeiten geratenen Länder in der Eurozone waren eher betroffen von einem *symmetrischen und systemweiten Schock* durch die Finanzkrise in den Jahren 2007–2009 und die Schulden- und Bankenkrise in den Jahren 2010–2012. Das Finanzsystem spielte jedoch erneut die entscheidende Rolle: Während der Schock symmetrisch ausfiel, variierte der Grad der Verwundbarkeit in den Mitgliedstaaten des Euroraums sehr stark, je nach ihrer wirtschaftlichen und finanziellen Widerstandsfähigkeit. Sobald der Schock diese Verwundbarkeiten aufzeigte, reagierten die Finanzmärkte rasch, und in den integrierten Märkten war ihre Verbundwirkung in der Tat sehr stark.

Dies erforderte eine systemische Reaktion (wie in Kap. 6 beschrieben), aber zwangsläufig auch mutige nationale Reaktionen einzelner Mitgliedstaaten, um das eigene Haus in Ordnung zu bringen. Das heißt, auch wenn die Hauptursache der Krise möglicherweise eine systemische war und somit eine systemische Reaktion erforderte, mussten dennoch viele korrigierende und mildernde politische Maßnahmen, wie die Korrektur struktureller Haushaltsdefizite und die Durchführung schmerzhafter Strukturreformen, in und von den Mitgliedstaaten ergriffen werden. In diesem Sinne war es schwierig, zwischen der symmetrischen und der asymmetrischen (idiosynkratischen) Di-

---

[11] Siehe z. B. den OECD-Wirtschaftsausblick für Finnland, Februar 2018.

mension der Krise zu unterscheiden. Das Leben ist nicht immer fair – eine kritische Lehre aus der Krise ist, dass es für jeden Mitgliedstaat von größter Bedeutung ist, sich seiner eigenen Verantwortung für seine wirtschaftliche und soziale Entwicklung bewusst zu werden. Kollektives Handeln in der Eurozone mag die Mitgliedstaaten bei dieser Aufgabe unterstützen, aber es gibt keine Garantie dafür in der gegenwärtigen institutionellen Architektur, und daher wäre es kurzsichtig und in der Tat unverantwortlich, den Aufbau der eigenen wirtschaftlichen Widerstandsfähigkeit zu vernachlässigen.

Makroökonomische Ungleichgewichte wurden ignoriert

Im Vergleich zu den asymmetrischen Schocks, die von der Produktionsstruktur herrühren, haben sich die makroökonomischen und finanziellen Ungleichgewichte, die insbesondere im ersten Jahrzehnt des 21. Jahrhunderts auftraten, als ein viel schwerwiegenderes und schwierigeres Problem erwiesen. **Die meisten Ökonomen richteten ihre Aufmerksamkeit auf die Produktionsstruktur, während das eigentliche Problem im Finanzsystem verborgen blieb.**

Ebenso gab es viele Analysen über das Hin und Her in der Geldpolitik, aber nicht genügend Aufmerksamkeit für das Finanz- und Bankwesen. Dies hing auch mit der Regulierung zusammen. So trug beispielsweise die einheitliche regulatorische Behandlung verschiedener Staatsanleihen des Euroraums vor der Krise wahrscheinlich dazu bei, dass die Banken scheinbar eine übermäßige Nachfrage nach Staatspapieren hatten.[12] Harold James hat schon vor 2010 die Aufmerksamkeit auf diese Mängel der Vernachlässigung des Finanz- und Bankwesens gelenkt:

> Die ersten zehn Jahre des Bestehens des Euro wurden von zwei lang andauernden Legenden überschattet, die beide die Aufmerksamkeit der Öffentlichkeit auf sich zogen und den Kampf um die Währung zu bestimmen schienen: der Kampf um den Charakter der Geldpolitik und wer sie gemacht hat, und der Kampf um die Wettbewerbsfähigkeit. Die Debatten lenkten die Aufmerksamkeit von den Hauptthemen ab, nämlich der Unhaltbarkeit der europäischen (und weltweiten) Herangehensweise an das Bankwesen und den Auswirkungen der Finanzialisierungsexplosion auf das öffentliche Kreditwesen.[13]

---

[12] Berger et al. (2018, S. 15).
[13] James (2012, S. 393).

Die meisten Bereiche der Wirtschaft und der politischen Ökonomie vernachlässigten die zentrale Rolle, die die Kapitalströme und das Finanzsystem in der modernen Weltwirtschaft spielen. Dies ist auffällig, da die Grundursache der Finanzkrise in der übermäßigen *Finanzialisierung* der Weltwirtschaft begründet liegt. Unter „Finanzialisierung" versteht man die stark erweiterte Rolle von finanziellen Motiven, Finanzmärkten, Finanzakteuren und Finanzinstitutionen für das Funktionieren der Wirtschaft – ein Prozess, bei dem „Finanzdienstleistungen die dominierende wirtschaftliche, kulturelle und politische Rolle in einer Volkswirtschaft übernehmen".[14]

Eine wichtige Rolle spielte dabei natürlich die Tatsache, dass die WWU und der Euro weitgehend als politisches Projekt konzipiert waren, wie in Kap. 1 erläutert wird. Viele Ökonomen befürworten die WWU verständlicherweise aus umfassenderen Gründen der europäischen Integration. Ein Beispiel dafür liefert Paul Krugman, der 1990 wie folgt schrieb:

> Ich finde es ganz vernünftig zu vermuten, dass Europa zu groß, vielfältig und schlecht integriert ist, um wirtschaftlich von einer gemeinsamen Währung zu profitieren. Ich denke auch, dass eine einheitliche Währung für Europa eine ausgezeichnete Idee ist. Wirtschaftliche Effizienz ist nicht alles. Eine einheitliche Währung ist fast sicher eine notwendige Ergänzung der politischen Einigung Europas, und das ist ein wichtigeres Ziel als der Verlust einer gewissen Flexibilität bei der Anpassung.[15]

Nach 22 Jahren im Schnelldurchlauf kritisiert Krugman nicht nur die wirtschaftliche und politische Leistung der Eurozone, sondern auch ihre Fähigkeit, als politisches Projekt zu überleben, und ihre inhärente, endogene Tendenz zur institutionellen Selbstzerstörung:

> Interessant ist, dass der Euro selbst die asymmetrischen Schocks erzeugt hat, die ihn jetzt [über die Kapitalströme, die er hervorgerufen hat] zerstören. Sie haben nicht nur etwas geschaffen, das unfähig ist, mit Schocks umzugehen, sondern die Einführung hat auch die Schocks hervorgerufen, die ihn jetzt zerstören.[16]

Wie bereits gesagt, würde ich den Schock, dem der Euro in den Jahren 2010–2012 ausgesetzt war, eher als einen systemischen Schock denn als eine

---

[14] Einer der ersten Autoren, der den Begriff „Finanzialisierung" prägte, ist Kevin Phillips (2006) in seinem. Für eine knappe, aber nützliche Diskussion über das Konzept siehe Wikipedia unter „Finanzialisierung".
[15] Paul Krugman, *Currencies and Crisis* (1993); der Artikel, auf den Bezug genommen wird, wurde ursprünglich veröffentlicht in: de Grauwe und Papademos (1990).
[16] Paul Krugman, Interview in *The Financial Times*. 26.05.2012, Life & Arts, S. 3.

Reihe asymmetrischer Schocks betrachten. Wie dem auch sei, die Vernachlässigung der Finanzströme war ein grundlegender Fehler sowohl der politischen Entscheidungsträger als auch der Ökonomen. Wie der frühere Vizepräsident der EZB, Vitor Constâncio, die WWU, wie sie in Maastricht entworfen wurde, zu Recht beschrieben hat, „hatte niemand an die Möglichkeit gedacht, dass die Kapitalströme mit der Europäischen Währungsunion ‚plötzlich aufhören'".[17] Ebenso kritisiert Schelkle die zeitgenössische Literatur der vergleichenden und internationalen politischen Ökonomie über die Krise für dieses kritische Versäumnis: „Das Finanzsystem als erklärende Variable fällt in diesen Erklärungen durch seine Abwesenheit auf. Die Wachstumsregime-Literatur sucht nicht nach nationalen oder regimetypischen Unterschieden in Finanzsystemen [nach dem Vorbild von Zysman und Hancke], was ein natürlicher Ausgangspunkt gewesen wäre."[18]

Die gleiche Auslassung gilt für die makroökonomischen Standardmodelle.[19] Diese Modelle tendieren zu der Annahme, dass die Kreditmärkte ohne Reibungsverluste funktionieren, was während der Finanzkrise wohl kaum eine realistische Annahme war, als die Entschuldung der Bankbilanzen und die anschließende Kreditverknappung oder sogar eine Kreditklemme den Kreditkanal und die geldpolitische Transmission beschädigten. Dieses Versäumnis schwächt die Leitfähigkeit der makroökonomischen Referenzmodelle für die eigentlichen wirtschafts- und geldpolitischen Entscheidungen erheblich.

Meine Kritik sollte nicht als allgemeine Kritik an makroökonomischen Modellen angesehen werden, die wesentliche Instrumente für die Gestaltung der Wirtschafts- und Währungspolitik sind, auch wenn sie in der Tat als analytische Instrumente und nicht als politikbestimmende Zwangsjacken betrachtet werden sollten. Die makroökonomischen Modelle sind recht gut in der Extrapolation aus den Trends der Vergangenheit und den jüngsten Daten, und die auf der Datenanalyse basierenden Now-Casting-Modelle sind eine interessante Ergänzung bei der Vorhersage des aktuellen Rhythmus der Wirtschaft.[20] Aber ihr Manko ist die unzureichende Fähigkeit, Diskontinuitäten in der komplizierten realen Welt zu erkennen, die nicht linear und stationär,

---

[17] Constâncio (16.–17. Mai 2018).
[18] Schelkle, S. 184.
[19] Das maßgebliche neukeynesianische Modell – das „DSGE" (= Dynamic Stochastic General Equilibrium/dynamisches stochastisches allgemeines Gleichgewicht) im Jargon der Ökonomen – stellt die Finanzen und Kredite in den Hintergrund, wie David Vines und Samuel Wills feststellen. Siehe Vines und Wills (1–2, 5. Januar 2018, S. 252–268).
[20] Siehe z. B. die makroökonomischen Kolumnen von Gavyn Davies in der *FT* mit der Analyse von Fulcrum und dem neuen Now-Casting-Modell der Bank von Finnland: https://helda.helsinki.f/bof/handle/123456789/14979.

sondern komplex und voller Unsicherheiten ist. Das meinte wohl auch Königin Elisabeth II., als sie im Zuge der Finanzkrise 2008–2009 fragte: „Warum hat das niemand kommen sehen?"

Um Diskontinuitäten oder Bruchstellen in einer ansonsten reibungslos wahrgenommenen wirtschaftlichen Entwicklung zu identifizieren und zu simulieren, sollten wir versuchen, kontinuierlich Weisheiten aus den Lehren der Wirtschaftsgeschichte zu ziehen. Und übrigens auch aus der politischen Geschichte, da viele der wirtschaftlichen Brüche tatsächlich durch politische Veränderungen und Unsicherheiten verursacht werden. Wenn man zum Beispiel Booms und Zusammenbrüche betrachtet, ist es selten der Fall, dass „es dieses Mal anders ist" – wenn man eine Blase sieht, dann ist es meistens eine Blase – ob von einer Bitmünze, einem dot.com oder einem Seifenblasenspielzeug!

David Vines und Samuel Wills schlagen eine Lösung vor, um finanzielle Parameter, wie das Kreditwachstum, zu den makroökonomischen Benchmark-Modellen hinzuzufügen. Wie sie sagen, würde dies dazu beitragen, „die Hebelwirkung zu erfassen". Unabhängig von der genauen Methode sollte dies in der Tat getan werden, um die Relevanz der Benchmark-Modelle zu erhöhen – was als Risiko- und Stabilitätsanalyse in der makroprudenziellen Politik z. B. durch den Europäischen Ausschuss für Systemrisiken getan wird bzw. wurde. Dies würde helfen, den „finanziellen Beschleuniger" in die Makro-Modelle zu integrieren, in Übereinstimmung mit der konzeptionellen und immer noch gültigen Analyse von Ben Bernanke et al. (siehe Kap. 17).

Entsprechende Beispiele finden sich in den Krisenländern. Obwohl die Krise im Falle Griechenlands weitgehend, aber nicht nur, den öffentlichen Sektor betraf, litten sowohl Irland als auch Spanien in erster Linie unter schwerwiegenden makroökonomischen Ungleichgewichten, die auf ein übermäßiges Wachstum der privaten Kreditvergabe und einen Boom-and-Bust-Crash vor allem im Bausektor zurückzuführen waren. Diese wurden durch starke Kapitalzuflüsse und den rapiden Rückgang der Zinssätze und die Verringerung der Zinsdifferenzen gegenüber Deutschland nach der Jahrtausendwende genährt. Im Jahr 2010 war die Party in Bezug auf Anleihen und Zinsen wirklich vorbei. Das Verschwinden der Zinsdifferenzen erwies sich als unbegründet. Im Rückblick haben wir eine tief greifende Fehleinschätzung des Risikos durch die Marktkräfte erlebt.

Paradoxerweise wurden diese Kapitalströme aus heutiger Sicht, zumindest anfangs, als Zeichen der (positiven) wirtschaftlichen Integration innerhalb der EU gesehen. Es bestand die Vermutung, dass die Finanzintegration die finanzielle Entwicklung fördere und damit langfristig zu einem höheren Produktivitätsniveau beitrage.²¹ Einige Mitgliedstaaten waren offenbar dabei, den Unterschied im Lebensstandard und in der Inlandsproduktion durch schnelleres Wachstum aufzuholen. Der Euro bot ihnen einen besseren Zugang zu den Kapitalmärkten und niedrigere Kosten für den Schuldendienst zur Finanzierung ihres Wachstums.

Wären die Investitionen, die durch diese „unnatürlich" günstige Kreditvergabe ermöglicht wurden, auf die Produktion von Waren und Dienstleistungen mit hoher Produktivität ausgerichtet gewesen, wäre wahrscheinlich kein Problem entstanden. Im Gegenteil, dies hätte eine höhere Produktivität und ein schnelleres Wachstum der weniger entwickelten Länder der Eurozone angekurbelt und das Aufholen der Entwicklungsunterschiede unterstützt, was ja gerade das Ziel der wirtschaftlichen Integration im Namen der Konvergenz war. Eine höhere Produktivität hätte ein Lohnwachstum ohne nachteilige Auswirkungen auf die Wettbewerbsfähigkeit ermöglicht. Dies schien in den aufstrebenden Volkswirtschaften der EU im „neuen Europa" zu geschehen, da die Länder Ost- und Mitteleuropas rasch aufholten und mit den reiferen Volkswirtschaften des „alten Europa" konvergierten.

Der Großteil der Kapitalströme in der Eurozone wurde jedoch zu weniger produktiven Aktivitäten fehlgeleitet, wie z. B. der raschen Ausweitung der Bauproduktion, die zu Immobilienblasen in Irland und Spanien führte. Auch einige osteuropäische Länder erlebten unhaltbare Boomphasen (wie Lettland), aber sie erwiesen sich in ihrer Anpassung als wesentlich flexibler als die so genannte periphere Eurozone.

Die Eurozone hat diese nicht nachhaltigen Trends erst spät erkannt. Sie wurden in den gemeinsamen wirtschaftspolitischen Diskussionen der EU erst zehn Jahre nach der Einführung des Euro angesprochen, als man – immer noch sehr sorgfältig – feststellte, dass einige Elemente der Unterschiede in der Inflation, im Wachstum und in den außenwirtschaftlichen Positionen auf die Dynamik der strukturellen Konvergenz des Lebensstandards („reale Konvergenz") zurückgeführt werden können, aber definitiv nicht alles davon.²² Mit anderen Worten, die Divergenzen in der wirtschaftlichen Entwicklung sind nicht nur auf die Realwirtschaft, sondern mindestens ebenso sehr auf die Finanzströme zurückzuführen.

Der wirtschaftliche und gesellschaftliche Preis für die nicht erkannten makroökonomischen Ungleichgewichte ist enorm. Rückblickend hätte man in der Eurozone den nicht nachhaltigen Kapitalströmen im Zusammenhang mit der einheitlichen Geldpolitik („eine Größe für alle" – „one size fits all") mehr

---

²¹ Siehe z. B. Lane (13.–14. November 2008, S. 82–115).
²² Siehe European Commission (2006).

Aufmerksamkeit schenken sollen. Während die Leitzinsen für alle Euroländer einheitlich festgelegt wurden, wurden die Marktzinsen durch die Kapitalströme beeinflusst, die sie nach unten drückten, was zur Überhitzung des Wohnungsmarktes beitrug und Immobilienblasen mit schädlichen Folgen für Wachstum und Beschäftigung schuf. Aus diesem Grund wurde seit 2010 und insbesondere seit Beginn des Aufbaus der Bankenunion im Jahr 2012 eine immense Menge an politischem Kapital in die Entwicklung einer wirksamen makroökonomischen Politik investiert, die dazu beitragen könnte, diese Art von Blasen und exzessiven Booms zu verhindern, die normalerweise sehr schlecht ausgehen. Dies hat dazu geführt, dass das Zentralbankwesen heute zunehmend auf zwei Säulen ruht: der Geldpolitik und der makroprudenziellen Politik. Die makroprudenzielle Politik hat in der Welt der unkonventionellen Geldpolitik an Bedeutung gewonnen, in der negative Zinssätze und eine quantitative Lockerung für das Kreditwachstum und die wirtschaftliche Erholung unerlässlich waren, in der jedoch negative Nebenwirkungen wie z. B. Blasen an den Immobilienmärkten vermieden werden sollten. Daran wird in der ganzen Welt gearbeitet; in der Eurozone sind die nationalen Finanzaufsichtsbehörden, der Aufsichtsmechanismus der EZB und der Europäische Ausschuss für Systemrisiken mit dieser Aufgabe betraut.

Ein weiterer Faktor, der den Ungleichgewichten zugrunde lag, war die Abweichung der preislichen Wettbewerbsfähigkeit zwischen den Ländern der Eurozone. Im ersten Jahrzehnt des 21. Jahrhunderts konnte Deutschland seine preisliche Wettbewerbsfähigkeit insbesondere dank seiner Arbeitsmarktreformen und der deutschen verarbeitenden Industrie, die unter Nutzung von Kostenvorteilen Produktionsketten in Mittel- und Osteuropa aufbaute, wiederherstellen. In den Defizitländern haben der Konsumrausch und die Immobilienblase die Löhne in die Höhe getrieben und die preisliche Wettbewerbsfähigkeit untergraben, da das Produktivitätswachstum nicht mit den Kostensteigerungen Schritt halten konnte.

Abb. 1.4 in Kap. 1 veranschaulicht die Leistungsbilanzüberschüsse und -defizite der Länder des Euroraums im Zeitraum 1999–2020 und zeigt, dass, seitdem die Ungleichgewichte 2007–2008 ihren Höhepunkt erreicht hatten, eine Neugewichtung im Gange ist. Dies bedeutete vor allem, dass die Defizitländer ihre Volkswirtschaften durch Lohnzurückhaltung und/oder Senkung der Arbeitskosten sowie durch Haushaltskonsolidierung anpassen. In Irland begann dies 2008 und führte zur Wiederherstellung der preislichen Wettbewerbsfähigkeit bis 2012. Spanien, Portugal und auch Griechenland folgten mit Hilfe von bedingten Finanzprogrammen.

Wie sieht es mit den Überschussländern aus? Was haben sie getan, um das Gleichgewicht der Wirtschaft des Euroraums wiederherzustellen – oder um ein besseres First-Best-Gleichgewicht zu schaffen? Dies war das Thema von

Kap. 14, das sich mit der Frage der koordinierten Wiederherstellung des Gleichgewichts zwischen den Überschuss- und Defizitländern, insbesondere mit Deutschland, befasste. Es genügt hier zu sagen, dass die Neugewichtung – oder genauer gesagt, die wirtschaftliche Anpassung – hauptsächlich in und durch die Defizitländer stattgefunden hat. Die Überschussländer haben ihre institutionellen und anderen Zwänge – wie die deutsche verfassungsmäßige Schuldenbremse –, die sie daran hindern, in stärkere reflationäre Aktivitäten einzusteigen.

Seit 2010 hat insbesondere in den Defizitländern eine erhebliche Anpassung stattgefunden. Die aufgelaufenen internen und externen Ungleichgewichte stellten eine massive Herausforderung dar. Die meisten Defizitländer mussten ihre Leistungsbilanz auf einen Überschuss bringen, damit ihre Auslandsschulden zu sinken begannen. Dies erforderte neben einer rückläufigen Binnennachfrage auch eine Verbesserung der Kostenwettbewerbsfähigkeit. Dies war auch das Ziel der Programme der EU und des IWF. Im Gegensatz zu dem, was in der öffentlichen Debatte oft behauptet und wahrgenommen wird, legten diese Programme großen Wert auf Wirtschaftsreformen und nicht nur auf die Anpassung der öffentlichen Finanzen, um das mittel- bis langfristige Wachstum anzukurbeln.

Proaktive Korrektur von Ungleichgewichten

Im Rahmen des 2011 verabschiedeten *Sixpack* hat die Kommission die Aufgabe übernommen, das Gleichgewicht der Volkswirtschaften der Mitgliedstaaten zu überwachen und eine Warnung auszusprechen, wenn eine ausgewogene Entwicklung z. B. durch rücksichtslose Hypothekenvergabe oder durch Lohnerhöhungen, die die Produktivitätsentwicklung übertreffen, ins Stocken zu geraten droht. Auf der Grundlage der Berichte gibt die Kommission politische Empfehlungen heraus, die vom Rat, der die Mitgliedstaaten vertritt, diskutiert und in der Regel genehmigt werden. Ziel ist es, das Entstehen von Ungleichgewichten rechtzeitig zu erkennen, so dass in dem betreffenden Mitgliedstaat rechtzeitig proaktive Maßnahmen ergriffen werden können, bevor sie sich in unkontrollierbarem Ausmaß akkumulieren und damit die Stabilität des Euro gefährden.[23]

Im Juni 2012 schloss der ECOFIN-Rat die erste Runde ab, in der zunächst alle 27 Mitgliedstaaten bewertet und anschließend zwölf Staaten einer einge-

---

[23] Im Rahmen der Gesetzesreform wurde das so genannte Verfahren für makroökonomische Ungleichgewichte mit einem klaren Regelwerk geschaffen. Informationen über das Verfahren und die Regeln finden Sie auf der Website der Kommission unter http://ec.europa.eu/economy_finance/economic_governance/macroeconomic_imbalance_procedure/index_en.htm.

henden Prüfung unterzogen wurden. Auf der Grundlage der Bewertungen sprach der ECOFIN-Rat Warnungen an Spanien und Zypern wegen sehr schwerwiegender Ungleichgewichte und an Italien, Frankreich, Slowenien und Ungarn wegen schwerer Ungleichgewichte aus. Die Empfehlungen waren auf jedes Land zugeschnitten und konzentrierten sich insbesondere auf das Funktionieren der Arbeitsmärkte und der Dienstleistungsproduktion sowie auf die Stärkung der Widerstandsfähigkeit des Bankensystems. In den Empfehlungen wurden die wesentlichen Wirtschaftsreformen in den betreffenden Ländern auf die nationale politische Agenda gesetzt. Und in Ländern wie Spanien und Zypern wurden sie bald zu Bausteinen der an Bedingungen geknüpften Finanzhilfeprogramme.

Die den Empfehlungen im Rahmen des Verfahrens für makroökonomische Ungleichgewichte zugrunde liegende Begründung stammte sowohl aus der wirtschaftlichen Analyse als auch aus der historischen Erfahrung. Historisch gesehen beziehe ich mich auf die Länder, die in früheren Jahrzehnten substanzielle Wirtschaftsreformen durchgeführt und die Abschwünge in der Regel mit geringeren Schäden für Wachstum und Beschäftigung überwunden haben. Zu diesen Ländern gehören Dänemark, Irland und die Niederlande in den 1980er-Jahren, Finnland und Schweden in den 1990er-Jahren und Deutschland im ersten Jahrzehnt des 21. Jahrhunderts.

In Kap. 14 habe ich mich auf den Leistungsbilanzüberschuss Deutschlands und die jüngsten Lohnentwicklungen bezogen. In ihrer Analyse beschränkte sich die Kommission nicht auf die Defizitländer, sondern gab Empfehlungen für die Überschussländer ab, wie sie den Ausgleich der Wirtschaft in der Eurozone unterstützen könnten. Im Jahr 2012 und in den Folgejahren legte die Kommission Deutschland nach sehr sorgfältigen analytischen Überlegungen drei materielle und spezifische Empfehlungen vor: Erstens sollten die Löhne in Deutschland im Einklang mit der Produktivität steigen, um die Binnennachfrage zu stützen. Zweitens wurde Deutschland ermutigt, die niedrigen Finanzierungskosten seiner öffentlichen Wirtschaft zu nutzen und wachstumsfördernd in Bildung und Forschung zu investieren. Drittens forderte die Kommission Deutschland nachdrücklich auf, die Erwerbsquote der Frauen durch die Beseitigung von Steuerhindernissen und die Erhöhung des Angebots an Vollzeit-Tagesbetreuung und Grundbildung zu erhöhen. Der ECOFIN-Rat unterstützte all diese Empfehlungen.

Diese Empfehlungen mögen nicht nach revolutionären Reformen klingen, aber ihre Umsetzung hätte dennoch erheblich zur Wiederherstellung des Gleichgewichts der gesamten Wirtschaft des Euroraums beigetragen. Damit wäre die Neuausrichtung schneller und mit geringerem Schaden verlaufen als nur in Zeitlupe, was letztlich auch den deutschen Eigeninteressen entsprochen hätte.

Was können wir schließlich zu den Gesamtauswirkungen der Empfehlungen der Kommission im Rahmen des Verfahrens bei makroökonomischen Ungleichgewichten sagen? Es ist offensichtlich, dass ihre Wirkung bei der Erreichung der angestrebten politischen Ziele begrenzter ist als die Empfehlungen im Rahmen des Stabilitäts- und Wachstumspakts, der sich auf die öffentlichen Finanzen konzentriert. Dafür gibt es zwei Gründe. Erstens, weil z. B. die Leistungsbilanzdefizite hängen sehr viel indirekter und in der Regel langsamer von den Entscheidungen der nationalen politischen Entscheidungsträger ab als der Haushaltssaldo. Zweitens ist die Legitimität von Sanktionen schwächer als im Euro-Stabilitätspakt, und deshalb bleiben sie als Empfehlungen bestehen. Dies zeigt die Grenzen der wirtschaftspolitischen Steuerung und Koordinierung auf.

Die Theorie der effizienten Finanzmärkte: Wissenschaft oder Religion?

Ein weiterer Fehltritt der Ökonomie hängt mit dem Funktionieren der Finanzmärkte zusammen, insbesondere mit der Theorie der effizienten Finanzmärkte. Mit dem Zeigefinger wurde sowohl auf Bankiers als auch auf politische Entscheidungsträger gedeutet. Auch Wirtschaftswissenschaftler und Ökonomen haben aber ihren Anteil an der Kritik. Die Volkswirtschaftslehre hat nicht gesehen, wohin eine übermäßige Risikobereitschaft und Kreditvergabe aus riskanten und wackeligen Gründen führen würde. Laut Paul Krugman im Jahr 2009, der sich insbesondere auf die Hypothese der effizienten Märkte bezog, war ein Großteil der vergangenen 30 Jahre an Makroökonomie vor der Finanzkrise „im besten Fall spektakulär nutzlos und im schlimmsten Fall positiv schädlich".[24]

Oder wie der Makroökonom Willem Buiter im Gefolge der globalen Finanzkrise schrieb: „Die makroökonomische Standardtheorie hat weder geholfen, die Krise vorherzusehen, noch hat sie geholfen, sie zu verstehen oder Lösungen zu finden ... Tatsächlich hat die typische Ausbildung in Makroökonomie und Geldwirtschaft, die in den letzten 30 Jahren an angloamerikanischen Universitäten absolviert wurde, die ernsthafte Untersuchung des gesamtwirtschaftlichen Verhaltens und das wirtschaftspolitisch relevante Verständnis um Jahrzehnte zurückgeworfen. Es war eine private und sozial kostspielige Verschwendung von Zeit und anderen Ressourcen."[25]

---

[24] Krugman (16. Juli 2009).
[25] Buiter (6. März 2009).

Auch Paul De Grauwe, ein angesehener Geld-Ökonom, war nach dem Schock von 2008 gegenüber der Mainstream-Makroökonomie ziemlich gnadenlos: „Die Mainstream-Makroökonomie ist zu einem Glaubenssystem geworden, manche werden sagen, zu einer Religion, über rationale und voll informierte Agenten, die in effizienten Märkten operieren. Die Anhäufung von Fakten, die die makroökonomischen Mainstream-Modelle widerlegen, ist so stark geworden, dass nur noch die fundamentalistischsten Gläubigen an diesen Theorien festhalten wollen."[26]

Zu Beginn des Jahrtausends basierte die US-Geldpolitik der Federal Reserve auf der festen Überzeugung eines technologiebasierten ewigen Wachstums. Die Rechtfertigung für diese Überzeugung war neben dem rasanten Anstieg der informationstechnologischen Produktion auch das starke Produktivitätswachstum durch alle Produktions- und Dienstleistungsbereiche infolge der allgegenwärtigen Nutzung der IT. Aber das Produktivitätswachstum stimmte nur teilweise. Und jedenfalls erwiesen sich die geldpolitischen Schlussfolgerungen, die aus dem angenommenen „ewigen Wachstum" und dem „Sprengen der gläsernen Decke des Wachstums" gezogen wurden, bald als falsch.

Die Politik, die die Fed dann verfolgte, zielte darauf ab, den Märkten mitzuteilen, dass sie einen Zusammenbruch der Märkte nicht tolerieren würde – stattdessen war sie bereit, falls nötig, einen *Put*-Schutz für die Vermögenspreise zu bieten und einen Rückgang der Märkte durch die Zufuhr von monetärer Liquidität zu verhindern. Dies wurde als „Greenspan-Put" bekannt, der in der Tat ein gewisses Maß an moralischem Risiko implizierte. Er hing mit der Überzeugung zusammen, dass im Kontext eines raschen und anhaltenden Wirtschaftswachstums nicht nur ein hohes Niveau der Vermögenspreise, sondern auch Vollbeschäftigung dank der aus dem IT-Durchbruch resultierenden hohen Produktivität erreicht werden könnte, ohne dass eine beschleunigte Inflation die Wirtschaftspolitik einschränken würde. Hätte sich dieser Glaube – im Wesentlichen „dieses Mal ist es anders" – am Ende bewahrheitet, wäre es zweifellos etwas Revolutionäres gewesen!

Doch jede Party geht zu Ende. Alan Greenspan, der 20 Jahre lang an der Spitze der Federal Reserve stand, räumte 2008 bei einer Anhörung im Kongress ein, dass seine Theorie in der Tat einen grundlegenden Konstruktionsfehler aufwies: Die Märkte regulierten sich doch nicht selbst! Das entspricht in etwa einer Aussage des Papstes, dass Gott nicht existiere.

Im Lichte dieser Bekenntnisse steht vor allem die Theorie effizienter Märkte in der Schusslinie, die von der sehr einfachen Annahme ausgeht, dass die

---

[26] https://econoblog101.wordpress.com/2009/07/31/paul-degrauwe-on-economics-fail/

Preise von Gütern, auch von Finanzprodukten, immer und überall gerade auf dem richtigen Niveau sind, vom wohlfahrtsmaximierenden Standpunkt aus gesehen. Was aber, wenn diese Annahme nicht zutrifft? So denkt z. B. der Nobelpreisträger von 2017 und einer der Gründerväter der Verhaltensökonomie, Richard Thaler: „Meine Schlussfolgerung: Der Preis ist oft falsch, und manchmal sehr falsch." In Bezug auf die US-Hauspreis- und Immobilienblase weist er darauf hin, dass in den Vereinigten Staaten, wo die Hauspreise auf nationaler Ebene stiegen, in einigen Regionen besonders rasche Preissteigerungen und ein historisch hohes Preis-Mietverhältnis zu verzeichnen waren. Wären sowohl Kreditgeber als auch Hausbesitzer „vollkommen rationale Ökonomen" anstatt „verhaltensgestörte Menschen" gewesen, hätten sie sich rational verhalten und diese Warnsignale wahrnehmen und einen Rückgang der Immobilienpreise erwarten müssen. Aber nichts von diesem Rückfall geschah; stattdessen verhielten sich die Menschen weiterhin so, „als ob das, was steigt, noch mehr steigen muss". Das Ergebnis ist jetzt bekannt.[27]

Falls wir mit der Analyse der Verhaltensökonomie übereinstimmen, sollten wir ernsthafte Vorbehalte gegen den Kerngedanken der Effizienzmarkthypothese haben, dass „der Preis immer stimmt". Damit würde die zentrale Annahme des Finanzmarktliberalismus der 1980er-Jahre, dass Finanzmärkte immer effizient funktionieren und sich selbst regulieren können, schlicht untergraben. Wenn man sich an die Turbulenzen an der Wall Street in den Jahren 2007–2009 und ihren langen Schatten auf die Weltwirtschaft erinnert, erscheint es sogar ziemlich leichtsinnig und unverantwortlich, zu erwarten, dass die Märkte immer effizient funktionieren und sich schnell selbst ausbalancieren können.

Dieses Missgeschick bezieht sich nicht nur auf das Studium der Finanzwissenschaft, sondern auch sehr stark auf die Makroökonomie. Richard Thaler stellt fest, wenn er den Bereich der Ökonomie aufgreifen würde, der am meisten von verhaltensrealistischen Ansätzen profitieren würde, dass dies der Bereich wäre, in dem verhaltensorientierte Ansätze bisher die geringste Wirkung hatten: die Makroökonomie. So wie er es ausdrückt: „John Maynard Keynes praktizierte verhaltensorientierte Makroökonomie, aber diese Tradition ist längst verkümmert".[28] Thaler hat Recht – viele Missgeschicke hätten vermieden werden können, wenn verhaltensorientierte Ansätze in der Makroökonomie mehr Einfluss gehabt hätten. Ein besseres Verständnis des Menschen (im Gegensatz zu reinen Ökonomen) ist für die Gestaltung der Geld- und Fiskalpolitik unerlässlich.

---

[27] Thaler (2015, S. 250–253).
[28] Thaler 2015, S. 348–349.

Der „Minsky-Moment" kam aus heiterem Himmel

Neben Keynes haben die Kritiker der exzessiven Finanzialisierung zu Recht Hyman Minsky wiederentdeckt. Vor der Krise war Minsky (1919–1996) ein fast vergessener Wirtschaftswissenschaftler, dessen Hauptthese lautete, dass die Stabilität selbst den Keim der Instabilität in sich trägt. Er postulierte, dass eine lange Periode wirtschaftlichen Wachstums so hohe Erwartungen an das künftige Wachstum weckt, dass sie eine rasche Kreditexpansion induziert. Minsky argumentierte, dass die Finanzmärkte ihre eigene interne Dynamik schaffen, die Wellen der Kreditexpansion und damit eine Inflation von Gütern verursacht, was zu einer Kreditkontraktion und einem Rückgang der Vermögenswerte führt, d. h. zu Deflation. Obwohl der Gütermarkt laut Minsky die natürliche Tendenz hat, ein Gleichgewicht zu finden, haben die Finanzmärkte eine eingebaute Neigung, kräftige Anstiege und ebenso heftige Zusammenbrüche zu verursachen.

Die Analyse der Finanzkrise hat eine schnell wachsende Produktion von wirtschaftspolitischer Literatur hervorgebracht.[29] Minsky wurde im Verlauf der Debatte bestätigt. Im Herbst 2008 nach dem Zusammenbruch von Lehman Brothers tauchte in der wirtschaftspolitischen Diskussion das Konzept des „Minsky-Moments" auf. Es bezieht sich auf den Moment, in dem die Kreditvergabe plötzlich vom Anstieg zum Rückwärtsgang wechselt und dann in eine Abwärtsspirale gerät. Dies kann zu einer von Keynes in seiner allgemeinen Theorie postulierten Liquiditätsfalle und zu einer Rezession oder sogar zu einer regelrechten Depression der Realwirtschaft führen.

Minsky ist gnadenlos, wenn es um die Macher der Wirtschaftspolitik seiner eigenen Zeit, der 1960er- und 1970er-Jahre, geht, die seiner Ansicht nach die von Keynes begonnene wirtschaftswissenschaftliche Theorie und politische Revolution untergruben. Die Ablehnung der grundlegenden Annahme, dass die Finanzmärkte instabil werden könnten, untergrub nach Minskys Ansicht das Fundament von Keynes' gesamter allgemeiner Theorie. Im Laufe der 1970er-Jahre wurde die neokeynesianische Synthese der Wirtschaftswissenschaften zum Schuldigen in Minskys Denken, weil sie sich auf die Theorie effizienter Märkte und rationaler Erwartungen stützte. Diese sich abzeich-

---

[29] Zu den überzeugendsten Beiträgen der kritischen Denkschule gehören *The Origin of Financial Crises* (2008) von George Cooper über die allgemeinen Ursachen von Finanzkrisen und der Nachdruck von Minskys Klassiker *John Maynard Keynes* (2008), der ursprünglich 1975 veröffentlicht wurde. Beide Werke bauen weitgehend auf Keynes' Meilenstein-Band *The General Theory of Employment, Interest and Money* (1936) auf und interpretieren ihn neu. Während Keynes' Allgemeine Theorie das Alte Testament dieser Fraktion ist, liefert Minsky das Neue Testament und Cooper den Katechismus. Wenn man sich für die Ursachen der Finanzkrise interessiert, aber kein Wirtschaftsstudium absolviert hat, ist es ratsam, mit Cooper zu beginnen und dann zu Minsky überzugehen – und nachdem man so weit gekommen ist, lohnt es sich, sich auch mit Keynes' bahnbrechendem Werk zu befassen.

18 Fehlschlüsse der „düsteren" Wirtschaftswissenschaften

nende Neuinterpretation von Keynes' Theorie machte den radikalen Keynes nach Minskys Ansicht zu einem Apostel des neuen Konservatismus, der dazu diente, die Ungleichheit von Einkommen und Konsum zu fördern, die auf Kosten der sozialen Gerechtigkeit ging.

Eine anschauliche Anekdote stammt von einem klugen Kritiker des Finanzkapitalismus, George Cooper, der kein Wall-Street-Besetzer oder Theoretiker in einer marxistischen Studiengruppe ist, sondern ein Fachmann aus dem Finanzsektor mit einem erfolgreichen Investment-Hintergrund – ein Londoner Investmentbanker, der bei Goldman Sachs und der Deutschen Bank gearbeitet hat. Cooper beschreibt, wie Minsky in der Wirtschaftsdiskussion nach Mitte der 1970er-Jahre in Vergessenheit geriet. Cooper sagt, er habe sein eigenes Exemplar von Minskys „ausverkauftem Klassiker" – das er bis zum Nachdruck 2008 war – in einer Bibliothek in Pennsylvania gekauft, wo es seit 1977 ohne Leser gelegen habe, mit dem Markenzeichen „AUS DEM GEBRAUCH GENOMMEN".

Minsky mag als exzentrischer Charakter beschrieben worden sein – ich habe ihn nie persönlich kennen gelernt, daher kann ich ihn nicht beurteilen – und er war ein Forscher, der in der breiten Masse der Wirtschaftswissenschaften nicht allgemein respektiert oder gar bekannt war. Er lehrte nicht an einer hochrangigen Universität, sondern im Mittleren Westen an der relativ abseits gelegenen Washington University in St. Louis. Eine Lehre, die daraus zu ziehen ist, ist, dass der Wert der Arbeit keiner Person allein aufgrund ihres „peripheren" Ursprungs herabgesetzt werden sollte.

Krugman beschreibt seine Beziehung zu Minsky mit der Feststellung, dass heute viele Ökonomen, darunter auch Krugman selbst, die bahnbrechende Bedeutung instabiler Finanzmärkte anerkennen. Krugman setzt seine intellektuelle Selbstgeißelung fort: „Doch heutzutage wünschen sich viele Ökonomen, zu denen auch ich gehöre, die relativ neu in Minskys Werk sind, dass wir ihn viel früher gelesen hätten", so Krugman weiter.[30]

Ich schließe mich Krugman an und zähle mich zur Gruppe der wiedergeborenen „Minskyiten". Obwohl ich als Typ aus der Realwirtschaft schon immer einen instinktiven Zweifel gegen jegliches übermäßiges Vertrauen in das effiziente Funktionieren der Finanzmärkte hatte, hatte ich zuvor in der wirtschaftswissenschaftlichen Literatur keine ausreichend überzeugenden analytischen Rechtfertigungen dafür gefunden. Meine Zweifel stützten sich vor allem auf meine Erfahrungen in der ständigen Hitze des Krisenmanagements unter hohem Druck als politischer Berater von Ministerpräsident Esko Aho während der finnischen Bankenkrise Anfang der 1990er-Jahre. Es handelte

---
[30] Paul Krugman (2012, S. 43).

sich um „learning by doing" und beinhaltete die Einführung eines Stabilitätsfonds und einer Vermögensverwaltungsgesellschaft, oder einer „Bad Bank". Aber es war auch eine traumatische Erfahrung für uns alle, die wir das durchlebt haben, da wir gezwungen waren, das in der zweiten Hälfte der 80er-Jahre entstandene Chaos zu bereinigen – auch wenn es ausbildungstechnisch sicherlich eine lehrreiche Erfahrung im Hinblick auf meine späteren Aufgaben war, was ein sehr bescheidener Silberstreif am Horizont ist.

Bei seiner Suche nach den Schuldigen an der Finanzkrise gibt Cooper die Schuld einer breiteren Gruppe, die von den Entscheidungsträgern der Wirtschaftspolitik bis zur internationalen akademischen Gemeinschaft der Wirtschaftswissenschaftler reicht: „Wenn die Schuld irgendwo hingewiesen werden muss, dann zu den kollektiven Wurzeln der akademischen Gemeinschaft, die sich angesichts der überwältigenden widersprüchlichen Beweise dafür entschieden hat, ihre fehlerhaften Theorien über effiziente, sich selbst regulierende Märkte weiter zu fördern."[31]

Cooper schreibt Paul Samuelson, einem der wichtigsten Nobelpreisträger für Wirtschaftswissenschaften, einen Großteil der Verantwortung zu. In Samuelsons bahnbrechendem Wirtschaftsbuch aus den 1940er-Jahren, das später zum meistgelesenen Wirtschaftslehrbuch der Welt wurde, setzt Samuelson das Funktionieren der Finanzmärkte direkt mit dem Funktionieren des Gütermarktes gleich: „Was für den Markt für Konsumgüter gilt, gilt auch für den Markt der Faktoren wie Arbeit, Land und Kapital."

Aber was, wenn das nicht wahr ist? Dies würde die entscheidende Annahme untergraben, dass auch die Finanzmärkte immer effizient funktionieren und sich selbst regulieren. Charles Goodhart hat den Unterschied von Produkt- und Finanzmärkten geprägt: „[D]as Scheitern der Bank X ist ein außerordentlich schlechtes Signal für die Gläubiger der Banken W, Y und Z, von denen – zu Recht oder zu Unrecht – angenommen wird, dass sie ähnliche Vermögensstrukturen haben wie die Bank X (oder Geld von ihr geschuldet bekommen). In den meisten Wirtschaftssektoren kommt das Scheitern eines Unternehmens B per Saldo den ähnlichen Unternehmen A, C und D über eine Verringerung des Wettbewerbs und Überkapazitäten zugute. Das Gegenteil trifft auf den Bankensektor zu, wo Ansteckung den Wettbewerb übertrifft. Wenn eine Bank scheitert, besteht die unmittelbare Reaktion darin zu prüfen, welche andere Bank als nächstes unter Druck gerät."[32] So kritisiert Goodhart die jüngste Rettungsaktion bei der Bankenauflösung, die seiner Ansicht nach zu einer verstärkten Ansteckung führen könnte.

---

[31] Cooper (2008).
[32] Goodhart (2017, S. 190–191).

Über den Tellerrand hinaus denken: Modern Monetary Theory und die Blanchard-Debatte

In den letzten Jahren, insbesondere da das Niedrigzinsumfeld und die effektive Untergrenze die Geldpolitik eingeschränkt haben, wurde der Fiskalpolitik und ihrer anteiligen Fähigkeit zur Wiederbelebung der Volkswirtschaften mit einem gedämpften Wachstum, das deutlich unter dem Potenzialwachstum liegt, immer mehr Aufmerksamkeit geschenkt.

Eine Denkschule, die ihren Weg in die Mainstream-Gespräche gefunden hat, ist die *Modern Monetary Theory* (Moderne Geldtheorie – MMT), die fiskalische Dominanz als Lösung für langsames Wachstum oder säkulare Stagnation anbietet. Befürworter der MMT argumentieren, dass Länder, die ihre eigenen Währungen drucken können, nicht in Verzug geraten müssen und sich daher keine Sorgen um ihre Defizite machen müssen; stattdessen können sie gerne Kredite aufnehmen und alle Staatsausgaben finanzieren. Wenn das Ergebnis Inflation ist, dann erhöht man einfach die Steuern oder kürzt die Ausgaben. Auf diese Weise würde dieser Ansatz die Rollen von Fiskal- und Geldpolitik dramatisch vertauschen, da es normalerweise die Aufgabe der Zentralbank ist, dafür zu sorgen, dass die Preise stabil sind und die Wirtschaft in Vollbeschäftigung ist (z. B. ausdrückliches Mandat der Fed). Die Befürworter des MMT würden der Finanzbehörde die Verantwortung für beides übertragen.

Selbst wenn man immer bereit ist, über den Tellerrand hinaus zu schauen, und anerkennt, dass MMT „ein Versuch ist, ein konsistentes Gedankengut innerhalb der breiteren postkeynesianischen Literatur zu schaffen", ist MMT immer noch keine konsistente, empirisch getestete Wirtschaftstheorie. Wie der *New York Times*-Kolumnist Josh Barro zu Recht darauf hingewiesen hat, handelt es sich dabei nicht um eine magische Gelddruckerei. „Die Wirtschaft wird nicht durch ihre Fähigkeit eingeschränkt, Dollars zu erhalten, sondern die Wirtschaft wird durch reale Grenzen der Produktionskapazität eingeschränkt."[33]

Außerdem, und das ist Teil der üblichen Wirtschaftstheorie, hat die Fiskalpolitik immer eine Rolle bei der Schaffung eines gesunden wirtschaftlichen Umfelds zu spielen. Das bedeutet aber nicht, dass die Zentralbank die Staatsschulden finanzieren sollte. In der Eurozone ist die Arbeitsteilung zwischen Geld- und Fiskalpolitik im EU-Vertrag fest verankert. Ich sehe nicht, dass in irgendeiner der G20-Volkswirtschaften die rechtliche Situation anders wäre als bei uns. Es ist schwer vorstellbar, dass irgendein verantwortungsbewusster

---
[33] Raposo (22. Februar 2019).

politischer Entscheidungsträger bereit wäre, die Bürger und die Wirtschaft seines Landes solchen Experimenten auszusetzen. Würden Sie Anleihen eines Landes halten, das einem solchen Experiment folgte?

Ein weiteres Gespräch aus jüngster Zeit ist die „Blanchard-Debatte" über die wachstumsfördernde schuldenbasierte Finanzierung von Haushaltsdefiziten im Niedrigzinsumfeld, die mit einer „säkularen Stagnation" oder einem strukturell verlängerten niedrigen Wachstum in Verbindung gebracht werden kann. Olivier Blanchard argumentierte in seiner Präsidialansprache der American Economic Association 2019, dass die Wohlfahrtskosten von Defiziten und Schulden geringer sind als gemeinhin angenommen.[34] Wenn man sich das historische Zeitgeschehen ansieht, so liegt nach seinen Worten der Zinssatz sehr häufig unter der Wachstumsrate (= $r - g < 0$), „in den Vereinigten Staaten in der Vergangenheit eher die Norm als die Ausnahme", was als Gelegenheit genutzt werden sollte, die Ausgaben zu finanzieren und gleichzeitig die Verschuldung dank der höheren Wachstumsrate stabil zu halten oder zu reduzieren. Wäre dies der Fall, dann wären schuldenfinanzierte fiskalische Anreize eine Wunderwaffe.

Es gibt jedoch recht ernst zu nehmende Gegenargumente gegen Blanchard. Charles Wyplosz hat zwei davon in seiner empirisch fundierten Forschungsarbeit „Olivier im Wunderland" auf den Punkt gebracht. Erstens ist die Differenz von Zinssatz minus Wachstumsrate ($r - g$) nicht die Norm, sondern sehr volatil, und wenn sich die Differenz vom Positiven ins Negative verschiebt, wechselt der Prozess der Schuldenakkumulation rasch von stabil zu instabil. Dies erinnert an die so genannte „Verzerrung des Defizits"-Hypothese, die darauf hinweist, dass die Regierungen den längerfristigen Auswirkungen von Haushaltsdefiziten nicht genügend Aufmerksamkeit schenken. Zweitens, wenn das Primärdefizit beträchtlich ist (und/oder die Verschuldung hoch ist), wird die Verschuldung wahrscheinlich schnell ansteigen, da sowohl der Schuldendienst als auch der Primärsaldo in die gleiche negative Richtung wirken. Darüber hinaus ist es aufgrund dieser Faktoren und wenn der politische Ratschlag befolgt wird, die Ausgaben zu erhöhen, sofern man sie sich ohne Risiko leisten kann, wahrscheinlich, dass dies zu einer prozyklischen Finanzpolitik führt.[35] Fairerweise muss unterstrichen werden, dass Blanchard selbst sagt, dass seine Absicht in dem Vortrag nicht darin besteht, für mehr Staatsverschuldung zu plädieren, sondern eine reichhaltigere Diskussion über die Kosten der Verschuldung und der Fiskalpolitik zu führen, als dies derzeit der Fall ist.[36]

---

[34] Blanchard (Januar 2019).
[35] Wyplosz (17. Juni 2019).
[36] Blanchard (2019).

Folglich ist weder das MMT noch die schuldenbasierte Finanzierung von Defiziten ein Königsweg. Es ist mehr Forschung über die Optionen in der Fiskalpolitik erforderlich, bevor die politischen Entscheidungsträger bereit sind, in unbekanntes Fahrwasser zu navigieren. Meiner Ansicht nach sollte ein Schwerpunkt der Forschung die Qualität der Ausgaben aus der wachstumsfördernden Perspektive sein. Darüber hinaus ist die Alterung der Bevölkerung etwas, das strukturelle Auswirkungen auf die öffentlichen Finanzen hat, insbesondere in den rasch alternden Gesellschaften von z. B. Japan und Europa. Außerdem wirkt sich die Alterung der Bevölkerung auf die Geldpolitik aus, wo sie ein wichtiger Faktor für die Senkung der Zinssätze ist. Die Gründe für den Rückgang der langfristigen Realzinsen hängen mit den Veränderungen im Gleichgewicht zwischen Sparen und Investitionen in den fortgeschrittenen Volkswirtschaften sowohl in Europa als auch weltweit zusammen. Auf jeden Fall ist es klar, dass die Rolle der Fiskalpolitik im gegenwärtigen Niedrigzinsumfeld, das einen besseren Policy-Mix in der Eurozone erfordert als heute, stärker ist. Wir werden darauf in Kap. 19 zurückkommen.

Jedenfalls ist der Policy-Mix sowohl für die kurz- als auch für die langfristige wirtschaftliche und soziale Entwicklung von Bedeutung. Während ein wirksamer, koordinierter Einsatz der Finanz- und Geldpolitik eine solide antizyklische Reaktion bieten und somit nachteilige wirtschaftliche Schwankungen dämpfen kann, kann er auch die Bedingungen für längerfristiges wirtschaftliches Wohlergehen, soziale Eingliederung und nachhaltige Beschäftigung unterstützen.

Auch wenn sich zyklische Schwankungen auf vorübergehende Bewegungen beziehen, können ihre Auswirkungen lange andauern. In diesem Zusammenhang ist das Schlüsselelement das Ausmaß, in dem die Arbeitslosigkeit in einem konjunkturellen Abschwung zunimmt. In der Regel kann ein zyklischer Anstieg der Arbeitslosenquote lang anhaltende Auswirkungen auf die Arbeitslosigkeit haben, insbesondere wenn die Arbeitsmarktinstitutionen die Arbeitslosen nicht dabei unterstützen, wieder Arbeit zu finden.

Insbesondere in konjunkturellen Abschwungphasen ist es üblich, sich auf die Ideen des Ökonomen John Maynard Keynes zu berufen und auf fiskalische Stimulierung zu drängen, auch durch die Aufnahme weiterer öffentlicher Schulden. Dies kann unter dem Gesichtspunkt der Stabilisierungspolitik gerechtfertigt sein, wenn das betreffende Land über fiskalischen Spielraum verfügt. Leider wird jedoch oft vergessen, dass die Fiskalpolitik in guten Zeiten gestrafft werden sollte, und dieses Versäumnis hinterlässt uns mit nur einem sehr *halbherzigen keynesianischen Ansatz*. Ich frage mich, ob es angebracht wäre, *umfassenden Keynesianismus* zu fordern. Mit anderen Worten: Wenn die Haushaltspuffer in guten Zeiten wieder aufgefüllt werden, können sie in Zeiten einer Rezession effektiv genutzt werden.

Keynes' dritter Weg und die Grenzen des Marktes

Diese Diskussion über politische Alternativen bringt uns zum Kern der wirtschaftspolitischen Philosophie und zu den weit geöffneten Toren der großen analytischen Kluft in der Wirtschaft. Milton Friedman, der Gründervater des Monetarismus, schwört auf effiziente Märkte. Die keynesianische Theorie hingegen betrachtet die Finanzmärkte als instabil.[37] Wer hat die besseren Karten? Und was könnten die Folgen für die Wirtschaftspolitik sein?

Paul De Grauwe sinniert in seinem kleinen, aber gewichtigen Buch über die Pendelbewegung zwischen Markt und Staat *The Limits of the Market*.[38] Er distanziert sich vom Vollblutkapitalismus und plädiert nachdrücklich für gemischte Volkswirtschaften, für eine Ökonomie des Gleichgewichts. In Anerkennung der offensichtlichen Vorteile des Marktmechanismus, nennt er Beispiele für die Grenzen der Marktwirtschaft: Einkommensungleichheit kann die Legitimität der Marktwirtschaft untergraben; das Herdenverhalten der Finanzmärkte kann zu Instabilität führen; der Klimawandel ist ein Ergebnis der Vernachlässigung wirtschaftlicher Externalitäten. „Der Kapitalismus ist eine korrumpierte Form der Marktwirtschaft", wie es der finnische Staatsmann Johannes Virolainen in den 1940er-Jahren formulierte.

Meiner Ansicht nach wird es keinem von beiden gerecht, wenn man Staat und Markt einfach nur gegeneinander ausspielt. In Wirklichkeit gibt es nicht nur Konkurrenz zwischen den beiden, sondern auch ein hohes Maß an *Komplementarität*, und außerdem gibt es die dritte Säule der *Gemeinschaft*, die für die weitere Legitimität des politischen Systems auf der Grundlage freier Märkte und Demokratie wichtig ist, wie Raghuram Rajan argumentiert.[39] Wie aus dem Zusammenbruch des „realen Sozialismus" ersichtlich, kann der Staat seinen Bürgern ohne den Markt und ohne ein funktionierendes Preissystem, das eine effiziente Ressourcenallokation zur Verbesserung des wirtschaftlichen und sozialen Wohlergehens ermöglicht, kein gutes Leben bieten. Gleichzeitig kann der Markt ohne den Staat, der das freie Unternehmertum ermöglicht, Eigentumsrechte schützt, legale Verträge garantiert und Marktversagen korrigiert, nicht wirklich gut funktionieren.[40]

---

[37] Zumindest wenn man der Interpretation von Minsky und nicht der von Samuelson folgt!
[38] De Grauwe (2017, 165 Seiten).
[39] Rajan (2019).
[40] Für eine gründlichere Diskussion über die Komplementarität von Staat und Markt siehe z. B, Tirole (2017, S. 160–161).

18 Fehlschlüsse der „düsteren" Wirtschaftswissenschaften

Die Rechtsstaatlichkeit ist in der Tat die Grundfunktion des demokratischen Staates und eine Voraussetzung für eine echte Marktwirtschaft. In West- und Nordeuropa wird sie ergänzt durch das Streben nach sozialer Gerechtigkeit und das Ziel einer relativen Einkommensgleichheit durch Umverteilung – deshalb gilt der moderne europäische Staat als *soziale Marktwirtschaft*, die auch als Konzept im EU-Vertrag verankert ist. In der Sozialen Marktwirtschaft ist es Aufgabe der demokratischen Politik, die Regeln des Marktes zu bestimmen und die bürgerliche Entwicklung für jeden Einzelnen zu öffnen.

Bei seiner Argumentation vergleicht De Grauwe die Große Depression der 1930er-Jahre mit der Großen Rezession der späten 2000er-Jahre. Er erinnert daran, dass in beiden Perioden der Staat den Markt einschränkte und die Rolle des öffentlichen Sektors bei der Verwaltung der Wirtschaft stärkte. Wachstum und Beschäftigung in der Weltwirtschaft erholten sich jedoch nach der Finanzkrise von 2008 deutlich schneller. De Grauwe würdigt den Beitrag der Wirtschaft zu dieser bemerkenswerten Leistung. Seine Diagnosen zu den Ursachen der Finanzkrise waren weitgehend korrekt, und die daraus resultierenden geld- und fiskalpolitischen Stimulierungsmaßnahmen in den Jahren 2008–2009, die mit internationaler Politikkoordination umgesetzt wurden, trugen dazu bei, einen Deflationszyklus zu verhindern und die Gesamtnachfrage wiederherzustellen.

Dies kann als gute Erinnerung an die Bedeutung der Ökonomie dienen, und warum wir trotz der Kritik der letzten Jahre an der Unfähigkeit der Ökonomen, die Finanzkrise vorherzusagen, die „düstere Wissenschaft" sicher noch brauchen. Eine Lektion, die wir aus der Krise gelernt haben, ist in der Tat, dass es zwar wichtig ist, die zweitbesten Zwänge der Entscheidungsfindung in einem gegebenen institutionellen Kontext zu erkennen, dass es aber gleichzeitig von größter Bedeutung ist, dass die Ökonomen und Wirtschaftswissenschaftler weiterhin nach den erstbesten Ergebnissen suchen und für diese eintreten.

Nirgendwo ist dies heute so dringend wie bei der Bekämpfung des Klimawandels. Mark Carney, der Gouverneur der Bank von England, hat von der „Tragödie am Horizont" gesprochen: Die Auswirkungen des Klimawandels sind weit in der Zukunft zu spüren, während die Kosten unmittelbar spürbar sind, und daher fehlen uns die richtigen Anreize, um das Problem zu lösen. Ökonomen könnten von „zeitlicher Inkonsistenz" sprechen. In den letzten paar Jahrhunderten hat das Wirtschaftswachstum auch einen entsprechenden Anstieg der CO_2-Emission erzeugt. Und historisch gesehen ging das Wirtschaftswachstum Hand in Hand mit der Zunahme des Wohlstands. Wenn wir also die Kohlenstoffemissionen ohne Strukturwandel begrenzen, würden wir auch den Wohlstand unserer Bürger einschränken. Stattdessen müssen wir herausfinden, wie wir unseren Volkswirtschaften weiterhin Wachstum ermöglichen und gleichzeitig unsere Emissionen wirksam reduzieren können. Einige Länder haben es bereits geschafft, die Verbindung zwischen Wirtschaftswachstum und Emissionen zu schwächen, aber für die Zukunft unseres Planeten muss diese Verbindung weltweit gekappt werden.

Wirtschaftswissenschaftler und Ökonomen können mit ihren Analysen, die Wirtschaftstheorie, empirische Evidenz und statistische Methoden kombinieren, wertvolle Beiträge zu dem leisten, was das „Gemeinwohl" für die Gesellschaft und die Bürger ist. Das Studium der Wirtschaftsgeschichte und der politischen Ökonomie sind wesentliche Elemente eines substanziellen Gesamtforschungsprogramms. Wie der vollendete Ökonom und Zentralbankier Stan Fischer kürzlich in einem Vortrag sagte: „Ich glaube, ich habe durch das Studium der Geschichte des Zentralbankwesens ebenso viel gelernt wie durch die Kenntnis der Theorie des Zentralbankwesens, und ich rate allen, die Zentralbanker werden wollen, die Geschichtsbücher zu lesen." Eine stärkere Konzentration auf die Wirtschafts- und Finanzgeschichte hätte die politischen Entscheidungsträger wahrscheinlich dazu inspiriert, die Kreditzyklen ernster zu nehmen und aus den Erfahrungen des Crashs von 1929 und der Großen Depression zu lernen. Außerdem, wie Kevin O'Rourke betont hat, ermöglicht es die Wirtschaftsgeschichte Studierenden und politischen Entscheidungsträgern gleichermaßen, „zu erkennen, dass große Diskontinuitäten in der Wirtschaftsleistung und in den wirtschaftspolitischen Regimen in der Vergangenheit viele Male aufgetreten sind und daher in Zukunft wieder auftreten können".[41]

Wirtschaft für das Gemeinwohl ist offensichtlich mit demokratischer Politik verbunden. Während es in der Ökonomie normative Inhalte in den Wohlfahrtssätzen und der wirtschaftlichen Effizienz gibt, ist die demokratische Politik der Bereich, in dem Werte miteinander konkurrieren, und die gewählten Politiker haben das Recht und die Verantwortung, wertebasierte Entscheidungen zu treffen. Jean Tirole, der Nobelpreisträger für Wirtschaftswissenschaften in 2014, hat gesagt: „Die Wirtschaft ist eine Wissenschaft der Mittel, nicht des Zwecks." Für ihn besteht die Rolle der Wirtschaftswissenschaftler darin, „keine Entscheidungen zu treffen, sondern die wiederkehrenden Muster zu identifizieren, die unsere Volkswirtschaften strukturieren, und den aktuellen Wissensstand der Wirtschaftswissenschaft zu vermitteln."[42]

---

[41] Kevin O'Rourke (2013).
[42] Tirole (2017, S. 8 und 164).

Doch Wirtschaftspolitik wird nie in einem sozialen Vakuum gemacht. Keynes ist ein erstklassiger Fall. Wie Minsky hervorhob, war Keynes kein technokratischer Theoretiker, sondern ein Intellektueller aus dem wirklichen Leben, ein zutiefst soziales Wesen, das seine wirtschaftliche und soziale Agenda beharrlich vorantrieb. Keynes prägte sein Programm mit drei Zielen: wirtschaftliche Effizienz, soziale Gerechtigkeit und individuelle Freiheit. Er wollte die westliche Lebensweise und ihre Freiheiten sowohl vor dem Sozialismus als auch vor dem Kapitalismus retten, weshalb er den dritten Weg begrüßte. Um diese Werte zu fördern, baute Keynes seine allgemeine Theorie auf. Sie bildet die Grundlage der Makroökonomie und ist auch heute noch eine große Inspiration, da die westliche Lebensweise den schlimmen Bedrohungen durch Autoritarismus und Populismus ausgesetzt ist.

Literatur

Ben Bernanke, Nonmonetary Effects of the Financial Crisis in the Propagation of the Great Depression. *The American Economic Review*, 73(3. Juni 1983): S. 257–276.

Campos, J. Fidrmuc und I. Korhonen, Business Cycle Synchronisation and Currency Unions: A Review of the Econometric Evidence Using Meta-Analysis. *International Review of Financial Analysis*, 61(2019): S. 274–283.

Charles Goodhart, Financial Crises. In David Chambers und Elroy Dimson (Hrsg.), *Financial Market History: Reflections on the Past for Investors Today*. CFA Institute and University of Cambridge, 2017, S. 190–191.

Charles Wyplosz, *Olivier in Wonderland*. Vox CEPR Kolumne, 17. Juni 2019.

Committee for the Study of Economic and Monetary Union (Jacques Delors, Vorsitzender), *Report on Economic and Monetary Union in the European Community*. Vorgestellt am 17. April 1989, S. 20.

David Vines und Samuel Wills, The Financial System and the Natural Rate of Interest Rate: Towards a „New Benchmark Model". *Oxford Review of Economic Policy*, 34(1–2, 5. Januar 2018): S. 252–268.

European Commission, 2006 *The EU Economy: 2006 Review, Adjustment Dynamics in the Euro Area—Experiences and Challenges*.

Francesco Paolo Mognelli, *The OCA Theory and the Path to EMU*. In Marco Buti, Vitor Gaspar, Servaas Deroose und Joáo Nogueira, *The Euro: The First Ten Years*. Oxford, 2010.

George Cooper, *The Origin of Financial Crises: Central Banks, Credit Bubbles and the Efficient Market Fallacy*. Harriman House Limited, 2008.

Harold James, *Making the European Monetary Union*. Belknap Press 2012.

Helge Berger, Giovanni Dell'Ariccia und Maurice Obstfeld, *Revisiting the Case for Fiscal Union in the Euro Area*. IWF Grundsatzdokument, Entwurf, 2018, S. 15.

Inês Goncalves Raposo, *On Modern Monetary Theory*. Blog, Bruegel, 22. Februar 2019.

J. Frankel und A. Rose, The Endogeneity of the Optimum Currency Area Criteria. *Economic Journal*, 108(1998): S. 1009–1025.

Jean Tirole, *Economics for the Common Good*. Princeton University Press, 2017, S. 160–161.

Johan van Overtveldt, *The End of the Euro: The Uneasy Future of the European Union*, Agate Publishers, 2011.

Jukka Pekkarinen et al, *Rahaliitto ja Suomi – talouden haasteet*. Emu-asiantuntijatyöryhmän raportti. Oy Edita Ab, Helsinki, 1997.

Kevin Phillips 2006 *American Theocracy: The Peril and Politics of Radical Religion, Oil, and Borrowed Money in the 21st Century*.

Kevin O'Rourke, (2013) *Why Economics Needs Economic History*. Vox.eu Kolumne: https://voxeu.org/article/why-economics-needs-economic-history.

Magnus Ryner und Alan Cafruny, *The European Union and Global Capitalism: Origins, Development, Crisis*. Palgrave Macmillan, 2017, S. 10.

Olivier Blanchard, *Public Debt and Low Interest Rates*. The AEA Presidential Address, Januar 2019: https://www.aeaweb.org/aea/2019conference/pro-gram/pdf/14020_paper_etZgfbDr.pdf.

Olli Rehn, Corporatism and Industrial Competitiveness in Small European States: Austria, Finland and Sweden, 1945-95. D.Phil. thesis, University of Oxford, 1996.

Paul de Grauwe und Lucas Papademos (Hrsg.), *The European Monetary System in the 1990s*. Longman, New York, 1990.

Paul De Grauwe, *The Limits of the Market: The Pendulum Between Government and Market*. Oxford University Press, 2017, 165 Seiten.

Paul Krugman *Economist*, 16. Juli 2009: http://www2.econ.iastate.edu/tesfatsi/CritiqueOfEcon.Economist2009.pdf.

Paul Krugman, Lessons of Massachusetts for EMU. In F. Torres und F. Giavazzi (Hrsg.), *Adjustment and Growth in the European Monetary Union*. Cambridge University Press, 1993.

Paul Krugman, Lunch with the Financial Times, 26 May 2012.

Philip R. Lane, *EMU and Financial Integration*. The Euro at Ten – Lessons and Challenges, Fifth ECB Central Banking Conference, 13.–14. November 2008, S. 82–115.

Raghuram Rajan, *The Third Pillar: How Markets and the State Leave Community Behind*. Penguin Press, 2019.

Richard Thaler, *Misbehaving: The Making of Behavioural Economics*. Allen Lane, 2015, S. 250–253.

Vitor Constâncio, *Completing the Odyssean Journey of the European Monetary Union*. Anmerkungen auf dem EZB-Kolloquium zu *The Future of Central Banking*. Frankfurt am Main, 16.–17. Mai 2018.

Willem Buiter, *The Unfortunate Uselessness of Most „State of the Art" Academic Monetary Economics*. Vox, CEPR Portal, 6. März 2009.

19

Lehren aus der Krise für eine Reform der Eurozone

Dieses Buch zeigt, dass Institutionen tatsächlich für die Ergebnisse der Politik von Bedeutung sind: für nachhaltiges Wachstum, für die stetige Schaffung von Arbeitsplätzen, für bessere Lebensbedingungen für unsere Bürger – sowie für die Erhaltung von Frieden und Freiheit auf unserem Kontinent und darüber hinaus. Und Institutionen entwickeln sich kontinuierlich weiter, spiegeln sowohl die wirtschaftlichen als auch die politischen Bedingungen unserer Zeit wider und gestalten sie gleichzeitig weiter. Wie Karl Polanyi, einer der größten politischen Ökonomen aller Zeiten, berichtete: „Die Geschichte war auf sozialen Wandel ausgerichtet: Das Schicksal der Nationen war mit ihrer Rolle in einem institutionellen Wandel verbunden."

Dies gilt auch für die Europäische Union und die Eurozone. Die institutionelle Transformation der EU oder die Reform der Eurozone ist alles andere als nur eine „technische" Angelegenheit. Zunächst einmal ist sie für die europäischen Bürger von Bedeutung, da die Effektivität und Funktionstüchtigkeit der Eurozone für ihr nachhaltiges Wachstum, die Schaffung von Arbeitsplätzen und sozialen Fortschritt von wesentlicher Bedeutung ist. Aber sie steht auch in tiefem Zusammenhang mit der Stellung und dem Einfluss Europas in der Welt. In unserer heutigen Welt, in der sich die Vereinigten Staaten auf sich selbst konzentrieren, das Vereinigte Königreich intern stark gespalten ist und sich vom Rest der europäischen Gemeinschaft abstößt, Russland versucht, seinen Einfluss mit Geopolitik der alten Schule wieder geltend zu machen, und China immer stärker und autoritärer wird, scheint es, dass Europa bei der Verteidigung des Multilateralismus und einer liberalen internationalen Ordnung eine Vorreiterrolle spielen wird. Um erfolgreich zu sein, müssen wir jedoch zuerst unser eigenes Haus in Ordnung bringen. Die Reform der

Eurozone ist daher von entscheidender Bedeutung für dieses umfassendere Bestreben, die internationalen Institutionen und die globale Regierungsführung zu stärken, die das Herzstück des europäischen Friedensprojekts bilden.

Vor diesem Hintergrund ist es gerechtfertigt, die in diesem Band diskutierten Lehren aus der Schuldenkrise der Eurozone zu analysieren. Er enthält eine Fülle allgemein anwendbarer Lektionen, die nicht ignoriert werden sollten. Darüber hinaus bieten uns die Wirtschaftswissenschaften allgemein gültige Lehren hinsichtlich der Folgen makroökonomischer Ungleichgewichte, falls und wenn eine übermäßige Verschuldung und/oder Immobilienboom und -verluste auftreten. Es ist ein Trugschluss, an die Unterstellung „dieses Mal ist es anders" – so der ironische Titel des Meilenstein-Werkes von Reinhardt und Rogoff[1] – zu glauben, die wir während des Dot-Com-Booms Ende der 1990er-Jahre und ebenso während des Subprime-Booms der 2000er-Jahre immer wieder gehört haben.

In den vorhergehenden Kapiteln wurden diese Lektionen durch eine Reihe von aufeinander folgenden Erzählungen und politisch-ökonomischen Analysen untersucht. Ihre klare Botschaft lautet, dass wir nach der Rezession noch viel Arbeit vor uns haben, um das Funktionieren des Euroraums zu verbessern.

Was sind dann die wichtigsten Lehren, die aus der Krise für die Reform der Eurozone zu ziehen sind? Das hat der *FT*-Kolumnist Martin Wolf aufschlussreich gesagt: „Der Aufschwung ist … eine Chance für Reformen, sowohl auf nationaler als auch auf der Ebene der Eurozone. Die Frage ist, für welche Reformen man sich entscheidet."[2] Ausgehend von den Erfahrungen mit der Krise würde ich argumentieren, dass die folgenden sieben Lehren die Schlüsselfragen für die Stärkung der WWU und der Eurozone sind:

1. **Ignorieren Sie Groucho Marx: Wenn Sie einmal Mitglied in einem Club geworden sind, sollten Sie ihn besser zum Funktionieren bringen – und noch besser wäre es, wenn Sie ihn gut und effektiv zum Nutzen aller Clubmitglieder zum Funktionieren bringen können.**

Der Filmemacher Groucho Marx aus dem frühen 20. Jahrhundert war berühmt dafür, darüber zu sinnieren, dass er sich weigern würde, einem Club beizutreten, der ihn als Mitglied hätte. Während der Krise hatte ich als Kommissar manchmal das Gefühl, dass einige Mitgliedstaaten der Eurozone tatsächlich wie Groucho Marx dachten und sich eher als Außenseiter denn als

---

[1] Reinhart and Rogof (2009).
[2] *Financial Times*, 27. September 2017. Siehe: https://www.ft.com/content/451d26e6-a264-11e7-b797-b61809486fe2.

Mitglied verhielten. Das Gefühl der gemeinsamen Verantwortung für das europäische Projekt – seien es die Haushaltsregeln, die Wirtschaftsreformen, der Stabilitätsmechanismus oder die damals noch im Entstehen begriffene Bankenunion – war manchmal recht begrenzt.

Aber um fair zu sein, die meisten von uns, die in der Eurokrise für die politische Entscheidungsfindung verantwortlich waren, haben viel von der Politik gelernt. Im Laufe der Zeit entwickelte sich die Eigenverantwortung der Mitgliedstaaten des Euroraums zum Besseren, und im Jahr 2012 ermöglichte sie entscheidende Schritte im Europäischen Rat und im EZB-Rat. Es handelte sich in der Tat um einen evolutionären Lernprozess, bei dem die Entscheidungsträger allmählich erkannten, dass die Sorgen um die Finanzstabilität und damit die Zukunft der Union in der Tat noch wichtiger waren als die Sorgen um das moralische Risiko, ohne die Bedeutung des moralischen Risikos zu schmälern.

Der Ausgangspunkt für eine konsequente Reform des Euro-Währungsgebiets ist daher einfach: Da die Mitgliedstaaten der Eurozone sich zu ihrer Mitgliedschaft im gemeinsamen Projekt verpflichtet haben, ist es für jeden von ihnen besser, dass die Eurozone gut und effektiv funktioniert. So hat jeder Mitgliedstaat allen Grund, sich für ein solides Fundament des Euro einzusetzen, das wirtschaftlichen Gegenwind aushält und nachhaltiges Wachstum unterstützt. Es hat keinen Sinn, in die vergangenen 1990er-Jahre rückblickend nostalgisch zu werden, indem man die Zeilen des The-Clash-Klassikers von 1982 – *Should I stay or should I go* – Soll ich bleiben oder soll ich gehen – zum x-ten Mal wiederholt.

Stattdessen sollten wir nach vorne blicken und sicherstellen, dass die Architektur des Euro solide genug ist, um ein wirtschaftlich und ökologisch nachhaltiges sowie beschäftigungsfreundliches Wachstum in den Volkswirtschaften aller Mitgliedstaaten zu unterstützen. Deshalb sollten wir die Reform der Eurozone auf den Weg bringen und ihre Richtung aktiv festlegen, um die nächste Krise in der Eurozone zu verhindern, bevor sie beginnt. Es nützt nicht viel, sich auf eine *catenaccio* (Sperrriegel)-Verteidigung zu fokussieren oder am Spielfeldrand zu stehen.

Auch hier ist das Thema alles andere als „technisch", auch wenn die Reform vom Anfang bis zum Ende vorbereitet werden muss, damit sie wirklich funktioniert. Vielmehr geht es darum, die gemeinsame Verantwortung und den politischen Willen zum Ausdruck zu bringen, um die Zukunft des Euro zu sichern. Die Technik wird sich aus dieser grundsätzlichen Erklärung ergeben, mit vollem Engagement – wie bei Draghis Rede im Juli 2012.

2. **Die Finanzstabilität wurde vor der Krise grob vernachlässigt. Die Vollendung der Bankenunion ist eine notwendige, aber nicht hinreichende Voraussetzung, um die erforderliche Stabilität zu erreichen, und diese Stabilität sollte die wichtigste Priorität bei der Reform der Eurozone sein. Die Bankenunion würde durch die Mitgliedschaft von EU-Ländern, die nicht dem Euro angehören, wie Dänemark und Schweden, die selbst ebenfalls davon profitieren würden, gestärkt werden.**

Es ist die entscheidende Lehre aus der Finanz- und Schuldenkrise, dass die Stabilität des Finanzsystems für die Makroökonomie, d. h. für nachhaltiges Wachstum und Beschäftigung, von entscheidender Bedeutung ist. Der schlimmste Tiefpunkt der Krise folgte auf die schlimmste Phase der Marktturbulenzen, die ungezügelt wüteten, bis der Europäische Stabilitätsmechanismus eingeführt wurde und die EZB ihre Rolle als *Lender of Last Resort* wahrnahm.

Die entscheidende Bedeutung der Finanzstabilität wurde bei der Gründung der WWU grob unterschätzt, und im Vorfeld der Finanzkrise wurde sie im Allgemeinen weiterhin unterschätzt. Daniel Gros hat zu Recht festgestellt, dass sich die Finanzstabilität als das „vernachlässigte Stiefkind" des Maastricht-Vertrags erwies. Infolgedessen zahlten wir Europäer einen bitteren Preis in Form einer Double-Dip-Rezession in den Jahren 2008–2012 und litten jahrelang unter hoher Arbeitslosigkeit, die durch diese Rezession noch verschärft wurde.

Das verzerrte Funktionieren des Bankensystems hat die Finanzstabilität in Europa in den Jahren 2007–2012 zutiefst erschüttert und wurde durch das schwindende Vertrauen in die Schuldentragfähigkeit vieler Mitgliedstaaten noch verstärkt. Die Verbindung zwischen den Banken und den Staaten schuf den giftigen finanziellen Teufelskreis, der die Flammen der Krise anheizte. Um dem entgegenzuwirken, wurde 2012 das Projekt der Bankenunion ins Leben gerufen.

Seitdem wurden im Bereich der Bankenunion erhebliche Fortschritte erzielt, da der Einheitliche Aufsichtsmechanismus und der Einheitliche Lösungsmechanismus eingerichtet wurden. Dies hat zu einer erheblich verbesserten Finanzstabilität im Euro-Währungsgebiet beigetragen. Nun besteht die zentrale Aufgabe, auch wenn sie allein nicht ausreicht, darin, die Bankenunion zu vollenden. Was wir noch tun müssen, sind zwei Dinge. Erstens, einen soliden fiskalischen Rückhalt für den Bankenauflösungsfonds zu schaffen, der zwar im Prinzip beschlossen wurde, dem aber noch die notwendigen Einzelheiten fehlen. Zweitens, die Gründung eines gemeinsamen europäischen Einlagensicherungssystems. Um politisch durchführbar zu sein, bedarf es zumindest in der ersten Phase überzeugender Maßnahmen zur Risikominderung und möglicherweise einiger Mitversicherungsmerkmale beim Aufbau.

Diese Voraussetzungen drängen uns dazu, auch die fehlenden Elemente der Bankenunion zu festigen. Die Annahme des Prinzips der Bürgschaft – des „bail-in" – verstärkt die Bedeutung eines soliden und glaubwürdigen Lösungsmechanismus. Warum ist dies so? Weil die Bail-In-Regeln implizieren, dass eine Solvenzkrise einer großen „systemisch wichtigen" Bank dadurch bewältigt würde, dass Aktionäre und leitende Investoren gerettet und die Bank in die Abwicklung gebracht wird und zwar nicht, indem die Rechnung an die Steuerzahler geschickt wird. Um das Entstehen von Bankenkrisen zu verhindern und diese, wenn nötig, wirksam zu lösen, ist eine von den Mitgliedstaaten garantierte finanzielle Notfallvereinbarung als Liquiditätsrückhalt erforderlich.

In Bezug auf die gemeinsame Einlagensicherung wurde als Kompromiss ein *Guarantee Trust* nationaler Fonds vorgeschlagen. Dies würde eine Rückversicherung auf Gegenseitigkeit der nationalen Einlagensicherungsfonds für den Anteil bedeuten, der die Haftung des eigenen Einlagensicherungssystems jedes Mitgliedstaates übersteigt. Dies könnte eine nützliche Zwischenlösung sein, aber wenn die Banken internationaler werden und grenzüberschreitend in der Eurozone operieren, was der Grundgedanke der Bankenunion ist, wird dies nicht ausreichen.

Die Vollendung der Bankenunion hat auch einen positiven Spillover-Effekt, der über den Bankensektor hinausgeht und sich auch auf die Staatsfinanzen auswirkt. Wenn die Finanzstabilität mit Hilfe einer effektiven Bankenunion, die auf dem Bail-in-Prinzip basiert, gewährleistet werden kann, sollte sie den Bedarf an öffentlicher Unterstützung für Länder, die sich in wirtschaftlichen Schwierigkeiten befinden, verringern und damit das Risiko einer Explosion der öffentlichen Verschuldung aufgrund von Bankenproblemen vermindern. Dies impliziert, dass potenzielle Staatsschuldenkrisen reibungsloser gelöst werden können, ohne dass die Angst vor einer Ansteckung des Finanzsystems als Ganzes überwältigt wird.

Unser Ziel sollte daher eine starke Bankenunion sein, die auf dem Bail-in-Prinzip basiert, was bedeutet, dass der Privatsektor und die Investoren die Verluste aus Bankzusammenbrüchen tragen sollten, damit die Steuerzahler nicht die Rechnung dafür bezahlen müssen. Im Bankensektor können wir nicht länger in einer Welt der moralischen Bedrohung leben, in der die Gewinne privatisiert und die Verluste sozialisiert, d. h. von der Regierung getragen werden. Und „von der Regierung getragen" ist natürlich ein lausiger Euphemismus für den „Steuerzahler, der die Rechnung bezahlt".

Gleichzeitig müssen wir die legitimen Bedenken des moralischen Risikos ausgleichen, indem wir der Finanzstabilität genügend Gewicht beimessen. Heute ist die Kombination in der WWU nicht optimal, was beiden schadet, wenn auch der Finanzstabilität besonders schadet. Wie Schelkle feststellt: „Die langwierige Krise der Eurozone legt nahe, dass die Währungs-Finanzunion aus steuerlich souveränen Staaten auf der Seite der Verhinderung von moralischer Bedrohung irrt."[3] Es ist von überragender Bedeutung, dass das Rettungsprinzip mit finanzieller Stabilität und gut kapitalisierten Banken vereinbar ist.

Und wenn wir klug vorgehen, können diese kompatibel gemacht werden. Altlasten der Banken auf nationaler Ebene sollten nicht auf die Ebene des Euroraums verlagert werden – stattdessen sollten die Mitgliedstaaten sie selbst lösen. Der Schlüssel dazu sind ein glaubwürdiger Fahrplan und konkrete Maßnahmen zur Reduzierung notleidender Kredite (NPLs). Spanien hat sein ESM-Programm effektiv genutzt und den Durchschnitt des Euroraums von 5 Prozent der NPLs am Gesamtbestand der Kredite erreicht. Italien hat verspätet damit begonnen und den Anteil der notleidenden Kredite (NPLs) seit 2016 von 16 Prozent auf unter 10 Prozent reduziert. Dies ist nicht unbedeutend. Jetzt besteht die Herausforderung darin, den positiven Trend der Reduzierung der NPLs aufrechtzuerhalten.

Die Vollendung der Bankenunion hat auch eine geografische, oder besser gesagt geo-ökonomische, Dimension. Die Banken können in der EU bereits grenzüberschreitend tätig sein, und in Zukunft werden sich ihre Kreditgeschäfte wahrscheinlich weniger auf bestimmte Länder konzentrieren. Ein solcher grenzüberschreitender Kontext ist in den nordischen Ländern bereits weitgehend die Realität, wo die großen Banken in Dänemark, Finnland und Schweden mit einer Zweigstellenstruktur, d. h. mit einer einzigen Banklizenz in einem der Länder, grenzüberschreitend tätig sind. Dies ist nur ein Beispiel für die Art von Strukturen, die die Zukunft in ganz Europa mit sich bringen kann, erleichtert durch die wachsende Bedeutung von mobilen Sofortzahlungen in Echtzeit und anderen Formen des digitalen Bankgeschäfts, bei denen die geografische Entfernung immer unbedeutender wird.

Eine natürliche Begleiterscheinung grenzüberschreitender Bankgeschäfte, vor allem in Nordeuropa, ist, dass die EU-Länder, die derzeit nicht an der Bankenunion teilnehmen – von denen ich insbesondere an Dänemark und Schweden denke –, davon profitieren würden und willkommen wären, den Institutionen der Bankenunion durch entsprechende Kooperationsabkommen beizutreten. Dies würde Dänemark und Schweden die Vorteile einer rei-

---

[3] Schelkle (2017, S. 304).

bungslosen Integration in einen größeren Finanzraum und völlig gleiche Wettbewerbsbedingungen bei der Finanzregulierung und -aufsicht sowie bei der Umsetzung der Regeln bringen. Es würde ihnen auch Vorteile im Hinblick auf die Teilnahme an der politischen Entscheidungsfindung der Bankenunion bringen und den nordischen Einfluß im Allgemeinen und in gesunder Weise in der Europäischen Union verstärken.

3. **Um in einer Krise die Finanzstabilität zu erhalten und künftige Krisen zu verhindern, braucht die WWU eine große Bazooka und einen ausreichend robusten *Lender of Last Resort*. Diese sollten so wirksam wie möglich gemacht werden, um Marktpaniken zu bändigen, und gleichzeitig sicherstellen, dass ihr institutioneller Rahmen klar und legitim ist.**

Eine weitere Lektion, die grundlegend mit der Finanzstabilität zusammenhängt, besteht darin, die entscheidende Bedeutung des *Lender of Last Resort* in einer Liquiditätskrise eines Staates oder wenn die Banken vor einem allgemeinen „Bank Run" stehen, zu erkennen – sowohl für solvente Staaten als auch für solvente Finanzinstitute im Falle einer Marktpanik. In der Praxis bedeutet dies, dass jede Jurisdiktion über eine *Große Bazooka* verfügen sollte, damit eine Zentralbank, ein separater Stabilitätsfonds oder beide über die Instrumente verfügen, um in einer Krise zu Hilfe kommen zu können und selbst eine größere Marktpanik einzudämmen.

Ich erinnere mich, dass Tim Geithner in einem der kritischen Momente der Krise sagte, dass „man eine Finanzkrise nicht lösen kann, indem man nur ihre Ursachen löst; man muss das katastrophale Risiko vom Markt nehmen". Er hat Recht: Erfolgreiches Krisenmanagement kann sich keine übertriebene Rechtgläubigkeit bei der Suche nach den Ursachen der Krise leisten. Mit anderen Worten: Man beginnt nicht mit einem Gerichtsverfahren, wenn das Haus brennt, sondern man schickt zuerst eine Feuerwehr hinein!

Darüber hinaus ist eine der wesentlichen Lehren aus der Krise, dass Prävention immer besser ist als nachträgliche Korrektur. Das ist ein weiterer Grund, warum eine wirksame und schnell reagierende große Bazooka, die Liquiditätshilfe leisten kann, notwendig ist, da sie allein schon durch ihre Existenz dazu beiträgt, einer sich anbahnenden Finanzkrise proaktiv und dauerhaft vorzubeugen.

Warum wird eine so große Bazooka benötigt? Weil Finanzmärkte nicht immer und automatisch effizient und selbstkorrigierend sind, sondern anfällig für „tierische Instinkte" und Herdenverhalten, die sich oft selbst verstärken und gelegentlich Panik auslösen können, wie Keynes und Minsky gezeigt haben. Zweifellos ist die Frage des moralischen Risikos wichtig, und die systemischen Anreize in der WWU müssen entsprechend aufgebaut werden. Aber wenn wir uns nur darauf konzentrieren, wird die Eurozone zu zerbrechlich sein, um die nächste Krise zu überstehen.

Für den Fall, dass die Eurozone mit Marktturbulenzen konfrontiert wird, besteht die große Bazooka derzeit aus dem Europäischen Stabilitätsmechanismus (ESM) und der Europäischen Zentralbank (EZB) zusammen. Der ESM ist in erster Linie der *Lender of Last Resort* für Staaten – genauer gesagt für **solvente** Souveräne – aber er hat auch eine potenzielle Rolle bei der Wahrung der Stabilität des Finanzsystems, insbesondere wenn die Aufgaben erweitert werden, um die Rolle eines Liquiditätsrückhaltes für den Fonds zur einheitlichen Lösung (Single Resolution Fund) zu übernehmen. Die EZB ist in erster Linie der *Lender of Last Resort* für das Banken- und Finanzsystem – nicht für die Mitgliedstaaten –, wenn eine Marktpanik droht und (präventiv) eingedämmt werden muss. Es ist gesagt worden, dass die EZB während der Krise zur „Bilanz der letzten Instanz" für die Eurozone geworden ist, was eine gewisse Berechtigung hat.[4]

Es muss jedoch hinzugefügt werden, dass die EZB mit der Entscheidung über die endgültigen Währungstransaktionen (OMT) ihre Rolle als *Lender of Last Resort* für die gesamte Eurozone im Falle eines eindeutigen Umdenominierungsrisikos erweitert hat, d. h. nur dann, wenn es ernsthafte Spekulationen über ein Auseinanderbrechen der Eurozone gibt. Die politische Konditionalität ist in die OMT-Regeln eingebettet, was dazu beiträgt, das moralische Risiko zu kontrollieren. Konditionalität würde durch die Verbindung jeder OMT-Aktion mit einem Programm des Europäischen Stabilitätsmechanismus organisiert. Auf diese Weise wird die Quadratur des Kreises so gestaltet, dass sich die EZB nicht innerhalb der nationalen Politik bewegen müsste.

Diese EZB-ESM-Vereinbarung beinhaltet eine sorgfältig ausgearbeitete, aber ziemlich klare Arbeitsteilung zwischen den beiden Institutionen, die jeweils ihrem eigenen Mandat entsprechen. Sie erfordert auch eine gerechte Lastenteilung unter voller Einhaltung des EU-Vertrags. Ohne eine solche effektive, wenn auch komplizierte große Bazooka wäre es praktisch unmöglich gewesen, die finanzielle Stabilität aufrechtzuerhalten, und infolgedessen hätte sich der Euroraum mit dramatischen Auswirkungen nicht nur in wirtschaftlicher und finanzieller, sondern auch in politischer und sozialer Hinsicht auflösen können. In wirtschaftlicher Hinsicht hätte dies zu einer schweren Rezession und Massenarbeitslosigkeit geführt. In politischer Hinsicht hätte es nicht weniger als zu einem möglichen Zusammenbruch der EU führen können.

---

[4] Francesco Papadia mit Tuomas Välimäki (2018, S. 140–141).

Dies hätte das Risiko mit sich gebracht, Europa in das Jahr 1914 oder 1939 zurückzubringen – das Ende des Europas, wie wir es heute kennen.

Zur Vorbereitung auf das Ereignis, wenn der Euroraum das nächste Mal Marktturbulenzen erleben wird, sollte der ESM weiterentwickelt werden, indem seine Entscheidungsfähigkeit gestärkt und sein Instrumentarium um ein wirksameres und praktikableres, vorsorgliches Kreditinstrument erweitert wird. Ein einschlägiger Maßstab ist die Flexible Kreditlinie (FCL) des IWF, die während der Krise von drei Ländern – Kolumbien, Mexiko und Polen – recht erfolgreich als krisenpräventives Instrument gegen Marktturbulenzen eingesetzt wurde. Keines der drei Länder musste diese Linien in Anspruch nehmen, da die FCL ihnen einen wirksamen Rückhalt bot und das Marktvertrauen in der Zeit erhöhter Risiken stärkte.[5]

Meiner Ansicht nach ist jetzt in erster Linie eine Reform erforderlich, die die Funktionalität und Handlungsfähigkeit des ESM bei Marktturbulenzen verbessert. Aber ich erkenne gerne an, dass es auch andere Vorschläge auf dem Tisch gibt. Einer davon ist, den Namen des ESM in Europäischer Währungsfonds, EMF, zu ändern. Wäre das gerechtfertigt? Meiner Meinung nach ist das Namensschild weit weniger wichtig als die substanziellen Verbesserungen in der Funktionsweise des ESM. Außerdem ist das ESM unter der kompetenten Führung seines Geschäftsführers Klaus Regling zu einer positiven, soliden Marke geworden, die auf der hohen Integrität und der professionellen Qualität der Institution und ihrer Mitarbeiter beruht.

Ein weiterer Reformvorschlag bezieht sich auf die institutionelle Dimension. Um die Rechenschaftspflicht zu erhöhen, hat die Europäische Kommission vorgeschlagen, den ESM in den EU-Vertrag zu integrieren und ihn der parlamentarischen Kontrolle des Europäischen Parlaments zu unterstellen, ähnlich wie es die EZB tut – sie konzentriert sich vor allem auf das volle Recht, Informationen zu erhalten und einzufordern. Auf der anderen Seite würde der Kommissionsvorschlag die wichtigsten Exekutivfunktionen in den Händen des Gouverneursrates belassen. Dazu gehören die Entscheidungen über die Genehmigung von bedingten Finanzprogrammen und die Ernennung des Geschäftsführenden Direktors. Daher ist der Kommissionsvorschlag eigentlich weniger ein großer föderalistischer Sprung nach vorn, als manche befürchten und andere wünschen.

4. Nach der Krise und mit der Erkenntnis, dass die Finanzstabilität nur auf eigene Gefahr hin vernachlässigt werden kann, ist die makroprudenzielle Politik heute neben der Geldpolitik im Wesentlichen zur

---

[5] https://www.imf.org/About/Factsheets/Sheets/2016/08/01/20/40/Flexible-Credit-Line?pdf=1.

zweiten Hauptsäule des Zentralbankwesens geworden. Jedes Land muss ein makroprudentielles politisches Instrumentarium finden, das für die Durchführung einer zielstrebigen und gezielten Politik geeignet ist, und im Allgemeinen sollten diese Instrumente umfassender und weitreichender sein als heute. Allerdings sind die makroprudenziellen Instrumentarien in vielen Ländern aufgrund der anhaltenden strukturellen Veränderungen, wie dem Wachstum des Nichtbanken-Finanzsektors und der nichttraditionellen Kreditprodukte, unzureichend.

Die Geldpolitik im Euro-Währungsgebiet wird mit Blick auf das gesamte Gebiet durchgeführt und basiert auf dem Preisstabilitätsmandat der EZB, das ihre Fähigkeit einschränkt, zyklisch „gegen den Wind zu segeln" und Risiken der Finanzstabilität vorzubeugen. Unterdessen liegt die makroprudenzielle Politik weitgehend im Ermessen der nationalen Behörden und soll auf bestimmte nationale, regionale oder lokale Bedingungen, insbesondere auf die Wohnungsmärkte, abzielen und so dazu beitragen, Booms und Zusammenbrüche zu verhindern. Sie soll auch gezielt konjunkturelle oder strukturelle Risiken erkennen, die das stabile Funktionieren des Finanzsystems und die Kreditversorgung gefährden könnten, wenn sie realisiert würden.

In den letzten Jahren hat die makroprudentielle *Analyse* damit begonnen, ein immer breiteres Spektrum von Themen und Instrumenten abzudecken. Dies spiegelt sich jedoch noch nicht vollständig in der tatsächlichen makroprudenziellen *Politik* wider. Diese Richtlinien haben sich recht gezielt auf die Stärkung der Widerstandsfähigkeit systemrelevanter Banken und die Festlegung von Obergrenzen für neue Wohnungsbaukredite konzentriert, um Exzesse bei Hypothekenkrediten und der Verschuldung der Haushalte einzudämmen. Für ein neues, sich entwickelndes Politikfeld mag dieser konzentrierte Ansatz gerechtfertigt gewesen sein. Doch bei dem Bestreben, künftige Finanzkrisen zu verhindern, besteht immer das Risiko, einen zurückliegenden Krieg zu bekämpfen. Finanzsysteme verändern sich, und die Veränderungen bringen neue Risiken mit sich. Aus diesem Grund haben zum Beispiel der IWF und der Europäische Ausschuss für Systemrisiken (ESRB) empfohlen, das Instrumentarium der makroprudenziellen Aufsicht zu erweitern.[6] In diesem Zusammenhang gibt es einige strukturelle Veränderungen, denen die

---

[6] Siehe z. B. den Globalen Finanzstabilitätsbericht 2019 vom IWF (April 2019): https://www.imf.org/en/Publications/GFSR/Issues/2019/03/27/Global-Financial-Stability-Report-April-2019 und das ESRB Strategie-Papier 2016: https://www.esrb.europa.eu/pub/pdf/reports/20160718_strategy_paper_beyond_banking.en.pdf.

makroprudenziellen Entscheidungsträger mehr Aufmerksamkeit widmen sollten.

So hat sich beispielsweise die traditionelle Dominanz der Banken als Kredit- und Finanzgeber in Europa und einigen anderen Teilen der Welt zu schwächen begonnen. Das Wachstum des Nicht-Banken-Finanzsektors hat in den verschiedenen Ländern und Regionen unterschiedliche Geschwindigkeiten und Formen angenommen. Ein bemerkenswertes Beispiel ist natürlich China, wo die Größe des Nichtbanken-Finanzsektors vor einem Jahrzehnt etwa 10 Prozent des jährlichen BIP betrug. Heute liegt seine Größe bei über 100 Prozent.

In Europa wird ebenfalls ein zunehmender Anteil der Kreditvergabe von Investmentfonds, Versicherungsgesellschaften und Anbietern von Verbraucherkrediten übernommen. Zur Veranschaulichung: Das Gesamtvermögen des Investmentfondssektors der Eurozone wuchs zwischen 2008 und 2017 um etwa 170 Prozent. Ein expandierender Investmentfondssektor verbessert die grenzüberschreitende Risikoteilung und vertieft die Anleihe- und Aktienmärkte in Europa, was als solches ein positiver Trend ist. Allerdings haben Investmentfonds nach verschiedenen Maßstäben begonnen, mehr Kreditrisiken einzugehen und in weniger liquide Vermögenswerte zu investieren, was zu neuen Risiken für die Finanzstabilität führen kann. Es ist daher wichtig, sowohl Banken als auch Nichtbanken gleiche Wettbewerbsbedingungen bei der gleichen Art von Aktivitäten in der Regulierung und Aufsicht zu garantieren.

Des Weiteren hat die relative Bedeutung traditioneller Kreditprodukte zumindest in einigen Ländern abgenommen. Nehmen wir Finnland als Beispiel: Die Zusammensetzung des Haushaltskreditbestands ändert sich rasch, da die traditionellen Wohnungsbaudarlehen nur langsam wachsen und die Darlehen von Wohnungsbaugesellschaften und die Verbraucherkredite viel schneller zunehmen. Bei den Darlehen von Baugesellschaften handelt es sich im Wesentlichen ebenfalls um Wohnungsbaudarlehen, die jedoch in bestimmten Fällen mit weniger transparenten Risiken für den Darlehensnehmer verbunden sind. Verbraucherkredite wiederum sind leicht erhältlich und werden aggressiv an schutzbedürftige Kunden mit schlechter Bonität vermarktet. Dies ist bereits ein großes soziales Problem.

Trotz des starken Anstiegs der Kreditvergabe an Nichtbanken und der nicht traditionellen Kreditprodukte können die makroprudenziellen Instrumente in Finnland derzeit nur auf traditionelle Wohnungsbaukredite und die Kapitalpuffer der Kreditinstitute ausgerichtet werden. Auch in vielen anderen Ländern sind die makroprudenziellen Instrumente unzureichend. Jedes Land hat natürlich seine eigenen makroprudenziellen Risiken und muss ein solches

Instrumentarium finden, das für seine eigenen spezifischen Gegebenheiten geeignet ist. Die Bank von Finnland hat sich – auch in jüngster Zeit in den laufenden Koalitionsgesprächen zur Bildung einer neuen Regierung – nachdrücklich für die Einführung neuer makroprudenzieller Instrumente zur Eindämmung der Schuldenakkumulation der Haushalte in Finnland eingesetzt. Die neuen Instrumente sollten idealerweise alle Kredite und alle Kreditgeber abdecken. So wäre zum Beispiel eine Obergrenze für die Verschuldungsquote des Kreditantragstellers bei der Kreditvergabe – die DTI-Obergrenze (*debt-to-income*, das Verhältnis Schulden zu Einkommen) – eine willkommene Ergänzung des finnischen makroprudenziellen Instrumentariums.

Darüber hinaus sollten wir die Auswirkungen bestimmter globaler Megatrends auf die makroprudenziellen Risiken nicht vernachlässigen. Beispielsweise vergrößert die rasch fortschreitende Urbanisierung die regionalen Unterschiede auf den lokalen Wohnungsmärkten und führt in einigen der am schnellsten wachsenden Städte zu Haus- und Wohnungspreisblasen. Die Digitalisierung führt zu bisher unbekannten Herausforderungen für die makroprudenzielle Politik, da mit dem Aufkommen neuer Akteure wie FinTech- und insbesondere BigTech-Unternehmen, neue Arten von Kreditkanälen und Veränderungen in der Verflechtung systemische Risiken im Finanzbereich beeinflussen. Und eines der noch zu „heißen Eisen" auf dem Gebiet der Makroprudenz sind die langfristigen Auswirkungen der globalen Erwärmung auf die Finanzstabilität. Diese werden die Aufmerksamkeit makroprudentieller Entscheidungsträger dringlich und fokussiert auf sich ziehen.

Neben dem Schwerpunkt der Analyse und der Wahl der Instrumente gibt es noch eine weitere wichtige Dimension der makroprudenziellen Politik: Institutionen haben eine Bedeutung. Mit anderen Worten: Da die makroprudentielle Politik bei den Wählern und Wirtschaftsgruppen tendenziell unbeliebt ist, ermöglichen die institutionellen Arrangements in einigen Ländern eine rationalere (und in der Regel mutigere) makroprudenzielle Politik als in anderen. In der Regel gilt: Je technokratischer und weniger politisch das institutionelle Arrangement, desto mutiger die Politik. Dieses Dilemma sollte auf jeden Fall in den internationalen Foren eingehender diskutiert werden.

Unterdessen finde ich die Debatte darüber, ob die makroprudenzielle Politik formell Teil des Mandats der Zentralbanken sein sollte, zumeist exegetisch, ja sogar theologisch – makroprudenzielle Politik ist jetzt schon *de facto* die zweite Säule und *de jure* wurde diese Tatsache in Europa im Sekundärrecht der EU verankert, sowohl hinsichtlich der Rolle der Finanzaufsichtsbehörden in den Mitgliedstaaten als auch des Europäischen Ausschusses für Systemrisiken. „Die Form folgt aus der Funktion" – *form follows function*, wie wir Funktionalisten zu sagen pflegen.

5. **Man muss den richtigen Policy-Mix für die Eurozone finden. Das erfordert eine bessere Koordinierung der Finanzpolitik und einen geldpolitischen Rahmen, der dem „neuen Normal" besser entspricht. Koordination steht keineswegs im Widerspruch zu z. B. der Unabhängigkeit der Zentralbank. „Unabhängigkeit sollte nicht mit Einsamkeit verwechselt werden", wie zu Recht hervorgehoben wurde.**

Der lange Schatten der Großen Rezession erinnert daran, dass alle EU-Mitgliedstaaten und alle EU-Institutionen im Rahmen ihrer Mandate für das gemeinsame Ziel arbeiten müssen, nachhaltiges Wachstum und ein hohes Beschäftigungsniveau zu fördern. Gleichzeitig ist die Höhe der Staatsverschuldung in der EU von zunächst durchschnittlich 60 Prozent des BIP vor der Krise auf über 90 Prozent während der Krise angestiegen, während sie nun wieder langsam abgebaut wird und heute bei ca. 85 Prozent liegt. Daraus ergeben sich zwei Ziele in der Wirtschaftspolitik: Wir müssen nachhaltiges Wachstum und die Schaffung von Arbeitsplätzen unterstützen und gleichzeitig die konsequente Konsolidierung der öffentlichen Finanzen verfolgen. Der Policy-Mix der EU sollte diese Ziele widerspiegeln.

Das Beispiel Japans ist anschaulich: Es hat bewiesen, dass es kein Allheilmittel – oder nicht nur den einen Königsweg – gibt, um ein nachhaltiges und höheres Wirtschaftswachstum zu erreichen. Stattdessen muss man alle relevanten Aspekte zum Laufen bringen, auch die monetären, fiskalischen und strukturellen. Trotz umfassender und lobenswerter Bemühungen von Japans „Abenomikern"[7] ist eine ihrer wesentlichen Lehren, dass monetäre Stimulierung allein eine langsam wachsende Wirtschaft nicht ankurbeln kann, wenn nicht produktivitätssteigernde Wirtschaftsreformen eingeleitet und umgesetzt werden. In Europa würde dies von den EU-Mitgliedstaaten eine Ankurbelung der Investitionen, die Fortführung der Wirtschaftsreformen und die Verbesserung der Qualität der öffentlichen Finanzen erfordern, während die EZB weiterhin eine konsistente und effektive Geldpolitik verfolgen sollte.

Natürlich müssen wir die Grenzen von Zeit und Raum erkennen und eine übermäßige Verallgemeinerung vermeiden. Politikgestaltung ist immer an eine bestimmte Zeit und einen bestimmten Raum gebunden, nicht zuletzt die Wirtschaftspolitik. Aber es gibt bestimmte allgemeine Prinzipien, die immer noch gültig sind. Einer davon ist die Notwendigkeit eines besseren Policy-Mixes in der Eurozone.

---

[7] Anm. der Übers.: Der Begriff setzt sich zusammen aus dem Nachnamen des japanischen Premiers *Abe* und dem engl. Wort *economics*.

In der akuten Phase der Schuldenkrise 2010/2011 war in der **Finanzpolitik** der Krisenländer, die ihren Marktzugang verloren oder keinen fiskalischen Spielraum mehr hatten, eine vorzeitige Konsolidierung notwendig. Sie trug dazu bei, die öffentlichen Finanzen zu stabilisieren und die Glaubwürdigkeit der Finanzpolitik wiederherzustellen, in einer Situation, in der viele Staaten des Euroraums von den privaten Kapitalmärkten ausgeschlossen waren oder kurz davor standen. Aber sofort als die Glaubwürdigkeit bis 2012 wieder hergestellt war, konnte die Konsolidierung langsamer vorangehen. Heute haben die Mitgliedstaaten der Eurozone sehr unterschiedliche fiskalische Positionen: Es gibt einige, die über fiskalischen Spielraum verfügen und diesen in einem Abschwung nutzen können, während es andere gibt, die über einen sehr begrenzten fiskalischen Spielraum verfügen und daher die konsequente Konsolidierung der öffentlichen Finanzen fortsetzen müssen, mit dem Ziel, die strukturelle Nachhaltigkeit der öffentlichen Finanzen mittelfristig zu sichern. In jedem Fall können die finanzpolitischen Regeln der EU einfacher gestaltet werden, und sie sollten sich im Wesentlichen auf die mittelfristige Wachstumsleistung und die Tragfähigkeit der Schulden konzentrieren und antizyklischer gestaltet werden. Der vielversprechendste Weg für eine Reform der Haushaltsregeln ist die Einführung einer Ausgabenregel (siehe Punkt 6 unten).

Die Geldpolitik hat seit dem Ausbruch der Krise immer häufiger unkonventionelle Maßnahmen erlebt, und wirkte insbesondere seit 2014–2015 expansiv und hat damit die Erholung der Eurozone gefördert. Mitte 2019 ist sie immer noch sehr akkommodierend gewesen – die Erfahrung von vorzeitigen Zinserhöhungen im Jahr 2011 ist ein Warnsignal dafür, was sonst passieren könnte. Aber die Geldpolitik kann nicht „der Dreh- und Angelpunkt" sein. Die Verantwortung sollte zunehmend auf den Schultern der Regierungen der Mitgliedstaaten liegen, sowohl in der Finanzpolitik als auch bei den Strukturreformen.

Zum Zeitpunkt des Verfassens dieses Buches Mitte 2019 ist die Normalisierung der Geldpolitik auf Eis gelegt und kehrt sich aufgrund der anhaltenden, allgegenwärtigen Unsicherheit in der Weltwirtschaft, die weitgehend durch die andauernden Handelsspannungen oder Handelskriege verursacht wird, sogar um. Wenn man eines Tages zum Normalisierungsprozess zurückkehrt, wird dies von der nachhaltigen Anpassung der Verbraucherpreisinflation abhängen. Bei der Rückkehr zur Normalisierung ist es in der Tat besser, auf Nummer sicher zu gehen, solange die Eurozone unter einer erheblichen Konjunkturflaute leidet und das Preisstabilitätsziel von „nahe, aber unter 2 Prozent" mittelfristig nicht nachhaltig erreicht wird. Abgesehen von der eigenen Zinserhöhungsgeschichte der EZB ist die Erfahrung der Fed ein nützlicher Bezugspunkt, einschließlich der Risiken, die sich im Frühjahr 2013 in

Form eines „taper tantrum" materialisiert haben. Diese sprechen für eine allmähliche und umsichtige Normalisierung mit entsprechender Kommunikation.

Gerade jetzt müssen die Zentralbanken wegen des gegenwärtigen Gegenwinds kurzfristig aufpassen. Die EZB hat kürzlich auf die anhaltende Unsicherheit reagiert, indem sie ihren expansiven geldpolitischen Kurs verstärkt hat. Mit dem derzeitigen symmetrischen Ansatz der EZB impliziert unser Inflationsziel keine Obergrenze von 2 Prozent, da die Inflation in beiden Richtungen um diesen Wert herum schwanken kann und kurzfristig darüber hinausgehen darf, um mittelfristig unser Preisstabilitätsziel zu erreichen. Mit Blick auf die Zukunft ist der EZB-Rat bereit, alle seine Instrumente gegebenenfalls so anzupassen, dass sich die Inflation nachhaltig unserem Ziel nähert.[8]

Aber wir müssen auch eine längere Perspektive einnehmen. Die EZB arbeitet – ähnlich wie andere Zentralbanken – in einem neuen Umfeld, in dem langfristige Trends wie die Alterung der Bevölkerung, niedrigere langfristige Zinssätze und der Klimawandel zu zentralen politischen Themen geworden sind. Die Gemeinschaft der Zentralbanken muss die Auswirkungen ihrer Politik auf Wachstum, Beschäftigung und Inflationsdynamik besser verstehen, damit wir im Rahmen unserer Mandate effektiver arbeiten können. Mehrere Zentralbanken, darunter auch die Federal Reserve, überprüfen derzeit ihren geldpolitischen Rahmen.

Wäre es sachdienlich und nützlich, wenn auch die EZB eine Überprüfung der Strategie vornehmen würde, wie ich in meiner Rede in Helsinki im Oktober 2018 vorgeschlagen habe?[9] Vielleicht finden wir stichhaltige Argumente dafür. Erstens wird Geldpolitik in einem wirtschaftlichen Umfeld betrieben, das sich sehr von dem vor 16 Jahren unterscheidet, als die EZB ihre Strategie zum letzten Mal überprüft hat. Zweitens wird die Geldpolitik mit ganz anderen Instrumenten betrieben als vor 16 Jahren. Und drittens ist es eine gute Praxis, regelmäßig die klügsten Köpfe aus der akademischen Gemeinschaft mit praktischen Entscheidungsträgern zusammenzubringen, um unsere geldpolitischen Strategien zu bewerten. Dieser Prozess kann, sobald er erfolgreich ist, unser gemeinsames Verständnis der Ziele und Instrumente der Geldpolitik verbessern.

Die **Normalisierung** der Geldpolitik ist in der Tat ein etwas irreführendes Konzept – oder zumindest besteht die Gefahr von Missverständnissen. Der allmähliche und geduldige Rückzug aus unkonventionellen Maßnahmen

---

[8] Eine empirische Analyse der bisherigen Reaktionsfunktion der EZB findet sich in Paloviita et al. (2017).
[9] https://www.suomenpankki.f/f/media-ja-julkaisut/puheet-ja-haastattelut/2018/governor-olli-rehn-monetary-policy-normalisationin-the-world-of-uncertainties/.

wird, sobald er wieder aufgenommen wird, nicht bedeuten, dass man in die alte Welt vor 2008 zurückkehrt. Dies gilt für die Geldpolitik selbst und noch mehr für ihr Umfeld. Die nominalen Zinssätze werden wahrscheinlich auf einem niedrigeren Niveau als früher bleiben, was den Rückgang der Bevölkerung im erwerbsfähigen Alter und die geringere Produktivität widerspiegelt.

Statt über Normalisierung möchte ich lieber über den **Weg zu einer „neuen Normalität" oder einem neuen Gleichgewicht** sprechen. Er sollte nachhaltiger sein und sich viel stärker auf die finanzielle Stabilität konzentrieren. Seit Beginn der Krise haben die Eurozone und ihre internationalen Partner viel Arbeit geleistet, um die Stabilität in vielen Bereichen – von der Finanzaufsicht bis zum Aufbau einer Bankenunion – zu stärken. Diese Errungenschaften sollten beibehalten werden, aber es liegt noch mehr Arbeit vor uns, um die Architektur der Eurozone zu stärken: eine Grundlage für nachhaltiges Wachstum und bessere Beschäftigung zu schaffen, was das Endziel der Wirtschaftspolitik sein muss.

Der Ruf nach einer ernsthaften **Wirtschaftsreform** ist nicht nur lockeres Gerede, das eher theoretisch als praktisch ist. Es basiert auf empirischen Beweisen, und ich beziehe mich nicht nur auf Irland oder Lettland, die ihre Volkswirtschaften erfolgreich reformiert haben, auch wenn einige Experten diese Errungenschaften abgetan haben, „weil sie nur kleine Staaten sind". Spanien zum Beispiel reformierte 2012 seinen zuvor sehr starren und dualistischen Arbeitsmarkt und hat seitdem positive Auswirkungen mit neuen Arbeitsplätzen erlebt, die durch die Wiederherstellung der Wettbewerbsfähigkeit und ein starkes Exportwachstum unterstützt werden. Ganz zu schweigen von Deutschland, den Niederlanden, Dänemark oder Schweden zu einem früheren Zeitpunkt.

Deshalb würden viele EU-Mitgliedstaaten davon profitieren, wenn sie ihre Wirtschaftsreformen auf Hochtouren bringen würden. Dies gilt für Frankreich und Italien, beides große Länder mit viel unternehmerischem und innovativem Potenzial, die nur darauf warten, für produktivere Zwecke freigesetzt zu werden. In der Zwischenzeit würden die Überschusswirtschaften der Eurozone, insbesondere Deutschland, in einer Rezession von einer Ankurbelung der inländischen Investitionen, sowohl der öffentlichen als auch der privaten, profitieren. Dies würde auch die Wirtschaftstätigkeit in der gesamten Eurozone unterstützen, wie dies von der Europäischen Kommission und dem IWF befürwortet wurde.

Deutschland ist nicht das einzige Land, dessen Politik Spillover-Effekte auf den Rest der Eurozone hat. Deutschland, Frankreich und Italien, die drei größten Volkswirtschaften, halten den Schlüssel für ein stärkeres, nachhaltiges Wachstum und die Schaffung von Arbeitsplätzen in Europa in der Hand.

Wenn Deutschland in der Lage ist, die Binnennachfrage und die Investitionen zu optimieren, während Frankreich und Italien zur Unterstützung ihrer wirtschaftlichen und industriellen Wettbewerbsfähigkeit Reformen ihrer Arbeitsmärkte, ihres Geschäftsumfelds und ihrer Rentensysteme in Angriff nehmen, würden diese Volkswirtschaften sich selbst und der gesamten Eurozone einen großen Dienst erweisen.

All dies erfordert eine **bessere politische Koordination**, als dies bisher der Fall war. Die Initiative von Präsident Herman van Rompuy im Jahr 2011, die Absprache zwischen den Institutionen der Eurozone zu verstärken, war ein richtiger Schritt, der die Dinge im Laufe der Zeit allmählich deutlich verbessert hat. Meiner Ansicht nach könnte die Eurogruppe zum Beispiel das Verfahren für makroökonomische Ungleichgewichte effektiver nutzen, um der Eurozone eine besser koordinierte Wirtschafts- und Finanzpolitik zwischen den Mitgliedstaaten zu ermöglichen.

Eine **klare Kommunikation** ist ebenfalls unerlässlich. Die EZB begann im Juli 2013 mit der Nutzung von vorwärts gerichteten Leitlinien, als der EZB-Rat die Erwartung äußerte, dass die Zinssätze für einen längeren Zeitraum niedrig bleiben würden. Seitdem wurde die Formulierung der EZB-Forward Guidance angepasst, und sie verdeutlichen nun die Absichten des EZB-Rats nicht nur im Hinblick auf die erwartete künftige Entwicklung der EZB-Leitzinsen, sondern auch auf den Horizont ihres Programms zum Ankauf von Vermögenswerten. Diese Art der von der EZB seit 2013 praktizierten Vorausschau sollte in der Tat als lohnender Maßstab für alle politischen Entscheidungsträger der Eurogruppe und der Eurozone angesehen werden, auch wenn die unmittelbaren Marktauswirkungen am deutlichsten in der Geldpolitik sichtbar werden, die daher besonderer Sensibilität und Klugheit bedarf. Die Kommunikation sollte klar, konsistent und zukunftsorientiert sein – und vor allem glaubwürdig, damit sie wirklich Wirkung zeigt.

In der Eurozone war ein häufiger auftretendes Problem in den schlimmsten Jahren der Krise die anhaltende Kakofonie der öffentlichen Äußerungen verschiedener Akteure, die im Prinzip alle das Recht auf ein Veto gegen politische Entscheidungen haben konnten, was ihren Äußerungen Gewicht verlieh. Daher war es unerlässlich, die Koordination zwischen den EU-Institutionen zu verbessern, wie dies seit Sommer 2010 geschehen ist. Seitdem, und seit die Krise gebändigt ist, sind die früheren Probleme viel weniger präsent. Aber das wird vielleicht nicht ewig so bleiben, weshalb dies auch ein Argument für einen „Finanzminister der Eurozone" sein könnte, der – obwohl politisch schwierig für viele Mitgliedstaaten – die Positionen des Vorsitzenden der Eurogruppe und des Kommissars für Wirtschaft und Währung zusammenfassen würde, so wie das Amt des „EU-Außenministers", des Hohen Vertreters für die EU-Außenpolitik sozusagen, konstruiert wurde. Dies könnte jedoch nur funktionieren, wenn die Mitgliedstaaten beschließen würden, dem EU-Finanzminister echte Befugnisse in der institutionellen Architektur zu übertragen.

Es gibt noch ein weiteres dafürsprechendes Argument, wirkliche *Macht* zu beteiligen: die Außenvertretung der Eurozone in der Weltordnungspolitik. Zu lange – und auch heute noch – hat die Eurozone deutlich unter ihrem eigentlichen politischen Gewicht in der Weltwirtschaft gepunktet, zum Beispiel im Kontext der G20 und des IWF, weil sie mit zahlreichen Stimmen spricht, die oft verunsichert sind. In den Krisenjahren war es unser Ziel, die interne Koordination der Eurozone vor jedem größeren internationalen Treffen des IWF oder der G20 zu verbessern. Aber hier liegt noch ein weiter Weg vor uns.

6. **Die finanzpolitischen Regeln sollten so einfach sein, dass wir unter normalen Umständen im Voraus sicher sein können, dass sie bei der Aufstellung von Haushaltsplänen eingehalten werden. Sie sollten auch antizyklischer gestaltet werden und Strukturreformen stärker unterstützen und die nationale Eigenverantwortung für gesunde öffentliche Finanzen fördern. Eine Ausgabenregel könnte sich eindeutig auf die Schuldentragfähigkeit konzentrieren und wahrscheinlich besser als operative finanzpolitische Richtschnur dienen als die derzeitigen Messgrößen des strukturellen Haushaltssaldos.**[10]

Künftig kann die Wirtschafts- und Währungsunion nur dann reibungslos funktionieren, wenn die öffentlichen Finanzen aller Mitgliedsländer glaubwürdig auf einer nachhaltigen Grundlage stehen. Um dies zu erreichen, ist eine funktionierende Kombination aus finanzpolitischen Regeln und Marktdisziplin im Zusammenhang mit der staatlichen Kreditaufnahme erforderlich. Die finanzpolitischen Regeln sollten so gut konzipiert und einfach sein, dass wir unter normalen Umständen im Voraus sicher sein können, dass sie bei der Aufstellung der Haushalte eingehalten werden.

Bei der Durchführung der Finanzpolitik ist die Anwendung von Regeln, die die Nachhaltigkeit unterstützen, seit den 1990er-Jahren zur Gewohnheit geworden. Nach Angaben des IWF wenden bereits fast 100 Staaten nationale oder supranationale finanzpolitische Regeln an. Fiskalische Regeln wurden

---

[10] Dieser Abschnitt über die Ausgabenregel und die Fiskalpolitik hat viel von der Arbeit der Ökonomen der Bank von Finnland profitiert – mein besonderer Dank gilt Jarkko Kivistö. Der Text basiert auch auf meinen eigenen Erfahrungen als praktischer politischer Entscheidungsträger während der Krise.

mit einer stetigeren Entwicklung der Haushaltsdefizite verknüpft. In den EU-Ländern konnten die Haushaltsdefizite in der jüngsten Zeit verringert werden, als die durch die reformierten Regeln unterstützte Fiskalpolitik wirksam angewandt wurde. Wenn die fiskalischen Regeln richtig funktionieren, unterstützen sie in der Tat die Durchführung einer verantwortungsvollen Finanzpolitik, die langfristige Nachhaltigkeit der öffentlichen Finanzen und das Ziel, die Finanzierungskosten der öffentlichen Verschuldung niedrig zu halten. Das Ziel der fiskalischen Regeln der EU ist, die Nachhaltigkeit der öffentlichen Finanzen zu gewährleisten und in diesem Rahmen einen ausreichenden fiskalischen Handlungsspielraum zu ermöglichen, um die Wirtschaft in einem Mitgliedstaat, der sich in einer Rezession befindet, zu stimulieren.

Der Höhe der Staatsverschuldung vor der Finanzkrise wurde nicht genügend Aufmerksamkeit geschenkt. Während der krisenbedingten Rezession stiegen die Schuldenstände aufgrund von Konjunkturmaßnahmen und der schwachen makroökonomischen Entwicklung stark an, und in den anfälligsten Ländern begannen auch die Risikoprämien stark zu steigen. Dies führte zu einer Negativspirale, in deren Verlauf eine Reihe von Ländern schließlich die Fiskalpolitik straffen mussten, obwohl die wirtschaftlichen Bedingungen schwierig waren. Dies sollte in Zukunft vermieden werden.

Die finanzpolitischen Regeln der EU wurden zuletzt vor relativ kurzer Zeit, im Jahr 2011, überarbeitet. Das Regelwerk hat zwar zu Ergebnissen geführt, ist jedoch recht umfangreich und manchmal inkonsistent geworden. Die Auslegung der Regeln mit den verfügbaren Flexibilitätsoptionen ist sehr komplex und oft schwer vorhersehbar geworden.

Einfachere fiskalische Regeln würden der Schuldentragfähigkeit wahrscheinlich besser dienen und zudem die Transparenz erhöhen sowie die Ex-post-Überprüfung der angewandten Finanzpolitik erleichtern. Im besten Fall erhöht dies auch die Vorhersehbarkeit der Finanzpolitik und ihre Glaubwürdigkeit in den Augen der Öffentlichkeit. In Ausnahmesituationen müssen die Regeln Flexibilität zulassen, aber dies sollte auf vorher festgelegten und konsistenten Kriterien beruhen.

Die Ausgabenregel ist im Wesentlichen eine Benchmark-Regel, die dazu beiträgt, die Netto-Wachstumsrate der Staatsausgaben auf oder unter der mittelfristigen potenziellen Wachstumsrate eines Landes einzudämmen. Die Ausgabenregel kann sinnvollerweise als eine mittelfristige Obergrenze für das reale Wachstum der gesamtstaatlichen Ausgaben definiert werden, die im Verhältnis zum geschätzten künftigen Wirtschaftswachstum und unter Berücksichtigung des öffentlichen Schuldenstands festgelegt wird. Eine solche Regel würde wahrscheinlich wirksamer als ein operativer fiskalpolitischer Leitfaden sein als die derzeitige Regel, die auf dem strukturellen Haushaltssaldo basiert.

Die so genannten automatischen Stabilisatoren, wie zum Beispiel erhöhte Ausgaben durch die Arbeitslosenversicherung in einer wirtschaftlichen Rezession, sind wichtige Mechanismen der wirtschaftlichen Anpassung in den Ländern der Eurozone. Die Ausgabenregel würde die Wirkung der automatischen Stabilisatoren nicht verhindern.

Die Ausgabenregel unterstützt eine verantwortungsvolle Finanzpolitik, wie wir in Ländern wie den Niederlanden, Schweden und Finnland gesehen haben, wo sie in den letzten Jahrzehnten angewandt wurde. Jüngste Untersuchungen des IWF kommen im Großen und Ganzen zu einem ähnlichen Ergebnis: Die Qutoe der Einhaltung von Ausgabenregeln ist höher als die von Regeln für den Haushaltssaldo, insbesondere wenn sie direkt der Kontrolle der Regierung unterstehen und die Regel gesetzlich oder in einem Koalitionsvertrag verankert ist. Empirische Forschungen weisen auch darauf hin, dass das Vorhandensein von Ausgabenregeln mit einer stärkeren fiskalischen Leistung, d. h. einem höheren Primärsaldo und einer antizyklischen Finanzpolitik, verbunden ist.[11]

Schließlich ist es unerlässlich, die überragende Bedeutung der nationalen Eigenverantwortung für eine verantwortungsvolle Finanzpolitik zu unterstreichen – ja sogar zu wiederholen. Sowohl eine Ausgabenregel als auch ein unabhängiger Finanzrat können wertvolle Instrumente für dieses Ziel sein – aber sie sind nur Instrumente; sie sollten gut genutzt werden. Es lohnt sich, den Direktor der Finanzabteilung des IWF, Vitor Gaspar, und seine Koautoren zu zitieren: „Eine extreme und gefährliche Manifestation … ist die von vielen Analysten geäußerte Auffassung, dass die europäische Haushaltsführung die Länder von ihrer nationalen Verantwortung entbindet. Nichts könnte weiter von der Wahrheit entfernt sein: Die Finanzpolitik ist in erster Linie eine nationale Verantwortung."[12]

Mehrere EU-Mitgliedstaaten haben tatsächlich im Einklang mit der Empfehlung von Gaspar gearbeitet und das EU-Regelwerk als Instrument zur Stärkung der nationalen Eigenverantwortung für die Finanzpolitik genutzt. Belgien, Dänemark, Luxemburg und die Niederlande führten 1992 als Reaktion auf den Maastricht-Vertrag und die Schulden- und Defizitregeln der EU nationale Ausgabenregeln ein. Schweden und Finnland folgten diesem Beispiel, nachdem sie 1995 Mitglieder der EU geworden waren.[13] Deutschland ging so weit, eine verfassungsmäßige Schuldenbremse einzuführen, die kürzlich in Deutschland diskutiert und wegen ihrer übermäßigen Strenge kri-

---

[11] Cordes et al. (2017, S. 317).
[12] Eyraud et al. (2017, S. 469).
[13] Cordes et al. (2017, S. 305–306).

tisiert wurde, weil diese das Land daran hindern könnte, seinen nationalen Bedarf an öffentlichen Investitionen zu decken.

Eine Ausgabenregel könnte durchaus EU-weit angewandt werden, wenn sie in die nächste Reform des Stabilitäts- und Wachstumspakts aufgenommen würde. Sie könnte dazu beitragen, ein großes Problem zu beheben: Vor der Krise lag in vielen Ländern die Wachstumsrate der Ausgaben über der Wachstumsrate des Produktionspotenzials, und es gab keine ausreichenden Puffer. Gerade bei starkem Wirtschaftswachstum gibt es alle guten Gründe, auf die fiskalische Verantwortung zu achten. Gute Zeiten sollten für den Aufbau fiskalischer Puffer genutzt werden.

7. **Beim Aufbau der Eurozone als Stabilitätsunion sollte die Hauptverantwortung für die Wirtschaft und die Wirtschaftspolitik bei den Mitgliedstaaten liegen, wobei dies mit der Absicherung durch gemeinsame Strukturen, insbesondere im Hinblick auf die Sicherung der Finanzstabilität, kombiniert werden sollte.**

Letztlich geht es um die Verantwortung der Mitgliedstaaten für ihre eigene Wirtschaftspolitik – nachhaltiges Wachstum und Beschäftigung. Die Institutionen sind wichtig, aber ebenso wichtig ist die Realwirtschaft; sie ist zutiefst entscheidend. Da keine EU-Föderation in Sicht ist, sind die in den Mitgliedstaaten durchgeführten Reformen zur Förderung von nachhaltigem Wachstum und Beschäftigung in der Tat von entscheidender Bedeutung. Die Architektur der Eurozone sollte so gut und zuverlässig funktionieren, dass sie ihre Mitgliedstaaten bei der Erreichung dieser wirtschaftlichen Ziele wirklich ermutigen und befähigen könnte.

Für die Zukunft haben wir das Grundsatzpapier der Kommission, die Initiative des französischen Präsidenten und das Non-Paper des deutschen Finanzministeriums auf dem Tisch. Das Kommissionspapier konzentriert sich auf die Vollendung der Bankenunion, das französische auf ein ehrgeiziges Programm der Wirtschaftsunion und das deutsche auf die Marktdisziplin. Keines dieser Programme allein wird den Erfolg bringen. Die nächste Reform der Eurozone sollte darauf abzielen, eine Synthese zwischen den Kernprinzipien der „deutschen" Wirtschaftsphilosophie, die Anreize und Regeln fordert, und denen der „französischen" Wirtschaftsphilosophie, die Versicherung und Stabilisierung betont, herzustellen. Ich verwende hier bewusst die Anführungszeichen, da diese nationalen Adjektive nur Etiketten für zwei Wirtschaftsphilosophien sind, die nicht nur den beiden Ländern gehören.[14]

Ich empfinde ein kürzlich veröffentlichtes gemeinsames Grundsatzpapier führender französischer und deutscher Wirtschaftswissenschaftler vom Januar 2018 als äußerst sachdienlich und substanziell, das ein konstruktives Überdenken der ererbten nationalen Positionen zur Frage der künftigen Entwicklung der WWU fordert. Die Gruppe definiert ihre Prioritäten wie folgt:

> Eine Reform des Euroraums ist aus drei Gründen notwendig: erstens, um die anhaltende Anfälligkeit des Euroraums für finanzielle Instabilität zu verringern; zweitens, um den Regierungen Anreize zu bieten, die sowohl eine umsichtige makroökonomische Politik fördern als auch wachstumsfördernde Reformen im Inland durchführen; drittens – und vielleicht am wichtigsten –, um eine anhaltende Quelle der Spaltung zwischen den Mitgliedern des Euroraums und des Grolls gegen die europäischen Institutionen zu beseitigen …, die zum Anwachsen des Anti-Euro-Populismus beigetragen hat und die schließlich das europäische Projekt selbst bedrohen könnte.[15]

Frankreich hat traditionell zusätzliche Stabilisierungs- und Risikoteilungsmechanismen in der Eurozone verfolgt. Deutschland neigt inzwischen dazu zu betonen, dass die Probleme in der Eurozone eher auf jeweils verfehlte Innenpolitikstile zurückzuführen sind, und fordert stattdessen eher eine rigorose Durchsetzung fiskalischer Regeln und mehr Marktdisziplin.

Eine europäische Synthese zu schaffen bedeutet, eine Stabilitätsunion aufzubauen, die die Eigenverantwortung jedes Mitgliedslandes unterstreicht und gleichzeitig die Notwendigkeit gemeinsamer Strukturen zur Wahrung der Finanzstabilität anerkennt. Um sicherzustellen, dass jeder Mitgliedstaat für seine eigene Wirtschaftspolitik verantwortlich ist, sollten die Regeln und Anreize entsprechend und einfacher als heute gestaltet werden. In der Zwischenzeit muss es eine ausreichende gemeinsame Kapazität geben, um die Finanzstabilität angesichts von Marktturbulenzen zu erhalten. Darüber hinaus sollten Schritte zur weiteren Risikoverteilung in gleichem Maße mit weiteren Schritten zur Risikominderung einhergehen. Dies gilt sowohl für die öffentlichen Finanzen als auch für die Bankenunion.

Ein wichtiges Beispiel für eine solche Synthese wäre die Vereinbarung, sichere Vermögenswerte des Euroraums und deren Kombination mit Änderungen in der Behandlung von Staatsforderungen der Banken zu schaffen, die das

---

[14] Die markanten Elemente der deutschen und französischen wirtschaftspolitischen Philosophien werden von Brunnermeier et al. (2016) in ihrem wichtigen Buch elegant beschrieben.
[15] Bénassy-Quéré et al. (o. J.).

Kredit- oder Konzentrationsrisiko widerspiegeln. Die jüngsten Initiativen, wie die der deutsch-französischen Gruppe von Wirtschaftswissenschaftlern, zur Schaffung sicherer Vermögenswerte unterscheiden sich von den verschiedenen früheren Vorschlägen zur Schaffung von Euroanleihen in den Jahren 2010–2012, darunter auch von der Europäischen Kommission, vor allem deshalb, weil sich die jüngsten Vorschläge nicht auf Garantien der Mitgliedstaaten zur Gewährleistung der Sicherheit stützen würden. Warum sollten solche sicheren Vermögenswerte benötigt werden? Wenn sie gut konzipiert sind, haben sie das Potenzial, der Eurozone verschiedene Vorteile zu bieten: Sie können sichere Vermögenswerte in großen Mengen produzieren, die ausreichen, um die Staatsschulden in den Bankbilanzen zu verdrängen, sie können Störungen durch regulatorische Änderungen bei der Behandlung von Staatsschulden der Banken neutralisieren und einen wahrgenommenen Mangel an sicheren Vermögenswerten in Europa eindämmen. Die Ausdünnung des deutschen Anleihemarktes führt bereits zu einem Mangel an sicheren Vermögenswerten in Europa, was allein schon ein triftiger Grund wäre, sichere Vermögenswerte in der Eurozone zu schaffen. Sie würden aber auch dazu beitragen, die globale Rolle des Euro zu stärken und einen großen, liquiden Anleihemarkt in Europa zu schaffen, was natürlich die Finanzierung und Investitionen in die Realwirtschaft und ihre ökonomisch-ökologische Transformation unterstützen würde.

Wenn zum Beispiel irgendeine Form von Konzentrationsgebühren auf das Staatsvermögen der Banken eingeführt würde, würde dies eine Bank davon abhalten, weiterhin übermäßig große und damit risikoreiche Portfolios in den Staatsanleihen eines bestimmten Mitgliedstaates zu halten, wie z. B. Italien. Folglich könnte die Nachfrage nach sicheren europäischen Vermögenswerten beträchtlich sein, wenn sie gut konzipiert ist. Aber natürlich würde diese Reform noch viel Produktentwicklung und weitere Konsensbildung erfordern. Schließlich würde die Nachfrage nach ihnen von den Investoren abhängen.[16]

Im Zusammenhang mit der Fiskalpolitik wurde zur Glättung der Konjunkturzyklen in der Eurozone vorgeschlagen, eine makroökonomische Stabilisierungsfunktion für die Eurozone einzurichten, indem eine fiskalische Kapazität der Eurozone geschaffen wird, beispielsweise auf der Grundlage eines Arbeitslosenversicherungssystems. Sie würde darauf abzielen, die Investitionsausgaben zu stabilisieren, die in einer Rezession in der Regel zuerst getroffen werden. Dies hat aus makroökonomischer Sicht sicherlich einen intellektuellen Wert. Gleichzeitig gibt es aber auch analytische und praktische Gegenar-

---

[16] Siehe insbesondere den Bericht der von Gouverneur Philip Lane geleiteten Arbeitsgruppe. ESRB High-Level Task Force on Safe Assets (Januar 2018), und Pisani-Ferry and Zettelmeyer (2019).

gumente. Viele argumentieren, dass die bereits vorhandenen „automatischen Stabilisatoren" – oder nationale Haushaltsausgaben wie die Arbeitslosenunterstützung, die automatisch steigen, sobald die Wirtschaft von einer Rezession getroffen wird – bereits eine bedeutende antizyklische politische Rolle spielen, und zwar in der EU stärker als in den USA, da der Wohlfahrtsstaat in Europa im Allgemeinen stärker ist. Andere weisen auf Umsetzungsprobleme im Zusammenhang mit der Feinabstimmung antizyklischer Politiken hin, die selbst in souveränen Staaten ein generelles Problem in der Fiskalpolitik darstellt, ganz zu schweigen von einer 19-köpfigen Eurozone, die über keine zentrale Finanzbehörde, sondern nur über eine schwache Koordination verfügt. Wieder andere sind besorgt über ein grundlegenderes Problem, nämlich dass die gut gemeinten Sozialtransfers, die zur Stabilisierung in der Talsohle des Konjunkturzyklus gedacht sind, Gefahr liefen, zu permanenten Transfers zu werden und damit die Legitimität der EU-Politik auszuhöhlen, wie es in vielen Mitgliedstaaten mit großen interregionalen Transfers wie in Italien (Mezzogiorno), Spanien (Katalonien) oder Belgien (Flandern/Wallonien) geschehen ist.

Eine Alternative zu einer fiskalischen Kapazität als Stabilisierungsfunktion ist ein spezifisches Wettbewerbs- und Konvergenzinstrument, das die Mitgliedstaaten bei der Verfolgung von Wirtschaftsreformen und verbesserter Wettbewerbsfähigkeit unterstützen würde, aber keine Sozialtransfers vorsieht. Dies wurde von der Europäischen Kommission bereits 2012 vorgeschlagen. Meiner Ansicht nach wäre es ein sinnvolles ergänzendes Element zu der Finanzierung durch die Europäische Investitionsbank, die eine gut erprobte Entwicklungsbank ist und weiterhin den Großteil der Verantwortung für öffentliche Investitionen auf EU-Ebene tragen sollte. Der Europäische Rat vom Dezember 2018 billigte die Idee als Kompromiss und forderte die Finanzminister der Eurozone auf, „an der Gestaltung, den Modalitäten der Umsetzung und dem Zeitplan des Haushaltsinstruments für Konvergenz und Wettbewerbsfähigkeit zu arbeiten".[17]

Abschließend möchte ich sagen, dass wir mit der sich ständig verändernden, evolutionären Union weitermachen müssen. Meine These ist, dass die Eurozone keine Föderation oder Transferunion werden wird – aber sie wird auch nicht einfach so zerbrechen, weil sie keine wird. Es gibt einen realistischen dritten Weg nach vorn, indem wir Risikominderung und Risikoteilung kombinieren.

---

[17] Siehe Reuters Report im Dezember 2018 European Summit: https://www.reuters.com/article/us-eurozone-future/eu-to-drop-stabilization-as-use-for-eu-ro-budget-keep-convergence-competitiveness-draft-idUSKBN1OB1TP.

Dieses Buch hat gezeigt, dass das vergangene Jahrzehnt der Finanz- und Schuldenkrise eine echte Belastungsprobe für die Europäische Union war. Dennoch war Europa in der Lage, die Herausforderungen zu meistern, vor denen es stand. Aber wir sollten die verbleibenden Herausforderungen keinesfalls schmälern, auch wenn Europa wieder auf den Beinen ist. Die EU sollte sich auf eine Erneuerung und damit auf eine bessere Erfüllung ihrer Grundfunktionen vorbereiten.

Die Dichotomie „Föderation oder Tod" ist zu oft und häufig aus propagandistischen Gründen vorgebracht worden. Einige Kolumnisten und andere Experten haben es in den Krisenjahren zu ihrem Markenzeichen gemacht.[18] Aber es sind *Fake News*. Der Euroraum wird nicht überleben, indem er einfach zu einer Föderation oder Transferunion wird, aber er wird auch nicht auseinanderbrechen, nur weil er nicht zu einer solchen wird. Das Leben ist selten schwarz-weiß.

Stattdessen gibt es einen evolutionären dritten Weg – wir brauchen einen Sinn für Richtung und Realismus. Das wesentliche Leitprinzip bei der Reform der wirtschaftlichen Steuerung in der Eurozone sollte sein, dass Schritte hin zu mehr Solidarität durch Mitversicherung und Risikoteilung mit mehr Verantwortung verbunden werden. Solidarität kann nur auf Solidität aufgebaut werden, sowohl um der wirtschaftlichen Nachhaltigkeit als auch um der politischen Legitimität willen.

Meiner Ansicht nach besteht die vielversprechendste und daher vorzuziehende Option für die Reform der Eurozone darin, eine Art Stabilitätsunion aufzubauen, die auf einem Gleichgewicht zwischen der Eigenverantwortung der Mitgliedstaaten für ihre Volkswirtschaften und Wirtschaftspolitik einerseits und einer gemeinsamen wirtschaftspolitischen Koordinierung auf europäischer Ebene mit ihrem Versicherungsschutz durch gemeinsame Strukturen für das Risikomanagement andererseits beruht. Auf der Grundlage einer solchen soliden Architektur liegt es dann an den politischen Entscheidungsträgern, einen gut funktionierenden Policy-Mix auszuarbeiten, der nachhaltiges Wachstum und die Schaffung von Arbeitsplätzen unterstützt.

---

[18] Ich beziehe mich nicht nur, aber zum Beispiel auf Wolfgang Münchau von der *FT*, der zweifellos der Meister dieser Art von Branding und von Katastrophenszenarien ohne Föderation ist! Ich muss ihm dafür danken, dass er mich inspiriert hat, den Euro weiterhin zu verteidigen.

Literatur

Agnès Bénassy-Quéré, Markus Brunnermeier et al. (o.J.), *Reconciling Risk Sharing with Market Discipline: A Constructive Approach to Euro Area Reform*. CEPR Policy Insight Nr. 91. https://cepr.org/sites/default/fles/policy_insights/PolicyInsight91.pdf.

Francesco Papadia mit Tuomas Välimäki, *Central Banking in Turbulent Times*. Oxford University Press, 2018, S. 140–141.

Jean Pisani-Ferry and Jeromin Zettelmeyer (Hrsg.), *Risk Sharing Plus Market Discipline: A New Paradigm for Euro Area Reform? A Debate*. A VoxEU.org Book. CEPR Press, 2019.

Luc Eyraud, Vitor Gaspar und Tigran Poghosyan, Fiscal Politics in the Euro Area. In Vitor Gaspar, Sanjeev Gupta und Carlos Mulas-Granados (Hrsg.), *Fiscal Politics*. IWF, 2017, S. 469.

Maritta Paloviita, Markus Haavio, Pirkka Jalasjoki und Juha Kilponen, *What Does „Below, but Close to, Two Percent Mean?" Assessing the ECB's Reaction Function with Real-Time Data*. Bank of Finland Research Discussion Papers, 29/2017.

Markus Brunnermeier, Harold James und Jean-Pierre Landau *The Euro and the Battle of Ideas*. Princeton, 2016.

Philip Lane *Sovereign Bond – Backed Securities: A Feasibility Study*. European Systemic Risk Board, Januar 2018

Cf. Reinhart and Rogof, *This Time Is Different: Eight Centuries of Financial Folly*. Princeton University Press, 2009.

Till Cordes, Tidiane Kinda, Priscilla Muthoora und Anke Weber, Expenditure Rules: Effective Tools for Sound Fiscal Policy? In Vitor Gaspar, Sanjeev Gupta und Carlos Mulas-Granados (Hrsg.), *Fiscal Politics*. IWF, 2017, S. 317.

Waltraud Schelkle, T*he Political Economy of Monetary Solidarity: Understanding the Euro Experiment*. Oxford University Press, 2017, S. 304.

20

Nachwort

Wir spulen vor nach 2019. Seit 2014, wo die meisten Erzählungen dieses Buches enden, ist in der Wirtschaft und Politik Europas viel passiert. Der Alte Kontinent hat inzwischen ein ganzes Jahrzehnt mit etlichen Krisen durchlebt, und seine wirtschaftliche, soziale und politische Landschaft unterscheidet sich heute tatsächlich sehr von der vor 2008.

Die Finanz- und Schuldenkrise hat aufgrund ihrer sozialen und menschlichen Auswirkungen einen langen Schatten auf uns geworfen. Auf sie folgte eine Flüchtlingskrise, die zu tiefen politischen Spaltungen führte und den Populismus in Europa weiter anheizte. Russlands Wende zur Machtpolitik mit der Annexion der Krim und der Krieg in der Ostukraine haben die Sicherheit Europas in Frage gestellt. Darüber hinaus stimmte das Vereinigte Königreich in seinem Referendum von 2016 dafür, die Europäische Union zu verlassen. Die Liste hört damit nicht auf: Die Vereinigten Staaten haben unter Präsident Donald Trumps „America First"-Politik seit 2017 eine nationalistische Wende vollzogen und sind geistig aus der liberalen internationalen Ordnung ausgetreten, die sie nach dem Zweiten Weltkrieg selbst initiiert und erfolgreich betrieben haben.

All diese Entwicklungen stellen die Werte der Demokratie, der bürgerlichen Freiheiten, der Rechtsstaatlichkeit und der politisch-wirtschaftlichen Integration in Frage, die die europäische Lebensweise und das europäische Gesellschaftsmodell ausmachen. Politisch gesehen ist eine populistische, nationalistische Agenda für viele verlockend. In sozialer Hinsicht sind die Werte der Toleranz, des Liberalismus und der Integration bedroht.

Die renommierte Historikerin Anne Applebaum hat über das Nachkriegseuropa geschrieben: „Etwa vierzig Jahre lang waren die Nationen, die wir

Westeuropa zu nennen pflegten, alle durch eine ähnliche Entscheidung miteinander verbunden: Als Gruppe wählten sie Demokratie statt Diktatur, Integration statt Nationalismus, soziale Marktwirtschaft statt Staatssozialismus."[1] Nun ist diese „Gruppenentscheidung" der europäischen Nationen sowohl von innen als auch von außen ernsthaft in Frage gestellt.

Seit 2004, nach zehn Jahren an vorderster Front der europäischen Politikgestaltung, stand es mir bereits weit vor den Europawahlen 2014 klar vor Augen, dass der Aufstieg von Populismus und Nationalismus in den politischen Diskurs eindringen und die zukünftige Entwicklung der Europäischen Union in Frage stellen würde. Daraus ergab sich auch ein persönliches Dilemma: Könnte ich ein nachdenklicheres, beschaulicheres Leben in der Wissenschaft oder im öffentlichen Dienst anstreben, oder sollte ich meinen Teil dazu beitragen, Europa in dieser hektischeren, intensiveren politischen Arena zu verteidigen? Auf welchen Weg sollte mich meine Berufung zum öffentlichen Dienst führen? Die Entscheidung fiel mir nicht leicht, denn die vergangenen Jahre hatten mir und meiner Familie einiges abverlangt.

Als Ergebnis gründlicher Überlegungen und intensiver Diskussionen mit meiner Familie und meinen Freunden im Laufe des Winters 2013–2014 entschied ich mich, bei den Wahlen im Mai 2014 für das Europäische Parlament zu kandidieren. Ich wurde auch als der zweite Spitzenkandidat der Allianz der Liberalen und Demokraten für Europa (ALDE) an der Seite von Guy Verhofstadt gewählt, um eine funktionalistische Verteidigung Europas und seiner wirtschaftlichen und sozialen Integration zu gewährleisten und um einen Ausgleich zwischen dem beeindruckenden Föderalismus von Guy Verhofstadt und seiner eher politischen Ausrichtung zu schaffen.

Es war jedoch kein einfaches Kunststück, da ich seit Jahren keinen Wahlkampf in den Wirren der demokratischen Politik geführt hatte, und niemand kann seine Wahl in einer liberalen Demokratie als „garantiert" betrachten (obwohl das in einer „gelenkten Demokratie" eine andere Geschichte ist!). Deshalb habe ich einen halbjährigen Wahlkampf im ganzen Land und an vielen anderen Orten in Europa geführt und Tausende von Menschen auf den Marktplätzen, bei townhall meetings und über soziale Medien getroffen. Das erforderte einen gewissen Sinneswandel von der professorenhaften Methode eines Kommissars hin zu der offeneren und zugänglicheren Herangehensweise eines Stand-up-Politikers und damit die Fähigkeit und den Willen, tief in die politischen Debatten mit den Bürgern und Wählern vor Ort einzutauchen, den Populismus einzudämmen und zu einem Gegenangriff für Europa überzugehen. Nach einer langen und intensiven, aber vor allem lohnenden

---
[1] Anne Applebaum (6. Juni 2019).

Kampagne, die ich mit großartigen Menschen führte, war die Wahlnacht wie immer eine Nervenprobe. Am Ende erhielt ich die dritthöchste Stimmenzahl im Land und damit ein sicheres und starkes Mandat unter den 13 aus Finnland gewählten Abgeordneten.

Im Europäischen Parlament wählte mich meine Fraktion für die Legislaturperiode 2014–2019 in das Verhandlungsteam der ALDE. Ich gehörte zu denjenigen, die die Ernennung von Jean-Claude Juncker zum Kommissionspräsidenten unterstützen wollten, wenn sein Kommissionsprogramm die wichtigsten politischen Ziele der Liberalen berücksichtigen und sich zur Reform der EU im Einklang mit der Philosophie verpflichten würde, dass Europa in großen Fragen groß und in kleinen Fragen klein sein sollte – was bedeutet, sich auf das Wesentliche zu konzentrieren, insbesondere auf die Wahrung von Frieden und Sicherheit und die Schaffung von Bedingungen für nachhaltiges Wachstum und die Schaffung von Arbeitsplätzen, während gleichzeitig einige „rote Linien" abgebaut und die Anstrengungen zum Bürokratieabbau intensiviert werden müssen. Ebenso war eine mutige und konsequente Klima- und Energiestrategie für uns eine Schlüsselpriorität. Juncker stimmte einem gut ausgearbeiteten politischen Programm zu und verpflichtete sich selbst dazu. Also unterstützten wir ihn.

Politisch ist die Juncker-Kommission ihren Verpflichtungen im Großen und Ganzen nachgekommen. Dennoch hat sich die populistische Welle fortgesetzt, die durch die Flüchtlingskrise noch verstärkt wurde. Es ist praktisch unmöglich, eine einzige Ursache auszumachen, aber es scheint, dass eine Kombination aus erhöhter wirtschaftlicher Unsicherheit und wahrnehmbarer Bedrohung traditioneller Lebensweisen ein Hauptauslöser für die populistische Welle gewesen ist. Darüber hinaus haben epochale Veränderungen in der Medienlandschaft, die auf die sozialen Medien zurückgehen und durch künstliche Intelligenz angetrieben werden, die Dynamik der Kommunikation und des politischen Diskurses revolutioniert. Ob es uns gefällt oder nicht, wir leben derzeit in ganz Europa mit dem Populismus – und wir müssen lernen, wie wir zwischen reiner Demagogie und regelrechtem Autoritarismus einerseits und den Signalen legitimer Unzufriedenheit andererseits unterscheiden können, indem wir erstere eindämmen und auf letztere reagieren.

Aber es muss Grenzen für das Entgegenkommen geben. Wenn der Populismus nicht eingedämmt wird, wächst er weiter und kann zu Autoritarismus und/oder „illiberaler Demokratie" führen (was ein Widerspruch in sich ist, da er weder liberal noch demokratisch ist). Im Großen und Ganzen können wir drei Phasen der Transformation des Populismus ausmachen. Die erste Etappe kann beschrieben werden als *Anerkennung des Protestes*. So ist zum Beispiel die Finnische Bauernpartei, der Vorgänger der *Wahren Finnen*, in den

60er-Jahren als Protestbewegung gegen den weltweit schnellsten Strukturwandel von der Landwirtschaft zur Industrialisierung und von der ländlichen zur städtischen Lebensweise mit einer parallelen Liberalisierung der sozialen Werte entstanden. In der zweiten Phase, sobald populistische Parteien an Unterstützung gewonnen haben, gibt es immer stärkere Forderungen nach *Politikwechsel.* So hat beispielsweise die Dänische Volkspartei auf einer restriktiveren Einwanderungspolitik bestanden, die von den aufeinander folgenden Regierungen und anderen politischen Parteien in Dänemark angenommen wurde. Ähnliche Entwicklungen haben in anderen EU-Mitgliedstaaten stattgefunden. In der dritten Phase gibt es einen Vorstoß für einen *Regimewechsel,* hin zu einer illiberalen Demokratie und/oder einem autoritären Regime, wobei in der Regel damit begonnen wird, die wichtigsten liberalen Institutionen, wie eine freie Presse und eine unabhängige Justiz, einzuschränken. In Ungarn und Polen werden zu diesem Zweck demokratische Methoden angewandt, um die demokratische Substanz zu untergraben. Wahrscheinlich können wir den Autoritarismus als die höchste Stufe des Populismus bezeichnen – es sei denn, er gleitet weiter ab. Rassismus und Faschismus dürfen in unserem politischen Leben in Europa keinen Platz haben. Keinen Respekt vor Respektlosigkeit!

Selbst in ihren demokratischen Formen bietet die Wirtschafts- und Sozialpolitik populistischer Parteien selten echte oder tragfähige Lösungen, und der Einfluss der Populisten auf die politischen Institutionen ist tendenziell korrosiv. Die Zunahme des Populismus hat bereits zu einer wachsenden Fragmentierung der politischen Systeme in Europa geführt, was die Bildung funktionsfähiger Koalitionsregierungen und die Durchführung wirtschaftlicher und politischer Reformen oft sehr viel schwieriger gemacht hat als früher. Dadurch droht ein wahrhaft bösartiger politischer Teufelskreis zu entstehen.

Die Europawahlen 2019 waren ein wichtiger Kontrollpunkt für die politische Stimmung in Europa. Während wir mit dem Populismus leben, der z. B. in Italien und Frankreich wieder einmal gut abschnitt, konnten die pro-europäischen Kräfte zurückkommen und eine funktionierende Mehrheit im Europäischen Parlament halten. Auch wenn die Europäische Volkspartei und die Sozialisten & Demokraten ihre traditionelle absolute Mehrheit verloren haben, hat das liberale Zentrum von Renew Europe und der Grünen Wahlgewinne erzielt, die die pro-europäische Mehrheit solide und funktionsfähig machen können. Es sind also politisch ausgleichende Kräfte am Werk.

Aber im Bereich der wirtschaftlichen Entwicklung ist Europa seit der Finanzkrise hinter die G2-Mächte USA und China zurückgefallen. Dieser Rückschritt ist der kontinuierlichen Verbesserung des Lebensstandards und des sozialen Zusammenhalts in Europa ganz offensichtlich abträglich. Er schadet auch der globalen Rolle der EU und ihrer Bedeutung für die Weltordnungspolitik, die von ihrer wirtschaftlichen Dynamik und politischen Einheit abhängen.

Ich betrachte das Aufkommen des Populismus auf der einen Seite und die Erneuerung der wirtschaftlichen Dynamik auf der anderen Seite als die wichtigsten Herausforderungen für Europa und mein Heimatland Finnland – und als eine Herausforderung, die am besten durch eine erfolgreiche Wirtschafts- und Beschäftigungspolitik in den Mitgliedstaaten gemeistert werden kann. Aus diesem Grund schloss ich mich in Finnland dem Wirtschaftsteam des damaligen Oppositionsführers und Vorsitzenden der Zentrumspartei Juha Sipilä an und erklärte mich anschließend bereit, für einen Sitz im finnischen Parlament zu kandidieren, in das ich im April 2015 gewählt wurde. Die Zentrumspartei ging als klarer Wahlsieger hervor. Die populistische Partei der *Wahren Finnen* erreichte jedoch 18 Prozent, fast so stark wie bei ihrer bahnbrechenden Wahl vier Jahre zuvor. Da es praktisch unmöglich gewesen wäre, ohne sie eine Koalitionsregierung zu bilden, beschloss die Führung der Zentrumspartei, das Risiko einzugehen und zu versuchen, sich mit den *Wahren Finnen* auf ein gemeinsames Programm zu einigen und sie so in die Entscheidungsfindung und Verantwortung einzubinden (und sie, wenn möglich, zu bändigen). Während ich also in die Politik zurückkehrte, um Europa zu verteidigen und den Populismus einzudämmen, war es kein kleines Paradoxon, dass ich in Koalitionsverhandlungen für die Zentrumspartei mit den populistischen *Wahren Finnen* und ihrem Führer, dem Chefpopulisten Timo Soini, geriet. Ich kannte ihn als sozialpopulistischen Konservativen aus der Jugend- und Studentenpolitik der 1980er-Jahre, bevor er mit antieuropäischen und einwanderungsfeindlichen Gefühlen zu flirten begann. Jetzt waren wir dabei, die Politik der neuen Regierung in Bezug auf Europa und den Euro zu formulieren.

Nach langem Ringen wurde das Programm der Regierung Sipilä schließlich Ende Mai 2015 verabschiedet. Ihre Haltung zur EU-Politik könnte als realistisch pro-europäisch beschrieben werden, mit Formulierungen wie „Finnland ist ein aktiver, pragmatischer und ergebnisorientierter Mitgliedstaat, der auf konstruktiv-kritische und kooperative Weise versuchen wird, die nationalen und gemeinsamen europäischen Interessen in der finnischen EU-Politik zu verbinden". Vielleicht keine föderalistische Poesie, aber sie bot eine funktionale Grundlage für eine pragmatische EU-Politik. Die Zwänge, die sie für die Rolle eines aktiven und ergebnisorientierten Mitgliedstaates schuf, wurden jedoch nie wirklich auf die Probe gestellt, da die Entwicklung der EU im Zeitraum von 2015–2019 nur schleppend verlief. Aber der Unterstützung für den Euro wurde zumindest kein Schaden zugefügt, da die Finnen ihre gemeinsame Währung anscheinend hoch bewerten. Dem Eurobarometer 2019 zufolge unterstützen bis zu 80 Prozent der finnischen Bürger den Euro.

In den letzten Jahren war ich dennoch überrascht von Finnlands fast bedingungslosem Eifer, sich der so genannten *neuen Hanse* anzuschließen, zu der die Niederlande, Irland, die baltischen Staaten und die nordischen EU-Länder gehören. Alles ehrenwerte Länder, und sicherlich ist es gut, Partner zu haben, aber da sich die neue Hanse vor allem im Hinblick auf die Reformen der Eurozone weitgehend als eine Gruppe von „Nein, nein und nochmals nein" dargestellt hat, ist es gut vorstellbar, dass eine automatische Zustimmung zu ihren Positionen entweder den Fall Europas oder den Fall Finnlands voranbringen würde. Wäre es nicht besser, auch für die Zusammenarbeit mit anderen Mitgliedstaaten offen zu sein und darauf hinzuarbeiten, ein proaktiver Brückenbauer zu werden, um gemeinsame, realistische europäische Lösungen zu finden?

Während der Koalitionsgespräche habe ich als eine Art Tausendsassa auf dem Gebiet der europäischen, aber auch der Wirtschafts- und Industriepolitik gearbeitet. Irgendwann auf dem Höhepunkt der Gespräche flog ich auf Bitten des designierten Ministerpräsidenten Sipilä nach Brüssel, um mit Kommissar Pierre Moscovici zusammenzutreffen und mit der Kommission die wirtschaftspolitische Haltung der künftigen Regierung zu verhandeln – oder zu klären. Ich erklärte Pierre, dass wir eine keynesianische Brücke bauen müssten, indem wir die öffentlichen Finanzen sanfter und weniger rigoros konsolidieren, als es eine wörtliche Auslegung des Stabilitäts- und Wachstumspakts erfordert hätte, und als Gegenleistung für Strukturreformen und einen Sozialpakt, der unsere Kostenwettbewerbsfähigkeit korrigiert und das Wachstum mittelfristig ankurbelt. Als ich mit meiner Argumentation fast fertig war, konnte keiner von uns beiden verhindern, ein gleichzeitiges, wohlwollendes Glucksen loszulassen – denn wir merkten im selben Moment, dass wir fast genau den gleichen Meinungsaustausch hatten, den wir im Februar 2013 in Moskau hatten, nur mit dem Unterschied, dass unsere Rollen jetzt völlig vertauscht waren! Jedenfalls könnte Pierre Moscovici erwägen, unseren Ansatz zu unterstützen, sobald dieser in konkreten Wirtschaftsreformen und Haushaltsentscheidungen weiter konkretisiert werde, denn so wandte die Kommission den Stabilitäts- und Wachstumspakt an. „Ich habe Ihnen gesagt, dass ich ein großer Fan der Flexibilitätsmitteilung der Kommission bin", sagte ich Pierre, als ich auf dem Weg aus seinem Büro war. Fall erledigt.

Das wirtschaftspolitische Programm der Regierung Sipilä wurde in den letzten beiden Gesprächstagen fertiggestellt. Die endgültigen Fassungen des Programms waren buchstäblich „Schriftstücke aus dem Keller", die der ehemalige Ministerpräsident Matti Vanhanen in einem Kellerraum des *Smolna*, dem Bankettsaal des Regierungsitzes, in die Tasten seines Laptops haute, und ich tippte meine Sätze in einem anderen Raum, so schloss jeder ein Kapitel des Programms ab. Zwei Ex-Sommerreporter bei der Arbeit, entsprechend unserer Ausbildung.

Insgesamt waren die Koalitionsgespräche des Jahres 2015 hart, aber erfolgreich, und nachdem die Dreiparteien-Mitte-Rechts-Regierung gebildet worden war, fungierte ich 2015–2016 als Wirtschaftsminister Finnlands. Objektiv gesehen hat sich die Regierung Sipilä in der Wirtschafts- und Industriepolitik gut geschlagen und konnte die finnische Wirtschaft aus der Flaute der Stagnation in eine neue Ära stärkeren, nachhaltigen Wachstums führen. Sie handelte mit den Sozialpartnern, sowohl den Gewerkschaften als auch den Arbeitgeberverbänden, einen Wettbewerbspakt aus, der dazu beitrug, die Lohnstückkosten über mehrere Jahre um 6½ Prozent zu senken. Sie stabilisierte die öffentlichen Finanzen mit einem Vierjahresplan und beschloss Steuersenkungen als Teil des Paktes, die auf Lohnempfänger mit niedrigem und mittlerem Einkommen abzielten. Sie führte ein Grundeinkommensexperiment durch, das jedoch durch Mittelknappheit und verfassungsrechtliche Erwägungen eingeschränkt wurde. Sie liberalisierte die Ladenöffnungszeiten praktisch vollständig mit einem kurzen und klaren Gesetz, nach drei Jahrzehnten stückweisen Wandels und einem schweren Flickenteppich aus kumulierter, bürokratischer Gesetzgebung. Und sie stellte eine mutige, aber konsequente umfassende Klima- und Energiestrategie zusammen, die Finnland sowohl in Europa als auch in der Welt in der Spitzenklasse für erneuerbare Energien und Kreislaufwirtschaft hält.

All diese politischen Maßnahmen trugen zur Wiederbelebung des finnischen Wirtschaftswachstums von Null auf 2–3 Prozent und zum Anstieg der Beschäftigungsquote Finnlands von 68 auf über 72 Prozent bei. Darüber hinaus gehört das Niveau der Einkommensungleichheit in Finnland trotz schwieriger Entscheidungen zum Ausgleich der öffentlichen Finanzen nach wie vor zu den niedrigsten der Welt, wie internationale Vergleichsstudien belegen.[2] Sogar die Minister der *Wahren Finnen* trugen mutig ihre Verantwortung, was nicht unwesentlich zu ihrer internen Spaltung und zur Übernahme der Partei durch den extremen Flügel im Jahr 2017 beitrug. Gegen Ende der Regierungszeit gab es jedoch viele mühsame Kämpfe, zumal die Gesundheitsreform als Flaggschiff von der Opposition und Verfassungsexperten blockiert wurde und einige aktive arbeitsmarktpolitische Maßnahmen zur Aktivierung der Arbeitslosen zu einem roten Tuch und einer handlichen politischen Waffe für die Gewerkschaften wurden. So wurde die Regierung bei den Wahlen

---

[2] Petri Mäki-Fränti (17. Mai 2019) und Lauri Kajanoja (2017, S. 22–41).

2019 politisch k.o. geschlagen und im Juni 2019 durch eine Mitte-Links-Grüne Koalition ersetzt, die von dem SDP-Vorsitzenden Antti Rinne als neuem Ministerpräsidenten angeführt wurde und nach seinem Rücktritt im Dezember 2019 von Sanna Marin.[3]

Was können liberale Demokratien angesichts dieser Erfahrungen tun, um mit dem gegenwärtigen populistischen Druck umzugehen? Meiner Ansicht nach besteht der erste und wichtigste Weg, die liberale Demokratie zu verteidigen, einfach darin, eine prinzipientreue, konsequente, gut begründete und gut geführte Politik zu verfolgen, die dazu beiträgt, praktische Probleme unserer einfachen Bürger zu lösen – ob sie nun im Zusammenhang mit Beschäftigung, Wirtschaftswachstum, Umwelt, Einwanderung oder Klimawandel stehen. Ich glaube nicht, dass eine Mehrheit unserer Bürgerinnen und Bürger gegen die Aufnahme von Einwanderern als solche oder gegen eine rationale Bekämpfung des Klimawandels wäre – unter der Voraussetzung, dass der politische Prozess und seine Umsetzung tatsächlich gut geführt und fair sind, so dass die Bürgerinnen und Bürger darauf vertrauen können, dass dies im Interesse der gesamten Gesellschaft geschieht.

Ich habe während der Flüchtlingskrise im Herbst und Winter 2015–2016 sowohl chaotische als auch gesteuerte politische Prozesse aus erster Hand erlebt. Der Zustrom von Menschen nach Finnland (das 2015 die viertgrößte Zahl von Flüchtlingen in der EU aufnahm) war in den ersten Monaten der Krise von niemandem zu kontrollieren, was eine Welle verständlicher Unzufriedenheit unter den Finnen auslöste. Neben Flüchtlingen und Asylsuchenden umfasste der Menschenstrom auch den organisierten Verkehr über die östlichen und westlichen Grenzübergänge von unternehmerisch denkenden Menschen, die vor allem bessere wirtschaftliche und soziale Bedingungen anstrebten. So verbrachten wir im Sicherheitsausschuss stundenlang in der abhörsicheren Kellerkammer des Staatsrates unter dem Vorsitz des Staatspräsidenten Sauli Niinistö Zeit damit, die Dinge zu klären. Dank der systematischen Arbeit des Innenministeriums, der im Laufe der Zeit stark verbesserten Koordination innerhalb der Staatsverwaltung durch den Grenzschutz und andere Behörden sowie völkerrechtskonformer Verhandlungen in Brüssel, Stockholm, Oslo und Moskau konnten wir den Einwandererstrom steuern und bis Anfang 2016 ein menschenwürdiges Aufnahmesystem einrichten.

Aber das Vertrauen unserer Bürger in die liberale Demokratie hängt auch sehr stark davon ab, wie demokratische Politik in unseren Ländern betrieben

---

[3] Die Regierung Rinne setzt sich, wie die Regierung Marin seit Dezember 2019, aus der Sozialdemokratischen Partei, der Zentrumspartei, den Grünen, der Linksallianz und der Schwedischen Volkspartei zusammen.

wird. In unseren heutigen Gesellschaften leiden wir unter einem fragmentierten und polarisierten Diskurs, in dem soziale Medien, kulturelle Blasen und Einzelfragen dominieren und der geschlossene politische Bastionen hervorbringt und den analytischen und zivilisierten demokratischen Dialog zu einem mühsamen Kampf macht. Die Verbesserung unserer liberalen Demokratie, die der Eckpfeiler des politischen Europas ist, erfordert daher einen neu belebten Bürgerdialog und modernisierte, reformierte politische Parteien. Diese müssen die Bürger auf eine neue Art und Weise einbinden, die der Informationsgesellschaft und der sozialen Medienkultur, in der wir heute leben, angemessen ist. Solche modernisierten Parteien sollten in der Lage sein, konsistente langfristige politische Programme zusammenzustellen, die auf philosophischen Idealen und weiter gefassten politischen Visionen mit populärer Note basieren und die die Zivilgesellschaft zu konstruktiven Aktionen zusammenbringen könnten, anstatt reinen Populismus oder gar reinen Nationalismus zu betreiben. Das könnte der Weg sein, um unsere Gesellschaften und Demokratien in eine in jeder Hinsicht nachhaltigere Zukunft zu lenken.

Aber wir müssen auch die breitere und sehr grundlegende politische Perspektive im Auge behalten. Immer öfter werden die Werte der Aufklärung, die dem europäischen Gesellschaftsmodell zugrunde liegen, nun sowohl politisch als auch gesellschaftlich von innen und außen in Frage gestellt. Präsident Wladimir Putin bezeichnete kürzlich den Liberalismus als „obsolet". Dies sollte allen Europäern als Weckruf dienen, die noch schlafwandeln sollten. Die Wahl zwischen Liberalismus und Autoritarismus ist glasklar geworden: Liberalismus und liberale Demokratie sind das Herzstück der europäischen Lebensweise.

Als Zentralbanker seit 2017 bin ich mir voll und ganz bewusst, dass diese Fragen auch für die Zentralbanken von immenser Bedeutung sind. Mein persönlicher Weg führte mich zur Bank von Finnland, da ich von der Mikroökonomie zur Makroökonomie zurückkehren und stärker in die europäische Entscheidungsfindung eingebunden werden wollte. Wenn etwas meine Leidenschaft ist, dann ist es die europäische Wirtschaftspolitik und ihre Beziehung zur Makroökonomie und zur Wirtschaft und Gesellschaft im Allgemeinen. Es ist klar, dass die Zentralbanken nicht in einem Vakuum leben, aber sie sind Reflexionen der Gesellschaft als Ganzes – unabhängige Reflexionen und Akteure. Wie der große Ökonom Joseph Schumpeter einmal schrieb: „Der Zustand des Geldwesens eines Volkes ist ein Symptom aller seiner Zustände." Was Schumpeter über eine Nation sagte, gilt heute auch für Europa als Ganzes, für unsere Wirtschafts- und Währungsunion. Was mit unserer gemeinsamen Währung geschieht, ist ein Spiegelbild des Zustands unserer Union und ihrer Wirtschaft, ihrer Gesellschaft und ihrer Demokratie. Wir müssen also die Notwendigkeit struktureller und institutioneller Reformen in den Mitgliedstaaten und der EU aus einer breiteren Perspektive betrachten.

Damit sind wir wieder beim Euro. Die Staatsschuldenkrise hat gravierende Gestaltungsmängel der Wirtschafts- und Währungsunion offenbart. Es wurden wichtige Reformen durchgeführt, um die wirtschaftspolitische Steuerung und damit die Widerstandsfähigkeit der Eurozone zu stärken und ihre Fähigkeit, finanzielle Stabilität, nachhaltiges Wachstum und Beschäftigungsmöglichkeiten zu sichern.

Aber unsere Wirtschafts- und Währungsunion hat noch sehr viel unerledigte Arbeit. Viele politische und institutionelle Fragen bleiben noch offen. Wie kann die Bankenunion vollendet werden? Welche Art von fiskalischer Kapazität wird einem starken, nachhaltigen Wachstum am besten dienen? Wie können die finanzpolitischen Regeln antizyklischer gestaltet werden? Welche Art von sicheren europäischen Vermögenswerten könnten bei der Entscheidungsfindung eingesetzt werden, um über liquide Finanzmärkte zu verfügen und den Weg für die globale Rolle des Euro zu ebnen? Dies sind Beispiele für die oft komplizierten Fragen im Zusammenhang mit der Zukunft der Wirtschafts- und Währungsunion, und sich mit ihnen zu befassen, wird eine interessante Aufgabe sein.

Es ist offensichtlich, dass die Reform der Eurozone sehr stark mit der allgemeinen Zukunft Europas und seiner Union verbunden ist. Das Streben nach einer Stärkung der WWU ist Teil eines umfassenderen Bestrebens, Europa zu stärken, nicht nur im finanziellen, sondern auch im wirtschaftlichen und politischen Bereich. Als Europäer sollten wir die Dringlichkeit dieser Bemühungen erkennen, insbesondere jetzt, da die Rolle Europas als Fahnenträger der liberalen Demokratie noch kritischer geworden ist, als sie es noch vor einigen Jahren gewesen sein mag.

Eine wesentliche, abschließende Anmerkung muss gemacht werden. Während institutionelle Reformen natürlich wichtig sind, muss Europa auch an allen Fronten auf nachhaltiges Wachstum und die Schaffung von Arbeitsplätzen hinarbeiten. Der Übergang von der unmittelbaren Brandbekämpfung zur Neugewichtung und Reform war in den letzten Jahren, seit die unmittelbaren Krisenbedingungen der Jahre 2010–2012 eingetreten sind, der wichtigste Grundsatz der europäischen Wirtschaftspolitik. Jetzt ist es an der Zeit, bei diesen Bestrebungen einen neuen Gang einzulegen.

Eine bessere Steuerung der Einwanderung und die Stärkung der äußeren und inneren Sicherheit Europas sind zentrale politische Herausforderungen für Europa in den kommenden Jahren. Aber auch die Notwendigkeit, eine wirtschaftliche und industrielle Wiederbelebung Europas voranzutreiben. Sie sollte sich auf eine immer stärkere Konzentration auf – und Investitionen in –

Innovation und Forschung und damit auf eine höhere Produktivität stützen. Darüber hinaus muss der wirtschaftliche Aufschwung Europas mit der größten Herausforderung unserer Generation kombiniert werden: der Bewältigung und Eindämmung des Klimawandels. Er erfordert eine konsequente Strategie der EU, wie die wirtschaftliche und ökologische Transformation unserer Gesellschaften und Unternehmen vorangetrieben werden kann, von fossilen Brennstoffen zu erneuerbaren Energien, von der Abfallproduktion zur Kreislaufwirtschaft.

Wenn wir die grüne Realwirtschaft und die Wirtschaftsreformen wirklich in den Mittelpunkt stellen, bedeutet dies, dass wir ein Europa aufbauen sollten, das unseren Bürgerinnen und Bürgern die Möglichkeit eröffnet, innovativ zu sein und neue Unternehmen und damit neue Arbeitsplätze zu schaffen. Wir sollten uns auch weiterhin für ein Europa einsetzen, das trotz des gegenwärtigen protektionistischen Gegenwinds Wachstum über seine eigenen Grenzen hinaus durch Freihandelsabkommen fördert und anstrebt; für ein Europa, das unternehmerische Tatkraft und eine Stabilitätskultur miteinander verbindet; für ein Europa, in dem Bürger und Unternehmen von einem echten Binnenmarkt profitieren können, nicht nur bei Waren, sondern auch bei digitalen und traditionellen Dienstleistungen; und für ein Europa, das Bürgerrechte und soziale Gerechtigkeit im digitalen Zeitalter garantiert.

Dies sind die konkreten, funktionalistischen Ziele für nachhaltiges Wachstum und die Schaffung von Arbeitsplätzen – und im Grunde genommen für die menschliche Entwicklung –, die für unsere Bürgerinnen und Bürger in Europa wirklich wichtig sind, was immer unser Maßstab sein sollte. Sie sollten durch eine grundsolide Finanzstabilität unterstützt werden, die durch die Vollendung der Bankenunion ermöglicht werden kann.

Eine solche progressive politische Agenda kann dazu beitragen, Europa wieder relevant zu machen und in Bewegung zu halten. Künftig brauchen wir weniger bloßes „Durchwurschteln", sondern mehr konsequente und zielgerichtete Fortschritte in Bereichen, in denen es für unsere Bürgerinnen und Bürger wirklich von Bedeutung ist.

Literatur

Anne Applebaum, The Lure of Western Europe. *The New York Review of Books*, 6. Juni 2019.
Lauri Kajanoja, *Kasvua ilman eriarvoisuutta*. Kansantaloudellinen aikakauskirja 1/ 2017, S. 22–41: https://www.talousti-eteellinenyhdistys.f/wp-content/uploads/ 2017/03/kak-1-2017-Kajanoja.pdf.

Petri Mäki-Fränti, *Tuloerojen viimeaikainen kehitys Suomessa*. Suomen Pankki, 17. Mai 2019: http://www.kirstu/sp/Julkaisut/Et/et2015/Julkaistut/20190517-Analyysi-Tuloerojen-viimeaikainen-kehitys-Suomessa.pdf#search=kajanoja%20gini.

Personenverzeichnis

A

Ackermann, Josef 147, 148, 193
Adenauer, Konrad 175, 265
Alaja, Erkki XXIV
Alesina, Alberto 255, 256
Almunia, Joaquin 49, 56, 64, 100, 102, 122, 184, 297
Andor, László 176
Ansip, Andrus 124, 291
Asmussen, Jörg 66, 82, 105, 127, 154
Ayrault, Jean-Marc 274

B

Barnier, Michel 66, 99, 117, 176, 184, 271, 322
Barroso, José Manuel 4, 15, 49, 58, 63, 66, 67, 81, 82, 116–119, 125, 128, 130, 142, 146, 148, 149, 151, 177, 182–184, 199, 207, 212, 213, 223, 277
Bernanke, Ben XX, 11, 22, 195, 230, 335, 336, 342, 346, 354
Berrigan, Sean XXIV
Bini-Smaghi, Lorenzo 156
Blanchard, Olivier 247, 254, 255, 258, 331, 365, 366

Bolle, Julie XXIV
Borg, Anders 83
Bowles, Sharon 178
Buti, Marco XXIV, 72, 80, 81, 85, 125, 154, 196

C

Cabral, Antonio 66
Cameron, David 231
Cardiff, Kevin 95, 96, 114
Coeure, Benoit 212
Cooper, George 363, 364
Corsepius, Uwe 66
Cox, Pat 107
Cruyff, Johan 38, 186

D

da Silva Costa, Carlos 235
Dahrendorf, Ralf 175
Dallara, Charles 147, 193
Darling, Alistair 84
de Gaulle, Charles 265, 267
Demetriades, Panicos XXIII, 306
Deroose, Servaas XXIV, 66, 196, 214
di Rupo, Elio 29, 179, 180

Dijsselbloem, Jeroen 309, 310
Dombrovskis, Valdis 299
Don Camillo 161, 162, 172
Draghi, Mario 12, 83, 119, 139, 151, 157, 165, 192, 198–200, 214–218, 223, 230, 232, 240, 299, 319, 331, 337, 340, 341, 375

E

Eichengreen, Barry 22, 212, 214, 216
Erhard, Ludwig 175, 176, 188

F

Feio, Diogo 178
Fernandez, Ramon 135
Ferreira, Elisa 178, 243
Fischer, Joschka 45, 279
Fischer, Stanley 43, 370
Fogerty, John 92, 116
Ford, Vicky 178

G

Gabriel, Sigmar 76
Gaspar, Vitor 348, 392
Geithner, Timothy XXI, 48, 64, 87–89, 96, 195, 229, 232, 379
Genscher, Hans-Dietrich 7, 34, 127
Giegold, Sven 178
Goodhart, Charles XXIII, 112, 331, 336, 364
Goulard, Sylvie 178, 288
Grilli, Vittorio 147, 209, 248
Gros, Daniel 70, 376

H

Hämäläinen, Mari XXV
Hollande, François 58, 209, 271, 273–275, 277
Hoyer, Werner 208

I

Ilves, Toomas 124

J

Jaakonsaari, Liisa 178
Järnefelt, Eero 35, 36
Juncker, Jean-Claude 55, 64, 103, 118, 119, 121, 136, 141–143, 145, 147, 151, 199, 223, 401
Juppé, Alain 271
Juti, Tuula XXIV

K

Kajanoja, Lauri XXIV
Kallas, Kristi 125
Kallas, Siim 125, 292, 295
Kejonen, Petri 80
Keynes, John Maynard 23, 25, 46, 115, 194, 361–363, 367, 368, 371, 379
Kilponen, Juha XXIV
Kohl, Helmut 6, 7, 70, 265
Kontti, Mikko XXIV
Kontulainen, Jarmo XXIV
Korhonen, Iikka XXIV
Korkki, Jari 80
Koskentola, Jaakko XXIV
Krings, Thomas XXIV, 35

L

Lagarde, Christine 58, 64, 73, 104, 138, 142, 147, 178, 209, 232, 248, 251, 272, 299, 319
Lahti, Taneli XXIV, 127, 196, 206, 257
Lamberts, Philippe 178
Lehto, Pekka 173
Lemierre, Jean 193
Lenihan, Brian 94–96, 102, 103, 107, 109, 111, 113
Liikanen, Erkki 31, 47, 83, 218

Lindner, Christian 127
Lipsky, John 138, 147
Luukkonen, Aino-Maija 213

M

Macron, Emmanuel 209, 270, 271, 277
Marsh, David 275
Martikainen, Tuomo XXIV
Marx, Groucho 374
Marx, Karl 131, 304, 316, 363
Merkel, Angela XXI, 14, 58, 64–66, 68, 82, 83, 104, 126, 158, 166, 170, 198, 211, 212, 225
Merritt, Giles XXIV
Messi, Leo 283
Mitterrand, François 7, 265
Monti, Mario 58, 162, 163, 167–169, 206, 211, 214, 215
Morén, Pekka XXIV
Moscovici, Pierre 209, 250, 272, 275, 276, 317, 404
Musial, Bert XXIV

N

Newby, Elisa XXIV
Noonan, Michael 107, 233, 234

O

Obama, Barack 165
Osborne, George 228–232, 321

P

Papaconstantinou, George 68, 69, 72–74, 77, 83, 142, 143, 146, 148, 193, 317, 318
Papademos, Lucas 86, 167, 194
Papadia, Francesco 337, 380
Papandreou, George 59, 68, 166, 167

Pesonen, Timo XXIV, 80, 196, 208
Piebalgs, Andris 301
Poutanen, Lauri XXIV
Purola, Mika 173
Pylvänäinen, Timo XXIV

Q

Qishan, Wang 122
Quatremer, Jean 274

R

Rajan, Raghuram 194, 368
Rajoy, Mariano 170, 171, 212, 213
Reding, Vivian 176, 177
Regling, Klaus 125, 381
Rehn, Merja XXV, 38, 125, 215
Rehn, Silva XXV, 38, 199, 215
Rehn, Tauno 35
Reijula, Kari XXIV
Ricard, Philippe 274
Rinne, Antti 43, 406
Riso, Stéphanie XXIV, 66, 72, 73, 80, 85, 116, 125
Ritter, Peer XXIV, 284
Rütte, Mark 182
Rusi, Alpo XXIV, 47

S

Saccomanni, Fabrizio 232
Salgado, Elena XXI, 86, 88, 137, 169
Samaras, Antonis 77, 143, 167, 194, 200
Sarkozy, Nicolas 14, 58, 64, 83, 104, 158, 166, 273
Schäuble, Wolfgang XXI, 58, 64, 70, 82, 90, 91, 105, 127, 178, 206, 209, 229, 244, 248, 259, 260, 277, 282, 283, 286, 308
Schelkle, Waltraud 26, 126, 181, 245, 353, 378

Schulz, Martin 76
Selmayer, Martin XXIV
Semeta, Algirdas 183
Sipilä, Juha 403–405
Soini, Timo 403
Spiegel, Peter 163, 251
Steinmeier, Frank-Walter 34, 76
Stournaras, Yannis 200, 317, 319
Strauss-Kahn, Dominique 72, 74, 75, 84, 85, 87, 96, 103, 126, 137, 138
Suvanto, Antti XXIV

T

Taipalus, Katja XXIV
Tarkka, Juha XXIII
Taylor, Paul 170, 171, 225
Thomas, Gerassimos XXIV, 80, 85
Thomsen, Poul 68, 319
Tietmeyer, Hans 6, 287, 288
Trichet, Jean-Claude 64, 66, 67, 70, 74, 83, 84, 94, 96, 106, 107, 116–119, 121, 136, 140, 142, 151–153, 157, 269, 340
Tsipras, Alexis 195, 200, 316
Tsoukalis, Loukas 30

U

Urpilainen, Jutta 186
Uusitalo, Petri XXIV

V

Välimäki, Tuomas XXIV, 337
Vanhanen, Matti 80, 404
van Rompuy, Herman 57, 71, 79, 104, 106, 116–120, 149, 151, 156, 182, 198, 211, 223, 310, 389
Venizelos, Evangelos 167
Verhofstadt, Guy 178, 182, 400
Véron, Nicolas 12, 100
Verwey, Maarten XIX, XXIV, 85, 196
Vestager, Margarethe 199, 200, 231
Vihriälä, Vesa XXIII, 75, 80, 101

W

Waigel, Theo 288
Weidmann, Jens 66
Wieser, Thomas 198
Wortmann-Kool, Corien 178

X

Xiaochuan, Zhou 121

Z

Zapatero, José Luis Rodriguez 153, 169, 170
Zettelmeyer, Jeromin XXIV, 395
Zysman, John XXIII, 7, 353

Stichwortverzeichnis

A

Allianz der Liberalen und Demokraten für Europa (ALDE) 49, 178, 400

C

Creedence Clearwater Revival (CCR) 92, 116

D

Deutschland VIII, XI, XIII, XV, XX, 5, 7, 9, 15, 19, 20, 24–26, 34, 45, 58, 60, 61, 64, 66, 69, 71–74, 83, 85, 86, 89, 90, 104–106, 109, 118, 123, 127, 139, 140, 148, 157, 170, 175, 178, 189, 193, 195–198, 200, 210, 214, 217, 220, 234, 244, 252, 260, 261, 265–267, 269, 271, 278–280, 282, 284–287, 289, 309, 340, 347, 354, 356–358, 388, 392, 394

Die Grünen, die politische Fraktion 42, 45, 279

E

ECOFIN-Rat 62, 73, 80–82, 85, 87, 104, 118, 133, 178, 182, 218, 254, 260, 286, 294, 297, 328, 357, 358

Eurogruppe 55–58, 64, 66, 70–72, 75, 79, 88, 94, 103, 105, 109, 111, 112, 118, 120, 124, 133, 136, 137, 141–148, 165, 167, 171, 181, 182, 184, 186, 194, 199, 201, 213, 216, 223, 233, 260, 269, 283, 294, 304, 308–310, 314, 389

Europäische Finanzstabilitätsfazilität (EFSF) 86

Europäische Kommission I, XI, XXIII, 16, 180, 234, 251, 258, 261, 266, 268, 271, 287, 328, 340, 381

Europäischer Ausschuss für Systemrisiken (ESRB) 356

Europäischer Finanzstabilitätsmechanismus (EFSM) 9, 84, 115

Europäischer Rat XIII, 6, 56, 59, 120, 287, 396

Europäische Stabilitätsmechanismus (ESM) 210
Europäische Volkspartei (EVP) 178, 402
Europäische Zentralbank (EZB) VIII, XVIII, 58, 191
EZB-Rat 20, 83, 87, 119, 139, 152, 155, 157, 164, 195, 215, 217, 328, 337, 375, 387, 389

F

Finnland 24, 30, 32–34, 38, 40–42, 44–46, 69, 89, 98, 105, 108, 129, 131, 133–135, 145, 181, 186, 187, 196, 210, 211, 217, 228, 238, 240, 243, 259, 261, 273, 288, 291, 292, 349, 350, 358, 383, 392, 401, 403, 405–407
Frankreich XI, XIII, 5, 7, 10, 14, 15, 22, 24, 26, 27, 58, 83, 89, 90, 103–106, 109, 128, 138, 158, 170, 178, 187, 197, 220, 229, 253, 259, 261, 265, 266, 270–274, 276, 277, 282, 286, 287, 289, 347, 358, 388, 394, 402

G

Griechenland 9, 10, 24, 55, 57–60, 62–64, 66, 68–71, 73, 75–77, 79, 87, 108, 111, 115, 122, 126, 130, 132, 133, 135–138, 140–142, 145–148, 150, 166, 170, 182, 185, 188, 192–196, 198, 201, 202, 213, 233, 237, 241, 244, 246, 247, 252, 253, 256, 270, 280, 295, 303, 304, 308, 316, 317, 319, 320, 354, 356

I

Internationaler Währungsfonds (IWF) XXI, 16, 59, 67, 137, 170
Irland 4, 9, 10, 15, 24, 93–95, 97, 98, 100–102, 107–109, 111, 112, 114, 120, 134, 139–141, 166, 185, 188, 201, 233–236, 246, 247, 269, 295, 304, 308, 337, 354, 356, 358, 388, 404
Italien 4, 9, 10, 27, 58, 73, 83, 87, 107, 109, 119, 129, 136, 138, 140, 141, 147, 148, 150–152, 154, 156, 161, 163, 165–168, 170, 172, 182, 188, 192, 193, 205, 209, 211, 213, 215, 232, 238, 241, 246, 248, 253, 259, 261, 358, 378, 388, 395, 396, 402

P

Portugal 4, 9, 10, 15, 24, 56, 60, 83, 87, 102, 112, 121, 123, 125, 132, 134, 140, 141, 148, 166, 200, 201, 233–235, 237, 238, 241, 243, 246, 247, 252, 269, 277, 280, 295, 356

S

Sozialisten & Demokraten, Progressive Allianz der (S&D) 76, 243, 402
Spanien 4, 9, 10, 15, 24, 60, 66, 73, 83, 87, 102, 109, 121, 123, 125, 129, 132–134, 136, 138–140, 147, 148, 150, 152, 154, 166, 169, 171, 172, 182, 185, 187, 192, 193, 195, 197, 209, 211–213, 215, 229, 236, 238, 241, 246, 252, 276, 277, 280, 337, 354–356, 358, 378, 388, 396

U

Umfassende Krisenreaktion (CCR) 116, 182, 229

Z

Zypern 4, 179, 180, 218, 227, 230, 232, 237, 303–308, 310, 311, 358

GPSR Compliance

The European Union's (EU) General Product Safety Regulation (GPSR) is a set of rules that requires consumer products to be safe and our obligations to ensure this.

If you have any concerns about our products, you can contact us on

ProductSafety@springernature.com

In case Publisher is established outside the EU, the EU authorized representative is:

Springer Nature Customer Service Center GmbH
Europaplatz 3
69115 Heidelberg, Germany